AF538109

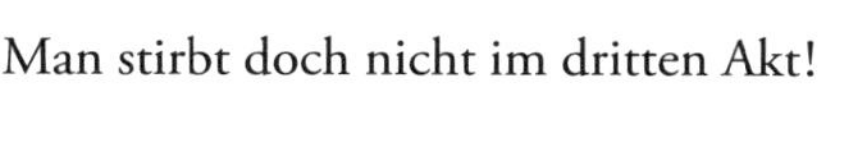
Man stirbt doch nicht im dritten Akt!

Peter Bause

MAN STIRBT DOCH NICHT IM DRITTEN AKT!

Erinnerungen

neues leben

Inhalt

Verehrte Leserinnen und Leser!

In den ganz alten Büchern, die ich auch besitze, steht oft ein Vorwort.

Als diese alten Bücher noch neue Bücher waren und es nichts aus der heutigen Zeit an schneller Technik zum Erkennen der Welt und der Zusammenhänge gab, hatten die damals neuen und jetzt alten Bücher eine gute Zeit. Sie wurden immer verkauft und als neue Auflage wieder und wieder gedruckt.

Und weil die Bücherschreiber damals noch Zeit hatten, schrieben sie zu jeder neuen Auflage ein neues Vorwort. Das summierte sich natürlich, wenn man in der sechzehnten Auflage immer noch mal die Leserinnen und Leser begrüßt, eine neue Geschichte erzählt und sich beim Verlag oder Förderer bedankt. Dreißig Seiten voller Vorworte.

Heute ist ein Buch durch, wenn es durch ist, auch Romane, die auf dem flachen Land spielen oder in der hohen Stadt, auf einem Trecker oder in einem U-Bahnschacht.

Das ist mit diesen Erinnerungen etwas anders, denn es ist mein Versuch, das Buch von 2010 weiterzuentwickeln, neue Erlebnisse der letzten zehn Jahren auferstehen zu lassen und die damals gedruckten Erkenntnisse neuen Betrachtungen zu unterziehen.

Die Zeiten für Theaterfrauen und Theatermänner haben sich in diesen Jahren sehr geändert. Die Sorgen und Nöte haben zugenommen, rapide verändert haben sich auch die Spielweise und der Blick auf altbewährte Theaterstücke.

Aber ein bisschen Humor ist geblieben, die Ironie sich selbst gibt es immer noch, wenn sie auch mit Vorsicht vorgetragen werden muss, damit es nicht als Schwäche daherkommt.

Natürlich hofft man sehr, dass es Sie überhaupt interessiert, was jetzt betrachtet wird, denn Corona hat uns Künstlern einiges abverlangt. Manchmal fragt man sich, ob man diesen Beruf überhaupt noch ausüben kann.

In der großen Hoffnung, bei Ihnen auf dem Nachttisch nicht als Fehlbesetzung oder Fehleinkauf zu erscheinen, wünsche ich Ihnen mit mir ein paar angenehme Stunden.

Nichts ist schöner, als von einem Theaterleben zu erzählen, weil alles einmalig war und es so nicht wiederherzustellen ist.

Nur neu und dadurch wieder anders!

Berlin 2021

Warum stirbt man nicht im dritten Akt?

Weil es sich nicht gehört. Weil es dann erst richtig losgeht mit dem Leben auf der Theaterbühne!

»Die deutsche Bühne, auf der seit Lessing unsere deutsche Kunst erblühte, fasste die szenische Wirkung in größeren Gruppen zusammen, welche durch stärkere Einschnitte voneinander getrennt waren.

Die Teile des Dramas mussten in fünf getrennten Abschnitten untergebracht werden. Jeder Akt erhielt den Charakter einer geschlossenen Handlung, ein wirksamer Abschluss war wünschenswert. Die Fünfzahl der Akte ist kein Zufall. Schon die römische Bühne hielt auf sie:

1. Akt: Die Einleitung (Exposition)
2. Akt: Die Steigerung
3. Akt: Der Höhepunkt
4. Akt: Die Umkehr
5. Akt: Die Lösung«

(Gustav Freytag: Technik des Dramas, erschienen 1863 in Leipzig im Verlag Hirzel)

Was für eine bombastische Aufgliederung, was für schöne Hinweise! Und das Wunderbare an der Sache – sie stimmt!

So, und nun legen wir das auf das Leben des gemeinen Erdenbürgers um.

Die Einleitung umfasst den Beginn des Lebens, die Orientierung im Leben, das Andocken an bestimmte Interessensbereiche.

Die Steigerung bezeichnet nun das »Fahrt aufnehmen«. Jetzt werden Dinge konkret gemacht, sie werden benutzt, vielleicht auch hier und da gegeneinander ausgespielt. Man fängt an, sich zu profilieren, man kann schon absehen, ob man »was wird« im Leben und im Beruf.

Der dritte Akt! Jetzt ist man Amboss oder Hammer. Ab jetzt ist man dabei. Das eigene Wort gilt und hat Gewicht. Man sammelt Freunde, man bestimmt ganze Arbeitsabschnitte. Man ist gesund, hat Gegner und Neider. Das stört alles nicht, denn die bleiben zurück in ihrem Strudel, sie versinken, sie vergehen. Man ist in Form, man stirbt doch nicht im dritten Akt! Es wird gefordert, aufgetrumpft, gütig getan und Wohlwollen versprüht.

Häuser und Länder werden gekauft, Autos vergrößert. Es geht, nach Lessing, regelmäßig zu. Man kann genießen und auf die anderen schauen, wie sie strampeln, wie sie schwitzen.

Die Lösung, das ist das wirkliche Ende. Man sitzt in Vorständen oder in Talkrunden und sagt nun langsam, aber stetig immer dasselbe. Was man selber einmal war, wie man es gemacht hat. Und die Vergangenheit erstrahlt im rosigen, langweiligen Lichte.

Jetzt stellen wir die Lebensbetrachtung etwas schärfer ein. Es geht eine Stufe runter, hin zu meinem Schauspielerleben.

Als den ersten Akt würde ich die Deutsche Post Magdeburg, die Theaterhochschule Leipzig, das Friedrich-Wolf-Theater Neustrelitz und das Volkstheater Rostock benennen.

Der zweite Akt ist die Steigerung des Schauspielerdaseins: meine Jahre am Deutschen Theater Berlin. Durch die Wucht der dort vorhandenen hohen Persönlichkeiten würde ich meine bescheidenen acht Jahre an diesem noblen Haus als doppelt gelebt betrachten. Wechselkurs 1 zu 2 also. Im realen DDR-Leben gab es den damals schon nicht mehr, denn 1 zu 5 war die klassische Schmuggelbörse, bevor der Wechselkurs zum Ende unseres Landes auf 1 zu 10 anstieg. So habe ich es jedenfalls in Erinnerung. Beteiligen konnte ich mich an diesen Obszönitäten des unwürdigen Umtausches nicht, ich hatte ja keinen handwerklichen Beruf und war auch kein Kellner oder Türsteher an einer Bar. Ich war nur Schauspieler.

Der dritte Akt, der wirkliche Höhepunkt, das war meine Arbeit am Berliner Ensemble unter Manfred Wekwerth. Das waren meine Fernsehspiele, meine vielen Hörspiele, meine nicht zu zählenden »Hausflurauftritte«, da war die DEFA. Da war das Anerkennen einer guten Arbeit, da war der ausgeprägte Wille, mitgestalten zu wollen. Und da sollte man sterben, nur weil einem das Land verlorenging?

Sie kamen, sie sondierten, sie musterten, sie bestimmten, sie schlossen, sie entließen, man wurde als Verlust einfach abgeschrieben. Und vielleicht hatten sie wirklich die Hoffnung, dass man echt stürbe, wie so viele meiner Kollegen, an Kummer, an Krebs, am allgemeinen Versiegen der Lebensfreude.

Nein, nein! Diesen Gefallen wollte ich ihnen nicht tun.

Gustav Freytag schrieb schon 1863, dass im vierten Akt neue Personen auftreten, die eigene Geschichten und Biografien haben und sich nun einmengen in das Stück. Ich war im beginnenden vierten Akt, vor dreißig Jahren, knapp unter Fünfzig. Nichts war da mit einem geruhsamen Lebensernteeinfahrvergnügen. Ich musste, wie Millionen Menschen in anderen Berufen neben mir, einfach wieder von vorn anfangen.

Die satten Erntefeste in einem bestimmten Alter hatte ich bei meinen älteren Kollegen oft beobachtet und fühlte mich nicht inspiriert davon. Ich wollte nie mit Bräsigkeit meine Erfolge zementieren, das hatte ich mir schon als junger Mensch vorgenommen. Und nun wurde ich plötzlich durch die Zeitläufte einfach dazu gezwungen.

Ich war mir nicht zu fein, auf Tournee zu gehen, es machte mir nichts aus, nach 600 Kilometern im Auto abends noch den Azdak zu spielen oder den Puntila, den Richard Strauss, den Berlichingen, den Schuster Voigt, den General Harras, Faust, ach, was weiß ich noch alles. Mit diesem Einsatz, mit dieser Freude, mit unserem Können haben wir unsere neuen Kollegen aus den alten Ländern sehr erstaunt.

Das schreibe ich alles ohne Bitterkeit. Die gesellschaftlichen Umstände haben mich im Moment des Genießenwollens einfach weitergetrieben. Und es war gut so.

Lebenswichtig war es, den dritten Akt zu überstehen, zu meistern, sich darin zu profilieren. Und nun lebt es sich fantastisch, aufmerksam, fröhlich im vierten Akt, und vielleicht lasse ich den fünften Akt einfach aus.

Ich nehme Sie jetzt mit in mein Hin und Her des Lebens. Ich folge keiner Chronologie, in der Sie die ersten vierzig Seiten überspringen können. Ich habe mir gesagt, wie es kommt, so kommt es, alles hatte seine Zeit und seinen Raum.

Ein Kindheitstraum geht in Erfüllung und endet abrupt

»Trude«, rief Onkel Wilhelm mit schon etwas angeschwankter Stimme, »einen Eimer Wasser!«

Wenn Onkel Wilhelm diese Forderung ohne ein »bitte« davor oder danach aussprach, dann war es so weit. Und es war immer dasselbe mit denselben Personen, die erst der Tod trennte. Ein Schauspiel, von mir bestaunt in Magdeburg, in der Annastraße 37. Es war auch der sich immer wiederholende Anlass: Weihnachten, Geburtstag meiner Mutter, Geburtstag meiner Oma. Da kamen die Brüder und die Schwester meiner Oma mit der Straßenbahn angefahren aus den Stadtteilen Cracau und Neue Neustadt, die Wohnung füllte sich, man redete, man sang. Man trank die kleinen braunen Schnäpse, manchmal auch in der Farbe Grün, und aß den Blechkuchen, der als Teig am frühen Morgen zum Bäcker Schell gebracht und neben dem Brutofen zum echten Kuchen wurde. Wichtig an diesem Blechkuchen war die schmale Pappe, auf der der Kuchenbesitzername stand. Die Pappe brannte sich meist in den Teig und konnte mitgegessen werden. Die Pappe war wichtig, denn viele Frauen und Kinder brachten ihre Blechkuchen am frühen Morgen zu Schell, und man wollte ja den eigenen wiederbekommen. Es waren die schönen, armen fünfziger Jahre. Vielleicht waren sie auch nicht schön, ich weiß es nicht, denn für ein Kind ist jede Zeit schön. Aber so richtig schön wurde es, wenn Onkel Wilhelm den oben zitierten Satz ausrief.

Meine zierliche, echt rothaarige Mutter brachte den Eimer Wasser, und Onkel Wilhelm holte leicht schwankend seine B-Trompete von der Flurgarderobe. Diese Trompete hatte er schon bei der Ankunft bespielt, unten auf dem Hof. Die Mieter schauten aus den Fenstern, und einmal bekam Onkel Wilhelm sogar eingewickelte Münzen zugeworfen. Das verbitterte ihn, denn er war ja kein Straßenmusikant, sondern Stabstrompeter im Ersten Weltkrieg gewesen, Militärmusiker eben. Viel musste er nach Kriegsbeginn nicht mehr blasen, denn ziemlich schnell wurde aus dem Hurra-Krieg ein Stellungskrieg, und Onkel Wilhelm konnte sich schonen. So blieb ihm das Morgensignal, das Achtungssignal, na, was es so gab und schnell abgeblasen war. Bei Gasverdacht musste er nicht blasen, da schlug man hämmernd an eine Eisenschiene.

Heinrich, der Mann meiner Oma, also der Vater meiner Mutter, wurde am dritten Kriegstag von einer französischen Granate zerrissen. Aber Onkel Wilhelm saß mit seiner Trompete in einem Stabsquartier in Frankreich und wurde deshalb von Onkel Ernst zutiefst verachtet, denn Onkel Ernst war U-Bootfahrer in diesem Krieg der kaiserlichen Verwandten. Kriegselite also. Onkel Ernst kam aus Aschersleben rüber und erzählte mir immer und immer wieder die Geschichte, wie er wegen Krankheit an Land bleiben musste und genau auf dieser Feindfahrt ohne ihn »sein« Boot vernichtet wurde. Mit offenem Mund stand der kleine, echt rothaarige Peter bewundernd vor ihm. Und gerade als U-Bootfahrer konnte Onkel Ernst der folgenden Darbietung von Onkel Wilhelm nichts abgewinnen, denn jetzt kam »Der Untergang der Titanic«. Bis zu seinem Tode war Onkel Wilhelm fest davon überzeugt, dass die Schiffskapelle dieses Dampfers gespielt hatte »Bis hierher hat uns Gott gebracht in seiner großen Güte …!« Was nachweislich nicht stimmt. Er war aber von seinem Irrglauben nicht abzubringen.

Tausend Jahre später habe ich über zweihundert Mal den Schuster Voigt im »Hauptmann von Köpenick« gespielt. Da gibt es die berühmte Gefängnisszene, in der gezeigt wird, wie man in einem Zuchthaus den Tag des Sieges von Sedan feiert. In der Szene, die mit einem Gottesdienst beginnt, wird dieses Lied von Ämelie Juliane Reichsgräfin von Schwarzburg-Rudolstadt gesungen. Und über zweihundert Mal war Onkel Wilhelms Irrtum mit mir auf der Bühne und trompetete im Geiste neben mir.

Aber damals, an den Geburts- und anderen Feiertagen, stand er vor dem Wassereimer, begann dieses Lied zu blasen und tauchte dabei seine Trompete in den Eimer. Ich weiß nur noch, dass man die liebliche Melodie nicht mehr hörte. Dafür blubberte es furchterregend. Das Geräusch kannte Onkel Ernst als U-Boot-Matrose ganz genau, und Onkel Wilhelm hatte einen solch leuchtend roten Kopf vor Anstrengung, dass man damit über jede Stromsperre gekommen wäre. Unvergesslich alles! Und wunderschön – in der Erinnerung.

Angesichts dieses hehren Musikerbeispiels in der eigenen Familie habe ich versucht, mir die edle Kunst des Trompetens anzueignen. Meine Mutter kaufte in einem dunklen Laden eine nagelneue B-Trompete, und ich ging stolz zum Unterricht. Mein Lehrer war Onkel Wilhelm, und ich scheiterte vollkommen. Onkel Wilhelm konnte mir nicht vermitteln, dass man Töne üben muss, immer wieder, um sie später zu einer Melodie zusammenfügen zu können. Ich hatte einen ziemlich guten Ansatz, wie ich von mir behaupte, aber verwechselte so häufig die drei Ventile, dass der ehemalige Stabstrompeter mir dauernd auf die Finger schlug. Da beendete ich meine Besuche und Versuche, und meine arme Mutter sollte das Ding verkaufen. Das muss ihr gelungen sein, denn ich habe es nie wieder gesehen.

Das war mein zweiter Versuch, mich musisch auszudrücken.

Ein paar Jahre zuvor scheiterte ich als eleganter Mandolinenspieler. Die Mandoline, als Instrument an sich, war eine Zeitlang ein beliebter und gern gesehener Wegbegleiter. Sie hatte sich in der Wanderbewegung etabliert, und auch ich sah mich wandern. Die Mandoline vor der Brust, die bunten Bänder am Mandolinenhals, Lederhose an … Aber auch dieses harmlose, freundliche Instrument begriff ich nicht, wie Jahre später nicht die drei Ventile der Trompete. Ich begriff es nicht, griff am Hals daneben, meine Mandolinenlehrerin, eine kinderlose ältere Dame, schlug mir auf die Hände – wie Jahre später Onkel Wilhelm –, und ich flehte meine Mutter an, mich von diesem Joch zu befreien.

Das tat sie und verscheuerte die Mandoline.

Das war wichtig in den schönen, armen fünfziger Jahren, dass man alles wieder verkaufen konnte. Einer fand sich immer, der was brauchte, und ich hätte nie gedacht, dass man das später über das Internet intensiv betreiben kann. Also ich nicht, aber meine Töchter Anna und Maria.

Doch, doch wenn ich mich so erinnere, dann war meine Mutter auf der Höhe, trotz ihrer schweren Herzkrankheit. Sie achtete darauf, dass es nicht eingleisig lief, daher die Mandoline, daher die Trompete, daher das Schulanrecht für das Stadttheater und daher die Bücher.

Bücher! Das war die Entdeckung meiner Mutter für mich, und damit war ich hochzufrieden. Dafür bin ich meiner Mutter dankbar, die durch die Herzkrankheit keine Arbeit aufnehmen konnte. Sie verkörperte das, was die letzte Position unter Menschen in der schönen DDR war: Invalidenrentnerin.

Meine ganze Kindheit war geprägt von Armut, was nicht weiter auffiel, denn es waren alle arm. Außer Herrn Gerboth aus dem Vorderhaus, Parterre. Der machte in Bohnerwachs und trug damals schon einen Ledermantel. Später kam noch ein Opel P4 dazu, und wenn der gewaschen wurde, standen wir Kinder stundenlang daneben und warteten voller Sehnsucht, einmal eine kleine Runde um die Häuser mitgenommen zu werden. Ab und zu wurde der Wunsch erfüllt, es hing davon ab, welcher Knecht von Bohnerwachs-Gerboth am Waschen war. Die Bohnerwachsfamilie zog bald aus der Wohnung in bessere Viertel. Damit verschwand der Glanz von Reichtum aus unserer Straße in Magdeburg.

Wir hatten ewig und immer Geldsorgen. Aber meine Mutter hat alles gemeistert, wie fast alle Mütter dieser Zeit.

Und darum gehört meine Verehrung und Achtung diesen Frauen. Was haben die alles durchmachen müssen. Neben den täglichen Überlebenssorgen kämpfte meine Mutter vergeblich um die wenigen Alimentezahlungen, die keiner zahlte. Weder mein Erzeuger, der Franz hieß, noch der Erzeuger meiner Schwester Sonja, der ebenfalls Franz hieß. Vorbei alles! Die Bewunderung für meine Mutter bleibt, die dann schon mit sechsundsechzig Jahren gestorben ist.

Damals trieb mich die Liebe zu den Büchern in die Stadtbibliothek Magdeburg, genauer gesagt in die Zweigstelle Stadtfeld. Dort wurden Kinder gesucht, die helfend den Damen an der Ausleihe zur Seite standen. Die besprachen mit dem Besucher anhand von Karteikarten seine Buchwünsche, und wenn es ging, wurde der Buchwunsch erfüllt. Ich bekam die Karteibuchkarte und lief nach hinten in das Lager, um das Buch zu holen. Das machte mir Spaß, und ich wünschte immer, dass keine Besucher kommen sollten, damit ich hinten im Lager in aller Ruhe lesen konnte. Später las ich eigentlich nur noch und vergaß durch die Welt der Bücher meine eigentliche Aufgabe. Jedenfalls kommt aus dieser Kinderzeit meine Freude an Büchern und meine Hochachtung allen gegenüber, die was geschrieben haben.

Durch die Bücher und durch das Radio wurde die Fantasie ungemein angeregt. Das wird jedem so ergangen sein, aber es kommt ja darauf an, ob man seine Kindheit in sich behält oder schnöde zur Seite legt. Nein, mir gefiel alles, und das Radio lief eigentlich immer. »Bastei« nannte der Kasten sich und hatte das berühmte »Magische Auge«. Das war faszinierend, und aus dem Lautsprecher tönten die schönen, ausgebildeten Stimmen. Wie sie sprachen und sangen, die Nachrichten, die spannenden Übertragungen aus dem Bundestag, die Nachmittagssendungen aus Niedersachsen, die Wasserstandsmeldungen, das war alles so freundlich, so verbindlich, so bedächtig, so klug. Und dann Radio Luxemburg mit Camillo Felgen! Was habe ich diesen Mann und seine Stimme verehrt. Und er konnte so überzeugend seine Werbung machen, dieses »… und da schaue ich wieder auf meine Bifora-Uhr und es ist 16 Uhr 12!« Man musste sich regelrecht zwingen, nicht gleich loszulaufen, um diese Uhr zu kaufen, die es in der DDR gar nicht gab.

Und die Sonnabendnachmittage aus Hamburg. Heitere Gelassenheit während der kleinen Raterunden und das Hafenkonzert am Sonntagmorgen. In meiner Erinnerung saß ich nur am Radio. Noch etwas entdeckte ich dabei: Die damaligen Radiomacher konnten Stimmungen erzeugen. Wenn es Vormittag war, dann war eben eine Vormittagsstimmung im Radio, und nachmittags und abends dann eben diese Stimmung. Jedenfalls wünschte ich mir in dieser Zeit nur eines, einmal beim Radio zu arbeiten. Man sagte nicht »Sender«, sondern Radio. Und dieser Kindertraum erfüllte sich für mich wirklich.

1966 war ich gerade ein halbes Jahr in Rostock, hatte den »Bel ami« gespielt, war also in Rostock schon weltberühmt.

Zu dieser Zeit gab es den Radiosender »Rostock«. Es gab ein schönes Funkhaus, viele Mitarbeiter, und im Sommer mutierte dieser kleine Bezirkssender zur »Ostseewelle Rostock«. Da war dann schon mehr Power vorhanden. Von 6 bis 20 Uhr hielt der Sender die Urlauber in Stimmung, indem er gute Stimmung vermittelte. Neidisch hörte ich da hin, neidisch auch, zumal ein Schauspielkollege vom Volkstheater dort Nachrichten las und die Musikstücke ansagte. Ein bisschen zu trocken, nach meiner jugendlichen, unreifen Auffassung, aber R. war da drin und dabei, und ich wollte auch dahin, um dabei zu sein, wenn die Radiowellen die Zuhörer erreichten.

Mir half ein Zufall. Herr K., Dramaturg am Theater, der mich in Neustrelitz entdeckt hatte und dem Rostocker Intendanten Hanns Anselm Perten empfahl, gab eine kleine Feier, zu der auch der Redakteur H. vom Sender Rostock kam. Nachdem ich genug Schlagseite und Mut in mir hatte, formulierte ich meinen Kinderwunsch: einmal, bitte, bitte, Radio machen. Und da mich H. verehrte oder mich verstand oder einfach nur freundlich war, gab er mir einen Montagstermin im Sender Rostock, live von 6 bis 8 Uhr.

Was soll ich sagen? Ich stieg ein im Sender Rostock, ich konnte meine Vorstellungen vom Radio an die Hörer bringen. Ich war einfach frech, ich machte den Montagmorgen mit mir am Mikrofon zu einem Begriff des Senders. Meine Beliebtheit steigerte sich so, dass Besuchergruppen im Sender nach mir fragten, und immer musste sauertöpfisch geantwortet werden, dass ich eigentlich zum Volkstheater Rostock gehöre. Ich sprudelte von Einfällen, ich schilderte meine Beobachtungen kabarettistisch am Mikrofon, ich packte alle meine Wünsche auf den Sendetisch, ich stellte meine eigenen Musikabläufe zusammen, ich drängte meine Kollegen vom Pult, ich, ich, ich!

Und dann lasse ich Dummdei mich vom Sender überreden, doch auch am Dienstagmorgen am Mikrofon zu sitzen. Und später auch am Donnerstag. Dann auch noch am Mittwoch, dann freitags und sonnabends, da allerdings am Nachmittag.

Ich weiß nicht, was ich mir in meiner Jugendlichkeit gedacht habe. Ich wollte arbeiten, ich stand um halb fünf auf, damit ich um 6 Uhr pünktlich meinen Mund aufmachen konnte. Und Theaterproben ab 10 Uhr hatte ich außerdem. Und viele Vorstellungen. Ich muss doch bescheuert gewesen sein, dass ich glaubte, die Einfälle fliegen mir weiter so zu. Ja, zuerst flogen sie noch reichlich, dann immer weniger, und schließlich musste ich mir die Einfälle holen, oder, wie wir in der Theaterpraxis sagen, ich musste die Sendungen stemmen, um Erfolg zu haben. Aber Stemmen bedeutet verkrampft sein, unfrei, eng.

Natürlich habe ich immer mal wieder tolle Sachen gemacht. Sendeschluss für Rostock war im Sommer 20 Uhr, und dann stieg der Staatssender aus Berlin in die Wellenlizenz. Es ist mir jedenfalls zweimal gelungen, unsere Schalttechniker zu überreden, um 20 Uhr eben nicht auf den DDR-Sender zu gehen, sondern mich weitermachen zu lassen. Musik hatten wir genug, und die Kollegen der Technik machten mit und verlängerten ihren Feierabend. Es war eine gute Stimmung in unserer Zentrale. Dass das ging, erscheint mir heute noch wie ein Wunder. Damals dachte ich bescheiden, es geht, weil ich es bin, weil ich beliebt bin, weil ich Einfälle habe. Ich muss sehr bescheiden gewesen sein.

Aber seit ich jeden Tag im Radio redete, war es nicht mehr gut. Ich wurde ein Opfer meiner Überschätzung. Es sei verziehen, denn ich war noch sehr jung, sechsundzwanzig.

Aus dem Sender wurde ich 1968 gekippt, und würde ich es in meinem Lebenslauf darauf ankommen lassen, könnte ich schreiben: aus politischen Gründen. Es war meine politische Dummheit, verursacht durch meine politische Wachheit.

Die Friedensfahrt war ja eine ungeheuer populäre Einrichtung. Ich sehe mich noch als Student, zusammen mit Hunderten von Leipzigern, auf der Straße stehen, unter den Übertragungssäulen. Oertel reportierte den jeweiligen Stand der jeweiligen Etappe, Küttner mit seiner markanten Stimme saß im Studio Berlin, und Täve gewann immer oder Kapitonow. Wir alle hörten zu und fühlten uns dem Land verbunden, welches solche Sportler, Reporter und Studiosprecher hatte.

An dieser Stelle noch zwei Worte zu Täve, er ist ja kürzlich 90 geworden und verdient alle Bewunderung, denn er hat eine Haltung. Ihm ist einfach manches egal, denn seine sportlichen Verdienste kann ihm keiner nehmen, und die ewigen Ablehnungen, ihn in die »Hall of Fame« des deutschen Sportes aufzunehmen, wird er mit seinem Humor bestimmt verkraften.

Was haben wir diesen Menschen verehrt und die Redewendung von »Unser Täve« war voller Herzenswärme gemeint. Im Sommer 1956 entdeckte ich bei meinen täglichen Radtouren eine Menschenmenge vor dem Magdeburger Hauptbahnhof. Nicht am Haupteingang, sondern ein wenig rechts daneben, da befand sich der praktische Mitropa-Wartesaal und ein Friseurladen. Auf der Straße davor standen bestimmt fünfzig bis sechzig Leute, und ich stellte mich dazu. Da waren wir schon mehr und gaben mit der Ansammlung das typische DDR-Zeichen: Hier steht man an, hier ist was los, hier gibt es was!

Und im Magdeburgischen Slang erzählte sich die Menge: »Täve ist da drin beim Friseur und lässt sich die Haare schneiden, und da, zwanzig Meter weiter, steht sein Motorrad.« Alles starrte abwechselnd auf das kleine Motorrad oder auf das Gebäude und wartete auf den frisch frisierten Täve Schur. Das war schon eine ziemlich aufregende Angelegenheit. Und dann kam er! Bekleidet mit einem grauen Gummimantel, frisch gekämmt und dadurch noch jünger aussehend. Die Menschen hatten plötzlich strahlende Gesichter und fingen an zu klatschen. Ich sah mein Idol zum ersten Mal so nah und lebendig, also klatschte ich mit. Ich hatte es auch noch nie erlebt, dass man klatscht, weil jemand berühmt ist und auf der Straße steht. Dass Täve sich über unser Straßentheater freute, war ihm anzusehen, denn er lächelte ungemein nachsichtig und ging dankend zu seinem kleinen Motorrad. Wir fünfzig bis sechzig Menschen folgten ihm und sahen zu, wie der berühmte Täve seine Maschine abbockte und so schön klassisch den Anmachhebel mit dem rechten Fuß nach unten trat. Der Motor sprang sofort an, zur Freude der umstehenden Fans, denn keiner wollte erleben, wie das große Idol sich durch nochmaliges Antreten verkleinerte. Nein, der Motor lief, Täve schwang sich in den Sattel, alles klatschte noch einmal, und er fuhr los.

Was für eine Geschichte. Obwohl ich diese Begegnung Täve fünfzig Jahre später eindringlich erzählte und ausmalte, konnte er sich an den Friseurbesuch am Magdeburger Hauptbahnhof und den grauen Regenmantel nicht erinnern. Vielleicht war es ihm auch peinlich, als weltberühmter Radfahrer mit einem Motorrad erwischt zu werden, aber egal. Heute grüßen wir uns freundlich und fragen uns gegenseitig, wie es so geht – und er sieht immer noch blendend aus.

Vor einigen Jahren besuchte unsere Familie Tochter Maria in Brüssel, die damals dort für die EU arbeitete. In den Vorabsprachen für Brüssel hatte ich gebeten, dass wir unbedingt das Jacques-Brel-Museum besuchen sollten, ich wollte meinem Idol einfach mal nah sein.

Dieses Museum ist ein Wunder an Würdigung des großen Brel. Der Eingang macht noch irgendwie Eindruck, viel Plüsch an der Kasse. Die Frage, wie lange man hier im Rundgang sein Idol bewundern kann, wurde mit zwei Stunden beantwortet. Der tatsächliche Aufenthalt belief sich auf zwanzig Minuten. Wir sahen ein altes Radio, einen schwarzen Schlips vom Meister und ein Paar Manschettenknöpfe, die angeblich mit ihm auf den Bühnen der Welt waren. Dann waren da noch ein paar kleine Boxen, aus denen er sang, einige Fotos, wenige Informationen, und hinten war dann ja auch schon Schluss. Das Kirschbier graderüber in der Kneipe war immerhin gut gekühlt.

Am Abend ging ich mit dem Hund noch um die Ecke und entdeckte in einer kleinen Nebenstraße einen Reparaturladen für Fahrräder. Im Schaufenster hing ein Plakat mit der für mich faszinierenden Aufschrift »Friedensfahrt«. Nichts weiter, keine Jahreszahl, nur »Friedensfahrt«. Rechts unten klebte ein kleines Bild von Täve Schur, und oben von der Decke hing ein Rennrad von damals. Was für ein Erlebnisbogen vom Magdeburger Friseurbesuch 1956 zur Friedensfahrtwürdigung 2012 in Brüssel. Dazwischen lag ein ganzes eigenes Leben – die Bewunderung ist geblieben.

Diese Bewunderung für Menschen, die Hochachtung verdienten, hatte ich schon immer. Selbst heute erinnere ich mich jedes Mal, wenn ich auf dem Damaschkeplatz in Magdeburg stehe, an eine eigentlich harmlose Begegnung. An einen schönen Sonntagmorgen fuhr dort der stadtbekannte Peter Borgelt mit seiner damaligen Freundin Fräulein Jochmann (ebenfalls vom Theater) mit einem Motorroller – Marke Berlin – an mir vorbei, und ihre aufgeladenen Badesachen sagten mir, dass es an den Barleber See ging. Warum erzähle ich das? Weil es heitere Beobachtungen waren und die Beteiligten ebenfalls voller Heiterkeit waren, die man nicht vergessen kann und auch nicht sollte.

Im Jahr 1968 war in Prag Frühling, mit dem die anderen Ostblockländer nicht recht warm wurden. Man ging propagandistisch gegen die Prager Ideen vor. In diesem konkreten Fall wurde über die Friedensfahrt, als die Radfahrer sich auf dem Gebiet der ČSSR befanden, nur noch sehr zurückhaltend berichtet. Das entdeckte ich, und eines schönen Morgens im Mai sagte ich zwischen zwei Musiktiteln, die Friedensfahrt sei wohl so unwichtig geworden, dass man sie im Radio behandele wie das Radrennen um den Magdeburger Dom.

Das Radrennen um den Magdeburger Dom ist ein kleines Rennen um vier Häuser, geadelt durch Täves Mitmachen, aber ansonsten tiefste Provinz, wie Theaterschauspieler zu sagen pflegen, wenn sie nicht in Berlin spielen.

Dieser flapsige Vergleich mit der Anspielung auf die fehlende Berichterstattung aus dem Bruderland an der Moldau war meine letzte Bemerkung im Sender Rostock.

Um 9 Uhr im Mai 68 war Schluss, und ich habe das Funkhaus erst dreiundvierzig Jahre später wieder betreten, um ein Interview zu geben über meinen Abschiedsabend im ausverkauften Volkstheater.

Als ich 1970 nach Berlin kam, da wollte ich es noch einmal versuchen mit dem Rundfunk. Ich durfte an der Seite des äußerst charmanten Hermann Matt, dessen Frau Ingeborg Nass eine großartige Kabarettistin war, einige Sendungen im Frühprogramm des DDR-Rundfunks gestalten, aber dauerhaft wurde es nicht, da die Arbeit am Theater doch wichtiger und schwerer wurde. Ich hatte einfach keine Zeit mehr, meine ironische Betrachtungsweise auf das Leben zu pflegen.

Aber generell blieb für einen einigermaßen guten Schauspieler der Rundfunk erhalten mit seinem Angebot, Hörspiele mitzugestalten. Auch haben meine Frau und ich fast ein Jahrzehnt in »7–10 Sonntagmorgen in Spreeathen« satirische Szenen gesprochen. Damit war dann Schluss, als für alle Schluss war.

Ich habe das Funkhaus in der Nalepastraße geliebt. Dort war die Tradition mit Händen zu fassen, da waren erstklassige Fachleute am Werk, da waren Schauspieler versammelt, die ich schon als Jugendlicher in Hörspielen gehört hatte. Dort waren die Entspanntheit und die Freundlichkeit untereinander zu Hause. Das war immer so, ob im Fernsehfunk oder im Rundfunk, es trafen sich die Schauspielmatadore aus allen Theatern Berlins und ein gutes kluges Arbeiten begann. So habe ich es in Erinnerung.

Vor einigen Jahren lief in einem westdeutschen Sender ein Hörspiel unter dem Motto: Aus dem Rundfunkarchiv. Es wurde groß angekündigt, dass es eine Produktion des DDR-Rundfunks sei und man sich glücklich schätze, dieses hohe künstlerische Werk zu senden.

Bitte, sendet alles von uns, und ihr werdet bemerken, wie viele für euch namenlose Schauspieler eine einzigartige Qualität produziert haben!

Besonders gern hatten wir Schauspieler die Schuhe des DDR-Rundfunks, denn diese waren mit einer Nummer versehen. Mit weißer Lackfarbe war sie gut sichtbar auf das Oberleder aufgemalt. Diese Schuhe mit den Nummern benötigte man, wenn man Szenen spielen musste, in denen Schritte wichtig waren, auf Kies, Marmor oder so. Wenn man das nicht mit den eigenen Schuhen bewältigen konnte, dann schlug die Stunde der Nummernschuhe. Manchmal vergaß man, sie wieder auszuziehen und fuhr damit nach Hause, zur Schadenfreude der Kollegen, die natürlich bei der Verabschiedung den Mund hielten.

Mich traf es nur einmal, aber Hans-Peter Minetti, der immer so genau und korrekt war, den hat es oft und immer wieder erwischt. Er war ein ausgezeichneter Sprecher und intensiver Schauspieler, der immer vieles gleichzeitig im Kopf hatte. Nach einem Auftritt in Kühlungsborn musste mein Freund Peter Schneider zuerst mit ihm den Autoschlüssel am Strand suchen und dann noch gemeinsam nachts einige Zeit durch Kühlungsborn marschieren, um sein Auto zu finden.

Die Rundfunkproduktionen wurden, wie auch bei der Schallplatte, in der Nacht durchgeführt. Das ist nicht ungünstig, denn die Schauspieler waren noch im Tritt von ihren Vorstellungen des Abends. Kluge Menschen saßen an den Pulten oder führten Regie, und wir konnten auch gegen 3 Uhr früh noch unser Handwerk anwenden, denn gelernt ist gelernt. Der Rundfunk in der Nalepastraße, bewacht von der Deutschen Volkspolizei, war eine gute Adresse, und man war gern dort.

Nie hätte ich gedacht, dass ich nach 1990 nie wieder in die Nalepastraße fahren würde. Und heute noch langweile ich meine Familie an einer bestimmten Ampel in Karlshorst, wenn ich bei Rot dort mit dem Auto stehe, mit meiner Betrachtung, dass ich früher immer hier abgebogen sei, um in den Rundfunk zu fahren. Dieser Betrachtung folgt ein allgemeiner Aufschrei, ich solle bedenken, dass es nun schon lange vorbei sei und ich mich wiederhole. Ich verspreche, es zu bedenken, um es beim nächsten Halt dort doch wieder nicht zu tun.

Wie ich ein »bunter Hund« wurde und Herwart Grosse mein Freund

Mir konnte man eine gewisse Betriebsamkeit in meinem Beruf nicht absprechen. Das ist erst einmal positiv, denn ich habe mich immer bemüht, irgendwie alles zu machen, was man in diesem Beruf ausdrücken kann. Über mich wurde, je nach Sympathie, böse, neidisch oder achtungsvoll gesagt: Der singt und tanzt als bunter Hund in jedem Hausflur! Aber um das durchzuhalten, muss man eine Basis haben. Diese Basis kann nur das Theater sein.

Durch das Theater bleibt man im Kopf beweglich für die Auftritte »nebenbei«, von mir immer als Tagesgeschäft bezeichnet. Das ist nicht abfällig gemeint, denn diese Ausflüge benötigt man, um frisch und freudig wieder im Theater zu erscheinen, um weiterzulernen. Für den Beruf und für das Leben. Ich spielte kleine und große Rollen, ohne zu murren – das ist nicht selbstverständlich. Ich probierte effektiv, nachdem ich meine Mittel kannte – das ist nicht immer selbstverständlich.

Mich an Theaterproben erinnernd, stelle ich fest, wie innerlich nackt wir uns den Rollen und dem Stück genähert haben. Natürlich waren wir geistig auf der Höhe, wurden von Chefdramaturgen mit Material zur Zeit und zum Stück versorgt, die ja anerkannterweise noch geistiger auf der Höhe sind. Und wir waren offen. Wir kannten uns, waren ein Ensemble, keiner musste dem anderen vorspielen, was er unter Theater versteht. Man konnte sehr zeitsparend arbeiten. Das Handwerk des Einzelnen wurde in seinen Möglichkeiten geachtet, man musste es nicht verteidigen. Das spart Kraft. Das schafft Platz für die Rollenerarbeitung. Das war in Neustrelitz so, in Rostock, aber besonders im DT (Deutsches Theater) und BE (Berliner Ensemble).

Da saßen ja nun die Stars der DDR! Die hätten doch ihren bekannten Typ einfach durchziehen können. Die Rolle an sich zerren – und alles ist schon gut. So spielen, wie man immer spielt. Das wäre doch schon ein Erfolg, weil man damit immer Erfolg hatte. Aber nein, nein, nein! Auf den Proben stiegen sie in diese Rollen hinein, sie krochen in die Haut des Rollenmenschen, und das Wunder tat sich schon bei der ersten Leseprobe auf: Sie veränderten sich, der Grosse, der Franke, der Körner, der Piontek, der Esche, der Düren, der Schall, der Thate, die Grube-Deister, die Macheiner und all die vielen anderen Persönlichkeiten. Da sind so viele zu nennen, die uns Junge damals zwangen, genau zuzusehen und zuzuhören bei ihrer Rollenerarbeitung. Und wir hörten gut zu, wir sahen gut hin, denn man wollte in der eigenen Rolle richtig auf sie reagieren, um diese Könner zu erfreuen und nicht aufzuhalten in ihrem Tun. Wir Fleißigen damals, der Reusse, der Eichel, die Wachowiak, der Mann, die Heinz, die Perdelwitz, der Seifert, der Lang und all die anderen.

Und was wurde gelacht auf diesen Proben! Diese Heiterkeit, diese Dankbarkeit dem Theater gegenüber! Es war die Goldene Zeit des bürgerlichen Theaters in einem Versuch, der sich Sozialismus nannte.

Apropos Versuch und gesellschaftliche Zeiten: Lisa Macheiner kam zu spät zu einer Probe von »Schwitzbad« von Majakowski im DT. Friedo Solter Regie, in seiner ruhigen, zuhörenden Art. Lang in der Hauptrolle als überzeugter Arbeiter, der gegen ein Kulturdiktat der Funktionäre kämpft. »Schwitzbad« ist Majakowskis Aufschrei gegen die bezahlten Besserwisser in den Amtsstuben der kulturellen leninistischen Bürokratie. Diese Kaste wurde von Dieter Franke angeführt. Versehen mit einem entlarvenden Toupet schwadronierte er unvergleichlich über seine Auffassung von Kultur. Jeder begriff sofort, was und wer gemeint war, und aus 1922 wurde 1977 und das nahtlos. Um ihn herum die Kriecher: die Paryla, so wunderbar mondän und vulgär als Geliebte, der Kleinert, mit Perücke völlig entstellt, mit seinen penetranten Fragen an die Kunst. Ich höre es noch, diese scharfe, entwürdigende Diktion. Und Esche, ach mein Esche, der immer nur ausrufen musste: »Haben Sie ein Telefon?«, und damit das Theater zum Explodieren brachte. Dieter Mann, der einen Theaterchef mimte, der sich gleichsam körperlich in sich hineindrehte, um vor diesen sozialistischen Banausen seine Konzeption eines Kulturabends zu erklären. Ein begeisternd schreiendes Theaterpublikum zeigte Abend für Abend an, dass die angeprangerten Lügen eines sozialistischen Systems sehr gut begriffen wurden. Da war das Theater am rechten Ort, zur rechten Zeit.

»Schwitzbad« ist schwer zu inszenieren, aber Solter nahm es ernst, und wir Schauspieler taten das auch. Und wenn solche Oberliga aufspielt, sind das Theatersternstunden voller Anstand, voller Ernst, voller Komik – und alles mit großem Können.

Und eben zu einer dieser Proben kam Lisa Macheiner zu spät. Als elegante ältere Dame erschien sie an der Bühnenrampe, um sich bei Solter zu entschuldigen. Sie habe es nicht schaffen können, pünktlich im Theater zu sein, da die HJ auf der Straße marschiere und alles blockiere. Dieter Mann überwand als Erster die Sprachlosigkeit und raunte Lisa in seiner trockenen, geraden Sprechweise zu, dass es wohl die FDJ sei, die da marschiere. Darauf Frau Macheiner: »Ich wusste doch, ein J war dabei.«

Mir wurde schlagartig klar, dass man im Alter viele Freiheiten hat, etwas zu sagen, weil man schon was erlebt hat im Leben. Vor allem einige Gesellschaftsordnungen, die immer von sich behaupten, sie seien die besten und die schönsten für die Masse Mensch, die sie gerade zu befehlen haben.

Und Herwart Grosse. Es gibt Gesichter, die vergisst man nicht. Und wenn zu diesen Gesichtern eine Stimme kommt, die dazu stimmt, dann kann es was werden in diesem Beruf.

Als Lehrling der Deutschen Post Magdeburg hatte ich mit meinen fünfzehn Jahren zwei mich sehr bewegende und erschütternde Filmerlebnisse.

Als Kind war ich ein fanatischer Sonntagsdreizehnuhrkinogänger. Jahrelang sah ich im Kino »Oli« in Magdeburg (das gibt es heute noch) für 25 Pfennig alle Filme, die es gab, vor allem und immer wieder die sowjetischen Kriegsfilme. Diese Filme, deren Titel für mich inzwischen alle vergessen sind, hatten fast immer, den Sieg der Roten Armee über das Nazireich zum Thema. Dagegen ist nun wirklich nichts zu sagen, schon gar nicht geschichtlich. Aber die Macher dieser Filme zeigten uns die Rotarmisten als Helden, die ohne Mühe zwanzig oder dreißig deutsche Panzer gleichzeitig abschießen konnten, und dass die Deutschen, vor allem die im Generalstab, außerordentlich blöde waren und auch noch so aussahen. Das war für uns Kinder sehr verständlich, und nach dem Kinoschluss, so gegen halb drei, liefen wir erst einmal zu Eis-Herper dreißig Meter weiter, holten uns eine Erfrischung für 15 Pfennig die Kugel, schlangen diese einfach runter, dann ging es im Laufschritt in die Ruinen. Und in diesen Ruinen spielten wir den Film schießend und brüllend nach, der Hellmut, der Lothar, der Rainer, der Klaus, ich natürlich, und wer getroffen war von nicht vorhandenen Kugeln, der blieb liegen. Möglichst in verzerrter Körperhaltung, das hatten wir ja gerade für 25 Pfennig gesehen. Und mein Erstaunen am 17. Juni 1953 bestand darin, dass ich, vor dem Polizeipräsidium Magdeburg stehend, feststellen musste, dass »richtige« Schüsse extrem laut und die Panzer grauenerregende Monster waren. Nix da mit der Einbildung, man könne davon dreißig auf einmal abschießen. Und die Erkenntnis – weglaufend von dem Polizeipräsidium Magdeburg, aus dem Akten und Bilder der Führer der deutschen Arbeiterbewegung geschmissen wurden –, dass Schüsse, Panzer, Krieg etwas Furchterregendes sind und kein bunter Film.

Ach ja, wenn das »Oli« nicht gerade sowjetische Zweite-Weltkriegsfilme spielte, dann eben sowjetische 1918-Filme.

Die Uniformen wechselten, die Dramaturgie nie. Die Bolschewiken waren die Guten, die mit Lässigkeit dreißig Pferde mit aufgesattelten Weißgardisten niedermachen konnten. Ich will auch nur sagen und es belegen, dass ich filmtechnisch und filmdramaturgisch gut parteilich ausgerichtet war. Nichts geht doch über saftige Kameraeinstellungen in einem Farbfilm, Stalin auf dem Trittbrett eines Panzerzuges stehend, Pfeife rauchend und unbeschadet durch ein Trommelfeuer der verfluchten Weißgardisten fahrend. Da ist man doch gerne dabei. Da möchte man doch gleich mit auf dem Trittbrett stehen bei solch einem mutigen und freundlichen Mann und Chef aller friedliebenden Menschen der Welt. Jetzt weiß ich auch wieder, wie der unerträgliche und bunte Film hieß: »Panzerzug …«, also die Nummer habe ich doch vergessen, vielleicht 08-15?

Es gibt ja diese Sache im Internet, dass man in vielen Städten Straßenbahn fahren kann, mit einem Bier in der Hand, ohne sich zu Hause aus dem Sessel erheben zu müssen. Nachdem ich das in meinem hohen Alter erkannt hatte, fuhr ich auf diese Weise in Magdeburg Straßenbahn. Ich besah mir die Stadt in Richtung Olvenstedt. Ich habe das genossen! Der Fahrer hüstelte öfter, aber es war eine lange vor Corona aufgezeichnete Fahrt. Jegliches Hüsteln war also unbedenklich. Plötzlich tauchte rechts in der Olvenstedter Straße das gute alte »Oli« auf. Langsam schob es sich an mir vorbei, und hocherfreut konnte ich feststellen, dass es noch existierte. Es war mittlerweile ein Programmkino, beklebt mit Ankündigungen, aber es war noch da, das Kino meiner Kindheit. Und die Skulpturen aus Sandstein nebenan am Tor, die zu einer Umzugsfirma gehörten, waren auch noch da.

Das »Oli« hat den Krieg unzerstört überstanden. Es hat die Wende überstanden. Hoffentlich wird es Corona überstehen, mit all den schönen Erinnerungen in uns, an ein gutes altes Kino.

Zurück zu meinem Lehrlingsfilmabend der Deutschen Post Magdeburg. An jenem Abend sah ich »Ehe im Schatten«, vom jungen Kurt Maetzig gedreht, der 2011 hundert Jahre alt geworden ist. Dieser Film behandelt die Ehe der Familie Gottschalk im Dritten Reich. Beide Schauspieler, sie ist Jüdin, er ein ziemlich bekannter Bühnenschauspieler in Berlin, der damals gerade seine Filmkarriere begann. Beide geraten unter Druck des Reichsministers für Aufklärung und Propaganda, Dr. Goebbels, dieses schlauen, skrupellosen Verbrechers. Gottschalk wird massiv bedrängt, sich von seiner jüdischen Frau scheiden zu lassen. Da das ihr sicherer Tod gewesen wäre, beschließen beide, Selbstmord zu begehen. Diesen Film halte ich noch heute für einen der bewegendsten. Tränen ohne Ende bei mir auf dem Nachhauseweg, Tränen bei jeder Erinnerung daran. Und später, im Ergebnis davon, intensives Befassen mit diesem Ehepaar Gottschalk, welches im wirklichen Leben auch den achtjährigen Sohn mit in den Tod nahm. Sie liegen auf dem Friedhof in Stahnsdorf bei Berlin. Was für eine Haltung dieser Menschen in einer Zeit, der man, wie Brecht es sagte, entronnen ist.

Dieser Film zeigt großartige Bilder. Was für eine Erschütterung allein diese kleine Einstellung, wo der in die Emigration gehende jüdische Kollege, im abfahrenden Zug stehend, das klemmende Zugfenster nicht mehr öffnen kann, um seinen Freunden zum Abschied die Hand zu reichen. Mensch, Maetzig! So einfach, so großartig, mit fast nichts alles gesagt. Die ganze unselige Zeit in einem Blick!

Maetzig hat später dieses Kunstwerk als letzte UFA-Produktion bezeichnet. Die darin verwendeten Einstellungen, Kameraabläufe, auch die Musik und die Dialogführung seien noch hart an die UFA-Erfahrung gekoppelt. Bitte, ganz bescheiden würde ich jetzt antworten, dass es dann eben ein großer Abschiedsfilm der UFA war und all ihre Verderblichkeit in einem antifaschistischen Film unterging.

Der andere Film von Kurt Maetzig, den ich sah, hieß »Der Rat der Götter«. Spielt in hohen Kreisen der Chemischen Industrie im Ruhrpott. IG Farben entwickelte dort ein Gas, Zyklon B, für das Vernichtungslager Auschwitz.

Das war ein epochales Filmwerk. Es begann in den Dreißigern und endete nach dem Krieg. Auch hier gab es, wie in jedem Film, negative und positive Rollen. Eine Rolle erschien mir Jüngling besonders negativ. Da war irgendein Fiesling, der die Forschung für die Mörder von Millionen Menschen mit allen Mitteln vorantrieb. Diese Rolle spielte Herwart Grosse. Und er spielte sie ganz modern, indem er natürlich war. Ihm reichte für seine Darstellung seine Stimme, sein Aussehen, und eine Persönlichkeit war er sowieso. Er trat als Mensch dort auf, nicht als erkennbarer Lump, sondern als ein Menschenversteher gegenüber diesem noch von Skrupeln geplagten Wissenschaftler, den er mit seiner freundlichen Art auch einfangen kann für diese Drecksentwicklung zur Vernichtung von unschuldigen Menschen.

Mit dieser Rolle hatte Herwart Grosse bei mir den Platz eines der besten Schauspieler der DDR erobert. Da war ich noch sehr jung, und er hat diesen Platz in meinem Herzen behalten.

Er kam aus der revolutionären Jugendbewegung. Aus diesem Kreis entwickelten sich Sprechergruppen, die in der Öffentlichkeit bei den Kundgebungen der KPD vor den Massen auftraten, um kulturell deren Herzen für die rote Sache zu entzünden. Oft unter Anleitung von Erich Weinert, Bertolt Brecht, Hanns Eisler und Friedrich Wolf. Grosse hat die Hitlerzeit im Schillertheater unter Heinrich George überstanden und war bald und dann für immer am Deutschen Theater. Ein kluger, ruhiger, freundlicher Mensch, der in der Maske als Einziger rauchen durfte und für die Asche und die Kippe immer eine kleine, verschließbare Silberdose mitbrachte.

Im DT und BE war der Maskenraum fast ein heiliger Ort. Hier wird der Schauspieler geschminkt, hier beginnt seine Verwandlung. Ein Ort der Konzentration. Was man zu sagen hat, wird geflüstert, nach Möglichkeit aber geschwiegen. Die Maskenzeiten für jeden Schauspieler werden, einmal bekannt gegeben, genauestens eingehalten. Wie hat sich das verändert! Heute wird geredet, geschwätzt, laut und hemmungslos gelacht und sogar Radio gehört. In der Maske! Natürlich erscheint man wie ein verbrauchter Greis mit der Feuerklatsche, wenn man sich das alles verbittet. Aber man muss es sich verbitten, denn wir sind nicht in irgendeinem Kaufhaus oder auf einem Jahrmarkt, wir sind, wie es die ganz Alten sagten, im Tempel der Kunst.

Herwart Grosse gehörte zu der Sorte von Schauspielern, die eigentlich keine Proben benötigen, weil alles sofort stimmt. Staunend stand man in den Proben, hier speziell zum »Richard III.«, und fragte sich innerlich, wie das möglich ist, alles gleich so klar darzustellen. Ich glaube, es war die Intelligenz, die Vorbereitung auf die Rolle und die Klugheit des Lebens, was da zusammenkam. Und wir jungen Menschen versuchten mühsam, aber eifrig strebend, uns anzupassen, und das voller Hochachtung, voller Scham dem eigenen Ich gegenüber, weil man noch nicht so reif war wie die Alten, die mit uns probierten. Dort, am Deutschen Theater, habe ich Demut gelernt und bin dankbar für diese Schule des Lebens im Theater.

So, jetzt komme ich zur eigentlichen Sache: Ich konnte meinem berühmten Kollegen Grosse etwas von der Kunst zurückgeben, mit der er mich bisher beeindruckt, ergriffen und erfreut hatte. Nicht mit Kunst, da konnte ich nicht ranreichen, sondern körperlich.

Wir probierten unter Manfred Wekwerth »Richard III.«. Mit einem fantastischen Hilmar Thate und mit einer neuen Entdeckung aus der Shakespeareforschung der DDR: der direkten Anrede an das Publikum. Wekwerth legte für Thate als Richard die ganze Konzeption darauf um. Richard III. als Entertainer. Thate sprang das Publikum geradezu an, redete auf die Zuschauer ein, legte ihnen seine Sicht der Dinge dar, bat um Verständnis dafür, dass er noch den und den und dann den umbringen müsse, um König zu werden. Für dieses sich Bekanntmachen und Gemeinmachen mit dem Publikum begab er sich sogar in die erste Reihe des Zuschauerraumes, sozusagen nach dem Motto, wenn hier noch ein Platz frei ist, setze ich mich dazu und schau mir die Abfolge meiner eigenen Mordpläne neben Ihnen sitzend an. Ich erinnere mich, dass er auch während der Dialoge mit seinen Feinden immer und immer wieder ins Publikum schielte, um den Zuschauern zu zeigen: Seht mal, so läuft das, so mache ich das, und seht euch meinen Partner noch mal genau an, denn gleich bring ich ihn um. »Richard« Thate als Mörder und Spielleiter – wunderbar!

Und dann die Drehung der Konzeption: Im Laufe des Abends, als es für Richard in seinem Intrigenspiel immer enger wird, immer feindseliger, immer unversöhnlicher, als es gewissermaßen immer anstrengender wird, als Mörder König zu werden, da wurde sein Entertainer-Gespräch mit dem Zuschauer immer weniger, immer kürzer und fand schließlich überhaupt nicht mehr statt. Als rennender Hamster im Laufrad der Macht hatte Richard keine Zeit für einen Blick, für eine Geste und schon gar nicht mehr für ein Gespräch mit dem Zuschauer. Ganz abgesehen davon, dass im sich füllenden Blutbad der Morde wohl auch kein Zuschauer mehr mit ihm darüber sprechen wollte. Was für ein grandioser Grundeinfall.

Ich hatte den Herzog von Clarence zu spielen, also gleich nach Richards Anfangsmonolog die Bühne zu betreten, um mich verwickeln zu lassen in ein Gespräch mit Richard, der mich dahin bringt, meine eben erfolgte ungerechte Verhaftung als gerecht anzusehen.

Das ist sein erster Sieg in dem Stück, und fünf Minuten sind erst vergangen seit dem Anfang.

Einige Bilder später hatte ich einen wunderbaren Tod. Ich wurde von Dieter Franke und Christian Grashof in einem Weinfass ersäuft. Vorher lief aber noch ein Gespräch zwischen uns ab, das sich gewaschen hatte. Die freundlichen Drohungen der beiden und meine gesteigerten Todesängste, war das eine Szene! Und diese beiden freundlichen Mörder zeigten auch noch Verständnis für meine hoffnungslose Lage und baten mich obendrein um Verständnis für ihre Lage, mich nun umbringen zu müssen.

Meine Frau bezeichnet die Szene heute noch als die beeindruckendste in meinem Bühnenleben. Das finde ich ungerecht, ich habe noch viele andere Bühnentode gestalten können, doch ich komme gegen diese ihre Meinung nicht an.

Jedenfalls hat »Richard III.« einen fulminanten Schluss mit dem Schrei nach einem Pferd, das er mit einem Königreich bezahlen will. Nebenbei, erst in dieser Inszenierung habe ich den Aufschrei nach einem Pferd verstanden. Die Könige der damaligen Zeit warfen sich selbst in die Schlacht – mit voller Rüstung und Verhelmung und obenauf ein prächtiger Federbusch. Alle Krieger sollten im Getümmel angstvoll erkennen: Hier kämpft Seine Majestät persönlich. Auf dem Gaul ging das noch, da konnte man das Schwert hin und her schlagen. Die Herrlichkeit im Kampfe war natürlich vorbei, wenn einem das Pferd unterm Hintern abgestochen wurde. Der Reiter, ob nun König oder Söldner, wurde zum Fußgänger degradiert und damit ein Maikäfer auf dem Rücken, und sein Todesurteil stand ohne Verzug fest. Daher dieser Aufschrei: »Ein Pferd! Ein Königreich für ein Pferd!« Das wäre die Rettung für Richard gewesen. Auch Gustav Adolf, König von Schweden, musste es später in den Reformationskriegen bei Lützen erleben, solange er noch lebte. Im Gegensatz zu Richard wurde der schwedische Kollege nicht nur einfach getötet, sondern ausgeraubt und gedemütigt bis auf die nackte Haut. Und Wallenstein erlebt in einem Traum, wie ihm das Pferd vernichtet wird. Wallenstein am Boden und die Hufe der anderen Pferde zertreten ihn. Er ist so beeindruckt von diesem Unfall, dass er danach bei Schiller einen ziemlich langen Monolog darüber hält. Dieser Monolog übrigens fängt mit einer Zeile an, für die allein es sich schon lohnt, Schauspieler zu werden: »Es gibt im Menschenleben Augenblicke, wo er dem Weltgeist näher ist als sonst und eine Frage frei hat an das Schicksal.«

Im »Richard« nun gibt es die »Szene seiner letzten Nacht« vor der entscheidenden Schlacht. Thate wälzt sich unruhig hin und her und schreit die Namen derer, die er alle umgebracht hat. Er ruft auch meinen Namen und den von Grosse, der den Hastings spielte..

Daraufhin erscheinen wir und sprechen fürchterliche Sätze des Verfluchens. Wie das eben so ist, wenn man tot ist und den eigenen Mörder in der Hölle wiedertrifft. Dazu hatte man in der aufgebauten Schräge der Bühne Klappen angebracht, schön verteilt. Aufs Stichwort musste man die Klappe selbst entriegeln, mit dem Kopf rausgucken, bekam ein Spotlicht, damit alles auch alptraummäßig aussah, und los ging es mit dem Verfluchen.

Die Klappen waren an verschiedenen Orten. Wir Ermordeten mussten beim Inspizienten, der für den Ablauf eines Theaterabends verantwortlich ist, antreten. Vom Zuschauer aus gesehen, selbstverständlich nicht sichtbar, war es die rechte Seite im DT. Dann krochen wir nacheinander auf Knien in den engen Hauptgang, von dem dann, noch enger werdend, die Einzelgänge zu den Klappen abgingen. Ein kleines Bergwerk. Ich beschreibe es so ausführlich, um aufzuzeigen, dass auch Schauspieler manchmal körperlich schwer arbeiten müssen. Ich war der Letzte, der auf die Knie musste, denn ich hatte die günstigste Klappe, gleich am Rand rechts. Vor mir sank also mein hochverehrter Herwart Grosse, den ich seit dem fünfzehnten Lebensjahr bewunderte, in die Knie und scheuerte in einer nicht sitzenden, dicken Strumpfhose den Gang entlang. Bitte: vor mir das Hinterteil meines verehrten Kollegen in einer Strumpfhose. Ich bog ab, meine Klappe war ja gleich erreicht, und während ich auf mein Stichwort wartete, hörte ich Grosse noch lange durch die Gänge rutschen, bis er endlich seine Klappe erreicht hatte. Und da tat er mir leid. Er war ja schon in gesegnetem Alter, und ich fand es unwürdig, diesem geachteten Kollegen die äußerste Klappe zuzuweisen. Ganz hinten links, vom Zuschauer aus gesehen.

Und in der Hauptprobe, wo alles schon so läuft und alle schon so aufgeregt tun, als wäre es die Premiere, obwohl man noch drei Tage Zeit hat, da trat ich an Herwart Grosse heran und bot ihm meine günstige Klappe an.

Ich muss sagen, er war gerührt. Er, der mich oft bewegt hatte mit seiner Kunst, dankte mir zutiefst für diese technische Handreichung. Da kroch ich nun, dankbar, dass er es angenommen hatte, schwitzend zu seiner Klappe. Es war aber nun Hauptprobe, und alles sollte ja wie Vorstellung laufen, und so waren die Scheinwerfer auf die Klappen ausgerichtet und gingen, wie festgelegt, Klappe für Klappe nacheinander an und aus. Da ich vergessen hatte, unseren Tausch der Beleuchtung kundzutun – wir hatten ja auch keine Zeit und meine Freude über die humanitäre Hilfe war nachhaltig –, ging der erste Scheinwerfer auf die geschlossene Klappe, unter der Herwart hockte, und ich reiß hinten seine Klappe auf, um im Dunkeln meinen Fluch zu fluchen. Und weil nun Hauptprobe war und alle vor und hinter dem Regiepult nervös waren und es eben doch noch keine Vorstellung war, setzte ein Geschrei von unten ein, als wäre der Abend gescheitert. Und während ich, im Dunkeln hockend, beschimpft wurde, öffnete sich die beleuchtete Klappe und Grosse erschien wie der Geist der Erde und erklärte den Schreienden, er habe mich aus gesundheitlichen Gründen gebeten, die Klappen zu tauschen. Seine berühmte, überall erkennbare Stimme nannte meinen Namen und beschützte mich. Alle schwiegen, die Scheinwerfer wurden umgestellt, und Herwart Grosse bot mir anschließend das Du an. Unvergesslich!

Was kommt nicht alles hoch an Erinnerungen, wenn man eine kleine Geschichte erzählen will.

Theater ist Erinnerung im Kopf, und hoffentlich immer eine schöne! Vielleicht ist es gut, dass man diese Theatererinnerung nach vielen Jahren der immer besser werdenden Erinnerung nicht mehr sehen muss. Vielleicht wäre man enttäuscht, wenn man nicht das wiederfände, was man da in sich trägt. Das wäre wirklich traurig, denn Erinnerung ist doch gelebtes Leben.

Wenn ich zum Beispiel an die legendäre Inszenierung am BE denke: »Purpurstaub«. Ich war damals noch am DT, aber wie oft hieß es nachmittags im Freundeskreis, los, auf in den »Purpurstaub«. Da man selbst ein Ire sein wollte, vor allem im Trinkgenuss, erschien man oft dezent angedudelt im Zuschauerraum und amüsierte sich. Ich glaube, dieses Unikum von Inszenierung habe ich zehnmal gesehen. Was für ein Glück der Erinnerung! Nein, bloß kein Dokument des Festgehaltenen davon sehen, dann wäre ja die Freude vorbei. Vielleicht.

Ich bin überzeugt, dass man Theater pur machen muss. Eine Erarbeitung der Rolle ist nur aus dem eigenen Ich möglich. Was sollen Mitschnitte auf Proben, um den Schauspielern dieses und jenes begreiflich zu machen? Wenn man nichts aus eigenem Empfinden entwickeln kann, soll man es lassen. Mikrofone an der Backe machen keinen »Alltagston«, sie demaskieren die Unfähigkeit des Trägers, diesen geforderten Alltagston aus sich zu schaffen.

Übrigens gibt es keinen Alltagston, das ist Blödsinn. Es bleibt immer die Erhöhung, die gemeistert werden muss. Nur von einer künstlerisch hohen Warte kann man eine Stimmung schaffen, die dem Zuschauer als Alltagston erscheint. Theater bleibt Theater und ist mindestens einen Meter höher als der Zuschauerraum. Ich habe noch gelernt, dass das eine Verpflichtung für alle bedeutet, die darauf agieren. In diesem Sinne, tausend Grüße an den »Purpurstaub«! Und zweitausend für jede schöne Erinnerung!

Ein echter norwegischer Handschuh geht verloren, und meine Mutter bringt Heidi Kabel zum Lachen

Heidi Kabel ist wieder da. Also, sie ist tot, im Jahr 2010 in ihrer Heimatstadt verstorben, aber ich habe einen Bildband in der Hamburger Bahnhofsbuchhandlung gefunden: »In Hamburg sagt man tschüss«. So heißt das bunte Bilderbuch eines gelebten Lebens.

Tschüss, das ist so die Hamburger Verabschiedung. Tschüss, das hört man auch in der S-Bahn: »Tschüss sagt Ihnen die Hamburger S-Bahn.« Na, dann soll sie mal, und ich bewundere jeden Tag diese Einrichtung. Da funktioniert was, das ist pünktlich, das ist robust und – nicht zu fassen für einen Berliner – das fährt auch!

Vor einiger Zeit war ich in Paris. Da kachelt sich aber auch was zusammen in der U-Bahn. Voll, schnell, laut, also richtig laut. Schwankend wird man hin und her geworfen. Und wer zählt die Völker, nennt die Namen? Da fährt die ganze Welt hin und her in Paris unter Tage. Und die haben diese Drehkreuze zur Kontrolle. Besser geht's nimmer. Schein rein, Schein hinten raus und dann durch. Mir sind bei meinen Fahrten drei Leute ins Kreuz gesprungen, die mich als Huckepack benutzten und so durch die Kontrolle gekommen sind, ohne zu bezahlen. Ich hatte mich richtig daran gewöhnt und war eigentlich verwundert, wenn mir keiner den Rucksack machte.

Wie kam ich vorhin auf Heidi Kabel? Ganz einfach. Die Frau hat mich, den gemeinen Fernsehzuschauer, begleitet, und das Schönste daran ist, ich konnte es ihr auch noch sagen.

Heidi Kabel war mir ein Begriff durch das Westfernsehen, durch die Übertragungen des Ohnsorg-Theaters. In diesen Übertragungen haben sie nicht im richtigen Platt des Hamburgers gesprochen, sondern so, dass es auch meine Mutter verstand. Und es gehört zu meinen schönsten Erinnerungen, dass meine Mutter lachte vor dem Fernseher, wenn Heidi Kabel spielte mit den anderen unvergessenen Schauspielern dieses Traditionstheaters. Was hatte die Frau in sich und an sich, dass sie meine Mutter so zum Lachen brachte?

Sie war echt!

Sie war eine Volksschauspielerin!

Was ist das? Nichts! Es ist absolut nichts, bis auf eines: Es ist die Fähigkeit, die Herzen der Menschen zu erreichen. Und was gibt es Schöneres, als die Herzen zu erreichen und damit die Gefühle und die Ansichten und die Auffassungen der Menschen.

Ich vertrete dieses Volkstheater, weil ich engagiert war an solchen Häusern, und das hat mich geprägt. Das Theater Neustrelitz, das Volkstheater Rostock, das Volkstheater München, das Altonaer Theater in Hamburg. Die anderen Theater nenne ich ohne »Volk«, aber ich weiß, dass sie es waren: das Deutsche Theater Berlin und das Berliner Ensemble. Wir wollten die Menschen erreichen, wir wollten ihnen die Probleme des Lebens erzählen, sie sollten mit uns weinen, sie sollten mit uns lachen. Sie sollten mit uns empfinden, sie sollten mit uns die Vergangenheit betrachten, sie sollten die Zukunft sehen, sie sollten nachdenken über gescheiterte Bemühungen und aufatmen, wenn es gut ausging bei all diesen Geschichten auf der Bühne. Und sie kamen ja auch alle ins Theater, weil wir die Geschichten verständlich erzählten.

Ich lasse mir den Begriff »Volkstheater« nicht wegnehmen und irgendwo in eine untere Schublade stecken. Nein, nein, liebe junge Kollegen von heute, es ging damals darum, die Zuschauer in den Bann unserer Bemühungen zu kriegen und nicht die Sektflaschen zu öffnen und zu feiern, weil in der Pause wieder hundert gegangen sind. Das heißt, so doof sind die nicht, diese Weltverbesserer, nein, jetzt spielen sie ohne Pause. So ist es eben, Tür zu, eingesperrt und ab geht die neue Version von »Emilia Galotti«!

Danke! Auf Wiedersehen!

Bin ich verstimmt? Nein! Ich habe genug Arbeit. Ich spiele ja noch, ich versuche noch, einen Zauber zu verbreiten. Jener Zauber, der mich, beginnend im Schülerring am Theater Magdeburg, so berührte, dass ich diesen Beruf ergreifen wollte. Besser gesagt, ergreifen musste. Ich fühlte es in mir, dieses nicht erklärbare Phänomen: Der Vorhang geht auf, und eine andere Zeit, eine andere Welt meldet sich zu Wort.

Was ist das für eine Kostbarkeit, zweitausend Jahre alt!

Ja, Heidi Kabel! Die hat meine Mutter verzaubert vor dem Fernseher, und die Traurigkeit bleibt, dass sie es nie im Original sehen konnte. Aber auch der Trost ist zur Stelle: Original in Hamburg? Da hätte Mutter ja nichts verstanden. Danke also an Walter Ulbricht, dass er das durch den Mauerbau verhindert hat! Na, der dreht sich jetzt im Grab dreimal rum, weil alles vergeblich war: sein Kampf gegen »jeh, jeh, jeh« und gegen das Westfernsehen, in dem Heidi Kabel auftrat, die meine Mutter zum Lachen brachte.

Irgendwann in den frühen neunziger Jahren fuhren meine Frau und Tochter Anna nach Thüringen in einen Winterurlaub. Es war kein Winterurlaub, wie man sich ihn denkt, vierzehn Tage oder vier Wochen. Nein, bei der Familie Bause sind das drei Tage, genannt Urlaub. Mühsam aus dem Terminkalender herausgeschnitten. Wir lebten ja alle schon im Westen, und eigentlich war alles möglich, und ich erinnerte mich plötzlich daran, dass ich in Gotha geboren, also Thüringer bin. Auch diese Landverbundenheit begriff man erst langsam, heute ist es selbstverständlich. Und man hat gelernt, dass wirklich jedes deutsche Land Menschen formt. Die Westfalen mit ihrem Dickschädel, die Mecklenburger mit ihrem Hin- und Herwenden der Gedanken, die Berliner mit ihrer Langmut und die Sachsen, die überall sind und immer alles richtig machen. Nach ihrer Ansicht.

Ich habe damals den Drei-Tage-Urlaub hinbekommen, mit einem Zimmer und so weiter. Und wir fuhren wirklich dahin, um die drei Tage zu genießen, und machten, wie es sich für einen richtigen Urlaub gehört, am Nachmittag des ersten Tages einen Spaziergang. Das Tragische trat ein, als Tochter Anna nach einer Schneeballschlacht ihre schönen norwegischen Fausthandschuhe auf einen Gatterzaun steckte und vergaß. Diese echten norwegischen Handschuhe hatte ich von einem Gastspiel mit dem »Kontrabass« aus Oslo mitgebracht. Ein Verein hatte mich im Konzerthaus im Gendarmenmarkt gesehen und eingeladen. Ich übernachtete beim deutschen Botschafter in Oslo, der wohl auch die Gage sponserte, und spielte das Stück in dem Saal, in dem sonst der Friedensnobelpreis verliehen wird. Die deutsche Gemeinde war zahlreich versammelt und der Erfolg groß. Im Hause der Chefin des Vereins gab es noch ein Essen, aber was mich besonders faszinierte, war die Tatsache, dass wir alle vor dem schönen Reihenhaus standen und sehr lange warten mussten, bis die Alarmanlagen von der Mieterin entsichert waren. In Oslo, bitteschön! Ich konnte mir nicht vorstellen, dass es sich auch in Deutschland einmal lohnen würde, Alarmanlagen stundenlang zu sichern und zu entsichern.

Tochter Anna aber hatte sich nicht abgesichert mit den Winterklamotten, und die Handschuhe waren verschwunden, als wir, den Verlust bemerkend, im Schweinsgalopp zurückliefen, um zu retten, was nicht mehr zu retten war. Beleidigt und uns gegenseitig die Verantwortung für den Verlust zuschiebend, standen wir drei Personen im Schnee und zufällig vor einem halb zugefrorenen Informationskasten der Gemeinde. Das Positive bestand in diesem Augenblick im Aufgehen einer Vision. In dem mir namentlich entfallenen Ort in Thüringen wurde ein Gastspiel von Heidi Kabel angezeigt, mit Tochter, mit Schwiegersohn, sagen wir es schlicht: mit ihrer ganzen Familie. Und ich sehe mich noch wie heute vor diesem Ankündigungskasten stehen und prophetisch zu meiner Familie sagen: Die machen es zusammen, die haben keine Scheu, gemeinsam aufzutreten. Das soll auch unser Ziel sein in dieser neuen Zeit.

Das war nicht in den Schnee und in den Wind gesprochen, denn wir haben es tatsächlich geschafft. Meine Frau Hellena mit mir auf der Bühne. Unsere Tochter Anna bei vielen Gastspielen und Tourneen mit uns auf der Bühne. Unsere Tochter Maria in unseren Brechtprogrammen und anderen Unternehmungen am Klavier mit uns auf der Bühne. Wir hätten uns auch »Bause à la Kabel« nennen können, so oft stand meine Familie vereint auf der Bühne. Was ist ein verlorener Handschuh gegen solche Lebensaufrechnung? Obwohl es schade um ihn war, denn er war ja aus Oslo. Handschuh und Familienerfolg, das wär's gewesen, aber man muss auch loslassen können!

So, und viele Jahre später sitze ich in einer Talkshow auf der Bühne vom Winterhuder Fährhaus in Hamburg. Wir spielten damals gerade Tschechow, das Übliche an einem Abend: »Heiratsantrag«, »Der Bär«, »Schädlichkeit des Tabaks«. Ich war, wegen des Erfolges unseres Abends an eben diesem Haus, ausersehen, in der Talkrunde das Theater zu vertreten. Die Kollegen mussten mich nicht überreden, ich rede gern öffentlich. Doch ich hatte mich zu disziplinieren, denn, das sage ich ausdrücklich, der Hauptgast war Heidi Kabel. Da saß diese ungemein beliebte Frau neben mir, die Lachfanfare für meine Mutter, und ich habe es Frau Kabel erzählt. Alles! Von meiner Mutti, von unserem »Urlaub« in Thüringen, von unserem Lesen ihrer Theaterankündigung, von meinem Schwur im Schnee, es den Kabels nachzumachen und als Familie die Theaterbühnen zu erobern in der neuen Zeit, die für uns alle ein Beginn des Anfangs werden sollte. Und dass es uns gelungen war. Das alles habe ich der freundlichen, berühmten Frau öffentlich im ausverkauften Theater gesagt.

Und Ihre Reaktion? Lachen, unbändiges Lachen über diesen verhakelten Blödsinn in einem Schauspielerleben.

Mit anderen Worten: Sie hat sich gefreut über uns alle, auch über meine Mutter. Wenn meine Mutter wüsste, dass sie Heidi Kabel zum Lachen gebracht hat, ich glaube, ihre wunderschönen roten Haare wären mit einem Schlag weiß geworden, natürlich vor Freude. Also, Verbeugung vor Heidi Kabel, dieser echten Volksschauspielerin, und vor meiner Mutter, die ihre Kunst verstanden hat als erfrischende, lebensbejahende Hilfe im gewöhnlichen grauen Tag der damaligen Zeit.

Ich habe das Buch über Heidi Kabel gekauft. Dank muss sein.

Was Tourneetheater eigentlich heißt

2011 war es, das Jahr hatte begonnen, ach begonnen, schon fest im Tritt war es. Man merkte es an der Arbeit. Textlernen für »Wallenstein – Die Sterne lügen nicht« am Hamburger Planetarium, für »Jugend ohne Gott« im Altonaer Theater, für »Kollaboration« in der Tournee der Agentur Landgraf, und dazwischen sollte ein Abschied sein. In Rostock. Da war ich fünf Jahre engagiert, von 1965 bis 1970. Hier ist die Jahreszahl mal wichtig, weil es eben nur fünf Jahre waren, aber für die Rostocker und für mich sind es gefühlte vierzig Jahre. Das stimmt wirklich. Innerlich hatte ich Rostock nie so ganz und richtig verlassen. Kann man auch nicht, wenn man da so infernalisch präsent in das Volkstheater eingestiegen ist. Es waren Rollen, die wie für mich geschrieben waren, da gab es junge und fröhliche Begegnungen in den vielen Tagesgeschäften, da hatte man schwer zu arbeiten an den sieben Rostocker Theaterspielstätten und es mit einer Leitung zu tun, die einen nicht zur Ruhe kommen ließ.

Heute geht es landesweit nicht mehr um sieben Theater, sondern nur noch um ein Theater. Und die Lokalpolitiker, das weiß ich heute, begründen ihre Ansichten über Kultur wirklich mit Zahlen: Wie teuer? Wie viel waren da? Lohnt es sich?

Darum strampeln und hampeln die Landestheater durch Gegenden, die immer den Tourneetheatern vorbehalten waren. Deren Eindringen in allgemein festgelegte Vereinbarungen hat den Tourneetheatern schwere Beschränkungen eingebracht. Ich will nicht von Niederlagen reden, denn es geht um Kultur und um Menschen. Aber ein leichtes Kopfschütteln ist wohl angebracht, wenn man im Theater

Bozen-Tirol ein Gastspiel eines Mecklenburger Theaters entdeckt. Um Himmels willen, fragt man sich da, wer nutzt denn da wem? Es ist doch für jeden kaufmännischen Laien nachvollziehbar, dass das nichts einbringen kann. Die festangestellten Schauspieler nehmen die Mühe auf sich, von Mecklenburg nach Bozen zu fahren, im Bus selbstverständlich, kommen an, fallen in das Hotelbett, haben am nächsten Vormittag Probe, spielen abends, um am nächsten Tag wieder nach Hause zu fahren. Das mag ja alles in Ordnung sein, aber wozu, wenn die Tourneetheater gleich nebenan spielen?

Es geht den Verantwortlichen einfach darum, den örtlichen Politikern zu beweisen und vorzuführen, was man doch für ein respektables Landestheater ist, welches man nicht kaputtsparen sollte. Und wenn mein Theaterunternehmer Landgraf vorher dreimal in einer Stadt spielte, dann eben nur noch einmal. Das macht bei vierzehn Neuinszenierungen achtundzwanzig fehlende Vorstellungen. Da fehlt dann schon eine ziemliche Summe, um Neuinszenierungen in Gang zu setzen. Es sind flankierende Eingriffe zu beobachten auf diesem Gebiet. Was ist da nicht alles unterwegs auf dem flachen Land!

Ich habe es hautnah erlebt nach siebzehn Jahren Tourneetheater auf der Theatermesse in Fellbach bei Stuttgart. Im größten Saal der »Schwabenlandhalle« hatten die Theaterunternehmungen ihre Verkaufsstände aufgebaut, dicht an dicht. Für solch einen Stand muss man nicht wenig bezahlen, und natürlich gibt es da eine Hackordnung. Landgraf mit seinen vielen Jahren Erfahrung steht repräsentativ da, das fällt ins Auge. Es muss auch ins Auge fallen, damit die Kulturverantwortlichen der Städte und Gemeinden stehen bleiben bei ihren Überlegungen, was »ihre« Bürger denn auf der Bühne sehen wollen. Damit man keine Minuten sinnlos verplaudert, haben die Einkäufer andere bunte Erkennungsschilder als die Verkäufer. Da ist man zwei Tage intensiv im Gange, und ich muss gestehen, dass ich höchst beeindruckt war von diesem Kulturmarkt. Respekt allen, die sich da bereitstellen. Die, die sich keinen Stand leisten können, ziehen mit einem Bollerwagen, vollgepackt mit ihren Angeboten, durch die durcheinanderwirbelnde Menschenmenge. Voller Hoffnung und bestimmt auch voller Bitternis.

So bekommt man an einem normalen Herbsttag einen Bienenschwarm ohne Königin zu sehen. Und am Abend erhielt ich von allen den INTHEGA-Preis für mein Lebenswerk und für meine gute Arbeit im Unterwegssein auf dem flachen Land.

INTHEGA, das ist die Interessengemeinschaft der Städte mit Theatergastspielen, also solche, die keine eigenen Theater betreiben. Im Moment sind das etwa vierhundert Städte in Deutschland, Österreich und der Schweiz. Es ist zu befürchten, dass noch mehr dazukommen werden, denn das Theater steht in jeder Stadt unter verschärfter Beobachtung, wenn es an das Verteilen der öffentlichen Gelder geht. Ich sage es schlicht und hochzufrieden: Dieser Preis ist was wert. Nein, Geld gibt es nicht, woher denn? Aber dass sich die verschiedensten Leiter der Kultur aus den unterschiedlichsten Regionen geeinigt hatten, mir diesen Preis zu verleihen, das ist eine größere Nummer. Das ist mehr als meine vier Aktivistenauszeichnungen aus der DDR, das darf ich so sagen. Natürlich war Aktivist auch eine Anerkennung, aber man bekam sie in der Sicherheit der Arbeit. Es war auch nicht wichtig, wenn man nicht dran war, aber natürlich freute man sich, wenn eine Rollenerarbeitung besonders gewürdigt wurde. Doch es hing keine Frage der Weiterbeschäftigung davon ab, man ging weiter seinen Weg in dem Theater, in dem man engagiert war für ein ganzes Leben.

Aber so ein INTHEGA-Preis, der wirft ein helles Licht auf die Beteiligten. Auf die Vergeber und den Geehrten. Und ist ein Glockenschlag im Leben eines Bühnenschauspielers, der einfach immer unterwegs ist. Und alles ohne Wirkung für die Öffentlichkeit und für die anderen Theaterschaffenden. Wie soll es auch werden, wenn die Theaterfachzeitschriften nicht davon Notiz nehmen, weil sie unsere Arbeit, diese Frontarbeit am Puls der Kunst, nicht schätzen, also auch nicht besprechen? Ich unterstelle, dass sie unsere Arbeit verachten. Und wenn ich ihre Beiträge über andere Theater lese, diese wunderbaren Fotos von Aufführungen sehe, dann fühlt man sich doch draußen gelassen. Ich bin nicht beleidigt, ich bin nicht frustriert, denn ich erlebe die Wirklichkeit zwischen dem subventionierten Oben und den Mühen der Ebenen. Wir sind auf uns allein angewiesen, auf unser Können, auf unsere Erfahrung, und wir können in den Inszenierungen der »Wanderbühnen« nicht in tiefe Geldbeutel greifen nach Münzen, die der Steuerzahler bereitstellt. Dieser möchte dafür großartige Theaterabende erleben, die er versteht, begreift. Theaterabende, über die er sich ein Urteil bilden kann, weil es um ihn geht. An denen Inszenierungen gespielt werden, die dem Stück dienen, denn ein Gedanke bleibt auch nach zweitausend Jahren ein Gedanke. Das kann man doch darstellen, ohne in dreckigen Schlüpfern auftreten zu müssen. Ich gestehe, manchmal gelingt es, ein überzeugendes Tourneetheater aufzuführen, oft versanden alle Bestrebungen. Aber es wird nicht aufgegeben. Wo kämen wir denn da hin? Wie sagt Tabori in den »Goldberg-Variationen«: »Scheitern, scheitern, besser scheitern!«

Das alles habe ich versucht in einer Dankesrede zusammenzufassen. Danach war die Hölle los. Und weil die Rede zu meinem Leben und Bemühen dazugehört, füge ich sie hier in Auszügen ein.

Meine sehr verehrten Damen und Herren!

Bitte gestatten Sie mir, Ihnen zu danken. Zu danken in aller Demut und in großer Bescheidenheit. Sie haben entschieden, mich in eine Preisträgerreihe zu stellen, in der Namen stehen, die einfach nicht zu übergehen sind, wenn man über deutsches Theater spricht. Und dann noch mit Ellen Schwiers als Vorgängerin des Preises, deren Darstellung der Mutter Courage mir in allerbester Erinnerung ist. Dieses Lob von mir an

Sie, liebe Ellen, bitte ich zu genießen, denn ich weiß, wovon ich rede: Als Werber und später als Feldprediger habe ich dreizehn Jahre lang am BE Gisela May durch den Dreißigjährigen Krieg gebracht.

Ich weiß also, wie hoch die Latte des Anspruchs hier bei Ihnen allen ist.

Dies bedenkend und die Auszeichnung hin und her drehend, habe ich festgestellt, dass ich der erste Schauspieler aus dem Osten bin, der aufgerufen wird, zwanzig Jahre nach der Wiedervereinigung.

Allein um diesen Satz auszusprechen, hat es sich gelohnt, hierher zu kommen.

Danke also Ihnen, den Machern, die immer und immer wieder versuchen, Unternehmungen auf die Beine zu stellen für Theateraufführungen, die ein Erlebnis vermitteln sollen, zur Freude und Erbauung derer, die zu uns kommen.

Für uns DDR-Schauspieler mit unseren lebenslangen Verträgen in den ausgebeulten Taschen stellte der Begriff »Tourneetheater« keine Königsklasse dar. Schaudernd hörten wir, dort im Westen fänden dabei ausgedehnte Saufabende statt, wir hörten von Hotelzimmern, die im Delirium nachts schwarz angestrichen, von Waschbecken, die aus den Halterungen gerissen wurden. Also, alle solche Sachen hörten wir, nur von der Arbeit und von den Anstrengungen und von den Erfolgen hörten wir nichts.

Sie können sich nicht vorstellen, welches Glück es bedeutete, zu entdecken, dass Tourneetheater etwas Anrührendes, Bewegendes, Einzigartiges und Forderndes ist, wenn man dazu bereit ist: jeden Abend Premiere! Jeder Abend ein neuer Abend! Gestern war gestern und heute ist heute, und immer die Freude, dass Sie uns genommen haben.

Das zu erleben, das ist Glück in diesem Beruf, der mehr und mehr verkommt. Für mich fängt die Verkommenheit auf der Bühne an, wenn man sich Microports an die Backe klebt und Videowände aufstellt, damit alles im sogenannten Alltagston und Alltagsgehabe erscheinen kann. Das sind Beleidigungen für das Theater, das doch aufgerufen ist, zusammen mit dem Zuschauer einen einmaligen großen und natürlichen Abend zu schaffen.

Ich habe zwei Leben: In dem einen war man wohlbehütet mit dem Deutschen Theater Berlin und mit dem Berliner Brecht-Ensemble gut aufgestellt, und man war, nicht unwichtig für einen öffentlichen Beruf, berühmt in dem kleinen Land.

Einem kleinen Land, welches sich aber nicht zu schade war, den Beruf »Schauspieler« als schützenswert zu betrachten.

Und manchmal, Sie erlauben das zu sagen, werde ich doch nostalgisch, wenn ich mir, den ein oder anderen Kollegen auf der Bühne beobachtend, sage: In der DDR wärst du nie auf die Bretter gekommen!

Bretter, die sich einen Meter über dem Zuschauer befinden, und jeder, der darauf steht, hat eine verdammt große Verantwortung. So habe ich das noch gelernt, und wenn man das heute laut sagt, wird man zwar gleich in die antiquierte Ecke gestellt, aber merkwürdigerweise gelingen aus dieser sogenannten dunklen Ecke heraus immer noch große Theaterergebnisse.

Vor zwanzig Jahren das neue, große Land betretend, brachten wir Ostschauspieler zwei wesentliche Punkte mit ein: Wir waren erstklassig ausgebildet, und wir glaubten an einen Theaterabend – jetzt verwende ich ein DDR-Wort – durch das Kollektiv. Es gab nicht den oder den Schauspieler, dessentwegen allein man ins Theater ging; man ging, weil einfach da und da und dort gutes Theater gemacht wurde. Gute und schlechte Leute gibt es immer, aber die Erarbeitung eines Abends, das war Kollektivarbeit. Da gab es kein: »Hier bin ich vorn, und du dahinten mach, was ich sage!«

Selbstherrlichkeit, Besserwisserei und eine übertriebene Eitelkeit sind Mühlsteine am Hals einer Stückerarbeitung.

Das kollektive Theatererlebnis, das hatten wir verinnerlicht, und ich habe es auch im Tourneetheater immer wieder so betrieben: Das Ensemble steht im Mittelpunkt, dem Zuschauer zur Freude.

Als wir vor sechzehn Jahren starteten, war das unsere Grundlage, und Ihr Erstaunen darüber hat uns ja auch immer wieder Ihre begehrten INTHEGA-Preise eingebracht.

Bitte glauben Sie mir, dieser Traum vom Ensemble, der war immer da und wird immer wieder da sein.

Natürlich gibt es Wegbegleiter und Wegbereiter, denn man ist ja, wie eben gesagt, nicht allein unterwegs.

Liebe Familie Landgraf!

Wir kennen uns nun achtzehn Jahre und arbeiten fast sechzehn Jahre zusammen, und was war das für eine Zeit, was waren das für Erlebnisse, ganz kleine Irrtümer, viel Text und ganz große Erfolge.

Unvergessen, wie Sie im Staatstheater Dresden, nach der Premiere von Millers »Talfahrt« uns gegenübersaßen und einfach beherzt zugriffen. Das ist Ihnen beiden leichtgefallen, zumal sie das Gespräch mit der Bemerkung eröffneten, dass ihnen »Talfahrt« ausgezeichnet gefallen habe und wir sollten das Lob auch beachten, denn sie hätten das Stück selber im Programm. Das hört jeder Theaterschaffende gern, dass er besser sei als andere! Da ist er käuflich!

Was dann folgte, war genau so, wie Sie es uns gesagt hatten: Wir mussten unser Leben umkrempeln, denn Tournee ist Tournee, weil es eine Tournee ist. Und was waren das damals noch für Vorstellungszahlen!

Sie waren immer für uns da, für unsere Probleme, aber sie müssen auch bestätigen, dass wir es immer vermieden haben, Sie über Gebühr zu belästigen. Wir wussten um Ihr Arbeitspensum. Wir waren nicht immer gleich einer Meinung, aber wir einigten uns, weil wir uns gegenseitig achten in unserem Tun.

Unsere Hochachtung vor Ihrem Beruf des »Vorbereitens«, der »Idee für etwas«. Das »Durchsetzen eines Vorhabens« verdient unseren tiefsten Respekt.

Bitte betrachten Sie meine Auszeichnung als ein Ergebnis unserer gemeinsamen Arbeit.

Und Dank – Ihnen allen, die diese Arbeit vollbringen, von der wir Schauspieler keine Ahnung haben, außer dass wir uns künstlich aufregen. Geschenkt, und vergeben sie uns lächelnd.

Dank an Sie, meine Damen und Herren, die uns aufkaufen, wenn ich es so locker formulieren darf, und Dank an all jene Veranstalter, die nach einer guten Vorstellung in den Garderoben erscheinen, um ihren Dank auszusprechen.

Sie wissen gar nicht, welche Herzenswärme Sie in uns auslösen in unserer Einsamkeit in der Ferne. Wir hängen doch alle zusammen.

Ihre Hoffnung, Ihr Bangen, was das nun alles werden wird, kann ich vollkommen verstehen. Die Gelder sind knapp, da gilt es zu wägen und zu wagen, denn schlechte Theaterabende bleiben einem am Hacken kleben. So wünsche ich Ihnen weiter Mut und ein gutes Auge für unsere Angebote.

Meine sehr verehrten Damen und Herren!

Ich vermute, Sie erwarten nun von einem gestandenen Brecht-Schauspieler zur Tröstung zum Schluss etwas von dem Meister Bertolt in allen Lebenslagen. Ich dachte zuerst an das Gedicht vom Fisch Fasch, der davon lebt, allen Leuten seinen weißen Asch zu zeigen. Als aber dann die Verhältnisse der Menschen nicht mehr so fröhlich sind, will keiner mehr den weißen Asch vom Fisch Fasch sehen. Aber er kriegt das nicht so mit, bietet sich weiter frohgemut an, und daraufhin wird er verdroschen und rausgeschmissen.

So geht es eben Künstlern, wenn sie sich entfernen von realen Gegebenheiten, wenn sie auf der Bühne ohne Demut und Anstand agieren.

Da fiel mir aber mein Freund Heinz Kahlow ein, und da wir im zwanzigsten Jahr der Wiedervereinigung sind und ich damit auch angefangen habe, dachte ich daran, dass dieser Satiriker 1982 einen Sechszeiler geschrieben hat, der prophetisch wurde für uns in der DDR. Unsere Aufgabe vor zwanzig Jahren war es, wieder Fuß zu fassen in unserem geliebten Beruf:

Ich lebe schon lange im Osten
und habe einen schönen Posten.
Es wäre natürlich am besten,
ich hätte den Posten im Westen.
Doch wäre der Westen im Osten,
hätt ich nicht diesen Posten.

Nun, einen Posten haben Sie mir nicht gegeben, aber einen Preis, der uns zeigt, es lohnt sich, für die Träume und Fantasien unserer Zuschauer zu arbeiten.

In diesem Sinne, lassen Sie uns fröhlich, unverzagt und, das betone ich besonders, gemeinsam in die Zukunft blicken! Bleiben Sie dafür gesund, bleiben Sie dafür voller Ideen! Verlieren Sie nicht Ihren Humor, der so wichtig ist in unserer Arbeit!

Verwirklichen wir alle unsere Ideen zum Wohle des deutschen Theaters!

Nun sei noch gesagt, was eigentlich eine Theatertournee bedeutet. Im Allgemeinen beschließt die verantwortliche Agentur, in meinem Falle die Familie Landgraf, ein Stück zur Aufführung zu bringen. Vor solch einer Festlegung wird eine Art Marktforschung betrieben, in der man zu ergründen versucht, ob das gewählte Stück auch Chancen hat. Übrigens werden die Klassiker des Theaters für Jahre im Voraus unter den Agenturen abgesprochen. Das muss auch so sein, wer will denn drei »Jungfrauen von Orleans« von drei verschiedenen Theaterunternehmungen in einem Jahr kaufen? Steht es fest, dass man ohne tiefe rote Zahlen durch dieses Unternehmen kommen kann, werden Bühnenbild, Regie, Kostüm verpflichtet und die Schauspieler ausgesucht. Das ist nun wirklich eine sehr schwierige Sache. Bitte zu bedenken, dass es nicht nur gute Schauspieler sein müssen, nein, sie müssen auch noch sozial verträglich sein. Ich habe Regisseure erlebt, die es nicht so genau nehmen, und als Ergebnis hat man dann monatelang ungemütliche und unfreundliche Gesellen am Hals. Eine Theatertournee erfordert ein hohes Maß an Selbstdisziplin und Zurückhaltung. Wenn man Monate unterwegs ist, kommt eine gewisse Erschöpfung der Kräfte hinzu. Es ist eben alles schwere Arbeit. Besonders für die Technik, die in der Nacht zum Zielort fahren muss, ab Mittag aufbauen darf, alles technisch einrichten muss und abends die Vorstellung begleitet. Danach Abbau und nach Mitternacht geht es weiter zum nächsten Spielort. Manchmal liegen Hunderte Kilometer dazwischen, und manchmal taucht man wieder da auf, wo man Tage vorher gleich nebenan war. Keine der Theaterunternehmungen kann es sich leisten, auch nur einen Termin liegenzulassen. Der Kampf um die Termine in den Kultureinrichtungen wird immer härter. Und alle wissen um die Verantwortung einem solchen Unternehmen gegenüber. Diese Verantwortung heißt: ein sehr guter Theaterabend.

Hans Bunge und der Wartesaal von Helsinki

In Rostock gab es einmal das Interhotel »Warnow«. Unter Kennern geschätzt wegen der guten Bar im ersten Stock und dem Barkeller unter dem Hotel. Wer da saß, der war was. Sehr gern gesehen dort unten waren unsere schönen Mädchen der Rostocker Schauspielschule. Und es gab Salami aus Ungarn, in dünnen Scheiben geschnitten. Ich habe es nie erlebt, aber man hörte neidvoll von dem Treiben im Keller. Es endete viele Jahre später gerecht: Die Chefs des Kellers wurden verhaftet, denn für die Salamischeibenausgabe waren wohl keine Abrechnungsbelege zu finden, und Steuerhinterziehung war auch im Sozialismus kein Fremdwort. Der Keller war nicht meine Welt. Ich verkehrte in der Bar oder mehr noch im Restaurant. Da gab es gutes Essen und eine technische Neuheit: die optische Lichtschranke für die Kellner. Egal von welcher Seite sie anrauschten, ob Küche oder Restaurant, in dem Moment, wenn sie die Lichtschranke in Kniehöhe passierten, flogen die Türen mit einem Krachen auf und die Gäste konnten die Eingeweide der Küche sehen und die Köche die wartenden Gäste. Die Neuheit faszinierte uns, und wir nahmen immer den Tisch an der Lichtschranke. Wenn es langweilig oder zu ruhig wurde, Hand durchziehen – und krachend flogen die Türen auf und eine Abteilung starrte die andere an.

Eine weitere Freude bereiteten die über den Gästetischen hängenden Lampen. Das waren kunstvoll gefertigte, ineinandergreifende Ringe, dem Kupfer nachempfunden. Es sah gut aus, aber die Lampen hingen so über dem Tisch, dass man beim Aufstehen mit dem Kopf gegen die Lampenschalen schlug. Diese lösten sich aus ihren Halterungen und fielen laut scheppernd auf den Tisch. Darauf begannen die peinlich berührten Gäste, unter den wachenden Kellnerblicken die Lampen wieder mit den Ringen zu bestücken. Uns vom Theater passierte das nicht, wir kannten den Trick, aber mit zunehmendem Gotano-Genuss vergaßen wir es dann auch wieder.

Und in diesem Restaurant trat eines Mittags ein Mann an meinen Tisch, der mein weiteres Leben bestimmen sollte. Er hatte mich am Tag zuvor in »Rameaus Neffen« im »Intimen Theater« gesehen und wollte sich für diese Darstellung bei mir bedanken. Das formulierte er so, dass es mich tief berührte. Es war kein allgemeines Lob, es war tiefer beobachtet, sehr sympathisch formuliert.

Vor mir stand Hans Bunge. Hans Bunge, das war noch ein richtiger Schüler von Brecht, und gemeinsam mit Manfred Wekwerth, Peter Palitzsch, Isot Kilian gehörte er zum engsten Kreis des Meisters. Als wir uns kennenlernten, hatte er schon ein bewegtes Leben hinter sich, war einst jüngster Hauptmann der Deutschen Wehrmacht und mehrere Jahre in sowjetischer Kriegsgefangenschaft gewesen. Nach Brechts Tod 1956 hatte er das Brechtarchiv aufgebaut, und es sollte sein Lebenswerk werden. Hierbei muss es wohl zu Überwerfungen mit Helene Weigel gekommen sein, denn er beendete diese so erfolgreiche Arbeit 1960. Zu Brechts Lebzeiten hatte er Brechts Probenarbeit nicht einfach schriftlich festgehalten, sondern auf einem Tonband. Bunge bediente sich damals also einer der neuesten Techniken. Allein wenn man an den Aufbau der Anlage denkt, dieses umständliche Leitungenlegen, das Zusammenschrauben des großen, schwachen Mikrofons und dann, vielleicht der peinlichste Moment, das andauernde laute Ein- und Ausschalten des Gerätes, sobald Meister Brecht anhob, etwas zu sagen, was man dann später als »weise« bezeichnen könnte. Bunge erzählte mir, dass besonders Ernst Busch dieses Aufnehmen hasste und nach Möglichkeit immer gegen das Mikrofon schlug. Und im Kreise der schreibenden Jünger war man sich einig, dass Bunge nur keine Lust habe zum Notieren und sich darum »tontechnisch« aufreibe. Heute muss man Bunge im Himmel danken, dass er das getan hat. Diese Aufnahmen, überall zu kaufen, wo man sich für Brecht interessiert, sind so erstaunlich, weil sie einfach sind. Brecht arbeitet mit den Schauspielern in großer Intensität und mit ungemein plastischen Bildern. Wenn etwa Brecht einem Schauspieler im »Galilei« den Hinweis gibt, er solle in der Erarbeitung seiner Rolle bitte bedenken, dass ein Haushofmeister bei Hofe eben auch Fachmann höchsten Grades sei, sonst wäre er ja nie Haushofmeister geworden. Bei solchen Beobachtungen öffnen sich alle Teile eines Schauspielerhirnes, auch heute noch. Oder wenn er den alten Beneckendorff als Anwalt der Gouverneursfrau im »Kaukasischen Kreidekreis« zu Höchstleistungen in der verwickelten Juristen-vor-Gericht-Sprache treibt, fragt man innerlich nach Regisseuren, die das heute noch mit Schauspielern können und sich nicht in Nebensächlichkeiten verlieren.

Voller Humor für einen heute Zuhörenden scheint Brechts Aufschrei, als er feststellt, dass die Musiker zu einer wichtigen Hauptprobe nicht vollzählig sind. Natürlich fragt er warum. Und bekommt die Antwort – das hört man deutlich, obwohl der Befragte nuschelt, um nicht für ewig auf einem Tonband als Angebrüllter zu erscheinen –, die Musiker seien nicht da, weil sie im Rundfunk eine Aufnahme machen. Was folgt, das ist großes Theater, das sich seit zweitausend Jahren nicht verändert hat. Brüllerei, Unterstellungen, miese Stimmung – und Bunge schaltete nicht ab.

Übrigens sagt man über Brecht, er habe immer angekündigt, »jetzt« einen Krach im Theater zu machen. Um sozusagen strategisch Furcht zu verbreiten, was für einen Regisseur immer gut ist und bei den Schauspielern Eindruck macht. Nach einem Krach sind sie zunächst immer ein bisschen williger. Aber nur zunächst! Dieser Krach wegen der an anderen Institutionen arbeitenden Musiker kommt bei Brecht allerdings aus dem Bauch. Das merkt jeder, der selber Regie geführt hat und feststellen musste, dass ungenaue Absprachen für die Proben immer zum Krach führen.

Das trifft auch auf die technischen Bühnenmitarbeiter zu. Die Technik ist ein besonderer Körper im Theater. Er lebt eigentlich für sich. Hat seine Dienstpläne und richtet sich auch danach. Und diese Pläne besagen oft etwas anderes, als man sich so denkt in seinem eigenen Planungsstübchen im Kopfe, wenn man Proben leiten muss. Und die Technik ist immer und an allen Theatern unterbesetzt. Außer an der Wiener Burg, dem Mekka aller strebenden Schauspieler im deutschen Sprachraum. Denke ich mir jedenfalls. Und die Schauspieler von dort sind wohl auch sehr selbstbewusst. Das konnte ich einem Bericht entnehmen, der auf Klaus Piontek zurückgeht.

In Pionteks künstlerische Heimat, das Deutsche Theater, brachen ja in den Endneunzigern die Wiener Schauspieler ein und wollten Berlin wie Wien, wo ein Bericht in den Zeitungen über einen Schauspieler wichtiger ist als die örtliche Politik, in ihrem Sinne formen. Sie scheiterten grandios. Der berühmte Z. scheiterte im Deutschen Theater, der berühmte K. scheiterte im Deutschen Theater. Es war das letzte Aufbäumen der damaligen Kollegen, die dann doch ihre letzte Niederlage einstecken mussten, als Z. kam, um »Mutter Courage« mit seinen Leuten zu inszenieren. Jede Rolle hätte man im Deutschen Theater aus dem bestehenden Ensemble heraus besetzen können. Aber nein, Herr Z. wollte sich nicht verändern, und so fanden sich die hochbegabten Kollegen in Nebenrollen wieder. Es sprang mein Herz in die Höhe, man verzeihe mir meinen Jubel, als ich in Kritiken lesen konnte, dass Jutta Wachowiak, nach meiner Einschätzung, eine geborene Mutter Courage, als Alte Bäuerin in ihrer Szene Brecht überhaupt sichtbar gemacht habe. Und die Szene der um Gnade winselnden Alten Bäuerin, wenn die stumme Kattrin mit einer Trommel die Stadt Halle vor anrückenden Truppen warnt. Mein geachteter Kollege Dieter Mann hat sich darüber in einem Interview sehr empört und das Haus verlassen. Heute ist er Ehrenmitglied des Deutschen Theaters, und es bleibt die Feststellung: Wer, wenn nicht er!

Das ist mein Vorwurf gegen die, die da kamen, auch um das BE zu übernehmen. Sie haben etwas nicht mehr gehabt, und ich zweifle, ob sie es je gehabt haben in ihrem Tun: Sie kamen, aber sie kamen ohne Neugier. Sie verletzten die Grundeinstellung unseres Theaterberufs. Sie waren nicht bereit sich anzusehen, was ihnen im Wege stand. Sie wollten es sich auch nicht ansehen, denn sie wollten ihre Leute, ihre Ansichten durchsetzen. Sie taten nicht das, was Brecht in einem so lässigen Lied fordert, nämlich nach Georgia zu gehen, in eine Stadt mit neuen Ideen, und wieder zu gehen, wenn diese Ideen alt aussehen. Sie kamen, als ihre Ideen schon alte Ideen waren, hundertfach erprobt in Bochum, Castrop-Rauxel, Bremen, Neumünster oder Hamburg. Die Zeiten hatten sich geändert, nur sie hatten es nicht bemerkt. Und als sie es mitbekamen, gingen sie und ließen am Straßenrand der Kunst alles liegen, was sie rausgeworfen hatten, ohne zu prüfen, ob es anwendbar gewesen wäre für ihre Vorhaben.

Zurück zu meinem Freund Hans Bunge. Er war ein großer Befrager und Zuhörer. Und er muss ein Gespür dafür gehabt haben, wann bedeutende Menschen sterben. Das unterstelle ich einfach. Er wird natürlich auf Lebensdaten geschaut und für sich beschlossen haben, dass man den oder den doch noch befragen sollte, wie er die Zusammenhänge in der Kunst und in der Welt sieht.

Ich betrachte Hans Bunges Gespräche mit Hanns Eisler als ein Pflichtdokument für alle, die sich für das 19. und 20. Jahrhundert interessieren. Für alle, die Klugheit und Antworten suchen aus der K&K-Zeit Österreichs, der Zeit des deutschen Kaiserreichs, der Weimarer Republik, der Emigration und der Zeit, die doch auch eine Diktatur war, wenn auch die des Proletariats.

Bunges Gespräche mit Ruth Berlau zeugen von großer Tragik in der Liebe zu Brecht, und es ist zu lesen über das Glück der Zusammenarbeit mit ihm. Es wird die innere Kraft der Berlau sichtbar, mit der sie Brecht dazu brachte, in der Emigration weiter Stücke zu schreiben, ohne Hoffnung, ob sie einmal in Deutschland aufgeführt werden könnten. Dass es den »Kaukasischen Kreidekreis« gibt, eines der berührendsten Stücke über Menschlichkeit, das ist Ruth Berlau zu verdanken, die es Brecht abverlangte. Wie viel Intensität und Liebe musste sie in sich haben, das durchzubringen in der dunkelsten Zeit des letzten Jahrhunderts.

Bunge erzählte mir, sein Ruf, Menschen zu befragen, sei nicht der beste. Man achtete seine Arbeit, aber er wurde auch als Vorbote eines Endes angesehen. So geschehen, als er auf einer bedeutenden Beerdigung an den Brecht-Regisseur Erich Engel herantrat und ihn leise bat, ihm als Gesprächspartner zur Verfügung zu stehen. Engel soll in der Begräbnisstille aufgeschrien und laut schimpfend den Dorotheenstädtischen Friedhof verlassen haben. Er starb dann sehr bald, wie Bunge traurig ob der nun entwichenen Chance hinzufügte.

Ich konnte versinken in seinen Erzählungen und Betrachtungen über die Menschen. Bunge war ein Menschenfänger der besten Art.

Hans Bunge kam ans Volkstheater Rostock, weil Perten verpflichtet worden war, diesen Mann zu engagieren. Die Kulturoberen in Berlin dachten wohl, da oben an der See, da kann Perten auch gleich mal ein Auge auf ihn haben. Für mich war Bunge von einem anderen Stern, und, so schien es mir in unseren endlosen Gesprächen der vielen, vielen Nächte, darauf hatte ich gewartet. Er kam mit dem konkreten Auftrag, Brecht zu inszenieren, und zwar die »Flüchtlingsgespräche«.

Das Stück spielt in einem Wartesaal des Hauptbahnhofes von Helsinki. Der war Brecht durch seine Emigration in Finnland wohl bekannt. Dort treffen sich die deutschen Emigranten Kalle, ein Arbeiter, und Ziffel, ein Wissenschaftler. Sie treffen sich zu Gesprächen, in denen alle Bereiche des Lebens, von der Politik bis zur Kindheitserinnerung, behandelt werden. In keinem Stück wird die Weisheit Brechts so unmittelbar, fast körperlich sichtbar wie hier.

Zu der Weisheit kommt die Schlitzohrigkeit, vielleicht auch die Verschlagenheit, die man benötigt, um in einem fremden Land, in dem zu leben man gezwungen ist, auch zu bestehen.

Das Stück hat dadurch einen unerhörten Humor, denn die Rückschlüsse, die die beiden Gesprächspartner aus ihren geschilderten Erfahrungen ziehen, spiegeln Leben wider. Und Leben ist eben in seiner Tragik oft komisch. Das Stück ist auf der Bühne schwer umzusetzen, da es immer merkwürdig wirkt, auf Leute zu schauen, die sich unterhalten an einem bestimmten Ort, der sich nie verändert. Man kann ihnen nicht auf die Pelle rücken. Der Zuschauer ist immer draußen, und die geistigen Auseinandersetzungen bleiben eben doch Theater.

Rostock hatte damals in den Sechzigern sieben Theaterspielstätten. Eine hatte Perten im Haus der Armee entdeckt, welches heute wieder das ist, was es früher war: Ständehaus der Rostocker Bürgerschaft. Es könnte auch in Hamburg stehen mit seiner prächtigen Innenausstattung, seinen breiten Treppen, seinen hohen soliden Türen und holzgetäfelten Räumen. Hanseatisch eben. Darin etablierte Perten das »Theater für Prozesse«. Zunächst nahm er den Titel ernst und spielte »Der Fall Oppenheimer«, 1966 ein äußerst populäres Stück über den amerikanischen Atomwissenschaftler Oppenheimer, den Vater der Atombombe. Später änderte sich die Konzeption dieser Spielstätte, und man betrachtete darin jetzt menschliche Prozesse. Das war klug von Perten, denn reine Gerichtsstücke, die gibt es nicht so häufig, als dass man damit jahrelang einen Spielplan gestalten kann.

Da die »Flüchtlingsgespräche« nun wirklich ein menschlich berührendes Prozess-Stück sind, zogen wir dort ein: Dieter Unruh als Kalle, ich als junger Ziffel und Hans Bunge als Regisseur mit der besten Idee für diesen Brecht: Bunge ließ in dem Raum den Wartesaal eines Bahnhofes entstehen. Da kein DDR-Bürger Helsinki kannte, konnten wir einfach behaupten, so sieht es aus, dort auf dem finnischen Bahnhof. Das sind die Vorteile eines Reiseverbots für alle Landsleute: Keiner kann sagen, wie es da wirklich aussieht.

Wir waren begeistert. Bunge ließ die Tische eindecken nach 1. und 2. Klasse und einen Tresen bauen. Es wurde ein Extra-Bier ausgegeben in Flaschen, auf deren Etikett Ziffel und Kalle von Elizabeth Shaw aufgemalt waren, er beschaffte einen Flügel mit Pianisten und einen Inspizienten als emigrierten Sänger und verteilte Spielstätten im Wartesaal für uns, etwas erhöht. Es war ein Traum von Theater. Dieter und ich bewegten uns zwischen den Zuschauern, die dauernd rumrücken mussten, um uns zu sehen, es gab finnische Ansagen zu den Zugverbindungen und am Tresen Künstlerpostkarten von Dieter und mir zu kaufen. Wir firmierten darauf als bekannte finnische Filmschauspieler.

Dazwischen sang Laiensänger und Inspizient Kreisler rührige Lieder aus Wien, begleitet von dem furchtbar traurig schauenden Pianisten und Schauspielmusikdirektor Bellmann, Flüchtlinge wie wir, Menschen wie wir, denen man ansah, dass sie bessere Zeiten erlebt hatten. Es traten deutsche Herrenmenschen auf, schon von weitem zu erkennen als das, was sie waren: Geheimagenten. Finnland war ja unterwandert von deutschen Organisationen. Da saßen sie und sprachen laut und hart, und dazwischen saß noch einer, der wiederum sie überwachte und alles mitschrieb

Bunge war in hoher Form, und er arbeitete an etwas mit uns, was unter Perten immer ein wenig hinterherhinkte: Er arbeitete mit uns am Text. Das war eine Offenbarung, und bis heute tut es mir leid, dass ich mit dem Lernen desselben so in Verzug geriet. Das hatte mit meiner Nebentätigkeit am Sender Rostock zu tun. Wie schon gesagt, drei-, viermal war ich von 6 Uhr bis 9 Uhr live auf dem Sender. Um 10 begann die Probe bis 14 Uhr, nachmittags lag ich schlafend auf dem Flüchtlingstext, und abends hatte ich Vorstellung. Mühsam und übermüdet schleppte ich mich durch die Proben. In meinen aufgehobenen Kleinigkeiten liegen immer noch die Aufforderungen von Bunge, endlich meinen Text zu können. Was mich damals aber schon verwunderte, war, dass seine dringenden Bitten an mich nie unfreundlich formuliert waren. Hans Bunge hatte in sich die Freundlichkeit, die Brecht für die Arbeit immer wieder einforderte. Natürlich habe ich den Text geschafft bis zur Premiere, aber ich habe mir einen Genuss entgehen lassen. Den Genuss der Textausleuchtung. Das Schönste auf den Proben sind die Entdeckungen in einem Text. Gut, ich bin mit der Kuh blendend vom Eis gekommen, aber vieles ging mir doch erst in den Vorstellungen auf. Das bedaure ich heute noch, und alles ist lange her.

Bunge, mein Bunge! Du großer Freund! Philosoph und nachsichtiger Mensch! Und ein großer Verzeiher! Dank an dich, du Held in unserem alltäglichen Leben! In dem Stück »Kollaboration« spielte ich den Richard Strauss. Und dieser sagt einen Satz über seinen Librettisten Stefan Zweig, den ich für Bunge hier wiederholen möchte: »Ich habe diesen Mann geliebt!«

Nie werde ich vergessen, dass Ruth Berlau zur Premiere erschien. Wie die anderen Zuschauer auch saß sie an einem der Tische, vor sich ein Glas, selbstverständlich, und in der Hand einen überlangen Stock. Als solchen betrachtete ich dieses Utensil, aufgeregt wie man war, an so einem Abend mit drei Stunden Spielzeit.

Als dann der Jubel der Premiere losbrach, als wir uns schweißüberströmt erschöpft verbeugten, da nahm Ruth Berlau diesen langen Stock und entrollte ihn. Es war kein Stock, wie ich nun feststellte, sondern die eingewickelte Rote Fahne der Kommunistischen Partei Dänemarks. Dieses Banner aller guten Menschen, wie Frau Berlau immer sagte, schwang sie hin und her, jubelnd, schreiend. Das sind Momente des Triumphes eines Schauspielers, in denen man weinen möchte vor so viel gelebtem Leben.

Und heute noch könnte ich weinen über meine Höflichkeit, ihr Angebot abgelehnt zu haben, eine vollständige Brecht-Taschenbuch-Ausgabe vom Suhrkamp Verlag mit nach Hause zu nehmen. Ich konnte es nicht und sah lieber zu, wie schnell sie die Gläser nachfüllte. Ich liebe Mitmenschen, die Gläser schnell nachfüllen. Salut, Ruth Berlau!

2018 feierte Rostock seinen 800. Geburtstag, und mein Freund Peter Schneider war in seinem Element, mich wieder zu einer Idee zu zwingen, um der Stadt zu gratulieren, denn immerhin war ich ja da fünf Jahre lang engagiert gewesen. Der Titel für meinen Abend war ein wenig anmaßend, aber er gefiel uns: »Perten-Bunge-Bause!« Für diese Anmaßung waren mir wieder die »Flüchtlingsgespräche« eingefallen, die ich in eine Lesefassung brachte, bei der ich beide Rollen sprach. Ein Musiker spielte deutsche Volkslieder auf dem Klavier. Das NDR-Fernsehen interessierte sich dafür, und so verlebte ich mit dem ausgezeichnet vorbereiteten Drehteam einen Tag mit Erinnerungen. Wir durften auch im Ständehaus drehen, und so betrat ich nach über vierzig Jahren noch einmal unseren »Finnischen Bahnhofswartesaal«. Es war merkwürdig und sehr berührend, da zu stehen und an die Menschen von damals zu denken, die nur noch in der Erinnerung leben. Und bei der Lesung zischten diese Erinnerungen durch den Kopf, denn der Text ist immer noch so aktuell wie damals und man spürte, wie die neuen Zuschauer im Kopf ihre Bilder bauen.

Bunge hatte eine exzellente Inszenierung geliefert, die in der DDR Furore machte, und sogar die Presse aus Berlin, der Hauptstadt der Deutschen Demokratischen Republik, reiste an und gab uns blendende Noten.

In Berlin am Deutschen Theater saß als Schauspieldirektor Hannes Fischer. Herrn Fischer als Schauspieler hatte ich noch in Dresden gesehen. Er spielte in der »Heiligen Johanna der Schlachthöfe« von Brecht den Fleischhändler Mauler und er war glänzend. Daneben, nicht weniger blendend, Lissy Tempelhof als Johanna und Horst Schulze als Swift. Klaus Piontek als junger Zeitungsausträger, der praktisch durch das Stück führte. Dietrich Körner, Gerd Lau, ach, was für ein Theaterabend für einen Studenten im zweiten Studienjahr. Sie spielten wie die Götter, und sie bekamen Beifall wie die Götter. Zum ersten und bisher einzigen Mal habe ich erlebt, wie der Eiserne Vorhang niederging und die Schauspieler durch die kleine Tür kamen, um sich wieder und wieder zu verbeugen.

Ich habe in meiner Berufsausübung unzählige stehende Ovationen und Hochrufe erlebt, aber nie einen Eisernen Vorhang. Einmal, in Lüneburg, war die Gelegenheit da. Es war in »Puntila und sein Knecht Matti«. Der Beifall nahm kein Ende. Intendant Jan Aust und ich organisierten eine nicht mehr stimmende Verbeugungsordnung, denn auf solchen Jubel waren wir nicht eingestellt, und ich denke zu spät an den Ruf: »Eiserner runter! Los, den Eisernen runter!«

Verpasst! Schade! Vorbei!

Dieser Hannes Fischer schickte mir nach der Aufführung ein Telegramm mit der Einladung, am Deutschen Theater in Berlin vorzusprechen. Um das wahrzunehmen, musste man einen Urlaubsschein einreichen. Ein Urlaubsschein des Theaters ist das zweite Standbein einer Karriere. Mit dem Urlaubsschein entscheidet es sich, ob man Urlaub bekommt, um zu filmen, Tagesgeschäfte abzuschließen oder ganz einfach die Mutti oder die Familie in anderen Städten zu besuchen. Der Urlaubsschein des Theaters wird artig ausgefüllt mit Namen und der Sparte, der man angehört. Die Zeit des gewünschten Urlaubs muss eintragen werden und der Grund des Urlaubswunsches. Der Urlaubsschein dient dem KBB (Künstlerisches Betriebsbüro) dazu, den urlaubsersuchenden Künstler weiter im Blickfeld zu haben. Der Urlauber muss erreichbar sein bei Erkrankungen der anderen Spießgesellen des Unternehmens und bei grundsätzlichen Spielplanänderungen. Immer kann was wackeln im Theater, schließlich arbeiten da Menschen mit hohen Empfindlichkeiten. In solchen Notfällen wird der sogenannte Urlaub durch das KBB abgebrochen. Der Künstler wird aufgefordert, sich sofort auf den Weg zu machen, weg vom Suppentopf der Heimat, von allen schönen Frauen und weg auch von anderen Verdienstmöglichkeiten. Der Vorhang hat abends aufzugehen. Außerdem besteht die Pflicht, täglich das KBB ab 14 Uhr anzurufen, um sich zu vergewissern, dass am nächsten Tag keine Proben stattfinden, auf denen man unbedingt zu erscheinen hat. Trotz Urlaub.

In Rostock war das Abgeben des Urlaubsscheines an sich schon ein tragischer Vorgang, weil man gedemütigt wurde. Über allem stand der Vorwurf, dass man dem Theater den Rücken kehrte, und sei es auch nur für Stunden. Pertens Grundsatz »Erfolg haben ist Pflicht« stand unsichtbar, aber ehern an der Wand des KBB. Das bestand aus zwei Zimmern. Im ersten war eine hölzerne Barriere, wie im Polizeizimmer beim »Hauptmann von Köpenick«. Dahinter saßen die Herren S. und S. Die sagten nichts und sahen einen nur an, wenn man eintrat. Man gab den Grund seines Zimmereintretens bekannt, indem man sagte: »Ich möchte einen Urlaubsschein abgeben.« Das sagte man leise und devot, fast unhörbar, in der trügerischen Hoffnung, dass der Herr G., Chef des KBB und damit im Nebenzimmer hockend, es nicht höre. Man konnte so unhörbar sein, wie man wollte, er hörte das Wort »Urlaubsschein« immer. Das Rostocker Theaterunwort mit dem »U« fiel in die Akustik des ersten Zimmers, und aus dem zweiten Zimmer sprang Herr G. wie ein Schachtelteufel. Es hielt sich das Gerücht, er sei Kompaniechef im Krieg gewesen. Ich weiß nicht, ob es stimmte, aber man kam sich bei seinem Erscheinen immer wie ein Rekrut vor, der seine Kragenbinde nicht gewaschen hatte. Er stürzte an die hölzerne Trennungsbarriere und sah einen erst einmal durchdringend an. Mit nasser Hand legte man seinen U-Schein vor, und nun begann ein Verhör über die Angaben auf dem Zettel, als wäre man ein notorischer Schwindler. Mit einem Doppelstift, eine Seite Rot, andere Seite Blau, überstrich und unterstrich er alles, was ihm auffiel. Mein Gott, ich habe bestimmt nur wenige dieser Zettel abgegeben, aber ich weiß noch, dass er die Spalte »Grund« für seinen Chef Perten vorzensierte. Mit Blau für positiv und Rot für negativ. Nach Verhör und

Durchsicht der Beschäftigungsaktenlage, wobei die beiden Stummen im Hintergrund assistierten, bekam man noch hingeworfen: »Abholung sechzehn Uhr!« Und man machte, dass man aus dem Raum verschwand. Danach war einem, als hätte man mindestens vier Stunden den Hamlet probiert. Die Uhrzeit des Abholens 16 Uhr zeigte an, dass man den Schein bis 10 Uhr abzugeben hatte. Vorher musste man also auch noch die Zustimmung des jeweiligen Regisseurs einholen, wenn man gerade in einem Stück besetzt war und probierte. Das tat man mit weichen Knien noch vor der 10-Uhr-Probe. Da lauerte man auf diesen wichtigen Mann, der übelstgelaunt war. Verständlich, es war vor 10 Uhr, und da hat jeder Regisseur schlechte Laune in Erwartung seiner schlechten Schauspieler, die er, selber meist ohne Einfälle, bis 14 Uhr beschäftigen muss.

Niemals wieder habe ich solches Theater um Urlaubsscheine erlebt wie in Rostock. Das hing mit dem Kontrollwahn von Perten zusammen. Er wollte eben alles wissen. Menschlich verständlich, aber für alle Betroffenen ein wenig lästig.

Wie weit sein System ausgebaut war, habe ich in einem konkreten Fall erlebt. Mein Freund Joachim Schramm war Tontechniker im Hause. Das ist zu dieser Zeit ein Schleudersitz gewesen, allein wegen der zu beschaffenden Ersatzteile für die Tonanlage. Aber Schramm hat sich gut gehalten, er konnte sein Fach. Und er hat mir in einer schwierigen Situation sehr geholfen. Als mein Sohn Martin auf die Welt kommen sollte, fanden seine Mutter und ich keine Unterkunft für die Zeit nach der Geburt. Die Familien fühlten sich überrumpelt, auch meine Mutter, und so standen Thea mit Martin im Bauch und ich ziemlich ratlos in der Gegend rum. Freund Schramm sprang ein und organisierte in seinem Familienumkreis in Dresden, dass Thea Martin dort zur Welt bringen konnte. Mein großer, lustiger, gescheiter Sohn mit seinen über fünfzig Jahren wundert sich immer noch, dass bei ihm Dresden als Geburtsort im Ausweis eingetragen ist. Und das ihm, einem echten

Rostocker Jungen und überzeugten Meereswasserfreund! Davon hat er heute auch wenig, denn er lebt mit seiner Familie in Münster.

Noch mal: Hannes Fischer lud mich zum Vorsprechen ans Deutsche Theater ein. Ich also mit meinem Urlaubsschein hoch ins KBB. Grund des Urlaubs: Vorsprechen! Das war in Rostock ein Verbrechen und musste geahndet werden. Nachfragen vom KBB-Leiter G., wo es denn stattfinden solle, dieses Vorsprechen. Damit stellte er eine ungesetzliche Frage, denn es war verboten nach dem »Wo« eines Vorsprechens zu fragen, schon um nicht andere Kollegen auf den Ort aufmerksam zu machen, an dem Schauspieler gesucht wurden. Das gehört zu den ungeschriebenen Regeln an einem Theater. Auch dass man nicht mit einer Stulle auf der Bühne erscheint, nicht im Mantel und auch nicht pfeift oder pfiffelt. Ich war nicht Manns genug, mir sein ungesetzliches Verhalten zu verbitten, sondern beantwortete treu die Frage. Mit blauem Stift wurde meine Antwort notiert und rot unterstrichen. Selbstverständlich wurde mein Versuch eines Wechsels an das Deutsche Theater Berlin abgelehnt; es wurde auch noch Herr Fischer in Berlin schriftlich von Perten darauf hingewiesen, weitere Abwerbungsversuche in Rostock tunlichst zu unterlassen.

Danach rutschte ich beim Meister des Misstrauens erst einmal in den Gully. Gully, das war in Rostock die dezente Bezeichnung für »unten durch«. Und wer beim Chef unten durch war, war dann auch bei vielen Kollegen unten durch. Und wenn man ein erfolgreicher Kronsohn war wie ich, war man besonders tief unten durch. Man wurde nicht mehr gegrüßt, hatte einen Tisch in der Kantine für sich allein und keine neuen Rollen. Ich habe meinen Gully aber gut überstanden, denn ich durfte im »Intimen Theater« fast jeden Abend »Rameaus Neffe« spielen. Die Vorstellungen dort mit 99 Plätzen waren immer ausverkauft. Was wollte ich mehr? Irgendwann war der Gully vergessen und vergeben, und man erschien wieder auf dem Besetzungszettel. Und schon saß man auch nicht mehr allein am Tisch.

Die Pointe liegt hier an der Tatsache, dass Perten einige Jahre später ans Deutsche Theater kam, und wäre ich durch Fischer schon dagewesen, hätten wir zwei wieder weitergearbeitet. Na, und so sind wir eben zusammen da hin. Korrekt ausgedrückt müsste es heißen, er hat mich mitgenommen. 1970 war das, und man war immer noch so jung und hatte schöne rote Haare.

Und ohne Grinsen sei gesagt, dass Perten für mich ein großer Weichensteller im Leben war. Er hat mit seinen sieben Theatern – ich kann die Zahl nicht oft genug sagen in dieser Zeit, wo man den Theatern hart auf den Fersen ist, um sie zu schließen –, Perten hat modernes Theater gemacht. Er hat die Klassik links liegen lassen, was ich ihm heute, da ich die Klassiker spiele, nachtrage. Mühsam musste man sich im späten Alter diesen Teil der Theaterkunst erarbeiten, was man damals mühelos vollbracht hätte.

Als die Grenzen 1989 fielen, da machte sich meine Familie im Sommer 1990 auf, wie alle DDR-Bürger, die ein Lenkrad halten konnten, um die Welt zu erkunden. Wir fuhren nach Paris, an die spanische Grenze und nach Sizilien, alles mit dem Auto, und es entstand eine wunderbare Erlebnisgemeinschaft zwischen den Töchtern und den Eltern: Da war keine Rede von, da fahren wir hin, das kenne ich, da war ich, da ist es schön, das lassen wir, da war ich auch schon, hier lang, das andere ist nicht gut! Nein, Augen rechts, Augen links und seid alle dankbar! Wir waren alle gleiche Kinder des Entdeckens.

Da muss ich gleich noch erzählen, dass ich meine Fahrprüfung 1966 in Kostüm und Maske gemacht habe, in Rostock. Wir studierten, Regie Perten natürlich, für das Ostseestudio Rostock eine englische Komödie ein, die für das Fernsehen bestimmt war. Ich spielte darin einen Schofför der Jahrhundertwende, mit Schnurrbart, gediegenen Autolenkerstiefeln, Lederkappe, Schutzbrille, schwerer Lederjacke. Wie man eben so auf Fahrt ging, als das Auto noch eine Kutsche war. Mit meinem Fahrlehrer suchte ich verzweifelt einen Termin für die praktische Abschlussprüfung, die ja ein Überprüfer begleiten musste. Wir fanden keinen. Nun hatte ich in der Fernsehaufzeichnung eine Darstellerpause von vierzig Minuten, und die Fahrschulprüfung dauerte dreißig Minuten. Das weiß ich noch, weil man solchen Unsinn einfach behält. Der Fahrlehrer und der Prüfer standen mit dem Wartburg vor dem Ostseestudio Rostock. Ich sagte meine Sätze im ersten Teil, stürzte in Kostüm und Maske aus dem Studio, hinein in den Wagen, Lederkappe und Autofahrerbrille runtergerissen und ab ging es. Dreißig Minuten später waren wir wieder am Ausgangsort, Prüfung bestanden, raus aus dem Auto, im Schweinsgalopp ins Studio, Lederkappe auf und – ich lüge nicht – das Stichwort fiel und ich raus vor die Kamera.

Die Fernsehaufzeichnungen aus Rostock waren eine sensible Angelegenheit. Berlin meldete sich in Rostock an, und die Fernsehsender begannen eine sogenannte Richtfunkstrecke aufzubauen. Nach unendlich langen gegenseitigen Versicherungen, dass die Strecke nun stehe, wurde mit der Übertragung nach Berlin Adlershof begonnen, wo es aufgezeichnet wurde, eine damals ungemein geheime Sache. Nun wurde nicht, wie heute üblich, sekundenweise aufgezeichnet, sondern aktweise. Das konnte schon vierzig Minuten dauern, und wenn man sich im Text verhedderte, begann man wieder, und zwar vom Anfang des Aktes. Die Kunst des Schneidens in einem Mitschnitt gab es wohl noch nicht. Jedenfalls nicht für uns an der Küste. Fernsehen in Rostock, dazu brauchte man Nerven. Und die befreiende Ansage im Studio »Die Strecke steht!« wurde in das Normalleben übernommen. Besonders in der Kantine des Theaters. »Die Strecke steht« wurde angesagt, wenn alle ihr Bier vor sich hatten und man endlich lostrinken konnte.

Der Generalintendant Professor Perten und der Schauspieler Bause hatten einen gemeinsamen Moment, der uns peinlich war und verschwiegen wurde, da er Pertens Misstrauen zeigte und meine Neugier. Die Kantine des Volkstheaters bestand aus zwei Räumen. Zwischen diesen stand ein alter Kachelofen, der beide Örtlichkeiten beheizte. Dieser hatte in der Mitte eine kleine verzierte Eisentür, und dahinter war eine Röhre, die man früher für Bratäpfel nutzte. Im anderen Raum war die Röhre ebenfalls mit einer kleinen Tür abgeschlossen. Perten wollte in dem einen Raum eine Pressekonferenz abhalten, und ich saß, merkwürdigerweise allein an diesem Nachmittag, in dem anderen Raum.

Nun wollte ich doch mal sehen, wie es auf der anderen Seite so aussieht und öffnete die Bratapfeltür, um durch die Röhre nach drüben zu sehen. Im gleichen Augenblick öffnete sich die andere Tür, und Pertens Gesicht war gut zu erkennen. Wir beide mussten uns – wohl wegen der Peinlichkeit der Situation – eine ganze Weile stumm angestarrt haben, um dann die Türen leise zu schließen. Wir werden uns beide geschämt haben, denn es hatte ja etwas von einem Schlüsselloch …

Ich wollte auch nur feststellen, dass ich ohne Perten nichts geworden wäre. Er gab mir Rollen, wie gesagt, leider keine Klassiker, aber Rollen, die es mir ermöglichten, den »normalen Ton« in einem Theaterstück zu finden. Ein Anfang nur, aber dieses Bemühen hat mich dazu gebracht, dass ich nie in einen Theaterton verfiel. Für mich traf der alte Witz nicht zu, in dem es heißt: Zwei Zuschauer verspäten sich im Foyer des Theaters, und der eine sagt: »Sie haben schon angefangen!«

»Woran merkst du das?«

»Sie sprechen so unnatürlich!«

Perten vertraute mir und ich ihm. Er hatte einen Spielplan, das konnte man in Berlin nicht bieten. Er zog das Rostocker Theater in eine künstlerische Höhe, von der man heute noch spricht, als wäre es gestern. Er hat sich um die Theaterkunst verdient gemacht, er konnte Schauspieler führen, ein bisschen herrisch zwar, aber es zählt das gute Ergebnis. Er konnte Dialoge entwickeln, und er hasste Pausen. Wie wichtig Dialogpausen sind, das lernte ich erst am DT und BE. Perten verbreitete eine Souveränität, die ihn auch im Kapitalismus erfolgreich gemacht hätte. Ich mochte seine Pünktlichkeit, die sich bei mir eingefressen hat, ich mochte seine lautstarken Ausfälle, die gemildert wurden durch seine Hamburger Sprachfärbung. Und wenn ich an seine großen Inszenierungen von »Marat« mit dem unvergesslichen Gerd Michael, »Vietnam-Diskurs« mit einem entfesselten Hermann Wagemann, »Ermittlung« mit einem großartigen Ensemble denke, dann kann ich Meckerern gegenüber nur sagen: erst einmal nachmachen und besser machen! Er hat Peter Weiss für die DDR geöffnet und nicht nur für die DDR. Weiss war ihm dafür unendlich dankbar. Er kam oft mit seiner schönen Frau Gunilla nach Rostock und saß mit Perten auf der engen Probebühne einen Meter von uns entfernt, und wir alle spielten so korrekt, als wäre es eine Vorstellung, und die drei Menschen strahlten uns an, glücklich darüber, wie Kunst funktionieren kann.

Danke für die sieben Theater, danke für die vielen Rollen, für »Teenagerlove«, »Happy End«, »Romulus der Große«, »Frisör Kleinekorte«, die vielen Begegnungen, die vielen Erfolge. Sie reichten aus, um mir bei den Rostockern über vierzig Jahre Kredit zu verschaffen und volle Häuser bei meinen Gastspielen.

Und beim Abschied von Rostock 2011 im ausverkauften Großen Haus, als man alles noch einmal erzählen, alle Namen nennen konnte, die nie wieder auf dieser Bühne genannt werden würden, als man noch mal die Lieder singen konnte, die man damals auf der Bühne sang, da waren die Zuschauer und ich eins, und der Jubel hörte nicht auf. Warum auch, es war die Erinnerung an unsere gemeinsame Zeit, als wir alle aufbrachen, um unser Leben zu gestalten. Nicht wissend, dass wir alle es zweimal versuchen mussten.

Dario Fo und die Mühen und Freuden der Ebenen am Berliner Ensemble

Das Haus des Berliner Ensembles hatte seine Eigenarten. Wie alle Theater, die über hundert Jahre alt sind.

Und da das BE, zur Freude von Brecht, alle Bombenangriffe und Straßenkämpfe heil überstanden hatte, blieben diese Eigenarten erhalten. Eine davon: die Enge hinter der Bühne. Vorn alles repräsentativ, mit Kaiserloge, wunderbare warme Farben. Gold, wo man konnte und hatte. Die Leute damals wussten Theater zu bauen. Allein dieses schöne Foyer, diese Spiegel, die Holzgeländer zu den Rängen hinauf, der unmögliche zweite Rang!

Von dort aus habe ich in meinem Leben zwei Premieren erlitten. Schauspieler des eigenen Hauses, die nicht im jeweiligen Stück der Premiere beschäftigt waren, bekamen Karten für solch einen Premierenabend erst kurz vor Beginn. Das ist verständlich, denn es gibt gewisse Kartenrituale bei Premieren. Und so landete ich da oben. Ich muss sagen, ich bewundere jeden, der einen Theaterabend dort überstanden hat. Wir hatten ja nun immer ausverkaufte Vorstellungen, die Karten waren billig, der Westen war da mit seinen vielen Besuchergruppen, denn das BE war beliebt.

Erst nach der Wende habe ich mitbekommen, dass für die Schüler der alten Bundesländer die Möglichkeit bestand, Westberlin auf einer subventionierten Klassenfahrt zu besuchen. Natürlich war dabei auch ein Besuch des ebenfalls subventionierten grauen Ostberlins angesagt und der Besuch einer Vorstellung im BE. Brecht war Schulstoff und »sein Haus« offen für alle. Bei den vielen Tourneen nach der Wende zwischen Flensburg und Bodensee kamen immer wieder Besucher auf mich zu, die begeistert von diesen Besuchen bei uns berichteten.

Wir waren als BE einmal eine Institution. Und eine sehr gute! Und der zweite Rang war eine Qual! Man konnte nicht richtig sitzen, nicht richtig hören und nicht richtig sehen. Aber wettgemacht wurde es da oben mit Glücksgefühlen, im Hause des Bertolt Brecht zu sein und etwas Besonderes zu erleben. Ich war schwer verliebt in dieses Haus, obwohl ich vom Deutschen Theater kam, das ja nun das Beste ist, was es auf dem Theaterimmobilienmarkt zu besichtigen gibt. Da sitzt man auch noch »oben« gut, da sieht man alles, da hört man jeden Flüsterton von der Bühne. Ein grandioses Haus.

Das BE ist ein bisschen kleiner, enger, die Bühne etwas tiefer zum Zuschauerraum hin, aber es lässt sich auf ihr fantastisch arbeiten. Ob Kammerspiel oder schwere Schlachten in den Stücken – davon gab es wahrlich genug –, all das ließ sich wunderbar auf diesen Brettern darstellen. Die Bühne ließ es zu, dass man mit dem Zuschauer gut »umgehen«, ihn gut »führen« konnte. Da die Bühnenrampe tiefer liegt, war eine gute Draufsicht für den Zuschauer gegeben, außer für die im zweiten Rang natürlich!

Und hinter der Bühne: diese Enge! Ich weiß nicht, wie es damals war, 1928, als man mit vielen Schauspielern die »Dreigroschenoper« etablierte, oder 1929, als man mit »Happy End« von Elisabeth Hauptmann einen großartigen Misserfolg hatte. Es muss immer schon eng gewesen sein. Wir saßen zu sechst in einer ziemlich kleinen Garderobe, und davon gab es vier. Dann oben die Riesengarderoben, da konnten Hundertschaften nächtigen. Und unten, also in Bühnenhöhe und ungemein bequem, waren unsere Damen untergebracht. Da war auch die berühmte, etwas größere Helene-Weigel-Garderobe. Die Frauen hatten es gut, und wenn ein Stück mit kleiner Personage lief, durften die Männer auch ab und zu nach »unten« ziehen.

Jaecki Schwarz und ich haben da in den acht Jahren der Vorstellungen von »Bezahlt wird nicht« sehr fröhliche Tage verbracht. Und in »Zufällig eine Frau: Elisabeth« durfte ich allein in der Weigel-Garderobe residieren. Ich fand das angemessen, denn ich spielte darin ja eine Frau. Nicht die Elisabeth, die spielte Renate Richter in komischer Höhe, also ganz ernsthaft, und ich gab da eine Wunderheilerin, die die Königin in ihren Wahnerscheinungen wieder aufs Gleis bringen soll und dabei selbst in die Politik verwickelt wird. Dario Fo eben.

Dieser wunderbare, kluge italienische Harlekin, bekannt in allen Theatern Europas und auf jedem Marktplatz seiner Heimat. Politischer Einmischer, Mitredner, Weltenverbesserer! Mehrmals in Italien von der Bühne runter verhaftet. Ein stattlicher, großer Mann, der Räume füllen kann einfach nur durch sein Erscheinen. Ich bin ihm dreimal begegnet. Das steht erst einmal so im Raum, damit man sagen kann, guck mal an, der kennt Dario Fo! Es war aber viel einfacher.

Wir hatten »Bezahlt wird nicht« auf dem Spielplan des BE. Es lief ab 1977 fast zehn Jahre lang; wir waren im Jahre 1982 und wussten nicht, dass unser Erfolg noch so lange anhalten würde. Das passiert immer, man denkt, so, jetzt hast du aber einen Renner unterm Hintern, und das fetzt los und alles wird gut. Nichts wurde – erst einmal – gut.

Wolfgang Pinzka sollte Regie führen, und das misslang durch einen simplen Fehler: Wir bekamen ein Bühnenbild Klein in Klein und noch ein bisschen kleiner. Genau beschrieben sollte es wohl ausdrücken, seht mal, die armen Leute da in Italien, die haben eben nur kleine Wohnungen. Obwohl ich aus italienischen Filmen mit Marcello Mastroianni weiß, dass die italienischen Schnellredner oft große Wohnungen haben. Groß, feucht und verkommen. Ich sehe noch die Wasserflecken in den Filmen, und Mastroianni kämmt sein öliges Haar und legt sich ein Haarnetz darüber. Das mit dem Haarnetz hat mich so begeistert, dass ich es auf der Bühne zweimal angewandt habe. Mit einem Haarnetz auf der Bühne, dazu gehört Mut. Einmal trug ich es als Bel ami in dem Peter-Kreuder-Musical »Bel ami«. Die schöne Petra Kelling besucht mich als meine Freundin, und das folgende Gespräch in meinem Schlafzimmer führe ich mit Haarnetz. Großartig, und eigentlich wollte ich noch eine Bartbinde haben, wie mein Lieblingsschauspieler Werner Peters in dem Film »Der Untertan«. Doch Regisseur Perten wollte das nicht, ihm reichte schon der Blödsinn mit dem Haarnetz. Das andere Mal trug ich ein Haarnetz als Mackie Messer in der »Dreigroschenoper« und zwar in der Szene, in der er von seiner neuen Frau Polly aufgefordert wird, über das Moor zu fliehen, da die Polizei hinter ihm her sei. Dass er dann lieber in ein Bordell rennt, um dort geschnappt zu werden, das sind brechtisch-menschliche Lösungen. Jedenfalls hatte noch nie ein Mackie Messer ein Haarnetz getragen, das weiß ich genau. Mit Haarnetzen kenne ich mich aus. Tochter Anna spielte die Polly und verzog darüber keine Miene, wodurch ich bei den Kollegen in den Verdacht geriet, zu Hause auch so rumzulaufen. Nun warte ich auf die nächste Rolle, in der es möglich ist, wieder ein Haarnetz zu tragen. Man sieht sehr gut damit aus, wirklich, und außerdem fühlt man sich wie Mastroianni.

In »Bezahlt wird nicht« ging es nicht um Haarnetze, sondern um die kleine italienische Wohnung. Wir konnten uns auf unserer wunderbaren Bühne kaum bewegen, so eng war es im deutschen Italien. Carmen-Maja Antoni spielte meine Frau, und schon in den ersten Proben wurde sichtbar, dass die Rolle wie für sie geschrieben war. Doch Carmen und ich wurden in der ziemlich langen Anfangsszene dieser Wohnungsenge bald überdrüssig. Wir begannen uns anzupassen und wurden klein und vorsichtig in der Erarbeitung unserer Rollen. Unsere schmissigen Texte verschwanden in der Enge des Bühnenbildes. Uns dämmerte recht früh, dass wir damit keinen Zuschauer erreichen würden, besonders nicht die im berüchtigten zweiten Rang.

Es kam zu erregten Aussprachen, und Wolfgang Pinzka gab auf. Es war ihm nicht möglich, sich von der Kleinheit der Ideen zu trennen. Das ist nicht weiter schlimm, das gibt es öfters, nur dass man sich dann auch trennen muss.

Konrad Zschiedrich kam und räumte auf. Was heißt das, räumte auf? Der zog alles auseinander, und schon fühlten wir uns wie der bereits genannte Mastroianni in »Hochzeit auf Italienisch«. Da kann man sehen, was ein Bühnenbild ausmacht. Ich wiederhole: Der zog nur alles auseinander.

Manchmal ist Theater ganz einfach. Zschiedrich gehörte zu den analytischen Regisseuren, die eine lange Reihe von guten Inszenierungen in der DDR gemacht hatten.

In »Bezahlt wird nicht« beschreibt Dario Fo haarsträubende Lebenssituationen, von denen er behauptete, es habe sie wirklich gegeben. Bei einem Stromausfall in einer Kaufhalle bedienen sich die Kunden in der Dunkelheit selbst und verschwinden, ohne zu bezahlen. Das Pech der weiblichen Hauptrolle bestand darin, dass sie sich im Moment der Finsternis in der Ecke für Tierfutter befand, was sie nicht mitbekam, aber herzhaft im Dunkeln zulangte. Heimgekommen stellt sie nun fest, dass sie Katzenfutter und gefrorene Hasenköpfe für Hunde abgegriffen hat. Abgesehen davon, dass sie nun versucht, ihrem Mann dieses als Delikatesse vorzusetzen und der wieder seinem Arbeitskollegen, entfesselt sich um diese Ladendiebstähle eine Verfolgungsjagd der Polizei und eine Gegenwehr der Einwohner dieses armen Viertels.

Was für eine Lust, das zu spielen: Carmen-Maja Antoni in bester Güte, ich, dieser Ehemann, der eigentlich von gewerkschaftlichen Parolen lebt und trotz moralischer Wehr tief in diese Diebstahlsgeschichte verwickelt wird. Jaecki Schwarz als mein Kollege, der, geistig immer ein bisschen hinterher, in entscheidenden Momenten aber die richtigen Worte findet gegen mein hohles Bla-Bla. Renate Richter als Ehefrau von Jaecki, die in ihrem Eifer, alles richtig zu machen, noch mehr Verwirrung stiftet. Und mein Franz Viehmann, der spielen musste, was es sonst noch gab an Polizisten und Totengräbern und was weiß ich noch alles. Seine Szene war die beste im Stück – als er in der Finsternis einer angeblichen Stromsperre in der Wohnung der Carmen als Polizist nach den gestohlenen Sachen sucht und in der Annahme, es sei das Fenster, eine Küchenschranktür öffnet und befreit ausruft: »Luft! Endlich Luft!« Was für Komik! Aber da ist Viehmann in seiner Rolle schon nicht mehr Herr seiner Sinne, denn eine Minute vorher ist er von Carmen mit einem Gasschlauch zur schwangeren Auster aufgepumpt worden. Mein lieber Franz, Hut ab vor deiner Leistung.

Wenn man das Stück liest, bietet es sich an, es zu überdrehen, also, wie wir sagten, »dem Affen Zucker zu geben«. Das ist ein alter Theaterspruch und soll wohl heißen, dass man nun loslegen kann in seiner Rolle, egal wie es ausgeht.

Wir spielten unsere Figuren realistisch, wir verteidigten sie, wir machten sie nicht zu einem Hans Wurst der deutschen Bühne. Nichts ist, nebenbei gesagt, schöner, als in komischen Situationen seine Rolle ernsthaft zu verteidigen.

In den Vorstellungen gab ein Wort das andere. Weil die politische Situation der DDR und die Aussagen der Führung manchmal grotesk auseinandergingen, haben wir das im Sinne von Dario Fo gleich mitverarbeitet. Besonders Jaecki und ich hatten in unseren Texten diese Freiräume, die wir nutzten. Wir kleideten das in angeblich italienische Politik ein, alle verstanden es, und der Jubel war garantiert. Das Theater als Ventil.

Mit Jaecki zu spielen, war immer eine reine Freude. Er hat die berühmte Berliner Schnauze, und es macht Spaß, ihm zuzuhören. Neulich ist er fünfundsiebzig geworden. Eine eindrucksvolle Karriere liegt hinter ihm. Mir fiel ein, dass Erwin Geschonneck, Jaecki und ich einmal vom Drehen mit dem Auto nach Berlin zurückfuhren. Während dieser Fahrt versuchte Geschonneck, dem Jaecki Hinweise zu geben, wie er sich am BE verhalten solle. Als Erfahrener zu einem Neuling. Doch Erwin kam über die Anrede »Also, du musst versuchen ...« nie hinaus, denn er wurde einfach von Jaecki zugequatscht, ganz freundlich, aber beharrlich, ganz andere Themen betreffend. Gemeinsam mit Jaecki spielte ich unter anderem in dem Film »Asta, mein Engelchen« unter der Regie von Roland Oehme. In einer kleinen Rolle stellte ich einen Requisiteur der DEFA dar, der ein gekacheltes Badezimmer im Studio aufbaut, damit da drin am nächsten Tag gedreht werden kann. Als der nächste Tag kam, waren alle Kacheln geklaut, und wir hatten großes Erstaunen zu spielen. Dass diese DDR-typische Szene im Film blieb, wunderte mich schon damals. Übrigens spielte Erwin Geschonneck in dem Film eine Doppelrolle. Er war entweder ein Nachtwächter oder ein Filmstar, wie das Leben so spielt.

Das reale Leben spielt immer mit, auch in dem DEFA-Epos »Terra Incognita«, das wir irgendwann in den frühen Sechzigern drehten. Thema: Die DDR bohrt nach Erdöl und findet auch was. Das spielte in Mecklenburg, und einmal probten wir in einem großen Kornfeld, in dem wir am folgenden Tag mit großem Aufgebot an Schauspielern drehen wollten. Roland Oehme war Regieassistent, Gott sei Dank!

Am nächsten Tag fuhren wir zum Kornfeld, aber das war nun in der Nacht von der LPG abgeerntet worden. Perten schrie, was das Zeug hält über diese angebliche Sabotage. In der DDR war ja alles gleich Sabotage. Es war Roland Oehmes Aufgabe, Perten von einer Anzeige abzuhalten und ein neues Feld zu finden. Wäre er nicht gewesen, wir würden heute noch dastehen und das leere Feld begaffen.

Der Film war eine der größten Pleiten der DEFA: Kein Mensch wollte sehen, wie es einmal war, als die DDR angeblich Erdöl fand. Seit einiger Zeit bohren diesmal Schweden am Kölpinsee auf Usedom nach dem schwarzen Gold. Als ehemaliger Erdölbohrer kann ich nur rufen: »Glück auf« und hoffen, dass keiner wie im DEFA-Film zurückschreit: »Glück runter«.

Ich will noch einen kleinen privaten Verlust erwähnen: Jaecki und ich residierten, wie beschrieben, in der Damengarderobe neben der Bühne. In der DDR kostete die Flasche Sekt der Marke »Rotkäppchen« 15 Mark der Deutschen Demokratischen Republik. Das haben wir uns in der Damengarderobe geleistet. Zu jeder Vorstellung brachten wir abwechselnd eine Flasche mit, die wir am Schluss beim Abschminken, Umziehen und Quatschen austranken. Das hielt hundert Vorstellungen an, bis meine Frau sich beschwerte und ich Jaecki das Ende der schönen Einrichtung mitteilen musste. »Wir haben«, sagte ich ihm ins Gesicht, »nach Ansicht meiner Frau einen Pelzmantel versoffen!« Wir fügten uns, denn wer will Dauerärger haben wegen eines versoffenen Pelzmantels.

Ähnlich hatte es Stefan Lisewski auf einem Gastspiel in Athen auf den Punkt gebracht. Als wir nach einer Vorstellung vor dreitausend Menschen im Herodes Theater in einer kleinen Schenke zusammensaßen und jeder mühsam das Geld für ein Bier zusammenrechnete, bestellte sich Stefan eine Suppe. Das war ein ungeheuerlicher Vorgang. Wir mit unseren vollgeschriebenen Zetteln der Wünsche unserer Frauen und Kinder in den verschwitzten Hemdtaschen sahen verschreckt auf den essenden Stefan. Unglaublich, dieser Luxus! Nach dem letzten Löffel schob er den Teller von sich fort und verkündete wie ein Richter über sich selbst: »Jetzt habe ich das Kleid meiner Frau aufgegessen!« Das war alles in einem: ein erfolgreicher Schauspieler als DDR-Bürger im westlichen Ausland!

Das aufgegessene Kleid wurde ein geflügeltes Wort in allen Lebenslagen. Übrigens waren unsere Frauen und Kinder auf Betriebsfeten des BE immer so gekleidet, dass man die letzte Tournee erkennen konnte, ohne Mühe. Nach Griechenland trug man wallende leichte Klamotten, nach Frankreich praktische bunte Sachen, nach Italien Pullover, und nach einem Westdeutschlandgastspiel sahen alle aus wie Westdeutschland.

Zurück zu »Bezahlt wird nicht«. Dario Fo hatte sich mit seiner Frau Franca Rame angekündigt, um eine Vorstellung zu besuchen. Er war nicht von ungefähr in Ostberlin, denn er sollte am BE die »Dreigroschenoper« inszenieren. Da saß er mit seiner Frau, die auch gleichzeitig seine beste Schauspielerin ist, in der dritten Reihe und freute sich ohne Ende. Am Schluss des Abends unterbrach ich den Beifall der Zuschauer und erzählte das, was ich immer öffentlich sage, wenn ein Ereignis unvorhergesehen stattfindet: »Meine Damen und Herren! Sollten Sie zu denen gehören, die Tagebuch schreiben, dann können Sie heute mit dem Satz von Goethe beginnen, der sagte: ›Ich bin dabei gewesen!‹«

An diesem Abend habe ich Dario Fo auf die Bühne gerufen, und die Menschen standen auf, und der Beifall nahm kein Ende. Dario Fo war ergriffen, freute sich, und wir, uns neben ihn drängend, freuten uns sowieso. Das Entscheidende sagte er uns hinter der Bühne: Er habe viele Inszenierungen seines Stückes gesehen, aber wir wären die erste realistische Aufführung, die er habe verfolgen können. Und wir seien die erfolgreichste. Und das von Dario Fo! Plötzlich wird eine ganze Lebenseinstellung zur Kunst, die man betreibt, bestätigt. Bestätigt hat dieser erfahrene große Künstler, dass man jede Figur ernst nehmen muss in ihrer Lebensberechtigung im Stück und auf der Bühne. Man soll keinen verraten für einen Witz. Auch nicht die eigene Großmutter, wie es bei uns heißt.

Wenn Menschen komisch sind, sind sie das nicht absichtlich. Keiner trägt doch im Leben einen Standpunkt albern vor. Es sei denn, er meint es albern. Schwachsinnig werden die Argumente doch erst, wenn sie ernsthaft vertreten werden, obwohl sie für andere komisch wirken. Keiner legt sich dazu auf den Tisch oder springt auf einer heißen Herdplatte hin und her oder benötigt für ein Gespräch ein Microport. Nur durch ernsthaftes Behandeln der Figuren in einem Stück entsteht die Entdeckung und damit das Vergnügen für den Zuschauer. Mit Leichtigkeit im Denken und Fühlen. Nicht diese unerträgliche Erdenschwere. Nicht diese von weither kommenden Rollenbetrachtungen, die einen am Theater verzweifeln lassen.

Es wurde mit Dario Fo und seiner Frau dann noch ein sehr feucht-fröhlicher Abend. Wie gut, dass wir das gemacht haben, einfach trinken und viel lachen, denn einige

Monate später war alles vorbei. Da zeigte sich Theater in seiner Wirklichkeit und Rohheit.

Die Konzeptionsprobe für die »Dreigroschenoper« stand um 10 Uhr auf dem Plan und fand wohlweislich nicht in einem Probenraum statt, wie üblich, sondern im großen Zuschauerraum. Man erwartete viele Gäste aus dem eigenen Haus, auch Journalisten, denn es war ein Ereignis, dass Dario Fo da war, um dieses zwar bewährte, aber doch nicht einfache Stück bei uns am BE zu inszenieren. Die Besetzung stand schon eine ganze Weile, denn ein oder zwei Monate vorher hatte ein Vorsingen im BE stattgefunden. Dario Fo wollte uns sehen, um danach seine Besetzungswünsche zu benennen. Natürlich wurde das Vorsingen von uns nicht ernst genommen, besonders von mir nicht. Warum auch, ich hatte am Abend vorher »Mann ist Mann«-Premiere gehabt, Regie Zschiedrich, und wir hatten einen großen Erfolg eingefahren. Es hieß, Dario Fo habe mich als Galy Gay gesehen, und damit gut. Umnebelt vom Erfolg und Wein lag ich in meinem Bett im Appartement 408, Unter den Linden 37. Anruf der Intendanz, sehr freundlich und nachsichtig – ich hatte ja Erfolg am Abend vorher – wurde ich gebeten, doch, wenn möglich, auf die Beine und in die Probebebühne zu kommen, denn Dario Fo ließe vorsingen. Völlig einsichtig, in der »Dreigroschenoper« wird ja gesungen, machte ich mich beschwingt – frei nach Brecht: er ist schön, weil er Erfolg hatte – auf den kurzen Weg ins BE und geriet in ein dampfendes Unternehmen.

Die Probebühne übervoll, alle Schauspieler des Ensembles, ob Frau und Mann, versammelt, und das waren über fünfzig. Großer Herdenauftrieb also, und einzeln traten die Kollegen vor, um am Klavier stehend zu singen. Peter Aust, der konnte nun wirklich gut singen und auch hoch. Kurt Goldstein hatte eine Röhre, das war reiner Bass, Mahlich bot Sprechgesang, auch nicht schlecht. Das war alles ernst gemeint, und ich stand in der Tür, dick angezogen, es war Februar, und schwitzte meinen Wein und den gestrigen

Erfolg aus. Man war sehr milde zu mir. Ich wurde in der Reihenfolge sogar vorgezogen und stand da vor allen, ohne Noten, ohne Ahnung, was denn zu singen sei, nackt eben.

Nun bin ich ein begeisterter Klaus-Hoffmann-Fan. Ich kannte seine Lieder, die ich lauthals zu Hause zum Tonband mitsang. Und besonders gefiel mir das Lied »Tanze Gerda tanze! Tanz die ganze Nacht«. Eine schöne, süffige Melodie, und die habe ich einfach a cappella gesungen. Inmitten der vorgetragenen Brechtlieder meiner Kollegen sang ich das Lied von der Gerda, die ein halbes Dorf in Bewegung bringt, auch Lahme und Blinde, weil sie so gut aussieht und tanzen kann. Ich wurde lobend entlassen und konnte wieder in mein Bett kriechen, nun doppelt erfolgreich, also auch doppelt schön. Denn was will man mehr: am Abend die Zuschauer begeistern und am Morgen die Kollegen. Selbst Barbara Brecht-Schall sprach viel, viel später noch mit mir über diese Darbietung, und das gilt bei ihr doppelt und dreifach. Zumal wir, glaube ich, ansonsten in unserem Leben nur ein halbes Dutzend Sätze gewechselt haben.

Jedenfalls verschaffte mir dieser Auftritt die Rolle des Tiger Brown, Mackies Freund und korrupter Polizeichef von London. Das ist eine ziemlich gute Rolle in diesem personenreichen Stück. Ich hatte den berühmten »Kanonensong« zu singen und war zufrieden. Andere Kollegen waren es aber nicht, und plötzlich ging ein merkwürdiger Riss durch das Ensemble. Mackie Messer ist die Traumrolle für einen Schauspieler. Ich durfte ihn Jahre später auf Tournee über zweihundert Mal spielen. Man kann alles einbringen, was man in sich hat an Charme, an Schmutz, an schmieriger Ausstrahlung, an sexueller Dominanz und bleibt doch immer ein großer Sympathieträger. Die Menschen mögen es, wenn einer obenauf und nicht ganz sauber ist. Im Theater ist das eben so!

Die Kollegen in meinem Alter damals, die alle so gut singen konnten, hatten sich Hoffnungen gemacht. Der Besetzungszettel wurde angeschlagen, und alles schrie auf. Sie alle, die da voller Hoffnung waren, fanden sich in der

Diebesbande wieder oder als Bettler, aber nicht als Mackie Messer. Den spielte Ekkehard Schall.

Es gab in der Folgezeit einige Ausreiseanträge im Berliner Ensemble. Peter Aust ging, den ich als kranken König im »Richard III.« noch ganz nah vor mir sehe, und auch Kurt Goldstein, der das war, was man Ensemblemitglied nennt. Belastbar in mittleren und kleinen Rollen, präzise und genau. Für Peter Aust war die Erniedrigung besonders schwer zu ertragen, denn er war, wie ich, vom Deutschen Theater an das BE gewechselt. Und da hatte man ihm, so glaube ich, bestimmte Rollen versprochen.

Peter Aust und ich trafen uns nach der Wende in einem Krankenhausfernsehfilm wieder. Da musste er an mir Mund-zu-Mund-Beatmung machen, weil ich in meiner Rolle aus den Latschen kippte. Wir redeten so weiter, als hätte es dazwischen keine fünfzehn Jahre gegeben. Er hatte im Westen Karriere gemacht. Ich verehrte seine Spielweise, die war trocken, genau und prägnant. Seinen »Volksfeind« von Ibsen in den Kammerspielen des Deutschen Theaters hat ihm noch keiner nachgespielt. Nach unserer Filmaufnahme starb er traurigerweise während einer Operation. Er sollte neue Hüften bekommen. Mir sage keiner etwas von: das ist eine Routineoperation. Quatsch, es geht immer ums Leben.

Um das künstlerische Leben des Dario Fo ging es bei der benannten Konzeptionsprobe »Dreigroschenoper« im Zuschauerraum unseres Theaters. Der war gut besetzt. Vorn in der ersten Reihe Ekkehard Schall, dann die besetzten Kollegen und dann die Gewerke, Maske, Technik und schließlich die übrigen Mitarbeiter des Hauses. Dario Fo betrat mit Wekwerth den Zuschauerraum. Freundliche Begrüßung der Intendanz für den Gastregisseur der »Dreigroschenoper«. Dario Fo begann seine Ansichten über seine kommende Inszenierung darzulegen. Erstaunen in unseren Reihen, nach zwanzig Minuten erhob sich Schall und kam zehn Minuten später mit seiner Frau zurück. Plötzlich wurde eine Pause angesagt, und dann war alles zu Ende für Dario Fo.

Was war denn nun? Dario Fo war nicht nur einer der erfahrensten Theatermänner, er war auch ein extrem politisch denkender Mensch. Er beobachtete die Welt und uns, die wir darin leben, sehr genau. Doch in diesem Falle hatte er nicht für sich registriert, dass wir in der DDR lebten. Er hatte sich für seine »Dreigroschenoper«-Inszenierung die Bekämpfung des Überflusses in einer satten Konsumgesellschaft vorgenommen. Anders kann ich es nicht beschreiben, denn er benannte als Sichtbarmachung dieses Kernpunktes seiner Inszenierung die Hochzeit zwischen Mackie und Polly. Das ist im Stück eine lange, schöne Szene, in der die einzelnen kleinen Verbrecher ihre Geschenke präsentieren und dabei von Mackie der Lächerlichkeit vor seiner jungen schönen Braut Polly preisgegeben werden. Nach dem Motto, er, Mackie, ist der Größte in seiner Branche und die anderen sind nur Pfuscher, Dilettanten und dumme Leute, was sie mit den mitgebrachten Hochzeitsgeschenken auch beweisen würden. Dario Fo wollte nun, dass die Gäste alle ein und dasselbe Geschenk bringen sollten: jeder einen Kühlschrank. Und die Kühlschränke sollten sich dann stapeln, sie bestimmten das Bühnenbild und sollten im Laufe des Abends wie in einer Fabrik auf Transportbändern hin und her fahren. Kühlschränke, Kühlschränke, geschenkt aus Mangel an Fantasie, aus Geschmacklosigkeit, als Billigkeitsgeschenk, als Kritik am Überfluss des Westens.

»Aber wir leben doch im Osten!«, rief eine Stimme hinter mir. »Wir sind doch froh, wenn wir einen Kühlschrank haben!« In einem Parlamentsbericht hätte man jetzt lesen können: leichte bis bewegte Unruhe unter den Abgeordneten, einzelne Zwischenrufe! Dario Fo erhöhte seine Schlagzahl gegen das Gemurre, das er nicht verstand, glaube ich, und brachte nun die Kostüme ins Spiel. Aus einer Tasche zerrte er Modezeitschriften aus dem Westen, mit hocheleganten Inhalt, für Damen und Herren. Kaum herzustellen von unseren Werkstätten und zu teuer wegen der weich fallenden Stoffe und überhaupt nur im Westen zu kaufen, denn, siehe oben: Wir lebten doch im Osten!

Inzwischen, wie gesagt, war Ekke erschienen mit Frau Barbara, und ich vermute, sie ist erst einmal nur mitgekommen, weil sie ihrem Mann nicht glauben wollte, was sich da abspielte. Sie kam, begriff in zwei Minuten den Ernst der Lage und bat um eine Pause. Dario Fo, Familie Schall und die Intendanz verschwanden, und das war das Ende vom Spiel West gegen Ost oder umgekehrt.

Wir konnten gehen. Aber am Nachmittag waren wir alle wieder da, denn im ausverkauften BE zeigte Dario Fo seine Kunst und die Mittel, die er dafür einsetzte. Das war berauschend. Nach der lockeren Begrüßung lief er puterrot im Gesicht an, und diese Farbe blieb uns erhalten in den nächsten zwei Stunden, und was wir sahen, war eine Offenbarung in Sachen Schauspielkunst.

Solch ein gestisches Theater habe ich nie wieder gesehen. Diese Verwandlung in den und das und was weiß ich, kleine Andeutungen dieses Könners für eine Stimmung, dazwischen seine erfundene Sprache, Gremolo genannt. Er allein auf der Bühne, uns alle mitnehmend in die Wunderwelt eines Kindes, eines staunenden Erwachsenen. Ja, das war seine Hauptwaffe im Kampf auf dem Theater: das Staunen!

Im »Galilei« lässt Brecht ein Kind staunen, damit Himmelszusammenhänge aufgeklärt werden können. Im »Kreidekreis« lässt Brecht den einfachen Schauwa staunen und uns Zuschauer mit ihm über seinen Chef Azdak, wie der das alles wieder dreht und wendet, was er am Ende Recht nennt. In »Mann ist Mann« lässt Brecht den Galy Gay staunen über eine Militärwelt, die ihn ergreift, einordnet und festmacht in dem Gefüge eines Krieges. In der »Dreigroschenoper« staunt Frau Peachum über den bescheuerten Mackie, der, auch in der größten persönlichen Gefahr, in sein Bordell geht. Und in »Die Ausnahme und die Regel« staunt der weiße Mann über die Leidensfähigkeit und moralische Einstellung eines Eingeborenen, den er als Lastenträger eingestellt hat.

Staunen. Über Fo und uns und kein Halten mehr vor seiner Glanznummer: Ein Mann isst sich selber auf.

Stehende Ovationen für diesen Meister, für den dieser Nachmittag gleichzeitig auch sein Schwanengesang bei uns war.

Am nächsten Morgen bekam er die Entbindung von seiner Regie, und als er aus der Intendanz kam, stand ich zufällig auf dem Hof. Nun war ich sein bekannter Freund, einmal durch »Gerda« und das andere Mal, weil ich ihn doch glücklich auf die Bühne geholt hatte. Er murmelte etwas von »es sei nun vorbei, er reise ab«, und ich stammelte das, was man immer hilflos stammelt, wenn einem die Worte fehlen, etwas von »alles Gute, Gesundheit, Wiedersehen« und dergleichen Hohlheiten.

Die »Dreigroschenoper« wurde dann von einem Regiekollektiv gestemmt. Ekkehard Schall gab später den Mackie Messer wieder ab, und Stefan Lisewski übernahm die Rolle, so wie einst von Wolf Kaiser. Ich glaube, insgesamt hat Stefan wohl tausend Mal den Mackie Messer gespielt, im BE und auf unseren Gastspielen in aller Herren Länder. Von Ekke Schall ist mir beeindruckend in Erinnerung, wie er im Gefängniskäfig die »Ballade vom Wohlstand« gesungen hat, in dem ja jeder angenehm leben kann. In solcher körperlichen Brillanz, wie er da durch den Käfig huschte und rotierte, habe ich es nie wieder gesehen. Selbst ich bei mir nicht!

Dario Fo bin ich indirekt dann doch wieder begegnet. Per Stück, als wir seine Groteske »Zufällig eine Frau: Elisabeth« spielten.

Ich wollte nur sagen, wie schnell alles gehen kann, eben noch oben, und schon fliegt man ab. Theater ist schnell, nirgendwo sonst kann man erkennen, ob ein Schauspieler etwas kann oder nicht, ob einer ein Schwätzer ist oder etwas einbringt. Fernsehen und Film verschleppen alles. Die Erfolge und die Niederlagen. Theater ist täglich, und die Ergebnisse sind ebenfalls täglich.

»Zufällig eine Frau: Elisabeth« ist ein wunderbar konstruiertes Stück, in dem es drunter und drüber geht. Es wurde kaum gespielt und passte wie die Faust in den

Pudding der Zeit, damals in der DDR. Königin Elisabeth I. lebt in dem Wahn, der Shakespeare mache sich in seinen Theaterstücken über sie lustig. Als Staatschefin leitet sie umfangreiche Maßnahmen ein, um diesem Dichter das Handwerk zu legen. In der DDR war in solchem Falle immer die Rede von Herabwürdigung politischer Würdenträger, und das stand ebenfalls unter Strafe. Also alles zeitnah, Leben und Theaterstück. Der Polizeichef von London muss andauernd Ergebnisse seiner Untersuchungen vorlegen, obwohl es nichts gibt. Keiner will die Königin stürzen und schon gar nicht der Shakespeare. Aber Frau König nimmt seine Texte wörtlich, auch die, die ihr Aussehen betreffen. Um sich nun zu verschönen, bestellt sie sich eine Person, mehr Weib als Mann. Die soll alles wieder richten, was da hängt und stört und fett vorhanden ist.

Was sich zwischen dieser Person, im Stück »Das Mensch« genannt, und der Königin abspielt, das kann man nicht erzählen, wie immer bei Dario Fo, das muss man sehen. Beispielsweise sollen Wespen den hängenden Busen der Königin aufrichten, was aber nur eines der Tiere tut, das andere entfleucht und sticht ihr in den Hintern. Technisch musste sich nun alles an den richtigen Stellen aufblasen, ein Gewürge ohnegleichen.

Wir hatten ganz schön zu tun, Renate Richter als Elisabeth, so wunderbar klar im verrückten Zustand, Franziska Troegner als Gouvernante, die irgendwie versucht, Ordnung zu halten und grandios scheitert, ich in der Traumrolle des Stückes, in dieser Gremolodariofosprache und mühsam angelerntem Englisch, und dazwischen, wie immer ernsthaft und darum so komisch, Franz Viehmann als eifriger, aber geschlagener Polizeichef.

Wekwerth war in Hochform, er übersetzte, er schrieb neue Bilder, er befeuerte uns, denn was wir da spielten, war deckungsgleich mit unserem realen Leben in unserem Staat. Die Führung unseres Landes mit sich selbst beschäftigt, die Wahrnehmungsgrenze längst überschritten, viel Propaganda, die wirklich keiner mehr glaubte. Dazu die andauernden Verdächtigungen den europäischen Nachbarn gegenüber, diese Besserwisserei, das dämmernde Ende. Wir lagen mit »Elisabeth« richtig im Strom und waren darüber glücklich. Hier griffen wir wirklich mal in die Räder des Stückes, aber nur, um es unseren Gegebenheiten anzupassen. Wir konnten konkreter werden mit Dario Fo.

In der italienischen Aufführung hatte Franca Rame die Königin gespielt und kam, wie sie in einem Interview erzählte, einfach nicht nach mit dem Textlernen. Dario Fo stopfte immer mehr und mehr hinein in dieses Stück, um den Zuschauern zu zeigen, wie verlogen in den Etagen der Staatenlenker gelebt wird. Auch konnte er den Schluss nicht schreiben, da er gewisse politische Entwicklungen seiner Heimat noch beobachten wollte. Da der Premierentermin stand, ergriffen die Schauspieler die Macht, und angeführt von der Gattin des Dario Fo sperrten sie den endlos Schreibenden in eine karge Kammer. Nur Tisch, Stuhl und Schreibunterlagen. Für jede Seite, die er unter der Tür durchschob, bekam er etwas zu essen. Franca Rame schwor Stein und Bein, dass es so war. Nach zwei Tagen stand der Schluss des Stückes: Es war der Wahnsinnsmonolog aus »Richard III.«, umgeschrieben und aktualisiert für die Rolle der Elisabeth. Der Schluss war nun da, aber nicht mehr zu lernen für Frau Rame. Daraufhin wurde ihr ein Hörgerät ins Ohr geklemmt, und Fo sprach ihr in der Premiere die Texte ins Ohr. Dies lesend wurde mir klar, warum meine schöne Rolle »Mensch« nur einen schwachen Theaterabgang hatte, nur eine kleine Flucht vor der Elisabeth, nichts weiter. Eigentlich enttäuschend, dachte ich, das ist doch kein Abgang bei solch einer Rolle. Da Dario Fo selber »das Mensch« spielte, musste er eben schnell die Bühne verlassen, um dann aus der Theatergasse seiner Frau die neuen Texte in das Hörgerät zu flüstern.

So ist das in Italien, wenn die politischen Verhältnisse keine Ruhe geben. Natürlich wurde die Premiere in Italien ein Erfolg. Und bei uns im BE ebenfalls. In der Schlussszene des Wahnsinns fasste sich Wekwerth ein Herz und spielte die unvergessliche Musik von Günther Fischer aus seiner »Richard III.«-Inszenierung mit Thate, damals am Deutschen Theater ein.

Da stand man an der Seite der Bühne, wartete auf den Schluss des Stückes, und die Musik begann und damit die Zeitreise der Erinnerung zehn Jahre zurück, und man spürte Glück in sich. Glück über diesen Zeitraum, in dem man sich weiterentwickeln durfte. Glück, an solch einem Haus zu sein. Glück über den gelungenen Abend mit dem vielen Text, den vielen körperlichen Aktionen, die Dario Fo für sich und damit auch für mich verordnet hatte, und Glück einfach so, weil man auf der Welt ist und den Menschen Freude bereiten darf. Renate vernebelte im Wahnsinn, die Musik verklang, der Beifall schoss hoch und wie immer in all den Vorstellungen meine Wendung zu dem hinter mir stehenden Inspizienten und dazu der lapidare Satz: »Na bitte, es geht doch!« Und dann raus alle und verbeugen. Wie? Natürlich glücklich!

Unterwegs mit dem BE

In den sechziger Jahren stellten in Westdeutschland viele mittlere und kleine Städte fest, dass sie alles brauchten, nur kein Theaterensemble mehr. Also schicken Ballerinen, Schauspieler und Sänger andauernd Bewerbungsunterlagen an die immer weniger werdenden Theater, und wenn sie Glück haben, kommen die Unterlagen zurück. Meistens jedoch nicht, weil die angeschriebenen Theater nicht einsehen, ihre wenigen Briefmarkenmittel auf abgelehnte Bewerbungen zu kleben. Angeblich wurde der berühmte Name »Schauspielhaus Gendarmenmarkt Berlin« geändert in »Konzerthaus Berlin«, weil zu viele Bewerbungen verzweifelter Schauspieler, die nach Arbeit jammerten, bei der Leitung eintrafen. Das glaube ich nicht, so bescheuert oder betrunken ist man auch in unserem Beruf nicht.

So standen in den sechziger Jahren von den Theatern Westdeutschlands oft nur noch die Hüllen. In der Hülle lebte der Hauswart und erwartete die Tourneetheater zum abendlichen Spiel. Der Stadt ging es gut dabei, denn die kulturellen Personalsorgen waren entsorgt, man zahlte an die Tourneetheater ein Honorar, spendierte den Theaterbesuchern etwas subventionierte Karten, gab dem Hausmeister für den Abend zwei Mitarbeiter, die den Besuchern die Mäntel weghängten, und fertig war's. Doch es gab noch einen Effekt und zwar für den Kulturverantwortlichen des jeweiligen Ortes. Er wurde von den Tourneeunternehmern hofiert, damit er ihre Vorstellungen aufkauft.

Das muss früher übersichtlich gewesen sein, denn die Firma Landgraf baute sich ein vorzügliches Netzwerk auf. Nicht etwa einfach so, nein, nein, es wurde erstklassiges Theater angeboten. Das kann ich beschwören, denn heute, in Zeiten, in denen jeder und alles Kunst anbietet, ragt Landgraf immer noch heraus.

Diese hochgeachtete Familie, die im Theaterbetrieb alles erlebt und durchlitten hat, was es in einem Theaterleben zu erleben und erleiden gibt, saß uns also gegenüber und lobte die »Talfahrt«. Herr Landgraf hatte die Größe zuzugeben, dass die Dresdner Inszenierung viel besser sei als seine eigene Tourneeinszenierung, die wahrlich hoch und solid besetzt war.

Nach solch einem Lob war das weitere Gespräch fast ohne Belang. Ich hatte innerlich die weiße Fahne schon gehisst und war bereit, mich auf etwas einzulassen, was ich durch das BE zu kennen glaubte. Ich war bereit, Tourneetheater zu machen.

Die Theatertourneen des Berliner Ensembles waren immer umjubelt und voller Geschichten aus dem inneren Kreis des Ensembles, von denen man nicht zu viele erzählen kann, sonst würde man denken, da waren nur fidele Leute unterwegs in der Welt.

Wie in jeder langjährigen Ehe hatten sich auch im Tourneebetrieb des BE gewisse Gewohnheiten herausgebildet. So habe ich alle Tourneen im Doppelzimmer mit meinem Freund Martin Seifert zugebracht. Vor dem Start setzten wir beide uns zusammen und besprachen, wie wir logistisch alles bewältigen wollten: die Kunst, die uns vor Ort geboten wurde, die Besichtigungen der bedeutenden Bauten und Kirchen, Abarbeitung der Wunschzettel unserer Familien und wer nimmt was mit. Martin besorgte eine echte ungarische Salami, dank seiner ungarischen Frau, das war die Grundlage. Rotwein wurde vor Ort gekauft, der billigste natürlich, aus den untersten Regalen der Kaufhallen. Nach der Vorstellung, wenn es keinen Empfang gab, auf den aus Sparsamkeitsgründen alle lauerten, saßen wir in unseren Doppelbetten, aßen die Salami und tranken den billigen Wein, verfluchten die Welt, die uns so allein ließ, sahen uns Fernsehsendungen in der jeweiligen Landessprache an und brüllten laut nach Ruhe, wenn sich im Hotelgang etwas regte. Wir waren im Ensemble eine anerkannte Hotelzimmerbelegung, also ein Ehepaar, und wurden von den Kollegen »Rot und Schwarz« genannt wegen unserer damaligen kräftigen Haarfarbe. Wir zogen durch die fremden Städte und Länder, drehten 8-mm-Filme, damit unsere Familie sehen konnte, wo wir immer ohne sie waren. Meine Filmvorführungen zu Hause fanden vor einem Bettlaken statt, das an die Wand genagelt wurde, und schon flimmerte ORWO mit seinen matten Farben für drei oder vier Minuten über die Bettwäsche. Dann war Rollenwechsel, der mit zunehmendem Rotweingenuss immer länger dauerte. Es war alles großartig primitiv und traurig zugleich, denn keiner konnte sagen, wann man das alles einmal sehen würde ohne Gastspiel. Warum sollte man erst fünfundsechzig werden oder sechzig?

Es gibt eine Anekdote über den verehrten Kollegen K., der in Venedig, vormittags, im Bett liegend, auf die Aufforderung, doch zur Besichtigung einer Kirche mitzukommen, geantwortet haben soll, in Berlin gäbe es auch Kirchen.

Wenn man in einer Gruppe fahrend unterwegs ist, trifft man immer und überall jemanden aus der Gruppe. Das hat mich noch Jahre danach verfolgt, dass irgendwo, meinetwegen in Sizilien, hinter einem Kiosk oder in einer Kirche oder vor einem Bild in einem Museum der Kollege Köster neben mir steht oder Dittus, Schwabe, Lisewski, Dissel, schlicht gesagt: alle! Außer denen natürlich, die in Berlin alles kennen und darum in Venedig im Bett bleiben können.

Vor unseren Tourneen in den Westen gab es Einweisungen. Es erschien ein Mensch von irgendeiner Institution und sprach über die politische Beschaffenheit des Landes, in dem wir gastieren sollten. Da der Vortragende das Land selten persönlich kannte, blieben praktische Hinweise zum Alltagsleben unerwähnt. So geschah es zum Beispiel, dass in Kanada keiner wusste, dass man öffentlich keinen Alkohol trinkt. Auch kein Bier! Und so entging ein Kollege knapp einer Mitnahme zur Polizeiwache, weil er friedlich in einer

Parkanlage sein Büchsenbier trank. Das muss in Kanada auf derselben Stufe stehen, wie alten Frauen die Tasche wegzunehmen. Beim Verladen der Kulissen in Toronto wurden unser technischer Direktor und unser Beleuchtungschef von der Polizei mitten in der Nacht mitgenommen, weil sie mit den kanadischen Bühnenarbeitern als Gruß und Dank kleine Schnapsflaschen leeren wollten, auf der Straße, zwischen Anhängern und Zugmaschine stehend. Es soll eine ganze Weile gedauert haben, ehe sie befreit wurden, allerdings mit der Androhung, vom Bannstrahl eines Einreiseverbotes getroffen zu werden. Die Drohung wurde weggelächelt. Als gelernte DDR-Bürger konnten sie sich mühelos ausrechnen, wann sie erneut die Möglichkeit haben würden, Kanada zu bereisen.

Es gab zwei glückliche Tage auf diesen Tourneen. Das war der erste Tag, wenn man die Diäten bekam, und der letzte Tag, wenn man kein Geld mehr hatte und damit keine Verantwortung mehr der Familie gegenüber. Endlich innerlich frei! Dazwischen unerhörte Erfolge, großartige Würdigungen unserer Arbeit. Wir waren was, dank unserer guten Arbeit am Brecht. Und jedes Mal die tiefe Ergriffenheit in uns, wenn nach der letzten Vorstellung ein Schild vom Schnürboden des Theaters herabgelassen wurde, auf dem sich das BE in der jeweiligen Landessprache bedankte und »Auf Wiedersehen« sagte. Eigentlich hätte »Leb wohl« darauf stehen müssen, denn zum Abschiedstriumph kam die Frage, wann, ja wann das BE noch einmal dort spielen würde oder durfte.

All diese Gefühle und Triumphe verbanden sich für mich mit dem Begriff: Theatertournee.

Das BE fuhr oft, das machte nicht beliebt, und es rührte sich auch nicht eine Hand der Solidarität, als man begann, uns zu erwürgen.

Natürlich meldeten sich internationale Theatermacher öffentlich zu Wort. In einer Vollversammlung – ich weiß nicht mehr welche, es gab sie damals plötzlich dauernd – wurden diese Solidaritätsadressen verlesen und von uns beklatscht. Natürlich hatten diese Grußadressen keine Auswirkungen auf die Leute, die hinter unserem Berliner Ensemble her waren.

Giorgio Strehler schickte eine besonders freundliche und berührende Solidaritätsadresse an uns. Wir waren erst zwei Jahre zuvor zu Gast gewesen in seinem Theater. Wir spielten nicht im Piccolo Theater, aber unser Ensemble besuchte eine Vorstellung dort. Ich weiß nicht mehr den Inhalt des Stückes, ich weiß nichts mehr von den Personen und Handlungen, ich weiß nur noch, dass seine Stückeröffnung einmalig war. Der Vorhang öffnete sich, man sah einen dunklen Garten, und dann begann die Sonne auf der Bühne aufzugehen. Nach und nach wurden die Bäume mit ihrem fast echten Blätterwerk beleuchtet, das Haus dazwischen erwachte langsam zum Leben, und immer weiter öffnete sich das Bühnenbild und der Tag der Handlung begann nach einem fast endlos erscheinenden Anfang. Was für eine Ruhe, was für eine Idylle, die natürlich zerstört wurde, als man dann in diesem schönen Haus in dem idyllischen Garten zur Sache kam, laut und heftig. Das war zu erwarten, es spielte in Italien, wo aus jedem Lüftchen ein Orkan der Worte gemacht wird. Aber dieser Anfang eines Tages, das Erwachen der Welt, das wird mir immer in Erinnerung bleiben. Ebenso wie der Empfang durch die italienischen Theaterleute, die sich um uns drängten, voller Hochachtung uns und unserem BE gegenüber. Nein, sie wollten keine Lobpreisungen über ihren ach so berührenden Theaterabend hören, nein, das sei alles nichts gegen das, was wir vom BE dem internationalen Theater mit unserer Kunst gaben.

Und natürlich sprach Strehler, der Meister von allen, der das auch wusste und mit seiner Stimme losorgelte, dass einem Hören und Sehen vergehen konnte vor lauter Glück. Das war wieder Theater im besten Sinne des Wortes, voller Parteilichkeit für die Sache der Kunst, voller Hochachtung »seinem« Brecht gegenüber, den er in- und auswendig kannte, und voller Liebe für uns alle, die da standen und mit reinem Herzen zuhörten, denn es sprach ein großer Künstler, der uns liebte.

Im Berliner Senat saßen 1990 keine Künstler und keine Menschen, die uns liebten. Vielleicht kannten sie auch nicht die Namen aus dem Ausland, die sich für unser Berliner Ensemble einsetzten und deren Absender sich nicht vorstellen konnten, dass es Brechts Theater nicht mehr geben sollte. Geschenkt! Andere hatten andere Sorgen in dieser Zeit, und später wurde auch das Schiller Theater abgewickelt, obwohl alle protestierten. Kultur hat es eben schwer hier, und das alte Stadttheatersystem hat seinen Preis, und manchmal fällt es den Verantwortlichen schwer, das zu begreifen. Besonders dann, wenn man keinen Bezug zur Kunst hat und nur auf Ergebniszahlen stiert.

Von Neustrelitz bis Jagsthausen

1999, der Intendant des Lüneburger Theaters, Jan Aust, bittet mich um eine Zusammenkunft. Wir treffen uns im Restaurant »Winterhuder Fährhaus« in Hamburg. Das ist, vom Stadtteil her gesehen, nicht die schlechteste Adresse. In Winterhude geht es nobel zu. Wie vorne schon gesagt, ich spielte dort gerade Tschechows kleine Stücke an einem Abend. Das sind zwar kleine Stücke vom Seitenumfang her, wenn man es mal buchhändlerisch ausdrücken darf. Tschechow war aber viel zu klug und gut, um nicht die ganze Tragik unseres Seins auf diesen paar Seiten unterzubringen. Der lässt seine Personen Sätze sagen, da muss man nur noch gut spielen und empfinden, um in der Rollengestaltung klug und formidabel auszusehen.

Mit dem »Heiratsantrag«-Tschechow kannte ich mich schon von Neustrelitz her aus. Im letzten Jahr meines Anfängerdaseins spielte ich auf der Probebühne, die am Abend eine richtige kleine Bühne wurde, »Der Bär«, »Über die Schädlichkeit des Tabaks« und den »Schwanengesang«. Na, das Letztere war vielleicht Hochstapelei, denn im Schwanengesang spielt ein achtzigjähriger Schauspieler zusammen mit seinem noch älteren Souffleur, den er schlafend in einer Ecke des Theaters aufgabelt, nächtens im kalten Theater alle seine Lebensrollen durch, die man so spielt, wenn man es achtzig Jahre durchhält in diesem Beruf. Ich war dreiundzwanzig! Wunderbarer und großfressiger ging es nun wirklich nicht. Aber Regisseur Scheinert hatte es bei der Intendanz durchgesetzt, die liebenswürdige Annelie Theurer, Gattin des Intendanten, gab sich dazu her, die Witwe im »Bär« zu spielen und ich einen frauenfeindlichen, abgehalfterten Gutsbesitzer, der bei ihr Schulden eintreiben muss.

Ich habe es der Kollegin nie vergessen, dass sie so freundlich und milde war, dem jungen Menschen Bause einen verluderten und verhurten Schwadroneur abzukaufen. Sie tat es und das Publikum auch in den zehn Vorstellungen, die kurz vor Spielplanschluss noch liefen, denn dann zerstreute sich die junge Neustrelitzer Theatermacherschar in alle Ecken der DDR. Die Proben zu diesen kleinen, feinen und doch schwierigen Stücken waren voller Freude und voller Unkenntnis dem Leben gegenüber. Was will man auch mit dreiundzwanzig erkannt haben, außer dass man in Neustrelitz ein bekannter Mensch geworden ist? Begabt, nun ja, aber leicht abgehoben im »Café am Markt« sitzend.

Noch zwei Worte zum »Schwanengesang«: Es macht Spaß, sich eine heruntergekommene Perücke überzuziehen, sich ein geschmuddeltes Kostüm überzuwerfen und in der Jugend das Alter zu spielen. Jedenfalls habe ich in Neustrelitz den »König Lear« mit seinem Wahnsinnsmonolog schon mal für vierzig Jahre später in Hamburg üben können. Und als ich im Altonaer Theater halbnackt auf der Bühne irre wurde, fiel mir meine Jugend ein und dass ich damals eine lange Kutte trug. So ändert man sich. Wenn man langsam, aber sicher unattraktiv wird, kann man sich nicht schnell genug ausgezogen präsentieren.

Ja, das Altern. Unvergesslich ist mir ein Kollege aus Neustrelitz, der den Souffleur spielte und damit als Mitspieler für den alten Schauspieler herhalten musste. Es war ein belesener, kluger, freundlicher Mensch mit den üblichen Textschwächen in dem Alter. Er versprach sich andauernd, was nicht auffiel, warum sollte er denn nicht durcheinander sein?, aber es tat ihm leid, und während ich monologisierte, flüsterte er: »Entschuldigung … Entschuldigung …« Da er es auch mit den Ohren hatte, kam es ziemlich laut auf der kleinen Bühne daher, nicht nur für mich, sondern für alle. Ich habe mich aber nicht geärgert und wurde auch nicht wütend, was später oft und heftig der Fall war, denn ich ahnte, dass der Kollege der lebende Beweis für die Hinfälligkeit und Verletzlichkeit in unserem Beruf war.

Ich habe diese Rolle nie wieder gespielt, obwohl sie ein Fressen für einen einigermaßen begabten Schauspieler ist. Aber es gehört viel Kraft dazu, die innere Angst zu überwinden, etwas preiszugeben über Tod, Unfähigkeit und Sehnsucht. Es ist eben ein Tschechow.

Der sehr geachtete und unbestritten beste Komödiant Rolf Ludwig versuchte in den Neunzigern am Deutschen Theater, diesen »Schwanengesang« auf die Bühne zu bringen. Er war wie geschaffen dafür und hätte bestimmt gute und kluge Lösungen für uns alle gefunden, wie man den alten Schauspieler spielen könnte. Leider versagten ihm während der Probearbeit Körper und Geist. Dieter Mann als Regisseur hat die Arbeit mit großer Traurigkeit beschrieben.

An allen folgenden Tschechow-Abenden – ich habe noch drei gestaltet – habe ich den »Schwanengesang« durch den »Heiratsantrag« ersetzt. Da kam ich besser hin mit meinen Gefühlen, mit Grundstücksstreitereien, Liebe aus praktischen Erwägungen, mit Gesundheitsproblemen, also, so etwas kann ich spielen, auch mitten in der Nacht. Davon habe ich so wenig Ahnung wie damals in Neustrelitz, und darum gelingt es mir gut.

Ebenfalls in Neustrelitz kam es zu dem einmaligen Erlebnis, dass ein Kollege in meiner Soloszene auftrat, obwohl er dort nichts zu suchen hatte.

Wir spielten als Friedrich-Wolf-Theater natürlich Stücke von Friedrich Wolf, dessen Begleitschreiben für das Theater eingerahmt im Raucherzimmer hing. Er hatte eine gut lesbare Handschrift, die merkwürdigerweise am Zeilenende sehr nach rechts absackte. Es verwunderte mich, dass er so schräg nach unten schrieb. Er war doch Schriftsteller! In einer Pause fragte ich den ältesten Kollege des Theaters, Hans T., ob ihm das auch aufgefallen sei. Kollege T. erklärte mir, dass Menschen, die bald sterben, immer in den Zeilen abzusinken beginnen. Diese Auskunft hat mich schwer beeindruckt, und heute noch, wenn ich etwas frei schreibe, schaue ich stets meine Zeilenrichtung an. Ich gehöre aber auch zu den undeutlichsten Handschreibern meiner Generation. »Du mit deiner Doktorklaue!«, hieß es bei uns in Magdeburg. Trotzdem bin ich jedes Mal heilfroh, wenn ich noch keine Senkung sehe.

Vielleicht erklärte mir Kollege T. das auch nur so, weil er Friedrich Wolf persönlich kannte und seinen frühen Tod entschuldigen wollte? Das musste er nicht, denn wenn man sich die Fotos mit den Geistesgrößen der DDR aus den Fünfzigern ansieht, stellt man schnell fest, wie mitgenommen sie alle aussehen, der Brecht, der Becher, der Nagel, der Wolf. Menschen, denen man selbst auf den Fotos ansieht, dass es bei ihnen nicht immer nur um Kunst ging, sondern sie sich auch mit anderen Problemen rumschlagen mussten. Ja, das sieht man.

Kollege T. war der Parteisekretär des Theaters, machte hinter jedem das Licht aus, ein freundlicher, weißhaariger Kollege. Der rannte also mit mir auf der Bühne, auf der ich in dem unsäglichen Stück »Peter kehrt heim«, eben von F. W., aber allein den Monolog eines jungen Bolschewiken halten musste. Ich hatte zu klagen, dass ich nun bald erschossen werde, da ich ein Bolschewik sei, aber die Idee des Kommunismus würde auch ohne mich weiterleben. Ein bisschen geschrieben nach dem Motto: Wie herrlich ist das Sterben, wenn es nur auf der richtigen Seite ist. Diesen Monolog hatte ich knieend darzubieten, Dauer fünf Minuten. Ich raus, Kollege T. rennt mit. Er dachte, es sei seine anschließende Szene. Große Verwunderung bei ihm, als er sich mit mir allein auf der Bühne wiederfindet. Ich auf die Knie, er in seinem Schreck und seinen fünfundsechzig Jahren mit runter. Ich verlangsame bewusst das Tempo, Schadenfreude muss sein, und hinter mir stöhnt Kollege T. Ich hoch, er mit hoch, dann ich wieder auf die Knie, er mit runter. Ich habe da eine sportliche Nummer geboten, und er musste nun mitmachen als stummer Gast, damit es nicht auffiel, dass er in der Szene nichts zu suchen hatte. Dann, mittenhinein in meinen herzzerreißenden, ausgebremsten Monolog, stöhnte er lautstark zu mir rüber: »Geht's nicht schneller?« Und nun bin ich in seinem Alter und passe höllisch auf, nicht aus Versehen mit einem jungen Kollegen auf die Bühne zu rennen.

Das Friedrich-Wolf-Theater Neustrelitz heißt jetzt Landestheater. Das muss wohl sein, denn Friedrich Wolf hat sich in der Weimarer Republik mit aktuellen politischen Stücken für die gesellschaftlich benachteiligten Menschen eingesetzt. Er musste unter den Nazis Deutschland verlassen, wollte 1936 in Spanien gegen Franco kämpfen, wurde aber in einem französischen Internierungslager festgehalten. Er hat bestimmt während der Emigration in der Sowjetunion sehr zittrige Momente um sein Leben gehabt. Er war von Anbeginn der DDR dabei, als es noch um ein einiges Deutschland ging, und kein Mensch ist vollkommen. Dumme Sätze sagt auch der Gescheiteste, und einer seiner Söhne war Chef der Auslandsspionage. Das sind für manche Menschen alles Punkte, die dafür sprechen, einem Theater seinen Namen zu nehmen. Wunderbarer Unverstand! Da schaue ich lieber mit freundlichen Gedanken nach Eisenhüttenstadt mit seinem Theater, welches in Bauweise und Aufmachung sehr dem Landestheater Neustrelitz gleicht. Und wie heißt es? So wie es immer hieß, seit Eisenhüttenstadt als Stalinstadt erfunden wurde: Friedrich-Wolf-Theater. Da ist man dankbar.

Jan Aust war gerade berufen, ab 2000 die Burgfestspiele in Jagsthausen zu leiten. Jahrelang war er dort jeden Sommer als Schauspieler engagiert und schrieb und inszenierte Kinderstücke, was ja immer das Schwierigste sei. Behaupten besonders Schauspieler, die Kinderstücke spielen müssen oder die es noch nie gespielt haben. Bei den Letzteren handelt es sich um eine Einschätzung, die man in einem Regiebuch beschreiben würde mit: »Von oben herab zu sprechen.« Kinderstücke zu spielen ist wirklich eine Herausforderung erster Güte. Ich habe diese Stücke gespielt und inszeniert, und man darf dabei nie vergessen, dass die Kinder unsere Zuschauer von morgen sind. Nie werde ich vergessen, wie Tochter Maria im Theater der Freundschaft

»Das Rübchen« sah und auf der Bühne von einem leichtsinnigen Schauspieler gesagt wurde, wenn alle Probleme mit dem Herausziehen der Rübe beseitigt seien, dann wolle man vor Freude tanzen. Es wurde nicht getanzt, und Tochter Maria beklagte sich über diesen offensichtlichen Betrug am Kinde. Aber nun gut, vielleicht war es 14 Uhr und gleich Probenschluss, vielleicht waren auch alle von der Rübe erschöpft. Kinderstücke sind eben hochgefährlich.

Jetzt steht mein Intendant immer noch am Tisch im Winterhuder Restaurant. Jan Aust ist ein honoriger Mensch, hat lange Jahre der Hamburger Theaterlegende Ida Ehre als Untermann und Alleskönner der Kammerspiele gedient. Ida Ehre überließ ihm die Geschäfte, besonders die Gagenverhandlungen. Sie hielt den Geldbeutel verschlossen oder öffnete ihn nur einen Spalt. Jan Aust musste das vor den Kollegen vertreten, und unter den Hamburger Schauspielern ging der Satz um, man spiele bei Ida Ehre nicht für Geld, sondern für die Ehre.

Die Kammerspiele in Hamburg sind beliebt bei den Schauspielern, die Bühne ist schön intim und der Zuschauer gut zu führen. Als ich Jan Aust kennenlernte, war er schon fast zehn Jahre Intendant des Lüneburger Theaters. Eben dieser Stadt Lüneburg, die herhalten muss für eine Fernsehserie, bei der man sich fragen muss, ob die Gebührengelder richtig angelegt sind. Aber die Serie mit den lila Chrysanthemen ist ungemein beliebt, und das muss man auch akzeptieren. So viel Sportsgeist muss sein.

Jan Aust kaufte mich per Handschlag und ohne zu zögern als »Götz von Berlichingen« ein und unbekannterweise meine Frau als meine Frau in dem Stück dazu. Er vertraute mir und ich ihm. Das sind seltene Momente in unserem Beruf, der davon lebt, ständig ein Pfauenrad zu schlagen. Jedenfalls so lange, bis man wieder Arbeit hat. Und für den Sommer 2000 hatte ich plötzlich frei, da ein Projekt in der Dresdner Komödie im Sande verreckte.

»Verreckte«, das war das Lieblingswort meines Kollegen Pit Reinecke. Ein Kollege voller Nachsicht und Freundlichkeit, der große Abende mit Ekke Schall als Partner spielte, der immer schwer Text lernte, der sich noch seine Rolle »ausschrieb«, wie es früher hieß, um über das Handschriftliche den Text reinzukriegen. Ich sehe ihn in der Kantine des Berliner Ensembles hin und her gehen zwischen seinen Auftritten und unermüdlich Text murmeln. Pit war ein genauer Mensch, aber gab es die Rolle her, hatte er auch einen flotten Spruch zur Hand. In »Mann ist Mann« spielte er einen von den Soldaten, die mich zum perfekten Soldaten ummodeln müssen, weil ihnen ihr richtiger Kamerad in einer Pagode verloren ging. Da die Sollstärke der Truppe einzuhalten war, haben sie mich genommen, den Galy Gay, der eigentlich unterwegs war, um einen Fisch zu kaufen. Ich hatte da Texte zu sprechen, die recht brechtisch-witzig waren, und da kein Theaterabend dem anderen gleicht, kamen diese Brecht-Witze beim Publikum manchmal an und manchmal eben nicht. Und immer in die peinliche Stille nach der Pointe hörte ich Pit hinter mir leise sagen: »›Muff‹, sagte die Pointe und verreckte im Sande!« Nach solch einem Gemurmel hatten wir übrigen Schauspieler einen langen Moment mit uns zu tun und nicht mehr mit dem Stück. Nur Pit Reinecke füllte die gegiffelte Pause, die durch ihn entstanden war, mit bedeutungsvollen Blicken von einem zum anderen und machte damit dem Zuschauer deutlich, er sei nicht schuld daran, wenn es nicht weitergehe.

Es ist aber manchmal auch wie verrückt. Eine falsche Bemerkung, eine falsche Betonung, ein verdrehtes Wort und schon wackelt die edle Kunst. Und immer wieder dieser tragische Moment, dass man mühsam den Zuhörer an die Hand nimmt, sich gemeinsam mit ihm auf den Weg macht zur Pointe. Das Ziel kommt näher und näher, und dann hustet einer im Raum und die Pointe ist durch, »Muff« eben, und der Zuschauer fragt sich innerlich höchlichst erstaunt, wohin man ihn denn mit dem eben gehörten Text habe führen wollen.

Ich habe es nie erlebt, aber es gibt Berichte aus dem Boulevardbetrieb, dass sich auf der Bühne die Kollegen die

Pointen gegenseitig weghusten, damit der oder die keinen Lacher bekommt. In Neustrelitz am Theater ging der Weg etwas anders, denn dort musste der Kollege, der Szenenbeifall für eine gute Pointe bekam, für alle auf der Bühne Anwesenden ein Bier bezahlen. Da versuchte mancher schon vorher, sich die Pointe selber zu versauen. Ich musste viel bezahlen für meine Pointen, aber es wurde ja angeschrieben in der Kantine. Man muss auch nicht unbedingt husten, nein, Pointen der Kollegen kann man auch subtil versauen. Eine kleine Handbewegung im Hintergrund, ein anderer Blick ins Publikum und schon wundert sich der Hauptspieler, wieso nicht ankam, was er da gerade fabrizierte und doch sonst immer ankam beim Zuschauer. Aber jeder hat doch das Recht, »seine« Lacher zu bekommen. So denke ich mir das in meinem Kollektivdenken aus der Vergangenheit.

Übrigens waren meine Töchter damals zutiefst ergriffen und erschüttert, dass ihr Vater in »Mann ist Mann« in eine Kotgrube geworfen wird und bräunlich verschmiert und fast unkenntlich kurz darauf wieder erscheint. Ich war immer schnell im Umziehen, aber hier hatte ich eine Meisterleistung zu vollbringen. Mit Schwung ging es ab ins Bühnenloch, und ich segelte auf eine unten liegende Matratze. Daraufhin stürzte mein Garderobier über mich her, wir rissen uns gemeinsam meine Kleider vom Leibe und zerrten die Drecksklamotten an. Das war alles schon präpariert, also Schlips, Hemd und Jacke zu einem Stück verklebt und die Hose mit Schlafanzuggummi am Körper haltbar gemacht, der Maskenbildner kippte mir noch Luvos Heilerde ins Gesicht und auf die Hände, und oben schauten schon die Kollegen ins Loch, denn das Stichwort war gefallen und ich krabbelte wieder ans Licht und war bereit, der Soldat zu werden, der ihnen fehlte. Dass ich so echt beschissen aussah, lag an der Luvos Heilerde, die für solche Zwecke wie geschaffen ist. Das war meine Entdeckung, denn dunkelbraun wollte ich nicht geschminkt werden. Das kriegt man nie wieder aus den Poren. Außerdem hatte die Heilerde den Vorteil, dass sie antrocknete und dadurch die Haut straffer machte. Von Vorstellung zu Vorstellung in »Mann ist Mann« wurde ich jünger, und wenn wir es heute noch spielen könnten, dann wäre ich jetzt ein Kind und könnte mein Geld im Zirkus verdienen als ewig junges kleines altes Theaterunikum.

Grundsätzlich ist der Schauspieler bereit, das Stück und sein Anliegen zu verteidigen.

Im Deutschen Theater war es einmal so in dem Schauspiel »Die Kipper« von Volker Braun. Die Theaterleitung und das Ensemble hatten um die Aufführung dieses Stückes regelrecht gekämpft, denn es zeigte die Trostlosigkeit der Arbeit im Braunkohleabbau. Ein nicht so gewünschtes Thema in der DDR. Die Kipper waren die Letzten im Braunkohleabbau in der Kette des Arbeitsablaufes. Sie mussten die ankommenden und langsam weiterfahrenden Loren voller Abraumsand auskippen, und sie machten eine Knochenarbeit, die man keinem wünscht. Volker Braun versuchte, die Kipper literarisch zu würdigen und band in dieses Stück all das ein, was die Staatsoberen nicht hören und sehen wollten, all das, was da real bei der Braunkohle und in der Gesellschaft ablief an Mensch, Maschine und Landschaft. Dieses Stück wurde begeistert gefeiert und demonstrativ besucht. Volle Häuser aufgrund einer gelenkten, negativen Presse, und wir spielten das Stück mit Leidenschaft.

Wir hatten ein Bühnenbild mit Tälern und steilen Klippen, Braunkohlenlandschaft. Und in der dritten Vorstellung versagte die Drehbühne und konnte nicht wieder in Gang gebracht werden. Zu allem Unglück war die Drehbühne mit der höchsten Klippenseite vorn an der Bühnenrampe stehen geblieben wie eine Mauer und ragte hoch in die Beleuchterbrücke. Nach kurzer Absprache zwischen uns und den Zuschauern waren sich alle einig, das Stück trotzdem weiterzuspielen, und dazu stand uns nun bis zur ersten Reihe eine Spielfläche von knapp drei Metern längs und quer zur Verfügung. Da haben wir uns also an die Arbeit gemacht und es geschafft, den Abend zum Erfolg zu führen. Hier galt es, einen Dichter, einen Theaterabend, der die Wirklichkeit des Sozialismus zeigte, und unsere Darstellungskunst zu verteidigen.

Es gibt in jeder Aufführung etwas, das bleibt haften, weil es grandios ist. Das kann ein Bühnenbild sein, ein wunderbares Lied, es kann aber auch ein kleiner Satz sein. Und das habe ich erlebt in diesen »Kippern«.

Alex Lang spielte unseren Jugendbrigadechef mit der ihm zustehenden Leidenschaft, selbstverständlich. Reusse, Weinheimer, Manz, ich, die unübertroffene Gudrun Ritter waren die Jugendbrigade und mittendrin der ältere Kollege Johannes Maus. Durch diese Besetzung hatten wir schon die erste Wirklichkeit zum allgemeinen DDR-Berufsleben geschaffen. Das kannten die Zuschauer, Jugendbrigade ohne Jugend, Jugendlichkeit als Beruf, und der Gipfel der Verachtung lag in der üblichen Bezeichnung: Berufsjugendlicher. Das waren die vierzig- bis fünfzigjährigen FDJler im Blauhemd, die versuchten, die Jugendlichen für die Sache einzunehmen.

Da gibt es nun die Szene, in der Brigadier Lang uns erklärt, wie wir die Arbeit verbessern und für uns erleichtern können. Dazu muss er erklären, wie es bisher ablief, wo die Waggons herkommen, wie sie beladen werden, wie sie bei uns Kippern ankommen, wie wir laufen und mit Stangen hantieren müssen, damit der Abraum aus den Waggons auch rausfällt. Und als er damit fertig ist, hatte Johannes Maus nach einer Pause der Überlegung den unvergleichlichen Satz zu sagen: »Ach, das machen wir!« Was für ein Text und was für ein Schlag gegen die allgemeine Haltung, dass der Arbeiter im Sozialismus alles versteht und seine Arbeitskraft sinnvoll einsetzt. Ein Alter in einer Jugendbrigade, der die Arbeit des Kippens schon viel länger gemacht hat als wir Jungen, begreift nach Jahren, was er eigentlich da macht.

Braun, du großer Dichter, danke für: »Ach, das machen wir!«

Johannes Maus war ein freundlicher Kollege, mir in Erinnerung auch als der alte kleine Muck in dem DEFA-Film. Gejagt und verachtet von den Kindern am Anfang des Films, verkriecht er sich in einer Ecke, um angstvoll seine Geschichte vom kleinen Muck zu erzählen. Und erzählt haben die Kollegen, die dabei waren, gern von seinem nicht so vorgesehenen Auftritt während eines Empfanges des DT in Bukarest. Johannes Maus lief beschwingt die breite Treppe herunter, kam ins Stolpern und stürzte vornüber. Geistesgegenwärtig sprang er auf seine Hände und zog kopfüber auf Händen gehend und bestaunt eine ganze Runde um den festlich geschmückten Saal. Das muss man erst einmal können.

Die Burg Jagsthausen gehört derer zu Berlichingen, liegt in Baden-Württemberg, 60 Kilometer vor Heilbronn, wenn man von Norden kommt, ansonsten 60 Kilometer hinter Heilbronn, wenn man von Süden kommt. Da hatte auch einmal der alte Götz gewohnt, der mit der Eisernen Hand. Seine echte Rechte war ihm durch einen Schwerthieb in einer Schlacht verloren gegangen. Der übliche Betriebsunfall zu der Zeit. Kunstvoll und technisch hochmodern wurde damals die verlorene Hand nachgebaut und ist heute im Museum des Schlosses zu besichtigen. Ein Instrument mit beweglichen Fingern. Ein Kunststück auf der Höhe seiner Zeit, und es hat gehalten. Dabei ist der Alte über neunzig Jahre geworden, damals. Umgerechnet sind das heute vielleicht hundertdreiundachtzig Jahre.

Seit 1950 machen sie in Jagsthausen die Burgfestspiele. Das ist in Baden-Württemberg nichts Ungewöhnliches, denn zum Sommer wird da überall Theater gemacht. Wo drei historische Steine liegen, da bauen sie eine Bühne und spielen los. Die ersten Bühnen des Landes sind Jagsthausen und gleich nebenan Schwäbisch-Hall, auch bekannt als Bausparkasse. Zu DDR-Zeiten sahen wir im Westfernsehen immer diese Werbung und wunderten uns, warum man werben muss, damit Leute Geld annehmen.

Die Freilichtbühne Schwäbisch-Hall besteht aus hohen Treppen, die zum Dom führen, und man muss körperlich recht gut beieinander sein, damit man so was wie »Lear« spielen kann. Klaus Manchen hat das mit Bravour gemacht, und ich habe ihn bewundert.

Ich bin ihm sowieso zu Dank verpflichtet, denn er hat mir einmal eine Polenreise ermöglicht, damals, als die Grenzen mal offen waren. Klaus und ich fuhren jeder einen »Moskwitsch« und wohnten Unter den Linden 37. Einen Tag vor der Expedition nach Polen stellte meine Autowerkstatt fest, dass die Schrauben, die die Bremsschläuche verbinden, kaputt waren und die Werkstatt keinen Ersatz hatte. In tiefer Verzweiflung klopfte ich bei Klaus Manchen an seine Appartementtür und stellte die nur für DDR-Bürger verständliche Frage, ob ich die Bremsschlauchschrauben aus seinem Auto abbauen könne, um sie an meinen Wagen zu montieren, damit ich sicher in Polen bremsen kann. Und Klaus gestattete es, zumal er ein überzeugter Reiter und Pferdebesitzer war, also für Notfälle eine Fortbewegungsmöglichkeit hatte. Nun lag ich, man muss sich das vorstellen, denn ich war ja schon ein angesehener Schauspieler dieses Landes, auf dem Parkplatz unter beiden Autos und tat meine Arbeit als Monteur. Anschließend sah ich zwar aus, als hätte ich nach Öl gebohrt und auch welches gefunden, aber es klappte, und der Urlaub ging in Ordnung. Nach zehn Tagen baute ich alles wieder zurück, und meine kaputten Schrauben stellte dann ein Privatkrauter in seiner Werkstatt her, 30 Kilometer von Berlin entfernt. Preis pro Schraube 1 Mark und 20 Pfennige.

Und immer wenn ich mich vor dem Fernseher zu Tode langweile, stelle ich mir meine berühmten Kollegen vor, wie sie unter ihren Autos liegen und für 1 Mark 20, also 60 Cents heute, Schrauben wechseln. Meine Geschichte ist eine typische DDR-Geschichte, und man kann verstehen, warum wir wenig Zeit hatten, denn wenn wir nicht Theater spielten, synchronisierten, im Rundfunk unser Unwesen trieben oder uns vom Fernsehen ablichten ließen für den

Bezirk Dresden, dann lagen wir unter unseren Autos, um sie am Laufen zu halten. Damit war Bodenhaftung in jeder Hinsicht gewährleistet.

Jedenfalls stieg Klaus Manchen fast dreißig Jahre später auf den steilen Stufen von Schwäbisch-Hall in den Lear-Wahnsinn hinauf, und ich dachte für einen kleinen Moment an die kleinen Schrauben.

Ich bin fest davon überzeugt, dass man für die Freilichtbühne Schwäbisch-Hall ein Gesundheitszeugnis gegen Höhenangst vorlegen muss und dass es ein Alkoholverbot für die Darsteller gibt, die auf der Treppe ihre Kunst zum Besten geben. Dagegen wirkt die Bühne im Hof des Schlosses von Jagsthausen fast wie ein Kammerspiel, und es spielt sich auch so, obwohl achthundert Zuschauer kommen können.

Der Einstieg des neuen Intendanten Aust mit mir als Götz war fulminant. Man soll vorsichtig sein mit solchen Bemerkungen, besonders wenn sie die eigene Arbeit betreffen. Aber ich sage es, weil es so war.

In der Vorbereitung zu diesem Stück, beim Textlernen, beim Betrachten der Historie, fiel mir plötzlich auf, dass Goethe das Stück als Jugendlicher geschrieben hatte. Er war zweiundzwanzig Jahre jung, als er sich mit dem »Götz von Berlichingen« auseinandersetzte. Und diese Jugendlichkeit Goethes öffnete mir schlagartig die Lesart für den »Götz«: Das ist ein Kriminalstück erster Klasse!

Die einzelnen Handlungsstränge bekamen schnelle, erkennbare Abläufe. Bauernkrieg, Verbannung, Kapitulation, falsche Freundschaften, viele Feinde, Feme, Gerichtsverhandlungen, all das konnte mit hoher Schlagzahl geboten werden. Langatmige Umbauten flogen raus, erhabene hohle Gänge bekamen einen Sinn und wurden kurz, knapp und ihrer Hohlheit beraubt. Es entstand ein Abend, der immer schneller und soghaft die Zuschauer mitnahm, ein Abend, an dem »grade« und damit modern gesprochen wurde, ohne modernistisch zu werden. Keine Schnörkel, kein theatralisches Stimmbibbern, keine endlosen Überlegungen. Die Menschen vor fünfhundert Jahren mussten rasch und schnell und fit denken. Wer das nicht konnte, wurde ausgeraubt oder totgeschlagen oder was weiß ich. Das berühmte Zitat »… aber er, sag's ihm, er kann mich im Arsche lecken!« aus dem Fenster gebrüllt, stets unter dem Jubel der Zuschauer, aber es wurde sich nicht darauf ausgeruht. Ich habe deutlich gezeigt, was den Berlichingen zu diesem Wutausbruch treibt. Dann wurde weitergekämpft für die persönliche Gerechtigkeit, ein Kohlhaas dieser Berlichingen, tapfer bis zum Tod. Daneben Ursula Monn als Adelheid, Peter Cwielag als Weislingen, in ihren Rollen voller Hass aufeinander, und meine Frau Hellena als Elisabeth von Berlichingen. Sie rückte das Bild von der Burgfrau gerade, war herzlich, aber genau zum Personal der Berlichingens und zeigte eigene Gedanken, um nicht in der Alltäglichkeit eines Schlosslebens zu versinken. Das alles war neu, und Jan Aust folgte uns da in unseren Absichten. Ich wurde als der beste Berlichingen seit fünfzig Jahren gefeiert. Die mir nicht so günstig gesinnt waren, meinten: der beste seit vierzig Jahren. Und stehend im Jubel des Beifalls, der uns zwei Jahre in diesem Stück umbrandete, fragte ich mich immer wieder, warum wir am Deutschen Theater ein Jahr gebraucht hatten, um am Schluss nicht so umjubelt dazustehen.

Ich kann es nicht beantworten, außer dass Goethe zweiundzwanzig Jahre war und wir in Jagsthausen nur vier Wochen proben konnten. Es gibt Stücke, die muss man »auf einen Ritt machen«, dazu gehört der »Berlichingen« und auch »Des Teufels General«.

Im Jahr 2000 betrat ich die Bühne der Klassiker in meinem Leben und habe Aust und Jagsthausen dafür zu danken. Die Sommer in Jagsthausen begannen Anfang Mai und endeten in der letzten Augustwoche. Aust hatte seinen festen Sommerschauspielerstamm, und es kamen Menschen, die den »Berlichingen« in allen Variationen gesehen hatten und die wir neu begeistern konnten mit unserer Interpretation. Zuschauer lauerten uns am Burggraben auf, um zu sagen, was für ein Erlebnis es war, uns auf der Bühne so wahrhaftig zu erleben. In solch einem Burghof ist Wahrhaftigkeit das Wichtigste. Man kann auf so einem Hof nicht mit theatralischen Einfällen protzen. Nein, links ist der Schlossaufgang, in der Mitte das Schlosstor, rechts ist der Wandelgang und in der Mitte kann man auch noch spielen. So, bitte! Da muss man schon gut beieinander sein, damit das Theater des Abends eben nicht nur aus Links, Hinten, Rechts und aus der Mitte besteht. Da sind neue Einfälle und schnelle Überlegungen gefragt. Zudem wurde die Mitte der Bühne immer beschränkter für uns, weil wir solchen Besucherandrang hatten. Als wir 2000 begannen, war noch Luft zur ersten Zuschauerreihe und den Brettern, auf denen wir die Historie entwickelten. Von Jahr zu Jahr wurde nun immer eine Zuschauerreihe nach der anderen davorgesetzt. Das ist lobenswert für die Gesamteinnahme, aber wenn man nur noch drei Schritte nach vorn gehen kann, sitzt man sprechtechnisch in der Falle, denn hinter der ersten Reihe direkt vor einem sitzen schließlich noch achthundert Menschen, die auch was von unseren edlen Stimmen hören wollen. Ab diesem Moment hat man mit schweren innerlichen Gewissensentscheidungen zu kämpfen. Vorn saß alles, was was galt. Denen konnte man doch nicht Ohren zustopfen, damit man etwas lauter sprechen konnte. Aber alle Schwierigkeiten im Theater sind angenehm, wenn man ausverkaufte Häuser hat. Und die hatten wir in den Jahren unseres Daseins dort unten an der Jagst.

Durch die vielen Jahre in Jagsthausen haben wir Baden-Württemberg kennengelernt in all seinen Facetten, seinen Vor- und Nachteilen. In kleinen Orten bemerkt man die Freude über das Kommen der Komödianten im Mai besonders, aber man spürt auch die Erleichterung der Bewohner, wenn diese Gestalten im August wieder gehen. Ich weiß, dass die Leute nach der Phase der Erholung von Lärm, Erfolg, Trunk, Intrigen, Irrungen und Wirrungen unter uns allen ab November doch wieder auf den Mai warten, wenn es erneut losgehen kann mit Tratsch und Klatsch über die, die sich bunt anmalen und Kostüme überziehen, um an heißen Sommerabenden die Zuschauer zu begeistern. Ab 18 Uhr rollen die Busse an, die draußen vor den Toren des Dorfes abgestellt werden, und dann schurrt das Zuschauervolk durch die einzige breite Straße in die Burg. In der Gästewohnung sitzend, hört man das Schurren und ist zufrieden, wenn es lange und anhaltend schurrt, denn es ist das Zeichen, das die Vorstellung gut besucht ist.

In Jagsthausen gibt es noch ein weiteres, gut erhaltenes Schloss, das »Weiße Schloss«. Das gehört auch irgendeinem Zweig der Berlichingens, egal jetzt, aber über dem Eingang des Schlosses steht die Jahreszahl des Erstbezuges: 1793. Da war in Frankreich Revolution und Krieg, da wehrte sich die junge Republik gegen internationale Feinde, die die Freiheit, Gleichheit, Brüderlichkeit wieder stürzen wollten. Goethe war auch unterwegs mit den Invasionstruppen und wurde geschlagen. Da rollten die Köpfe, da war was los, da wurde für die Zukunft der Menschengesellschaft gekämpft, und in dieser Zeit stand schon dieses Weiße Schloss. Voller Stille und Ehrfurcht geht man da vorbei. Deutlicher kann einem nicht klargemacht werden, dass wir nur Gäste sind auf dieser Erde.

Und darum will man als Gast auch Spuren hinterlassen, und so denkt man voller Dankbarkeit an die Menschen dort, an die Rollen, die man gespielt hat und hofft, dass man sich mit dem »Hauptmann von Köpenick«, »Götz von Berlichingen«, »Teufels General«, »Faust«, dem »Eingebildeten Kranken« ein wenig in die Herzen und Erinnerungen der Zuschauer eingegraben hat und ein Lächeln in ihrem Gesicht erscheint, wenn sie an uns und an damals denken.

Zuvor hatte ich einige Jahre die Sommer in Bad Hersfeld verbracht, unter meinem Freund und Intendanten Volker Lechtenbrink. Da geht es in der Ruine ganz anders zu, denn da sitzen dann tausendsechshundert Menschen. Die Zuschauer sind überdacht, wie gut, und die Schauspieler auf der Bühne können bei Regen und Sturm zusehen, wie und wo sie bleiben. Das Regenwasser läuft ab durch die Bretter der Welt und sammelt sich unter der Bühne, und wenn man das Pech hat wie ich, in einem Jahr als Pater in »Romeo und Julia« in der Unterbühne zu stehen und ein Jahr später als Malvolio in »Was ihr wollt« fast hundert Meter unter der Bühne im Wasser auf allen Vieren durchzukriechen, lernt man den Vorzug zu schätzen, auf der Bühne trocken agieren, edle Gesten zeigen und noble Worte sprechen zu dürfen.

Da Lechtenbrink sein halbes Sommerleben in Bad Hersfeld verlebt hat, kannte er alle Winkel, Schliche und Tücken dieser immens großen Bühne in der Kirchenruine. Außerdem kannte er alle Schauspieler der letzten vierzig Jahre, alle Anekdoten und alle Intrigen und Weisheiten. Er ist in dieser Hinsicht ein wandelnder Hersfelder. Und da er auch alle Kniffe kannte, der Ruine beizukommen, konnte man erleben, dass man einen Vorschlag für die Bühne machte, der mit dem Hinweis abgelehnt wurde, das habe man 1969 schon so gesehen. Im BE war es ähnlich. Es behindert, wenn man zu viele Erinnerungen hat. Ein Vorschlag, der 1958 gut war, kann es doch 1987 auch wieder sein. Denk ich mir so.

In Jagsthausen konnte man sich ausleben, denn Freund Aust blieb noch acht Jahre nach unserer ersten Begegnung und damit auch wir.

Brecht spielen

Nun wurde es doch still im Zuschauerraum. Aber nicht still im Sinne von atemloser Spannung, sondern still aus Fassungslosigkeit und aus befremdlichem Erstaunen.

»Baal« hat Premiere im BE, es ist das Jahr 1986, und wir Schauspieler auf den Brettern tun, was wir können. Aber wir schaffen es nicht. Wir sind unseren Probenerfahrungen und unserem guten Willen aufgesessen.

»Baal« ist ein krudes, jugendhaftes Stück, geschrieben von einem noch jüngeren, aufbegehrenden Brecht, der es den Bürgerlichen besorgen will, indem er den Baal in deren saubere Welt einbrechen lässt. Nach und nach bringt er alles durcheinander, häuft schräge Freunde um sich, und viele Frauen pflastern seinen Weg. Ein Dichter, ein Bürgerschreck.

Viele Jahre zuvor hatte Friedo Solter das Stück in Erfurt aus der Versenkung gehoben und inszeniert. Mein Mitstudent Klaus Schleiff gab einen wunderbaren Baal, und ich erinnere mich an die vielen nackten Frauen, die sich da auf der Bühne tummelten. Das Theater Erfurt gastierte damals im BE, und bei den Umbauten, die im Halbdunklen stattfanden, illerte alles, ob die nächste sich in Positur stellende Kollegin auch wieder nackt war. Meist war sie es, und ein Stöhnen des »Genug davon« ging durch den Raum. Ich verstand das als Kniff vom Solter: Er machte uns zum Baal, indem wir Zuschauer nun ebenfalls begannen, Überdruss am nackten Fleisch zu empfinden, wie eben Baal. Immerhin war es damals eine kleine Revolution aus Erfurt. Jubel an diesem Abend im BE, stehende Ovationen. Das Theater Erfurt vertrat Brecht auf das Beste, und Freund Schleiff war der Held.

Eine Geschichte muss hierher, die kennt keiner, aber sie ist wahr und treffend. Klaus Schleiff war und ist mit Renate Hundertmark verheiratet. Ein schönes Mädchen, studierte mit uns an der Theaterhochschule, na ja, also Klaus hat sie jedenfalls gekriegt. Renate geht als schöne Studentin durch einen Park in Weimar, und da kommt ihr einer der bedeutendsten Film- und Theaterregisseure der DDR entgegen: Martin Hellberg. Es gibt Tausende Anekdoten über diesen umtriebigen Menschen; die besten stehen in Rolf Ludwigs Lebenserinnerungen. Hellberg und Renate Hundertmark gehen aneinander vorbei, und vierzig Meter später begreift Professor Hellberg wohl, was da an Schönheit an ihm vorbeiging. Er dreht sich um und schreit – wie Klaus Piontek immer sagte: – mit seiner Kindertrompetenstimme der Renate hinterher, sie sei eine schöne Frau, die er unbedingt für seinen nächsten Film benötige. Schreiend findet der folgende kurze Dialog statt:

»Wie heißen Sie?«

»Hundertmark.«

Kurze Pause, dann Hellberg: »Die kriegen Sie auf alle Fälle!«

Das war Hellberg, irgendwie naiv und ungemein präsent. Ich habe ihn im Palast der Republik, im TIP, erlebt. Da machte er das, was ich heute betreibe, er erzählte aus seinem Leben und hat den versammelten älteren Menschen – alle altersgleich mit dem Interpreten, so wie heute bei mir – viel Freude bereitet.

Mein Schwiegervater Hansjoachim Büttner hat in dem DEFA-Film »Der Richter von Zalamea« eben diesen Richter gespielt. Der Film wurde schon während der Dreharbeiten für ein Klassikerfestival in Edinburgh nominiert. Angeblich, mein Schwiegervater erzählte es nie so ernst, soll Hellberg, bevor er das berühmte »Bitte!« für den Beginn einer Aufnahme fallen ließ, stets gerufen haben: »Denkt an Edinburgh!«

An jenem heiteren Altmännerabend im Theater im Palast kam noch eine weitere Seite des gefürchteten Hellberg zum

Vorschein. Christoph Schroth hatte in Schwerin gerade den »Faust« inszeniert, mit einer Frau als Mephisto. Hellberg begann, sich im heiteren Ton darüber lustig zu machen, hielt aber die gespielte Souveränität nicht durch, wurde plötzlich dunkelrot im Gesicht vor Zorn und verbat sich schreiend eine Besetzung mit einer Frau. Damit beleidige man den Grundgedanken von Goethe, was er wortreich begründete, jetzt im Gesicht schon violett und immer lauter werdend. Das war Theater pur, und man spürte das leichte Frösteln, weil man solch einem Gewitter nichts entgegenhalten kann.

Ich besitze alle Bücher, die Hellberg geschrieben hat. Und wenn ich gebeten werde, etwas in eine Kamera zu sagen oder auf einem Foto zum Interview bedeutungsvoll zu gucken, dann setze ich mich immer vor meine Bücherwand, da hat das Auge des Zuschauers hinter meinem Rücken viel zu tun. Besonders liebe ich es aber, mich vor den Büchern von Martin Hellberg zu präsidieren. Die machen was her, und jeder sieht, dass ich vom Theater bin.

Hellbergs Erinnerungen wurden atemlos geschrieben, und so muss man sie auch lesen. Er hat seine Werke allesamt Otto Grotewohl gewidmet. Das musste er wohl auch, denn der erste Ministerpräsident der DDR hat ihn wohl mehrmals an die Hand genommen, wenn sich Hellberg politisch und kulturell wieder völlig verfahren hatte. Er fällt mit seinem Wissen und Können mit so großer Wucht über einen her, er will einfach nicht, dass man zwischendurch eine Pause macht. Man hat das Gefühl, Hellberg steht beim Lesen neben einem und läuft gleich wieder violett an, weil er momentan mal den Mund halten muss.

Im Theater gehört Aufmerksamkeit zur Arbeit. Besonders in Kleinigkeiten ist das Theater hochempfindlich. Da wird gebrüllt, ob die Teetasse links oder rechts auf dem Tisch zu stehen hat, und alle streiten, als ginge es um Leben und Tod. Und es geht auch um Leben und Tod. Wenn ich mir als Wehrhahn im »Biberpelz« einen Schreibtisch einrichte, auf dem das wichtigste Requisit ein marmornes

Tintenfass ist, dessen Deckel ich bei bestimmten Textstellen aufklappe, um es laut zuzuklappen, dann habe ich mir etwas gedacht für die Rolle. Und wenn das Tintenfass bei der Endeinrichtung des Bühnenbildes gegen ein anderes ausgetauscht wird, weil man nicht beobachtet hat, was der Schauspieler damit treibt und in den Endproben sowieso nervös ist, dann setzt eben Gebrüll ein. Nach der erfolgreichen Premiere fragt man sich regelmäßig, warum man sich eigentlich aufgeregt hat.

Jetzt ist ein Stichwort gefallen: Premiere, und damit zurück zu unserem »Baal« am Berliner Ensemble 1986.

Alejandro Quintana führte Regie, ein Exilchilene, der uns sehr gefiel, weil er ein Gefühlsregisseur war. Ich weiß nicht, wie er heute arbeitet, damals waren ihm Empfindungen wichtig, und wir folgten ihm willig. Ekkehard Schall spielte den jungen, wüsten Baal. Ich spielte seinen getreuen Ekart, den er irgendwo aufliest und mitnimmt durch alle Stationen seines Lebens. In dieser Rolle hatte ich die Gelegenheit, oft auf den Proben zu sein, Schall in seiner Arbeit zu beobachten, den Regisseur in seinen Gefühlen zu sehen, unser aller Hingabe dem Stück gegenüber zu registrieren und unser grandioses Scheitern auf der Bühne hautnah zu erleben. Schall war nun wirklich das, was man einen großen Schauspieler nennt. Er war in seiner Intensität, in seiner Durchdringung von Rollen einzigartig. Das ging nicht immer gut, und manchmal verschätzte er sich auch in der Zielankunft, aber das ist geschenkt. Den Beweis seines Könnens trat er für mich gleich in der ersten Probe an. Es gibt im »Baal« ein Gedicht über junge Leute, die unterwegs sind, die weiter wollen und nicht aufgehalten werden möchten, auch nicht durch einen kranken Kameraden. Sie wollen die Welt erobern und in ihrem Drang nicht behindert werden. Der Kranke ist ihnen im Weg, er jammert, er leidet, er geht den gesunden Menschen auf die Nerven. In ihrem Zorn beginnen sie ihm vorzuwerfen, er sterbe zu langsam. Nach einer Nacht tut er ihnen diesen kleinen Gefallen, sie begraben ihn schnell im obersten Wurzelwerk eines Baumes und reiten davon. Und Brecht wirft den Davonreitenden die persönliche Schuld hinterher, denn im Gedicht »Vom Tod im Wald« heißt es, dass sie sich noch einmal umsahen »… und der Baum war oben voll Licht!« Sie bekreuzigen ihre jungen unbedarften Gesichter und reiten davon, voller Schuld, die sie nie wieder tilgen können, und nun ihr Leben lang betend, dass nicht auch einmal ungeduldig auf ihren Tod gewartet wird.

Ein grandioses Gedicht und schwer. Die Gedankenführung ist nicht gradlinig, der Todeskandidat will leben und weigert sich und schreit. Für den Vortragenden bedarf es einer großen inneren Kraft, um, verständlich für den Zuhörer, zu diesem Baum voller Licht zu kommen.

Ich habe dieses Gedicht, als ich es als Zweiundzwanzigjähriger in Neustrelitz in einem verworrenen Brechtprogramm sprechen musste, wirklich nicht verstanden. Schamvoll könnte man zugeben, dass ich es nur aufgesagt habe. Aber das will ich auch nicht so stehen lassen, man hat sich ja bemüht, doch das Wissen um das Leben hat gefehlt und um den Tod, natürlich.

In der ersten Probe spricht Schall dieses Gedicht. Das ist nun schon sehr lange her, aber geblieben ist die Erinnerung. Geblieben ist, dass ich alles in dem Gedicht verstanden habe, und zwar sofort. Und nie wieder hat einer den Baum voller Licht und Schuld so in mir entstehen lassen wie Ekke Schall.

An ihm habe ich wahrhaftig mitbekommen, wie man in einer Rolle reifen, einfacher werden und trotzdem alle Schattierungen eines Charakters behandeln kann. Das war auch so, als er den Galileo Galilei spielte. Die wunderschöne klare und prächtige Aufführung lief am Berliner Ensemble vierzehn Jahre. Wekwerth hatte Regie, das Bühnenbild von Schmückle bot fast ohne Umbauten alle Möglichkeiten einer Ortsbestimmung. Carmen-Maja Antoni und Peter Aust sangen die begleitenden Balladen so leicht und so klug. Ich spielte viele Jahre den Großinquisitor, als

Arno Wyzniewski ausfiel. Und ich wage aus der Beobachtung her zu sagen, diese vierzehn Jahre Galilei haben es Schall möglich gemacht, später den Wissenschaftler Niels Bohr im Stück »Kopenhagen« von Michael Frayn ganz »einfach« zu spielen. Er hatte das Wissen, und keiner der fünf Bohrs, die ich in fünf verschiedenen Inszenierungen sah, hatte diese kluge, ruhige Ausstrahlung von Schall. Da steckte der Galilei drin und der »Oppenheimer«, den er ganz früher im BE gespielt hatte. Und als er »Kopenhagen« spielte, da war er auch schon lange nicht mehr am BE und sehr verbittert darüber. Und zu Recht. Wer hatte den anderen die Macht gegeben, solchen Talenten zu sagen, wo die Tür ist? Da stand dieser Ekkehard Schall nach seiner Bohr-Darstellung vor mir und schimpfte auf diese Leute, die uns das Rückgrat gebrochen hatten. Mir schossen die Tränen in die Augen, damals in der wirklich kleinen Garderobe des »Theaters 89«. Das passte alles zusammen, die wirklich sehr gute Aufführung von »Kopenhagen«, dieses schwierige Thema über die Verantwortung der Wissenschaftler, die wenigen Zuschauer, die enge Garderobe und dieser großartige Schall mit seinen richtigen Ansichten und ich mit meinen Gefühlen.

Mit den Gefühlen hatte ich in diesem Stück immer zu tun. Und immer an derselben Stelle. Da wird in einer Szene darüber gesprochen, dass sich dänische Juden nach Schweden retten konnten, weil der deutsche Botschaftsangestellte Georg Ferdinand Duckwitz das Datum des Abholens der dänischen Juden an die Dänen weitergegeben hatte. Die organisierten daraufhin die Verschiffung von siebentausend jüdischen Landsleuten nach Schweden, meist in kleinen Ruderbooten. Eines davon liegt zur Erinnerung links am Eingang der Gedenkstätte Yad Vashem in Jerusalem.

In dem Stück »Kopenhagen« wird der Name dieses deutschen Helfers genannt, und ich muss gestehen, jedes Mal, wirklich jedes Mal, läuft es mir kalt den Rücken runter. Was ist das für eine großartige Würdigung einer Heldentat, indem man den Namen nennt in einem Theaterstück. Auf einmal schmelzen Kunst und Leben zusammen. »Kopenhagen« ist ein Stück, das ich sehr gern einmal spielen würde, nur allein darum, um diesen tapferen Menschen zu würdigen. Übrigens dauert das Gespräch über die dänischen Juden und ihre Rettung nicht sehr lang, eigentlich nur wenige Sätze. Aber von seiner Wucht her ist es enorm und von großem Anstand.

Wissen ist Macht, das sagte Lenin lakonisch zu seinen Bauern, und Sostschenko hat später darüber eine Satire geschrieben. Die hat ihn endgültig bei dem Menschenfreund Stalin in Ungnade fallen lassen, zumal in der Satire auch Gorki gleich mit abfrottiert wurde. Es geht um »Die Mutter« von Gorki, die Lesen und Schreiben lernt, und das tut sie auch bei Sostschenko. Sind die Motive der Mutter bei Gorki und später auch bei Brecht edel und gut, so lernt die Mutter von Sostschenko das Lesen und Schreiben aus Eifersucht ihrem Mann gegenüber. Die Satire liest sich gut und ist auch gut vorzutragen, da sich alle Parallelen zwischen Propaganda und Wirklichkeit für jeden schnell eröffnen. Jedenfalls in Ostdeutschland. Aber Wissen ist auch Wissen um das eigene Können im Schauspielerberuf. Und wenn man das Handwerk beherrscht, kommen die atemlosen Momente für die da unten und die da oben

Und Schall konnte sein Handwerk. Für den »Baal« war Schall aber vielleicht etwas zu alt. Ich formuliere es vorsichtig, denn ich spiele im Moment auch Rollen, in denen man die Jahre schummeln kann oder so auftreten muss, dass allen ihr »Der ist zu alt dafür!« im Hals steckenbleibt.

Der Ausgangspunkt 1986 war für Schall nicht optimal, zumal wir einige Baals im Ensemble hatten. Besonders denke ich da an meinen Freund Martin Seifert. Wie dem auch sei, Schall probierte so gut mit sich und uns, dass die Frage des Alters nach zwei Proben keine Rolle mehr spielte. Der Abend der Premiere bleibt unvergesslich. Wenn man in einer Schiffssprache sprechen sollte, würde man sagen, das Schiff legte ab um 19.30 Uhr und 19.45 Uhr war es untergegangen, und wir hatten noch zwei Stunden vor uns.

Das Publikum, ansonsten dem BE ergeben, reagierte auf das Besetzungsangebot, man darf es so sagen, eisigst. Das merkte Schall, wie auch wir, sofort, und dann hatte er noch das Pech, am Beginn des Abends den »Song des Baal« zu singen. Endlose und viele Strophen. In diesem Auftrittslied jedenfalls brachte er alles durcheinander. Statt aufzutrumpfen in der Ballade, hangelte er sich mühsam über die Strophen und über die Runden. Die Ablehnung des Publikums war mit den Händen zu greifen, denn nun kam alles so, wie man es nicht einmal in Alpträumen erleben möchte. Kaltes Schweigen unten, bei uns oben Schockstarre. Hineingerissen in einen Strudel der Ablehnung versanken wir alle und boten einen schwachen Abglanz unserer so schönen und heiteren Proben.

Manfred Wekwerth sah es in seiner Loge, begriff es, stürzte nach unten an das Inspizientenpult, strich während der Premiere in den Bildern und nahm einzelne Bilder ganz aus dem Abend. Wir alle, auch Schall, folgten diesen Anweisungen ohne Murren und Knurren, denn wir wussten um unsere Niederlage und wollten nur noch einigermaßen anständig über die Runden kommen. Der Abend war hinüber und das wunderbare Jugendstück lief nur wenige Male, um dann abgesetzt zu werden.

Ich schreibe das nicht, um Schall zu kritisieren; er war der Begnadetste von uns allen. Nein, ich will nur darauf hinweisen, wie sich Probengefühle und die nackte Wirklichkeit widersprechen können. Diese Irrtümer gibt es im Theater. Eine Rakete wird abgeschossen und verschwindet lautlos irgendwo, und alle Beteiligten stehen, wie es in einem billigen Schlager besungen wird, stumm und starr, mit einem Whiskyglas in der Hand, hoffnungslos dabei. Es blieb die Lehre für mich, Proben zu nutzen, um alles abzufragen, was Stück und Rollen angeht. Wer das unterlässt, bezahlt es teuer.

Mehr als zwanzig Jahre später habe noch einmal teuer bezahlen müssen. Warum? Weil ich nicht nachgefragt habe!

2005 spielte ich meine heißersehnte Traumrolle, den Galileo Galilei in Lüneburg. Intendant Jan Aust hatte eine gute Arbeitsgrundlage, ich lieferte eine perfekte Stückfassung für das Theater, hatte ich doch beim »Galileo Galilei« in den acht Jahren, in denen ich am BE mitspielte, gut aufgepasst und beobachtet. Ich wusste, wie man das Stück in einer Stadt wie Lüneburg spannend zeigen kann. Aust und ich waren unermüdlich in der Motivation der Kollegen, die sehr schnell begriffen, dass sie es mit einem literarischen Schatz zu tun hatten. Der »Galileo Galilei« wurde ein Riesenerfolg, und aus diesem Erfolg wollte ich im Hamburger Altonaer Theater einen weiteren machen.

Meinen Intendanten Axel Schneider musste ich nicht lange überzeugen. Ich hatte meine Fassung, deren Erfolg bestätigt war in Lüneburg, ich hatte einen Regisseur, der mit mir als Wehrhahn einen sehr guten »Biberpelz« in Altona gemacht hatte, und in Axel Schneider hatte und habe ich einen Freund. Besser kann man sich nicht fühlen in Erwartung eines guten alten Stückes, das man neu durchdringen wollte, um auch selbst klüger zu werden. Das muss bei jeder Rollenerarbeitung mindestens rausspringen, dass man klüger wird. Aber hier in Hamburg kippte die gute Erwartungshaltung, und zwar mit einer solchen Geschwindigkeit, dass man nicht einmal mehr die Rettungsboote besteigen konnte, das Rettungsboot aller Schauspieler, genannt Ausstieg aus Stück und Rolle.

In der Vorbereitung verließ mich erst einmal der Regisseur, er hatte plötzlich zu viel Arbeit und wollte nicht die Termine abhetzend inszenieren. Das verstand ich, bin ich doch schon über vierzig Jahre am terminlichen Hetzen. Meine liebenswerte Kollegin Franziska Troegner bezeichnet mich in ihren lesenswerten Erinnerungen als den König des Terminkalenders. Ja, danke. Und als Schauspieler kann man Termine auch eng legen, solange der Kopf und die restliche Gesundheit mitmachen, davon bin ich überzeugt. Bei einem Regisseur ist das anders. Vorbereitung ist in dieser Berufsgruppe das heilige Wort. Je besser man vorbereitet ist, desto leichter übersteht man die Proben. Da muss man schnell reagieren und flink im Kopf sein, um die Kollegen zusammenzuhalten, denn nichts bricht schneller auseinander als ein sogenanntes Ensemble.

Der mir so wohlgesonnene und freundliche Axel Schneider präsentierte eine Regisseurin, die meine Fassung des »Galilei« sehr gern und mit einem Hauch von Achtung mir gegenüber annahm. Sie hatte noch nie näher mit Brecht zu tun gehabt, was nicht schlimm ist, er ist ja auch schon lange tot, und sah »Galilei« wunderbar stehen in ihrer Vita. Bis hierher nichts dagegen zu sagen. Wir trafen uns einige Male im Vorfeld der Proben, und zufrieden sah ich dem Probenbeginn entgegen. Im letzten Gespräch mit dieser Regisseurin vor Probenbeginn lasse ich mir noch vorschwärmen von einem jungen Kollegen, der den Sohn der Sarti spielen soll.

Brecht ist ja anerkanntermaßen ein kluger Mann. Er hat sich natürlich gefragt, wie kann ich den Galilei in seinem Suchen im Weltall, in der Bestätigung, dass die Erde keine Scheibe, sondern eine Kugel ist, dass die Gestirne sich um die Sonne drehen und die Erde nicht der Mittelpunkt des Alls ist, wie kann ich also diese Fragen beantworten, ohne in ein wissenschaftliches Kolloquium zu verfallen? Wie mache ich das, so stelle ich mir Brechts innere Fragen ganz naiv vor, dass die Menschen nicht gleich wieder aus dem Saal stürzen, wenn sie Fragen und Antworten hören, die heute jedem klar sind?

Brecht, als kluger Mann, sagte sich, für die Fragen nehme ich ein Kind.

Und ich Blödmann vergesse, die Regisseurin zu fragen, wer das Kind spielen wird. Hätte ich gefragt, hätte ich zu hören bekommen, dass das Kind der von ihr eben umschwärmte Kollege spielt, der dann auch den älteren Sohn spielen wird. Ja, hätte, hätte, hätte!

Frohgemut komme ich zur Konzeptionsprobe und sehe da ein Kind sitzen. Während die Dramaturgie die Konzeption erläutert, betrachte ich voller Wohlgefallen das Kind. Es scheint die richtige Größe zu haben, das Alter stimmt, und ich bin zufrieden. Nun kommt in jeder Konzeptionsprobe der Punkt, da beginnt die Leseprobe. Die Gewerke, also Maske, Bühnenbild, Kostüm, verlassen die Probe, sie haben ja noch andere Arbeiten im Hause zu verrichten. Und ich denke in diesem Moment, meine Augen fallen aus den Höhlen, denn das Kind erhebt sich ebenfalls und verlässt mit seiner Mutti, die die Maske machen soll, mit all den anderen Handwerkern den Probenraum. Wir beginnen zu lesen, und mein junger Kollege liest und macht auf Kind, und keiner findet das komisch, und mir verschlägt es die Sprache.

Dass ich mich damals nicht erhoben habe, dass ich nicht zum Intendanten gegangen bin, dass ich nicht die Regie per Putsch übernommen habe, das ärgert mich noch heute.

Das Vertrauen war in den ersten Minuten einer kommenden vierwöchigen Probenzeit zerbrochen und Dauerstreit angesagt. Keiner wollte etwas hören von meinen Erfahrungen. Man benutzte meine gute theatralische Vorlage für Niedrigkeiten und Undeutlichkeiten im Text. Was dazuerfunden wurde, war einfach und flach, zu einseitig. Sie haben ihre Rollen nicht geliebt. Sie haben den Brecht nicht verstanden. Wir kamen über einen Achtungserfolg nicht hinaus.

Vergessen, vorbei und Schuld habe ich, nur ich allein, weil ich nicht nachgefragt habe!

Dabei rät doch schon Brecht, allgemein gesagt: Frage! Frage! Frage! An ihren Antworten wirst du sie erkennen.

Übrigens steht bei Brecht, dass die Tochter des Galilei ohnmächtig zu Boden fällt, als sie erfährt, ihr Vater habe im Streit ihren Verlobten des Hauses verwiesen. Oder sagen wir es genauer, der Verlobte geht im Zorn und wird nicht aufgehalten. Brecht zeigt Galilei als einen Geistesarbeiter, der für seine Forschungen und Arbeiten alles tut, selbst wenn darüber die Familie auf der Strecke bleibt. Dies nun, an sich erfahrend, fällt die Tochter ohnmächtig zu Boden. So steht es bei Brecht. Größer kann man das Nichtverarbeiten einer Demütigung nicht darstellen.

Tochter Anna in der Rolle der Virginia fällt auf den Proben richtig um, wie es sich gehört für eine gute Schauspielerin. Die Regisseurin will es plötzlich nicht mehr, sondern nur so eine allgemeine Empörung. Brüllerei von mir und von ihr, also Stimmung. Anna wird verboten, auf der Premiere zu fallen, nachdem sie auf der Generalprobe wieder umgefallen war. Anna und ich waren uns einig, dass sie auf der Premiere ohnmächtig zu Boden geht. Sie tut es, es ist genau das Erschrecken beim Zuschauer da über diesen Despoten Galilei, dem das Glück seiner Tochter egal ist. Alles stellte sich her in den Herzen und Hirnen der Zuschauer. Was folgte? Eine Abmahnung für das eigenmächtige Verhalten.

Ich habe Anna getröstet, denn sie war die erste Schauspielerin, die abgemahnt wurde, weil sie eine schriftliche Regieanweisung von Brecht befolgte.

Ich denke an den Galilei mit Schall am BE, an meinen Galilei in Lüneburg und habe den Hamburger Abend vergessen und warte darauf, den Galilei wieder zu spielen, und diesmal mit aller Freundlichkeit.

Ein Zufall – und ich sah die Welt

Vermutlich schwärmt jeder Mensch davon, wie schön alles war, als es anfing. Denn von irgendwo muss einer doch losfahren in das Leben hinein. Die Lebensfahrt beginnt, und dann kommen die ersten Weichenstellungen und dann wieder eine und noch eine, und bald sieht das Leben aus wie die Gleisansammlung vor dem Leipziger Sackbahnhof. Alles voller ungreifbarer Weichen und die Hoffnung dabei, noch nicht gleich und für immer und unendlich in diesem Sack zu verschwinden. Ein berühmter Schauspieler der DDR, der dann in den Westen ging, sagte einmal: Man muss Punkte sammeln, indem man alles annimmt, um aufzutreten. Da hat er nun mal recht. Man darf nichts unversucht lassen in der Suche. So wie ich einmal eine kleine Weiche in der Deutschen Post Magdeburg umstellte, indem ich zu diesem posteigenen Dramatischen Zirkel ging, um Theater zu spielen. Diese kleine, beschauliche Abendbeschäftigungsweiche, die führte mich auf ein Gleis des Lebens, auf dem man ordentlich Fahrt aufnehmen konnte.

Als ich mit Hellena und Tochter Maria zum Musikfestival nach Schleswig-Holstein fuhr, um in irgendeiner Scheune – also nicht irgendeiner, es war in einem überaus gepflegten Scheunenambiente – Brechtlieder zu singen, war das wieder eine Weiche des Lebens. Nach der stehend umjubelten Vorstellung – denn wir machten das sehr gut mit Maria am Klavier – kam ein Herr Knudsen und wollte uns aus dem Stand auf das Flaggschiff aller Kreuzfahrten, die »Europa« vermitteln. Ganz so schnell ging es nicht, es dauerte noch über ein Jahr, bis wir unsere erste Fahrt antreten konnten, zur Freude und Erbauung der Gäste und der Reederei. Die wollte uns gleich einen Jahresvertrag anbieten, nun ja danke, wir müssen auch noch woanders arbeiten. Aber im Laufe der nächsten dreizehn Jahre haben wir immer wieder dort gastiert und damit nach und nach die Welt gesehen.

Ich erzähle dies alles, weil es ein kleiner Zipfel des Glückes war, das uns da in einer vornehmen Scheune erwischte. Knud Knudsen, der nun schon lange nicht mehr lebt, dem sei ein Denkmal in unserem Herzen gesetzt.

Die Zeiten an Bord der »Europa« waren für meine Familie hohe, anständige und kluge Zeiten. Gewiss, die Menschen, die sich diese Fahrten leisten können, sind schlicht und einfach reich. Das gibt es, und man sollte es akzeptieren. Kann man aus Widerwillen gegenüber dieser Gesellschaft keinen Bissen runterkriegen, dann soll man es lassen.

Hellena und ich haben unsere heiteren Programme gemacht. Wir haben unsere alltäglichen Geschichten erzählt, selbst erlebt und erfahren, auch selbst geschrieben und erarbeitet, und unsere Zuschauer waren begeistert.

Wenn man auf einer gut durchgekühlten Straße in Grönland marschiert und von anderen Wanderern der »Europa« zugerufen bekommt, wie schön doch der gestrige Abend gewesen sei, dann bleibt die Straße immer noch unterkühlt, aber das Herz wird sehr warm und man freut sich, dass man wieder gewonnen hat gegen alle Verlockungen, die so ein exklusiver Kahn bietet. Denn zu allen Angstzuständen, die man vor einem Auftritt hat oder haben sollte, gibt es auf Kreuzfahrtschiffen noch eine Besonderheit: Jederzeit können die Besucher aufstehen und gehen.

Es ist ein kleiner Tanz auf dem Vulkan, sich in solche Sphären zu begeben, aber es ist die schönste Art, die Welt kennenzulernen.

Bei Heinz Rühmann habe ich gelesen, dass er sich im hohen Alter zu einer Kreuzfahrt auf der »Europa« überreden ließ. Seine Popularität ließ es ja nicht zu, normal Urlaub zu machen. Er hat berichtet, dass die Reise für ihn unvergesslich blieb, weil er in Ruhe gelassen wurde. Da wurde er nicht angestiert, nicht in hohle Gespräche verwickelt, da konnte er sich bewegen, wie es ihm recht war. Die, die diese Reisen bezahlen können, verstehen sich in Zurückhaltung, Freundlichkeit und Lässigkeit dem Leben gegenüber, denn sie haben es zu was gebracht, und an uns ist es nicht zu fragen, wie sie dahingekommen sind.

So haben wir die Fahrten angenommen, die uns die Welt zeigten, haben viel gesehen, Hellena, Tochter Maria und zeitweise auch Tochter Anna, für die wir bezahlen mussten. Also nur Bräsickes auf dem Schiff waren wir nicht.

Wir haben den Suezkanal nur in der Nacht erlebt, da man darauf kolonnenweise schiffen muss. Es funktioniert nach dem System der gedrehten Hamburger Einbahnstraßen. Vormittags hoch und nachmittags runter.

Wir haben Chile gesehen, das uns mit seiner gleichbleibenden Anmutung auf dem flachen Lande an die DDR erinnerte. Und Ushuaia kennengelernt, die letzte zivilisierte Stadt der Erde vor dem ewigen Eis.

Wir haben die Seychellen zweimal gesehen und zufällig dieselbe Badestelle besucht, obwohl Jahre dazwischen lagen. Wir stellten es erst fest, als wir die Badetücher auslegten und die rotgefiederten Vögel in sattgrünen Bäumen uns ansahen, als wären wir gerade gestern gegangen.

Wir haben New York gesehen und einen stolzen Stadtführer erlebt, der immer wieder darauf hinwies, dass es in dieser Stadt null Toleranz gegenüber irgendwelchen Übeltätern gibt.

Wir haben Island bestaunt, und irrtümlich dachten wir, wir wären auf dem Mond gelandet, so bizarr und verstaubt sah alles aus.

Wir sind in Kanada zwischen irgendwelchen Strömen mit dem Schiff fast stehengeblieben, weil vor jeder Gabelung des Flusses in der Kommandozentrale hektisch in Büchern und Karten geblättert wurde. Das sprach sich auf der »Europa« gleich herum, und alles versammelte sich auf dem Vorderdeck, um nun, mit dem Rücken zur schönen Landschaft, zu beobachten, was sich auf der Kommandobrücke so tat. Man ist eben interessiert, und vielleicht haben die

Verantwortlichen auch nur geschauspielert, um zu zeigen, wie schwer ihr Beruf ist. Sollte es so sein, waren sie erstklassig besetzt als Kapitän und Steuermann.

Wir haben Los Angeles betreten und auf dem Hollywood Boulevard begonnen, unseren Stern in den Gehweg zu meißeln.

Wir haben Buenos Aires gesehen und Evita auf ihrem Balkon vermisst, dafür aber Stoffe über Stoffe gekauft, die meine Frau unbedingt haben musste und die heute noch in irgendwelchen Kästen und Truhen liegen.

Wir haben auf Florida den Andrang der Amerikaner auf Schiffe bestaunt, die als harmlose Hafenrundfahrten ablegten und außerhalb der Schutzzone als Casinoschiffe ihre Runden drehten.

In Piräus haben wir auf das Mädchen gewartet, das den Hafen so liebt, die Schiffe und die Matrosen. Und in Piräus gedachte ich meiner so liebenswürdigen, beharrlichen Kollegin Barbara Dittus. Mit ihr saß ich während unseres Athen-Gastspiels mit dem Berliner Ensemble in den Achtzigern auch am Hafen von Piräus. Mühsam unsere Diätengelder zusammenhaltend, staunten wir mit großen Augen, wie man aus der Gaststätte eine Fischplatte quer über eine vierspurige Autostraße trug, um sie an den Tischen am Wasser zu servieren. Ein unvorstellbarer Vorgang für einen Bürger der DDR, der innerlich sofort den Abschnittsbevollmächtigten der VP kommen sah, der darauf hinweisen würde, dass das alles gegen die Hygienevorschrift verstoße.

Wir haben vor Grönland in kleinen Beibooten die jahrtausendealten Eisberge bestaunt. So besehen erschienen die Dinger noch majestätischer und erhabener, und es war so still am Berg. Wenn ein Stück vom großen Eisberg ins Wasser klatschte, hörte man das erst, wenn die große Welle schon da war. Den einen oder anderen erinnerte es an die Zeiten, als man Whisky noch mit Eisbergeis trank. Das ist heute verboten.

Die Falklandinsel, kalt, fast abweisend und das einen Tag vor dem Heiligen Abend. Sozusagen am anderen Ende der Welt schimmerten die Weihnachtsbäume in den praktischen Häusern. Falkland ist eine Insel, auf der die Bewohner alles aus dem Mutterland England bekommen und ein Neunstundenflug als Inlandflug gehandhabt wird. Alles ein bisschen – man verzeihe es meiner Erinnerung – Status Westberlin. Nein, der Vergleich hinkt, werden doch die englischen Falklandkinder für die obere Schulausbildung nach England ausgeflogen.

Wir sind durch den Panamakanal gefahren und hatten alle Panamahüte auf. Das wurde extra von der Schiffsleitung eingefordert. Die Sonne sei im Kanal tückisch, man könne, unbedeckt, einen Stich bekommen. Wir trugen unsere Hüte, nur die Sonne kam nicht, aber es verlieh uns allen den Glanz einer untergegangen Zeit. Bei Tisch wartete man unwillkürlich auf Stefan Zweig oder Thomas Mann oder, wenigstens, als Inkarnation von ihm, auf Armin Mueller-Stahl. Dafür knallte die neue »Europa« an der Schleuse gegen die Kaimauer, das spürten wir auch noch oben im achten Stock. Es soll ein Fehler des Lotsen gewesen sein.

Wir lagen vor irgendwelchen Häfen im Nahen Osten und warteten auf die Lotsen, die nicht kamen. Es war wohl ein Fehler, alles Geld vor der Dienstleitung zu bezahlen.

Wir schauderten auf Madagaskar, nicht wegen der Pest, wohl aber wegen der Armut.

Wir sind in Stürme geraten vor Sizilien, und die Kabinen, Verzeihung, Suiten, wurden zu Wagen der Achterbahn. Im Speisesaal konnte man bestaunen, welche Geschwindigkeiten ein Käsewagen und ein rollendes Salatbüffet entwickeln können.

Wir sind in Ägypten an den Pyramiden nicht auf die Kamele gestiegen, um dort dann als Klassenaffe ewig zu sitzen, da das Trinkgeld für das schwankende hohe Vergnügen plötzlich rapide erhöht wurde. Wir haben kein falsches Gold gekauft und keine echten Papyrusrollen aus der Zeit vor uns allen.

Wir sind in Israel auf die Massada-Festung gestiegen und haben dabei sieben Liter Körperflüssigkeit verloren. Ausgedörrt haben wir trotzdem nicht begreifen können, wie sich ein Volk ohne Kampf vernichten lassen kann.

Wir haben in Kenia keine zwei Meter große Holzgiraffe gekauft, dafür Löwen bewundert und die absolute Dunkelheit.

In Zypern waren wir an der Grenze und sehr froh darüber, dass es für uns ein 1989 gegeben hat.

In Barcelona habe ich an meinen Kollegen Hladik gedacht, dem sie vor dem Hotel schon am ersten Tourneetag alles Geld geklaut hatten. Da haben sich unwissenderweise Arme an Armen vergriffen.

In Bilbao habe ich den »Bilbao Song« zum tausendsten Mal vor mich hin gesungen, und wir haben das Guggenheim-Museum besucht. Im Fahrstuhl dort drinnen entdeckte ich den Schwarm meiner Mutter, den Herrn Schenk vom »Blauen Bock«. Den hat sie verehrt. Bescheiden stand er als älterer Herr in der Ecke, er, der einmal im Hessischen Fernsehen alles im Griff hatte, der, wie ich, den »Eingebildeten Kranken« gespielt hatte, allerdings auf Hessisch. Ich habe damals von der Fernsehübertragung nichts verstanden, nur das berühmte Gebabbel. Nun fuhr er unter falschem Namen auf der »Europa«, und ich dachte an meine Mutter. Ich mit ihrem Idol in einem Fahrstuhl in Bilbao!

Ja, die Verehrung!

Als Postlehrling habe ich in Magdeburg Pakete ausgetragen, und eines musste ich beim berühmtesten Schauspieler der Stadt abliefern: Hans-Joachim Preil. Ich erinnere mich noch wie gestern an mein Zittern beim Betätigen der Türglocke. Das heißt, man musste sie drehen, solche hatten wir auch. Ich höre immer noch die Schritte an die Tür kommen, sie wurde geöffnet, und vor mir stand der begnadete Künstler höchstpersönlich. Zitternd bat ich um die Unterschrift für den Empfang des Paketes, zitternd strich ich mein Trinkgeld ein, freundlich dankte er dem schwitzenden rothaarigen jungen Kerl. Die Tür schloss sich, und ich schwankte die Treppe des Vorderhauses in der Magdeburger Schenkendorfstraße nach unten. Im reiferen Alter hätte ich gesagt: »So, jetzt trink ich erst einmal ein Bier!« Da ich nie mit Preil gearbeitet habe, konnte ich ihm nicht erzählen, was er für eine Ausstrahlung auf mich hatte. Aber vielleicht wusste er es auch so. Ich blieb sein Fan und habe ihn praktisch von meinem Schüleranrecht aus bis zu seinem Höhenflug als schreiender, fassungsloser Partner von Rolf Herricht beobachtet.

Wir sind in Lissabon mit der atemberaubend schönen, alten Straßenbahn in alle Ecken gekarrt, und ich sehe immer noch die Sonne aufgehen hinter der berühmtesten Brücke Europas.

Wir haben den Jemen besucht, genauer, nur meine Frau und ich, denn Tochter Maria kam nur zwanzig Meter mit auf der Hauptstraße. Sie sah die große Armut, die Verkommenheit, die abdriftenden Blicke der Menschen, um sich dann, fassungslos diesem Leben gegenüber, umzudrehen und an Bord zu fliehen.

Wir haben in Mexiko Trotzki besucht und, gleich daneben, das Anwesen von Frida Kahlo. Aus den Gärten der beiden haben wir ganz kleine Pflanzen gestohlen, die sich bei uns in Biesdorf sehr wohl fühlten. Aber ein kalter Winter hat sie umgebracht, erst Trotzki, dann Kahlo.

In Libyen wurden wir fast Opfer einer am Morgen verkündeten Anordnung Gaddafis, dass Ausländer das Land ohne ein Spezialvisum nicht mehr betreten können. Diese Spezialtyrannisiererei konnte keiner vorweisen, da die Anordnung dem Schreckensmeister erst in der Nacht eingefallen war. Wir durften Stunden später aber doch die »Europa« verlassen, da wir einen Tag vorher in Bengasi an Land gegangen waren, also schon einmal eingereist waren. Uns gegenüber lag ein Dampfer aus Italien, mit Tausenden Passagieren an Bord, die Tripolis nicht betreten durften. Gaddafi erinnerte sich nicht daran, dass Italien als ehemalige Schutzmacht ziemlich freundschaftlich mit Libyen verkehrte. Das Riesenschiff legte nach Stunden ab, voller Verachtung. Der Kapitän verließ den Hafen ohne das dreimalige Dankestuten beim Abschied. Er zeigte Libyen sozusagen seinen nackten Arsch!

Wieder ging es nach Toronto, wir besichtigten die schöne Stadt, und dann, es war der 11. September 2001, kam die Nachricht, dass New York angegriffen wurde. Die Fernsehübertragung auf dem Schiff war ziemlich schlecht. Wie das eben immer so ist, wenn es nicht gut ist auf dieser Welt.

Wir wurden dann in New York auch nicht von Bord gelassen, sondern in Philadelphia. Wir erlebten noch eine Stadtrundfahrt mit Erklärern, die pathetisch ihre Vaterlandsliebe betonten. Danach war es nie wieder, wie es einmal war. Selbst wenn das Schiff nur kurze Zeit anlegte, kamen die Sicherheitsmenschen an Bord, und man musste sich dafür verantworten, auf der »Europa« zu sein. Einmal wurde ich vor aller Augen aussortiert und beiseite gesetzt, weil ich bestätigte, auf diesem Schiff zu arbeiten. Sie fanden keine Arbeitserlaubnis, um in den USA aufzutreten. Es bedurfte erst einer hohen Schiffspersönlichkeit, die klarstellte, dass ich nie und nimmer in den USA auftreten wolle, denn ich sei nur auf dem Schiff tätig. Sie glaubten es widerwillig, warfen mir immer wieder schiefe Blicke zu, als sei ich doch ein Betrüger.

Wir sind quer durch den Ozean von Amerika nach Europa geschifft und haben uns gefreut, dass nach vielen Tagen wieder Land an der richtigen Stelle auftauchte.

Wir haben die Reisen genossen, und wir haben dafür gearbeitet mit unseren Programmen und immer im Bewusstsein, dass man gute und sehr gute Arbeit machen muss. Das war unser Preis. Wir haben bestanden in diesem Umfeld uns ungewohnter Verhaltensweisen. Wir haben uns nicht verbogen, wir mussten unsere Ansichten nicht ändern. Die Kreuzfahrer haben uns gut verstanden, und darüber waren sie vielleicht auch froh und besuchten unsere Vorstellungen immer wieder. Sie hatten gemerkt, dass sie es mit Menschen zu tun hatten, die ihnen Freude bereiten wollten und sich selbst nicht überhöhten. Wir zeigten das Leben außerhalb der »Europa«, und siehe, man interessierte sich dafür.

Am Deutschen Theater

Im Januar 1970 wurde Perten nach Berlin ans Deutsche Theater berufen. Professor Heinz hatte aufgegeben, und die Politfritzen glaubten, mit Perten einen Mann an diese Kulturinstitution zu bekommen, der den brillanten Künstlern zeigen würde, wo der Hammer hängt.

Perten folgte dem Ruf, nahm Bunge mit, der die Berliner Verhältnisse kannte, Doktor Heinitz kam dazu, der auch die Berliner Luft atmete. Er versicherte sich der Mitarbeit von Adolf Dresen, Friedo Solter, letztendlich auch von Wolfgang Heinz. Manfred Wekwerth und Jochen Tenschert stießen dazu, und von Rostock rückten die Schauspieler Ziethen, Borgwardt und ich mit in dieses Haus. Ich kam gleich ins Gefecht, denn im Herbst wurde das Einpersonenstück »Tagebuch eines Wahnsinnigen« von Gogol in den Kammerspielen herausgebracht.

Vorher hatte ich noch Proben zu »Unterwegs zu Lenin« mit Adolf Dresen als Regisseur, der sich mir gegenüber ungemein freundlich zeigte.

Man frage mich nicht, wie es mir in den ersten Wochen am Deutschen Theater erging. Ich möchte es nicht wieder erleben. Heute verstehe ich alle Bemerkungen, alle Handlungen, alle Vorhaltungen meiner damals noch fremden, aber berühmten Kollegen. Wir kamen als Günstlinge und Außenseiter eines unbeliebten Theaterleiters, über dessen angebliche Willkür es unendlich viele Geschichten gab. Wir wurden als Zuträger zum Chef betrachtet, obwohl wir es bestimmt nicht waren. Dazu hatten wir keine Zeit, denn jeder von uns Mitgekommenen geriet sofort in schweres Fahrwasser. Wir hatten Mühe, nicht zu kentern in diesem Haus der Tradition. Heute darf ich sagen, dass Ralph Borgwardt, erster Mann des Rostocker Theaters, völlig ausfiel. Dafür konnte er nichts. Sein Typ war vier- und fünffach im Haus besetzt, und es war schwer für ihn, dort aus sich herauszugehen, um solche Figuren entstehen zu lassen wie in Rostock. Horst Ziethen musste viele Jahre und große Mühe aufbringen, um einbezogen zu werden in dieses selbstbewusste Ensemble. Er schaffte es durch unendlichen Arbeitseinsatz, durch nie versagende Freundlichkeit und Korrektheit. Als ich das DT verließ, war Horst ein gefragter Regieassistent, und jeder Schauspieler des Hauses war froh, ihn als Puffer zur Regie zu haben.

Mir gelang es relativ schnell, einen Platz im Wartesaal des Hauses zu erringen. Das hing mit den Rollen zusammen, in denen ich zeigen konnte, dass auch ich meinen Beruf gelernt hatte. Wekwerth besetzte mich als Mörder im »Verhör von Habana«, dann mit Clarence im »Richard III.«, ich spielte im »Einzug ins Schloss« einen Bauleiter, ich machte mich verdient in kleinen Rollen, ich sprang oft ein, rettete den Spielplan, und langsam und stetig holte ich mir meine Souveränität zurück, die ein Schauspieler benötigt, um eine Rolle zu gestalten.

Vor allem das »Tagebuch eines Wahnsinnigen« wurde ein Erfolg. Vom Premierenabend im September 1970 in den Kammerspielen des Deutschen Theaters weiß ich noch, dass mir aus dem Zuschauerraum eine gewisse Kälte entgegenkam, die ich erst Jahre später verstand. Das Deutsche Theater war ein Flaggschiff der Kunst, mit den besten Kräften, die auf der Bühne spielen und sprechen konnten, und dann kommt da ein rothaariger, gerade mal in Rostock bekannter Schauspieler und denkt, hier könne man links überholen. Nur, ich wollte nicht links überholen, auch nicht rechts, ich wollte nur eine gute Arbeit machen. Zum ersten Mal in der jüngeren Geschichte des Deutschen Theaters erschien ein einzelner Schauspieler auf der Bühne, um einen Abend zu präsentieren. Es muss wohl alles etwas angespannt gewesen sein, denn letztendlich fehlte der ganz große Jubel, obwohl es große Anerkennung gab. Die hatte ich mir redlich verdient und war zufrieden. Hans Bunge als Regisseur auch. Nur Uwe Hilprecht, mein Musikchef aus Rostock, zögerte beim Verbeugen. Er spürte, dass der letzte Punkt an diesem Abend fehlte. Wie oft nach solchen nicht ganz glatten Starts kam der Erfolg. »Das Tagebuch eines Wahnsinnigen« wurde ein Renner in Berlin, wir schafften über hundert Vorstellungen mit großem Beifall, und an den Anfang dachten wir nur noch manchmal, viele Jahre später beim Rotwein, aber nur manchmal. Ich meine mit »manchmal« die Erinnerung, nicht den Rotwein.

Noch ein Wort zu meinem zögerlichen Verbeugungsfreund Uwe Hilprecht. Er wurde nach Bredemeyers Tod, diesem hoch angesehenen Komponisten und leidenschaftlichen Skatspieler, musikalischer Chef des DT. Hilprechts »Volksliederabende« sind genauso unvergessen wie seine Bühnen- und Filmmusiken. Bis zur Rente war er am Deutschen Theater. Na bitte, Uwe, es geht also, da muss man sich doch nicht zieren beim Verbeugen, sondern an die Zukunft denken.

Und die Zukunft für meinen immer freundlichen Freund war und ist blendend. Er begleitet Jochen Kowalski mit einem Salonorchester, wenn dieser, um sich zu erholen, schöne süffige Lieder der leichteren Muse singt. Hilprecht arrangiert, dirigiert und spielt Klavier. Wie damals bei den legendären Volksliederabenden des Deutschen Theaters. Diese sind auch heute noch, wenn man mal wieder in die Schallplatten reinhört, atemberaubend gut und schön. Zu Recht ist Uwe Hilprecht ein immer noch viel beschäftigter Mensch.

Und zum Verbeugen sei noch gesagt: Man nehme jeden Beifall mit, denn »Zieren ist Provinz«! Mit diesem Satz treibe ich heute noch meine Mitspieler vor den Vorhang. Renate Richter ruft in diesem Fall immer: »Los, raus! Verbeugen! Die sitzen doch noch alle!« Ich finde, mein Satz ist besser, er hat eine gewisse Würde und berücksichtigt, dass man aus der Provinz kommt und damit beweist, alle Facetten des Lebens zu kennen.

Fast das ganze Ensemble des DT war besetzt in »Unterwegs zu Lenin«, und ich war baff über die Leichtigkeit, mit der Dresen Regie führte. Es wurde auf den Proben gelacht, was ich überhaupt nicht kannte, und es wurde von den Kollegen selbst viel für die Rollengestaltung angeboten, was ich so auch nicht kannte.

Alexander Lang fesselte mich mit seiner Gestaltung. Er spielte die Hauptrolle, einen deutschen Revolutionär, der aus dem Nachkriegsdeutschland 1919 nach Moskau kommt, um Lenin aufzusuchen. Dem wollte er berichten, dass in Deutschland der Kommunismus siegen werde. Nicht sofort, aber gleich danach. Er durchläuft viele Stationen in seinem geliebten kommunistischen Russland, lernt Funktionäre im Kreml kennen. Düren sehe ich da noch als Politkommissar Suppe löffelnd in der Kremlkantine sitzen und gütig zuhören. Eine Liebe tat sich für Alex auf, und Uschi Staack, die mich als Gretchen im »Faust« begeisterte, erklärt ihm den Glockenklang der einzelnen Kathedralen Moskaus. Es war verbrämter Kitsch, wurde in keinem Theater der DDR nachgespielt und den weiteren Inhalt habe ich vergessen. Ist auch nicht so wichtig. Wichtig bleibt die Erinnerung an die Arbeitsweise von Alex Lang. Der besetzte seine Rolle, heute würde ich sagen: gnadenlos. Er probierte alles aus, bis zur letzten Zuckung, und er hat bis heute, wo wir doch alle in einem guten schweren Alter sind, nichts davon verloren. Vor einigen Jahren sah ich ihn in »Vor Sonnenuntergang« als Geheimrat Clausen im Maxim Gorki Theater. Da war es wieder, dieses Besetzen einer Rolle. Die Liebeserklärung an die junge Inken wurde von ihm nicht normal vorgetragen, warum auch, sondern er lag wie ein Maikäfer auf dem Rücken bei seiner Zueignung

Ich spielte etwas später den Geheimrat Clausen auf Tournee. Peter Kupke war Regisseur, und da haben wir uns um Realismus bemüht. Wir spielten das Stück, wie ich es immer sage, so, wie der Autor es geschrieben hat. Aber in der Liebeserklärungsszene habe ich den Alex vom Einfall her geschlagen, wie ich finde. Kupke ließ die Szene in einem

Raum spielen, in dem die Inken sonst kleine Kinder beaufsichtigt. Da verlangte ich kleine Kinderstühle, so ganz kleine. In meiner Rolle als Clausen nahm ich den einen kleinen Stuhl für Inken und den anderen für mich. Auf diesen winzigen Stühlen sitzend, habe ich ihr sagen können, wie schmerzhaft ein Zusammensein zwischen Jung und Alt sein kann, wenn noch die Liebe hinzukommt. Diese Szene war zutiefst verständlich und ergreifend und mit diesen kleinen Kinderstühlen wunderbar hilflos und komisch. Dieses fantastische »Vor Sonnenuntergang« des alten Hauptmann! Man kann den Hut nicht tief genug vor ihm ziehen!

In den Proben zum »Lenin« hatten Alex und ich am Tisch zu sitzen, und ich, als überzeugter Jugendfunktionär, halte eine unendlich lange Rede über die Zeit, über die Umstände, über die Hoffnung der russischen Oktoberrevolution. Alex hatte mir zuzuhören, und er tat dies ungemein aktiv und ich, schwer beeindruckt davon, stammelte meinen Text und bat dann Dresen, die Probe abzubrechen, damit ich mich neu orientieren konnte. Ich weiß nicht, ob Dresen das Weiß in meinen Augen sah, aber er hat nachgegeben und ließ mich für diesen Vormittag gehen. Ich war unfähig, meinen Beruf auszuüben, weil ich den Druck spürte, der da auf mir lag. Ich hatte Bodenberührung, und für einen Augenblick verstand ich Kollegen, die aufgehört hatten in diesem Beruf. Wenn du keine Souveränität hast, kannst du aufhören oder es rafft dich bald dahin und dann musst du aufhören. So oder so. Die nächsten Proben gingen besser, aber nie so gut, dass Freude aufkam. Ich ging auch in die Proben, wenn ich selbst keine hatte, ich wollte sehen, wie es meine gleichaltrigen Kollegen machten, leicht zu sein im Finden von Haltungen und Handlungen. Das waren einfach gute Fachkräfte, und ich begriff, dass ich innerlich heiter sein musste, wenn ich da mithalten wollte.

An dieser souveränen Heiterkeit habe ich dann viele Jahre am DT gearbeitet und mir einen Platz an der Seite meiner Kollegen erobert. Als ich die verehrte Elsa Grube-

Deister, die so wunderbar singen und leise sprechen konnte und ihre Rollen so großartig in einem Bogen aufbaute, nach meiner Entlassung aus dem BE auf der Straße traf und ich schon wieder mit den Tränen kämpfte, sagte sie: »Wärst du doch bei uns geblieben!« Recht hatte sie, aber niemals möchte ich die Zeit am BE missen. Was mich jedoch an dem Satz glücklich machte, war das Wort »uns«. Sie hatte »uns« gesagt und mir bestätigt, dass auch ich einmal dem DT angehört habe und zwar nicht auf der Reservebank, sondern als aktiver Spieler.

Und dann stand es am Schwarzen Brett des Deutschen Theaters, dass wir einen Wassili Schukschin machen, dass wir »Tüchtige Leute« aufführen werden, und Professor Heinz hat Regie. Auf dem Besetzungszettel steht alles, was das Theater aufzubieten hat an Düren, an Tempelhof, an Mellies, an Piontek, an Franke, an Bolle, an Grube-Deister, an Böwe – und ich stehe mit auf diesem Zettel. Es sind zwei Teile an einem Abend, ich werde einmal den Sohn von Lissy Tempelhof und Dietrich Körner spielen und im anderen Teil einen gewöhnlichen Trinker in einer Runde voller Ganoven. Schukschin beschreibt die korrupte und verlogene Sowjetunion, an der er zugrunde gegangen ist. Als wir mit den Proben begannen, war er bereits tot. Der große Schauspieler und Regisseur hatte alles nur noch schwer ertragen und dafür bezahlt. Die Kulturverantwortlichen werden an seinem Todestag 1974 drei Kreuze der Erleichterung gemacht haben.

In »Tüchtige Leute« hatte er noch einmal tief in den grauen Alltag des Lebens gegriffen. Wolfgang Heinz am Regiepult, für mich ein alter Mann, selbstverständlich, wenn man knapp über Dreißig ist. Und der ließ die Zügel los, und alle rannten um die Wette in der Gestaltung von verlogenen Personen. Allein wie Dieter Franke, der Beste von uns allen, die Tür öffnete, vor der Tempelhof, Körner und ich stehen, um mit ihm meine Heirat mit Bärbel Bolle zu besprechen. Er öffnete sie nur einen ganz kleinen, misstrauischen Spalt, um dann in falscher Freundlichkeit aufzugehen. Jeder Zuschauer sah unser aller Misstrauen untereinander, wenn an die Tür geklopft wurde. In meiner Familie wird, in Erinnerung daran, die Tür oft nur einen kleinen Spalt geöffnet, natürlich nur, wenn man weiß, dass die nächsten Verwandten draußen stehen.

Und wie sie spielten, die Altvorderen, so ernsthaft und damit saukomisch. Otto Mellies und Klaus Piontek als gute Engel in scheußlichen bunten Anzügen, diese ernsthaften Gesichter und das Blech, das sie reden mussten, Bärbel Bolle mit ihrem Satz: »Ich gucke kein Fernsehn, ich guck am liebsten aus dem Fenster!« Fred Düren als Reifenschieber, schon diese Vorstellung reichte zu Lachausbrüchen. Böwe mit der Betrachtung über seine Ehefrau: »Latsch du nur weiter mit deinem Einkaufsnetz.« Lissy Tempelhof als schwankendes Element, sie will denunzieren und schafft es nicht. Ich als Säufer mit dem sich ständig wiederholenden Ruf: »Los, rein in den Speisewagen und dann durch bis Wladiwostok!« Für einen sowjetischen Trinker gab es keinen besseren Himmel als diesen Speisewagen, der nie geschlossen wurde. Professor Heinz, milde und nachsichtig, ließ uns machen, und jeder gab seine DDR-Erfahrung mit hinein, und die Zuschauer erkannten ihr alltägliches Leben in dem sowjetischen Stück wieder, da es eins zu eins anwendbar war auf die DDR.

Ich bekam Autoreifen von einem Menschen, der mich verehrte. Mein Gaskontingent bekam ich, weil mich jemand als Ansager in »Jazz in der Kammer« bewunderte. Mein Auto wurde repariert, da ich die Werkstatt regelmäßig mit Theaterkarten versorgte. Damit waren meine Privilegien zu Ende. Ich hatte kein Wochenendhaus an der See, keine Beziehungen zum Reisebüro, keine Jugoslawienreisen, keine Bulgarienreisen, dafür den Garten meiner Schwiegermutter in Babelsberg. Auch schön und irgendwie in Ordnung.

1970 setzte Perten nach der Sommerpause eine Vollversammlung aller Mitarbeiter an. 10 Uhr sollte es beginnen. Perten erschien, doch die meisten Kollegen standen noch draußen vor dem Theater. Die Ferien waren zu Ende, und man freute sich allgemein auf ein Wiedersehen und dass man noch am Leben war. Gegen 20 nach 10 füllte sich der Zuschauerraum, und Perten muss gekocht haben, denn für ihn bestand das Leben aus Pünktlichkeit. Er nahm das langsame Betreten des Zuschauerraumes zu ernst und zu persönlich. Er hatte keine Heiterkeit in sich. Es war eben alles ein wenig anders als am Volkstheater Rostock. Noch bevor er Guten Tag sagte, hob er an, sich mit lauter Stimme über die Unpünktlichkeit zu beschweren. Hätte er doch etwas Größe und Nachsicht gezeigt! Die Ermahnung zur Pünktlichkeit hatte zur Folge, dass die berühmten Kollegen sich schimpfend ob solcher Kleinheit erhoben und den Zuschauerraum verließen. Zurück blieben die Angestellten des Hauses, wir ehemaligen Rostocker, die Parteiangehörigen und Kollegen, die nicht so behänd mehr aufstehen konnten. Ich verliere so viele Worte darüber, weil das ein Knackpunkt war im Zusammenleben des Ensembles mit Perten. Er bekam seinen Schlag ab, da begriff er, dass er so nicht weiterkommen konnte an diesem Haus.

Was folgte, waren Rückzugsgefechte, reine Verwaltungsarbeit, eine oberflächliche Zuneigung zu dem Ensemble. Perten war in seiner Kraft und Stärke nicht mehr zu erkennen. Er war nicht mehr er, und immer weiter ging es den Berg hinab. Der RIAS berichtete regelmäßig Stunden nach einer Leitungssitzung des DT, was da beredet wurde, die künstlerischen Erfolge des Hauses bekamen Schlagseite und wurden nicht mehr gut besprochen. Perten warf 1972 das Handtuch. Er ging zurück nach Rostock. Dort hat er noch gute Arbeit gemacht, wieder mit Weiss, mit Hochhuth, dann starb seine Frau Christine van Santen 1984 und 1985 er.

Er war für Rostock ein bedeutender Mann, und wenn man das mal einsieht nach vielen, vielen Jahren, sollte man eine Straße nach ihm benennen, damit alle lesen können, dass das Rostocker Volkstheater einmal von großer Wichtigkeit für die Theaterwelt war.

Ja, die Bedeutung in einer Theaterwelt ist öffentlich schwer zu finden. Man kann nur in sich nachsehen und suchen, was sich hergestellt hat und was weniger. Für mich gibt es einen Bogen durch die Einpersonenstücke. Das »Tagebuch eines Wahnsinnigen« habe ich 1968 als Siebenundzwanzigjähriger mit Bunge als Regisseur in Rostock herausgebracht. Premiere im Intimen Theater. Wegen großer Nachfrage Umsetzung ins Kleine Haus. Schließlich Umzug ins Große Haus. So lief das damals in Rostock ab mit mir. 1970 haben Bunge und ich eine Neuinszenierung am Deutschen Theater zeigen dürfen. Das »Tagebuch« lief dann acht Jahre und hatte über hundertfünfzig Vorstellungen. Inzwischen habe ich an die fünfundzwanzig Einpersonenstücke spielen können. Dann feierte ich jahrelang stehende Ovationen mit dem Einpersonenstück »Jugend ohne Gott«, das ich unter der Regie meines Freundes Axel Schneider in Hamburg-Altona herausbringen konnte. Ich bin achtzig Jahre alt, und wieder stehen die Leute vor einem, um zu sagen, wie dieser Theaterabend sie beeindruckt hat. Das macht mich froh, solche Spuren hinterlassen zu haben, und das ein Leben lang. Es ist Leben und Theater, die da zusammentreffen, es gibt nichts Schriftliches, und es gibt keine Filmaufnahmen.

Meine Rolle aller Rollen

Die Zeitläufte holten uns ein, die Wende kam und die Menschen hatten andere Gedanken, andere Empfindungen und auch wirklich andere Sorgen. Aber das war ja der Anfang der Wende, ein Glück für alle Menschen, so wie man voller Glück ist, wenn es noch nicht konkret wird, was dann kommt und was dann aus uns wird. Die Verhältnisse hatten sich gewandelt, und sie würden sich weiter wandeln, und da wir selbst voller Ratlosigkeit waren, konnten wir unsere Zuschauer nicht mehr geistig flankierend begleiten.

In Helmut Baierls Stück »Frau Flinz« gibt es die Szene einer Bauernversammlung in der Zeit des Umbruchs. Da wird ernsthaft diskutiert über die Zukunft einer Genossenschaft, und plötzlich steht einer auf und redet völligen Blödsinn. Er spricht über Esperanto. Er redet eine Weile, hört auf, und nun steht in der Regieanweisung des Stückes: »Setzt sich, als hätte er nichts gesagt.«

Dieser Satz: »Setzt sich, als hätte er nichts gesagt«, war für mich ein Höhepunkt, als ich das Stück las. Das BE gastierte mit »Frau Flinz« am Magdeburger Theater, Helene Weigel in der Hauptrolle und mit ihren jungen Söhnen, die später, viel später, am BE meine von mir geschätzten Kollegen wurden. Ich habe diesen Abend gesehen. Wie die Weigel ihre Söhne verteidigt gegen eine gute sozialistische Sache und damit den Sozialismus durch Weigerungen vorantreibt, welche Kunst!

Die Kunst des Berliner Ensembles bestand immer in der Einmischung in die Wirklichkeit. Immer waren Inszenierungen gleichzeitig Wortmeldungen an eine Gesellschaft, die mehr oder weniger mühsam durch den Sozialismus stolperte. Nie war: »Setzt sich, als hätte er nichts gesagt!« angesagt, weder in der Leitung noch im Ensemble. Es wurde alles gesagt! Als der letzte Vorhang zur letzten Vorstellung von »Zufällig eine Frau: Elisabeth« fiel, da war mir aber innerlich sehr nach: »Setzt sich, als hätte er nichts gesagt!«, und nicht nach: »Na bitte, es geht doch!« Vorbei, und wieder: Es bleibt die Erinnerung.

Abschied und Erinnerung liegen zwischen 1989 und 1992 dicht beieinander und verwischen sich heftig. Das wird vielen Menschen so gehen, wenn sie versuchen, diese Jahre in die Erinnerung zu rufen und zu ordnen. Man hatte sich damals zu wehren und auseinanderzusetzen. Volker Braun schrieb in dieser Zeit Zeilen, die trösteten, dass nicht alle Schuld an und bei uns lag. Er schrieb: »Sie kamen mit Spießen und mit Stangen und schlugen auf uns ein!«

Abschied vom »Kontrabass«. Rammeldicke voll und keine Ankündigung des Schlusses einer kleinen Legende. Die neuen Herren und deren Helfershelfer hatten nicht den Mut, es unseren Zuschauern ins Gesicht zu sagen, dass fast sechzig Schauspieler die Koffer zu packen hatten. In der letzten »Kontrabass«-Vorstellung riss in mir dann doch der Faden dieser Verlogenheit. Ich brach den Beifall ab und hielt einfach aus dem Stand eine Abschiedsrede. Diese machte auf den Westberliner Theatermann Jürgen Wölffer einen so furchtbaren Eindruck, dass er an meinen folgenden Selbstmord glaubte. Da hatte er den Grundton falsch verstanden. Ich wollte nur nicht leise gehen, wie es sich die Gesellschaftsvereinigung der neuen Herren vorgestellt hatte. Das war unwürdig! Das macht man nicht! Selbst mein Stadttheater in Magdeburg druckte in seinem Theaterspielplan die Abschiedsvorstellungen seiner Künstler. Auch wenn die nur zwei Jahre da waren und auch nicht auffällig im Spielplan mitgewirkt hatten.

Und diese Menschenverächter gönnen einem auch nach fünfzehn Jahren keinen anständigen Abgang. Sie waren im Haus, und sie besuchten keine einzige Vorstellung ihrer gekündigten Künstler. Sie wollten nicht verwickelt werden, sie wollten uns nicht kennen und schon gar nicht kennenlernen!

Brecht hat immer wieder Neugier eingefordert. Neugier auf das Leben, auf das Theater, auf die Gesellschaft, auf Menschen. Sie benötigten das alles nicht, sie wollten es nicht, sie kamen ja mit ihrem eigenen Zirkus und warteten in den Vorzimmern der Macht, dass wir hinten raus verschwänden.

So glanzlos wollte ich nicht gehen, jedenfalls nicht im »Kontrabass«. Dieses Stück hatte es seit 1982 auf über hundert Vorstellungen gebracht. Kern und Trilling hatten Regie. Das war mir angenehm, Jürgen Kern war mein Studienkollege und Hein Trilling ein sehr freundlicher Beobachter. Sie hatten zusammen schon einiges gearbeitet im BE, und so sammelten wir uns zur neuen Spielzeit 1982.

Es wird erzählt, dass Patrick Süskind sein Stück über einen zutiefst vereinsamten Kontrabassisten wohl zwanzig Verlagen in Westdeutschland angeboten hatte, erst der einundzwanzigste griff zu. Es war Frau Hunzinger, und sie griff in einen Goldtopf. Nachdem das Stück in West und Ost gestartet war, lief es durch alle Theater Deutschlands hüben und drüben. Jeder Schauspieler, der noch Text sprechen und einen Bassbogen in der richtigen Form halten konnte, war dabei und trat damit auf. Jetzt, viele Jahre nach dieser Erfolgswelle, erfahre ich, dass es Qualitätsunterschiede in den Aufführungen gegeben haben muss. Ich kenne den Abend von Nikolaus Paryla, gespielt mit viel Drumherum und voller Wehmut. Ich kenne den Abend von Stefan Wigger, verzweifelnd in seiner Verlorenheit und darum dauernd Ölsardinen essend. Und ich kenne natürlich meinen Abend in den Abstürzen dieses Kontrabassisten von himmelhoch und höllentief.

In kaum einem anderen Stück kann man die menschliche Gesellschaft schneller und besser vorführen als im »Kontrabass«. Dieses Halbwissen, diese nie erreichte Perfektion am Instrument, diese Verbitterung in einer falschen Liebe, diese Sentimentalität des Versagens. Es gibt nichts Besseres für einen Schauspieler, als das alles in anderthalb Stunden zu zeigen.

Manfred Wekwerth hatte den »Kontrabass« für das BE und die DDR an Land gezogen. Dafür war ich ihm unendlich dankbar, und das wusste er auch. Den »Kontrabass« hatte ich vorher ausschnittsweise im West-Fernsehen gesehen, und als Wekwerth mich zum Gespräch bestellte, wusste ich sofort, wovon er sprach. Ich hätte am liebsten seine Empfehlungsdarlegung für dieses Stück unterbrochen, um sofort Ja zu sagen. Doch meine Mutter war immer der Meinung, man müsse Leute ausreden lassen.

Sie lebte in der Hoffnung, die könnten vielleicht noch etwas Nützliches sagen. Mit dieser Hoffnung hatte sie nicht so viel Glück. Kann auch sein, das Glück der Hoffnung, etwas Gutes und Wichtiges zu erfahren, war schon am Anfang meines Lebens aufgebraucht. Mutter wollte mit mir im Kinderwagen Mitte März 1945 Gotha endgültig per Eisenbahn verlassen, um zu ihrer Mutter, also meiner Oma Emma, nach Magdeburg zu ziehen. Da wir in der Fabrikstraße 1 wohnten, musste meine Mutter mit mir nur über eine kleine Fußgängerbrücke zum Bahnhof, und dann hätte ein um diese Zeit unberechenbares Abenteuer begonnen.

Auf diesem kleinen Weg von nur wenigen Minuten kam ihr ein Soldat entgegen. Ich sehe das Bild noch vor mir. Merkwürdig, dass sich da was einschneidet in den kindlichen Gehirnkasten und da bleibt für ein ganzes Leben. Gut, Fachleute können einem das erklären, geschenkt, ich will es mir auch gar nicht erklären lassen, ich will mich lieber weiter darüber wundern. Man muss doch was haben im Alter, womit man sich beschäftigen kann. Und Wundern ist eine wunderbare Eigenschaft, es macht einen freundlich. Diese innersten Bilder wirken in einem wie oben abgeschnittene Fotografien. Sechs mal sechs, mit gezacktem Rand, und die Figuren auf dem Foto sind immer so klein. Der gute Mensch von Gotha sah also 1945 den vollgepackten offenen Kinderwagen mit mir da drin und sprach meine Mutter einfach an, was sie denn mit diesem Auszug in dieser Zeit vorhabe. Meine Mutter erklärte in der bestimmten Art, wie man eben redet, wenn man siebenunddreißig

Jahre ist, rote Haare hat und einen Glatzkopf unter all den draufgepackten Fluchtutensilien im Kinderwagen, dass sie nach Magdeburg wolle. Dem erfahrenen Manne müssen ob dieser Absicht die Haare zu Berge gestanden haben. Er muss meiner Mutter gesagt haben, wie es aussieht in einem Land, das dem Ende entgegengeht. Mutter drehte stumm um, und wir klapperten wieder in unsere Wohnung, die wir vor vier Minuten verlassen hatten. Dank diesem Engel in Wehrmachtsuniform auf dem Fußgängerübergang vom Bahnhof Gotha. So liefen wir also weiter in den Bunker des Bahnhofs, der heute noch da steht, und mit Staunen sehe ich, wie hoch die breite Holztreppe zum Eingang des Bunkers gewesen sein muss. Ich sehe mich noch angezogen im Bett liegen, ich höre noch die Sirenen, ich fühle noch, wie ich von meiner Mutter zum Bunker getragen werde, und ich spüre noch die Enge und die vielen Menschen. Das alles ist im Kopf als abgeschnittene Fotografie erhalten. Die Erinnerung daran wird nicht besser, aber sie geht auch nicht weg.

Meine Mutter und ich erlebten dann den Einmarsch der Amerikaner in Gotha. Mutter und ich gingen zum Schloss hinauf und betrachteten die Militäransammlung mit den vielen Lastwagen und den nicht unfreundlichen Soldaten.

Seit einiger Zeit gastiere ich oft im Ekhof Theater Gotha, welches ja zeitkonserviert erhalten ist. Man hat dort auf der Bühne das Gefühl, Ekhof kommt gleich um die Ecke und betrachtet den Smoking, den man zum Auftritt trägt, als ein neumodisches Kostüm, nicht vergleichbar mit den Beinkleidern seiner Zeit. Auch würde er nicht verstehen, warum man nach weiterer Beleuchtung in dem Hause fragt, wo doch alles schon beleuchtet ist. Aber was die Tourneearbeit betrifft, da könnte ich mich gut mit ihm verständigen. Das ist ja fast noch so wie zu meiner Zeit, würde er rufen.

In der Garderobe seines Theaters in Gotha hat man einen guten Blick auf den Vorplatz des Schlosses, auf dem damals die Amerikaner und ich mit Mutti aufeinandertrafen. Ich nenne mich bewusst vor meiner Mutti, denn ganz kleine Kinder waren der Schlüssel, um sich der Macht, die jetzt das Sagen hatte, devot zu nähern. Das versuchte ich in meinem naiven Überschwang einem jungen Techniker des Theaters zu erzählen. Ich hätte es lassen sollen. Es ist ja auch schon lange her.

Die Amerikaner zogen vertragsgemäß ab, und die Rote Armee rückte ein. Auch hier weiß ich die Ecke noch, an der meine Mutter und ich standen, und ich erinnere mich an die endlose Reihe von Panjewagen, die an uns vorbeizogen. Etwas später verknallte sich ein russischer Offizier in meine rothaarige, schlanke Mutter und trommelte an die Wohnungstür. Mutter hatte das Licht gelöscht und hielt mich auf dem Schoß fest. Und der Mann trat die Tür nicht ein, fluchte auch nicht, sondern ging. Das zog sich über mehrere Abende hin.

Meine Mutter hat nie viel erzählt über diese Zeit, aber sie betonte immer wieder, dass Mütter mit Kindern bei den Russen respektiert wurden. Das war jedenfalls ihre Meinung, und ich habe nicht nachgefragt. Das ist das Merkwürdige in einem Familienleben. In Kindheit und Jugend hört man nicht richtig hin und zu, und wenn man sich später damit beschäftigen möchte, ist keiner mehr da, der was erzählen könnte.

Eines nur weiß ich, dass die Generation meiner Mutter alles getragen hat, was es an Unbequemlichkeit im Leben zu tragen gab. Diese Generation ist letztendlich in der Gesamtabrechnung ihres Lebens betrogen worden, und das wiederum ist unverzeihlich!

Der Oberbürgermeister Kreuch aus Gotha ist ein umtriebiger und großartiger Mann. Voller Ideen, voller Elan und Kraft. Er hat mich wiederentdeckt für meine Heimatstadt, und so kommt es, dass ich da jetzt regelmäßig auftauche, zur Freude der Gothaer und – das muss ich sagen – besonders zu meiner Freude. Vielleicht ahnen sie es, wenn ich aus der Ekhof-Garderobe schaue und sie zu meinen Vorstellungen kommen sehe.

Ich ließ Manfred Wekwerth ausreden, obwohl ich meine Zustimmung, den »Kontrabass« zu spielen, sofort und gern herausgekräht hätte. In vornehmen Lebensberichten von erhabenen Schauspielern steht an dieser Stelle: »Ich überlegte lange, wie ich diese Rolle wohl anlegen sollte, ich besprach es mit meinem Hund, und durch sein Vertrauen gestärkt, schrieb ich dem Intendanten, dass ich das Rollenangebot annehme, aber nur unter der Bedingung, dass ich mir den Regisseur aussuchen darf, was ich denn auch tat.« Das sind freundliche Schauspielermärchen, die Sehnsucht nach dem Gefragtsein in einem normalen Theaterbetrieb. Das sind die Geschichten von den großen Verweigerern, die man in allen Theaterkantinen hört. Das sind die, die sich fotografieren lassen, als seien sie Nathan persönlich oder wenigstens mit Lessing bekannt gewesen. Diese Fotos, das Kinn auf die rechte Hand gestützt, gut sichtbar einen Siegelring am Finger und die Bildbotschaft: Sehet her, ihr anderen Armleuchter des Lebens, ich trinke nicht, fasse keine fremden Frauen an, ich kann immer meinen Text und bin immer jung!

Und gleich fällt einem die Geschichte eines bekannten städtischen Schauspielers ein, der viel älter war als die Rollen, die er auf der Bühne spielte. Die jungen Damen vergötterten ihn. Einmal klingelten sie sehr früh am Tage an seiner Tür, und er öffnete in Erwartung der Post. Er stand da, ohne Zähne, ohne Toupet und in einem bekleckerten Morgenrock. Die Damen, ihn nicht erkennend in diesem Aufzug, fragten nach dem stadtbekannten Schauspieler, und er – so viel Reaktionsschnelligkeit muss man auch erst einmal haben – antwortete mit dem berühmten Satz: »Mein Sohn kommt in einer Stunde.« Eine Stunde später war er da, in der Rolle des Sohnes, und alle waren zufrieden.

Man muss aufpassen, wen man verehrt in einer kleinen Stadt. Stanislawski, genau der, dessen Kunstauffassung unseres Berufes Tausende von Schauspieljüngern jahrzehntelang beeinflusste und noch beeinflusst, der erzählte, wie er in seiner frühesten Jugend einen Schauspieler tief und hoch verehrte. Dieser Schauspieler verkehrte regelmäßig in einem Kaffeehaus, und eines Tages fasste sich Stanislawski ein Herz, trat an den Tisch des Verehrten, um ihm die Hochachtung für seine Rollengestaltungen auszusprechen. Er wurde gebeten Platz zu nehmen, um nun verwickelt zu werden in ein edles Gespräch über die Kunst. Der junge, schmale Stanislawski bemerkte, dass dieses geistige Gehabe von geistigen Getränken flankiert wurde und bald ins Schwadronieren umschlug und dann ins hemmungslose Saufen. Das Ergebnis seiner Ergebenheitsadresse bestand darin, dass der von ihm verehrte Schauspieler vom Stuhl flog, Stanislawski dessen Zeche begleichen, die Mietdroschke bezahlen, das besoffene Provinzgenie in seine Wohnung schaffen, ausziehen und aufs Bett werfen musste. Das war, wie er in seinen Lebenserinnerungen beschreibt, ein gravierender Einschnitt in seinem Leben, was die Verehrung von Bühnenkünstlern betrifft. Daraus entwickelte er, sonst wäre er auch nicht Stanislawski, die These, dass man eine Verantwortung hat als Theaterschauspieler in der Öffentlichkeit. Und er hat recht. Ich kann nicht den Cäsar spielen und mich am anderen Tag in der Gosse auflesen lassen. Gut, das belebt das Stadtgespräch, aber spielt heute eigentlich auch keine Rolle mehr, da man kaum noch stadtbekannt werden kann mit den Zweijahresverträgen, die einem angeboten werden. Was sagte mir ein Techniker vom Volkstheater Rostock: »Frage mich nicht, ob ich alle kenne vom Schauspielensemble. Ich kenne sie nicht.«

Um jetzt noch die Kurve zu kriegen zu meinem Freund Wekwerth, muss gesagt werden, dass auch ich in Leipzig noch nach der Stanislawski-Methode ausgebildet wurde. Die wurde aber schon gemäßigt praktiziert. Nicht mehr so, wie es mein Freund und Lehrer Bruno Zieme in Weimar erlebt hatte. Das war im Belvedere, dem Vorläufer der Theaterhochschule Leipzig, die heute als Sektion in der Kunsthochschule Leipzig aufgegangen ist. Da wurde sich noch ordentlich eingelebt, wie man die Konzentrationsübungen zur Erarbeitung einer Rolle nannte. Durch stundenlanges Sitzen in einer mehr oder wenigen dunklen Kammer sollte man den Charakter der Bühnenrolle finden. Dazu gehörte, sich einen Lebenslauf zur jeweiligen Rolle auszudenken, auch wer Mama und Papa waren, alles ungemein wichtige Sachen, die in solcher Seelentiefe keiner auf der Bühne benötigt. Natürlich muss man sich beschäftigen mit allem, was die Rolle für eine Gestaltung anbietet, man muss historisch wissen, wie was abgelaufen ist, und wenn man nicht konkret im Text stehen hat, dass man vom Vater geschlagen oder von der Mutter ausgesetzt wurde, muss man sich nicht tunnelblickartig darin festfahren. Nein, so war die Ausbildung in Leipzig nicht mehr. Heute vertrete ich die schlichte Auffassung, dass Brecht und Stanislawski eine gute Einheit bilden. Brechts Kühle und Stanislawskis Herz und Sehnsucht haben mich jedenfalls fünfzig Jahre gut, ach was, sie haben mich sehr gut begleitet.

Manfred Wekwerth stellte am Schluss seiner Darlegungen, warum man den »Kontrabass« spielen müsse, die – für einen Schauspieler, der sowieso immer alles spielen will – Frage aller Fragen, und ich sagte schlicht zu, diesen Kontrabassisten auf der Bühne zum Leben zu erwecken. Dass es gleich noch eine DDR-Erstaufführung war, erwähne ich bescheidenerweise.

Die Herren Jürgen Kern und Hein Trilling – auch kein Wunder nach dem Lesen des Stückes – sagten ebenfalls zu, und nun kam der Aushang über die neue Produktion an das Schwarze Brett. Das Schwarze Brett ist natürlich kein Schwarzes Brett, sondern ein verglaster Holzkasten, in dem die Intendanz, das Künstlerische Betriebsbüro (KBB), die Partei (SED) und die Gewerkschaft (FDGB) ihrem Mitteilungsbedürfnis nachgingen. Da hingen auch die Pläne für die neuen Stücke, also auch die Besetzungen. Im BE hing das verglaste Brett auf dem Hof, also für Freund und Feind und all und jeden ablesbar, und oft waren die Aushänge im Glaskasten auch im RIAS nachzuhören.

Die schönste Zeit eines Schauspielers ist die, wenn man mit einer prima Rolle am Brett hängt und die Proben noch nicht begonnen haben. Dann gehen die Neider in Stellung, da wird das Premierenergebnis schon vorausgesagt, obwohl noch nichts stattgefunden hat. Das ist die goldene Zeit für die Hauptrollen. Man ist herausgehoben aus der Masse der anderen Rollenwürmlige, denen man es bald zeigen wird auf den Proben, wie unrecht sie alle haben mit ihrer Voraussage, dass es mit dem Einen nichts wird und mit dem Anderen schon überhaupt nicht. Und selbst betet man innerlich, die Proben mögen nicht so bald beginnen, damit man noch lange stolz und ungeprobt auf dem Theatergelände hin und her gehen kann, ohne konkret eine Leistung zeigen zu müssen, denn die hängt ja am Schwarzen Brett.

Man ist besetzt! Bitteschön!

Das alles ist vorbei am zweiten Probentag, wenn der Alltag des Theaters kommt mit seinen Fragen an das Stück, an die Rolle, an die Hintergründe, an die Gestaltung generell. Fragen also, die man dann, geistig schwer stotternd, zu beantworten versucht. Aber in einem Ensemble, welches sich lange kennt, werden die kritischen Tage schnell bewältigt, denn muss man sich nichts beweisen. Trotzdem ist die schlimmste Minute im Leben eines Theaterschauspielers, wenn man auf der ersten Probe die Figur ganz vorsichtig anzufassen beginnt. Diese Vorsicht ist für mich mit großer Ehrfurcht verbunden, denn wer ein Theaterstück schreibt, egal worüber und in welcher Zeit, hat sich doch Gedanken gemacht. Und das kann man doch erst einmal akzeptieren. Natürlich wird aus der Vorsicht des Anfangs langsam, aber sicher ein Ringkampf mit der Figur, und nach vier Probenwochen kann man sehen, wer gewonnen hat. Der Stückeschreiber, der eitle Schauspieler, die Regie oder alle zusammen.

Übrigens habe ich in den letzten Jahren beim Lesen von Theatervorschauplakaten festgestellt, dass an vielen Stadttheatern nur noch vier Menschen ein Stück machen: der Regisseur, der Bühnenbildner, der Bühnenmusiker, die Kostümbildnerin (oft eine Verwandte des Regisseurs). Schauspieler gibt es an solchen Theatern wohl nicht mehr. Das muss ich annehmen, wenn ich den Monatsplan lese, in dem keine Schauspieler benannt werden.

Im Wirbel der terminlich begrenzten freien Unternehmungen ist der Beginn der Arbeit nun wieder anders. Erst einmal fällt der öffentliche Neid weg, weil es kein Ensemble mehr gibt, also keine Veröffentlichung der Rollenbesetzung. Gut, der Neid ist weg, dafür kommt das scheele Betrachten der Möglichkeiten des Partners, den man gerade erst kennenlernt.

Als ich im Tourneeunternehmen Landgraf den »Hauptmann von Köpenick« probierte, waren alle, ich betone, alle Beteiligten, außer meinem Regisseur und meiner Frau, überzeugt, dass es nicht so gut ausgeht. Ich hatte aber eine komfortable Position als Schuster Voigt, der später der Hauptmann von Köpenick wird. Ich ließ mich nicht ankarren, denn ich spielte im Originalalter. Wilhelm Voigt war in den Tagen seiner Verzweiflung über das kaiserliche Recht genau sechsundfünfzig Jahre alt. In den Tagen der Premiere war ich auch sechsundfünfzig Jahre alt. Das ist wichtig zu sagen, denn das Bild des Voigt wurde seit der Premiere 1931 mit Werner Krauß und in der Regie von Heinz Hilpert immer weiter, vom Alter her, nach oben verschoben. Man konnte direkt beobachten, dass jeder verdiente Stadttheaterschauspieler, bevor er aus dieser Welt abfuhr, noch den Voigt hinterhergeschmissen bekam. Ein kleiner Dank für jahrzehntelanges Durchhalten mit großen Rollen und kleinem Geld und unendlicher Geduld auf langweiligen Proben. Alles nobel, aber es stimmt nicht. Und Rühmann hat auch mit Schuld. Es ist doch so, wenn man fünfundsiebzig Jahre ist, überlegt man es sich dreimal, ob man Soldaten auf der Straße abfängt und vergattert, mit denen nach Köpenick fährt, um dort im Passamt einen Pass zu klauen, damit man das Heimatland verlassen kann. Das sind oft einfache körperliche Malessen, die einen abhalten, solch ein krudes Unternehmen zu starten. Man hat es mit dem Knie, dem Rücken, muss dauernd auf die Toilette und ist generell immer müde vom Arbeitsleben eines Schusters.

Aber mit sechsundfünfzig Jahren kommt man noch zu solchen Akten der Verzweiflung. Dies wissend, spielte ich den Voigt frisch und verzweifelt. Meine anfangs zweifelnden Kollegen habe ich einfach beschämt, und die Strafe für sie waren die hundertachtzig umjubelten Vorstellungen. Und einen Preis der INTHEGA gab es noch dazu.

Christoph Brück, mein Kollege aus dem BE, hatte es inszeniert, und wir beide haben das durchgestanden, und darauf waren wir sehr stolz. Wir haben den großen Rotweintrinker Zuckmayer geehrt durch gute Arbeit.

Sei noch gesagt, dass mein Offiziersmantel von den ausgegliederten Kostümwerkstätten der DEFA geschneidert wurde. Nach Jahren dieses Gelände zu betreten, diese großartigen Fachleute wiederzusehen, die man aus früheren Filmproduktionen kannte, und dann einen Mantel geschneidert zu bekommen, der so genau und gut nachempfunden war, das hatte was von einer Zeit, »die längst vergangen ist«. Man kann sich vorstellen, wie schwer es dem Regisseur Brück und mir gefallen ist, diesen Mantel »köpenickmäßig« zu versauen. Uns blutete das Herz, als wir auf dem guten Stoffe unseren Kaffee und Sekt ausschütteten und verrieben, und Zuckmayer wird sich oben amüsiert haben über unsere Achtung gegenüber der ehemaligen DEFA-Kostümabteilung mit ihren wahrhaftigen Fachkräften. Aber was schreibt dieser Mensch auch für einen Text. Denn er lässt ja den jüdischen Gebrauchtwarenhändler zum Schuster Voigt sagen, dass die Flecke eben Champagnerflecke seien. »Riechen Sie mal! So feine Flecken!« Ach, es ließen sich in diesem Mantel die Auftritte des falschen Hauptmanns fein spielen. Nach der ersten Tournee mit fast hundert Vorstellungen folgte die zweite Tournee. Auch wieder so an die achtzig Städte. Und zwischen diesen beiden Tourneen wurde der schöne Fleckenmantel der DEFA geklaut. Weg war er! Den trägt jetzt bestimmt einer zum Fasching, fast wie im Stück.

Der Ersatzmantel kam vom Braunschweiger Theater und war so, wie alle Theatermäntel sind: dünn! Einfach dünn.

Ach ja, und das gemütliche Sofa beim Schwager Hoprecht, das war auch verschwunden. Das steht jetzt in irgendeiner Wohnung und freut sich, dass es nicht mehr auf Tournee muss. Das schnell gebrachte Ersatzsofa war niedriger. Es war so niedrig, dass man mit der Nase auf der Tischplatte lag. Durchgesessen war das Ding, und ich tröstete meine Kollegen mit dem Hinweis, dass darauf schon Generationen von Schauspielern gesessen hätten, die nicht so gut waren wie wir. Sonst wäre es nicht so durchgesessen! Gute Schauspieler stehen und gehen auf der Bühne, nur furchtsame Gestalten rennen gleich auf irgendein Sitzmöbel, um von dort Souveränität zu verbreiten. Scheitert immer!

Ein Sofa in der Mitte der Bühne, das kann man vor allem in Boulevardstücken bewundern. Ich will keinem zu nahe treten, aber in einem Stück im »Theater am Kurfürstdamm« ging der Vorhang auf, das Sofa stand, wo es hingehörte, also in der Mitte, und jeder, der auftrat, setzte sich sofort. Das war ein schöner sitzender Theaterabend, der aber Mängel in der Rollengestaltung hatte. Und da die Zuschauer nicht immer orten können, woher ein gewisses Unwohlsein in ihnen kommt, suchen sie sich dann an der Garderobe abzureagieren. An solch einem Abend, den ich besuchte, gerieten die Damen und Herren nach dem Stück in große laute Streitereien, wer denn nun zuerst seinen Mantel zu bekommen hätte. Das kann doch nicht der Sinn eines freundlichen Theaterabends sein. Das Sofa in der Bühnenmitte vorn hat alles und alle behindert, einen Abend aufblühen zu lassen.

Der »Kontrabass« aber wurde für alle Beteiligten ein blühender Abend, damals 1982. Im Stück selber wird das Instrument in seiner beruflichen Eigenschaft nur viermal benutzt. Da werden in einfachster Form die Saiten erklärt und drei, vier Griffe. Mehr ist da nicht. Aber da der Kontrabassist dauernd davon spricht, wie man diesen »Waldschrat von Instrument« spielen könnte oder müsste, hat man nach der Vorstellung als Zuschauer das Gefühl, da wurde einem fast ein Konzert geboten. Das alte Lebensmotto: rede viel davon und dann, wenn es alle begriffen haben, noch einmal, stimmt in diesem Stück.

Ich spielte den »Kontrabass« im Foyer unseres Theaters am Freitag und Sonnabend um 22.30 Uhr. Davor spielte ich aber erst einmal eine Rolle unten im großen Theater. Ich war zu dieser Zeit gut besetzt im Spielplan, und es machte mir nichts aus, nach meinen Hauptrollen in »Mann ist Mann« oder »Bezahlt wird nicht« oder »Mutter Courage« eine halbe Stunde später einen verzweifelten Musiker zu spielen. Das war mehr als nur ein Hauch der Erfüllung. Das hätte immer so weitergehen können, es nahm einem keine Kraft, es lieferte Energie. Goldene Zeiten für mich, der die Menschen gerne einlädt, mit ihm unterwegs zu sein in einer Welt der Verzauberung.

Und dann kam das, was ich schon aus dem »Tagebuch eines Wahnsinnigen« im Deutschen Theater Berlin kannte. Ich musste stellvertretend auf die große Bühne des BE, weil sonst dort keine Vorstellung stattgefunden hätte. Krankheiten und Unglücke gibt es immer in kleinen und großen Umfängen bei den empfindlichen Kollegen, also trat ich an. Ich habe es genossen, es war dasselbe Gefühl wie einige Jahre vorher am DT, einen Abend zu retten mit eigener hoher Qualität. Der Vorhang muss abends aufgehen, wenn das so verabredet ist mit der Öffentlichkeit. Da haben wir ihn also aufgehen lassen, und der Kontrabass war glücklich, seine vier Töne zu zeigen.

Als mein, ich drücke es jetzt amtlich aus, als mein Vertrag am BE nicht verlängert wurde, da schenkte mir die Technische Leitung, die noch aus den Kollegen bestand, mit denen man ein Stück Leben verbracht hatte, die gesamte Ausstattung und den Kontrabass dazu. Damit zog ich in das Konzerthaus am Gendarmenmarkt, wo schon Heidi Kirbach und Peer Niemann freudig erregt auf mich warteten. Wir richteten im Musikclub des Hauses alles neu ein und hatten im Herbst 1992 Premiere. Ich spielte dort über zwanzig Jahre lang, habe viele Gastspiele durchgeführt, es sind insgesamt an die sieben- oder achthundert Vorstellungen geworden.

Damals, 1982, beriet uns Klaus Trumpf von der Staatskapelle der Staatsoper Berlin in der Auswahl der im Stück zu spielenden Musikeinblendungen. Er war es, der auch gleich organisierte, dass die Mitglieder der Kontrabassgruppe der Staatskapelle mit ihren Frauen, Freundinnen oder Lebensabschnittsgefährtinnen meine Vorstellung besuchten. Es war wunderbar zu beobachten, wie den Damen der Kontrabassisten die Gesichtszüge entgleisten, als ich mit Schlabberhosen der Firma Boxer aus der DDR die Bühne betrat. Von Jürgen Kern bekam ich noch seine ausgeleierte Strickjacke, ich trug ein Unterhemd und Hausschuhe. Die Begleiterinnen waren fassungslos. Deswegen waren sie nun nicht ins Theater gekommen, um einen Schauspieler als Kontrabassisten zu sehen, der aussah wie der eigene Mann zu Hause. Aber da sie das Leben kannten, nahmen sie es hin, zumal ja zum Ende des Stückes doch Glanz auf der Bühne erscheint, wenn der Kontrabassmann den Frack anzieht, um in die Oper zu gehen. Da war Erleichterung zu spüren im Foyer des BE.

Die Kontrabassgruppe revanchierte sich für das Vergnügen, ernannte mich zum Ehrenmitglied der Kontrabassgruppe der Staatskapelle und überreichte mir einen Kontrabasssteg, auf den alle ihre Autogramme geschrieben hatten. Dieser Steg hing an einer alten Basssaite und war aus Darm, also eine Saite von ganz, ganz früher, denn heute ist alles aus Stahl, mit Chrom umsponnen. Dieses Geschenk hängt bei uns im Haus und erinnert mich daran, wie schnell die Zeit vergeht.

Das Wunderbare an den Schauspielern und Schauspielerinnen ist ja die Stimme. Die Stimme bleibt, besonders wenn man im höheren Alter noch fleißig arbeitet. Und wenn man telefoniert, hört sich alles so an, als sei man noch fünfunddreißig. Und genau das ist das Problem: Man könnte noch alle jugendlichen Rollen spielen, wenn es nur um die Stimme ginge, aber man wird ja älter.

Um möglichst lange ein Held im Theater zu bleiben, muss man versuchen, an räumlich großen Theatern engagiert zu werden. Man muss dort spielen, wo die erste Zuschauerreihe dreißig Meter entfernt ist, wie in Dessau oder Magdeburg oder im Kulturhaus Unterwellenborn. Ja, da kann man aufspielen, dass die Wände wackeln und sich die jungen Mädchen nach einem sehnen. Die Stimme schwingt schön, den Text hat man verstanden, man spielt ja diese Rolle schon vierzig Jahre. Alles gelingt, nur ein Kniefall darf nicht kommen, denn dann kommt man nicht mehr hoch. Da kniet man wie festgenagelt und könnte wie Nestroy singen: »Das waren Zeiten, was war ich einst beliebt! Als noch die Frauen nach mir schauten, wie habe ich da geliebt. Ich bin ja heut noch kein Greis, doch eines ich nun nicht mehr weiß, ob dort die süße, entzückende Maus – lacht sie mich an, oder lacht sie mich aus!«

Und das schöne, so berührende Stück »Der Kontrabass« spielte ich achtunddreißig Jahre lang, immer und immer wieder! So lange jammerte ich als Kontrabassist meiner nicht erhörten Liebe zur Mezzosopranistin Sarah hinterher, noch mit fünfundsiebzig Jahren und alles in dem wunderbar intimen Raum des Musikclubs. Als ich im Konzerthaus begann, hieß es noch Schauspielhaus. Dort habe ich alle Moderichtungen überstanden, die in diesem Raum betrieben wurden, ich war sozusagen der letzte Schauspieler, der letzte Mann des gesprochenen Wortes, und immer saßen die ersten Zuschauer vierzig Zentimeter vor mir.

Langsam, ganz langsam wurde mir bewusst, dass mein Jammern um unerhörte Liebe vielleicht lächerlich werden könnte. Aber man war so freundlich zu mir, Peer Niemann, der mich sozusagen verwaltete und ebenso lange dabei war, bot mir immer wieder neue Vorstellungen an, und die Menschen kamen, hatten wir doch, also Peer, der Kontrabass und ich, einen Kultstatus erreicht. Und wer will denn so was freiwillig aufgeben?

In der eigenen Familie gab es darüber große Auseinandersetzungen. Nur mit Mühe konnte ich mir Gehör verschaffen, dass die Zeit des Abschieds gekommen sei, denn manche Zuschauer kamen ja schon zum zehnten Mal. So gerieten wir dauernd aneinander und würden uns heute noch streiten, wenn nicht der liebe Gott eingegriffen hätte. Er hat mir ein Zeichen gegeben, indem er mit unsichtbarer

Hand an meinem Kontrabassbogen alle Saiten auf einmal zerriss. Das war in der drittvorletzten Vorstellung im Dezember 2016. Über achtzig Zuschauer haben es gesehen, und ein Raunen zog durch den Raum mit anschließender, furchterregender Stille.

Um es profan zu sagen: Ich redete einfach weiter und begann zu überlegen, was ich nun machen sollte, denn ich hatte doch noch einige Töne zu fideln. Ich redete weiter und dachte schon daran, die Saiten am Bass nur mit dem Zeigefinger zu zeigen. Das wäre noch gegangen, aber es gab keine Töne mehr. Dann überlegte ich, die Textstelle mit der Musik zu überspringen, aber das wäre ja Betrug gewesen, und während ich ohne Gehirn weiterredete, kam langsam, aber stetig aus dem Schlitz im Seitenvorhang ein Kontrabassbogen. Der sah schon von weitem so verkommen aus, dass ich an seiner Kunstfertigkeit zutiefst zweifelte, aber Peer schob den elenden Bogen weiter und weiter, und ich griff zu. Dieses so traurige Bogenstück spielte wunderbar und war so freundlich zu mir. Ich erfuhr von Peer später, dass er den Bogen aus dem Orchesterkasten für Schlagzeug genommen hatte. Dieser arme Bogen wurde sonst von den Paukern als Schlaginstrument benutzt, wenn die Musik wieder mal modern wurde. Jedenfalls freute er sich, mit mir noch drei schöne Vorstellungen spielen zu können, und ich wünsche ihm, dass er, wieder im Kasten der Pauker angekommen, den anderen Paukerhilfsmitteln erzählen konnte, wie wunderbar alles war, als wir zusammen noch dreimal den »Kontrabass« spielten – um dann zu gehen. Nach achtunddreißig Jahren!

Dankbar schrieb ich an den Intendanten, Professor Doktor Nordmann: »… im Konzerthaus Berlin hatte ich die Möglichkeit, seit 1994 das Schauspiel ›Der Kontrabass‹, nach der ›Auflösung‹ des Berliner Ensembles, einfach weiterzuspielen. Bitte gestatten Sie mir zu sagen, dass ich dafür immer dankbar sein werde und mit einer Gesamtspielzeit von achtunddreißig Jahren doch ziemlich rekordverdächtig bin. Dass nun in einer der letzten Vorstellungen auch noch der Kontrabassbogen auf der Bühne sein Bestehen beendete, das gehört wohl zu einem richtigen Abgang dazu!«

Als Antwort lud mich Professor Nordmann zu einem Essen ein. Dazu ist es nie gekommen, weil wir keine Zeit hatten. Das gab es wirklich einmal! Durch COVID-19 weiß ich, dass die Piccoloflöte die größte Aerosolschleuder im Orchester ist. Man benötigt fast zwanzig Meter Abstand, um den Aerosolen fernzubleiben. Am friedlichsten pustet die Tuba. Die braucht nur einen Meter.

Das Konzerthaus war vor dem Krieg das Schauspielhaus am Gendarmenmarkt und wurde viele Jahre von Gründgens geleitet. Er hat es geschafft, durch die Nazizeit zu kommen mit Kollegen, die er schützte. Genau wie Hilpert im Deutschen Theater. Das waren Intendanten, die aus dem Kampf zwischen Goebbels und Göring um die Kulturhoheit das Beste zu machen versuchten. Das ist historisch belegt und nachweisbar. Hilpert nahm, um sich zu wehren gegen die Braunen, einen alten Bürotrick zu Hilfe: Er öffnete die Post an ihn, als Intendanten, erst zwei Wochen nach Eingang. Sein Kommentar dazu: »Sie wissen gar nicht, was sich dann schon erledigt hat!« Das hat Schwejk-Format.

Als das Schauspielhaus am Gendarmenmarkt dann eine Ruine war und überhaupt alles in dieser Gegend um die Friedrichstraße zutiefst trostlos aussah, stießen meine Frau und ich bei unseren Spaziergängen auf eine Lücke in der zugemauerten Ruine. Und ich sehe uns, mit Anna als Baby auf den Rücken geschnallt, dieses Gebäude betreten. Drinnen machten wir eine Sprechprobe und mussten feststellen, dass die Akustik sehr gelitten hatte, also reine Ruinenfestspiele in Erinnerung an die Schauspielzeit des Hauses wegfielen.

Eigentlich lag der Gendarmenmarkt immer noch so da, wie man ihn im »Augenzeugen« sehen kann, als das Alexandrow-Ensemble nach dem Krieg dort auftrat und »Sah ein Knab ein Röslein stehen« auf Deutsch sang. Wilhelm Pieck mit weißem Anzug in der ersten Reihe und die abgehärmten Trümmerfrauen stehend in den leeren Fensterhöhlen der umliegenden zerstörten Häuser.

Aus der Familiengeschichte meiner Frau sei noch erzählt, dass ihr Vater Hansjoachim Büttner einige Jahre am Schauspielhaus am Gendarmenmarkt engagiert war. Er teilte sich dort eine Garderobe mit Hans Otto. Hans Otto war in der Weimarer Republik erster Schauspieler am Gendarmenmarkt und ein entschiedener Gegner der Nazis. Er war bei jeder Straßenschlacht dabei und wurde von meinem Schwiegervater mehrmals darauf hingewiesen, dass für einen Schauspieler nun mal seine Gesundheit und besonders sein unversehrtes Gesicht wichtig seien. Es war vergeblich. Nach der Machtergreifung der Faschisten wurde er verhaftet, gefoltert und sprang während eines Verhörs aus dem Fenster in den Tod. Übrigens wurde der Hans-Otto-Preis, eine Würdigung der darstellenden Kunst, nach der Wende abgeschafft, nur eine Beobachtung nebenbei.

Mein Schwiegervater soll einen sehr guten »Götz von Berlichingen« in Dresden gespielt haben. Meine Schwiegermutter war Tänzerin. Meine Schwägerin Gisela ist ebenfalls Schauspielerin und hat ihren Ruhm als »Hatifa« im Film begründet. Mein Schwager Rainer ist Schauspieler, war jahrelang am Theater der Freundschaft tätig. Meine Frau Hellena ist Schauspielerin und hatte sich in der DDR als eine der wenigen freischaffenden Schauspielerinnen im Fernsehen und Synchron einen Namen gemacht. Meine Tochter Anna ist ebenfalls Schauspielerin, hat aber schnell begriffen, dass in der heutigen Zeit das eine Bein nicht für ein Leben reichen kann. So hat sie in Witten noch ein Studium der Wirtschaftswissenschaften durchgezogen und ist heute Leiterin für Kommunikation im Maxim Gorki Theater. Tochter Maria hat all unser Treiben leicht ironisch begleitet, Politik in England studiert und zwar in Brighton, da wo auch Winston Churchill studierte und die Gruppe ABBA im Universitätssaal mit »Waterloo« den Grand Prix gewann. Maria engagiert sich für die Menschenrechte, kann wunderbar Klavier spielen und tritt mit Mutti und Vati auf, wenn wir Brecht unter die Leute bringen. Auch Gisela und Klaus Höth verbinde ich in meiner Erinnerung mit dem »Kontrabass«. Beide betrieben eine erfolgreiche Theaterkasse in Westberlin, genauer, in Zehlendorf.

Sie waren nicht nur begeisterte Theaterkartenverkäufer, nein, sie waren auch Theatergänger und nicht nur das, sie waren Theaterliebhaber.

So saßen sie eines Tages im BE und sahen den »Kontrabass«. Danach waren die beiden Menschen nicht mehr zu beruhigen. Sie waren so begeistert von diesem Abend, dass sie sich aufmachten, ein Gastspiel vom »Kontrabass« in Westberlin zu organisieren.

Naiver kann man nicht an die Sache rangehen: ein Gastspiel in Westberlin! Aus Ostberlin!

Nun war die Organisation eines Gastspieles für das Berliner Ensemble ins westliche Ausland fast nicht der Rede wert. Gesunde Routine in der Verwaltungsarbeit machte es möglich, rationell und ohne Aufregung alles vorzubereiten und auch abzuwickeln.

Hier ging es aber um ein Gastspiel in Westberlin, ein Dorn im Fleische der DDR. Korrekt politisch wurde von uns immer gesagt, Westberlin ist eine »selbständige politische Einheit« auf dem Territorium der DDR, welche nicht zur BRD gehört und auch nicht von ihr regiert werden darf. Und da wollten die theaterbegeisterten Höths aus Zehlendorf dazwischen. David gegen Goliath.

Sie brauchten zwei Jahre, um das Ministerium für Kultur und die Künstleragentur der DDR davon zu überzeugen. Zwischenzeitlich wurde ihnen vorgeschlagen, doch das Staatstheater Dresden nach Westberlin einzuladen, denn das sei politisch einfacher zu bewerkstelligen.

Also DDR nach Westberlin, das ja, aber nicht Ostberlin nach Westberlin.

Höths hatten belastbare Nerven, sie haben einfach weitergemacht und darauf bestanden. Den einzigen Kompromiss, den sie machen mussten, war die Forderung der Künstleragentur, das BE-Gastspiel nicht als BE-Gastspiel in

Westberlin anzukündigen. Geschenkt, zumal jeder wusste, woher wir kamen, so unbekannt waren wir nun auch nicht mehr.

So gingen wir vom BE auf große Fahrt, ein Darsteller, zwei Regisseure, ein Requisiteur, zwei Beleuchter, vier Bühnenarbeiter. Die Künstleragentur hatte mit dieser Personenfülle schon vorgesorgt, dass die freundlichen Höths keine Riesengeschäfte machen sollten.

Die große Fahrt im März 1988 bestand aus knapp dreißig Minuten, und wir waren am Ziel, der Freien Volksbühne Berlin, heute Haus der Festspiele.

Bei der Nennung »Freie Volksbühne« fällt mir sofort die Anekdote über Harry Hindemith ein, ein ganz früher Star der Volksbühne in Ostberlin. Als man bei einem internationalen Theatertreffen die DDR-Delegation irrtümlich als von der »Freien Volksbühne« bezeichnete, sei er aufgesprungen, um laut zu rufen: »Nicht Frei! Nicht Frei!«

Jetzt standen wir vor der Freien Volksbühne, spielten drei ausverkaufte Vorstellungen und einen Monat später noch zwei Zusatzvorstellungen. Ein voller Erfolg und eine glückliche Familie Höth, die sich einen Traum erfüllt hatte.

Sie hatten für mich auch eine Kette von Rundfunkinterviews organisiert, und während ich mich beim SFB und beim RIAS durchreichen ließ, dachte ich oft: wenn das Perten erlebt hätte!

Prägende Gestalten bleiben im Hirn, da kann man nichts machen.

Übrigens besuchten Gisela und Klaus Höth bis zu Ihrem Tod immer die »Kontrabass«-Vorstellungen im Konzerthaus am Gendarmenmarkt, und ihr wissendes Vorlachen über das, was im Stück noch kommt, werde ich nie vergessen. Sich daran zu erinnern, tut gut für das Herz und für die Seele!

Über Klassenkampf und feucht-fröhliche Feste

Nun war Mutter doch mit mir von Gotha nach Magdeburg gezogen, und dort bin ich aufgewachsen. Ich wollte zunächst Journalist werden, nahm auch teil am »Zirkel junger Journalisten«, einer Einrichtung der Jungen Pioniere in der DDR. Es gab Zirkel junger Naturforscher, junger Fotografen, junger Physiker, also alles Angebote, um sich neben der Schule auf das vorzubereiten, was man später gerne werden wollte. Das gelang oft nicht. Auch bei mir nicht. Obwohl ich einige kleine, kindische Artikel für die »Volksstimme Magdeburg«, Zeitung der Bezirksleitung der SED, geschrieben hatte, wurde ich nie Journalist, denn um studieren zu können, fehlte mir das Abitur. Nun, das Abitur hätte ich nachholen können an der Arbeiter-und-Bauern-Fakultät. Da konnten junge Menschen aus einfachen Verhältnissen studieren, zum Wohle der Arbeiter- und Bauernmacht. Aber die fehlende Jugendweihe! Die kam in den fünfziger Jahren auf, und ich hatte eben Konfirmation.

Also sollte ich Drucker werden an der »Volksstimme«, um perspektivisch für die Zeitung zu schreiben, aber das wollte ich nicht. Meine Mutter schlug mir vor, zur Deutschen Post zu gehen. Den Betrieb kannte sie. Sie war im Krieg als Briefträgerin dienstverpflichtet worden und erzählte mir später manches Mal unter Tränen, wie sie die erkennbaren Mitteilungen der Wehrmacht an die Angehörigen, die nur »Gefallen« oder »Vermisst« heißen konnten, schnell in den Briefkasten der Betroffenen warf. Es waren keine Hausbriefkästen unten im Hausflur, sondern die berühmten Briefkästen an der Wohnungstür. Wie sie klingelte und die Treppe atemlos hinabstürzte, nach Möglichkeit noch um die nächste Ecke rannte, um nur nicht Zeuge zu werden, wie eine solche Nachricht aufgenommen wurde.

Nun, das war vorbei, und ich ging zur Deutschen Post Magdeburg, durchlief alle Arbeitsbereiche und wurde Postangestellter. Ich saß am Schalter, kujonierte die Leute und wurde mit siebzehn Jahren Leiter eines »Jugendpostamtes«. Das hieß so, weil ich, der Jüngste, am Schalter saß und der Chef war. Die anderen waren merklich älter und durften bei der feierlichen Eröffnung nicht in Erscheinung treten.

Heute ist in diesen Räumen ein Beerdigungsinstitut. Meine Ausbildungsstätte, die Hauptpost in der Breiten Straße, gibt es nicht mehr. Da ist jetzt eine Aufbewahrungsstelle für Strafgefangene, die am nächsten Tag ihren Prozess in Magdeburg haben.

In meiner Lehrzeit dort bekam ich einiges zu sehen, zum Beispiel die riesigen Hallen, in denen irgendwelche Frauen die Pakete »von drüben« aufrissen. Und ich sah, wie die Briefsäcke hinter schweren Türen verschwanden, um gelesen zu werden. Ich war neulich sehr erstaunt zu lesen, dass auch in der alten Bundesrepublik die Post aus der DDR durchsucht wurde. Man konnte also als Brief, wenn man Glück hatte, zweimal gelesen werden, bevor der Empfänger ihn las.

In der Deutschen Post Magdeburg gab es einen Dramatischen Zirkel. Da trafen sich nach Arbeitsschluss die interessierten und manchmal auch talentierten Postangestellten aller Jahrgänge und studierten unter Anleitung eines Schauspielers der Städtischen Bühnen Stücke ein. Die wurden dann überall und bei jeder Gelegenheit vorgespielt. Dieser Dramatische Zirkel war hoch dekoriert mit der Medaille für Verdiente Volkskünstler, und der Schauspieler, der ihn leitete, war Hasso Steube aus der berühmten von Steuben-Familie. Aus Bescheidenheit ließ er das »von« weg, aber wie das so ist, er heiratete, und seine junge Frau nannte sich auf dem Programmzettel des Theaters: Barbara von Steuben. Das klingt schon toll in einem Theater.

Hans-Hasso Steube verdanke ich meinen Schauspielerberuf. Er war von mir überzeugt, nachdem ich bei einer

Probe in seiner Wohnung als Franz Moor im Wahnsinnsmonolog unter seinen Schreibtisch krachte. Auf seinem Schreibtisch stand ein seltenes Gerät, Fernsehapparat genannt, der bedenklich zu rutschen begann. Nie wieder habe ich einen Menschen so behänd wie Hans-Hasso Steube aus einem Sessel springen sehen.

Zur Förderung der Kultur wurde in der DDR viel getan. Geld floss im Kulturbereich sozusagen ohne Ende. Betriebe hatten Geld für einen Kulturfonds bereitzustellen, und sie hatten den Auftrag, Kunst zu fördern.

Aus diesem Grund kam an der Kultur keiner vorbei. Und schließlich gab es die Arbeiterfestspiele, 1959 zum ersten Mal durchgeführt und durchgehalten bis zum Ende der DDR.

Das Prinzip der Arbeiterfestspiele bestand darin, dass sich jedes Jahr in einer anderen Bezirksstadt die Volkskunstkollektive trafen, um die Ergebnisse ihrer Freizeitarbeit zu zeigen und vorzuführen. Da kamen die schreibenden Arbeiter, die Dramatischen Zirkel, verdiente Orchester der Arbeiter aus den Großbetrieben, Zirkel von freizeitlichen Malern und bildenden Künstlern. Und, ich wiederhole mich, alles aus den Betrieben, die alle, aber wirklich bis in die kleinste Klitsche hinein, Geld bereitzuhalten hatten für den Kultur- und Bildungsplan. Aber man muss auch sagen, die Menschen betrieben diese Freizeitkultur mit vollem, freudigem Einsatz. Die Ideologie war eindeutig: für das Volk, für die unerschütterliche Freundschaft mit der Sowjetunion und aller friedlichen Menschen der Welt. Und für den Frieden waren wir auch.

Ich erwähne diese Arbeiterfestspiele, weil ich ein Ergebnis dieser Sache bin. Man stelle sich vor, es gab einmal eine Zeit, da wurden Schauspieler knapp. Nun kann man sagen, in der DDR war alles knapp, warum nicht auch Schauspieler? Aber man hatte wirklich keinen Nachwuchs. Die Menschen steckten in den Kombinaten, die ihnen alles boten: Geld, Aufstiegschancen, Wohnung, Kinderbetreuung! Die drei Schauspielschulen leerten sich, aber auch die Schauspielschulen hatten einen Plan: Es wurden immer so viele Schauspieler ausgebildet, wie an den Theatern gebraucht wurden. Und wir hatten viele Theater, denn die DDR rüttelte nicht am bürgerlichen Stadttheaterprinzip.

Weil sich die Regierung der DDR um alles kümmerte, Planwirtschaft vom Klopapier bis Pinkelbecken, kümmerte sie sich auch um die Schauspielausbildung.

Nun sah sich also auch die etwas hochtrabende Theaterhochschule Leipzig gezwungen, ihre hochsitzenden Professoren zu diesen Arbeiterfestspielen zu schicken, um in den Dramatischen Zirkeln, später hießen sie Arbeitertheater, Laienkünstler zu finden, die gern Schauspieler werden wollten. Ein heute unvorstellbarer Vorgang, da doch jeder Schauspieler werden kann und möchte, natürlich nicht in der Knochenmühle Theater, sondern in diesen Fernsehserien!

So standen also diese Professoren während der 1. Arbeiterfestspiele 1959 in Halle unter uns, den Mitgliedern des Dramatischen Zirkels der Deutschen Post Magdeburg. Es war nach einer Aufführung des Stückes »Hirse für die Achte« von Brecht. Ein einfaches Stück: Es geht, wie der Titel eindeutig sagt, um die Hirse für Maos 8. Armee.

Sie standen also und fragten händeringend, wer denn das Zeug in sich fühle, Schauspieler zu werden. Und da zeigten alle mit ihren Gichtfingern auf mich. So wurde ich Schauspielstudent an der Theaterhochschule Leipzig. Hochschule hieß nun aber eigentlich und streng genommen, Zulassung nur mit Abitur, welches ich nicht hatte und elf meiner Mitstudenten auch nicht.

Aber das Kulturministerium sorgte sich um seine Arbeiter- und Bauernkinder und ordnete an, dass wir von den Arbeitertheatern das Abitur nachzuholen hätten, eben an der Theaterhochschule. Und das war ein Traum. Ich habe ein Notabitur, ohne Mathematik, ohne Chemie, ohne Physik, ohne Erdkunde und Biologie, eigentlich nur in Deutsch, Literatur und den Gesellschaftswissenschaften und in Russisch – und die Prüfungen waren selbstverständlich voller Betrug. Aber alle waren zufrieden mit diesem zusammengezimmerten Notabitur, und es spielte drei Jahre später auch keine Rolle mehr, denn da wurde die Abiturpflicht an den Kunsthochschulen der DDR abgeschafft – es ging nur nach Leistung, ganz gleich, woher man kam, ganz gleich, was man war.

Als wir neuen Studenten die Theaterhochschule Leipzig das erste Mal betraten, wurden wir mit einem Programm der Studenten der höheren Semester begrüßt. Das ging alles sehr ernst vonstatten, und der dunkel getäfelte Raum in einer der Villen der Theaterhochschule hätte gut zu einer Begräbnisveranstaltung gepasst.

Jedenfalls wir, die da nun studieren sollten und es auch wollten, saßen schüchtern auf den harten Stühlen, und die, die dem künftigen Beruf schon näher waren, zeigten uns, was eine Harke ist. Sie sprachen mit bedeutenden Gesichtern lange, ernste Gedichte, spielten hingebungsvoll und ohne einen Anflug von Humor kleine Szenen, trommelten wie selbstvergessen auf verschiedenen Trommeln und sangen energisch genau ihre Lieder. Spaß war nicht so dabei und vielleicht auch nicht ihre Sache, aber das Wollen war deutlich, zu deutlich zu erkennen. Wir Frischlinge bekamen zu spüren, worauf wir uns eingelassen hatten: auf eine sehr ernste Angelegenheit.

Eines der ersten Gedichte, die wir in der Theaterhochschule Leipzig unter unserem Sprecherzieher Herrn Menzel zu begreifen versuchten, war Brechts »Fragen eines lesenden Arbeiters«.

Menzel war ein Unikum, würde man sagen, es sei denn, für das Wort Unikum gibt es ein anderes, jugendlicheres Wort. In meinem Alter erfahre ich nicht unbedingt mehr das Neueste an sprachlichem Irrsinn, habe aber in der Zeitung gelesen, dass man die merkwürdige Sprache der Jugend als Kult begreifen soll. Da war er wieder, der Aufruf für Verständnis am falschen Objekt. Sprache ist nicht Kult, sondern hohe Kultur, und ich will nicht abgehackt angesprochen werden und habe nicht das geringste Bedürfnis, abgehackt zu antworten. Wenn das Herr Menzel erlebt hätte. Der sprach korrekt und sehr laut, und man hörte ihn schon von weitem heranschallen. Regelmäßig mussten wir an sein Zwerchfell greifen, um ihm zu bestätigen, dass es aus Zement sei. Wir folgten gerne seinen Anweisungen zur Steigerung des sprachlichen Ausdrucks, wir wollten auch Zement im Bauch haben. An meine Mitstudenten denkend, komme ich zum Schluss, dass es keinem gelungen ist, sich zu zementieren. Aber dieser stimmlich unverwüstliche Mann bekämpfte schon im Keim alle Versuche von uns jungen Menschen, das Gedicht vom schreibenden Arbeiter als Aufruf zum pubertären Klassenkampf vorzutragen. Brecht zu lehren an einer Schule, die Stanislawski verpflichtet war, das muss man Menzel hoch anrechnen. Er verlangte klare Gedanken beim Lesen eines Gedichtes, welches die Frage aufwirft, ob es nur Obere gibt und nicht doch auch ein Volk. Das Begreifen, die Ruhe, die entsteht durch Nachdenken, das hat er uns jungen Hühnern klargemacht. Und in der nächsten Stunde mussten wir wieder an sein Zwerchfell.

Elisabeth Wolff war meine zweite Sprecherzieherin. Ihr habe ich es zu verdanken, dass ich mit meinem zunächst unheilbaren Magdeburger Dialekt nicht nach einem Jahr von der Theaterhochschule flog. Sie übernahm die persönliche Verantwortung, und ich habe sie nicht im Stich gelassen. Ein Anklang ist noch da, besonders wenn es mit mir privat durchgeht, aber das ist ganz selten, meine Familie wird es bestätigen. Jedenfalls ist das mein Blickwinkel, doch ich gebe zu, je kleiner der Winkel, je größer der Dünkel! Also, fragen Sie nicht weiter!

1963 habe ich an der Theaterhochschule Leipzig mein Diplom gemacht. Mein Diplom verbrach ich mit einer Abhandlung über Georg Büchner und seinem »Woyzeck«. Ich könnte also immer noch meinen Doktor machen, mit achtzig Jahren. Dann käme ich in die Zeitung, mit einem Bild. Meine Diplomarbeit habe ich neulich wiedergefunden, gelesen und leise gedacht: Was habe ich da bloß alles hineingeschrieben, um die Welt zu verändern. Herrlich verschroben alles, aber Diplom ist und bleibt Diplom!

Alljährlich veranstalteten die drei Schauspielschulen der DDR ein sportlich-kulturelles Wochenende, kurz Sportfest genannt. Ich habe es in Leipzig miterlebt. Indem ich erst einmal eine Begrüßungsrede für die Studenten der Berliner Schauspielschule und der Filmhochschule Babelsberg auf dem Bahnsteig des Hauptbahnhofes hielt. Dann zogen wir Studenten mit den Fahnen unserer Schulen durch die Leipziger Innenstadt. Ich kann mich daran erinnern, dass es die Fahnen gab, aber nicht daran, was da aufgenäht war. Vielleicht war es nur Quatsch, denn wir waren ja keine schlagende Verbindung. Angekommen an der Theaterhochschule hielt ich noch eine Rede zum Dasein an unserem Haus, die Fahnen wurden geschwenkt, und dann gab es Freibier, damit die Betriebstemperatur angepeilt werden konnte.

Es wurde weitergefeiert bis zum Abend, dann fand das gegenseitige Vorspiel von Arbeitsergebnissen mit anschließendem Freibier statt. Am nächsten Tag gab es die Sportkämpfe, die die Theaterhochschule Leipzig immer gewann und darum umso intensiver von den Berlinern als Rote Schule bezeichnet wurde. Die Berliner und die Babelsberger verachteten unsere Schule und vertraten die Ansicht, bei uns würde nur Marxismus-Leninismus gelehrt und kein praktisches Schauspiel. Diese Meinung hinderte sie aber nicht daran, unser gespendetes Freibier auszusaufen. Sagen wir es einmal so, natürlich hatten sie unrecht, aber wir waren tatsächlich nicht praxisgerecht orientiert. Im Gegensatz zu unseren Mitbrüdern in Berlin und Babelsberg kannten wir das Theater unserer Stadt nicht von innen. Wir wurden in Inszenierungen nicht benötigt und auch nicht angefordert.

Die Berliner spielten teilweise schon als Studenten in den hochgelobten Berliner Theatern, und die Babelsberger versuchten sich in kleinen Rollen in den Filmen der DEFA oder in Studentenfilmen, die auch noch gezeigt wurden. Man kann sagen, sie alle stellten öffentlich etwas dar. Und diese Tatsache verführte sie dazu, uns als Rotes Gesockse zu bezeichnen. Mit unseren Freibiergläsern in der Hand!

Aber sportlich haben wir sie immer geschlagen, und wenn wir uns später auf den Bühnen der DDR wiederbegegneten, mussten sie in biergebundenen Einzelgesprächen zugeben, dass auch wir in Leipzig Schauspielunterricht gehabt hatten.

Dass ich zu späteren Sportfesten in Berlin-Babelsberg nicht mitfahren durfte, war der Tatsache geschuldet, dass ich sportlich nur als Weitenmesser und Sandharker an der Weitsprunggrube infrage kam. Hier achtete ich messerscharf auf das von allen gefürchtete »Übertreten« des abgelatschten Holzbalkens beim Absprung. Besonders bei den Berlinern und Babelsbergern entdeckte ich viele Übertretungen, nicht so bei meinen Leipzigern. Bei deren Absprüngen hatte ich meist ein Bier in der Hand und den Kopf im Nacken. Und meine Spezialität als Volksredner wurde in fremden Schulen nicht gebraucht, da hatten sie selber genug davon.

Nach dem Sport dann wieder Freibier, Jubel, Trubel und schöne Studentinnen, also das Übliche. Manche nennen es auch Betriebsfeier.

Die windigste Betriebsfeier habe ich mit dem Deutschen Theater erlebt. Die fand auf einem Schiff der Weißen Flotte Berlin statt. Dieses Schiff hatte den stolzen Namen »Johannes R. Becher«. Die Gewerkschaft hätte auch die »Friedrich Wolf« mieten können, aber man fühlte sich geistig dem Münchner Wirrkopf stärker verbunden als dem Vertreter der Freikörperkultur. Dass beide hochverdiente Politiker, Schriftsteller und Lyriker waren, wurde für eine Betriebsfeier nicht näher in Betracht gezogen. Versehen mit den Freibieressenskarten der Gewerkschaft wurde der Kahn schon lange vor der Abfahrt geentert. Alles stürzte sofort unter Deck an den Tresen zwecks Einlösung der Sonderration. Das Schiffspersonal begann die hochgerühmten Theater und Fernsehgrößen verächtlich anzusehen. Wie man eben so schaut, wenn man, selber mal nüchtern, einen trifft, der die Flasche schon am Morgen am Hals hat. Die Sonne schien, aber auf dem Deck war keiner. Dafür alle unten, und als wir ablegten, war diese Bude angefüllt mit dicker Luft und sehr lauten Gesprächen.

Kollegin B. trug ein weißes Kleid, was sich als Fehler herausstellte, denn während des Geruckels des Ablegens flog erst einmal ein großes Glas Rotwein durch die Gegend und ergoss sich auf dieses schöne weiße Kleid. Damit war die Richtung der Stimmung vorgegeben, und wir ratterten mit Johannes R. Becher in den Müggelsee.

Für Spaziergänger an Land muss es ein erhabener Anblick gewesen sein, denn auf dem Sonnendeck waren alle Plätze unbelegt, während unten zusammengequetscht alle auf fröhlich machten. Man hätte getrost beide Beine anheben können und wäre in der Enge nicht versunken. Gegessen werden sollte in einer Gaststätte, die man nach einem Nothalt des Dampfers zu Fuß erreichen konnte. Wenn man noch die Kraft dazu hatte. Die meisten berühmten Kollegen hatten diese Kraft nicht mehr.

Als sie, auf die Matrosen und uns Junge gestützt, über die Nothaltplanke das feste Land erreichten, gingen sie zu Boden, um nun schlafend die Abfahrt abzuwarten. Jetzt hätte sich für Wassersportler ein schönes Bild ergeben: Im Grase lagen die berühmten Mimen, schliefen in praller Sonne und sahen aus, als wären sie alle erschossen worden. Dann tat die Sonne ihr warmes bis heißes Tagwerk an den Liegenden, und als wir wieder losfahren wollten, mussten wir energisch Hand anlegen, um die berühmten Leute wieder auf den Kahn zu bekommen, denn durch den gleißenden Himmelskörper war ihnen der Freialkohol noch tiefer in Kopf und Körper gerutscht. Auf der Rückfahrt saß zwar nun alles oben auf den Bänken, aber dahingerafft vom Schlaf. Wer jetzt das Schiff sah, hätte auf den Gedanken kommen können, da würden aus Reklamezwecken berühmte Puppen transportiert. Geisterfahrer ahoi!

Die nächsten Betriebsfeste des DT fanden in Stadtmitte statt, wo jeder kommen und gehen konnte, wie es ihm gefiel, und von diesem Dampferausflug sprach man nie wieder. Das war übrigens die zweite chaotische Dampferfahrt in meinem Leben. Die davor lag allerdings dreiundzwanzig Jahre zurück und betraf den Angelverein von Onkel Hermann in Magdeburg. Angereist zu dieser Betriebsfahrt war auch mein verehrter U-Bootfahrer des 1. Weltkrieges, Onkel Ernst aus Aschersleben mit Tante Bertha. Die ganze Magdeburger Mischpoke war auf dem Schiff, meine Mutter, ich und noch hundert Angler. Als Kind kriegt man es nicht so mit, aber auf der Rückfahrt waren wohl alle Angler und Onkel Ernst ziemlich hinüber. Man übergab sich laufend, das sehe ich noch vor mir, und U-Bootfahrer Onkel Ernst verlor dabei sein Gebiss, welches in die Elbe segelte. Was für einen U-Bootfahrer insofern tragisch ist, dass es nicht im Gefecht am Kattegat geschah, das wäre dann wenigstens eine Geschichte zum Erzählen gewesen. Und so blieb nur die Sage, die noch Jahre in unserer Familie erzählt wurde, dass man nach dieser Dampferfahrt Fische geangelt hätte, die Gebissteile im Magen hatten – gehabt haben sollen –, wie heißt der Begriff? Ach so, ja: Anglerlatein.

Ich komme nicht weg vom Betriebsfest. Früher gab es eine DKP, die von der DDR tatkräftig unterstützt wurde. Die Partei gibt es heute noch, aber nun muss sie allein zurechtkommen, und daran hat sie schwer zu tragen. So ist es eben, wenn der Nachbar verschwunden ist, der alles bezahlt hat. Aber für uns damals am Deutschen Theater war die DKP wichtig, denn alljährlich lud sie Künstler zum 1. Mai ein, sie doch mit einem Kulturprogramm von revolutionärer Art zu erfreuen. Irgendwann in den Siebzigern gehörte ich zu den Revolutionären des DT, die die Genossen aufrichten sollten in ihrem Klassenkampf auf Kosten der DDR. Weitere Revolutionsmitglieder des Theaters waren dabei, meiner Erinnerung nach Barbara Schnitzler, Lissy Tempelhof, Horst Weinheimer, Dieter Mann, Klaus Piontek. Vor der Reise nach Freiburg im Breisgau wurden wir vom Intendanten Gerhard Wolfram vergattert, denn die Genossen aus Freiburg hatten angerufen und mitgeteilt, zu der Feier, auf der wir singen und sprechen sollten, hätten sich Provokateure angesagt, um unsere edlen Darbietungen zu stören. Wolfram forderte uns auf, dort nun gewappnet, also textsicher zu erscheinen. Ich glaube, dass man die Textermahnung nicht weiter beachtete, aber Horst Weinheimer nahm die Provokationswarnung ernst. Er hat es uns selbst erzählt. Seine Frau musste sich auf einen Küchenstuhl setzen, und er stellte sich im Wohnzimmer auf, um seine Gedichte laut aufzusagen. Seine Frau musste nun immer provokativ dazwischenrufen, Ausdrücke wie: »Raus, du rote Sau!«, »Halt die Schnauze!«, »Fahr in deine Zone, du Russenknecht!« Wie man es sich so vorstellt, wenn der böse Westen munter wird.

Der Rest ist schnell erzählt. Wir fuhren nach Freiburg im Breisgau, und in der Veranstaltung waren keine Provokateure, die haben sich für diesen Saftladen überhaupt nicht interessiert. Und trotzdem haben wir unser Programm nicht schadlos überstanden. Ich wurde das erste Opfer. Ich hatte Majakowski zu singen: »Sang der Gesänge, heb dich zur Sonne, über den Marsch der roten Kolonnen. Land sei bereit, vorwärts die Zeit!« Das ist gut und energisch zu singen, die Melodie pfeift los, es sind sechs Strophen, und die letzten Zeilen werden vom gesamten Ensemble wiederholt. Ich fange also an, und schon fliegen die Türen des Saales auf und viele Kellner erkundigen sich laut, wem das Spiegelei gehört, wem das Schnitzel und wem die Roulade. Sie begannen laut abzukassieren, und zwar sofort, die kannten wohl ihre Pappenheimer. Dann schossen die Bierkellner rein, dasselbe Spiel. Ich kam auf der kleinen Bühne so durcheinander, dass ich immer wieder die erste Strophe sang und meine Kollegen hinter mir immer die erste Strophe wiederholen mussten. Sechsmal! Natürlich war ich ob meines Versagens im Klassenkampf gegen die Ess- und Bierfront der DKP erschüttert. Dieter Mann war es, der mich tröstete mit der Beobachtung, die da unten hätten es überhaupt nicht verstanden.

Und wir erlebten zum ersten Mal in unserem Leben Autostaus. Wir standen und standen, die Verkehrsmeldungen wurden durchgesagt, aber unser Stau wurde nicht genannt. Klaus Piontek beugte sich zum Busfahrer vor und fragte in seiner so schön klaren, verständlichen Art: »Sagen Sie bitte, wie lange müssen wir hier stehen, um im Verkehrsfunk genannt zu werden?«

Über Klaus Piontek muss man einfach sprechen, besonders wenn man ihn Zeit seines Lebens bewundert hat. Er war ein glasklarer Schauspieler, der unseren Beruf mit hohem Können vertrat. Und er hatte ein ungeheures Gedächtnis. Wenn unsereiner mit der inneren Festplatte schon Schwierigkeiten hat, weil sie wackelt und hakt, dann muss Klaus drei Festplatten gehabt haben, denn er wusste alle Texte, die er einmal im Leben gesprochen hatte. Nun hatte er ja schon als Kind im Mitteldeutschen Rundfunk in Hörspielen mitgesprochen, und seine Fans verbreiteten immer wieder die Feststellung, dass er auch diese Texte noch im Kopf habe. Außerdem konnte er seine Beobachtungen punktgenau formulieren.

1977, also kurz nach dem Bauernkrieg, gastierten wir mit dem Deutschen Theater in Moskau. In das damalige Theater der Roten Armee passten über zweitausend Menschen. Die besuchten wir mit zwei deutschen Stücken. »Der zerbrochene Krug«, mit dem unvergleichlichen Dieter Franke als Adam, und mit »Prinz von Homburg«, mit Alexander Lang als Prinz, der immer wunderbar verworren war. Dieter Franke spielte darin den Kurfürsten, der seiner Rolle eine große Nachdenklichkeit verlieh. Adolf Dresen hatte beide Stücke Kleist-verehrend inszeniert. In Berlin liefen wir mit großem Erfolg.

In Moskau wurde »Der zerbrochene Krug« kühl aufgenommen. Diese Lug-und-Trug-Situationen kannten die Russen aus eigener Erfahrung, da brauchten sie nicht noch ein Theaterstück über ihre Verhältnisse. Aber der »Prinz von Homburg«, das war was für sie, wir in den schönen alten Uniformen, schneidigen Auftritten, und alles in deutlicher

Sprache. »Jawohl, mein Prinz!«, »In den Staub mit allen Feinden Brandenburgs!«, das kam an, so hatten sie sich Preußen vorgestellt, und so wurden sie bedient – wir bejubelt. Die sich anschließenden Empfänge unserer russischen Kollegen waren voller Hochachtung uns gegenüber und hatten es in sich.

Ich bin heute noch überzeugt, dass sie uns Stühle gegeben haben, deren Sitzflächen wohl etwas schräg nach vorn geneigt waren. Ab einer bestimmten Stunde rutschten wir jedenfalls mit dem Wodkaglas in der Hand unter die Tische. Und in einer Nacht wurde an die unter den Tischen Liegenden die Parole ausgegeben: »Morgen 9 Uhr Abfahrt zum Lenin-Mausoleum!«

Was sich am nächsten Tag um 9 Uhr vor dem Hotel versammelte, roch sehr nach Alkohol, auch aus den Poren. Dass dem Bus nicht gleich das Dach in die Luft flog, war wohl dem kräftigen Nieteneinschlag der Hersteller zu verdanken.

Nun standen die damaligen Sowjetbürger tagelang an am Mausoleum, um ihrem Führer zu huldigen. Ausländer wurden an der Menschenschlange vorbei nach vorn geführt. Welchen Eindruck wir alle bei den Russen hinterließen, als wir schwer schwankend an ihnen vorbei defilierten, weiß ich nicht. Ich kann nur hoffen, dass sie positiv vermerkten, dass auch DDR-Bürger dem Alkohol nicht abgeneigt waren.

Was jetzt folgte, kann ich beschwören, da ich ein unmittelbarer Zeuge dieser Angelegenheit war. Wir fädelten uns also für das Mausoleum hintereinander ein. Hinter mir ging Klaus Piontek. Das heißt, er hatte noch Dietrich Körner zu stützen, diesen wunderbaren, großartigen Schauspieler, der damals ziemlich korpulent war. Wir schlurften durch die heiligen Hallen, ein wenig ruckelig, was die Wachposten unterbinden wollten, indem sie uns durch die Zähne anzischten. Nach dem Motto: Benehmen Sie sich anständig! Da wir dem nicht folgen konnten, nahm die Zischerei an Lautstärke und Nässe zu, und mitten in diesem Speichelregen sagte Piontek zu dem über ihm hängenden Körner: »Die sollen sich mit dem Zischen nicht so haben, für zwanzig Mark West bringen sie dir Lenin aufs Hotelzimmer.« Und das im Jahre 1977.

Ich beschwöre es, so war es. Klaus Piontek hatte einen erhabenen Moment! Und nun stellten wir uns vor, wie im Hotel jemand mit einer Sackkarre an die Tür von Klaus Piontek klopft mit dem Ruf: »Der Genosse Lenin ist da und möchte seine zwanzig Westmark!« In den noch vielen Vorstellungen in Berlin hatte es manchmal fatale Folgen, wenn jemand leise auf der Bühne den Kollegen zuflüsterte: »zwanzig Westmark!«.

Die Theaterhochschule Leipzig hatte mir die Erlaubnis gegeben, auf der agra-Ausstellung in Leipzig in einem Programm mitzuwirken. Die »agra« war die Grüne Woche der DDR. Ein Regisseur Bachmann hatte mich engagiert, nachdem er ein Vorspiel in der Theaterhochschule gesehen hatte, in dem ich wohl eine schräge Rolle spielte. Noch engagiert waren als Jungschauspieler Dieter Bellmann, der über viele Jahre hinweg den weisen Professor in der Serie »In aller Freundschaft« spielte, und der sagenumwitterte Leipziger Altschauspieler und Regisseur Johannes Curth.

Auch über den gibt es tausend Geschichten. So soll er, wenn er Regie führte, die Bühne in Quadrate aufgeteilt haben, um mühelos zu bestimmen, ob man von A nach D gehen oder auf F stehenbleiben sollte. Ich wollte es nicht glauben, aber Kollegen haben mir diese Arbeitsweise bestätigt und betonten immer wieder, die so vorgedachten Arrangements seien wirklich praktisch gewesen. Immerhin, da hatte sich ja ein Regisseur vorher Gedanken gemacht. Volles Lob dafür!

Erzählt wurde über ihn auch eine Episode vom 17. Juni 1953. Auf den Straßen in Leipzig war Unruhe und im Theater Probe. Mittendrin riss jemand die Türen auf und schrie: »Generalstreik!« Und Curth schrie zurück: »Tür zu! Hier ist Generalprobe!« Das muss den revolutionierenden Theaterfremden beeindruckt haben, allein schon das Wort »Generalprobe«, und er schloss artig die Türen.

In Leipzig Markkleeberg in der Mehrzweckhalle auf dem Gelände der »agra« 1962 spielte eben dieser legendäre Johannes Curth einen Bauern, und wir Jungschauspieler überzeugten ihn davon, nun doch in die LPG zu gehen. Das tat Bauer Curth erst ungern, dann aber gern, wie sich die Dramaturgie so das wahre Bauernleben vorstellte. Und so sangen wir auf der Bühne der »agra« fröhliche Lieder und tanzten mit schönen Mädels um den frischen Genossenschaftsbauern Curth in den landwirtschaftlichen Sozialismus hinein.

Da wir drei Vorstellungen pro Tag hatten, verdienten wir gutes Geld, Johannes Curth bestimmt etwas mehr, egal, wir hatten eine gute Zeit, und meine Mutter bekam einen Fernsehapparat.

In der Realität waren es keine guten DDR-Zeiten für die Landwirtschaft. Die lag durch Misswirtschaft am Boden. Es gab kaum Fleisch, Buttermarken wurden wieder eingeführt und die Bockwurst ohne Darm wurde erfunden. Ulbricht erschien in unserer Mehrzweckhalle und beschimpfte die versammelten Bauern, als wären sie daran schuld und nicht die Vorgaben der Partei. Ulbricht klang sehr rüde. Ich darf es so beurteilen, ich saß während der Ulbricht-Rede hinter der Bühne, denn nach seinen Beschimpfungen kam mit uns der heitere Teil des unwirklichen Lebens.

Da war aber Ulbricht schon wieder weg und unterwegs mit seinem »Tschaika«, um andere für das Scheitern seiner Idee der sowjetischen Rinderoffenställe und den fehlenden Mais verantwortlich zu machen. Ein halbes Jahr vorher hatte uns der Komponist Krause-Graumnitz in der Theaterhochschule zusammengerufen, um mit uns Studenten sein neues Lied über den Mais aufzunehmen: »Der Mais, der Mais, wie jeder weiß, das ist die Wurst am Stängel!« Da konnte der arme Mensch nichts dafür, Auftrag ist Auftrag, und wir sangen es mit Begeisterung. Warum auch nicht, es hatte eine sehr einfache Melodie, und wenn ich jetzt daran denke, komme ich zu dem Ergebnis, dass Herr Krause-Graumnitz in diesem Falle ein musikalischer Schwejk war. Eine solch einfache Melodie kann man doch nur im Suff anbieten.

Ich kann den lieben Krause-Graumnitz mit seinem Mais nicht so stehen lassen, denn er unterrichtete bei uns Musikgeschichte und tat das ganz vorzüglich. Wenn ich heute die Oper mehr liebe als manches Schauspiel, ist es sein Verdienst. Er war voller Gefühl und Liebe der Musik gegenüber und konnte dieses auch vermitteln. Das klappt immer dann, wenn nicht nur das Können und Wollen vorhanden, sondern auch das Herz dabei ist.

Wie ein Vormittag große Wellen schlagen kann und ein letzter Glücksfall am BE

Ich starre auf den Text und verstehe ihn nicht, und das ist selten bei mir. Ich verstehe ihn nicht, aber der Autorenname stachelt mich an, es noch einmal zu versuchen

Der Autor heißt Walter Jens und sein Stück »Der Fall Judas«. So wie es sich liest, muss er es in einem wütenden Atemzug geschrieben haben, denn hart prallen die Meinungen im Stück aufeinander. Er vertritt in die These, dass der Verräter Judas so wichtig ist wie Jesus, weil beide von Gott einen Auftrag hatten: Der eine sollte die Welt erlösen und der andere die Ablaufkette durch Verrat in Gang setzen, damit sich der eine für uns opfern kann.

Jens ist ein gewiefter Schreiber und Gedankenentfacher. Er lässt einen entlassenen Priester auftreten, der über seinen Kampf mit den katholischen Kirchenoberen berichtet. Es ist der Kampf um die Seligsprechung des Judas, der in Rückblicken geschildert wird, und jede Religion bekommt die Möglichkeit, über diesen Antrag der Seligsprechung von Judas zu entscheiden.

Holger Teschke führte Regie, mit mir als Alleindarsteller aller Personen, wie von Jens vorgeschrieben. Teschke ist weitaus jünger als ich, hochintelligent und sehr freundlich. Wir schrieben das Jahr 1990 und brachten das kleine, wirklich anspruchsvolle Werk im Foyer des BE als Matinee-Vorstellung heraus. Die Matthäus-Passion musste mit rein in die eine Stunde und zehn Minuten, und es gelang uns tatsächlich, eindrucksvoll die Zerrissenheit eines jeden Einzelnen, der sich für oder gegen Judas entscheiden musste, darzustellen. Was war es für eine innere Freude, als ich zu lernen begann und den Text, der sich beim Lesen unbezwingbar zeigte, plötzlich aufribbelte und er klar, schön und gewaltig wurde. Jens scheut Pathos nicht, genauso wenig wie ich. Ich glaube und bin überzeugt, dass wir ein einprägsames und verständliches Theatererlebnis vermitteln konnten. 1990 habe ich nicht umsonst erwähnt, alles war unruhig, wartete auf die Währungsunion, alles schien schwieriger, ernster und doch auch leichter und fröhlicher. Ich sage es, weil wir in einen Strudel einer unruhigen Gesellschaft gerieten und unsere Stücke es manchmal schwer hatten. Doch die alte Weisheit, nichts macht man im Theater umsonst, bekam im »Judas« wieder eine Bestätigung. Walter Jens, Theaterfanatiker und damaliger Präsident der Akademie der Künste (West), griff zu und arrangierte ein Gastspiel des BE mit dem »Judas« in den Räumen der Akademie.

Da saßen im Großen Saal an einem Vormittag des späten Frühlings 1990 die vielen eingetragenen honorigen Leute der Akademie und hörten eine sehr launige Begrüßungsrede von Walter Jens, er begrüßte auch den Präsidenten der Akademie der Künste (Ost) Manfred Wekwerth, und los ging es. Mit Erfolg und viel Lob beim anschließenden Mittagsempfang mit gutem Wein und wenigen Häppchen. Natürlich fuhr man per S-Bahn angenebelt durch die lockeren Grenzkontrollen nach Hause, voller Glück. Naiv betrachtete man die neue Welt, die nun auf uns zukam und die wir bewältigen wollten. Alles begann voller rosa Farben zu leuchten, Ost und West gemeinsam, besonders in der Kunst und wir mittendrin!

Und es wurde immer schöner und himmlischer. Ein paar Tage später rief Lietzau an. Hans Lietzau, einer der bedeutendsten Theaterregisseure und Theaterleiter in Westdeutschland. Und dessen Stimme klang aus Westberlin in meinen knallroten Osttelefonkasten.

Das rote Telefon hatte ich mir durch einen Abend im Telefonherstellungswerk Nordhausen verdient. Ich verzichtete auf meine Gage und bat um ein Telefon der neuesten Generation, eins mit Tasten. Da war aber erstaunte Ruhe in unserer Wohnung im Murtzaner Ring 68, 11. Stock, als ich dieses Telefon auspackte und anschloss. Anstelle einer Gage für eine Lesung habe ich mir in einem Gutshof auch einmal einen Sessel geben lassen. Wunderbares Holz und tief gebaut. Er sah aus wie ein Sessel von Brecht, zu sehen auf einem Foto von 1930. Zu Hause bin ich kurz danach, ohne Eigenverschulden bitteschön, mit dem Ding zusammengebrochen. Nun gut, ich bin eben nicht so schmal und dünn wie Brecht auf dem Foto von 1930, und außerdem rauche ich nicht!

Durch dieses rote Telefon, das den Umzug in unser Haus in Berlin-Biesdorf mitgemacht hatte, sprach Lietzau zu mir von meiner guten »Judas«-Vorstellung und lud mich ein, ihn zu besuchen. Ich stand mit offenem Maul da. Einige Tage später machte ich mich auf die Socken, um an seiner Wohnungstür in der Nähe des Kurfürstendamms zu klingeln. Ein kleiner, agiler Lietzau öffnete und umarmte mich. Da war ich baff, so nochmals für den »Judas« bejubelt zu werden von einem Lietzau, der bestimmt viel in seinem Leben gesehen hatte. Und dieser Mann trank mit mir Sherry, der sehr gut und bei Aldi zu haben war, zeigte mir seine Riesenwohnung, hatte einen glücklichen Schauspieler an seiner Seite und machte mir ein Angebot, das mein ganzes weiteres Leben verändert hätte. Er bot mir an, in den Kammerspielen München in Ernst Barlachs Stück »Der blaue Boll« die Rolle »ein Fremder« zu übernehmen, und er würde inszenieren. Er versprach sich viel mit mir in dieser Rolle, da ich ja wirklich ein Fremder sei, dort in München, darauf noch einige Sherry. Was wollte ich mehr? Was für eine große Lebensweiche lag da vor mir. Die Kammerspiele München waren zu dieser Zeit eines der erfolgreichsten Theater in Deutschland, mit großartigen Schauspielern.

Glückselig verließ ich Lietzau und sah ihn nie wieder. Das lag nicht an ihm, er war bis zu seinem Tode ein gesuchter und gefeierter Regisseur, und »Der blaue Boll« wurde

1992 sogar zum Berliner Theatertreffen eingeladen. Nein, ein Gastengagement kam nicht zustande, weil ich so verwickelt war in den Spielplan des BE. Es wurde nichts, und ich halte das für einen Knackpunkt in meinem Leben. Mitten im dritten Akt hätte ich nahtlos den Höhepunkt erreichen können. Aber die Termine im Stammhaus standen dagegen, und so fand ich mich in einer unwichtigen Inszenierung von Christoph Schroth wieder. Darin hatte ich mit nacktem Oberkörper eine Eisenkette auf einen Tisch zu schlagen, damit der Kollege Gerber, der da saß, seinen Text nun wirklich nicht mehr verständlich bringen konnte, auch wenn er wie am Spieß schreien musste.

Ich habe die »Judas«-Geschichte, gespielt an einem warmen Vormittag in der Westberliner Akademie der Künste, auch nur erwähnt, um zu zeigen, wie ein Vormittag große Wellen schlagen kann, wenn plötzlich ein wichtiger Mann zuschaut. Wie sich Leben verändern können, besonders schnell und heftig am Theater.

Ich habe auch noch ein Schreiben von Jens, in dem er mich bittet, mit diesem Stück nach Tübingen zu kommen. Daraus ist nichts geworden, aber Tübingen ist ein immer wieder gebuchter Tourneeort. Ich bin gern dort, denke an Jens, an den »Judas«, besuche Hölderlin und habe mich nachts mit dem Ensemble hingestellt, als die Tübinger Bürger den Aufzug einer rechten schlagenden Studentenvereinigung verhinderten.

1991 gab es noch einen Glücksfall für mich am geliebten Berliner Ensemble. »Ay, Carmela!« hatte dort seine deutsche Erstaufführung. Wenn ich an »Ay, Carmela!« denke, bekomme ich heute noch weiche Knie. Renate Richter und ich lagen auf diesen Rollen wie lange nicht vorher und ebenso lange nicht hinterher. Für mich verging danach eine lange Zeit, bevor ich als Clausen in Hauptmanns »Vor Sonnenuntergang« wieder das erlebte, was man Glück auf der Bühne nennt. Zwei Jahre später nochmals Glück in der Rolle des Richard Strauss in »Kollaboration« von Harwood.

Ach ja, der Lyman Fendt in »Talfahrt« von Miller, der gehört auch dazu und natürlich der General Harras in »Teufels General«. Und wenn ich weiter nachdenke, sind alle Rollen doch meine Rollen gewesen.

In »Ay, Carmela!«, einem nagelneuen spanischen Stück von José Sanchís Sinisterra, spielten Renate und ich ein Varietékünstlerpaar, das auch ein Ehepaar ist. Damit lag schon eine Grundstimmung fest, denn aus unser beider Leben wussten wir, wie Ehepaare sich unterhalten und aufregen können, wenn beide Teile künstlerisch tätig sind. Bei Renate behauptet Manfred Wekwerth seine Meinung und bei mir meine Frau, obwohl wir uns immer tapfer wehren.

Das Stück spielt 1936 in Spanien zu Zeiten des Bürgerkrieges. Für DDR-Bürger gehört diese Zeit zum Grundwissen Fach Geschichte. Später, als wir in Westdeutschland damit gastierten, mussten wir zu unserem Entsetzen feststellen, dass der Bürgerkrieg in Spanien, die Internationalität für eine gerechte Sache gegen Franco, dort kein Begriff ist. Urlaub gerne, aber was war 1936? Olympiade, nicht wahr? Aber die war doch in Deutschland, und Franco hat doch schon immer regiert!

Zurück zum Stück. Dieses Ehepaar reist durch Spanien, hat große Sympathien für die gewählte demokratische Regierung in Madrid, die nun gegen den Putschisten Franco kämpft. Man schlägt sich durch die Lande mit einem Programm, das Lieder, Tänze und Kabarettnummern umfasst. Er, Paulino mit Namen, beherrscht außerdem noch die hohe Kunst des Pupens. Diese beiden Tingeltangelkünstler geraten in dem Durcheinander der sich ständig drehenden Kriegsfronten in die Hände von Francos Truppen und werden verpflichtet, am Abend ein Festprogramm aufzuführen. Die Franco-Soldaten leisten sich außerdem den Scherz, die gefangenen Soldaten der Republik nicht gleich zu erschießen, sondern mit in den Zuschauersaal zu setzen, um sie mit ihrer Siegesfeier vor dem Tod auch noch zu demütigen.

Die Künstler wirtschaften also auf der Bühne los und winden sich mit einem überaus schleimigen Programm durch den Abend, tanzen Lobestänze auf Franco, singen Lobeslieder und verlesen Lobeslyrik auf die neue glorreiche und gerechte Zeit. Das kann er nervlich besser wegtragen als sie, die beim Anblick der gefangenen und dem Tode geweihten jungen Soldaten die innere Fassung verliert. Paulino ist gezwungen, die Nummern der Belustigung immer tiefer zu legen und begreift sehr schnell, dass es um ihrer beider Leben geht, wenn Carmela sich mit den Gefangenen solidarisiert und den Francoleuten ihre Verachtung ausspricht. In höchster Verzweiflung beginnt er, seine Furznummer darzubieten. Gleich darauf wird Carmela erschossen, und alles war umsonst. Sie wird ihm nun in seiner Gedankenwelt erscheinen, und er macht sich zum Knecht seines ehemaligen Knechtes, der sich den Francotruppen angeschlossen hat. Die Gespräche zwischen ihm und seiner verstorbenen Frau sind höchst poetisch, und der Autor lässt sich nicht die Möglichkeit entgehen, in diesem Gespräch zwischen Himmel und Erde über all die toten Dichter zu sprechen, die sie nun zu sehen bekommt. Tief bewegend ihr Bericht über García Lorca, der im Himmel in einer Menschenschlange ansteht, um sein Essen zu bekommen.

An die Szene über García Lorca denkend, muss ich annehmen, dass das Anstehen nach einer Selbstverständlichkeit nicht nur im Himmel, sondern auch auf Erden keine Freude verbreitet. Zu sehen in Berlin Lichtenberg, Frankfurter Allee. Da gibt es einen Laden für Bedürftige, und voller Traurigkeit muss ich feststellen, dass die Menschenschlange in den vielen Jahren nicht kürzer geworden ist.

Bei »Ay, Carmela!« führte Alejandro Quintana Regie. Voller Lust und Freude und voller Gefühl. Als emigrierter Chilene kannte er die Mühen und Sorgen an der Kulturfront. Mich beeindruckten seine Erzählungen aus Chile. Er gehörte einer jungen Theatergruppe an, die leidenschaftlich für Allende kämpfte und mit ihren Szenen und Liedern von Dorf zu Dorf zog.

Manfred Grund baute die Bühne BE in ein schäbiges Stadttheater um, mit richtigem Souffleurkasten in der

Mitte, wie es sich gehört. Da drin saß Eva Böhm als Einhelferin und wunderte sich, dass es so etwas früher gab im Theater. Sie kannte das Soufflieren nur aus der Seitengasse oder noch weiter weg von der Bühne.

Renate Richter war eine ideale Besetzung, sie konnte singen und tanzen und aussehen, als wäre sie für einen spanischen Abend ins BE eingeflogen worden. Mit Fächer, Augenrollen und endlosen Schleppen an den Kleidern trumpfte sie an der Rampe auf. Ich, der Ältere, etwas mitgenommene und runtergekommene Ehepartner, zeigte den täglichen Kampf solcher Künstler. Mit strammen Hosenträgern an Hosen, die unter den Brustwarzen endeten, und einem Hut, dessen Feder jeden Raubritter glücklich gemacht hätte. Damit wurde jeder Tanz ein Ereignis und jeder Blick das reine Feuer. Fast original, hörte ich die Kollegen sagen. Mehr an Lob konnte man in diesen Zeiten nicht erwarten. Es war eine Prachtarbeit und lief fast von alleine. Trotz der Tragik im Stück waren wir heiter und gelöst auf den Proben.

Es wurde ein großer Erfolg und war in der Tradition des politischen Theaters am BE das letzte Stück dieser Art. Manfred Wekwerth mit seinem Spürsinn für die Gegebenheiten hatte es gleich nach der Premiere erkannt und in der Garderobe ausgesprochen. Da wurde es einen Moment still in uns, denn wir fühlten, künstlerisch wieder einmal oben angekommen, dass es am Berliner Ensemble vorbei war mit dieser Art Wortmeldung, die es doch seit seiner Gründung ausgemacht hatte – politisches Theater etablieren, Fragen stellen, versuchen Antworten zu geben, das war mit diesem Abend der Premiere zu Ende. Vorbei mit »Coriolan«, vorbei mit »Arturo Ui«, den »Tagen der Commune«, dem »Großen Frieden«, mit »Mutter Courage«, der »Optimistischen Tragödie«, dem »Vietnam-Diskurs«, »Kaukasischen Kreidekreis«, vorbei auch »Die Dreigroschenoper«, »Schwejk im zweiten Weltkrieg«, »Eisler-Verhör«, »Katzgraben«, »Blaue Pferde auf rotem Gras«, »Puntila«, »Galilei«, »Mann ist Mann«, »Brecht-Abende«, »Die Mutter« und all das andere. Das Ende dieser Wortmeldungen unseres Theaters zum Menschen- und Weltgeschehen, das gestalteten Renate Richter und ich als verwirrte Künstler. Wir waren mit »Ay, Carmela!« genau auf dem Punkt: unruhig und durcheinander. Wie viele Menschen um uns beim Untergang.

Wir haben »Ay, Carmela!« noch oft und erfolgreich gespielt, aber die Flagge unseres Theaters war innerlich eingerollt. Als sich dann noch Stück und Leben schnitten, als erst ich meine Nichtverlängerung erhielt, dann Renate Richter und dann all die anderen Kolleginnen und Kollegen, da hatten wir unsere Aufgabe nach beiden Seiten erfüllt.

Meine Frau hatte die Dimensionen des Stückes klar vor Augen, als sie es der Familie Landgraf für eine Tournee vorschlug, und diese auch, ohne es zu kennen, zusagten. Es dauerte noch über ein Jahr, und wir holten »Ay, Carmela!« wieder hoch, wie man es unter Theaterleuten sagt, wenn ein Stück lange unbenutzt, aber abgespeichert im Gehirn liegt. Meißen war dazu auserkoren, die Tournee zu eröffnen, danach spielten wir am Staatsschauspiel Dresden, da Manfred Wekwerth den Intendanten Professor Görne und Horst Schönemann um einen würdigen Rahmen unseres Unternehmens bat. Und dann fuhren wir los und wurden an der Schweizer Grenze von einem Schweizer Grenzbeamten sofort in deren unverständlicher Kehlsprache ermahnt, unsere DDR-Ausweise seien nur noch vier Monate gültig. Das wussten wir selber. Von einem Schweizer, der dreihundert Jahre lang in Frieden und relativer Eintracht lebt, aber bis 1971 kein Frauenwahlrecht kannte, ermahnt zu werden, das war Renate Richter und mir doch etwas zu schräg. Ich weiß noch, dass wir ihm heftig über den Mund fuhren, Renate etwas deutlicher und lauter. Er ließ uns weiterfahren. Wie wir hinterher von tourneeerfahrenen Leuten erzählt bekamen, hatten wir da Glück gehabt, denn die Schweizer sind stolze Menschen und beharren auf ihren Standpunkten. Ich versteh das, denn ihre Berge sind ja auch unverrückbar, warum sollten sie sich verrücken mit ihrem Müsli und kleinem

Taschenmesser? Uns wurde berichtet, dass es schlimm mit uns hätte enden können, wenn, ja wenn die Grenzwache uns zur Seite gebeten hätte. Dann würden immer das Auto und auch der Mensch auseinandergenommen. Bühnentechniker berichteten von Folgen einer mauligen Antwort. LKW raus aus der Spur, auf die Autowaage, runter davon und wieder zur Seite, alles ausladen, durchkontrollieren lassen, einladen, und zum Abschluss wieder wiegen. Keine dieser Geschichten endete ohne den Hinweis, dass man so nur an den Grenzübergängen der DDR behandelt wurde. Das mag wohl stimmen, denn Veronica Ferres erzählte ja auch in jeder Talkshow, dass sie ihre Erfahrungen für den Film »Die Frau vom Checkpoint Charlie« in frühester Jugend an einem Grenzübergang der DDR gesammelt habe. Sie aß provozierend eine Stulle im Angesicht eines Grenzers, der daraufhin den Wagen zur Seite bat.

Übrigens hätten Veronica Ferres und ich fast ein Gemeinschaftsgrab bekommen. In der Fernsehserie »Ein Bayer auf Rügen« gingen wir beide schon krumm vor Hunger durch den Drehtag. Da am Nachmittag irgendeine Feier mit Kaffee und Kuchen gedreht werden sollte und wir eine kleine Pause hatten, gestattete uns der Requisiteur, doch schon mal den Kuchen anzuessen, denn die Filmeinstellung sollte an einer benutzten Kaffeetafel durchgeführt werden. Also begannen wir die Torten »anzuessen«. Nach der ersten Sättigungswelle stellten wir geschmackliche Sonderheiten fest, die Kuchen waren erst halb aufgetaut und überhaupt nicht mehr so recht in Form. Nun wurde uns schlecht, und den Rest des Drehtages verbrachten wir in ungeheurer Aufmerksamkeit unserem Inneren gegenüber. Unentwegt konnte man uns rennen sehen. Hätten wir uns richtig vergiftet, dann wären wir jetzt in Rügen nebeneinander begraben und der Filmwelt wäre viel entgangen, was Frau Ferres betrifft natürlich. Und weil ich gerade dabei bin, so möchte ich auf die große Ohrbereitschaft aller beteiligten Ostschauspieler in dieser wohl auch erfolgreichen Serie hinweisen. Der Hauptdarsteller sprach eine Sprache, die wir wirklich nicht verstanden: bayrisch. So standen wir in Rügen, an »unserer« Ostsee, und stierten auf den Mund des Kollegen Hauptdarstellers, wenn der einen Dialog mit uns zu führen hatte. Am besten fuhren die Kollegen, die sich recht bald vom Ohr auf das Auge umstellten. Dazu gehörte ich. Man schaute seinem Partner scharf auf den Mund, und wenn der geschlossen blieb, war man dran. Ich entwickelte eine Perfektion, die mich durch viele Folgen brachte. Dann musste ich bitten, mich da rauszuschreiben, denn meine Theaterverpflichtungen dominierten den Drehplan, und so berühmt war ich in einem bayrischen Drehstab nun auch wieder nicht. Sie waren aber so nett, mir einen freundlichen Abgang zu gestalten. Ich spielte einen armen Rügen-Fischer, der auch durch Vermietung kein Geld mehr verdiente, denn Gäste in den Umbruchszeiten waren rar und beschwerten sich immer gleich über die zahlreichen FKK-Strände. Und in meinem Jammer entdeckte mich, laut Drehbuch, eine reiche ältere Lady, die mit einem Segelkahn in Rügen anlegte und sich in mich verliebte. Der Osten und seine Menschen galten als urwüchsig, so wie Ureinwohner eben sind. Besonders älteren Ladys gegenüber. Ich ging zu ihr an Bord und verließ segelnd die Bayern auf Rügen. Überhaupt habe ich an diesem letzten Drehtag alle Elemente der Natur erleben dürfen, da die Aufnahmeleitung alles zusammenschob, was es an Filmresteinstellungen mit mir gab. So segelte ich auf dem Wasser, löschte ein Feuer, trug schwere Lasten, imitierte einen schweren Sturm mit vielen Wassergüssen, flirtete mit der Lady, und am Nachmittag erhob sich ein kleiner Hubschrauber in die Luft, der mich nach Berlin brachte. Dort wartete ein Auto mit Fahrer, und wir fuhren nach Dresden zur Vorstellung von Taboris »Goldberg-Variationen«. Das sind Tage, die man nicht vergisst, das heißt, ich hatte den Tag vergessen, bis eben gerade, wo er mir wieder einfiel. Übrigens war der Hubschrauberflug mein erster im Leben, und in solch einem kleinen Ding sitzt man direkt neben dem Aeropiloten dicht an der Kuppelscheibe und fliegt wie mit einem Sofa durch die Gegend. Hat was

Lächerliches, aber nett! Hermann Hesse beschreibt einen Rundflug über Zürich im Jahre 1913. Er schreibt diese Geschichte fast atemlos, nimmt einen als Leser so gefangen mit seinen Schilderungen, dass man, wie er, sich wünscht, der Flug möge endlos dauern. Solche Atemlosigkeit kann einem auf einem Diwan mit Glas davor in der Luft nicht anspringen. Aber Hesse war in der Schweiz zu Hause, und dadurch kann ich noch mal auf die Schweiz kommen, die ich durch die Tourneen wirklich von allen Seiten kennengelernt habe.

Die Schweizer sind etwas eigen, um es neutral zu sagen. Besonders wenn man in der Dunkelheit unterwegs ist, sieht man ihre Eigenarten recht deutlich, weil immer und irgendwo noch ein Lichtlein in einer kleinen Hütte leuchtet. Und wenn man denkt, höher kann man doch die Einsamkeit nimmer suchen, ist da immer noch eine noch einsamere Hütte. Da sitzen sie wohl und schrauben ihre Taschenmesser zusammen, die langsam eine Breite von einem Meter haben, um auch noch einen Löffel, ein Käsemesser und einen Bechermüslieimer angeschraubt zu bekommen.

Aber als Theaterpublikum lasse ich auf die Schweizer nichts kommen. Diese Menschen kann man so schön erfreuen, sie reagieren klug und freundlich, die Theatersäle sind ausverkauft, und man wird oft von den Veranstaltern anschließend eingeladen. Und die Schweizer sind hilfsbereit. Auf der »Dreigroschenoper«-Tournee hatte ich nach der Premiere große Stimmbandprobleme, weil die Proben schwer waren und Regisseur Jürgen Kern und ich große Schwierigkeiten hatten, unsere Ansichten durchzusetzen, da viele Kollegen nicht an das glaubten, was wir an unseren Erfahrungen einbrachten. Dazu ein Dirigent, der sich weigerte, auch nur eine Note zu transponieren. Vielleicht konnte er es auch nicht. Die Damen unseres Ensembles verzweifelten fast an diesem bühnenfeindlichen Menschen. Man muss doch bitte berücksichtigen, dass hundert Vorstellungen auf uns warteten, die man schadlos bewältigen musste. Da gilt es, kleine Kompromisse zu machen, ohne an Qualität zu verlieren. Die Zuschauer freuten sich auf uns, denn Herr Landgraf hatte überhaupt keine Schwierigkeiten, das Stück mit mir als Mackie Messer zu verkaufen, zumal ich den verantwortlichen Aufkäufern als Azdak im »Kreidekreis« in blendender Erinnerung war. Und dieser Dirigentenunhold führte sich auf, als wäre er der uneheliche Sohn von Kurt Weill. In den Schlussproben mit all den Auseinandersetzungen, die hart, intensiv und laut geführt wurden, ging es mit meiner Stimme bergab, und nach der Premiere fuhren wir gleich in die Schweiz. Ich dachte von Vorstellung zu Vorstellung, bald sei es vorbei mit mir. Hätte ich mich krankschreiben lassen, wäre mir Krankengeld sicher gewesen, doch meinen Kollegen wäre es schlecht ergangen. Was ausfällt, das wird nicht bezahlt, und viele hatten solch eine 100-Tage-Vorstellungstournee bitter nötig. Verzweifelt betrat ich in der Schweiz eine Apotheke und bat wortlos, aber gestenreich, um Hilfe. Die Thekenkraft hatte mich am Vorabend auf der Bühne gesehen und rief ihren Chef. Sie berieten sich in Schwyzerisch, was ich nicht verstand, aber ich bekam ein Medikament, welches eigentlich nur auf Rezept verabreicht wurde. Unendlich dankbar sprayte ich alle Stunde meinen Hals voll, obwohl ich es nur alle vier Stunden sollte. Zwei Tage später war die Stimme wieder da, und ich denke noch immer dankend an diese Apotheke, in der mir ein rezeptpflichtiges Medikament einfach so gegeben wurde. In der Schweiz, bitteschön!

Mit »Ay, Carmela!« waren wir auch in der Schweiz, und gerne erinnere ich mich an die Städte, in denen wir gastierten, und an die freundliche Aufnahme. Das war, ich sagte es schon, in den alten Bundesländern nicht so. Hinzu kam ein Fehler der Agentur Landgraf, den wir erst auf der Wiederholungstournee beheben konnten. Renate Richter und ich wurden angekündigt als ein älteres Varietépaar, welches jetzt noch einmal seine Glanznummern zeigen möchte. So ist das mit Werbetexten!

Aber zuvor trafen wir mit unserer hohen Kunst – ich sage das nicht nur so hin, denn es war große Kunst, was wir da gespielt haben – auf Unverständnis. Natürlich gab es auch gelungene Theaterabende, wenn man die Zuschauer in die richtige Spur kriegte und sie mitnehmen konnte. Und so danke ich heute noch Fulda, Tübingen und anderen kleinen Städten, die uns freudig aufnahmen und unsere Aufführung feierten. Und ich verachte St. Augustin bei Bonn (!), dessen Menschen nicht bereit waren, sich die Herzen erwärmen zu lassen. Aber die Hotelchefin gab Renate und mir anschließend einen Sektempfang, weil sie sich so schämte für die Kälte ihrer Mitbürger. Zu Recht wurde Bonn und St. Augustin bei Bonn keine neue Hauptstadt unseres Landes.

Vor einigen Jahren, während der »Kollaboration«-Tournee, stand ein Zuschauer aus Lindau am Bodensee vor mir, um sich für den Abend zu bedanken, und er kam auf »Ay, Carmela!« zu sprechen. Den Titel hatte er vergessen, aber nicht das Schicksal dieser beiden Bühnenkünstler. Er beschrieb das Stück und stellte fest, dass er damals so geweint hatte – wie jetzt in »Kollaboration«.

Ach, Theater ist die schönste Einrichtung der Welt!

एक दूसरे शिखर से

संवाद-3

चन्द्रशेखर

संपादन

हरिवंश

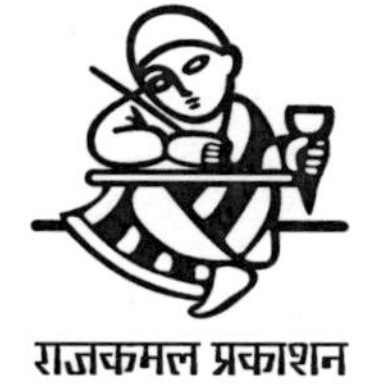

राजकमल प्रकाशन

संपादन सहयोग : अनिल अत्रि, अविनाश

ISBN : 978-81-267-0467-5

मूल्य : ₹795

पहला संस्करण : 2002
पहली आवृत्ति : 2022

प्रकाशक : राजकमल प्रकाशन प्रा. लि.
1-बी, नेताजी सुभाष मार्ग, दरियागंज
नई दिल्ली-110 002

शाखाएँ : अशोक राजपथ, साइंस कॉलेज के सामने, पटना-800 006
पहली मंजिल, दरबारी बिल्डिंग, महात्मा गांधी मार्ग, प्रयागराज-211 001
36 ए, शेक्सपियर सरणी, कोलकाता-700 017

वेबसाइट : www.rajkamalprakashan.com
ई-मेल : info@rajkamalprakashan.com

मुद्रक : बी.के. ऑफ़सेट
नवीन शाहदरा, दिल्ली-110 032

EK DOOSRE SHIKHAR SE
(Interviews with Chandrashekhar-3)
Edited by Harivansh

भूमिका

बतरस में पगे घुले

चन्द्रशेखर का बतरस में बड़ा मन लगता है। ऐसी ही एक बैठक में उनने कहा—मैं ऐसे जमाने में राजनीति में आया, जब माना जाता था कि पढ़ने-लिखने से अच्छा राजनेता बनता है। आज देखता हूँ तो लगता है कि राजनीति करनेवालों का पढ़ने-लिखने से क्या मतलब ? तब जो देखो क्रान्ति की बात करता था। क्रान्ति करने राजनीति में आता था। अब तो...। आगे की बात उनने समझनेवालों पर छोड़ दी।

लेकिन इसका यह मतलब समझना गलत होगा कि आज के राजनेताओं से उन्हें बतरस में मज़ा नहीं आता या आज की राजनीति में बने रहने के लिए चन्द्रशेखर ने पढ़ना-लिखना छोड़ दिया है। आज की राजनीति कैसी भी हो गई हो, चन्द्रशेखर का राजनीतिक पिंड ऐसे जमाने का बना हुआ है, जब देश आजादी की लड़ाई के आखिरी मोर्चे पर 'भारत छोड़ो आन्दोलन' में था और आजादी दरवाज़े पर दस्तक दे रही थी। तब जो भी राजनीति करने की इच्छा या सपने से प्रेरित था, वह क्रान्ति से समाज को आमूल-चूल बदलने और फिर नया समतावादी समाज बनाने में लग जाना चाहता था। चन्द्रशेखर उस जमाने के सपूत हैं और इसलिए राजनीति को क्रान्ति और समाज-रचना से विरत नहीं कर सकते। सत्ता में होने के लिए चन्द्रशेखर राजनीति में नहीं हैं। राजनीति में हैं, इसलिए सत्ता से उनकी मुठभेड़ अनिवार्य और निरन्तर है। कभी वे उस पर सवार होते हैं और अक्सर वे उससे पंजे लड़ाए भिड़े होते हैं। वे गांधी और जयप्रकाश को बहुत मानते हैं लेकिन उनकी तरह सत्ता और चुनाव राजनीति से अलग नहीं हैं। वे लोकशक्ति को अन्तिम निर्णायक सद्शक्ति मानते हैं लेकिन नहीं मानते कि लोकशक्ति और राज्यशक्ति का संघर्ष सर्वथा और अनिवार्य है। वे राज्यशक्ति की धारणा और परिवर्तनकारी शक्तियों में विश्वास करते हैं। इसलिए लोकशक्ति को साधने के लिए राजनीति छोड़कर नहीं जाते और राजनीति में ऐसे विलीन नहीं होते कि सत्ता के हत्थे पर पकड़ बनाए रखने के लिए कोई भी समझौता कर लें।

ऐसा आदमी हमेशा बाहर और हमेशा अन्दर होता है। यानी एक साथ अन्दर-बाहर होता है। ऐसे आदमी को पकड़ना और पकड़कर किसी चौखटे में फिट कर देना मुश्किल ही नहीं लगभग असंभव है। उसकी अपनी क्या नियति और सन्त्रास है, वही जानता है। लेकिन मीडिया के लिए भी वह बड़ा अजूबा और उससे बरतना बड़ी चुनौती हो सकता है। इसीलिए कोई तीस-बत्तीस साल से चन्द्रशेखर मीडिया के लिए सबसे विवादास्पद व्यक्ति बने हुए हैं। इन वर्षों में जो भी राजनीतिक, सामाजिक और आर्थिक घटनाएँ घटी हैं और जो भी विवाद छिड़े हैं और जैसे भी सवाल उठ खड़े हुए हैं, मीडिया को लगा है कि जाँच लिया जाए और बता दिया जाए कि चन्द्रशेखर की क्या राय है, वे कहाँ खड़े हैं और उनके इधर या उधर होने के क्या मानी हैं। कहा जाएगा कि वे किसी भी पार्टी या पद पर हों और उम्र के

पचहत्तरवें साल में पहुँच गए हों, वर्तमान परिस्थिति और सन्दर्भ में उनकी प्रासंगिकता हमेशा बनी रही है। सत्ता के गणित या स्वभाव में उस समय वे बिलकुल हाशिए पर भी हों तो उनकी राय या टिप्पणी का फिर भी मतलब होता है। संसद में अपने अलावा उनकी पार्टी का कोई सदस्य नहीं है। न लोकसभा में, न राज्यसभा में। फिर भी चन्द्रशेखर बोलने खड़े हो जाएँ तो भले ही प्रधानमन्त्री या विपक्ष के नेता के बोलते वक्त हल्ला या टोकाटोकी होती हो, चन्द्रशेखर को तो धयान से ही सुना जाएगा। इसका कारण संसदीय जीवन में सिर्फ उनकी हैसियत नहीं है। इसमें कई बातें शामिल हैं। देश के राजनीतिक जीवन की तीन सौ साठ डिग्रियों के जितने भी कोण हैं, उन सबसे चन्द्रशेखर का कहीं न कहीं लेना-देना है। वे अपनी राजनीति के सन्दर्भ बिन्दु हैं और प्रस्थान बिन्दु भी, फिर भी जहाँ हैं, डटे हुए हैं।

बताने की जरूरत नहीं कि ऐसे व्यक्ति की मीडिया को हमेशा जरूरत रहेगी। एक तो मीडिया का काम विवाद के बिना चल नहीं सकता, दूसरे चन्द्रशेखर को किसी एक सूली या चौखटे पर ठोककर वह निपटा या खत्म नहीं कर सकता। मीडिया से चन्द्रशेखर की प्रीति और नफरत की रिश्तेदारी लगभग पचास साल से चल रही है। मीडिया उन्हें पसन्द कर सकता है या उनके खिलाफ हो सकता है। ऐसा नहीं हो सकता कि वह अनदेखी कर दे। खुद चन्द्रशेखर के मीडिया के प्रति रवैये का भी यही हाल है। उन्हें उसमें होना उतना ही अच्छा लगता है, जितना कि उसके पीछे पड़ना। लेकिन इसका कारण यह नहीं है कि एक राजनेता के अपने समय के मीडिया के साथ ऐसे सम्बन्ध होते ही हैं। यह नहीं है कि चन्द्रशेखर को अपनी राजनीति करने के लिए मीडिया की और मीडिया को अपना काम करने के लिए चन्द्रशेखर की जरूरत पड़ती हो। चन्द्रशेखर को अपने लोगों से मुखातिब होने के और भी तरीके और माध्यम मालूम हैं। आखिर देश में कितने लोग अखबार खरीदते, टीवी देखते और रेडियो सुनते हैं। मीडिया के जरिए लोगों तक पहुँचने के अपने फायदे हैं, तो नुकसान भी हैं। कई बार मीडिया लोगों में आपको जो प्रक्षेपित करता है, वह वही नहीं होता जो आप चाहते हैं या आप जानते हैं कि आप हैं। तब आपको अपनी मीडिया से प्रक्षेपित छवि के खिलाफ खुद ही लड़ना पड़ता है। इस लड़ने में भी आपकी छवि बनती और बिगड़ती है। चन्द्रशेखर को इन सारे अनुभवों से गुजरना पड़ा है क्योंकि उनके पास अपनी जो आत्मछवि है, वह उनकी प्रक्षेपित छवि से न सिर्फ भिन्न होती है, विरुद्ध भी होती है। इस मुठभेड़ में कभी मीडियावाले चन्द्रशेखर का इस्तेमाल कर ले जाते हैं और कभी चन्द्रशेखर मीडिया का। पकड़ापाटी और लुका-छिपी का यह खेल चलता ही रहता है।

लेकिन मामला एक राजनेता के मीडिया से सम्बन्धों का ही नहीं है। ऐसा बहुत कम हुआ है कि चन्द्रशेखर ने अपनी राजनीति के लिए मीडिया का इस्तेमाल किया हो या मीडिया ने किसी नाजुक वक्त में चन्द्रशेखर का उपयोग कर लिया हो। ज्यादातर मीडिया से चन्द्रशेखर का एक निजी और गहरा सम्बन्ध रहा है। इसका चन्द्रशेखर के संपादकों, संवाददाताओं और मीडिया मालिकों से अच्छे-बुरे सम्बन्धों से भी कोई लेना-देना नहीं है। मैंने शुरू में ही कहा कि चन्द्रशेखर को बतरस में बड़ा मज़ा आता है। इस बतरसी में राजनीति और 'संचार माध्यम' का उतना मतलब नहीं है, जितना अपने को अभिव्यक्त करने के आनन्द का। मैंने उन्हें इस या उस संवाददाता से, इस या उस संपादक से घंटों बतियाते देखा है। और उनकी लिखी गई रपट या मुलाकात पढ़ने के बाद मुझे लगा है कि कितना कुछ रह गया जो पूछा

गया था और वह कहा गया जो बताया गया था। फिर भी शायद ही कभी चन्द्रशेखर ने शिकायत की हो कि उनने जो कहा था, वह तो छपा ही नहीं। वे फिर उसी तरह बतियाने के लिए तैयार हो जाते हैं। अगर कोई अपने को प्रक्षेपित और प्रस्थापित करने के लिए इन्टरव्यू देता हो तो देखेगा कि उसका फलित क्या हुआ। लेकिन जिसे प्रस्तुत प्रश्नों और प्रसंगों पर बात करने में आनन्द आता हो, उसके लिए यह बड़ी जिज्ञासा का विषय नहीं रह जाएगा कि छपा क्या या दिखाया और सुनाया क्या गया। चन्द्रशेखर को बात करने में मज़ा आता है, इसलिए वे ऐसी बातें भी बेझिझक बता जाते हैं, जिन्हें बताने की कोई जरूरत न हो या जिन्हें बताने पर नुकसान हो सकता हो। इसीलिए पूछनेवाला उनसे ऐसे सवाल भी पूछ जाता है जो वह दूसरे किसी से पूछने में डरता या हिचकता। इस कारण उनसे की गई मुलाकातें पठनीय हो सकती हैं या हो जाती हैं पर उनसे विवाद भी उठ खड़े होते हैं और कई बार ऐसे सन्देश भी चले जाते हैं जो न इच्छित थे और न वांछनीय। लेकिन उपयोग करने और बात बनाने के लिए तो चन्द्रशेखर ने बात की नहीं थी। इसलिए कई बार इंटरव्यू से अर्थ का अनर्थ भी होता है।

भूमिका में यह आलाप मैंने इसलिए लगाया कि इन तीन वृहद खंडों में जो आप पढ़नेवाले हैं, वे सब पिछले तीस साल में दिए गए चन्द्रशेखर के इंटरव्यू ही हैं। वे सभी पत्र-पत्रिकाओं में छपे भी हैं और हो सकता है कि इनमें से कुछ आपने तभी पढ़े भी हों। उनके ये तीन संकलन इसलिए प्रकाशित कर रहे हैं कि ये तीस साल की प्रमुख घटनाओं के दस्तावेज तो हैं ही, ये उस बतरस को भी आप तक पहुँचाते हैं जो उनके एक पात्र ने इंटरव्यू देकर प्राप्त किया। पहले खंड में राजनीतिक और सार्वजनिक जीवन की प्रमुख घटनाओं पर तत्काल की गई टिप्पणियाँ हैं। वे कहीं इतिहास होने का बोध देती हैं तो कहीं आँखों देखे हाल का और कहीं वर्तमान में जीने के अनुभव का। दूसरे खंड में प्रश्नों और प्रसंगों पर थोड़ी गहराई से विश्लेषण है और वे उस वैचारिकता की अच्छी झाँकी दिखाते हैं जिससे चन्द्रशेखर का दिल और दिमाग बना है। चन्द्रशेखर को इमर्जेंसी लगते ही जेपी के साथ ही गिरफ्तार कर लिया गया था हालाँकि तब वे कांग्रेस कार्यकारिणी के सदस्य थे और मानते थे कि जेपी और इंदिरा गांधी के बीच संघर्ष नहीं होना चाहिए। जेपी की नैतिक शक्ति और इंदिरा गांधी की राज्यशक्ति मिलकर देश को नए सिरे से बना सकती हैं—ऐसा चन्द्रशेखर मानते थे और दोनों में मेल-जोल कराने की कोशिश भी उनने की थी। तीसरे खंड में वे इंटरव्यू हैं जो चन्द्रशेखर ने देश के प्रधानमन्त्री रहते हुए दिए। मुश्किल से कुछ महीनों का ही कालखंड वह था। लेकिन जीवन का ज्यादातर समय सत्ता से बाहर और उसके खिलाफ बितानेवाले चन्द्रशेखर देश के सर्वोच्च कार्यकारी पद पर क्या सोचते और करना चाहते थे—यह इस खंड में स्पष्ट है। यह एक तरह से बाकी के दो खंडों में कहे गए की कसौटी भी है और प्रतिरूप भी। चन्द्रशेखर एक राष्ट्रीय पार्टी के अध्यक्ष रहे और एक सरकार के प्रधानमन्त्री। बाकी का जीवन उनने एक सांसद और राजनीतिक व्यक्तित्व के नाते जिया। संवाद के ये तीन खंड उनके सम्पूर्ण जीवन को आपके सामने एक किताब की तरह खोलते हैं।

इन्हें संपादित किया है हमारे मित्र हरिवंश ने जो 'प्रभात खबर' के प्रधान संपादक और प्रबन्धक भी हैं। हरिवंश उसी सिताब दियारा के बाबू साहब हैं जहाँ जेपी का पुश्तैनी घर

है और जिसे एक स्थायी स्मारक बनाने में चन्द्रशेखर लगे हुए हैं। हरिवंश के साथियों ने इन्हें इस रूप में लाने में मदद की। अमृत महोत्सव पर उनके सभी महत्त्वपूर्ण साक्षात्कारों को इस तरह संकलित करके हरिवंश और उनकी टीम ने चन्द्रशेखर के प्रति अपना ऋण चुकाया हो, हम पाठकों पर तो उनने उपकार ही किया है।

1 अप्रैल, 2002

प्रभाष जोशी

क्रम

सरकार का स्थायित्व कार्य पर निर्भर करता है

हरिन्दर बावेजा की बातचीत

63 वर्षीय 'बुजुर्ग तुर्क' चन्द्रशेखर ने अंततः अपनी मंजिल पा ही ली। उन्होंने अभी-अभी प्रधानमंत्री पद की शपथ ली है। पहले जो गिने-चुने समर्थकों से घिरा होता था, अब उसके आसपास राज्य पुलिस गार्ड तैनात रहते हैं। साउथ ब्लॉक में गार्ड उन्हें सलामी दे रहे हैं और झुंड के झुंड लोग उनसे मिलने आ रहे हैं। वे कुछ अचंभित से दिख रहे हैं कि क्या सचमुच यह सब कुछ सच है ? शपथ लेने के कुछ ही घंटों बाद हरिन्दर बावेजा से हुई बातचीत के अंश :

क्या आपका सपना पूरा हो गया ?

मैं कुछ विशेष अनुभव नहीं कर रहा हूँ। सच तो यह है कि मेरी जिम्मेदारियाँ और बढ़ गई हैं, क्योंकि ढेर सारी समस्याएँ सुलझाने के लिए सामने खड़ी हैं। मैंने कभी भी, खासकर इन परिस्थितियों में प्रधानमंत्री बनने की कल्पना नहीं की थी। मेरे जीवन का स्वप्न केवल प्रधानमंत्री बन जाने से पूरा नहीं होगा।

आपके जीवन का सपना क्या है ?

अभी सपनों की बात करना असंगत होगा।

केवल 60 सांसदों की मदद से क्या आप स्थिर सरकार दे पाएँगे ?

यह इतना भी मुश्किल नहीं है। स्थिरता, सरकार के कार्यों और उसकी कार्यक्षमता पर निर्भर करती है। स्थायित्व का सीधा संबंध जनता की संतुष्टि से है।

आपकी सरकार बगैर जनादेश की सरकार है। क्या यह नीतिविरुद्ध नहीं लगता है ?

यह नीतियों के स्तर पर निर्भर करता है। जनादेश ही सफलता का मूल मंत्र नहीं है। वी.पी. सिंह को तो जनादेश मिला था, उसका वे क्या कर सके ? मैंने पहले ही कहा, कि जनता का साथ आपके कार्यों से ही निर्धारित होगा।

तो क्या आप लोकप्रिय तरीका इस्तेमाल करेंगे ?

अगर यह तरीका इतना ही कारगर होता, तो क्या पिछली सरकार गिरती ? हमें जनता को समझाना होगा कि देश के हित के लिए हमें कुछ कड़े कदम भी उठाने पड़ सकते हैं। जनता को विश्वास में लेना होगा, तभी हमारा कोई भी तरीका कारगर होगा।

क्या कांग्रेस (ई) से समर्थन लेना अनैतिक नहीं होगा ?

यदि वी.पी. सिंह भाजपा की मदद से सरकार बनाते हैं, तो यह देशभक्ति वाला काम है और मैंने कांग्रेस (ई) की मदद लेकर सरकार बनाई, तो यह अनैतिक हो गया ? जिन समस्याओं से हमारा देश जकड़ा है, उसे उनसे छुटकारा दिलाने का संकल्प हम दोनों ने मिलकर किया है। क्या देश के बारे में सोचना गलत है, वह भी उस समय जब देश संकट में है ?

आपने कभी राजीव गांधी को राजनीति में नादान की संज्ञा दी थी और आज उन्हीं का समर्थन ले रहे हैं ?

अभी हमें देश को बचाना चाहिए न कि राजीव गांधी की विशेषताएँ गिनने बैठना चाहिए ?

क्या आप इससे विचलित नहीं हैं कि कांग्रेस जब चाहे, अपना समर्थन वापस ले सकती है ?

मैं क्यों विचलित होऊँगा ? आज देश जिस अस्त-व्यस्त हालत में है, मैं उससे ज्यादा विचलित हूँ। यदि वे अपना समर्थन वापस ले लेते हैं, तो भी देश जिस स्थिति में आज है, उससे बुरी स्थिति में नहीं हो सकता है।

आपने बार-बार ये कहा है कि आप कभी भी न तो सरकार को कोई हानि पहुँचाएँगे और न ही पार्टी को ?

क्या मैंने सरकार को कोई नुकसान पहुँचाया है ? वी.पी. सिंह ने खुद ही अपनी सरकार गिराई है। सरकार को गिरने से बचाने का कोई विकल्प नहीं था। वी.पी. सिंह की नैतिकता क्या यही कहती है कि जिस जगह पर वे नहीं टिक पाए, वहाँ किसी को भी वे टिकने न दें ? मैंने उन्हें कोई हानि नहीं पहुँचाई है। मैंने हमेशा उन्हें समझाया कि वह जो कर रहे हैं, वह ठीक नहीं है। मैंने उन्हें विहिप और भाजपा से वादाखिलाफी की सलाह नहीं दी थी। आडवाणी को अपना समर्थन वापस लेने की सलाह मैंने नहीं दी थी। वी.पी. सिंह ने आडवाणी से खुद कारसेवा में हिस्सा लेने को कहकर अध्यादेश वापस क्यों ले लिया ?

देवीलाल पर आप कैसे विश्वास कर सकते हैं ?

मुझे किसी ने नीचा नहीं दिखाया है, जिसने भी कोशिश की, वह खुद गिरा है। मुझे वी.पी. सिंह ने गिराया या देवीलाल ने, इसका फैसला आप ही करें।

आप रामजन्मभूमि-बाबरी मस्जिद समस्या का हल किस तरह करेंगे ?

आपसी समझदारी के आधार पर। कोई एकतरफा फैसला संभव नहीं है, इस बात पर मैं बिल्कुल स्पष्ट हूँ। होशियारी या चालाकी से इसका हल नहीं निकलेगा। हम न तो हिंदुओं को नजरअंदाज कर सकते हैं और न ही अल्पसंख्यक समुदाय की आशाओं को ठेस पहुँचा सकते हैं।

भाजपा यदि मंदिर बनाने पर अड़ जाती है, तो आप क्या करेंगे ?

देखिए, भाजपा के सहयोग पर मेरी सरकार नहीं टिकी हुई है। यदि वे अड़े रहेंगे, तो मुश्किल होगी। मैं उन्हें समझाने का भरसक प्रयास करूँगा, अगर फिर भी वे नहीं मानते, तो कुछ भी हो सकता है। भाजपा भी यह जानती है।

क्या आप मंडल आयोग की सिफारिशें लागू करेंगे ?

आरक्षण की व्यवस्था एक सही कदम है। जाति के आधार पर आरक्षण नहीं देने का मतलब सच्चाई से मुँह मोड़ना है। चूँकि हमारे देश का आर्थिक विकास बहुत असंतुलित व असमान रहा है, इसलिए आर्थिक रूप से पिछड़े वर्गों को भी आरक्षण में शामिल करने पर विचार करना होगा। इस संदर्भ में अभी मंडल अधूरा है।

क्या आप अपने दल और कांग्रेस (ई) के बीच तनाव की आशा करते हैं ?

परिस्थितियाँ इतनी बिगड़ चुकी हैं कि समझौते की जगह तलाशनी ही होगी। इस बात को जितना हम समझते हैं, उतना कांग्रेस (ई) पार्टी भी समझती है। अगले दस सालों में भले ही तनाव हो जाए, किंतु निकट भविष्य में मुझे इसकी कोई उम्मीद नहीं है। हमारे दृष्टिकोण भिन्न-भिन्न हो सकते हैं, किंतु परिस्थितियों से निपटने के लिए यदि हम कोई सरल उपाय अपनाएँ, तो इसमें कांग्रेस (ई) को कोई आपत्ति नहीं होगी।

क्या आप उग्रवादियों से बातचीत करेंगे ?

अगर वे तैयार होंगे, तो जरूर करूँगा। एकतरफा बातचीत नहीं होनी चाहिए।

क्या फारुख अब्दुल्ला की वापसी संभव है ?

अभी तो ऐसा नहीं लग रहा है, क्योंकि इस समय चुनाव की कोई संभावना नहीं है।

कीमतों पर नियंत्रण पाने के लिए आप क्या करेंगे ?

स्थिति बहुत खराब है। यह एक जटिल मसला है और इस पर मैं फिलहाल कुछ भी कहना नहीं चाहता।

क्या आपकी घबराहट का कारण यही समस्या है ?

घबराने की बात नहीं, परंतु यह चिंता का विषय है। कुछ ठोस कदम उठाने ही पड़ेंगे। मुद्रास्फीति के इस स्तर में गिरावट होनी ही चाहिए। जो लोग कीमतों को प्रभावित करने की कोशिश कर रहे हैं, उन्हें चेतावनी देनी होगी कि वे इन हरकतों से बाज आएँ।

आपकी विदेश नीति क्या होगी ?

कमजोर और छोटे देशों की अवहेलना न करें और न ही बड़े और शक्तिशाली देशों के आगे झुकें। मैं अपने पड़ोसी देश के साथ संबंधों को सुधारने का प्रयत्न करूँगा क्योंकि तीसरी दुनिया आपस में युद्ध करने व तनाव बढ़ाने की स्थिति में नहीं है। मैं सभी पड़ोसी देशों से

अनुरोध करूँगा कि वे अतीत की कड़वाहट को भूलकर अच्छे भविष्य के लिए कदम से कदम मिलाएँ।

क्या आपकी छवि विध्वंसक की है ?

किनकी आँखों में ? मैं सिर्फ उनका नाश करता हूँ, जो जनता के दुश्मन हैं और देश को बर्बाद करना चाहते हैं।

इंडिया टुडे, 30 नवंबर, 1990

मैं चरण सिंह नहीं हूँ

वीर संघवी की बातचीत

चन्द्रशेखर ने सोमवार, 12 नवंबर 1990 को प्रधानमंत्री पद की शपथ ली। इसके मात्र 48 घंटे बाद ही उन्होंने संडे को अपना पहला साक्षात्कार दिया। पहले तो वे इसे यह कहते हुए टाल रहे थे कि संडे को अगस्त में दिए साक्षात्कार में उन्होंने वी.पी. सिंह की खुलेआम निंदा की थी, उसके बाद इतनी जल्दी उस पक्ष से अलग कुछ भी कहना बहुत जल्दबाजी होगी।

लेकिन प्रधानमंत्री बनने पर बंबई की यात्रा में उनका रुख कुछ नरम हुआ और भारतीय वायु सेना का विशेष विमान, जो जयपुर से महाराष्ट्र की राजधानी जा रहा था, उसमें उनसे इस विषय पर बात करने का मौका मिला।

प्रधानमंत्री बनना कैसा लग रहा है ?

सच कहूँ, तो फाइलों को देखने के बाद मैं गहरी चिंता में हूँ। ज्यादा कहने से मुझे गोपनीयता की शपथ रोक रही है। लेकिन हम बहुत खराब स्थिति में हैं। मैं जानता था कि हमारी आर्थिक स्थिति खराब है, परंतु यह इस कदर खराब है, इसकी जानकारी मुझे नहीं थी।

क्या आप यह कह रहे हैं कि पिछली सरकार ने सच्चाई को छुपाए रखा ?

किसी की निंदा करने की मेरी कोई मंशा नहीं है, पर मैं यह देख रहा हूँ कि स्थितियाँ उससे बिल्कुल भिन्न हैं–जैसा हमें बताया गया था।

जैसा कि सबकी जुबान पर है, क्या आप 1990 के चरण सिंह हैं ?

मैं नहीं जानता कि क्यों लोग ऐसी बातें करते हैं, किंतु समानता कहाँ है ? 1979 में चरण सिंह ने पार्टी तोड़ी और सरकार को गिरा दिया। मैंने सरकार का कोई नुकसान नहीं किया। वी.पी. सिंह की सरकार के साथ जो भी हुआ है, यह सब उनके अपने किए का परिणाम है। जिस तरह सब कुछ हो रहा था, उससे मैं निराश और चिंतित अवश्य था, किंतु मेरी सरकार गिराने की कभी मंशा नहीं रही। वी.पी. सिंह ने भाजपा के समर्थन हटा लेने से अपनी सरकार खोयी है, न कि मेरी वजह से। मैं चरण सिंह से किस तरह समान हूँ ?

हमारा मतलब है कि चरण सिंह की तरह आपने भी कांग्रेस (ई) से मदद माँगी थी ?

और क्या कर सकता था मैं ? वी.पी. सिंह की सरकार द्वारा समर्थन खोने पर कौन सरकार बनाने की स्थिति में था ? हम सभी चाहते थे कि तुरन्त चुनाव न हों। वर्तमान परिस्थिति में हमारा देश इसे झेल नहीं पाता। जब कोई राज्य (पंजाब) ऐसी स्थिति में होता है, तो वहाँ

राष्ट्रपति शासन लगा दिया जाता है। लेकिन केंद्र में ऐसा करना संभव नहीं है। तब क्या किया जा सकता था ? वी.पी. सिंह बहुमत नहीं जुटा पाए। राजीव गांधी सरकार बनाना नहीं चाहते थे। अगर चाहते भी, तो बिना जनता दल के सहयोग के सरकार नहीं बना सकते थे।

अतः इन परिस्थितियों में जो भी सरकार बनती, उसे जनता दल और कांग्रेस (ई) का सहयोग लेना ही पड़ता।

पिछले चुनाव में जनादेश कांग्रेस (ई) के विरुद्ध था, इस पर आप क्या कहेंगे ?

अगर ऐसा था, तो वामदलों और भाजपा के सहयोग से जनता दल सरकार के पास बहुमत होता। हमारी ऐसी ही सरकार थी, जो गिर गई। इसका कारण मैं नहीं था।

क्या जनता दल के दो विरोधी एक हो सकते हैं ?

क्यों नहीं ? हमने पार्टी का बँटवारा कभी नहीं चाहा है। हमने हमेशा एकता बनाए रखने की कोशिश की है।

ऐसी हालत में क्या आप वी.पी. सिंह को जनता दल में वापस ले आएँगे ?

देखिए, मैं किसी व्यक्ति के प्रति बुरी भावना नहीं रखता हूँ। मुझे उनकी वापसी के लिए सहयोग करने में ख़ुशी होगी। सवाल यह है कि उनकी वापसी अब किन शर्तों पर हो सकती है ?

कई लोग आपके आर्थिक दृष्टिकोण से चिंतित हैं। हमने संडे में लिखा कि ऐसा लगता है कि आप 1950 से 1990 तक का सफर अर्थशास्त्र को समझे बिना करते रहे हैं।

क्या 1950 से 1990 के बीच भारत की समस्याएँ तेजी से बदल गई हैं ? मैं उनमें से नहीं, जो समय के अनुसार अपनी नीतियाँ या दृष्टिकोण बदलते रहते हैं। भारत में दो विषम समस्याएँ हैं। एक साधनों की कमी और दूसरी भयंकर गरीबी। ये दोनों समस्याएँ परस्पर जुड़ी हुई हैं।

यही समस्या 1950 में थी और यही 1990 में है। मेरे आर्थिक दृष्टिकोण के बारे में जो भी लिखा जा रहा है, वह सच नहीं है। मैंने कभी नहीं कहा कि मैं सार्वजनिक क्षेत्र की अक्षमताओं के बावजूद इसमें विश्वास करता हूँ और न ही यह कहा कि मैं बाजार में विश्वास नहीं करता हूँ और अर्थशास्त्र के सार्वजनीकरण के पक्ष में नहीं हूँ।

मेरा यह मानना है कि अगर हम सिर्फ निजी क्षेत्र पर निर्भर रहते हैं, तो सारे सीमित साधनों का इस्तेमाल विलासिता और उपभोगवाली वस्तुओं के उत्पादन में ही किए जाने का खतरा बना रहेगा। अल्पकाल में यह समाज के बहुत छोटे हिस्से को ही लाभान्वित करेगा। लेकिन दीर्घकाल में उससे किसी का लाभ नहीं होगा।

तो आप क्या करना चाहते हैं ?

मैं सोचता हूँ कि साधनों का वितरण ठोस योजना के आधार पर किया जाए और उसी

दायरे में बाजार की शक्तियों का इस्तेमाल हो। यह पुराना तरीका नहीं है, गोर्बाचोव भी सोवियत संघ में यही कर रहे हैं। बाजार की अवहेलना करके आप एक कुशल अर्थव्यवस्था को नहीं चला सकते हैं। लेकिन साथ ही आप साधनों के वितरण को बाजार की शक्तियों पर छोड़ भी नहीं सकते हैं।

आप पर आरोप है कि अंबानी से आपके संबंध हैं ? आपकी क्या प्रतिक्रिया है ?

मैं नहीं जानता कि क्यों प्रेस के लोग धीरूभाई अंबानी से इतने प्रभावित हैं ? क्या यह इतना महत्त्वपूर्ण है ? पिछली बार भी आपने मेरा साक्षात्कार लिया था, तो यही पूछा था।

मैं किसी विशेष उद्योगपति के बारे में पक्ष या विपक्ष की राय नहीं रखता। यह तो आप लोग हैं, जो अंबानी के बारे में सोचते रहते हैं।

आपके कैबिनेट का गठन कब तक होगा ?

16 तारीख का इंतजार कीजिए। उसके बाद मैं घोषणा करूँगा।

संडे, 18 नवंबर, 1990

मुझे हिंदू होने पर गर्व है

द हिंदुस्तान टाइम्स की बातचीत

बिना कैबिनेट या बिना सरकार के प्रधानमंत्री होना कैसा लग रहा है ?

इस सरकार का गठन कुछ विशेष परिस्थितियों में हुआ है, इसलिए मुझे कुछ अजीब नहीं लग रहा है। हर कोई अटकलें लगा रहा था कि यह सरकार लोकसभा में बहुमत जुटा भी पाएगी या नहीं ? इसलिए मैं जल्दबाजी में कोई कदम नहीं उठाने जा रहा। दूसरे, कैबिनेट का गठन भी समस्या है, क्योंकि बहुत कम व्यक्ति हैं, जिन्हें मैं कैबिनेट में शामिल कर सकता हूँ। इस विषम परिस्थिति में मैं अपने प्रतिभासंपन्न लोगों पर निर्भर हूँ। इन समस्याओं को हल करने में यदि एक-दो दिन और लग जाते हैं, तो कोई बात नहीं, क्योंकि मैं बार-बार परिवर्तन किए जाने के पक्ष में नहीं हूँ।

प्रतिभाशाली लोग आपके साथ हैं ? क्या ऐसा नहीं है कि आपको अपने जूनियर लोगों से मदद लेनी पड़ेगी, और उनका आप पर दबाव भी होगा ?

मुझ पर ऐसा कोई दबाव नहीं है। इसके विपरीत, मैं पसंद करूँगा कि मुझ पर दबाव डाला जाए। जहाँ तक प्रतिभा का सवाल है, यहाँ कई जूनियर हैं, जो (सीनियर लोगों से) ज्यादा सक्षम हैं। शुरू में बातें तो बनाई ही जाती हैं, पर हमें इसकी परवाह नहीं करनी है। यह सब, फिलवक्त की बात है, परंतु ऐसा भी नहीं कह सकते कि हमें किसी समस्या का सामना नहीं करना पड़ेगा।

आपने अभी कहा कि आप कुछ लोगों द्वारा दबाव डाले जाने को पसंद करेंगे। क्या इसे विस्तार से बताएँगे ?

कोई भी कैबिनेट में शामिल होने के लिए मुझ पर दबाव नहीं डाल रहा है। मैं तो चाहता हूँ कि कुछ लोग आगे आएँ और खुद को मंत्रिमंडल में शामिल करने को कहें। किंतु अभी तक ऐसा कोई सामने नहीं आया है।

क्या यह सच है कि आपके और कांग्रेस (ई) के बीच कुछ नामों, जैसे मेनका गांधी, संजय सिंह, अशोक सेन आदि पर मतभेद हैं ?

कम से कम मेरे साथ तो मतभेद नहीं हैं। कांग्रेस (ई) में न तो कभी किसी ने इस संबंध में कोई जिक्र किया और न ही कैबिनेट में किसी को शामिल करने या उससे बाहर रखने का सुझाव दिया।

पिछली सरकार के कुछ मंत्री आपकी कैबिनेट में शामिल होने जा रहे हैं। वी.पी. सिंह की सरकार में इन मंत्रियों के कार्य संदेहास्पद थे। क्या आपको लगता है कि वे आपकी सरकार में अच्छा काम करेंगे ?

यह तो मैं नहीं जानता, किंतु मैं वी.पी. सिंह सरकार और जो उस सरकार में थे, उनकी उपलब्धियों और क्रिया-कलापों पर ज्यादा ध्यान भी नहीं देने जा रहा। बहुत कम लोगों ने अपनी सीमाओं का उल्लंघन किया है। लेकिन अगर आप सरकार के कार्य-स्तर को देखें, तो उसके मुकाबले वे सभी अच्छे ही थे। इस स्तर पर मैं नहीं सोचता कि उनमें कोई समस्या है।

जिन लोगों ने वी.पी. सिंह सरकार से इस्तीफा दिया है, क्या उन लोगों को आप अपने मंत्रिमंडल में जगह देंगे ?

मैं उन लोगों का शुक्रगुजार हूँ कि उन्होंने परीक्षा की घड़ी में मेरा साथ दिया।

कहा जा रहा है कि कांग्रेस (ई) अपने कुछ मंत्रियों को आपकी सरकार में शामिल कर आपके शासन को नियंत्रित करना चाहती है ?

शासन न तो जनता दल, न कांग्रेस (ई) और न ही जनता दल (रा.) का होगा। हमारी शासन प्रणाली अच्छी होगी और हम जानते हैं कि इसे कैसे चलाया जाए। एक बात मैं यह भी बता दूँ कि जितने भी नाम लिए जा रहे हैं, वे हमारी विचारणीय सूची में नहीं हैं।

लगता है–हर चीज में देरी आपकी नियति है। पहले तो आपने प्रधानमंत्री बनने के लिए कई साल इंतजार किया। उसके बाद सरकार बनाने के लिए आपको बुलाने में राष्ट्रपति ने कई दिन लगा दिए और आपकी सरकार अभी तक बननी बाकी है।

सिर्फ एक सप्ताह गुजरा है। यह विलंब भी परिस्थितियों की देन है। परिस्थितियाँ मेरे वश में नहीं हैं। सरकार बनाने के लिए जितनी संख्या होनी चाहिए, वह मेरे पास नहीं है। पर, यह अच्छी बात है कि अभी तक कांग्रेस (ई) का बर्ताव अच्छा रहा है।

लेकिन अभी तो शुरुआत ही है!

अगर शुरुआत अच्छी हो, तो सिर्फ आधा काम ही बाकी रहता है। लेकिन समस्या इतनी जटिल है कि कोई कारगर कदम उठाने के पहले मुझे दस बार सोचना पड़ रहा है। पिछली सरकारों ने देश को बर्बादी के कगार पर ला खड़ा किया है। वैसा कोई भी काम कम से कम मैं तो नहीं करना चाहता। मेरी सरकार सभी समस्याओं पर गंभीरता से विचार कर उनका हल ढूँढ़ने का ईमानदारी से प्रयास करेगी। सिर्फ 'घोषणा करना और बाद में उन्हें लागू न करना', इस तरह की नीति से काम नहीं चलनेवाला।

आपकी सरकार पिछली सरकार से ज्यादा टिकाऊ होगी, आपके इस दावे का आधार क्या है ?

कोई सरकार जो अल्पमत में है और दूसरों के सहयोग पर टिकी है, उसकी सफलता

के लिए एक ही बात महत्त्वपूर्ण है—वो यह कि जो आपको समर्थन दे रहे हैं, उन पर आपको विश्वास हो और वे आपमें पूरा विश्वास रखते हों। ऐसा विश्वास मुझे है और मेरे दावे का यही आधार है।

जो आपको कई सालों से जानते हैं, उन्हें आपकी योग्यता पर कोई शक नहीं है। आने वाले समय में आप कांग्रेस (ई) के समर्थन से अपनी सरकार बनाने और उसे एक स्थिर सरकार का रूप देने में सक्षम होंगे—इस योग्यता पर सभी को विश्वास है। पर क्या आप अपनी कार्ययोजना बताएँगे ?

मैं नहीं कह सकता। क्योंकि संसदीय लोकतंत्र में इस तरह का खेल न तो कभी मैंने खेला है और न ही इसे खेलना मैं जानता हूँ। मैं किसी चालाकी में विश्वास नहीं करता। मैं सीधा चलना चाहता हूँ। अगर मैं कांग्रेस (ई) का समर्थन ले रहा हूँ, तो इसे मैं बिना किसी दुराव-छिपाव के स्वीकार भी करता हूँ। न तो मैं उन्हें कोई तकलीफ दूँगा और न ही यह चाहूँगा कि वे मुझे तकलीफ दें। बिना एक-दूसरे पर विश्वास के आप कोई भी काम सफलतापूर्वक नहीं कर सकते। मेरा उद्देश्य इस सरकार को बनाए रखना ही नहीं होगा बल्कि यह सरकार सफलतापूर्वक कार्य करे और देश को उन्नत और खुशहाल बनाए, यह भी मेरा उद्देश्य है। जहाँ तक संप्रभुता, एकता और धर्मनिरपेक्षता का सवाल है, मैं कोई समझौता नहीं कर सकता। इसके अलावा जितने प्रश्न हैं, उन्हें मैत्रीपूर्वक सुलझाने में मुझे कोई परेशानी नहीं है।

क्या राजीव गांधी, वी.पी. सिंह, वाम दल और आपकी पार्टी तथा भाजपा के बीच धर्मनिरपेक्षता के सवाल पर सहमति संभव है ?

मुश्किल है। लेकिन भाजपा का बड़ा हिस्सा यह सोचता है कि धर्म के प्रति उनकी जकड़ी हुई सोच न तो उनके लिए ठीक है और न ही देश के लिए। भाजपा का एक खास हिस्सा मेरी ही तरह इन स्थितियों पर चिंतित है।

सरकार बनाने में क्या भाजपा का यही हिस्सा आपकी मदद करने वाला है ?

मैं कुछ कह नहीं सकता। मैंने इस बात की कोई कोशिश नहीं की और न ही मैं उनसे बात करने वाला हूँ। भविष्य में संख्या ही नहीं बल्कि लोगों का व्यवहार भी बहुत कुछ तय करेगा।

दो दिन पहले संसद के अपने भाषण में आपने कहा कि 'मैं हिंदू हूँ और मुझे इस बात का गर्व है। सहिष्णुता के कारण मैं हिंदू धर्म को सभी धर्मों से श्रेष्ठ मानता हूँ...' यह आपकी कार्यनीति है या विश्वास ?

सभी धर्मों के कुछ प्रचलित नियम हैं। यदि आप इनका पालन नहीं करते, तो आपको उस धर्म से बेदखल कर दिया जाता है। किंतु हिंदू धर्म एक ऐसा धर्म है, जिसमें यदि आप पूजा न भी करें, तो भी आपको हिंदू ही माना जाएगा। आप धार्मिक उत्सवों में भाग लें या न लें, पूजा करें या न करें—कोई आप पर उँगली नहीं उठाता। इसके अलावा हिंदू धर्म ने कभी भी किसी भी धर्म का अपमान नहीं किया है।

लेकिन आपका यह कहना कि हिंदू धर्म दूसरे धर्मों से श्रेष्ट है, एक भड़कानेवाला वक्तव्य है।

नहीं, हिंदू धर्म को मैं श्रेष्ठ इसलिए कहता हूँ कि यह उदार है। इसमें सबों के लिए जगह है। अगर यह उदारता इसमें न होती, तो यह कब का समाप्त हो गया होता।

विश्व हिंदू परिषद् का नारा है, 'गर्व से कहो हम हिंदू हैं'—आपकी बातें इससे मिलती-जुलती लग रही हैं ?

ऐसा नहीं है, क्योंकि विहिप के कहने और करने में बहुत अंतर है। वे एक सांप्रदायिक समाज का निर्माण करना चाहते हैं और इसलिए ऐसे नारे लगाते हैं।

आपकी बात का लोग गलत मतलब लगा सकते हैं और उसे सांप्रदायिकता से जोड़ सकते हैं ?

लगाने दीजिए। मैं मिथ्या आरोप से नहीं डरता। जिनका दिमाग अशुद्ध है, वे अच्छी बातों को भी गलत मोड़ दे देते हैं। सिर्फ अविश्वास की वजह से स्थितियाँ विवाद का रूप ले लेती हैं।

क्या आप हिन्दुओं को खुश करने के लिए ऐसा नहीं कह रहे ?

नहीं, मैं किसी को खुश करने के लिए यह नहीं कह रहा हूँ। जो हिन्दुओं को भड़काते हैं, वे मूर्ख हैं। कुछ देर के लिए वे जरूर भ्रमित होंगे पर अंत में वे इनकी चाल समझ जाएँगे। हमारे यहाँ कई अभिनेता, कई गायक मुसलमान हैं, पर क्या कभी हिन्दुओं ने उन्हें कम सम्मान और प्रसिद्धि दी है ? कई मुस्लिम अभिनेता ऐसे हैं, जो हमारे बीच बहुत प्रसिद्ध और सम्माननीय हैं।

आप इन हालात के लिए किसे दोषी मानते हैं ?

दूरदर्शिता की कमी ही इसका कारण है। यदि लोगों को अपने भविष्य से कोई आशा नहीं रहेगी, तो वे पुरानी मान्यताओं, धर्म व जाति परंपरा से ज्यादा चिपकेंगे। हमारी विचारधारा संकुचित हो जाएगी। दूसरी तरफ हम मानवता की समस्या से परिचित नहीं हो पाएँगे। स्वामी विवेकानन्द ने विश्व धर्म सभा में बोलते हुए एक मेढक की कहानी सुनाई। वह मेढक कुएँ में रहता था और सोचता था कि कुआँ समुद्र से भी बड़ा है। चूँकि वह कुएँ से बाहर निकल पाने में अक्षम था, इसलिए इस गलतफहमी का शिकार बना। इस तरह हर धर्म ने लोगों के लिए कुआँ बना रखा है, जिससे वे मानवता के सागर को देखने से वंचित हैं।

राम जन्मभूमि-बाबरी मस्जिद के कुएँ को आप किस तरह मानवता के समुद्र में बदलेंगे ?

एक ही रास्ता है—लोगों को इतिहास की सच्चाई बताई जाए। तुलसीदास ने बाबर के बाद जन्म लिया था। उसने रामायण लिखी और उससे बड़ा ग्रंथ और कोई नहीं था। परंतु समूचे रामायण में उसने मुसलमानों के खिलाफ कुछ भी नहीं लिखा है। यही हिंदू धर्म की रीति है और इसीलिए मुझे इस पर गर्व है। यह सांप्रदायिक होना नहीं है। आपको अपनी

सभ्यता, परंपरा और विरासत पर गर्व होना चाहिए। जो राष्ट्र, समुदाय या व्यक्ति अपनी विरासत पर अभिमान नहीं करता, वर्तमान के प्रति सचेत नहीं रहता तथा भविष्य के प्रति आशावान नहीं रहता, वह राष्ट्रवादी नहीं हो सकता।

हिन्दुओं द्वारा अपने हिंदू होने का अभिमान करना और मुसलमानों द्वारा मुसलमान होने का अभिमान करने की प्रवृत्ति सांप्रदायिक कलह का कारण बन सकती है। आपका वक्तव्य इस स्थिति को और भी बिगाड़ेगा।

नहीं, ऐसा नहीं होगा। धर्म सिर्फ एक कड़ी या माध्यम है, ईश्वर और इंसान के बीच।

आपने कहा कि मस्जिद भी रहेगी और मंदिर भी। वी.पी. सिंह ने भी यही कहा था। फिर आप दोनों में मतभेद कहाँ है ?

मैं वी.पी. सिंह के पक्ष पर कुछ भी नहीं कहूँगा। लेकिन, मैं मानता हूँ कि हमें मिल-बैठकर किसी निर्णय पर पहुँचना चाहिए। अगर ऐसा संभव नहीं, तो हमें दूसरे धर्म के लोगों की भावना को ठेस पहुँचाने का कोई अधिकार नहीं है। मैं दोनों धर्मों के नेताओं से अनुरोध करूँगा कि विवाद से कोई फायदा नहीं है। हमें हमेशा साथ ही रहना है। लोग यह क्यों नहीं समझते कि जब बाबर आया, तब आप दस हजार मुसलमानों को नहीं हटा सके, तो अब आप बारह करोड़ मुसलमानों को कैसे हटाएँगे। जब बाबर, औरंगजेब व तैमूर हिंदू धर्म को नहीं मिटा सके, तो क्या कुछ मौलवी मिलकर इसे खत्म कर पाएँगे ? जनता सच्चाई को समझे और स्वीकारे, यही एक रास्ता है इस विवाद के अंत का।

वर्तमान परिस्थिति में क्या यह संभव है ?

मैं पूर्णतः आश्वस्त हूँ कि सही कोशिश और विश्वास से यह संभव हो सकता है।

आप भाजपा के साथ मंदिर मुद्दे पर किस हद तक समझौता करेंगे ?

यदि वे मस्जिद तोड़ने का विचार त्याग देते हैं, तो मैं समझौते के लिए तैयार हूँ। अगर मुस्लिम कुछ समझौतों पर राजी हो जाएँ, तो उसके लिए भी मैं तैयार हूँ। मैं मानवता का पुजारी हूँ और मंदिर-मस्जिद में विश्वास नहीं रखता। हिंदू और मुसलमानों के बीच फैले तनाव और हिंसा को खत्म करने के लिए मैं किसी भी हद तक जा सकता हूँ।

आपने कहा था कि यदि आप प्रधानमंत्री होते, तो असम, पंजाब व कश्मीर की समस्याओं का समाधान कर देते ?

मैंने कहा था कि अगर मैं प्रधानमंत्री होता, तो ये समस्याएँ जन्म ही नहीं लेतीं।

अब जबकि यह समस्याएँ इतने जटिल रूप में हमारे सामने हैं, तो आपके पास इनका क्या समाधान है ?

एक कमरे में बैठकर यदि मैं कहूँ कि मैं इनका समाधान निकाल लूँगा, तो ऐसा नहीं होनेवाला है। इन समस्याओं से जो जूझते हैं, उनसे मेरा संपर्क नहीं है। कोई सुझाव बहुत

सतर्कता से देना होगा, क्योंकि मैं नहीं चाहता कि इसे अस्वीकार कर दिया जाए।

हर सरकार इन समस्याओं को सुलझाने का दावा करती है, पर कुछ नहीं होता। लोगों को आपसे उम्मीद है कि आप जरूर इन समस्याओं का कोई हल निकाल लेंगे ?

कई बार एक समस्या का समाधान ढूँढ़ने में सौ वर्ष भी लग जाते हैं। अतः मैं दावा नहीं करता कि मैं समाधान ढूँढ़ ही लूँगा। चलिए, इंतजार करते हैं कि क्या होता है।

कश्मीर और पंजाब को आप क्या आश्वासन देंगे ?

मैं यही कहूँगा कि देश के इन हिस्सों में शांति स्थापना के हर संभव प्रयास किए जाएँगे। मैं हर भारतीय से बातचीत करने को तैयार हूँ, चाहे वह उग्रवाद की भाषा ही क्यों न बोले। उन्हें समझना चाहिए कि जिस तरह उनका अपना एक दृष्टिकोण है, उसी तरह हमारा भी है। प्रजातंत्र में विभिन्न मतोंवाले लोगों के बीच आपस में मिल-बैठकर ही किसी समस्या का हल ढूँढ़ा जा सकता है। लेकिन उन्हें हिंसा से रोकना होगा।

'जो भारतीय हैं' इससे आपका अभिप्राय किनसे है ? क्योंकि आज कई भारतीय भी दुश्मनों से साँठ-गाँठ कर देश को अस्थिर करने में लगे हुए हैं।

इस तरह की समस्याएँ जब जन्म लेती हैं, तब यही होता है। मगर हमें इसकी ज्यादा परवाह नहीं करनी चाहिए क्योंकि ऐसा करनेवालों की संख्या बहुत सीमित है। जब मैं कहता हूँ कि जो भारतीय हैं, तो मेरा मतलब यह होता है कि अपने मामलों में मैं कोई बाहरी (विदेशी) हस्तक्षेप नहीं चाहता। अपनी समस्याओं का समाधान हम खुद ढूँढ़ लेंगे।

क्या भारत की सीमाएँ इन राजनीतिक परिवर्तनों और अस्थिरता के बीच सुरक्षित हैं ? हमारे राष्ट्रपति मध्यावधि चुनाव नहीं चाहते क्योंकि उन्हें लगता है कि अस्थिरता राष्ट्र की सुरक्षा के लिए घातक होगी ?

इसके पीछे राष्ट्रपति की क्या मंशा है, उस पर मैं कुछ नहीं कहना चाहता। हाँ, लोगों को जरूर भरोसा दिलाता हूँ कि हमारी सीमाओं को कोई खतरा नहीं है।

मंडल कमीशन के मुद्दे पर बात करें, तो आप आर्थिक आधार पर आरक्षण की माँग कर रहे हैं। क्या इसका मतलब यह है कि आप आर्थिक रूप से पिछड़े वर्गों को भी 27 प्रतिशत आरक्षण में शामिल करेंगे ?

वह परिस्थितियों पर निर्भर करेगा। कई दक्षिणी राज्यों में 50 प्रतिशत से भी ज्यादा का आरक्षण है और किसी ने इस पर उँगली नहीं उठाई है, तो क्या वैसा ही यहाँ नहीं किया जा सकता ? सिर्फ घोषणाओं से समस्याएँ नहीं सुलझतीं, जब तक कि हम मिल-बैठकर कोई रास्ता नहीं निकालते—जो सबों को स्वीकार्य हो।

आपके पास इसका क्या उपाय है ?

मंडल कमीशन तो खुद एक रास्ता है, समस्याओं को सुलझाने का। मेरी चिंता यह है

कि यह कई और दृष्टिकोणों को अपनाए। हमें यह नहीं सोचना चाहिए कि मंडल के पास जितने रास्ते हैं, वे सभी बेकार हैं। यह सोच घातक है।

आपने वी.पी. सिंह पर आरोप लगाया है कि उन्होंने जल्दबाजी में मंडल की घोषणा कर दी है। उत्तरप्रदेश में मुलायम सिंह ने कुछ दिनों पहले ही मंडल को लागू करने की घोषणा कर दी। क्या यह जल्दबाजी में उठाया गया कदम नहीं है, जैसा देवीलाल की बोट क्लब रैली के अवसर पर वी.पी. सिंह ने किया था ?

मुलायम सिंह ने कोई नई घोषणा नहीं की है। केंद्र सरकार इसकी घोषणा पहले ही कर चुकी है और उत्तरप्रदेश में 50 प्रतिशत का आरक्षण पहले से ही है। मुलायम सिंह ने सिर्फ बचे-खुचे अंश की घोषणा की है। इसे घबराहट में लिया गया निर्णय नहीं कहा जा सकता क्योंकि यह महीनों से लंबित पड़ा था।

आज आप वी.पी. सिंह पर जल्दबाजी में निर्णय लेने का आरोप लगा रहे हैं, जबकि आपके समर्थक उन पर मंडल को देरी से लागू करने का आरोप लगा रहे हैं। उन्होंने सरकार से कमीशन की रिपोर्ट को अब तक लागू नहीं किए जाने का कारण पूछा है और समय-सीमा की माँग की है ?

हाँ, समय-सीमा की माँग तो वाजिब है क्योंकि उनके पास 11 महीने थे। क्या एक योजना को क्रियान्वित करने के लिए इतना समय काफी नहीं है ? समय-सीमा का मतलब यह तो नहीं है कि छह महीने बाद आप अचानक इसकी घोषणा कर दें। योजनाएँ 10 घंटे में भी बन सकती हैं और 10 सालों में भी नहीं बन सकतीं। इसलिए महीना और साल मायने नहीं रखते, बल्कि योजना का क्रियान्वयन और विस्तार ज्यादा जरूरी है।

वी.पी. सिंह सरकार की दो असफलताएँ रहीं–मंदिर और मंडल, जिससे उनकी सरकार गिरी ?

नहीं, वी.पी. सिंह जिन लोगों के बीच काम कर रहे थे, उनमें परस्पर विश्वास की कमी थी। भाजपा ने सोचा कि वी.पी. सिंह ने उनके साथ धोखा किया और दूसरी ओर वाम दल यह सोचते रहे कि वे भाजपा के साथ गठबंधन कर रहे हैं। इन सबसे भ्रम की स्थिति पैदा हो गई, जिसने सरकार को गिरा दिया।

आपकी अपनी सरकार के स्थायित्व को लेकर गहरी शंकाएँ हैं।

शंकाओं का कोई समाधान नहीं होता है। मैं क्यों चिंता करूँ कि मेरी सरकार छह महीने चलेगी या छह साल चलेगी ? मुझे सिर्फ इस बात की चिंता है कि मेरी सरकार जितने दिन भी रहे, कुछ ठोस और महत्त्वपूर्ण कार्य संपन्न करे। यही मेरी प्राथमिकता भी है और चिंता भी।

कुछ ठोस करने के लिए आपको समय तो चाहिए ही ?

हाँ, समय तो चाहिए, लेकिन कुछ काम थोड़े समय में भी हो सकते हैं।

क्या सरकार तभी तक चलेगी जब तक कांग्रेस (ई) इसे समर्थन दे रही है ?

हाँ, कांग्रेस (ई) के समर्थन के बिना यह सरकार नहीं चल सकती।

लोग आपसे आशा कर रहे हैं कि आप कुछ और समर्थन जुटा लेंगे ?

नहीं, गणित इसकी इजाजत नहीं देता। हमारे पूर्व प्रधानमंत्री बताएँ कि कभी भी मैंने किसी मुद्दे पर समझौता किया हो। अगर ऐसा हो सकता, तब तो परेशानी की कोई बात ही नहीं थी। वी.पी. सिंह ने भी समर्थन जुटा लेने का आश्वासन दिया था, पर वे क्या कर सके ? अगर वे भाजपा से कोई समझौता करते, तो वाम दल उन्हें अपना समर्थन नहीं देते। अतः समर्थन जुटा लेने के सारे दावे बेकार हैं। मैं ऐसे दावे नहीं करता।

प्रधानमंत्रियों की सुरक्षा व्यवस्था ने उन्हें जनता की पहुँच से हमेशा ही दूर किया है। आप इससे कैसे निपटेंगे ?

मैं सुरक्षा व्यवस्था को महत्त्वपूर्ण मानता हूँ। परंतु व्यर्थ में इतनी बातें की जा रही हैं। मैंने इस व्यवस्था को कुछ लचीला बनाने की कोशिश की है।

लेकिन ब्लू बुक का क्या होगा जिसे बदलने का आपने वादा किया है ?

मैं उसे बदलने जा रहा हूँ।

रेसकोर्स का मकान, जहाँ प्रधानमंत्री का कार्यालय है, क्या वहाँ सुरक्षा के लिहाज से पहुँचने में समस्या नहीं आएगी ? क्या यह आपके और आपकी जनता के बीच दीवार नहीं बन जाएगा ?

नहीं कह सकता, क्योंकि मैंने वह जगह अब तक देखी ही नहीं है।

कहा जाता है कि यह जगह अशुभ है, क्योंकि यहीं रहते हुए दो प्रधानमंत्रियों ने अपनी सत्ता खो दी थी ?

मकान शुभ हो या अशुभ, कोई भी पी. एम. स्थायी नहीं हो सकता। वह तो बनते और बिगड़ते रहेंगे।

क्या आप उस मकान में रहने जा रहे हैं ?

मैंने अब तक इसका निश्चय नहीं किया है।

ऐसा माना जा रहा है कि आपकी सरकार की समाजवादी विचारधारा आर्थिक उदारीकरण के रुख में कोई बदलाव लाएगी ?

आज संसार का कोई देश दूसरे से अलग-थलग पड़ा नहीं रह सकता। इसलिए आर्थिक उदारीकरण का हर जगह स्वागत हो रहा है। मगर उदारीकरण से साधनों का अपव्यय नहीं होना चाहिए। बहुराष्ट्रीय कंपनियाँ दुरूह क्षेत्रों में अपनी उच्च तकनीक लगाकर उन्हें उपयोगी बनाने में यदि हमारी मदद करती हैं, तो मैं इसका समर्थन करता हूँ। अगर यह अफसरशाही

और लालफीताशाही को दूर करे, लाइसेंस प्रक्रिया को सरल करे, भ्रष्टाचार को मिटा दे, तो यह स्वागत-योग्य है। लेकिन हमें अपने सीमित साधनों के व्यय में सावधानी बरतनी होगी।

सार्वजनिक क्षेत्रों की स्थिति बदतर हो चुकी है। बड़े-बड़े औद्योगिक घराने ही आज का सच हैं। आप इस सच्चाई से कैसे भागेंगे ?

कुछ खास वजहों से सार्वजनिक क्षेत्रों की यह स्थिति हुई है। सार्वजनिक क्षेत्रों का राजनीतिक इस्तेमाल किया गया है। इनके प्रबंधन को ज्यादा स्वतंत्रता और शक्ति देनी चाहिए थी, जिससे वे अच्छा काम कर सकें।

आप औद्योगिक घरानों और उद्योगपतियों को नापसंद करते रहे हैं। फिर भी इनमें से कुछ का नाम आप से जुड़ा रहा है।

मैंने राजनीति का कभी व्यक्तिगत इस्तेमाल नहीं किया। मैं कई औद्योगिक घरानों को नापसंद करता हूँ क्योंकि वे गंदी राजनीति में शामिल हैं। लेकिन मैं उद्योगपतियों के खिलाफ नहीं हूँ। मीडिया द्वारा फैलाई गई अफवाहों की वजह से मेरा नाम इनसे जोड़ा जा रहा है। मगर मुझे खुद पर भरोसा है। कुछ मुट्ठी-भर लोग मेरी छवि खराब नहीं कर सकते।

कहा जा रहा है कि माफिया डॉन और गॉडमैन, जैसे–ओमप्रकाश चौटाला, चन्द्रस्वामी और सूर्यदेव सिंह जैसे लोग आँपकी सरकार में फूले-फलेंगे ?

अगर चौटाला और सूर्यदेव सिंह का मतलब माफिया है, तो अब लोग ही बताएँ कि वे किसे पसंद करेंगे। श्री चौटाला मेरी पार्टी में हैं और मेरे दोस्त भी हैं। अगर उन्हें माफिया करार दिया जाता है, तो फिर लोग माफिया का मतलब ही नहीं जानते। सूर्यदेव सिंह मेरे जिले के हैं। सिर्फ इसलिए कि कुछ लोग उन्हें पसंद नहीं करते, मैं उनका साथ छोड़ दूँ ? मैं ऐसा नहीं करूँगा। चन्द्रस्वामी आज से नहीं बल्कि जब मैं कांग्रेस में श्रीमती गांधी के साथ था, तभी से मेरे मित्र रहे हैं। वे श्रीमती गांधी के गुरु थे और जयप्रकाशजी के निकट थे। अगर उन्होंने जेपी और श्रीमती गांधी की छवि खराब नहीं की, तो क्या वह मेरी छवि खराब करेंगे ? चन्द्रस्वामी ने अगर कुछ गलत किया है, तो उनकी निंदा की ही जानी चाहिए। लेकिन चंद लोगों द्वारा उनको नापसंद किया जा रहा है, सिर्फ इसलिए मैं भी ऐसा करूँ, तो यह नहीं हो सकता। अगर यह तीनों व्यक्ति किसी दूसरे का नुकसान किए बगैर फूलते-फलते हैं, तो मुझे खुशी होगी।

चलिए, चौथा नाम भी जोड़ देते हैं, धीरूभाई अंबानी...?

चाहे जितने भी नाम आप जोड़ लें, लोगों के चाहने से मैं उनसे नफरत करूँ, यह मुझसे संभव नहीं है।

क्या आप उन्हें नहीं जानते हैं ?

मैं उनसे दो या तीन बार मिला हूँ।

क्या आप उनसे दिल्ली और बंबई में होटलों में मिले थे ?

हाँ, जब वे मेरे घर आए थे, तब उनसे मिला था।

डेविड सेलबोर्न ने आप पर आरोप लगाया है कि उनको दिए गए इंटरव्यू में आपने सूर्यदेव सिंह से अपने संबंध सही ठहराते हुए कहा था कि उस समय दल के अध्यक्ष आपको पार्टी चलाने के लिए मात्र 5,000 रुपए प्रति महीना देते थे, जबकि सूर्यदेव सिंह आपको लाख रुपए तक दे सकते थे।

नहीं, मैंने ऐसा कभी नहीं कहा, क्योंकि पार्टी चलाने के लिए सूर्यदेव ने कभी भी मुझे पैसा नहीं दिया। ऐसा कहकर मैं उनके महत्त्व को घटाना नहीं चाहता, इसके विपरीत उनके कहने पर मैंने चुनाव के समय कुछ लोगों को पैसे दिए थे।

क्या यह सच नहीं कि आप राजनीति में पैसों को महत्त्व देते हैं ?

दोहरे व्यक्तित्ववाले लोगों के लिए नैतिकता पैसों पर आधारित होती है। राजनीति में जितना भी पैसा आ रहा है, वह सब काला धन है। कौन व्यक्ति वर्तमान कर-ढाँचे में 100 रुपए से ज्यादा राजनीति में योगदान कर सकता है ? खोखली नैतिकता से कुछ नहीं होता। यह देखना ज्यादा जरूरी है कि आप कहीं व्यक्तिगत हित के लिए तो पैसा इकट्ठा नहीं कर रहे हैं। कई लोग मेरे बारे में गलत सोचते हैं। मैंने जब भारत यात्रा केंद्रों को बनवाया, तो लोगों को मुझसे ईर्ष्या होने लगी। क्या मैंने इन्हें अपने या अपने बच्चों के लिए बनाया है ? चूँकि वे खुद कुछ नहीं करते, इसलिए दूसरों के कुछ करने पर उस पर उँगली उठाते हैं।

राष्ट्रीय मोर्चा सरकार ने एक अस्वस्थ परंपरा शुरू की है, सामूहिक रूप से राज्यपालों की अदला-बदली की। आपकी क्या नीति होगी ?

कुछ ही बदले जाएँगे। बहुत से राज्यपालों को मैंने दूसरी जगह जाने से रोका है।

इसका मतलब वी.पी. सिंह की नीति जारी रहेगी ?

अगर ऐसा हुआ, तो सरकार का फिर पतन होगा।

देवीलाल के अब तक के रिकॉर्ड को देखते हुए क्या अब भी आप उन पर विश्वास करेंगे ?

मैं सब पर विश्वास करता हूँ और विश्वास का ही माहौल बनाना चाहता हूँ। हाथ उन्होंने ही बढ़ाया है, इसलिए मेरे पास कोई कारण नहीं है कि मैं उन पर शक करूँ।

अगर बंसीलाल सलाह देते हैं कि देवीलाल से दूर रहो, तो क्या आप उनकी सलाह मानेंगे ?

जितनी जरूरत है, उतनी मैं सबकी सुनूँगा।

क्या देवीलाल से किसी समस्या की उम्मीद है ?

इन सब बातों से मैं नहीं घबराता। बहुत सारी समस्याएँ उठेंगी, किंतु जिस समस्या से

सारा देश जूझ रहा है, उसके सामने यह समस्याएँ कुछ भी नहीं हैं।

आज बजटीय घाटा और भुगतान संतुलन दो बड़ी समस्याएँ हैं हमारी अर्थव्यवस्था की। इनसे लड़ने के लिए आपकी दिशा और दृष्टिकोण क्या होंगे ?

मैं कीमतों को नीचे लाने का हर संभव प्रयास करूँगा।

भारत की विदेश नीति को आप कौन-सी नई दिशा देंगे ?

मैं चाहूँगा कि दुनिया के सभी देशों से हमारा संबंध अच्छा हो, लेकिन मेरा ज्यादा ध्यान अपने पड़ोसी देशों पर होगा। मैं सभी पड़ोसी देश, विशेषकर इस महाद्वीप के देशों के साथ, आत्मीय संबंध बनाने की कोशिश करूँगा। यह क्षेत्र साधनहीन व गरीबों का क्षेत्र है। जब तक हम आपस में ही लड़ते रहेंगे, हमें कभी भी गरीबी से छुटकारा नहीं मिलेगा। मैं अपने सारे पड़ोसी देशों से अनुरोध करता हूँ कि हम सभी अपनी समस्याएँ बातचीत और परस्पर सहयोग से सुलझाएँ।

सारांश में, वर्तमान सरकार में प्रधानमंत्री बचानेवाला है, तो उपप्रधानमंत्री मुश्किल में डालनेवाला है ?

जो ऐसे आरोप लगाते हैं, उन्हें यह नहीं मालूम कि वे देश के भाग्यविधाता नहीं हैं।

द हिंदुस्तान टाइम्स, 19 नवंबर, 1990

मेरी समस्या दरअसल राष्ट्र की समस्या है

अशोक ओझा की बातचीत

तमिलनाडु के मुख्यमंत्री एम. करुणानिधि के हवाले से एक अखबार में छपा है कि उनकी सरकार हटाने का केंद्र सरकार का इरादा है–इस बारे में कुछ बताएँ ?

तमिलनाडु में हो रहे परिवर्तन के बारे में अलग से कुछ नहीं कहा जा सकता। यह द्रविड़ मुनेत्र कड़गम का अंदरूनी मामला है। दल से गँठजोड़ करने, नहीं करने संबंधी कोई बात अभी मेरे सामने नहीं आई है। हाँ, एक मेमोरेंडम (जनता दल (एस) द्वारा डीएमके सरकार को हटाने के संबंध में) मुझे जरूर मिला है।

सरकार में दक्षिण भारत का प्रतिनिधित्व ?

यह मामला मेरे बूते से बाहर है। वैसे ही हमारे दल में दक्षिण भारत के गिने-चुने प्रतिनिधि हैं और अगर लोगों के बीच इस बात से नाराजगी है, तो मैं कुछ नहीं कर सकता।

पंजाब के बारे में आप क्या सोच रहे हैं ?

निश्चित रूप से विचार तो चल रहा है, क्योंकि वहाँ हालात बहुत बुरे हैं। कुछ तो करना पड़ेगा। उग्रवादियों को समझा-बुझाकर रास्ते पर ले आएँ, इस बात की कोशिश करनी होगी। उन्हें यह भी समझाना होगा कि मुठभेड़ों से मसलों के हल नहीं निकला करते।

क्या दक्षिण में हिंदी भाषा थोपने...

किसी भी व्यक्ति या क्षेत्र पर भाषा थोपी नहीं जा सकती है। भाषा विकसित की जाती है।

पंजाब पर ही लौटें ? वहाँ किस तरह से समस्या का समाधान करेंगे ?

मुझे नहीं लगता कि दमन से किसी भी तरह की समस्या को हल किया जा सकता है। यह कदम घातक होगा।

हाल में अकाली दल के सदस्यों-नेताओं की गिरफ्तारी के बारे में...

मुझे बताया गया था कि सम्मेलन में वे लोग कुछ ऐसे प्रस्ताव रखने जा रहे हैं, जिससे वातावरण दूषित हो सकता है और आपसी बैर बढ़ सकता है। इसीलिए ऐसा कदम उठाना जरूरी समझा गया।

आपने कहा कि आप बातचीत के जरिये पंजाब समस्या का समाधान खोजेंगे। यह जानना महत्त्वपूर्ण है कि किन तत्त्वों से बातचीत करेंगे ?

हर किसी से। हर उस व्यक्ति से, जो अपने आपको हिंदुस्तानी समझता है। भले ही उसका मत कितना ही अलग और दुर्भावना वाला हो। हाँ, यह जरूर है कि इतना हम जानना चाहेंगे कि वह भी बातचीत के लिए अपना मन बना चुका है।

पाकिस्तान से संबंध सुधारने के लिए राजनीतिक प्रयास करने होंगे या...

हाँ, इसके अलावा और कोई रास्ता नहीं है। इस पूरे महाद्वीप की हालत बुरी है। यह पूरा इलाका गरीबी का इलाका है। अगर पड़ोसी देश ही आपस में लड़ते रहेंगे, तो हालात और ज्यादा बिगड़ेंगे। मैं तो सबसे यही कहूँगा कि लड़ने से किसी का भला नहीं होगा। भारत कभी नहीं चाहेगा कि युद्ध हो। मैं तो हर किसी से कहता हूँ कि हम लड़ना नहीं चाहते, लेकिन यदि हमें मजबूर कर दिया जाए, तो इस बारे में मैं कुछ नहीं कहना चाहूँगा।

मैंने हाल ही के पाकिस्तान के दौरे में विभिन्न तबकों के लोगों से बातचीत की थी। उनसे निष्कर्ष यही निकला कि पहले गैरराजनीतिक प्रयास होने जरूरी हैं। यानी दोनों देशों के लोग एक-दूसरे के मुल्क में जाएँ, तो इस समस्या का कुछ हल जरूर निकल सकता है। आपकी क्या राय है ?

आपका कहना सही है। मैं भी जानता हूँ कि दोनों देशों के लोग लगातार एक-दूसरे के मुल्कों में जाएँ, मिलें, बातचीत करें, तो हमें एक-दूसरे को समझने में बहुत मदद मिलेगी। सार्क देशों के सम्मेलन में भी मैंने इस बात पर जोर दिया कि भारत-पाक के लोगों पर वीसा की पाबंदी नहीं होनी चाहिए। इससे आने-जाने की सुविधा के अलावा एक-दूसरे को समझने में भी मदद मिलेगी।

पाकिस्तान के दौरे में संस्कृतिकर्मियों, लेखकों, पत्रकारों से मुलाकात हुई। उनका भी मानना था कि यदि दोनों देशों के संस्कृतिकर्मियों के प्रतिनिधिमंडल एक-दूसरे के यहाँ दौरे करें, तो यह दूरी और कम हो सकती है।

यह बहुत अच्छी बात है और इससे मुझे बेहद खुशी होगी। मैं भी सहमत हूँ कि इससे समस्या सुलझाने में बहुत मदद मिलेगी। ऐसे हर प्रयास में मैं भरपूर मदद का वादा करता हूँ। इस बारे में पाकिस्तान सरकार के रवैये पर भी बहुत कुछ निर्भर करता है।

नवाज शरीफ के भारत विरोधी बयान...

देखिए, उस बयान पर मैं कोई प्रतिक्रिया व्यक्त नहीं कर सकता। मुझसे जो बातचीत हुई, उसमें तो उन्होंने यही कहा कि किसी तरह समझौते का रास्ता निकालना चाहिए। बयान क्यों दिया, इस पर मैं कुछ नहीं कह सकता।

व्यक्तिगत बातचीत में वे संबंध सुधारने की बातें करते हैं, लेकिन सार्वजनिक तौर पर बयान देने से घबराते हैं ?

भई, मैं तो यही कहूँगा कि घबराना नहीं चाहिए, खुलकर सार्वजनिक रूप से अपनी बात कहनी चाहिए। दोस्ती बढ़ेगी, संबंध सुधरेंगे, तो घबराहट कम होगी।

क्या आप मानते हैं कि हम अपने जीवनकाल में ही भारत-पाक महासंघ जैसा कोई संघ देख पाएँगे ?

मैं कुछ कह नहीं सकता। यह जरूर है कि इस बारे में हम कोई पहल नहीं कर रहे हैं।

राम जन्मभूमि-बाबरी मस्जिद विवाद पर आप क्या कर रहे हैं ?

हम लोगों से बातचीत कर रहे हैं और कई लोगों को बातचीत के लिए राजी भी कर रहे हैं। बातचीत के जरिये ही इस समस्या का समाधान करेंगे। तनाव के वातावरण को कम करना होगा।

दोबारा कार सेवा शुरू करने की बात है। क्या इससे सरकार को उसी तरह खतरा है, जैसा पिछली सरकार को था ?

मुझे नहीं पता कि कार सेवा का क्या अर्थ है। लेकिन मुझे जो जानकारी है, उसके अनुसार अब पहलेवाली स्थिति नहीं है। अगर सांकेतिक रूप से कार सेवा या सत्याग्रह की बात हो, तब भी हम नहीं चाहेंगे कि ऐसा हो। मुझे नहीं लगता कि किसी ओर से भी अराजकता या अशांति फैलाने की बात होगी।

आप पहले प्रधानमंत्री हैं, जिन्हें विरासत में ढेरों समस्याएँ मिली हैं। इन समस्याओं के हल के लिए आप शुरुआत कहाँ से करेंगे ?

मैं नहीं जानता कि समस्याएँ प्रधानमंत्री को मिली हैं। दरअसल समस्याएँ प्रधानमंत्री को नहीं, मुल्क को मिली हैं। दरअसल वे (विश्वनाथ प्रताप सिंह) यह कहते रहे कि समस्याएँ मेरी हैं और मुल्क भी यह जानता रहा कि समस्याएँ प्रधानमंत्री की हैं, मगर पूरे मुल्क को ही उनसे निपटना पड़ेगा। चाहे कोई प्रधानमंत्री कितना भी शक्तिशाली हो, उसे यह नहीं मानना चाहिए कि मुल्क के लोगों की साझेदारी के बिना वह समस्याओं को हल कर लेगा।

जब-जब दल में असंतोष की बात चलती है...

आप दल में हो रहे असंतोष की बात क्यों करते हैं, पूरे देश में ही असंतोष फैला हुआ है। पार्टी देश से अलग कहाँ है ? देश का असर दल पर तो पड़ेगा ही।

क्या आप राज्यपालों को बदलने जा रहे हैं ?

(उलटकर) आप लोग क्या समझते हैं, मुझे क्या करना चाहिए ? वैसे आप के सुझाव पर हम गौर कर रहे हैं।

नवाज शरीफ ने स्वदेश लौटकर कहा था कि हम शिमला समझौता मानने के लिए बाध्य

नहीं हैं। इस पर आपकी क्या प्रतिक्रिया है ?

मैं नहीं कह सकता कि किस आधार पर उन्होंने ऐसे बयान दिए। ऐसा वक्तव्य देने की उनकी क्या मजबूरियाँ थीं। मैं इसे जाँचने की कोशिश करूँगा। माले सम्मेलन में भारत-पाक संबंधों को सुधारने के लिए उन्होंने जिस तरह की भावना का परिचय दिया था, ये बयान उस भावना के विपरीत हैं।

कश्मीर समस्या को हल करने की क्या संभावना आप देखते हैं ? क्या विधानसभा को पुनर्जीवित किया जा सकता है ?

राज्य के प्रशासन से स्थानीय लोगों को जोड़ना होगा। वे लोग किस स्तर के होंगे, इस पर विचार किया जा रहा है। विधानसभा को पुनर्जीवित करने का जो सवाल है, यह मामला तो न्यायपालिका के हाथ में है।

केंद्र और राज्य के संबंधों में कैसे सुधार किया जाना चाहिए ?

दोनों में आपसी तालमेल होना बहुत जरूरी है। यह भी जरूरी है कि केंद्र के प्रति उनकी जो जिम्मेदारियाँ हैं, उनकी वे पूर्ति करें।

देश के मसलों को हल करने के लिए क्या आप वामपंथी पार्टियों का समर्थन और सहयोग लेना चाहेंगे ?

मुझे समझ में नहीं आता कि वामपंथी पार्टियों का क्या गुस्सा है। राष्ट्र इस समय जिन समस्याओं से गुजर रहा है, उनके समाधान के लिए वामपंथी पार्टियाँ अगर सहयोग दें, तो अच्छा होगा।

संडे मेल, 2 दिसंबर, 1990

सांप्रदायिकता की काली छाया नए भविष्य के निर्माण में बाधक है

एसोसिएटेड प्रेस की फरलीन फीशर की बातचीत

प्रधानमंत्री महोदय, जैसे ही आपने संसद में विश्वास मत हासिल किया, आपने उस देश का नेतृत्व सँभाल लिया, जो तरह-तरह की संभावनाओं, सांप्रदायिक हिंसा और हिंसा के नए-नए दौर से जूझ रहा है...इस बारे में आप क्या कर सकते हैं ?

यह सही है कि देश मुश्किल वक्त का सामना कर रहा है। हाल के सांप्रदायिक दंगों ने स्थिति को और जटिल बना दिया है। लेकिन मेरा मानना है कि यह अस्थायी दौर है। भारतीय लोग मन से धर्मनिरपेक्ष हैं। कुछ ऐसी शक्तियाँ हैं, जो इस देश में समस्याएँ पैदा करना चाहती हैं। अभी तो सरकार के पास इन सांप्रदायिक शक्तियों के प्रभाव पर अंकुश लगाने की कोशिश करने के अलावा और कोई विकल्प नहीं है। इसके साथ ही सरकार लोगों के बीच आपसी विश्वास और भरोसा बढ़ाने का वातावरण पैदा करने की कोशिश कर रही है। लेकिन यह समस्या बहुत गंभीर नहीं है—इससे भी गंभीर मसला है इनके चलते विकास के कार्यों का ठप्प पड़ जाना। आज राष्ट्र जिस आर्थिक संकट का सामना कर रहा है, उससे यह सांप्रदायिक फसाद और बढ़ रहा है। और यही वास्तविक खतरा है, जो देश के लिए सबसे बड़ा है। इसलिए हमारा प्रयास लोगों को यह बताना होगा कि विभिन्न समुदायों के बीच मनमुटाव ही नहीं, अर्थव्यवस्था या देश के आर्थिक विकास पर पड़नेवाली इसकी काली छाया उनके नए भविष्य के निर्माण में बाधक है।

लेकिन हिंसा पर रोक लगाने के लिए आप इन सबको अमल में कैसे लाएँगे ?

हमने यह प्रक्रिया शुरू कर दी है। कुछ महत्त्वपूर्ण मामलों पर हम उन विभिन्न समुदायों के बीच संवाद की कोशिश कर रहे हैं, जो हाल में तनावों के पीछे रहे हैं। एक महत्त्वपूर्ण मुद्दा है राम जन्मभूमि-बाबरी मस्जिद। इसी समस्या के चलते हाल का सांप्रदायिक हंगामा हुआ है। यह समस्या काफी दिनों से खड़ी है। लगभग दो-तीन वर्षों से। अब पहली बार दोनों संबद्ध समूहों के बीच संवाद शुरू हुआ है। जनवरी के दूसरे हफ्ते में एक दौर की बातचीत और होगी। मुझे उम्मीद है कि इस बातचीत से कुछ न कुछ नतीजा निकलेगा।

आप यह कहते हैं कि कुछ लोग समस्या पैदा करना चाहते हैं और दूसरी ओर आप यह भी कहते हैं कि राम जन्मभूमि-बाबरी मस्जिद के चलते समस्या है, तो क्या आप यह कहना चाहते हैं कि वही लोग इस समस्या का लाभ लेने की कोशिश कर रहे हैं ?

मैं 'लाभ लेना' तो नहीं कह सकता, पर यही लोग लोगों की भावनाओं से खिलवाड़ करने के लिए इस विवाद का उपयोग कर रहे हैं। मुझे नहीं मालूम कि वे लोग इसका लाभ ले पाएँगे या नहीं, पर निश्चित रूप से वे इस मुद्दे का दुरुपयोग कर रहे हैं।

क्या सरकार ने उन लोगों की पहचान की है, जो इस मुद्दे का दुरुपयोग कर रहे हैं ?

यह पहचान करने का सवाल नहीं है। यह मालूम है कि कौन-सी प्रवृत्तियाँ इसके लिए जिम्मेवार हैं। निश्चित रूप से सरकार को उन तत्त्वों की जानकारी है, जो यह कर-करा रहे हैं और उनके खिलाफ कुछ कदम भी उठाए गए हैं।

क्या आप कुछ नाम लेना चाहेंगे ?

नहीं, कौन लोग समस्या पैदा कराते हैं या कौन लोग अफवाहें फैलाते रहे हैं—यह नाम गिनाना बेमानी है। पर जो लोग ऐसा कर रहे हैं, उन्हें बख्शा नहीं जाएगा।

कैसे ? ऐसे लोगों को किस तरह सजा दी जाएगी ?

उन्हें जेल भेजा जाएगा। हम ऐसी स्थिति चलने नहीं दे सकते, जिसमें लोग अफवाहें फैलाएँ, लोगों की भावनाएँ भड़काकर ऐसी स्थिति पैदा कर दें कि निर्दोष लोगों का खून हो जाए।

सबसे मुश्किल स्थिति यह है कि उन जगहों पर भी, जैसे हैदराबाद या उत्तरप्रदेश में या तो आपकी पार्टी की या आपकी सहयोगी पार्टी की सरकारें हैं। मेरे कहने का मतलब है कि क्या आपको उनके प्रशासन को इस मामले में ज्यादा सावधान नहीं करना चाहिए ?

नहीं, यह सही है कि प्रशासन को और ज्यादा चौकस रहना चाहिए। लेकिन अगर आप दंगों को देखें या उन जगहों पर जाएँ, जिनका अभी आपने जिक्र किया, तो सिर्फ दो स्थानों पर स्थिति बहुत खराब है—अलीगढ़ और हैदराबाद। ये दोनों पुराने शहर हैं। यहाँ की बनावट, गली-कूचों का जीवन पुलिस और प्रशासन के काम में मुश्किलें खड़ी करता है और अन्य जगहों की तरह प्रशासन यहाँ स्थिति नियंत्रण में नहीं ले पाता। इसलिए यह प्रशासनिक समस्या है और इन दो शहरों में यह समस्या काफी समय से है। मैं नहीं समझता कि इस चीज को असफलताओं के लिए बहाने के तौर पर इस्तेमाल किया जाए। लेकिन यह एक मुश्किल है, जो दोनों शहरों में प्रशासन को झेलनी पड़ती है।

आप इन शक्तियों से निपटने के लिए किस हद तक बल-प्रयोग करने को तैयार हैं ?

इसे रोकने के लिए जितने बल की जरूरत होगी, उतना प्रयोग किया जाएगा...इसकी कोई सीमा नहीं है। लेकिन मुझे नहीं लगता कि इसके लिए ज्यादा प्रयोग की जरूरत होगी। स्थिति ठीक नहीं हुई, तो उसे सुधारने के लिए जितने बल प्रयोग की जरूरत होगी, उतना किया जाएगा।

ऐसी हिंसा में राजनीतिक दलों की भूमिका के बारे में आप क्या कहेंगे ?

अधिकांश राजनीतिक पार्टियाँ हिंसा के खिलाफ हैं। लेकिन कुछ ऐसे भी तत्त्व हैं, जिन्हें उम्मीद है कि वे इस स्थिति का राजनीतिक लाभ ले सकेंगे।

मामला यह है कि अनेक ऐसी पार्टियाँ हैं, जो अपने समर्थन का आधार बढ़ाने के लिए धर्म का इस्तेमाल कर रही हैं और इससे सांप्रदायिक स्थिति में ऐसा तनाव हो गया है। क्या आप कोई ऐसा कानून बनाने की सोच रहे हैं, जिससे धर्म को राजनीति से अलग किया जा सकेगा ?

नहीं, मैं यह नहीं मानता कि राजनीतिक उद्देश्यों के लिए धार्मिक भावनाओं का उपयोग करना कानून से नहीं रुक सकता। इसके लिए हमें जनचेतना और लोक शिक्षण का विस्तार करना होगा और लोगों को इस खतरनाक प्रवृत्ति के प्रति सचेत करना होगा। धर्म, ईश्वर और मनुष्य के बीच रिश्ते का एक उपकरण है, इसे अच्छी तरफ समझा जाना है। लेकिन इसी धर्म का राजनीतिक उद्देश्यों के लिए प्रयोग करना खतरनाक प्रवृत्ति है। यह संदेश लोगों तक पहुँचना चाहिए और ऐसा जब भी किया गया है, लोगों की तरफ से अच्छा जवाब मिला है। मुझे उम्मीद है कि उनकी प्रतिक्रिया एक बार फिर बहुत भयानक होगी।

क्या सरकार इस मामले में कुछ खास करने जा रही है ?

नहीं, हमने अभी-अभी इस दिशा में कुछ पहल की है और पिछले हफ्ते ही मैंने कुछ धार्मिक नेताओं को न्यौता दिया है कि वे आगे आकर लोगों को यह संदेश दें कि मजहब आपसी नफरत, हिंसा और द्वेष नहीं सिखाता। यह एक पक्ष हुआ। दूसरी चीज है मीडिया का उपयोग लोगों को इस सवाल पर शिक्षित करने के लिए करना। इसके अध्ययन से लोगों को सांप्रदायिक द्वेष के खतरनाक परिणामों के बारे में सचेत किया जाएगा।

आपने अयोध्या की बात की, जिसमें पिछले साल ऐसी स्थिति आ गई थी कि हालात बिगड़ सकते थे और इसे सँभाल लिया गया...क्या आपको लगता है कि इसे जनवरी में होनेवाली बातचीत में किसी किस्म की सर्वानुमति बनाने के लिए आधार की तरह उपयोग नहीं किया जा सकता ?

मैं निश्चिंत नहीं हूँ कि समझौता हो जाएगा या नहीं, लेकिन तनाव में काफी कमी आ रही है और यह स्थिति सुधारने में एक कदम आगे बढ़ने जैसा ही है। लोग बात करना और समझौते का प्रयास करना शुरू कर देते हैं, तो इस बात की पूरी संभावना रहती है कि कोई न कोई समाधान निकल ही आएगा। इसलिए इस मामले में जरा सतर्कता के साथ ही सही, मैं पूरा आश्वस्त होने की बात तो नहीं कहता, लेकिन मुझे उम्मीद की किरण दिखाई देती है कि इस सबसे कुछ न कुछ निकलकर सामने आएगा।

सांप्रदायिक हिंसा और विद्वेष के बीज पड़ने के क्या कारण थे ?

आप देखिए, दो-तीन बातें हैं। मंदिर निर्माण के बारे में दिया गया विश्व हिंदू परिषद का कार्यक्रम भी सांप्रदायिक तनाव बढ़ा रहा है और इसने प्रशासन के लिए समस्या खड़ी कर दी है। कोई भी प्रशासन वहाँ की मस्जिद गिराने और वहीं मंदिर निर्माण की अनुमति

नहीं दे सकता था। इसलिए वहाँ तनाव बढ़ा। इसके बाद यह हुआ है कि जब तक बातचीत चले और समाधान निकलने की उम्मीद की तरफ कदम बढ़े, तब तक कुछ लोगों ने अपना काम चालू कर दिया। और ऐसा उनकी इस राजनीति की शैली के चलते हुआ। वे और ज्यादा समस्याएँ पैदा करना चाहते हैं, इसलिए मुझे लगता है कि हमें इन सबको कुछ समय तक के लिए झेलना ही होगा।

हम वापस 'कुछ लोगों' वाली बात पर...

...और आप मुझसे उनके नाम जानना चाहती हैं, आप खुद उन सभी के नाम जानती हैं।

नहीं, मैं यह जानना चाहती हूँ कि सरकार इस बारे में क्या कर रही है ?

हम स्थिति से धीरज और संयम से निपटना चाहते हैं और मैं जब यह बात कह रहा हूँ, तो इसका मतलब किसी एक समुदाय से नहीं है। दोनों समुदायों में कुछ ऐसे स्वार्थी तत्त्व हैं, जो समस्या को बनाए रखना, बढ़ाना चाहते हैं। लेकिन हमें उम्मीद करनी चाहिए कि उन्हें भी सद्बुद्धि आ जाएगी। वरना अवांछित चीजें होंगी और सरकार को अप्रिय फैसले भी करने ही होंगे।

अप्रिय फैसला क्या है ?

ओह, मेरा मानना है कि सरकार को मजबूर होकर बल-प्रयोग करने का फैसला करना पड़े, तो यही अप्रिय फैसला है।

हम पंजाब पर बात करते हैं। आपने कहा है कि पंजाब की स्थिति से निपटने के लिए बातचीत का तरीका ही सही है, पर आपके सत्ता सँभालने के एक महीने के बाद भी वहाँ की स्थिति में कोई बदलाव आया नहीं लगता ?

नहीं, ऐसा नहीं है कि वहाँ कोई सुधार नहीं हुआ है, पर कुछ इलाकों में स्थिति पहले से बदतर भी हुई है और यह दुर्भाग्यपूर्ण बात है। मुझे लगता है कि समस्या को आपसी बातचीत और सद्भावनापूर्ण ढंग से निपटाने की मेरी बात को कुछ लोग कमजोरी का संकेत मानने की गलती कर रहे हैं। पर वे भी समय आने पर देखेंगे कि यह कमजोरी न होकर इतनी उलझी समस्या को बल-प्रयोग की जगह बातचीत और मान-मनौवल से सुलझाने की गंभीर कोशिश थी।

आप उन्हें ऐसा क्या देने की पेशकश करेंगे, जो अभी तक नहीं की गई है ?

एक बार फिर मेरा जवाब न में होगा। अभी तक जो पेशकश की गई है, उस बारे में मैं कोई जवाब नहीं दे सकता। मैं तो सिर्फ एक बात की ही पेशकश कर सकता हूँ कि जो कोई भारतीय है और इस समस्या को भारतीय संविधान के दायरे के अंदर सुलझाने के लिए, बातचीत और विचार-विमर्श करने को तैयार है, मैं उसके साथ बातचीत करने के लिए तैयार हूँ। सरकार बातचीत करने, न करने को अपनी प्रतिष्ठा का सवाल नहीं बनाएगी। कोई भी

संगठन अगर बातचीत के क्षेत्र में आता है और जिसका समाधान भारतीय संविधान के अंदर संभव है, उस पर बातचीत की जाएगी और समस्या सुलझाने के नजरिये से बातचीत की जाएगी।

क्या इसमें वे लोग भी शामिल होंगे, जिनके खिलाफ मामले विचाराधीन हैं...

कोई भी...

जिसके खिलाफ मामले चल रहे हैं, वे भी ?

विचाराधीन मामलों की बात मैं समझ सकता हूँ। लेकिन सजायाफ्ता लोग और विचाराधीन मामलों का अंतर समझना होगा। इसलिए अगर विचाराधीन मामलोंवाले लोग बात करना चाहते हैं, तो मैं उनसे भी बात करने के लिए तैयार हूँ। अगर सजायाफ्ता लोग भी समझौता कराने की दिशा में कुछ योगदान करने को तैयार हों, तो मुझे कोई दिक्कत नहीं होगी। बशर्ते उनसे कोई मदद मिलने की उम्मीद लगे।

जो लोग आत्मनिर्णय की बात कर रहे हैं, उनसे बात करने में भी ?

मुझे नहीं मालूम। पहले आपको आत्मनिर्णय के उनके विचार को जानना होगा। अगर उनका आत्मनिर्णय भारतीय संविधान के दायरे में आता है, तो ठीक है और हमें देखना होगा कि हम कहाँ तक बढ़ते हैं और वे कहाँ तक एडजस्ट करते हैं।

आपने यह पेशकश कर दी है, तो अब तक कोई प्रतिक्रिया सामने आई है ?

मैं यह नहीं कह सकता। क्योंकि जब तक कोई सकारात्मक प्रतिक्रिया सार्वजनिक रूप से सामने नहीं आती, तब तक बाकी प्रतिक्रिया के बारे में मेरा जिक्र करना अनुचित होगा। मुझे कुछ संकेत मिले हैं कि कुछ लोग बातचीत करना चाहते हैं, लेकिन किस-किस आदमी की पोजीशन क्या है, यह बता सकने की स्थिति में मैं नहीं हूँ। हमें जो घोषित तौर पर एक बयान देखने में मिला है, वह सिमरनजीत सिंह मान का है, जिन्होंने कहा है कि वे बातचीत के लिए तैयार हैं। उनका नजरिया क्या है, इस बारे में भी मैं ज्यादा नहीं जानता।

जब आप कहते हैं कि हम बातचीत के लिए तैयार हैं, तो इसमें आप स्वयं अपनी भूमिका क्या देखते हैं ?

नहीं, जब मैं बात करता हूँ, तो भारत सरकार की तरफ से बात करता हूँ। इसमें व्यक्तिगत कुछ भी नहीं है। निजी तौर पर मैं सदा से बातचीत के पक्ष में रहा हूँ। लेकिन आज अगर मैं कोई बात करता हूँ, तो भारत सरकार की तरफ से आश्वासन देता हूँ।

पंजाब में दमन के आरोपों के बारे में आप क्या कहेंगे ?

इन आरोपों पर गौर किया जाएगा...ऐसे छिटपुट मामले हो सकते हैं, लेकिन आप जानती हैं कि अर्द्ध-सैनिक बलों और पुलिस को बहुत ही मुश्किल स्थितियों में काम करना होता है। इसलिए संभव है कि कहीं थोड़ी ज्यादती हो गई हो। मैं इस चीज से इंकार नहीं करता और अगर कोई बात हमारे सामने आती है, तो उसकी जाँच कराके कार्रवाई की जाएगी।

कश्मीर में, आपके सत्ता में आने के तत्काल बाद ही सरकारी कर्मचारियों की हड़ताल खत्म हो गई और यह एक अच्छी चीज है...इसमें दो बातें शामिल हैं—प्रधानमंत्री के रूप में आपने स्वयं इस हड़ताल को खत्म कराने में कितनी दिलचस्पी ली। दूसरी चीज है कि मुझे मनाना है कि पिछले कुछ महीनों में वहाँ जिस तरह से हालात खराब हुए हैं, ऐसे में वहाँ और क्या किया जा सकता है ?

मैं पिछले कुछ महीनों के बारे में कोई टिप्पणी नहीं करना चाहूँगा। लेकिन जब मैंने यह जिम्मेदारी सँभाली, तो यह मसला भी मेरे सामने आया—निजी भागीदारी के लिए नहीं, विचार-विमर्श के लिए। राज्य के राज्यपाल आए और मेरी उनसे बातचीत हुई। मैंने उनसे कहा कि जो कुछ भी संभव हो और जिसकी इजाजत दी जा सकती हो, वह सब करिए और मामले को सुलझाइए...और मुझे खुशी है कि उन्होंने इस मसले को निपटा दिया।

क्या इसी सिद्धांत को कश्मीर के वृहत्तर संदर्भ में इस्तेमाल किया जा सकता है ?

ऐसा किया जा सकता है, लेकिन किस हद तक—यह दूसरे पक्ष के रुख पर भी निर्भर करता है। इस मामले में सरकारी कर्मचारियों की प्रतिक्रिया अच्छी रही। अन्य मामलों में भी अगर दूसरे पक्ष ने गरमाहट-भरी प्रतिक्रिया दी, तो निश्चित रूप से यह एक स्वागतयोग्य चीज होगी।

कश्मीर के सवाल पर आप किस हद तक जा सकते हैं...?

कोई सीमा नहीं है। आप यह चीज मुझसे क्यों पूछ रही हैं। मुझे नहीं मालूम कि वे लोग हमें किस हद तक बढ़वाना चाहते हैं। सबसे पहले तो मुझे यह मालूम होना चाहिए कि वे वास्तव में चाहते क्या हैं, क्योंकि हमें अलग-अलग जगहों से अलग-अलग बातें सुनने को मिल रही हैं। इसलिए हम यह चाहेंगे कि जो लोग माँगें रख रहे हैं, पहले उनमें सहमति-सर्वानुमति बने कि वे कम से कम किन चीजों को पाकर संतुष्ट होंगे। इसके बाद ही सरकार प्रतिक्रिया देगी ?

कश्मीर में जनमत-संग्रह कराने के विचार पर आपकी क्या राय है ?

नहीं, जनमत-संग्रह कराने का सवाल नहीं उठता। भारत सरकार या भारत के लोगों ने इस चीज को कभी स्वीकार नहीं किया है और अब मुझे लगता है कि पहले जो लोग इस बात को उठाते थे, वे स्वयं भी इस चीज को पूरी तरह ठीक नहीं मानते।

अधिक ढीले संघीय स्वरूप के बारे में आपकी क्या राय है ?

मुझे अधिक ढीली संघीय व्यवस्था की जानकारी नहीं है। हम लोग—सिर्फ जनता दल या हम ही नहीं, सभी राजनीतिक पार्टियाँ—राज्य सरकार को अधिक स्वायत्तता देने के पक्ष में रहे हैं और हम इसी दिशा में सोचते रहे हैं। सरकारिया आयोग की रिपोर्ट भी यही कहती है। दूसरे ज्ञापन भी हैं, लेकिन सिर्फ कश्मीर या पंजाब ही नहीं, बाकी राज्य भी ज्यादा अधिकारों की माँग करते रहे हैं। इस बारे में विचार किया जा सकता है। लेकिन मेरी निजी राय है कि अगर कोई राज्य ज्यादा स्वायत्तता की माँग करता है, तो इसमें कुछ भी गलत नहीं है।

क्या मध्यावधि चुनावों की संभावना है, या उसकी कोई जरूरत नहीं है ?

नहीं, मैं आपको कहता हूँ कि चुनावों की जरूरत है और देश को चुनावों के लिए तैयार किया जाना चाहिए। हमें ऐसी स्थिति बनानी चाहिए, जिसमें चुनाव कराना संभव हो और निष्पक्ष और स्वतंत्र ढंग से कराए जा सकें।

हम पिछले साल के घटनाक्रम को जानते हैं। साल-भर से ज्यादा से। कोई स्पष्ट जनादेश न था। आपको यह भी पता नहीं था कि लोग क्या चाहते हैं और क्या नहीं चाहते ? आप स्वयं तीन दशकों के दौरान चार पार्टियों के टिकट पर संसद में आए हैं। क्या यहाँ की राजनीतिक व्यवस्था में कुछ गड़बड़ है ?

नहीं, सबसे पहले मैं इस धारणा को दूर करता हूँ कि मैं चार पार्टियों के टिकट पर चुना गया हूँ। मैं एक पार्टी में था और उस पार्टी ने मुझे मेरे विचारों के चलते निष्कासित कर दिया। फिर मैंने कांग्रेस पार्टी की सदस्यता ली और उससे भी मुझे मेरे विचारों के चलते निकाल दिया गया। मैंने कभी कोई राजनीतिक पार्टी नहीं छोड़ी। इसलिए इस एक चीज में सुधार की जरूरत है, क्योंकि कभी-कभी राजनीतिक पार्टियाँ इस तरह व्यवहार करती हैं, जहाँ आँखें मिलाकर काम नहीं किया जाता। यह चीज भले ही मेरे लिए दुर्भाग्यपूर्ण है, पर मैंने अपने से कभी किसी दल की सदस्यता से इस्तीफा नहीं दिया है। लेकिन इससे कोई फर्क नहीं पड़ता। सवाल यह है कि भारतीय राजनीतिक जीवन में होनेवाली इन घटनाओं को लेकर लोग इतने चिंतित क्यों हैं। यह सही है कि इन सारी जटिल समस्याओं के बावजूद भारतीय लोकतंत्र सारे उतार-चढ़ाव और हमलों को आसानी से पार कर गया है। इसलिए लोग अब इस चीज को लेकर इतने बेचैन क्यों हैं।

इसका एक कारण यह है कि लोगों में यह धारणा बैठ गई है कि सरकार में बैठे लोग शासन करने और कुछ ठोस काम करने की जगह ज्यादातर समय राजनीतिक लड़ाइयों में लगा रहे हैं।

यह दुर्भाग्य है। ऐसा नहीं होना चाहिए था और मुझे लगता है कि यह राजनीतिक सत्ता राजनीतिक विरोधियों से बदला साधने के लिए नहीं, देश की समस्याएँ निपटाने के लिए बनी है। यह कोई बहुत लंबा समय नहीं है, पर पिछले पाँच हफ्तों के दौरान मैंने तरह-तरह के उकसावे को दरकिनार करते हुए किसी भी राजनीतिक पार्टी के खिलाफ एक भी बयान नहीं दिया है, किसी पर दोष लगाते हुए उँगली नहीं उठाई है, क्योंकि इससे किसी को कोई फायदा नहीं होनेवाला। अगर मैं कहता हूँ कि अभी चुनाव कराने का उचित वक्त नहीं आया है, तो असल में मैं उन दोस्तों को यह संकेत दे रहा होता हूँ कि अभी चुनाव नहीं होनेवाले हैं। इसलिए अपना वक्त और अपनी ऊर्जा इस पर बर्बाद न करें। हमें देश के लोगों के लिए ज्यादा महत्त्वपूर्ण समस्याओं को निपटाने पर ध्यान देना चाहिए। जैसा कि आपने स्वयं कहा—कश्मीर, पंजाब और असम में समस्याएँ हैं, महँगाई की समस्या है, बेकारी की समस्या है, आर्थिक स्थिति गंभीर है, ऐसे में हम इन समस्याओं को निपटाने की दिशा में अपनी ऊर्जा और अपना समय क्यों न लगाएँ। और अगर इन मामलों में उनके कुछ सुझाव हैं, तो मैं बड़ी खुशी से उनके विचारों को जगह देने का प्रयत्न करूँगा। लेकिन अगर ये लोग इन मसलों

का राजनीतिक लाभ लेते हैं या ज्यादा से ज्यादा तीखी जुबान में आलोचना करते हैं, तो इसका मुझ पर भी कोई प्रभाव नहीं पड़ता। न ही राष्ट्र के सम्मुख उपस्थित समस्याओं के संदर्भ में उनका कोई भविष्य है और यही इस देश की असली समस्या रही है कि लोग समस्या से निपटने या अपनी जिम्मेदारियों का निर्वाह करने की जगह बलि का बकरा ढूँढ़ते रहते हैं।

अर्थव्यवस्था की बात करें, तो सबसे पहले मैं यह पूछना चाहूँगी कि आप देश के उद्योगमंत्री भी हैं। विदेशी निवेश को आमंत्रित करने के लिए आप क्या योजनाएँ बना रहे हैं ?

मैं कहना चाहूँगा कि दुनिया में कोई भी ऐसा देश नहीं है, जो अपने यहाँ विदेशी मुद्रा को आने की अनुमति नहीं देगा। विदेशी निवेश जरूरी है और भारत जैसे देश के लिए तो यह अनिवार्य है। महत्त्वपूर्ण क्षेत्रों में विदेशी निवेश का हरदम स्वागत है और हम उन क्षेत्रों में विदेशी निवेश का समर्थन हरदम करेंगे। अन्य मामलों में भी हमें जरूरत के हिसाब से आइटम दर आइटम फैसला करना होगा और इस लिहाज से भी सतर्क रहना होगा कि आपको किन शर्तों पर विदेशी पूँजी मिल रही है, क्योंकि हमारी समस्या संसाधनों की कमी भी है। हमारे पास सीमित संसाधन हैं और हम गैर-जरूरी चीजों के उत्पादन पर इनको लुटा नहीं सकते। इसलिए प्राथमिकता तय करनी होगी, निवेश का सदा स्वागत है...

पिछली सरकार ने तो इस दिशा में उदारीकरण शुरू किया था। आप इसे आगे बढ़ाएँगे या...?

मुझे नहीं मालूम है कि कैसे, लेकिन पिछली सरकार ने क्या लिस्ट बनाई थी, वह उपलब्ध नहीं है। वे इस दिशा में काम कर रहे थे, पिछली सरकार एक सूची बनवा रही थी, लेकिन ऐसी मंशा घोषित करने के बावजूद वह सूची कभी जारी नहीं हुई। छह महीने बीत गए, पर सूची सामने नहीं आई।

आप किस तरह का विदेशी निवेश चाहेंगे ? किन-किन चीजों के लिए इसकी जरूरत होगी ? क्या आप ऐसी कोई सूची दे सकते हैं ?

अनेक ऐसे क्षेत्र हैं। उच्च तकनीक के मामले में भारत अपने ही बल पर आगे नहीं बढ़ सकता। इसलिए इस काम में आप पूँजी लगा सकते हैं। विदेशी निवेश उन क्षेत्रों में भी जा सकता है, जहाँ निवेश की शर्तें राष्ट्रीय हितों के खिलाफ न हों। इसलिए मैं आपको इस सवाल का बहुत सीधा जवाब नहीं दे सकता। यह परियोजनाओं पर निर्भर करेगा। हमें हर प्रस्ताव के विवरणों में जाकर विचार करना होगा।

इस आलोचना के बारे में आप क्या कहेंगे कि नौकरशाही के चलते कोई भी काम कर पाना मुश्किल है ?

मैं आपसे सहमत हूँ कि इस परेशानी को जितनी जल्दी संभव हो, दूर करना चाहिए। किसी भी परियोजना में लालफीताशाही और लेट-लतीफी बहुत ही गलत है और इसे समाप्त किया जाना चाहिए।

आप यह कैसे करेंगे ? राजीव गांधी इन सभी चीजों को आसान बनाने की बात करते थे...

अगर आप नाम लेकर बात करेंगी, तब मेरे लिए आपके सवालों का जवाब दे पाना बहुत मुश्किल हो जाएगा। मुझे इस बात में कोई दिलचस्पी नहीं है कि राजीव गांधी ने क्या किया, वी.पी. सिंह ने क्या किया या किसी और प्रधानमंत्री ने क्या-क्या किया। आप मुझसे सवाल पूछ रही हैं, तो मुझसे ही पूछिए। मैं यहाँ के उद्योगपतियों से पहले ही कह चुका हूँ कि आप अपने सुझाव ले आइए कि लाइसेंस के तरीके को सरल बनाने, पूँजी उपलब्ध कराने और अन्य सभी मामलों में आपके काम को आसान करने और आपके हितों के लिए क्या-क्या किया जा सकता है। और मैंने इस दिशा में पहल कर दी है कि उद्योगपति अपने प्रतिनिधियों तक बात पहुँचाएँ और वे सरकारी प्रतिनिधियों के साथ नियमित रूप से बैठक करके अपनी समस्याओं के बारे में जानकारी दें, जिनका तत्काल समाधान करने की कोशिश की जाए। पहले क्या कुछ होता रहा है, इस पर टीका-टिप्पणी करने का कोई मतलब नहीं है।

सुधार की बातें करना बहुत आसान है और यह भी कहा जा सकता है फलाँ कंपनी में यह हो गया, फलाँ में वह हो गया, लेकिन अभी आपको लालफीताशाही से जूझना ही पड़ रहा है...

नहीं, ऐसा नहीं हो सकता है। मैं कहता हूँ कि उद्योग के प्रतिनिधि और सरकार के प्रतिनिधि बैठ चुके हैं। समस्याओं की चर्चा, उन्हें दूर करने की परेशानियों की चर्चा हो चुकी है। सरकारी प्रतिनिधि उन्हें बताएँगे कि किन-किन चीजों का समाधान उनकी माँगों के अनुरूप नहीं किया जा सकता। अगर दोनों के बीच सहमति से मसले निपट गए, तो बहुत अच्छा, अन्यथा वे लोग मेरे पास भी आ सकते हैं और फिर मैं फैसला लूँगा कि क्या किया जाना चाहिए और क्या नहीं। फिर किसी मसले पर सीधे हाँ या ना का जवाब देने में कोई हिचक नहीं होगी।

लेकिन जब आप बाहरी दुनिया या विदेशी निवेश पर विचार करते हैं, तब अंतर्राष्ट्रीय मुद्रा के बारे में आप क्या कहेंगे ?

मुद्राकोष की फंडिंग जरूरी है, लेकिन हम चाहेंगे कि वह हमें पैसे उपलब्ध कराए। लेकिन यह चीज मुद्राकोष के नजरिये पर भी निर्भर करेगी क्योंकि हम जानते हैं कि कोई भी बिना शर्तों के ऋण देनेवाला नहीं है। पर ये बातें भी ऐसी होनी चाहिए, जिसे सामने वाला मान ले और पूरा करे।

क्या आप मानते हैं कि समाजवादी विकल्प की संभावना खत्म हो गई...

मुझे नहीं मालूम समाजवाद से आपका मतलब क्या है। अगर समाजवाद से आपका मतलब है कुछ देशों में चलाई जा रही एक खास शासन व्यवस्था, तो वह तो मर चुकी है। लेकिन समाजवाद तब तक नहीं मर सकता, जब तक लोगों की आकांक्षाएँ और जरूरतें नहीं मर जातीं। अगर भविष्य में भी मनुष्य की आकांक्षाएँ और जरूरतें जिंदा रहेंगी, तो समाजवाद का विचार भी रहेगा, क्योंकि हर आदमी के अंदर अपने से अच्छा जीवन जीनेवाले के समान जीवन जीने की आकांक्षा रहती है। समाजवाद और कुछ नहीं है—यह मुक्त और बराबर लोगों का समाज

है। जब तक समाज में गैरबराबरी है, जब तक शोषण है, तब तक समाजवाद का विचार नहीं मर सकता।

तो आप मानते हैं कि भारत का विकास समाजवाद के रास्ते ही होगा ?

मैं कहता हूँ कि भारत के विकास का लक्ष्य समाजवाद की ओर बढ़ना है। समाजवाद मार्ग नहीं है। समाजवादी नीतियाँ मार्ग हैं, समाजवाद लक्ष्य है, उद्देश्य है और यह लक्ष्य मुक्त और बराबर लोगों के समाज का है। अगर आपको लगता है कि सोवियत संघ की कुछ गड़बड़ियों के चलते समाजवाद भी दफन हो गया, तो मैं इससे सहमत नहीं हूँ।

मैं सोच रही थी कि व्यवहार में समाजवाद अक्सर सार्वजनिक क्षेत्र की कंपनियों के रूप में सामने आता है...

मुझे नहीं मालूम, पर समाजवाद की यह व्याख्या बहुत ही लंबी है। समाजवाद का सार्वजनिक क्षेत्र और निजी क्षेत्र से कोई लेना-देना नहीं है। सार्वजनिक क्षेत्र, निजी क्षेत्र, कंट्रोल, रेगुलेशन, योजना जैसी सभी चीजें समाजवाद की तरफ बढ़ने का एक कारण हैं। ऐसे देशों में जहाँ संसाधनों की कमी नहीं है, जिनकी स्थिति अच्छी है, वहाँ इतने कायदे-कानून और कंट्रोल की जरूरत नहीं होगी। जिन समाजों में संसाधनों की कमी है, वहाँ अपनी प्राथमिकताएँ तय करके काम करने में अर्थव्यवस्था को ज्यादा कायदे-कानून से चलाना ही होगा। मैं आपको एक उदाहरण देता हूँ। 1950 में जब पहली पंचवर्षीय योजना बन रही थी, तब पंडित जवाहरलाल नेहरु ने सोवियत संघ और अमेरिका, दोनों ही जगहों से विशेषज्ञ बुलवाए थे और दोनों से कहा गया था कि भारत में योजना का काम शुरू करने संबंधी अपने सुझाव दें। जब उन्होंने दोनों के सुझावों पर गौर किया, तो पाया कि दोनों में बहुत मामूली अंतर ही है। यहाँ इस देश में, जहाँ लोगों को जीवन की बुनियादी सुविधाएँ नहीं हैं, साफ पेयजल नहीं है, जरूरी मात्रा में कैलोरी उपलब्ध नहीं होती, खाना नहीं मिलता, प्राथमिक शिक्षा उपलब्ध नहीं है, प्राथमिक स्वास्थ्य सुविधाएँ नहीं हैं, वहाँ की सरकार चाहे समाजवादी हो या पूँजीवादी, मुक्त बाजारवादी हो या कोई और, क्या उसके लिए पहले ये काम करने के अलावा कोई और विकल्प है। क्या आप, लोगों की न्यूनतम जरूरत की आकांक्षाओं की अनदेखी कर सकते हैं। अगर लोकतंत्र को जिंदा रखना है, तो हमें अपने निवेश को उन क्षेत्रों में मोड़ना ही होगा, जहाँ बुनियादी जरूरतों को पूरा करने का काम प्राथमिकता के आधार पर किया जाए।

क्या रक्षा खर्च पर कोई कटौती की जानेवाली है ?

यह संभव है। लेकिन यह चीज भी इस बात पर निर्भर करेगी कि कैसे, रक्षा खर्च की जरूरत कैसी है—क्योंकि इसका भी समाजवाद या आर्थिक प्रबंधन में बहुत नेक विचारों से कोई लेना-देना नहीं है। कुछ स्थितियों में रक्षा तैयारियाँ एक किस्म की अनिवार्यता है। इसी मामले में लगातार कहता रहा हूँ कि हमें अपने पड़ोसी देशों से रिश्ते सुधारने चाहिए। हमारी कार्यसूची में यह पहला मुद्दा होना चाहिए।

आप रक्षामंत्री का पद भी अपने पास रखे हुए हैं। पिछले दशक में भारत रक्षा उपकरणों

की सबसे ज्यादा खरीद करनेवाले देशों में एक रहा है। आज भी आप रक्षा खर्च में कटौती की बात कर रहे हैं। क्या सचमुच में कटौती हो पाएगी ?

नहीं-नहीं, मैं इस सवाल का जवाब नहीं दे सकता, क्योंकि हमें पहले देश की रक्षा जरूरतों को ध्यान में लेना होगा। जब तक सीमा पर हालात नहीं बदलते, तब तक रक्षा खर्चे में कटौती होगी या नहीं, इस बारे में मैं कोई टिप्पणी नहीं कर सकता। लेकिन निश्चित रूप से हम चाहेंगे कि पड़ोसी देशों के साथ हमारे रिश्ते सुधरें और रक्षा पर कम खर्च करने की जरूरत पर बल दिया जाए।

पाकिस्तान से रिश्तों से जुड़ा सवाल था–ऐसा लगता है कि माले में आपकी नवाज शरीफ से अच्छी पटरी बैठी...

मैं इस बारे में बहुत आशावान हूँ।

हमने अखबारों में दोनों प्रधानमंत्रियों के बीच हाटलाइन की बात पढ़ी है। क्या यह खबर सही है ?

हाँ, यह सही है।

क्या आपने दक्षेस बैठक के बाद इसका प्रयोग किया है ?

हाँ, दो बार। दोनों बार नवाज शरीफ ने ही फोन किया था...मैं भी उनसे संपर्क करने की कोशिश कर रहा था, पर वे दौरे पर गए थे, जब वे वापस आए, तब उन्होंने फोन किया। दोबारा भी जब मैंने उनसे बात करनी चाही, तो वे सिंध में थे। इस बार भी जब वे वापस आए तो उन्होंने मुझे फोन किया।

आपकी विदेश नीति मात्र पड़ोस के इलाके पर ही ज्यादा ध्यान देती लगती है। इस मामले में एक बदलाव दिखाई देता है...

नहीं, ऐसा कोई बदलाव नहीं है। बाहरी परिदृश्य एकदम बदल गया है। वैश्विक राजनीति एकदम बदल गई है। अब वहाँ पहलेवाली स्थिति नहीं है। ऐसे में जिन बातों का पहले बहुत महत्त्व था, आज नहीं रह गया है। लेकिन इन वैश्विक स्थितियों से हम आँख नहीं मोड़ सकते। खाड़ी संकट को ही देखें–इसका भारत के लिए भी बहुत मतलब है। हमारी अनेक आर्थिक समस्याएँ खाड़ी संकट के चलते हैं। इसी के चलते हम कहते रहे हैं कि खाड़ी संकट का शांतिपूर्ण समाधान होना चाहिए। इस प्रकार भारत ने वैयक्तिक घटनाओं में दिलचस्पी रखनी बंद नहीं की है, लेकिन स्वाभाविक रूप से हमें पड़ोसियों से रिश्ते सुधारने होंगे।

क्या आप विदेश यात्रा पर जा रहे हैं ? अगले छह महीने में ?

मेरी विदेशी मामलों और इससे जुड़ी बातों में बहुत कम जानकारी है और मेरी बहुत दिलचस्पी भी नहीं है। लेकिन कई बार जिम्मेदारियों का निर्वहन करने के लिए भी जाना पड़ता है। मेरी कोई योजना नहीं है, पर जनवरी में राष्ट्रमंडल शासनाध्यक्षों की बैठक है। मुझे नहीं मालूम कि यह हो पाएगी या नहीं। लेकिन यदि यह बैठक हुई, तब मुझे जाना होगा।

इसका मतलब है कि आपको विदेश यात्रा को लेकर उत्सुकता नहीं है ?

नहीं, मैं विदेश जाने को उत्सुक नहीं हूँ। मैं इस बारे में बहुत स्पष्ट ढंग से बात करता हूँ। सिर्फ अपनी जिम्मेदारियों के निर्वहन के लिए विदेश जाऊँगा। वरना मुझे विदेश जाने की कोई उत्सुकता नहीं है।

बोफोर्स मामले में आपने कहा कि यह जाँच थानेदार को सौंपी जा सकती है, पर मामला राजनीतिक रंगत वाला है...

मैंने कहा थानेदार, तो इसका मतलब थानेदार ही नहीं, यह आई. जी. भी हो सकता है। (हँसी)

नहीं, सवाल बड़े हैं और आरोप लगे हैं कि भारत सरकार बोफोर्स जाँच में अड़ंगा लगा रही है ?

ये सभी मूर्खतापूर्ण आरोप हैं। कुछ लोग इन्हीं चीजों का फायदा उठाना चाहते हैं। मैं बहुत स्पष्ट कहना चाहता हूँ कि ऐसी चीजें देश के प्रधानमंत्री का समय और ऊर्जा बर्बाद करती हैं। जैसा मैंने पहले कहा था और अब भी कह रहा हूँ कि जाँच एजेंसियाँ आजाद हैं। हमारी अदालतें पूरी तरह स्वतंत्र हैं। वे जो भी दृष्टिकोण अपनाती हैं, उनके अनुसार काम होगा। इस बारे में मेरा कोई पूर्वग्रह नहीं है। मैं किसी जाँच को प्रभावित नहीं कर रहा हूँ, न ही देश में भ्रष्टाचार समाप्त करने की पहल में शामिल हूँ। लेकिन दो-तीन वर्षों से हम इसी मुद्दे पर बात करते जा रहे हैं। आप और कब तक इसका ही रट्टा लगाते रहेंगे। कुछ लोग जाँच कर रहे हैं, सो उन्हें अपने निष्कर्षों के साथ आने दीजिए। सरकार की कोई मंशा नहीं कि वह जाँच में ढील दे या किसी तथ्य को छुपाए।

लेकिन आपके चुनाव प्रचार में भी यही मुद्दा प्रमुख रहा...

पता नहीं...मैं दूसरों के बारे में जवाब नहीं दे सकता। मैं तो इस दृष्टि पर पिछले 15-20 वर्षों से कायम हूँ। मैं आपसे कहता हूँ कि राजनीतिक सत्ता निजी बदले साधने के लिए नहीं होती। राजनीतिक सत्ता देश में मुश्किल में पड़े लोगों की स्थितियों में सुधार लाने के लिए होती है। अगर आप राजनीतिक सत्ता का उपयोग करके लोगों के अंदर खुशहाली लाते हैं, नई उम्मीदें जगा सकते हैं, तो बहुत अच्छी बात है। निजी हिसाब निकालने के लिए और भी तरीके हैं। लेकिन राजनीतिक सत्ता का उपयोग इसके लिए न करें। लेकिन इसका यह मतलब भी नहीं है कि यदि कोई आपत्तिजनक काम में लगा है, तो उसे छोड़ दिया जाना चाहिए। जो लोग गैर-कानूनी और आपत्तिजनक काम कर रहे हैं, उनको सजा मिलनी ही चाहिए और अगर उनके खिलाफ कानून के अंदर गड़बड़ी हो रही है, तो मुझे क्या आपत्ति हो सकती है। इसलिए जब मैं कहता हूँ कि यह थाने-दफ्तर का मामला है, तो यही मतलब है कि फौजदारी मामले की जाँच पुलिस को ही करनी चाहिए। अगर इसमें राजनीतिक हस्तक्षेप होता है, तो पूरा माहौल खराब हो जाता है। इसलिए किसी भी पुलिस जेल में किसी तरह का राजनीतिक हस्तक्षेप होने को मैं गलत मानता हूँ।

क्या संसद के अगले सत्र में सरकार कोई नया विधेयक पेश करने जा रही है ?

कुछ विधायी काम तो होते ही हैं। राष्ट्रपति शासन और अन्य अधिसूचनाओं के मामले में, यह सत्र सिर्फ एक हफ्ते का है। क्योंकि फरवरी में ही बजट सत्र है। बजट सत्र लंबा चलेगा।

आप मौजूदा आर्थिक स्थिति क्या देख रहे हैं ?

एक बहुत मुश्किल बजट...

आपने भारत की विकास संबंधी चुनौतियों का जिक्र किया। भारत की दरिद्रता का जिक्र किया है...

मैडम, मैंने कुछ भी नहीं कहा है। आपने जो कुछ पूछा है, मैंने सिर्फ उनका ही जवाब दिया है। मैं यहाँ कोई नीतिगत घोषणा नहीं कर रहा हूँ। मैं तो सिर्फ आपके सवालों का जवाब दे रहा हूँ।

लेकिन समस्याएँ हैं, आपने इन समस्याओं के समाधान के बारे में कहा है। लेकिन आप यह सब कैसे करेंगे ? मेरा आशय है कि जरा स्पष्ट ढंग से बताएँ। आपने अभी कहा कि आप विकास चाहते हैं लेकिन आप यह कैसे कर पाएँगे ? विकास के लिए आपको उद्योग चाहिए, जिसके लिए आपको पूँजी चाहिए। और यह एक पूरा चक्र चलता है।

नहीं, लेकिन यह दुष्चक्र नहीं है। हमें पहले यह समझना होगा कि हमारे पास क्या पूँजी है, जो हमारे विकास का आधार बन सकती है। हमारे देश के पास सबसे बड़ी पूँजी है उसकी श्रमशक्ति, उसके लोग। अपनी श्रमशक्ति का हम कैसे सबसे अच्छा उपयोग कर सकते हैं, यही हमारे भविष्य के विकास का आधार बनेगा। इसलिए हमें अत्याधुनिक तकनीक की तरफ ज्यादा ध्यान देना होगा, जिससे हमारी श्रमशक्ति का अधिकतम उपयोग हो सके। इसी प्रकार हम अपने मुल्क के विकास के बारे में सोच सकते हैं। हम पश्चिमी विकसित देशों की नकल नहीं कर सकते और न ही ऐसा करना जरूरी है। हमें यह सीखने का प्रयास करना चाहिए कि हम अपने संसाधनों का सर्वोत्तम उपयोग करके अधिक-से-अधिक उत्पादन कर सकें, जिससे हम हमारी जनसंख्या के अधिक बड़े और व्यापक हिस्से की जरूरतें पूरी कर सकें, उन्हें संतुष्ट किया जा सके। यही किसी भी विकास की पूर्व शर्तें हैं, क्योंकि हम लोग लोकतांत्रिक समाज हैं और लोकतांत्रिक समाज में आज सबसे गरीब तबके के दावों की अनदेखी नहीं कर सकते। अगर आपका उद्देश्य उन्हें संतुष्ट करना है, तो विकास का पूरा अर्थ ही बदल जाता है।

इन बातों का व्यावहारिक अर्थ क्या है...विकास और रोजगार दोनों में वृद्धि करनेवाली श्रम प्रधान योजनाएँ कौन-सी हैं...क्या आप हाथ से खंदक खुदवाने जैसे कामों को भी इसमें जोड़ते हैं ?

नहीं, हाथ से गड्ढा खोदना भी अच्छा काम है और करोड़ों लोगों के पास कोई काम नहीं है। कुआँ खोदना, जल संरक्षण करना, पौधे लगाना, देश को स्वच्छ रखने जैसे कई काम हैं ही। हमारे 30 करोड़ युवक और युवतियाँ, जिनमें काफी पढ़े-लिखे हैं—और बेकार बैठे हैं, उन्हें

बाकी लोगों को साक्षर बनाने का काम ही क्यों न दिया जाए। इस देश में ऐसे कई क्षेत्र हैं, जिनमें श्रम शक्ति का उपयोग किया जा सकता है। इस मामले में बस यही चीज ध्यान में रखने की है कि आप यह सब कैसे करते हैं और भविष्य के बारे में आपका क्या नजरिया है।

आप बताएँ कि आप कैसे करेंगे...?

मैं कह रहा हूँ कि हमें करना चाहिए और हम यह करेंगे। मैं यह भी कहता हूँ कि लोग गरीब हैं। अगर देश गरीब है, तो दरिद्रता में भी सभी को शामिल करना होगा। इसका समाजवाद या साम्यवाद या किसी भी दर्शन से कोई लेना-देना नहीं है, क्योंकि राष्ट्र तो सबका है। यह कुछ लोगों का विशेषाधिकार नहीं है कि वे जीवन के सारे आनंद भोगें और करोड़ों लोग शोषित और उपेक्षित रहें। यह एक ऐसा देश है, जहाँ के अमीर समृद्ध देशों के अमीरों से भी ज्यादा अमीर हैं और जहाँ गरीब नफरत और उपहास के पात्र बने हुए हैं। अमीर और गरीब का इतना भारी फासला असहनीय है। हम भले ही इसे बर्दाश्त कर लें, लेकिन देश की मेहनतकश जनता इसे नहीं बर्दाश्त करेगी। धन भाषण से, राजनीति से या नीतियों से पैदा नहीं होता, यह सिर्फ कठोर परिश्रम से पैदा होता है और अगर आपने नवीनतम मशीनों का उपयोग किया, तो संभव है कि आपको थोड़ा कम शारीरिक श्रम करना पड़े। अगर आपके पास ऐसे उपकरण नहीं हैं, तब आपको हाथ से ही काम करना पड़ेगा। भारत जैसे देश में हम वे सभी सुविधाएँ नहीं दे सकते, जो विकसित देशों में उपलब्ध हैं। इसलिए हाथ से गड्ढा खोदने में ही क्या हर्ज है ? हाँ, देश को ऐसे दौर से गुजरना पड़ा है।

आप दक्षिण-पूर्व एशिया में विदेशी पूँजी-निवेश की भूमिका को जानते हैं। क्या आप उस तरह के विकास को नहीं मानते ?

मैं उस माडल को खारिज नहीं कर रहा हूँ, पर पहले हमें उसके विवरणों में जाना होगा। ये देश कैसे हैं ? उनकी आबादी कितनी है ? जनसंख्या का दबाव कैसा है ? अगर हम अपने पैरों पर खड़े होने की स्थिति में नहीं हैं, तो क्या कोई देश या विदेशी पूँजी का प्रवाह हमें अपने पैरों पर खड़ा करा सकेगा ? छोटे देश के लिए तो इस माडल को अपना लेना आसान होता है, लेकिन भारत जैसे बड़े देश को सिर्फ विदेशी पूँजी के सहारे विकसित नहीं किया जा सकता।

क्या हम चीन से सबक ले सकते हैं ?

हाँ, निश्चित रूप से। चीन से हम सबक ले सकते हैं, पर हर मामले में नहीं। मैं यह नहीं कहता कि किसी भी देश में कोई अच्छी बात नहीं होती। जीवन बहुत जटिल है और हर मुल्क के अनुभव में अनेक गुण हैं, तो अनेक दुर्गुण भी इससे जुड़े हैं। चीन के हर अनुभव को, दक्षिण कोरिया के हर अनुभव को खारिज नहीं किया जा सकता। न ही उसे आँख मूँद कर अपनाया ही जा सकता है। इसलिए अगर आप पूछती हैं कि हमें यह पैटर्न अपनाना चाहिए या वह पैटर्न, तो मैं इसका जवाब नहीं दे सकता, क्योंकि यह चीज यहाँ की स्थितियों पर निर्भर करेगी।

यहाँ के असंतुलन के चलते यहाँ कुछ लोग दुनिया के अमीर देशों के अमीरों से भी ज्यादा अमीर हैं, जैसा कि आपने अभी-अभी कहा। क्या इन्हीं असंतुलनों के चलते आपके फैसले राजनीतिक हाराकिरी नहीं होंगे...

नहीं, ऐसी बात नहीं है। मुझे नहीं मालूम कि क्या होगा। लेकिन राजनीतिक हाराकिरी तो उन लोगों को करनी पड़ेगी, जिन्हें जीवन की वास्तविकताएँ नजर नहीं आतीं। यह सभी को मानना होगा कि दरिद्रता खराब चीज है। यह अभिशाप है। लोग आसानी से प्राथमिकताएँ नहीं बनाते लेकिन यह सापेक्षिक दरिद्रता...शुद्ध या सरल दरिद्रता को लोग झेल लेते हैं, लेकिन सापेक्षिक दरिद्रता को बर्दाश्त नहीं किया जाता। लोकतांत्रिक व्यवस्था में अमीरी और गरीबी का फासला बढ़ेगा, तो विद्रोह होगा ही।

अब से कुछ वर्ष बाद जब कोई 20वीं सदी के अंत में भारत का इतिहास लिखा जाएगा, तो आपको किस तरह से याद किया जाएगा ?

मुझे ? मुझे पता नहीं। मुझे तो सिर्फ यह चिंता है कि आनेवाले महीनों या वर्षों में मैं कुछ कर पाता हूँ या नहीं।

आप किस तरह याद किया जाना पसंद करेंगे ?

मैं चाहूँगा कि लोग मुझे अपने विचारों, अच्छाइयों पर दृढ़ रहनेवाला, उनके अनुसार समाज के उपेक्षित व्यक्ति को केंद्र में रखकर नीतियाँ बनाने और उनका अनुसरण करनेवाले व्यक्ति के रूप में याद करें।

एकाध निजी सवाल। महाशय, आपका नाम सिर्फ एक शब्द का क्यों है, जबकि भारत में लंबे नाम रहते हैं...

मैं बताता हूँ कि एक नाम है चन्द्रशेखर, पूरा नाम है चन्द्रशेखर सिंह। लेकिन जब मैं छात्र था और राष्ट्रीय आंदोलन में था, तो यह आह्वान किया गया कि लोग अपने उपनाम हटाएँ, जिससे जातीय भेदभाव न हों, जातिगत पहचान न बने। इसलिए विश्वविद्यालय में पढ़ते वक्त मैंने सिंह हटा दिया और चन्द्रशेखर रह गया, अब इसमें कुछ भी नया नहीं है।

लेकिन आपका एक बेटा तो उपनाम लगाने लगा है ?

क्योंकि उसका नाम काफी छोटा है या उसे लगता होगा कि क्षत्रिय होने से उसकी पहचान ज्यादा बड़ी हो जाएगी। मैं उन पर अपनी इच्छा नहीं थोपता...

क्या उसने राजनीतिक महत्त्वाकांक्षा से यह किया है ?

अभी तक तो ऐसा नहीं दिखता और मैं भविष्य के बारे में नहीं बता सकता।

मैं अखबारों में आपकी पत्नी के अलग-अलग नाम देखती हूँ। आप उन्हें कैसे पुकारना पसंद करते हैं ?

पता नहीं। मुझे तो कोई भी नाम ठीक लगता है।

आपको पता नहीं ? आपकी पत्नी का नाम ?

हिज्जे नहीं, कैसे लिखा है ? मैंने तो ऐसे हिज्जे नहीं देखे हैं।

डी आई जे ए...

पहला सही है, द्विजा है।

उनकी उम्र कितनी है ?

वे 57, 58 या 59 वर्ष की होंगी। ठीक मेरी ही उम्र की। मैं उनसे थोड़ा छोटा हूँ।

17 दिसंबर, 1990

सांप्रदायिकता की जड़ें हमारे इतिहास में हैं

प्रेस कांफ्रेंस में बातचीत

देश का प्रधानमंत्री पद सँभालने के बाद आप एक के बाद एक चेतावनी जारी कर रहे हैं। लोकसभा में हुए अपने प्रथम भाषण में आपने असम और तमिलनाडु को चेतावनी जारी की है। अब मैं आपसे पूछता हूँ कि क्या आप इन दो राज्यों में राष्ट्रपति शासन लागू करने जा रहे हैं ? दूसरी बात यह है कि आपने उत्तरप्रदेश और गुजरात को इस तरह की चेतावनी नहीं दी।

मैं इस धारणा को सुधारना चाहूँगा। मैंने किसी को कोई चेतावनी नहीं दी। मैं केवल असम और तमिलनाडु में बयान कर रहा था। असम में मैंने तत्कालीन मुख्यमंत्री और गृहमंत्री से कहा था कि उनसे जिस जिम्मेदारी की अपेक्षा की जाती है, उसे वे पूरा करें। सुझाव मैंने नहीं बल्कि पूर्व सरकार ने दिए थे और राष्ट्रपति शासन लागू करने से पहले मैंने उनसे सुझाव क्रियान्वित करने के लिए कहा। जब उन्होंने ऐसा नहीं किया, तो मुझे कठोर निर्णय करना पड़ा। बंगाल के मुख्यमंत्री को मैंने कोई चेतावनी नहीं दी। आप जानते हैं कि यह बयान कांग्रेस विधायक दल के शिष्टमंडल ने जारी किया। मैं कोई चेतावनी नहीं देता। जहाँ भी जरूरी हो, मैं अपने कर्त्तव्य का पालन करता हूँ। यह बिल्कुल गलत धारणा है कि मैंने बंगाल सरकार को कोई चेतावनी दी है।

उत्तरप्रदेश और गुजरात के बारे में ?

ऐसा नहीं है। वहाँ सांप्रदायिक दंगे हुए थे। यह बहुत दुर्भाग्यपूर्ण है और हमने वहाँ सतर्कता के सब उपाय किए। उत्तरप्रदेश और गुजरात में ही नहीं दुर्भाग्यवश सांप्रदायिक तनाव इस वक्त सारे देश में है। यह एक दुखद स्थिति है। वहाँ राज्य सरकारों ने स्थिति पर नियंत्रण पाने के लिए भरसक प्रयास किया है।

सांप्रदायिकता के बारे में बराबर हम यह कहते रहे हैं कि यह विधि व्यवस्था की समस्या नहीं है। इस खराब प्रवृत्ति का मुकाबला करने के लिए आप क्या राजनीतिक कदम उठाने जा रहे हैं ?

यह एक निरंतर जारी समस्या है और इस समस्या की जड़ें हमारे इतिहास में हैं। यह दुर्भाग्यपूर्ण है, लेकिन स्थिति की वास्तविकता यही है। हम लोगों से यह अनुरोध कर सकते हैं कि वे सांप्रदायिक उन्माद को न पनपने दें। दुर्भाग्य यह है कि कुछ तत्त्व इस मामले को, इस समस्या को जीवित रखना चाहते हैं। इस समस्या का निराकरण हम लोगों को समझाकर कर सकते हैं। हम लोगों को यह महसूस करना होगा कि इस देश में जो रहते हैं, वे सब

भाई हैं और उनके सहयोग से ही हम विकास की बात सोच सकते हैं। यदि हम एक-दूसरे से लड़ते रहे, तो गरीबी, दरिद्रता, तकलीफ और बीमारी से नहीं लड़ सकेंगे। किसी भी सरकार या समाज का यह पहला महत्त्वपूर्ण कार्य है। यह दुर्भाग्यपूर्ण स्थिति है, लेकिन केवल लोगों की चेतना और जागृति से हम इस समस्या का उत्तर दे सकते हैं।

आज की स्थिति में आपकी एकमात्र किरण कश्मीर और पंजाब में दिखाई देती है, जहाँ कुछ सकारात्मक संकेत मिले हैं। आप हमें बताएँगे कि आपने अपने (भारत) संघ के दायरे में किसी से किसी भी प्रश्न पर बात करने की जो रजामंदी व्यक्त की थी, क्या उस बयान का कोई उत्तर मिला है ? क्या कोई ऐसी बात हुई, जिससे उम्मीद जागे ?

मैं कोई श्रेय नहीं लेना चाहूँगा, लेकिन यह अवश्य कहूँगा कि कुछ संकेत मिले हैं। मैं यह नहीं कहता कि कोई उत्तर मिला है। कश्मीर में यह अधिक सकारात्मक है। पंजाब में यह उतना सकारात्मक तो नहीं, लेकिन दूसरे पक्षों ने कुछ आरंभिक कदम उठाए हैं। हमें कुछ समय प्रतीक्षा करके यह देखना है कि इसका क्या असर होता है।

प्रधानमंत्री जी, आप स्वयं इससे सहमत हैं कि देश में हिंसा का वातावरण व्याप्त है। हम सब इससे अवगत हैं। पत्रकारों पर हाल में जो हमले बढ़े हैं, उससे यह बात साबित हो जाती है। क्या आपने युवाजनों-लड़के-लड़कियों, कॉलेज जाने वाले छात्रों और अन्य दूसरों को हिंसा से दूर रखने के लिए कोई योजना बनाई है ? क्या आपकी सरकार ने कोई विकल्प उपलब्ध कराया है ?

मैं यह नहीं कह सकता कि एक महीने या छह सप्ताह में मैंने कोई विकल्प उपलब्ध कराया है। लेकिन आपको यह जानकारी देने में मुझे खुशी होती है कि कतिपय शिक्षाशास्त्रियों ने कुछ आरंभिक पग उठाए हैं, विशेषकर विश्वविद्यालय अनुदान आयोग के अध्यक्ष सहित कुछ अन्य बुद्धिजीवियों का और समाज के कद्दावर लोगों का सहयोग मिला है। कल ही मेरी उनसे आरंभिक बातचीत हुई है। समूचे देश में नौजवान लोगों का आंदोलन करने की योजना बनाने में कुछ समय लगेगा। हम चाहते हैं कि वे जज्बात में आने की बजाय अपनी शक्ति रचनात्मक कार्यों में लगाएँ।

पूर्व सरकार का आकलन करने में और सभी मोर्चों पर उनकी विफलताओं को जानने में हमें करीब ग्यारह महीने लग गए। लेकिन आपकी सरकार को जानने में लोगों को सिर्फ एक महीना लगा। लोग कोई उम्मीद इसलिए नहीं करते, क्योंकि आप खुद किसी अन्य पर निर्भर हैं। क्या आप इस धारणा का निराकरण करना चाहेंगे कि आप किसी अन्य पर निर्भर न हों और आप लोगों के लिए कुछ कर सकते हैं–विशेषकर मूल्यवृद्धि, सांप्रदायिकता और आतंकवाद की समस्याएँ सुलझाने में।

मैं यथार्थ से इनकार नहीं करना चाहूँगा। मैं यह नहीं कहूँगा कि मैं किसी अन्य पर निर्भर नहीं। चूँकि यह संसदीय लोकतंत्र है, इसलिए यह संख्या का खेल है। यदि कांग्रेस पार्टी सरकार का समर्थन नहीं करती, तो सरकार नहीं बनी रह सकती। तो लोगों के आगे असत्य बात करने की मेरी आदत नहीं। लेकिन निर्भर होने के बावजूद सरकार अपनी नीति पर चलती

है। और मैं उम्मीद करता हूँ, उम्मीद ही कर सकता हूँ कि हम कुछ मोर्चों पर कारगर सबित होंगे। तत्काल कोई चमत्कार होनेवाला नहीं है। लेकिन गत छह सप्ताह में सुधार का रुख दिखाई दिया है और मुझे आशा है कि आमलोगों के सहयोग से हम स्थिति में सुधार कर सकते हैं। लेकिन मैं कोई लंबे-चौड़े दावे नहीं करता। कुछ समय बाद मैं यह लोगों पर छोड़ दूँगा कि वे सरकार की भूमिका का आकलन कर उस पर अपनी राय निश्चित करें।

मूल्य वृद्धि के बारे में सोचता हूँ कि कुछ वस्तुओं की कीमतें नीचे लाई जा सकती हैं। मैं व्यापारियों और उद्यमियों से अपील करूँगा कि लोगों की तकलीफ का ख्याल करें। कुछ वस्तुओं में सचमुच अभाव की स्थिति है और हम ऐसे उपाय कर रहे हैं कि यह अभाव न रहने पाए।

हाल के दिनों में बोफोर्स जाँच के प्रति आप उदासीन लगे। संयोगवश इससे देश के बहुत से विचारक लोगों के दिमाग में यह सवाल बना हुआ है। घटनाक्रम सुखद नहीं रहा। इस सबके बारे में आपकी क्या राय है ?

बोफोर्स पर आप मेरे विचार जानते हैं। मैंने हाल में प्रधानमंत्री बनने के बाद यह राय बनाई हो, ऐसी बात नहीं है। मैं शुरू से ही कहता रहा हूँ कि यह राष्ट्र के समक्ष कोई बड़ा मुद्दा नहीं है। विभिन्न क्षेत्रों से कई तरह की टिप्पणी के बावजूद मैं यह नहीं मानता कि भारत जैसा बड़े आकार और महत्त्व वाला राष्ट्र अपनी सारी ऊर्जा इस एक मुद्दे में लगा दे। परंतु मैंने यह भी बार-बार कहा कि तथ्यों को छिपाने का मेरा कोई इरादा नहीं, किसी का बचाव करने का इरादा नहीं है और जाँच एजेंसियाँ भरसक प्रयास कर रही हैं। यहाँ अदालत में कुछ दुर्भाग्यपूर्ण हुआ है, लेकिन मैं अदालत की कार्यवाही पर टिप्पणी नहीं करूँगा। आप अपना मत निर्धारित कर सकते हैं, लेकिन सरकार का इसमें कोई हाथ नहीं। सरकारी पक्ष के एक खास वकील के प्रति कुछ शिकायत थी। सालिसिटर जनरल से मामले पर ध्यान देने के लिए कहा गया। उन्होंने अपनी क्षमता के अनुसार इसे आगे बढ़ाया और जो संभव था, वह किया गया।

...और तब, जब सात संसद सदस्यों ने विरोधस्वरूप इस्तीफा दे दिया...।

उस समय भी मेरा यही मन्तव्य था। और यदि आप प्रेस क्लिपिंग देखें, तो यह पाएँगे कि मैंने इसे कभी राष्ट्र से समक्ष कोई बड़ा मुद्दा नहीं माना और आज भी नहीं मानता हूँ। यह भ्रष्टाचार का सवाल है और भ्रष्टाचार से जाँच एजेंसी के स्तर पर किया जा सकता है, इससे प्रधानमंत्री का सरोकार नहीं। मैं बार-बार कहने के बावजूद इसे फिर दोहराना चाहूँगा कि राष्ट्र के समक्ष कई महत्त्वपूर्ण मसले हैं। अर्थव्यवस्था लड़खड़ा रही है, विधि व्यवस्था खराब हालत में है। सांप्रदायिक दंगे हो रहे हैं। ये सब चीजें पृष्ठभूमि में चली गईं और यह धारणा बनाने की कोशिश की गई कि केवल बोफोर्स ही इस देश को बचा सकता है। मैं इस देश के कुछ बुद्धिजीवियों और प्रबुद्धजनों के इस आकलन से सहमत नहीं हूँ। मुझे अपनी राय रखने दीजिए। आपकी अपनी राय है।

कल आपने कलकत्ता में थोड़ा-सा संकेत दिया है कि राशन की दुकानों से जिन लोगों को

सामान दिया जाता है उनकी संख्या शायद आप सीमित करनेवाले हैं और इसका बहुत बुरा प्रभाव पड़ेगा। जो मध्यम वर्ग के और निश्चित आय वर्ग के लोग हैं, उन पर। तो इस पर फैसला करने से पहले क्या आप इस पर विचार करेंगे ?

हाँ, पूरा विचार करेंगे। मैंने यह कहा कि बहुत से सुझाव आए हैं और यह भी एक सुझाव आया है और इस पर विचार किया जाता है। आपको मैं सोचने के लिए एक निवेदन करूँगा कि फर्टिलाइजर और फूडग्रेंस पर इस समय 15-15 हजार करोड़ रुपए की सब्सिडी हर साल दी जा रही है। जब देश में दूसरे के भरोसे हम देश की अर्थव्यवस्था को चलाने की कोशिश कर रहे हैं, तो जो अपने को मध्यम-वर्ग कहनेवाले लोग हैं, अगर वो कुर्बानी करने को थोड़ा तैयार नहीं रहेंगे, तो इस देश को बचाना मुश्किल होगा। मैं यह कहता हूँ कि कुर्बानी सबको करनी पड़ेगी। जो ज्यादा पैसेवाले हैं, उनको ज्यादा कुर्बानी करनी पड़ेगी। और जो हमारे जैसे लोग हैं, थोड़ा हमें भी कंट्रीब्यूट करना पड़ेगा। थोड़ा दुःख तो जरूर होगा, लेकिन देश को सदियों तक दुःखों में डालने से अच्छा है कि हम लोग थोड़ा दुःख बर्दाश्त कर लें।

मैं आपसे पूछना चाहता हूँ कि प्रधानमंत्री बनने से पहले आपने औद्योगिक नीति की आलोचना की थी। अब आपकी सरकार बनने के बाद आपकी उन मुद्दों पर क्या राय है ?

उन मुद्दों पर विचार कर रहे हैं। जल्दी ही फैसला किया जाएगा और आपको सूचना दी जाएगी।

इस समय देश में सांप्रदायिक फ्रंट पर, करप्शन के फ्रंट पर और भी दूसरे मामलों में जो गंभीर स्थिति पैदा हो रही है, जिससे कभी-कभी लगता है कि संपूर्ण देश खतरे में है। उन सबकी जड़ बताई जाती है—हमारे इलेक्टोरल सिस्टम में, जिसने वोट बैंकों की समस्या पैदा कर दी है। चाहे वो सांप्रदायिक समस्या हो, चाहे धन संग्रह करने की व्यवस्था हो। क्या आप कोई ऐसा प्रबंध करेंगे, अगर आप इससे सहमत हैं कि हाँ इलेक्टोरल सिस्टम की वजह से पूरी राजनीति में यह दोष पैदा हुआ, जिससे हममें अपेक्षित सुधार हो पाए ?

इस पर सुझाव पहले से आए हैं। कई विधेयक भी संसद के सामने हैं—इलेक्टोरल सिस्टम में सुधार करने के लिए। लेकिन आप जानते हैं कि कोई भी कानून बन जाता है। कानूनों से स्थिति बदलती नहीं। कानून बना हुआ है कि एक सीमा के बाहर कोई धन व्यय नहीं करेगा। लेकिन हम सब जानते हैं कि चुनाव में उससे अधिक धन व्यय होता है। ये सारे सवाल जो हैं, यह देश की परिस्थितियों से जुड़े हुए हैं। जहाँ गरीबी, अज्ञान है, जहाँ लोग सचेत नहीं हैं। जहाँ जाति और धर्म के नाम पर लोगों की भावनाओं को भड़काया जाता है, वहाँ पर इस तरह की दुर्घटनाओं के लिए हमको मानसिक रूप से तैयार रहना चाहिए, अगर संसदीय जनतंत्र चलाना है। उपाय एक ही है कि देश को इन मुद्दों पर सक्षम और सचेत किया जाए। लोग गरीबी और अज्ञान से अगर बचें, तभी कोई कानून भी कारगर हो सकता है। लेकिन उस दिन का इंतजार नहीं करेंगे हम लोग। जो कानून बनाने का सवाल है, वो सबसे आसान काम है और उस काम को हम करेंगे।

ऐसी धारणा बन रही है कि आपकी सरकार सक्षम नहीं है और आपकी पार्टी अल्पमत में

है। इसे दृष्टिगत रखते हुए आपकी राय में कब चुनाव कराए जाने चाहिए–आम चुनाव ?

हाँ, इस प्रकार की राय है और मैं इस राय से अवगत हूँ, पर कभी-कभी लोग कहते हैं कि संसद में विशाल बहुतम वाले भी वैधता खो देते हैं। जनता में सरकार की विश्वसनीयता संसद में सरकार बहाली से नहीं बल्कि इसके कामकाज, इसकी दक्षता, इसकी प्रभावशीलता और इस बात से बनती है कि यह समस्याओं से किस प्रकार निपटते हैं। संख्या ही एक मात्र बात नहीं। यदि लोग जल्दी से उस नतीजे पर पहुँचना चाहें और हर रोज वह बात उठाते रहें, तो मेरा उनसे झगड़ने का कोई इरादा नहीं।

आम चुनाव के बारे में आप क्या कहेंगे ?

मुझे खेद है। चुनाव का मध्यावधि निर्वाचन का तत्काल कोई प्रस्ताव नहीं है, तो आप भरोसा रखें कि तत्काल कुछ होने नहीं जा रहा है।

क्या आपके समूह का कांग्रेस (ई) से संबंध कायम होने से कांग्रेस (ई) में अंतर-दलीय लोकतंत्र के विकास को बढ़ावा मिलेगा ?

मैं नहीं कह सकता। कांग्रेस में जो कुछ हो रहा है, मैं उसका विश्लेषण करने यहाँ नहीं आया। बेहतर है, आप कांग्रेस पार्टी के नेता से यह सवाल पूछें।

मैं मंडल आयोग के बारे में पूछना चाहता हूँ...आप कदापि सर्वाधिक शिक्षित प्रधानमंत्री हैं और आपने खुद पिछड़ापन देखा है। क्या आप यह नहीं सोचते कि शैक्षणिक दृष्टि से पिछड़े लोगों को मुफ्त शिक्षा दी जाए और आरक्षण देने के बजाय तुरंत कुछ किया जाए ?

सराहना के शब्दों के लिए आपका बहुत धन्यवाद, पर मुझे ऐसी कोई खुशफहमी नहीं और संविधान के बारे में ज्यादा नहीं जानता। मंडल आयोग पर उच्चतम न्यायालय में विचार चल रहा है। हमें उच्चतम न्यायालय के निर्णय की प्रतीक्षा करनी चाहिए। लेकिन मैं आपसे इस बात पर सहमत हूँ कि आर्थिक रूप से पिछड़े और शैक्षणिक रूप से पिछड़े लोगों का ख्याल रखा जाना चाहिए। परंतु इस बात को हमेशा याद रखना होगा कि जात-पाँत की पुरानी प्रणाली से बनी दुर्भाग्यपूर्ण स्थिति के कारण इस देश में जो पिछड़े लोग हैं, वे आर्थिक दृष्टि से भी पिछड़े हैं। इसलिए यदि कोई यह कहता है कि जाति के आधार पर आरक्षण नहीं होना चाहिए, वह स्थिति की यथार्थता से इनकार करते हैं। दोनों विचारों में सामंजस्य लाने की जरूरत है और मेरी राय में उस तरह की आरक्षण नीति सर्वोत्तम होगी, परंतु मैं इस पर यहाँ विस्तार से चर्चा नहीं कर सकता, क्योंकि इस मामले के सभी पहलुओं पर विचार करना होगा।

मैं यह कहना चाहता हूँ कि मौजूदा स्थिति में राजनीतिक दल धर्म का खुला इस्तेमाल कर रहे हैं। यद्यपि मैं जानता हूँ कि संविधान इसकी अनुमति नहीं देता। अब निर्वाचन आयोग इस मामले में असहाय महसूस करता है। वे कहते हैं कि इस प्रकार की प्रवृत्ति को रोकने का उनके पास कोई अधिकार नहीं। हम देख रहे हैं कि अकाली दल खुलेआम खालिस्तान की बात करता है, भाजपा हिंदू राष्ट्र की बात करती है। आप इस बारे में क्या करना चाहते हैं और आपकी सरकार क्या करना चाहती है ?

सरकार इस मामले में ज्यादा कुछ नहीं कर सकती। दुनिया के अन्य हिस्सों में धर्म को नियंत्रित करने, धर्म को मर्यादित करने की कोशिश हुई है, लेकिन वे सफल उपाय साबित नहीं हुए। मैं आपसे इस बात पर सहमत हूँ कि धर्म मनुष्य को ईश्वर के करीब लाने का एक जरिया है। राजनीतिक उद्देश्य के लिए इसका इस्तेमाल नहीं होना चाहिए। हम लोगों को इस बारे में समझाते रहेंगे कि राजनीतिक उद्देश्यों के लिए धर्म का इस्तेमाल न करें। हम इस विषय पर लोगों को प्रबुद्ध बनाने की कोशिश करेंगे। आर्थिक पक्ष में हम अधिक उपाय करके लोगों में उम्मीद जगाएँगे, ऐसा होने पर लोगों की प्रवृत्ति में बदलाव आएगा। यह मानव स्वभाव है कि जब मनुष्य में कोई उम्मीद नहीं दिखती और यदि उन्हें भविष्य में कुछ दिखाई नहीं दे, तो वे पुरानी पहचान से बँधे रहते हैं। इस देश में पुरानी पहचान धर्म और जाति की है। इसलिए लोग इस तरह के भावनात्मक नारों में बह जाते हैं। हमें पूरी स्थिति में जाति के प्रति अपना रवैया बदलना होगा। जब हमारा समाज और जनता के गरीब तबकों की ओर ध्यान जाएगा, तो मजहब के मामले से उनका ध्यान स्वतः हटने लगेगा।

आपने कहा था कि पंजाब के बारे में एक कार्य-योजना का ऐलान बहुत शीघ्र किया जाएगा। राज्यपाल और पुलिस महानिदेशक बदलने के सिवाय पंजाब में कोई राजनीतिक प्रक्रिया शुरू नहीं हुई। आपकी नेताओं से कुछ मुलाकातें हुई हैं। लेकिन लोग इससे अधिक की उम्मीद करते हैं। क्या आप इसका खुलासा करेंगे ?

नहीं, मैं नहीं कह सकता। पंजाब के लोग आंदोलित, क्षुब्ध हैं—यह बात आप समझें। आप हमारे पास आएँ और बताएँ कि आपकी असली समस्या क्या है। मैं यह पूरी तरह स्पष्ट कर चुका हूँ कि मैं किसी से भी बात करने को तैयार हूँ। बशर्ते कि बात भारतीय के रूप में करें। मैंने केवल यही शर्त लगाई है। माँग कितनी भी अनुचित क्यों न हो, मैं चर्चा पर रोक लगानेवाला नहीं हूँ। इसलिए मैं उसका इंतजार करूँगा। लेकिन साथ ही हम प्रशासन को चुस्त बनाने के कुछ प्रशासनिक उपाय भी कर रहे हैं। मैं पुनः यह स्पष्ट कर देना चाहूँगा कि राज्य के दमनकारी अधिकारों का उपयोग करने का हमारा इरादा नहीं है। उस क्षेत्र के लोगों की कुछ शिकायतें हैं, जिन पर मैं ध्यान दे रहा हूँ। पंजाब के लिए हम कुछ योजना बनाना चाहते हैं, राजनीतिक लोगों से ही नहीं, उनसे भी, जो अलग पड़ गए हैं। यदि वे अपने सुझाव देने की कृपा करें, तो मैं उनका बड़ा आभार मानूँगा। मैं लोगों को यह विश्वास दिलाता हूँ कि यदि ठोस जवाब नहीं आया, तो सरकार को कुछ कदम उठाने पड़ेंगे, क्योंकि मैं समान व्यवहार में विश्वास करता हूँ। यदि मैं उनसे वार्ता की मेज पर आने का विनम्र अनुरोध करता हूँ, तो उम्मीद रखता हूँ कि वे भी अनुकूल रुख अपनाएँगे। मैं आशा करता हूँ कि इससे कोई उपयोगी नतीजा निकलेगा। यदि कोई योजना है, तो गुपचुप तरीके से कुछ नहीं किया जाना चाहिए। मैं आपके सामने और राष्ट्र के समक्ष आकर यह बताऊँगा कि संविधान के प्रति और इस देश की जनता के प्रति अपना फर्ज निभाने के लिए हमें क्या करना चाहिए।

आपने अभी गुजरात के बारे में कहा कि आप हर एक से बात करने के लिए तैयार हैं। बड़ी अच्छी बात है। पंजाब के लोग बहुत एड्मायर करते हैं आपको। आपने यह भी कहा

कि आप मिलिटेंट से भी बात करेंगे और मिलिटेंट आपके पास आएँगे। मगर आपने वहाँ शर्त यह लगा रखा है कि जब मिलिटेंट से बात करेंगे, तो कांस्टीट्यूशन के अंदर होगा। लेकिन जब लालडेंगा ने 20 साल मूवमेंट चलायी, एक तो उस समय शर्त नहीं रखी गई। अब बोडो-लैंड लीडरों के बारे में यह शर्त नहीं रखी जा रही है, तो पंजाब के मिलिटेंट से बात करने में यह शर्त क्यों रखी जा रही है ? क्या आप अपना स्पष्टीकरण देंगे ?

नहीं, हमने कोई ऐसी शर्त नहीं रखी है। अगर वे कोई कांस्टीट्यूशन में अमेंडमेंट करने की बात करेंगे, तो उसको भी हम डिस्कस करेंगे। लेकिन अगर कांस्टीट्यूशन को अब्रोगेट करने की बात करेंगे, तो हम बात नहीं करेंगे। लालडेंगा से इस पर बात नहीं हुई थी कि वो कांस्टीट्यूशन को अब्रोगेट करने की बात करें। मैंने इतना ही कहा कि अगर उनकी माँगों को या उनकी इच्छा को पूरा करने के लिए उनका कोई सुझाव हो कि कांस्टीट्यूशन में परिवर्तन करने की जरूरत है, तो उस पर हम विचार करेंगे। हमने कोई ऐसी शर्त नहीं लगाई है।

इस प्रश्न से जुड़ा हुआ एक सवाल है। 1984 में आपने सिखों की मनोदशा की बात की थी और आप प्रथम व्यक्ति थे, जिसने ऑपरेशन ब्लू स्टार और 1984 के दंगों की निंदा की। 1984 के दंगों के लिए जिम्मेदार दोषी व्यक्तियों के विरुद्ध आप कार्रवाइयाँ नहीं कर रहे ?

सही बात यह है कि मैं देश के कानून से बँधा हुआ हूँ। उस समय के दोषी लोगों के खिलाफ कार्रवाई की कोई संभावना हो, तो मैं यह कह चुका हूँ कि कार्रवाई की जाएगी। मैं नहीं समझता, प्रधानमंत्री यह कहता फिरे कि दोषी व्यक्ति को पकड़ा जाएगा। यह कानून की प्रक्रिया है और वह जारी रहेगी। आप इस बारे में मेरे विचार जानते हैं। मैंने अपने विचार बदले नहीं। लेकिन सार की बात यह है कि यदि साक्ष्य न हो, तो कुछ नहीं किया जा सकता। जब तक पुलिस अधिकारी किसी व्यक्ति को नहीं पकड़ते, मैं कुछ नहीं कह सकता। मैंने यह नहीं कहा कि आप मामले पर कार्रवाई करेंगे। परंतु मैं अपना सारा ध्यान दिल्ली के दंगों के हर मामले पर नहीं लगा सकता। परंतु जो दोषी हैं, उन्हें सजा मिलनी चाहिए। यह मैं कह चुका हूँ...।

अगले कुछ दिनों में जम्मू कश्मीर में राष्ट्रपति शासन समाप्त होनेवाला है। क्या आप यह मानते हैं कि व्यवस्थागत ढाँचे में परिवर्तन की कोई गुंजाइश है ?

किस तरह की व्यवस्था ? राष्ट्रपति शासन वहाँ है। वहाँ चुनाव की कोई संभावनाँ नहीं।

इसका विस्तार होगा...

हाँ, इसका विस्तार किया जाएगा, अन्य कोई उपाय नहीं है। हम कश्मीर में आम चुनाव नहीं करा सकते।

3 नवंबर को आपने विचार व्यक्त किया था कि यदि जनता दल के अधिकांश संसद आपकी ओर आ जाएँ, तो आपको आश्चर्य नहीं होगा। वैसा नहीं हुआ। क्या इससे यह प्रतीत नहीं होता कि जनता दल कार्यकर्ताओं के विशाल वर्ग ने जनता के विस्तार का एकमात्र

प्रतिनिधि होने का आपका दावा नामंजूर कर दिया है ?

ठीक है, उन्होंने नामंजूर कर दिया है और मैं चाहता हूँ कि वे खुश रहें। लेकिन हमारे रुख में कोई परिवर्तन नहीं आया।

गत सरकार का पतन राम जन्मभूमि के प्रश्न पर हुआ। तबसे आपकी सरकार दोनों पक्षों को करीब लाने का प्रयास करती रही। विश्व हिंदू परिषद् और बाबरी मस्जिद एक्शन कमेटी के बीच बातचीत के गत दो दौर में प्राप्त तरक्की की दृष्टि से यह साबित करने का प्रयास हुआ है कि जहाँ अब मस्जिद है, वहाँ पहले मंदिर था। अब राजीव गांधी ने यह फार्मूला दिया है कि यदि वहाँ मंदिर का अस्तित्व होने की बात साबित हो जाती है, तो यह स्थान मंदिर निर्माण के लिए विहिप के सुपुर्द कर दिया जाए। राजीव गांधी फार्मूले पर आपकी क्या राय है, सरकार की तरफ से किस तरह की बातचीत चल रही है और समाधान तक पहुँचने में कितना समय लग जाएगा ?

मैं इस बात को स्पष्ट करना चाहूँगा। जो फार्मूला राजीव गांधी ने पास किया है, उसमें इसे मुसलमानों या हिन्दुओं को सौंपने की बात ठीक नहीं कही गई। उन्होंने इस प्रश्न का निर्णय उच्चतम न्यायालय पर छोड़ने की बात कही है। जहाँ आज बाबरी मस्जिद स्थित है, वहाँ कोई पुराना ढाँचा या मंदिर था—यह बात इसलिए आई, क्योंकि कुछ मुस्लिम नेताओं ने कहा है कि यदि यह साबित हो जाए कि पहले वहाँ मंदिर था, तो वे इसे मंदिर निर्माण के लिए हिंदू नेताओं को सौंप देंगे। राजीव गांधी ने यह सुझाव नहीं दिया कि इसे मुसलमान या हिंदू को सौंप दिया जाए। उन्होंने केवल यह कहा है कि इसका निर्णय उच्चतम न्यायालय से कराया जाए। इस मामले में विधि विशेषज्ञों से संपर्क में हूँ। मैं इस मामले में उच्चतम न्यायालय के प्रधान न्यायाधीश से भी चर्चा करनेवाला हूँ, क्योंकि जब तक वे सहमत नहीं होते, हम यह विषय उन्हें नहीं सौंप सकते। मैं इस बिंदु पर मुस्लिम नेताओं की राय भी ले रहा हूँ। उनमें से कोई भी इस प्रश्न पर वायदा करने के लिए तैयार नहीं। लेकिन वे इसके विरुद्ध भी नहीं हैं। तो आज की स्थिति यह है।

मेरा आपसे सवाल है कि आपने अक्लियतों के लिए जो सरकार में आने के बाद वायदा किया कि उनकी आर्थिक और उनके एजुकेशन डेवलपमेंट के लिए नए प्रोग्राम देंगे और उनके दिलों का खौफ मिटा देंगे। उसके लिए आप क्या कर रहे हैं ?

आपने सही सवाल पूछा। अक्लियतों की फसादी हालत को बदलने की जरूरत है, कुछ कदम उठाए जाएँ। लेकिन छह हफ्तों के अंदर कोई करिश्मा होगा, ऐसा मैंने कोई वायदा नहीं किया था। उनके दिलों में जो खौफ है, उस खौफ को मिटाना होगा, क्योंकि अक्लियतों के दिलों में खौफ होना एक इंसानी फितरत है। जहाँ भी इंसान कम होते हैं, कमजोरी में होते हैं, अक्लियत में होते हैं, उनके दिलों में डर होता है और उस डर को मिटाने की जिम्मेदारी अक्सरीयत के लोगों की और हुकूमत की होती है। हुकूमत अपने इस फ़र्ज को अंजाम देगी। कुछ दिनों तक इंतजार कीजिए।

मणिपुर के उग्रवादियों ने उल्फा की शैली में धन संग्रह कर लिया है। इम्फाल में जो सौ

से अधिक मणिपुरी व्यवसायी हैं, जो वहाँ पीढ़ियों से रह रहे हैं, उनसे भी 5 से 25 लाख रुपए की माँग की गई है। उनमें से कुछ ने भुगतान कर दिया है और कुछ राज्य से भाग गए हैं। आपकी सरकार क्या करने जा रही है ? क्या आप असम में अंतिम क्षण पर कार्रवाई करेंगे या अभी कुछ करनेवाले हैं ?

मणिपुर में समस्या है। मैं इससे अवगत हूँ। हमने वहाँ राज्य सरकार को सूचित कर दिया है और उनसे कुछ कदम उठाने को कहा है। समस्या असम में उल्फा परिचालन के आकार की नहीं है। सभी पूर्वोतर राज्यों में कुछ प्रवृत्तियाँ हैं। ये हाल में दिखाई दी हैं। कुछ पूर्वी क्षेत्रों में कतिपय वर्षों से जो रुझान और गतिविधियाँ चल रही हैं, सरकार उसके प्रति सजग है। हमने कुछ निराकरण के उपाय किए हैं और मेरा ख्याल है कि इसका नतीजा निकलेगा।

मंत्रिमंडल में फेरबदल के बारे में...?

निकट भविष्य में तो नहीं। संसद सत्र के बाद यह हो सकता है।

हम भोंडसी आश्रम के बारे में सुनते रहे हैं। इसमें कितनी एकड़ जमीन है और क्या यह जमीन आपके नाम है ?

यह मेरे नाम नहीं, यह दूसरे के नाम है। यदि आप देखना चाहते हैं, तो वहाँ आकर देख लें। कुछ लोग भ्रांति में जीते हैं और मैं उनकी मदद नहीं कर सकता।

एक बात मैं पूछना चाहूँगा कि हिंदुस्तान में फिरकापरस्त पार्टियाँ, जो मुल्क को तोड़ना चाहती हैं, उन सबके बारे में आप जानते हैं। जब महात्मा गांधी मारे गए थे, तो एक बहुत बड़ी फिरकापरस्त पार्टी थी, जिसने उनका कत्ल किया था, उस पर पाबंदी लगाई गई थी। उसके बाद हालात अच्छे थे। लेकिन अब उस फिरकापरस्त पार्टी के बारे में क्या ख्याल है ? उन पर आप पाबंदी लगाएँगे या नहीं ?

हमारा कोई इरादा किसी पर पाबंदी लगाने का नहीं है और इस समय हालात इतने खराब नहीं हैं कि हम इस बात पर गौर करें। लेकिन हमें उम्मीद है कि वे लोग सही रास्ते पर आ जाएँगे और अगर सही रास्ते पर नहीं आएँगे, तो उनको लाने की कोशिश की जाएगी।

जब पिछली सरकार सत्ता में आई तो उसने कहा कि इस देश का खजाना खाली है, आपने ऐसा बयान नहीं दिया। इसके विपरीत आपने कहा है कि भारतीय अर्थव्यवस्था में काफी लोच है। आपके इस विश्वास का क्या कारण है, विशेषकर तब जबकि मुद्रास्फीति दहाई अंक तक पहुँच गई है। कीमतें चढ़ने के बाद नीचे नहीं आतीं, चाहे हम कितनी भी कोशिश और कमजोर वर्गों को राहत पहुँचाने की बात करें। इस बारे में आपकी क्या कार्य योजना है ?

मैं आपको यह नहीं बताना चाहता कि जब आप राष्ट्र की अर्थव्यवस्था की बात करें, तो हमें बहस से विरोधी को नीचा दिखाने की कोशिश नहीं करनी चाहिए। पूर्व सरकार ने यह घोषणा क्यों की कि खजाना खाली है—क्या वे इसका उत्तर दे सकते हैं ? मैं आपको बता

रहा हूँ कि आर्थिक स्थिति सचमुच कठिन है। मैं इसे छिपाना नहीं चाहता। लेकिन मैं यह नहीं मानता कि खजाने में पड़ा धन राष्ट्र की एकमात्र संपदा है। मैं यह कहता हूँ कि भारतीय अर्थव्यवस्था में लोच हमारे बुनियादी ढाँचे, हमारी जनशक्ति, इस देश में उपलब्ध औद्योगिक प्रतिभा के कारण है। इसलिए भी कि हमारे लोगों ने यह साबित कर दिया है कि किसी भी कठिन स्थिति का वे हिम्मत से सामना कर सकते हैं। उन्होंने कुर्बानी दी है। कोई बाहरी राष्ट्र हमें संकट से नहीं उबार सकता। हमें अपने संसाधनों पर और अपने लोगों की इच्छाशक्ति पर निर्भर रहना होगा। मैं यह चाहता हूँ—लोग यह समझें कि यदि भारत को अन्य पक्षों, अन्य राष्ट्रों की मदद की जरूरत है, तो अन्य राष्ट्र को भी इस देश की मदद चाहिए। हम इतने असहाय नहीं हैं। हो सकता है, धन हमारे पास न हो, हो सकता है कि कीमतें चढ़ रही हैं लेकिन यह एक अस्थायी प्रवृत्ति है। यदि कुछ सुधारात्मक उपाय किए जाएँ और लोग सहयोग करें...और हम झूठे वायदे नहीं करना चाहें, तो मैं यह नहीं कहता कि कल स्थिति बहुत सुखद हो जाएगी और लोग बहुत आनंद से रह सकेंगे। लेकिन मैं कहता हूँ कि प्रधानमंत्री भले ही फेल हो जाएँ, सरकारें फेल हो जाएँ, परंतु भारत का कुछ बिगड़नेवाला नहीं है, क्योंकि यह देश हर संकट में खड़ा रह सकता है। आज मैं यह महसूस करता हूँ कि लोग सहयोग कर रहे हैं और उनकी मदद से हम अर्थव्यवस्था को वापस पटरी पर ला सकते हैं। जहाँ तक कीमतों की बात है, कुछ क्षेत्रों में कीमतें नीचे नहीं आईं। आप सही हैं। परंतु जहाँ तक आवश्यक वस्तुओं की बात है, सरकार को उत्पादन बढ़ाकर या जरूरत की चीजें आयात करके अथवा व्यापार को नियंत्रण में लाकर या जो उद्योग इन वस्तुओं का उत्पादन करते हैं, उनके नियम के जरिये कीमतें नीचे ला सकते हैं। विस्तृत विचार के बाद इस पैकेज का एलान किया जा सकता है। परंतु भारत के भविष्य के प्रति मैं आश्वस्त हूँ। मैं यूँ ही लोगों को आश्वासन नहीं दे रहा, मैं इस देश में जबर्दस्त क्षमता देखता हूँ। आप देखते हैं कि भारत की स्थिति के बारे में बाहर भी बदलाव आया है। अब लोग भारत को उस उपेक्षा की निगाह से नहीं देखते, जैसे पहले देखते थे।

पूर्व सरकार ने खाड़ी संकट के परिप्रेक्ष्य में पेट्रोलियम उत्पादों की कीमतें बढ़ाई थीं, जब दुनिया-भर में कच्चे तेल की कीमतें नीचे आई हैं और वे घटकर करीब आधी रह गई हैं, जब पूर्व सरकार ने इनकी कीमत बढ़ाई, तो आपके दल सहित सभी पार्टियों ने कीमत बढ़ाने की आलोचना की—अब चूँकि अंतर्राष्ट्रीय बाजार में कीमत घट गई है, तो क्या आप अतिरिक्त शुल्क वापस लेने पर विचार करेंगे ? दूसरे, विदेशी मुद्रा की स्थिति बहुत खराब है, क्या आप आईएमएफ जा रहे हैं और इस समय बातचीत किस चरण में है ?

जहाँ तक पहले प्रश्न की बात है, यह सही है कि कच्चे तेल की कीमतें कुछ गिरी हैं, लेकिन आप जानते हैं कि खाड़ी में युद्ध का खतरा अभी टला नहीं। इस समय कीमतें संशोधित करना हमारे लिए मुनासिब नहीं होगा। यदि स्थिति सुधरी, यदि युद्ध का खतरा नहीं रहा, यदि कच्चे तेल की कीमतों में गिरावट का रुख जारी रहा, तो उस समय सरकार विचार कर सकती है। जहाँ तक आईएमएफ की बात है, हम उनसे ऋण के लिए कहेंगे। इसमें संकोच की कोई बात नहीं। स्थिति इस पर निर्भर करेगी कि आईएमएफ कितना ऋण देता है, किन शर्तों पर देता है ?

आपने कहा है कि बोफोर्स जैसे छोटे आर्थिक भ्रष्टाचार के मामले प्रधानमंत्री की चिंता का विषय नहीं होने चाहिए, लेकिन जिसमें कम से कम दस बोफोर्स समा जाएँगे, इतना बड़ा आर्थिक भ्रष्टाचार का मामला आपने खुद भी संसद में उठाया था–एक्साइज ड्यूटी कुछ कारखानों को वापस देने का। अब प्रधानमंत्री बनने के बाद आप इस दिशा में क्या कदम उठानेवाले हैं ?

मैंने यह नहीं कहा कि बोफोर्स छोटा भ्रष्टाचार है या बड़ा भ्रष्टाचार। भ्रष्टाचार भ्रष्टाचार है, चाहे छोटा हो या बड़ा। लेकिन दूसरा सवाल जो आपने कहा, उस पर हम जानकारी हासिल कर रहे हैं और शीघ्र ही उस पर कदम उठाए जाएँगे। उस मामले को नजरअंदाज नहीं किया जाएगा। मैं आपको यह आश्वासन दे सकता हूँ।

पिछली बार जब आपने प्रेस कान्फ्रेंस को संबोधित किया, तो आपने पूर्व सरकार द्वारा घोषित औद्योगिक तकनीक की आलोचना की। आपने कई सारे तर्क देकर बताया कि किस तरह सरकार विश्व बैंक और आईएमएफ का एजेंडा क्रियान्वित कर रही है। इस बार अपने स्वयं कहा है कि आप आईएमएफ से ऋण ले सकते हैं। तो देश जब ऋण के लिए आईएमएफ के पास जा रहा है, क्या आप राज सहायता कम करके आईएमएफ और विश्वबैंक का एजेंडा क्रियान्वित नहीं करेंगे ?

मैं नहीं जानता। आप कल्पना के आधार पर बात कह रहे हैं। बात आईएमएफ की नहीं, यदि आर्थिक ढाँचे की स्थिति कठिन है, यदि कम संसाधन है, तो हर क्षेत्र में कुछ कटौती करनी पड़ेगी। मैंने यह नहीं कहा कि हम किसी क्षेत्र में राज सहायता घटाने जा रहे हैं। लेकिन यह सवाल कहाँ उठता है। मान लीजिए, आईएमएफ का ऋण न लिया जाए, तो क्या कोई अन्य उपाय है, जिसके भरोसे आप यह कहें कि आप अधिक राज सहायता दे सकते हैं। यदि आईएमएफ का ऋण मिल गया, तो शायद राज सहायता बेहतर तरीके से, अधिक उत्साह से जारी रखी जा सकती है। लेकिन यदि ऋण नहीं मिला, तो हमें तंगी बर्दाश्त करनी पड़ेगी। परंतु, अगर आपको सभी जगह शैतान दिखाई देते हों, तो मैं कुछ नहीं कह सकता।

आठवीं पंचवर्षीय योजना का क्या भविष्य है ? मैं उम्मीद करता हूँ कि इस स्थिति में अवकाश की नौबत नहीं आएगी।

नहीं, योजना अवकाश का कोई प्रश्न नहीं। यह बात जरूर है कि स्थिति बहुत कठिन है। मेरी राय में हमें अधिक योजनाबद्ध ढंग से खर्च करना चाहिए। प्रभाव की स्थिति में नियोजन जरूरी होता है। अभाव न हो, तो नियोजन की जरूरत नहीं। यदि आज आप अभाव की बात करते हैं। हाथ तंग रखने की बात करते हैं, तो योजना अवकाश की चर्चा की इससे कोई संगति नहीं। कुछ समायोजन किया जा सकता है। वह एक दीगर बात है।

सार्वजनिक क्षेत्रों की स्थिति के बारे में आप क्या सोचते हैं ? विशेषकर तब, जब इनके निजीकरण की बहस तेज हो...

सार्वजनिक क्षेत्र के निजीकरण का कोई प्रश्न नहीं है। परंतु मैं यह अवश्य चाहूँगा कि सार्वजनिक क्षेत्र को अधिक कार्यकुशल बनाया जाए। सार्वजनिक क्षेत्र से संबंधित कई पहलू

हैं, जिनमें कुछ बातें मेरी समझ से बाहर हैं।

सार्वजनिक क्षेत्र की लगभग 100 कंपनियाँ किसी प्रमुख के बगैर–अध्यक्ष या प्रबंध निदेशक के बगैर काम कर रही हैं। सरकार उस दिशा में तत्काल कुछ कदम उठाने जा रही है। हम चाहेंगे कि सार्वजनिक क्षेत्र अधिक दक्ष और उद्देश्यपूर्ण बने।

आपने योजना की बात की, यह बताया कि योजना अवकाश का कोई सवाल नहीं। परंतु एक साल बीत गया और योजना दस्तावेज आने में एक और बीत जाएगा। राष्ट्रीय विकास परिषद् ने जो दिशापत्र मंजूर किया है, क्या आप उसे स्वीकार कर लेंगे या उससे आगे जाएँगे। आपका इस बारे में क्या विचार है ?

मैं यह नहीं कह सकता हूँ कि जो कुछ तैयार हुआ है, उसे उसी रूप में स्वीकार लिया जाएगा। कुछ संशोधन हो सकता है। हमने योजना आयोग से कहा है और योजना आयोग के उपाध्यक्ष ने गंभीरता से काम शुरू कर दिया है। हमें इस पर कड़ी मेहनत करनी होगी। लेकिन हम इसमें शीघ्रता करेंगे। मैं समझता हूँ कि इन बातों में ज्यादा वक्त नहीं गँवाएँगे और जल्दी ही किसी नतीजे पर पहुँचेंगे।

22 दिसंबर, 1990

रिझाने के लिए नारे देना राष्ट्र के साथ विश्वासघात है

हरिवंश की बातचीत

सत्ता में आने और अंदरूनी परिस्थितियों को देखने के बाद आपको आज देश के समक्ष मुख्य चुनौती क्या लगती है ? उनसे निबटने की आपकी योजनाएँ क्या हैं ?

सबसे बड़ी चुनौती इस देश के सामने आपसी विग्रह और विद्वेष है। अगर हम आपस में लड़ना बंद कर दें, तो सभी समस्याओं का समाधान हो सकता है। मैं मानता हूँ कि आज भी हमारे पास एक ऐसी शक्ति है कि हम अपने संकल्प से सारी कठिनाइयों-चुनौतियों से पार पा सकते हैं, लेकिन सबसे बड़ा सवाल तो आज यह है कि हम आपस में मिलकर काम कर सकेंगे या नहीं ? यों तो हर समस्या अपने में जटिल है, लेकिन आर्थिक समस्या सबसे भयंकर दिखाई देती है। परिस्थितियाँ इतनी खराब हैं कि अगर देश के लोगों का मानस पूरे संकल्प के साथ और दृढ़ता के साथ कुर्बानी के रास्ते पर जाने के लिए तैयार नहीं होता, तो शायद इस देश के लिए बहुत विषम परिस्थिति पैदा हो सकती है। आज ऐसी स्थिति है, जिसमें हर आदमी को मितव्ययिता बरतनी होगी, हर आदमी को कठिनाइयों को झेलने के लिए तैयार रहना होगा। जो अल्प वेतनभोगी हैं, उनको भी मदद करनी होगी। लेकिन यह तभी संभव है, जब अभिजात वर्ग के लोग या वे लोग, जिनके पास अधिक संपदा है, कुर्बानी के लिए तैयार हों। यह सबसे बड़ी समस्या है कि ऐसे लोगों का मानस कैसे बदला जाए। दुख के साथ कहना पड़ रहा है कि सबसे अधिक देश की कठिनाइयों की जानकारी उन लोगों को है, जो आज देश के उद्योगपति या व्यापारी हैं और सबसे कम सहयोग देने के लिए उनके मन में तैयारी जान पड़ती है, जो परिस्थितियों को सबसे अधिक समझते हैं। यह जो हमारे राष्ट्रीय जीवन की विसंगति है, इसका हल हमें ढूँढ़ना होगा। मैं चाहूँगा कि भारत के उद्योगपति-व्यापारी राष्ट्र के प्रति अपने कर्त्तव्य को समझें और इस कठिन परिस्थिति में हमें सहयोग करें, अन्यथा आज जो कठिनाइयाँ पैदा हो रही हैं, वे उनके लिए आत्मघाती सिद्ध होंगी। सारा समाज टूट सकता है। क्योंकि मैं कई बार कह चुका हूँ कि गरीबी स्वयं अभिशाप है, लेकिन आनुपातिक गरीबी (एक बहुत गरीब दूसरा बहुत अमीर) जब बढ़ती है, तो समाज टूट जाता है। समाज में तनाव पैदा होता है। भारत उसी कगार पर पहुँच गया है। वह परिस्थिति अपने चरम बिंदु पर न पहुँच जाए, इसके लिए हमें तत्काल कुछ करना पड़ेगा। लेकिन इन सबके लिए मानस तभी तैयार किया जा सकता है, जब हम आपस में लड़ना बंद करें। हम पंजाब में झगड़ रहे हैं। कश्मीर में चुनौती का सामना कर रहे हैं। असम में भी कुछ वैसी ही परिस्थितियाँ बनती जा रही हैं। इन सबका हल निकालना होगा। दुर्भाग्य यह है कि ये सारे काम जाति-धर्म के नाम पर हो

रहे हैं। जाति प्रथा एक ऐसी कुरीति है, जिसके कारण समाज को बहुत कुछ भोगना पड़ा है। शायद आगे भी भोगना पड़ेगा। धर्म के नाम पर जो उन्माद खड़ा हो रहा है, उससे और अधिक संकट पैदा हो सकता है। कुछ लोग ऐसा समझते हैं कि हिंदुत्व की भावना ऊँचा उठाकर वे सत्ता में पहुँच सकते हैं। लेकिन यह भूल जाते हैं कि हम दुनिया में आज अकेले नहीं रह सकते। सारी दुनिया की निगाहें आज हिंदुस्तान के ऊपर हैं। बड़ी ताकतें भारत को बड़े राष्ट्र के रूप में नहीं देखना चाहतीं। जिस तरह से देश-विदेश में इस बात (उन्माद) की चर्चा हो रही है, उससे भारत की गरिमा गिरी है। भारत के भविष्य के लिए प्रश्नवाचक चिह्न खड़ा हो गया है। ये समस्याएँ ऐसी हैं, जिन पर हमें तत्काल ध्यान देना है। कभी-कभी हम लोग तात्कालिक लाभ के लिए, जो अत्यंत जघन्य अपराध होते हैं, उनको भी नजरअंदाज कर देते हैं। इस प्रवृत्ति से छुटकारा पाना होगा। किसी को रिझाने के लिए, किसी का मन जीतने के लिए ऐसे नारे देना, जिन्हें हम कभी पूरा न कर पाएँ, राष्ट्र के साथ विश्वासघात होता है। इसलिए हमें उस ओर भी ध्यान देना चाहिए। राजनीतिक समर्थन पाने के लिए थोड़ी-बहुत ऐसी बातें होती हैं, लेकिन सारी बुनियादी जरूरतों को नजरअंदाज कर महज इसी नजरिये से काम होगा, तो न देश का हित होगा, न उनका—जो इस तरह का काम कर रहे हैं।

आपका व्यक्तित्व व्यवस्था विद्रोही रहा है। अब सत्ता में आकर कैसा लगता है ?

असल में सत्ता में आए तो बहुत दिन नहीं हुए। पाँच-छह हफ्ते हुए। लेकिन मुझे सत्ता में आने के बाद ऐसा लगता है कि जिन बातों के ऊपर मैं इतनी दृढ़ता—तेजी से बातें करता था—तब शायद मुझे वास्तविक परिस्थितियों का ज्ञान नहीं था। मैं जितना कहता था, वह बहुत कम था। आज जो हालात हैं और सत्ता में आकर जो मैंने देखा है, उससे मुझे ऐसा लगता है कि हम लोगों ने राष्ट्र के साथ न्याय नहीं किया है। जब मैं राष्ट्र के साथ न्याय की बात करता हूँ, तो मेरी नजर में वो लोग हैं, जो मुल्क को चला रहे हैं, परिश्रम कर रहे हैं, खेत-खलिहानों, गाँवों और कल-कारखानों में काम कर रहे हैं। अगर उनके मन के विश्वास को हम लोग जगाते, जो संभव है और जो किया जा सकता है, तो शायद देश इस परिस्थिति में नहीं होता। एक ओर दुनिया की बड़ी ताकतें नहीं चाहती थीं और आज भी कुछ लोग हैं, जो नहीं चाहते कि भारत अंतर्राष्ट्रीय राजनीति में कोई अहम भूमिका अदा करे और दूसरी ओर हम लोग भी अपनी असावधानी या कमजोरियों के कारण भारत को उस स्थान पर ले जाने की संकल्प-शक्ति नहीं रखते। इसलिए लगता है कि भले ही कभी-कभी असमर्थता की ही अभिव्यक्ति हो, लेकिन अपनी बातों को प्रखरता के साथ कहना एक बहुत बड़ा उत्तरदायित्व है, जिसे निभाना राष्ट्र के प्रति महत्त्वपूर्ण कर्त्तव्य है।

आप गांधी, आचार्य नरेंद्रदेव और जयप्रकाशजी के विचारों से गहरे प्रभावित रहे हैं। मौजूदा आर्थिक संकट से निबटने के लिए उनके बताए नुस्खे क्या आप अपनाएँगे ?

गांधीजी ने ही हमें श्रमशक्ति के महत्त्व को पहचानने की सीख दी थी। उन्होंने श्रमशक्ति का उल्लेख किया था और कहा था कि श्रम के द्वारा ही सब संभव है। श्रम ही धन है। उसी से धन पैदा होता है। इसलिए समाज में श्रमशीलता की पूजा होती है। लेकिन दुर्भाग्य

है कि हम गांधी का नाम लेते हैं, लेकिन श्रमशक्ति का आदर-सम्मान करना हमने नहीं सीखा। एक ऐसा समाज हमने बना रखा है, जहाँ मेहनत करनेवाला अपमानित होता है, लेकिन दूसरों की मेहनत की बदौलत अपनी तिजोरियाँ भरनेवाला सम्मानित होता है, समाज में प्रतिष्ठा पाता है। आजादी के बाद यह प्रवृत्ति तेज हुई है। इसी कारण गांधी ने स्वावलंबन, स्वदेशी और श्रमिक की इज्जत और साथ ही मितव्ययिता का पाठ पढ़ाया था। मितव्ययिता एक नारा नहीं है, बल्कि एक आर्थिक रणनीति है, काम करने का तरीका है, नुस्खा है, जिससे करोड़ों लोगों को विश्वास में लिया जा सकता है। जिस देश में लोकतंत्र, लोकशाही है, वहाँ करोड़ों के मन को जीतना है, तो उन्हें यह एहसास दिलाना होगा कि अगर देश गरीब है, तो महज उनके लिए ही गरीब नहीं है, उन लोगों के लिए भी है, जो बड़े पदों पर हैं और बड़ी कंपनियों की बदौलत अथाह धन के मालिक बने हैं। अगर यह बात होती, तो आज देश बहुत हद तक आगे बढ़ चुका होता।

इस दिशा में कोई कदम उठाने जा रहे हैं आप ?

जैसा मैंने आपसे कहा कि कदम तो उठाए जाने चाहिए। मैं इसके पक्ष में हूँ। पर जो परिस्थितियाँ हैं, उसमें मैं यह नहीं कह सकता कि कितना समय लगेगा। मैं तो चाहता हूँ कि कुछ कदम उठाए जाने चाहिए।

आप छोटे राज्यों के समर्थक रहे हैं। झारखंड पर आपकी क्या राय है ?

देखिए, छोटे राज्यों का समर्थक मैं आज भी हूँ। रहा नहीं हूँ, बल्कि हूँ। आज भी मैं चाहता हूँ। जनता पार्टी ने बहुत पहले छोटे राज्यों का समर्थन किया था। लेकिन आज की परिस्थितियों में कोई नया राज्य बनाने की बात बड़ी अव्यावहारिक लगेगी। जिस समय पहला स्टेट रिआर्गनाइजेशन कमिटी (राज्यों के पुनर्गठन के लिए गठित समिति) बनी थी, उस समय राष्ट्रीय आंदोलन की हर संभव समृद्ध विरासत के बावजूद देश धू-धू कर जलने लगा था। आज जब समाज में इतना तनाव है, इतनी उलझी समस्याएँ खड़ी हैं, तो एक और नई समस्या खड़ी करना उचित नहीं होगा। लेकिन उसी राज्य के अंतर्गत कोई विशेष सुविधा देने, विशेष स्टेटस देने की बात होगी, तो उस पर सोचना चाहिए।

पिछले दिनों झारखंड कमिटी की बैठक हुई है, उन लोगों ने कुछ राय दी है। मैंने सुना है बिहार सरकार ने भी अपनी राय भेजी है। अब उस पर आवश्यक कार्य हो रहे हैं।

पूर्वी उत्तरप्रदेश और बिहार की गरीबी के खिलाफ आपके नेतृत्व में लंबा संघर्ष हुआ, अब आपकी सरकार इन इलाकों के लिए क्या करेगी ?

कोशिश कर रहे हैं। केवल पूर्वांचल या बिहार के लिए ही नहीं, बल्कि सभी पहाड़ी इलाकों के लिए। बुंदेलखंड भी बहुत पिछड़ा है। हम यह चाहते हैं कि हर ऐसे पिछड़े इलाके में कोई एक ऐसी संस्था हो, जो लोगों को विकास की दिशा में ले जाने में सहयोग करे।

मौजूदा राजनीति कुछ महीनों में क्या करवट लेगी ?

कहना मुश्किल है। क्योंकि परिस्थितियाँ इतनी अस्थिर हैं कि इस संबंध में कोई वक्तव्य

देना बड़ा कठिन काम होगा। इस कारण मेरे लिए कुछ कहना मुनासिब नहीं होगा।

मंत्रिमंडल का विस्तार कब तक करेंगे ?

संसद के अधिवेशन के बाद।

प्रभात खबर, 22 दिसंबर, 1990

मूल्य-आधारित राजनीति शाब्दिक प्रपंच नहीं, व्यक्तिगत आचरण है

एस.डी. गोखले की बातचीत

सबसे पहले मैं आपसे यह पूछना चाहता हूँ कि राम जन्मभूमि और बाबरी-मस्जिद के संदर्भ में राजीव फार्मूले के साथ-साथ सुप्रीम-कोर्ट जज के कमीशन की भी बात हुई थी, इसके बारे में आप क्या कहेंगे ?

शुरू में न्यायमूर्ति कृष्णा अय्यर और बी. जी. वर्गीज, जिन्होंने स्वतंत्र पहल की थी, ने सुझाव रखा था कि उच्चतम न्यायालय द्वारा इस मामले का फैसला करा लिया जाएगा। बाद में राजीव गांधी ने भी इस पर सुझाव दिए। पहले तो यह कहा गया कि उच्चतम न्यायालय एक कमीशन बना दे। दूसरा, यह कि उच्चतम न्यायालय को यह कहा जाए कि इस मामले में वह अपना फैसला दे। इन दोनों पर अभी कानूनी सलाह ली गई है, मुख्य न्यायाधीश से बात करनी है क्योंकि जब तक वे समर्थन नहीं देते तब तक यह काम संभव नहीं है। उन्होंने कुछ लोगों से बात की थी। यह एक विचार है। शायद कोशिश करने से हम इसमें सफल हो जाएँ। अभी इस पर थोड़ा विचार और करना है।

इस सिलसिले में एक सवाल उठता है और वह है देश में सांप्रदायिक तनावों का। इसके अलावा मैं पूछना चाहूँगा कि गांधी और तिलक राजनीति में जिन मूल्यों की बात करते थे, वे अब कहाँ हैं ? आप इन राजनीतिक मूल्यों की पुनर्स्थापना के लिए क्या करेंगे ?

इस सवाल का जवाब मैं नहीं दे पाऊँगा, क्योंकि आपने कहा कि तिलक और गांधी ...जबकि आज के नेता न तो तिलक हैं और न ही गांधी। यह जो मूल्य आधारित राजनीति है, वह केवल शाब्दिक प्रपंच नहीं बल्कि व्यक्तिगत आचरण में उतारनेवाली चीज है। जो मूल्य आधारित राजनीति करते हैं, वे इसकी चर्चा किसी से नहीं करते। गांधी और तिलक ने अपने आचरण से मूल्यों की स्थापना की, अपनी अभिव्यक्तियों को लोगों के सामने प्रचारित नहीं किया। इसलिए मैं कहता हूँ कि मूल्यों का संबंध आचरण से है। जितना ही अभिव्यक्ति में इसका प्रदर्शन होता है, आचरण में उतना ही कम दिखाई देता है। मेरा राजनीतिक अनुभव यही कहता है। अतः गांधी और तिलक बनना तो बहुत दूर की बात है, अगर अपने आचरण में हम थोड़ा-बहुत भी परिवर्तन कर लें, तो उससे एक नई शुरुआत हो सकती है।

एक पत्रकार की हैसियत से जिस व्यक्ति ने महात्मा गांधी के साथ उत्तरी बिहार सहित सारे भारत का भ्रमण किया, उसने दिल्ली में अपने लक्ष्य, सांप्रदायिक एकता की प्राप्ति के लिए अपने प्राण त्याग दिए। क्या आपको नहीं लगता कि उनके इस संदेश का प्रसार

जिस तरह किया जाना चाहिए था, उसे उतनी अच्छी तरह नहीं किया जा रहा है ?

हाँ, यह सच है कि ऐसा नहीं हो रहा है। महात्मा गांधी और तिलक के विचारों और संदेशों को जितना प्रचारित करना चाहिए था, नहीं किया गया। जिन लोगों ने संकट की स्थिति में देश को प्रेरणा दी, उनके विचार हमारे लिए आज उतने महत्त्वपूर्ण नहीं हैं, जितने उन लोगों के विचार हैं, जिनसे हमारा स्वार्थ जुड़ा हुआ है। आपका विश्लेषण बिल्कुल सही है। हमें इस दिशा में कुछ करना चाहिए। सिर्फ तीन दिनों पहले ही मैंने सूचना तथा प्रसारण मंत्रालय को इस दिशा में कुछ ठोस कदम उठाने को कहा था क्योंकि अगर तिलक और गांधी के विचार सारी दुनिया के लिए प्रासंगिक हैं, तो ये हमारे लिए और भी ज्यादा प्रासंगिक हैं।

एक सवाल कांग्रेस के समर्थन के बारे में था। वे कहते हैं कि वे गुणों के आधार पर ही अपना समर्थन देंगे।

मैं पूछता हूँ कि जहाँ खामियाँ ही खामियाँ हैं, वहाँ लोग अपना समर्थन क्यों देते हैं। जब आप मूल्य आधारित राजनीति की बात करते हैं, तब हर व्यक्ति को उसी का सहयोग करना चाहिए, जो सही है। अगर कांग्रेस का सहयोग औचित्य पर निर्भर करता है, तो यह बहुत अच्छा है। मैं नहीं चाहता कि सरकार के गलत कामों को किसी का भी समर्थन मिले। अतः गुण पर आधारित समर्थन उचित निर्णय है, बशर्ते यह देखा जाए कि आप किन गुणों से प्रभावित हैं।

जनता दल के कुछ नेताओं का मानना है कि आपकी सरकार स्थायी नहीं होगी। आपका क्या कहना है ?

मैं इस पर कुछ भी कहना नहीं चाहता। वे जैसा सोचते हैं, उसी के अनुसार दूसरों की पहचान करते हैं। मैं क्यों उनके शब्दकोश को सही करने में अपना वक्त बर्बाद करूँ।

हाल ही में पाकिस्तान के प्रधानमंत्री का भारत विरोधी बयान आया और आपने कहा था कि उनसे बात हो गई है, यह क्या है ?

वे यह नहीं कह रहे कि हम कश्मीर के मामले में कुछ नहीं करेंगे। आप लोग क्या समझते हैं ? 40 साल पुराना मामला मेरी एक मुलाकात से सुलझ जाएगा। अजीब हाल है ! सभी को लग रहा है कि इतने पुराने मसले का हल बस एक महीने में ही निकल आए।

लेकिन, क्या वे शिमला समझौते पर नहीं अड़े हैं ?

कुछ कहा नहीं जा सकता। न तो वे 'हाँ' कहते हैं और न ही 'ना' कहते हैं।

अभी उनसे आपने जो बातचीत शुरू की है, उसमें आपने यह कहा है कि स्थितियों को भारतीय संविधान के दायरे में ही सुधारा जाएगा। क्या आप इसके प्रति बेहद आशान्वित हैं ?

मैं कैसे कहूँ, जब तक कि मैं यह जान न जाऊँ कि उसके दिमाग के भीतर क्या चल रहा है। किंतु रास्ता क्या है ? जब तक आप लोगों से बात करने के लिए तैयार नहीं होते...अभी तुरंत आप तिलक और गांधी की चर्चा कर रहे थे। गांधी ने जिन्ना से कई बार

बात की, पर उनके जैसा व्यक्ति भी सफल नहीं हो पाया। एक तरफ तो आप गांधी, उनके विचार और उनके संदेशों की बात करते हैं, दूसरी तरफ अगर कोई बात करने के लिए तैयार होता है, तब आपको गहरी चिंता होने लगती है। मैं इस देश की जनता, विशेषकर विचारवान लोगों की मानसिकता को समझ नहीं पाता। किसी के साथ बात करने का यह मतलब नहीं कि हम उसके सिद्धांतों को भी अपना लें बल्कि किसी भी तरह की बातचीत बंद क़र देने का मतलब है कि आप राज्य की निरंकुश शक्तियों पर निर्भर हो जाते हैं। और यह गांधी का रास्ता बिल्कुल नहीं था। इस बात का हरसंभव प्रयास करेंगे कि हम किसी आपसी सहमति पर पहुँच सकें।

बातचीत शुरू करने की कोई शर्त भी है ?

नहीं, न तो मैंने कोई शर्त मानने पर विवश किया है और न ही वे किसी शर्त की पेशकश करने की कोशिश करेंगे।

कश्मीर के विषय में आपने कहा कि वहाँ की स्थिति में काफी सुधार हुआ है। ऐसा क्यों लगता है आपको ?

जो तथाकथित मुजाहिद्दीन या उग्रवादी हैं, उन्होंने खुद ही आत्मसमर्पण किया और कहा कि वे चाहते हैं कि मुझे लगता कि यह कोई निर्णायक स्थिति है, पर परिवर्तन जरूर हुआ है।

क्या आपको लगता है कि स्थितियाँ सुधरने की कोई उम्मीद है ?

ऐसा दिखता तो है, लेकिन आप जानते हैं कि थोड़ा-सा मतभेद भी सफलता के सारे रास्ते बंद कर सकता है।

अब एक सवाल मंडल आयोग के आरक्षण, विशेषकर इसके आर्थिक पक्ष के बारे में। जैसा कि आप जानते हैं–शरद पवार ने महाराष्ट्र में क्या हाल किया ? उन्होंने कहा कि आर्थिक रूप से पिछड़े लोगों को 30 प्रतिशत का आरक्षण देंगे। आर्थिक आधार पर आरक्षण दिए जाने पर आपके क्या विचार हैं ?

भारत की वर्तमान स्थिति में सामाजिक तथा आर्थिक रूप से पिछड़े लोगों को आरक्षण मिलना ही चाहिए। हमारी आरक्षण नीति में दोनों का उचित संयोग होना चाहिए। आप यह नहीं कह सकते कि जाति के आधार पर आरक्षण नहीं होना चाहिए, क्योंकि दुर्भाग्य से हमारे देश की जाति व्यवस्था बड़ी मजबूत है और इसी का परिणाम है कि हमारा पिछड़ा वर्ग आर्थिक रूप से विपन्न है। साथ ही जो आर्थिक रूप से पिछड़े हुए हैं, उनकी तकलीफों और उम्मीदों पर भी विचार किया जाना चाहिए।

आपको यह नहीं लगता कि मंडल कमीशन के साथ-साथ राम जन्मभूमि...

नहीं-नहीं, यह बड़ा ही कठिन काम है। तभी मैं कहता हूँ कि हमें अपने झगड़ों को खत्म करना चाहिए। सबसे पहले तो लोगों को यह समझना पड़ेगा कि यह हमारे इतिहास का नाजुक दौर है। इसलिए हमें ज्यादा संयमित होकर व्यवहार करना होगा। संसद में भी मैंने ऐसा ही

कहा था कि अगर हम एक-दूसरे पर आरोप लगाने में लगे रहे, तो जनता की समस्याओं को सुलझा नहीं पाएँगे और आपके दुश्मन आपके मतभेद से अपना फायदा निकाल लेंगे। यह समय इन अनर्गल बातों का नहीं है। इसके बजाय हमें यह कोशिश करनी चाहिए कि हम ऐसा माहौल तैयार करें, जिसमें कई कमजोरियों के बावजूद हम मिल-जुलकर किसी नीति पर काम कर सकें।

अब एक सवाल आर्थिक स्थिति पर है। जैसा कि संसद को रिपोर्ट दी गई है, उससे यह लगता है कि स्थिति बड़ी नाजुक है। करों के अलावा आप और क्या करना चाहेंगे ?

कर सिर्फ एक पक्ष है। दूसरा बेहद महत्त्वपूर्ण पक्ष है, यह फिर से गांधीवाद पर आधारित है और वह है आत्मसंयम का। आत्मसंयम तथा कड़ी मेहनत ही ऐसे क्षेत्र हैं, जहाँ हम खुद को उन्नत करने की कोशिश कर सकते हैं।

एक अंतिम प्रश्न। केसरी के पाठकों के लिए कोई विशेष संदेश देना चाहेंगे ?

हाँ, जरूर। केसरी की स्थापना उस महान व्यक्ति द्वारा की गई, जिसने अँधेरे में देश को रोशनी दिखाई। आज अँधेरा उतना गहरा तो नहीं है, परंतु एक बार फिर राष्ट्रीय जीवन पर एक कुहासा छाया हुआ है। इसे दूर करने और अपने भीतर आशा की नई किरण जगाने का एक ही रास्ता है और वह यह है कि हम महात्मा गांधी और तिलक के उस आत्म-विश्वास और संकल्प को फिर से अपने अंदर जगाएँ, जिसके द्वारा उन्होंने यह उद्‍घोष किया था कि 'स्वतंत्रता हमारा जन्मसिद्ध अधिकार है, हम इसे लेकर रहेंगे', आज हर भारतवासी को राष्ट्र की मर्यादा की सुरक्षा करने का संकल्प लेना होगा। महात्मा गांधी जैसे महापुरुषों के प्रयास से ली गई आजादी को हम उसकी मंजिल तक पहुँचाने के लिए कृतसंकल्प हैं और दुनिया की कोई शक्ति हमें इस रास्ते से डिगा नहीं सकती है।

केसरी, 28 दिसंबर, 1990

समाजवाद इतना कमजोर नहीं कि बिखर जाए

रुचिरा गुप्ता की बातचीत

आपकी सोच प्रधानमंत्री बनने के बाद समाजवाद से विमुख होकर व्यावहारिक पूँजीवाद के पक्ष में जाती दिखती है ?

अच्छा ?

नहीं, मैं आपसे पूछ रही हूँ क्या आपको ऐसा लगता है ?

ऐसा नहीं। हमारा समाजवाद इतना कमजोर नहीं कि बिखर जाए।

पर, प्रधानमंत्री बनने के बाद आपका दृष्टिकोण बदला है ?

किस संदर्भ में ? मुद्‌दों को लेकर ? नहीं।

मुद्‌दों का हल कैसे निकालेंगे ?

मुद्‌दों का विचारधारा से कोई संबंध नहीं है। वैचारिक दृष्टिकोणों में कोई बदलाव नहीं आया है। पर व्यावहारिकता के धरातल पर कुछ चीजें ऐसी हैं, जो नजरअंदाज नहीं की जा सकती हैं।

क्या आप मुख्य क्षेत्रों में संसाधनों की कमी को पूरा करने के लिए निजी क्षेत्रों की भागीदारी को बढ़ावा देंगे ?

मैं यह कभी भी नहीं सोचता कि निजी क्षेत्रों को बढ़ावा न मिले। पर उन क्षेत्रों में निजी क्षेत्र का क्या काम होगा, यह बात पहले सही तरीके से परिभाषित हो और फिर उनके दिमाग में भी यह बात स्पष्ट हो कि वे किन शर्तों पर भागीदारी के लिए इच्छुक हैं। देश के विकास के लिए निजी क्षेत्रों की भागीदारी को मैं हमेशा ही बढ़ावा देना चाहूँगा।

मुख्य क्षेत्र, जैसे–तेल-उत्खनन, गृह-निर्माण...के बारे में आपका क्या ख्याल है ?

गृह-निर्माण, तेल-उत्खनन जैसे इन सभी क्षेत्रों में हम पहले से ही लोगों को बढ़ावा देते आए हैं और भारत सरकार की ओर से कोई पाबंदी नहीं है।

सड़कें ?

सड़कें भी। पर, कुछ शर्तों पर, क्योंकि कुछ लोग सड़क-निर्माण की इच्छा रखते हैं, पर वे अपने पैसे किस तरह से उगाह पाएँगे, इसका कोई भी ब्यौरा नहीं देते हैं।

तो, कुछ शर्तें होंगी ?

नहीं, अगर वे कोई शर्त रखे बगैर काम करते हैं, तो मैं तैयार हूँ। वे सड़क बनाएँगे और टोल टैक्स नहीं लेंगे। ऐसी स्थिति में मैं भी कोई शर्त नहीं रखूँगा। अतः बिना शर्त रखे वे काम करते हैं, तो मुझे अत्यंत खुशी होगी।

पैसे उगाहने के लिए मारुति, भेल, इंडियन एयरलाइंस जैसी लाभ कमानेवाली कंपनियों के तीस से चालीस प्रतिशत शेयर बेचने से सरकार को कौन-सी बातें रोकती हैं ?

कोई भी नहीं। लेकिन, इस मामले में कोई भी फैसला लेने से पहले इन उद्योगों के काम-काज का ब्योरा लेना होगा और साथ ही यह भी सोचना होगा कि यह काम किन शर्तों पर किया जा सकता है और क्या यह समाज के लिए बेहतर होगा। सरकार किसी खास विचार से प्रभावित नहीं होगी लेकिन ऐसे फैसले लेने से पहले इसके सारे पहलुओं पर सरकार को फिर से सोचना होगा। इसका प्रस्ताव जरूर आया है। पर, सरकार आनन-फानन में कुछ नहीं कर सकती।

क्या इस मामले पर कोई चर्चा चल रही है ?

चर्चा तो नहीं चल रही है, पर इस मामले को लेकर विभिन्न स्तरों पर विचार-विमर्श जरूर चल रहे हैं।

आंतरिक घाटे को पूरा करने के लिए सरकार के अधिकार के मामले में क्या आप संवैधानिक संशोधन के पक्ष में हैं ?

नहीं, आखिर इसके लिए संविधान में संशोधन की क्या जरूरत है जबकि संविधान में ऐसे मामलों में सरकार द्वारा कदम उठाए जाने का पर्याप्त प्रावधान है। इस मामले में संविधान संशोधन की कोई जरूरत नहीं है ?

अंतर्राष्ट्रीय मुद्रा कोष से दोबारा ऋण लेने के बारे में बातचीत किस स्तर पर है ? हमने कितने की माँग की है ?

हमने तो माँग नहीं की, ऐसी कोई बातचीत भी नहीं हो रही है।

लेकिन प्रेस रिपोर्टों में कहा गया है कि आपने तो पहले ही...

लगता है प्रेस के लोग सरकार के बारे में मुझसे ज्यादा जानते हैं।

पश्चिम-एशियाई देश की ओर से खशोगी ने क्या किसी ऋण का प्रस्ताव पेश किया है ? प्रस्ताव में ऋण की राशि क्या है ?

मैं नहीं जानता। खशोगी कभी भी कोई प्रस्ताव मेरे सामने नहीं लाया और मैं इस तरह के ऋण पर खशोगी से चर्चा भी नहीं करता, क्योंकि वह किसी देश या सरकार का प्रतिनिधि नहीं है।

लेकिन, इकोनामिक टाइम्स में तो एक खबर छपी है, जिसमें कहा गया है कि वह जार्डन से ऋण का कोई प्रस्ताव लेकर आया था। यही वजह है कि मैंने आपसे यह सवाल पूछा ?

संभव है कि उसने यह प्रस्ताव इकोनामिक टाइम्स को दिया हो।

खशोगी से आपकी मुलाकात की व्यापक आलोचना पर आपकी क्या प्रतिक्रिया है ?

कुछ भी नहीं। लोग जरूर इस तरह की आलोचना करते हैं, पर कोई यदि मिलना चाहे तो मैं इनकार नहीं करता। जो भी मुझसे मिलने आता है, मैं उससे मिलता हूँ। भले वह मेरा सबसे बड़ा आलोचक ही क्यों न हो। मैंने कभी देशी या विदेशी, किसी भी व्यक्ति को इंटरव्यू देने से मना नहीं किया। मैं अपने आपको इतना कमजोर नहीं मानता कि किसी भी आदमी से मिलने भर से उसके प्रभाव में आ जाऊँ।

यह आरोप लगता रहा है कि आप कुछ खास उद्योगपतियों का साथ देते रहे हैं। खासतौर से आर.पी.जी. के साथ आपके भोजन के बाद यह अफवाह जोरों पर है कि आप उनके लिए कुछ बड़े प्रस्तावों को पास करनेवाले हैं। इस पर आपका क्या कहना है ?

मैं नहीं जानता। आर.पी.जी. की ओर से कोई प्रस्ताव नहीं आया है। अगर आता भी है और आर्थिक बिंदुओं को लेकर यह मजबूत होता है, तो मैं इसे जरूर पास कर दूँगा। सरकार के सामने इस कंपनी का जो एकमात्र प्रस्ताव है, उसे पिछली सरकार ने पास किया था। मेरा उससे कोई मतलब नहीं।

हाँ, आर.पी.जी. को मैं लंबे समय से जानता हूँ। उन्होंने मुझे खाने पर बुलाया और यदि मैं चला गया, तो मैं नहीं समझता कि यह कोई सामाजिक अपराध हो गया।

आप कड़े संयम की बात करते रहे हैं। पर, आपके कैबिनेट के सदस्य ही आपके निर्देशों की अवहेलना कर रहे हैं—जैसे विदेश जाना हो, तो विशेष बिमान ले लेना। इस बारे में आपकी क्या करने की योजना है ?

हम उन्हें यह समझाने की कोशिश कर रहे हैं कि ऐसा नहीं करना चाहिए। वैसे मुझे नहीं पता—यदि किसी ने बाहर जाने के लिए विशेष विमान का इस्तेमाल किया, चौधरी देवीलालजी को छोड़कर। कुछ लोग इसके बारे में खूब बातें बना रहे हैं। देवीलाल जी को डैनिश राजा की अंत्येष्टि में शामिल होने के लिए जाना था। यह जरूरी था कि हमारी ओर से कोई वरिष्ठ व्यक्ति वहाँ जाए। देवीलालजी जनता दल के अध्यक्ष थे। उन्हें वहाँ जाना भी था। अचानक आई इस स्थिति में यदि वे एयरलाइन के किसी विमान से जाते, तो इस कार्यक्रम को पूरा कर पाना मुश्किल था। इसलिए हमें उन्हें विशेष विमान से भेजने का फैसला लेना पड़ा ताकि वे अंत्येष्टि में शामिल हो सकें। लोग आलोचना करने के लिए आजाद हैं, लेकिन कुछ विशेष स्थितियों में हमें इस तरह के फैसले लेने पड़ते हैं। और मैं एक और बात स्पष्ट करना चाहूँगा कि इस मामले से देवीलालजी का कोई लेना-देना नहीं, यह मेरा फैसला था। यह एक अंतर्राष्ट्रीय बाध्यता थी और मुझे उसे पूरा करने की कोशिश तो करनी ही चाहिए।

जब आप संसाधन उगाहने की बात कर रहे होते हैं, क्या आपका आशय विकेंद्रीकरण से

होता है जैसा आचार्यजी ने कहा है ? और क्या इसी की पौध के तौर पर राज्यों को खुद की यूनिट ट्रस्ट रखने की अनुमति दी जानी चाहिए ?

मैं नहीं समझता कि राज्य यूनिट ट्रस्ट स्थापित करने की स्थिति में है। यह एक ऐसा प्रस्ताव है, जिसे किसी भी राज्य ने हमें नहीं दिया। लेकिन राज्यों को ऋण उगाहने की पूरी आजादी दी गई है और हम इसके रास्ते में रोड़ा नहीं अटकाने जा रहे। राज्य ऋण जरूर उगाहें लेकिन इसमें हम न हों। क्योंकि यदि वे भुगतान करने की स्थिति में नहीं होंगे, तो हमें गारंटी देनी होगी कि उस सूरत में भुगतान हम कर देंगे।

बजट में आप किन-किन मदों से संसाधन बढ़ाने की सोच रहे हैं ?

मैं आपसे बजट प्रस्तावों पर चर्चा नहीं कर रहा।

ठीक है। आइए, काले धन पर बात करें। इस पर अंकुश के लिए क्या आपके पास कोई खास उपाय है ?

यह सवाल वित्त मंत्री से पूछिए।

क्या आप बैंक और म्युचुअल फंड जैसे क्षेत्रों में निजी क्षेत्र को प्रवेश की अनुमति के पक्ष में हैं ?

मैं नहीं जानता। इन सारे मसलों को लेकर व्यापक तौर पर विचार किए जाने की जरूरत है और मैं इस तरह के प्रस्तावों पर प्रतिक्रिया करना नहीं चाहूँगा।

लेकिन, महाशय! आपके कैबिनेट के मंत्री परस्पर विरोधी नीतियों को माननेवाले हैं। आप कैसे हालात को सँभालेंगे ? उदाहरण के तौर पर, यह बताया जाता है कि आपके वाणिज्य मंत्री निर्यात की तुलना में आयात को पूरी तरह उदारीकृत कर दिए जाने के पक्षधर हैं जबकि वित्त मंत्री इसके खिलाफ हैं। आखिर इन दो परस्पर विरोधी विचारों में आप कैसे तालमेल बैठाएँगे ?

मैं मामले को शांत कर दूँगा। यह मेरी समस्या है, मैं इसे देख लूँगा। हाँ, आपको इतना आश्वासन जरूर दे सकता हूँ कि इसके कारण कोई परेशानी खड़ी नहीं होगी। लगता है कि लोग इन विरोधाभासों और मेरे बारे में अधिक चिंतित हैं।

इस बात की चर्चा है कि बजट सत्र के बाद कांग्रेस (आई) सरकार से समर्थन वापस ले लेगी। गाडगिल ने कुछ पत्रकारों को अपने घर पर बुलाकर यह बात कही है। क्या इस मामले पर आपकी राजीव गांधी से कोई बात हुई है ?

नहीं। क्योंकि मेरे पास तो कोई भी यह कहने नहीं आया कि वे समर्थन वापस लेने जा रहे हैं। बेहतर हो, आप राजीव गांधी से यह सवाल करें।

राज्यों की स्वायत्तता के बारे में आप क्या सोचते हैं ?

निश्चित तौर पर मैं राज्यों की स्वायत्तता के पक्ष में हूँ। लेकिन राज्य सरकार और केंद्र

सरकार के अधिकारों के बीच एक उचित संतुलन भी हो, क्योंकि इस देश में कई ऐसे क्षेत्र हैं, जो अविकसित हैं और केंद्र को उनका ध्यान रखना है। इसलिए केंद्र सरकार के पास वित्तीय मामलों में कुछ ऐसे अधिकार तो रहने ही चाहिए कि क्षेत्रीय असमानता का ध्यान रखा जा सके।

कई राज्यों में राष्ट्रपति शासन है। इस मामले में आपकी टिप्पणी क्या है, खास तौर पर ऐसी स्थिति में जब बरनाला ने कह डाला कि उन्होंने तमिलनाडु में राष्ट्रपति शासन नहीं लगाने का सुझाव दिया था।

मुझे नहीं पता बरनाला क्या कह रहे हैं। लेकिन यह भारत सरकार का फैसला था कि वहाँ राष्ट्रपति शासन लगना चाहिए। बहरहाल, वहाँ लंबे समय के लिए राष्ट्रपति शासन नहीं रहने जा रहा क्योंकि राज्य में जल्द ही चुनाव होनेवाला है।

क्या आपने अजित सिंह की औद्योगिक नीति की आलोचना की थी ?

मैंने अजित सिंह की किसी भी औद्योगिक नीति की आलोचना नहीं की। इस नीति की घोषणा प्रेस के जरिए की गई। मैं तो यह भी नहीं जानता कि वह अजित सिंह थे या वी. पी. सिंह। मैंने तो सरकार के इस रुख की आलोचना की थी।

संशोधित औद्योगिक नीति कब आ रही है ?

बजट सत्र में।

खास बातें क्या हैं ?

नहीं बता सकता।

यह तो बजट का हिस्सा नहीं, इस बारे में तो आप...?

नहीं, बिल्कुल नहीं।

जल्दी फैसले लेने की खासियत के कारण लोग आपकी सरकार की तारीफ करते रहे हैं, लेकिन पाँच मंत्रियों का लोकसभा से निष्कासन जैसे कुछ मसले हैं, जिस पर आपने कोई कार्रवाई नहीं की ?

हर फैसला सही समय पर लिया जाएगा, क्योंकि सरकार के सामने कुछ बाध्यताएँ हैं। मैं प्रेस के लोगों या सरकार के आलोचकों के समान तो आजाद नहीं। आपको पता है कि सरकार की अपनी कुछ सीमाएँ हैं, जिनके भीतर वह चल रही है। हमें हमेशा अपनी सीमाओं को ध्यान में रखना पड़ता है। लेकिन मैं समझता हूँ कि हम किसी को भी निराश होने का मौका नहीं देंगे।

अयोध्या मामले में आपकी कार्ययोजना क्या है ?

हम दोनों पक्षों से बातचीत कर कोई हल निकालने का प्रयास कर रहे हैं। मैं समझता

हूँ कि कोई न कोई रास्ता निकल आएगा। नहीं तो फिर हम...

एक अंतिम सवाल, पंजाब के बारे में ?

पंजाब में स्थिति बहुत नहीं सुधरी है। हम लोगों को यह समझाने की कोशिश कर रहे हैं कि सरकार का मानना है कि बातचीत या परस्पर विचार-विमर्श से मामले का हल निकल सकता है। लेकिन किसी भी सूरत में बेकसूर लोगों की हत्या बर्दाश्त नहीं की जाएगी और इसे रोकने के लिए जो भी जरूरी होगा, किया जाएगा। इस मामले में कोई कोताही नहीं की जाएगी क्योंकि लोगों को सुरक्षा मुहैया कराना सरकार की पहली प्राथमिकता है। मुझे इस बात का दुख है कि मेरी बार-बार अपील के बाद भी कुछ लोग यह समझने को तैयार नहीं कि हिंसा से कोई उद्‌देश्य पूरा नहीं होता। इसलिए हिंसा से मामले का हल खोज रहे लोगों को सरकार के कड़े कदमों का सामना करने के लिए तैयार रहना चाहिए। निश्चित रूप से यह एक दुखद फैसला होगा लेकिन ऐसा करना ही होगा। मैंने पंजाब में सुरक्षा बलों और प्रशासन को सख्त हिदायत दे दी है कि राज्य के लोगों में सुरक्षा की भावना भरने के लिए वे हरसंभव कदम उठाएँ।

बिजनेस इंडिया, 4 जनवरी, 1991

भारत में समाजवाद की जरूरत महसूस होती है

तास (सोवियत संघ) के ब्यूरो प्रमुख एस.वी. कर्मालितो की बातचीत

आपकी राय में पिछले वर्षों में अंतर्राष्ट्रीय क्षेत्र में क्या महत्त्वपूर्ण घटनाएँ हुईं और उनमें ऐसी कौन-सी घटनाएँ हैं, जिन्होंने विश्व की स्थिति पर सकारात्मक या नकारात्मक असर छोड़ा ?

अंतर्राष्ट्रीय क्षेत्र में जो सबसे सकारात्मक बात हुई कि तनाव कम हुआ। शक्तिगुटों की अवधारणा में भारी बदलाव आया है। सोवियत संघ और अमरीका के बीच सुलह और संवाद से एक नया वातावरण बना है, उम्मीद की एक नई हवा बही है और सारी दुनिया के लोगों में विश्वास जगा है। टकराव के दिन लद गए, अब हम परस्पर सहमति, सहयोग और शुभकामनाओं के एक नए दौर में प्रवेश कर रहे हैं। मेरी राय में सोवियत संघ में जो बदलाव आया है, उसका सारी दुनिया में स्वागत हुआ है। सारी दुनिया के लोग सोवियत संघ में जारी गतिविधियों को आशा-भरी निगाहों से देख रहे थे। हमने सोचा कि एक बार फिर वह देश एक नए सामाजिक ढांचे के सृजन में नया नेतृत्व प्रदान करेगा। दुर्भाग्यवश सोवियत संघ में घटी कुछ घटनाओं से उस उम्मीद को आघात लगा है। जो खबरें आ रही हैं, वे उत्साहवर्द्धक नहीं हैं। मैं मानता हूँ कि यह एक अस्थायी दौर है और सोवियत संघ में जो परीक्षण हो रहा है, वह इस अस्थायी संकट से उबरने में सफल होगा। शायद यह एक प्रणाली से दूसरे प्रणाली में प्रवेश करने पर शुरू में आनेवाली कठिनाइयाँ हों। पुरानी प्रणाली ढह गई और नई उसका स्थान नहीं ले पाई, यह इसका कारण हो सकता है। सारी दुनिया की आशाएँ इस बात पर केंद्रित हैं कि लोग इज्जत, समानता, स्वतंत्रता से रहें। अतः यदि सोवियत संघ कोई रास्ता दिखाता है, तो स्वाभाविक रूप से लोगों में उम्मीदें जगेंगी। मैं आशा करता हूँ कि वह उद्देश्यपूर्ण होगी। यह एक उत्साहवर्द्धक लक्षण है। यूरोप में हुई घटनाएँ दूसरा उत्साहवर्द्धक चिह्न हैं। केवल पूर्वी यूरोप में ही नहीं, समूचे यूरोप में उन्होंने विकास और विश्वशांति में योगदान के लिए संयुक्त रुख अपनाया। हो सकता है कि नतीजे पर पहुँचने के पहले कुछ सवालों से गुजरना पड़े, लेकिन यह एक स्वस्थ घटना है। खाड़ी में जो घटनाएँ हुईं, वे चिंताजनक हैं। इस संकट ने पूरी दुनिया के लिए खतरा पैदा कर दिया है। दुनिया युद्ध के कगार पर पहुँच गई है। चारों ओर तनाव मँडरा रहा है। मैं यही उम्मीद करता हूँ कि दोनों पक्ष विवेक से काम लेंगे और बातचीत की मेज पर आकर कुछ निर्णय लेंगे। खाड़ी में जो कुछ हुआ, वह एक दुखद घटना थी। मैं आशा करता हूँ कि उन्हें वार्ता की मेज पर जाने से कुछ फायदा होगा। यूरोपीय राष्ट्रों ने कुछ पहल की है। गुटनिरपेक्ष के अध्यक्ष के रूप में यूगोस्लाविया ने भी कुछ कदम उठाए हैं। आज अमेरिका ने कुछ पहल की है और आज ही दोपहर मुझे इराक के विदेश मंत्री से

भी मिलने का अवसर मिला, जिससे यह प्रतीत होता है कि उस ओर से भी उत्तर मिला है। अरब देश गहरी दिलचस्पी ले रहे हैं। हम सभी उम्मीद कर सकते हैं कि वार्ता की मेज पर शांतिपूर्ण ढंग से समस्या का हल खोजने का प्रयास होगा।

अंतर्राष्ट्रीय स्तर पर एक अच्छी घटना गत वर्ष दक्षिण अफ्रीका में हुई। मंडेला की रिहाई और उससे जुड़ी बातें सचमुच बहुत उत्साहवर्द्धक और मन प्रसन्न करनेवाली बात थीं।

प्रधानमंत्री के रूप में और अपने देश के नागरिक के रूप में आपके मुताबिक 1991 में भारत के विकास के रास्ते में आड़े आनेवाली वह कौन-सी समस्या है, जिसको प्राथमिक तौर पर सुलझाया जाना चाहिए था ?

भारत की तात्कालिक समस्या यह है कि कुछ अराजक तत्त्व विधि-व्यवस्था की समस्या पैदा कर रहे हैं। कश्मीर, पंजाब और असम में यह समस्या है। ये समस्याएँ सुलझानी हैं। शांति-व्यवस्था के बगैर विकास नहीं हो सकता। हमें इन समस्याओं पर ध्यान देना होगा। दुर्भाग्यवश धार्मिक द्वेष के कारण हमारी सामाजिक प्रणाली पर कुछ दबाव है और हमारे सारे प्रयासों के बावजूद कतिपय तत्त्व सांप्रदायिक घृणा की समस्या पैदा कर रहे हैं। हम, लोगों में यह चेतना जगाने की कोशिश कर रहे हैं कि इस प्रकार का भटकाव या हमारी राजनीति में विकृति हमारे नागरिकों को सुख-समृद्धि का जीवन देने के लिए प्रगति एवं विकास के हमारे प्रयास में बाधक होगी। इस ओर तुरंत ध्यान देने की जरूरत है। दूसरी बात यह है कि हमें अपने पड़ोसियों के साथ संबंध सुधारने का भरसक प्रयास करना है। यह समूचा क्षेत्र गरीबी का क्षेत्र है। यदि हम अपने आपसे लड़ते रहे, तो गरीबी और तकलीफ से नहीं लड़ सकेंगे। हमारी कोशिश होनी चाहिए कि हम अपनी सारी द्विपक्षीय समस्याएँ हल कर लें।

आर्थिक मोर्चे पर हमारे राष्ट्र की विशालतम संपदा जनशक्ति है। हम अपनी जनशक्ति की क्षमता का सर्वोत्तम उपयोग किस प्रकार कर सकते हैं—उसके तरीके खोजने होंगे। क्योंकि हमारे समाज में तेजी से खुशहाली लाने का यही एक तरीका है। अतः आधुनिक प्रौद्योगिकी एक स्वागतयोग्य चीज है। लेकिन भारत को उपयुक्त प्रौद्योगिकी की जरूरत है, जहाँ हम अपने करोड़ों बेरोजगार लोगों को काम दे सकें। मैं यह नहीं कहता कि शेष विकसित देशों के साथ हम कोई स्पर्धा न करें। लेकिन हमारा तात्कालिक ध्यान हमारी जनता की न्यूनतम बुनियादी जरूरतें पूरी करने पर होना चाहिए। भारत एक लोकतांत्रिक देश है। लोकतंत्र में आप जनता का स्वैच्छिक सहयोग तब तक नहीं पा सकते, जब तक उनकी आशा-आकांक्षाओं का सम्मान न करें। न्यूनतम बुनियादी जरूरतों के अभाव में लोग लंबे समय तक सहयोग नहीं कर सकते। इसलिए समाज में तेजी से बदलाव लाने के प्रयास में हमें यह खयाल रखना होगा कि जहाँ विकास में गति लाना जरूरी है, वहाँ सामाजिक न्याय भी समान रूप से महत्त्वपूर्ण है। बढ़ती असमानताएँ दूर करनी होंगी। यहाँ समाजवाद की जरूरत महसूस होती है। लोग समझते हैं कि यह गुजरे जमाने की बात हो गई है। लेकिन वास्तव में बात ऐसी नहीं है।

वस्तुतः मेरा एक प्रश्न यह भी था कि मैं आपसे पूछना चाहता था कि आप एक जाने-माने समाजवादी नेता हैं और कहा जा सकता है कि वामपक्ष के नेता भी हैं। हमारे देश में अब

भी कुछ लोगों को शंका है कि देश के लिए समाजवाद जरूरी है या नहीं। इस बारे में आप क्या सोचते हैं ? समाजवाद के बारे में आपकी क्या कल्पना है ?

मेरी राय में समाजवाद का आशय स्वतंत्र और समान लोगों का समाज है। एक ऐसी समाज-रचना, जहाँ आर्थिक खुशहाली का लाभ लोगों को समान रूप से मिले। आपको व्यक्तिगत स्वतंत्रता सुनिश्चित करनी होगी। आजादी, आर्थिक खुशहाली और समानता के सामंजस्य से समाजवाद की कल्पना साकार होगी।

क्षमा करें, मैं यह कहना चाहूँगा कि आपके देश के कुछ हलकों में अतिरंजित प्रतिक्रिया हुई है। आपने कुछ क्षेत्रों में उदारीकरण का सही रास्ता अपनाया, लेकिन सोवियत संघ ने पहले जो कुछ अर्जित किया, उन सबको नकारना कोई सही निर्णय नहीं था। मेरी राय में शताब्दी के आरंभिक चरण में हुए सोवियत परीक्षण ने उन लोगों को उठने का मौका दिया, जो प्रतिकूल शासन के अधीन रहकर शोषण के शिकार हुए थे। यह साम्राज्यवाद और शोषण के विरुद्ध एक परीक्षण था। अतः पूर्ण उदारीकरण या बाजार अर्थ-व्यवस्था का अर्थ यह है कि गरीब अपनी चिंता आप करे। कोई उसकी ओर ध्यान देनेवाला नहीं। मेरी राय में यह उचित रुझान या सही प्रवृत्ति नहीं है। अतिरंजित प्रतिक्रिया दशकों से दबी हुई भावनाओं का उभार था और जैसे ही आपके राष्ट्र ने कुछ सुधार लाने की कोशिश की, वे संतुलन कायम नहीं रख सके। मुझे दुखपूर्वक यह बात कहनी पड़ती है। लेकिन मैंने यह राय देश के प्रधानमंत्री के रूप में नहीं, बल्कि समाजवाद के विद्यार्थी के रूप में व्यक्त की है। समाजवादी चिंतन का अध्येता होने के नाते मैं यह सोचता हूँ कि उन्हें अपने देश की आर्थिक और सामाजिक समस्याएँ सुलझाने के प्रयास में कुछ संतुलन रखना था।

भारत जैसे विशाल आकार और विविधता वाले देश का प्रधानमंत्री होना कोई आसान बात नहीं है। आपकी राय में भारत के राजनेताओं में कौन से विशेष मानवीय गुण होने चाहिए ?

मैं नहीं कह सकता। यह बात भारत के राजनेताओं के बारे में ही नहीं, पूरी दुनिया के राजनेताओं पर लागू होती है। यदि वह लोगों की नियति का संचालन करना चाहता है, तो उसे जनता की सामान्य आकांक्षाओं और भावनाओं को समझना होगा। यदि कोई राजनेता लोगों की जरूरतों और उम्मीदों पर ध्यान नहीं देता, तो इस तरह का राजनेता देश पर हुकूमत करते हुए अंततः राष्ट्र को तबाह कर देगा।

मैं नहीं जानता कि इस कसौटी पर मैं खरा उतरा हूँ या नहीं। लेकिन आप राजनेता की बात कर रहे हैं। वह भी लोकतांत्रिक ढाँचे के राजनेता की। ऐसे नेता को सदैव जनता के प्रति जवाबदेह होना चाहिए। वह जनता की समस्याएँ समझकर उनकी ओर ध्यान देकर ही यह तकाजा पूरा कर सकता है।

इस साल हम भारत-सोवियत मैत्री संधि की बीसवीं वर्षगाँठ मनाने जा रहे हैं। ऐसा प्रतीत होता है कि आपने अपने देश में आ रहे जिन परिवर्तनों का जिक्र किया है, उससे हमारे संबंधों के विकास के नए रास्ते खुलेंगे। आपको हमारे संबंधों का भविष्य कैसा प्रतीत होता है ?

मैं संतोषपूर्वक और गर्व से कह सकता हूँ कि सोवियत संघ और भारत के संबंध गत

बीस साल से ही नहीं, बल्कि बहुत पहले से बेहद गहन और सद्भावपूर्ण रहे हैं। हमारे राष्ट्रीय आंदोलन के कई नेता सोवियत क्रांति से प्रेरित थे। चूँकि हमें भी औपनिवेशिक शासन से लड़ना पड़ा है, इसलिए हमारे अनुभवों, हमारी व्यथा और तकलीफों को सोवियत नेतृत्व ने समझा। जब भी इस देश में संकट आया, सोवियत संघ ने एक घनिष्ठ मित्र के रूप में हमारा साथ दिया। यह राष्ट्र इसे कभी नहीं भूलेगा। मैं चाहूँगा कि यह मैत्री बनी रहे। इस संदर्भ में, मैं सोचता हूँ कि सोवियत संघ, चाहे उसकी प्रणाली में जो भी परिवर्तन आए हों, खुशहाली की ओर बढ़ेगा तथा दोनों देशों के संबंध पहले जैसे बने रहेंगे।

आपकी सरकार ने मास्को को जो सहायता दी है, अपने देश के नागरिक के रूप में मैं आपको उसके लिए धन्यवाद देना चाहूँगा।

हमने आप पर कोई एहसान नहीं किया। यह हमारा राष्ट्रीय कर्त्तव्य था कि हरसंभव सहायता प्रदान करते। इस देश में हम बहुत-सी समस्याओं से जूझ रहे हैं। लेकिन मैं आपको विश्वास दिलाता हूँ कि यदि सोवियत संघ में कोई संकट, कोई कठिनाई हुई, तो हम इसे अपनी कठिनाई समझेंगे और जितना भी संभव हुआ, अधिक से अधिक मदद करने की कोशिश करेंगे। आप सोवियत जनता को यह भरोसा दिला सकते हैं कि भारत उनका दोस्त है और हर संकट में उनके साथ खड़ा होगा।

क्या सरकार में इस तरह से कोई चर्चा है कि भारत-सोवियत मैत्री संधि की बीसवीं सालगिरह किस तरह मनाई जाए ?

हमने इस बारे में विस्तार से चर्चा तो नहीं की, परंतु आधिकारिक स्तर पर कुछ निर्णय हो रहे होंगे। वे आपस में चर्चा कर रहे होंगे। चीजों को तय करने के लिए अंतिम चरण में हमारे सामने यह बात आएगी।

4 जनवरी, 1991

हमारी सबसे बड़ी पूँजी मानव-शक्ति है

डॉ. ए. एम. खुसरो और वी. के. चेरियन की बातचीत

संसाधन की कमी चंद आर्थिक मुद्दों में से एक है। इस स्थिति से निकलने के लिए क्या आपके पास कुछ खास उपाय हैं ? मैं आपसे बजट वगैरह के बारे में नहीं पूछ रहा बल्कि मैं तो सब्सिडी, रक्षा क्षेत्र, ब्याज भुगतान के आर्थिक पहलुओं और सार्वजनिक क्षेत्र के बोझ को कम करने के लिए निजी क्षेत्र जैसी समाज की अन्य एजेंसियों को जिम्मेदारी सौंपने के बारे में पूछ रहा हूँ।

आप जानते हैं, संसाधनों की इतनी जबर्दस्त किल्लत है कि आप जो सुझाव दे रहे हैं, उन पर विचार करना ही होगा। सिर्फ एक ही क्षेत्र में काम करने से स्थिति सुधरने वाली नहीं। इसलिए हमें चौतरफा प्रयास करने होंगे।

सब्सिडी के बारे में कोई खास विचार ?

यह विचार करना होगा कि सब्सिडी किन लोगों तक जा रही है। क्या यह वास्तव में गरीब तबके तक पहुँच पा रही है या जिनके लिए सब्सिडी के बारे में सोचा गया, उनको बगैर लाभ पहुँचाए हम इस पर केवल मनोवैज्ञानिक ढंग से पैसे खर्च करते आ रहे हैं। इसकी जाँच करनी होगी।

क्या आप वैसे लोगों पर ज्यादा ध्यान देना चाहेंगे, जिन्हें इसकी जरूरत है ?

यह सही है। पर हम क्या कर सकते हैं। उर्वरक तथा सब्सिडी को ही लीजिए, यह किसे मिल रही है। वैसी ही स्थिति खाद्यान्न सब्सिडी की है, आखिर मोटी तनख्वाह पानेवाला कोई व्यक्ति खाद्यान्न सब्सिडी का लाभ क्यों उठाए ? कुछ न कुछ कड़े कदम तो उठाने की जरूरत है ही। लेकिन मैं नहीं समझता कि हमारे पास इसका कोई उपाय है।

मैं आपकी स्थिति को समझता हूँ। मैं भी उन्हीं लोगों में से हूँ, जो एमआरटीपी और घनीभूत आर्थिक शक्तियों के बारे में सोचते हैं। दरअसल, एमआरटीपी कानून को बनवाने में आप बड़े सहायक रहे। अब आप अधिकारों के एकत्रीकरण पर क्या सोचते हैं ? जब हमें निजी और सार्वजनिक, दोनों ही क्षेत्रों में देश के भीतर और बाहर से संसाधनों की जरूरत है ?

कुल मिलाकर बात यही है कि हमें देश में संसाधन जुटाने होंगे या बाहर से लाने होंगे। अब सोचनेवाली बात यह है कि किस उद्देश्य के लिए और किन क्षेत्रों में। प्राथमिकता अधिक महत्त्वपूर्ण है। यह सही है कि पुरानी अवधारणा सच न हो, पर इतना तो तय है कि एमआरटीपी उन क्षेत्रों में वैध है, जहाँ आपकी जरूरत नहीं। हमें पहले से ही अपने संसाधनों को जाया

नहीं करना चाहिए। इसलिए कुछ लोग जो कह रहे हैं, वे पूर्णतः अप्रासंगिक नहीं।

यह खास चैनलों में निवेश की दिशा जैसा आभास देता है और नियम-कानून जैसा दिखता है ?

हाँ, सही है। इस बात का नियम कि आपको कुछ खास क्षेत्रों में चौकस रहना होगा। यदि मैं ऐसा कहता हूँ, तो आपको निवेश नीति को लेकर खासा सावधान रहना होगा। यदि आपके पास सीमित संसाधन हों, तो आपको उन्हीं क्षेत्रों में निवेश करना होगा, जो अधिक उपयुक्त हैं। यदि और कुछ नहीं, तो सामाजिक लक्ष्यों को हासिल करने के लिए ही इनका इस्तेमाल किया जा सकता है।

इसका अर्थ यह हुआ कि प्रत्यक्ष निवेश के लिए लाइसेंसिंग प्रणाली...

मैं नहीं जानता, यदि लाइसेंस प्रणाली से आपका आशय लालफीताशाही और उन तमाम परेशानियों से है, तो यह सही है, लेकिन उन क्षेत्रों के बारे में संकेत तो होना ही चाहिए कि ऐसा कहाँ हो सकता है। तब हम प्रक्रिया को आसान बना देंगे।

क्या विदेशी निवेश के बारे में आपको कोई आपत्ति है ?

नहीं, मुझे कोई आपत्ति नहीं, लेकिन तब यह उन क्षेत्रों में न हो, जहाँ जरूरी नहीं। केवल खास आवश्यक क्षेत्रों में ही विदेशी निवेश होना चाहिए। महत्त्वपूर्ण यह भी है कि निवेश किन शर्तों पर है। निवेश बुरा या गलत नहीं, लेकिन कोई भी देश केवल किसी दूसरे देश की मदद के लिए आगे नहीं आता। इसलिए इस मामले पर भी ध्यान देना होगा। उनके हितों का पूरा ध्यान रखा ही जाना चाहिए, लेकिन यह भी देखना होगा कि देश का शोषण न हो जाए। हमें इन दोनों हितों का ध्यान रखना होगा।

यहाँ राजनीतिक और आर्थिक अस्थिरता का माहौल है–अस्थिरता आर्थिक ज्यादा है। ऐसे में लगता है कि बिजनेस कॉनफिडेंस हिल गया है और विश्व के कुछ संस्थानों ने भारत की रैंकिंग घटा दी है। ऐसी स्थिति में आप क्या नीति अपनाएँगे, जिससे यह विश्वास लौट सके ?

नहीं, पहले हमें अपने भीतर विश्वास कायम करना चाहिए, तभी आप औरों का विश्वास लौटा सकते हैं। दुर्भाग्य से हम केवल हताशा और कुंठा की भाषा ही बोलते रहे हैं। मैं समझता हूँ कि वास्तविक स्थिति खराब नहीं। भारत के पास बुनियादी ढाँचा है, प्रतिभा है और संसाधन भी। लेकिन हम अपने संसाधनों का उचित उपभोग नहीं कर पा रहे और अपनी अर्थव्यवस्था को सही दिशा देने में भी कामयाब नहीं रहे हैं, जिससे हमें मेहनतकश आम लोगों का सहर्ष सहयोग मिल पाता। हमारी सबसे बड़ी पूँजी तो मानवशक्ति ही है। आबादी के इस हिस्से का सहर्ष सहयोग लेने की दिशा में हमने बहुत कम प्रयास किए, जिसके कारण हमारी आर्थिक दुर्दशा बढ़ती गई। मैं नहीं कहता कि यह एकमात्र कारण था। लेकिन चंद कारणों में से एक जरूर था। मैं समझता हूँ कि मानवशक्ति का उत्पादक इस्तेमाल करके हमें लोगों में यह विश्वास भरना चाहिए। एक कल्याणकारी देश के नाम पर उठाए गए कदमों में से कुछ तो बस जैसे

धन खर्च करने के लिए थे और इससे गरीबों को कोई फायदा न हुआ। दीर्घकालिक संदर्भों में यह एक गलत नीति थी। हमें इसे छोड़ना ही होगा।

यानी आप लोक-लुभावन उपायों के पक्ष में नहीं हैं ?

मैं लोक-लुभावन उपायों के पक्ष में नहीं हूँ, क्योंकि लोकतंत्र में लोगों को बताया जाना चाहिए कि वास्तविकता क्या है। यदि मैं यह वादा करता जाता हूँ कि कल भारत सोने से लदा एक देश बनेगा, तो यह गलत है। लोगों को यह बताया जाना चाहिए कि हम मुश्किल हालात से गुजर रहे हैं और हमें कड़े फैसले लेने ही होंगे।

इसलिए जोर उत्पादन पर होगा ?

सबसे पहले, लोगों की बुनियादी न्यूनतम जरूरतों को पूरा करने और फिर भावी सामान के लिए बुनियादी ढाँचा तैयार करने के उद्देश्य से उत्पादन तो करना ही होगा। हमें इन दो क्षेत्रों पर ध्यान देना चाहिए।

अभी हम आईएमएफ से जिस ऋण के लिए बात चला रहे हैं, क्या उसके साथ कोई शर्त भी जुड़ी हुई है ?

आप बेहतर जानते हैं कि बिना शर्त कोई भी ऋण नहीं देता। इसलिए कुछ शर्तें तो होंगी ही। हाँ, देखना यह है कि वे शर्तें हमें मान्य हो सकती हैं या नहीं।

लेकिन हम तो अपने खुद के कोटे से ऋण ले रहे हैं ?

नहीं, ऐसी बात नहीं। खुद के कोटे में तो कोई समस्या ही नहीं थी। लेकिन जब आप बड़ी राशि का ऋण चाहते हैं, तब यह समस्या खड़ी होती है।

क्या आपको पता है, वे कैसी शर्तें रखने जा रहे हैं ?

मोटा-मोटी तो संकेत है, लेकिन मैं नहीं जानता कि वास्तव में वे क्या हैं। आपको भी पता है, यह बड़े मोल-तोल का मामला है।

अब राजनीतिक मोर्चे पर। मैं पंजाब और कश्मीर के बारे में बात करना तो नहीं चाहता, क्योंकि ये मामले लंबे समय से हैं, लेकिन इन समस्याओं से निपटने के प्रयास के मामले में दुनिया के सभी नेताओं की आपके बारे में काफी अच्छी राय है। इसलिए पूछना चाहूँगा कि क्या आपको पंजाब समस्या के सुलझ जाने की आशा है ?

मैं तो कहता हूँ कि निराशावादी होने की कोई वजह नहीं। हाँ, इतना जरूर है कि अभी ऐसा कोई संकेत नहीं कि यह समस्या कल ही सुलझ जाएगी। पंजाब की समस्या बड़ी जटिल है। यह और भी जटिल दिखने लगती है, जब हम संदेह और आशंकाओं से ही शुरू होते हैं। लोगों के इस मूड को बदला जाना चाहिए। यदि आपको पूरे परिदृश्य को बदलना है, तो उसके लिए आप जिस तरह का मनोवैज्ञानिक असर पैदा करना चाहते हैं, वह बिल्कुल अलग होना चाहिए क्योंकि जो लोग पिछले छह सालों से लड़ रहे हैं, रातोरात तो बदलने

से रहे। इसलिए कभी-कभी वे अतिवादी भाषा का इस्तेमाल करते हैं और आपको उनके द्वारा इस्तेमाल की जा रही भाषा से निर्देशित नहीं होना है। हमें लक्ष्य जानना चाहिए और मैं समझता हूँ कि हमारा लक्ष्य मामले का हल और शांति है। भारत जैसा देश आज के हालात में संघर्ष को बनाए रखने की स्थिति में नहीं। यदि टकराव अवश्यंभावी बन जाए, तो भी इसे टालने की कोशिश करनी चाहिए।

माले में आपकी पाकिस्तान के प्रधानमंत्री से भेंट हुई और जैसे सब कुछ ठीक-ठाक हो गया। उन्होंने आपसे फोन पर बात भी की। लेकिन फिर हाल ही में परमाणु हथियारों का मुद्दा उठ गया। और मेरे अंदाज से कल ही पाकिस्तान में अमेरिकी राजदूत ने बयान जारी कर कहा कि यदि भारत के पास परमाणु हथियार हैं, तो अमेरिका पाकिस्तान को इस क्षेत्र में भी मदद करेगा। आपकी क्या प्रतिक्रिया है ?

मैं नहीं जानता...अभी कल तक तो अमरीकी प्रशासन पाकिस्तान की परमाणु शक्ति की बात करता था। अब वे हमारे बारे में कहने लगे।

उन्होंने तो इनकार किया है ?

मैं समझता हूँ कि कई बयान बिना पुष्टि किए आए, तब मैं माले से लौट रहा था। इंडियन एक्सप्रेस ने तो अगले दिन नवाज शरीफ का इंटरव्यू छापा और तीसरे दिन उसका खंडन आ गया। जबकि यह विशेष साक्षात्कार था। न केवल उन्होंने इसका खंडन किया, बल्कि मुझे फोन कर कहा कि यह तो भ्रामक दुष्प्रचार है।

पाकिस्तान के साथ गतिरोध दूर करने के बारे में आप क्या सोचते हैं ? क्या यह परंपरागत नीतियों से संभव है या फिर ?

मैं समझता हूँ कि यदि आप गतिरोध दूर करना चाहते हैं, तो आपको सभी पारंपरिक बकवास राजनयिक प्रयासों को बदलना होगा। आपको सीधे (मुद्दों पर) आना होगा। यदि आप उनसे सहमत नहीं, उन्हें सीधे कह डालिए। लेकिन फिर आपको हर समय टकराव को छोड़कर उन क्षेत्रों पर ध्यान जमाना होगा, जिन पर दोनों देशों के बीच कोई मतभेद नहीं।

कोई एकतरफा कार्रवाई, जैसा अंतर्राष्ट्रीय मंच पर गोर्बाचोव ने किया...क्या हम वैसा कुछ सोच सकते हैं ?

आप भी जानते हैं, वह बिल्कुल अलग मामला था। गोर्बाचोव और अमरीका का अलग आधार था। भारत और पाकिस्तान इस लाइन पर खुद की तुलना उनसे नहीं कर सकते, क्योंकि हमारे पास देने के लिए बहुत कुछ नहीं। पंजाब, कश्मीर, असम आदि की समस्याओं के रहते हुए बाहर से सदाशयता दिखाने के लिए उठाए गए किसी कदम का कोई मतलब नहीं। सबसे पहले हमें देश के भीतर ही सदाशयता दिखानी होगी। आंतरिक तौर पर उसका कुछ असर होने देना चाहिए, केवल तभी बाहर में हमारी विश्वसनीयता मानी जा सकती है। आखिर ऐसी अतिशय स्थिति में हम क्यों पड़ें ? लोग कहेंगे कि आप एक ओर तो पाकिस्तान या दुनिया के दूसरे देशों के प्रति सदाशयता दिखा रहे हैं व आप खुद की समस्याओं से निपटने में सक्षम

नहीं। मेरी नजर में यह कोई स्वस्थ राजनीति नहीं।

अब जबकि कांग्रेस कह रही है कि वह सरकार को केवल मुद्दों पर आधारित समर्थन ही देगी, ऐसे में यदि किसी दिन उन्होंने समर्थन वापस ले लिया, तो उस स्थिति में क्या आपको लगता है कि कोई गठजोड़ बन पाएगा ?

मैं नहीं जानता। यदि उन्होंने समर्थन वापस लिया...लेकिन मैं ऐसा कोई खतरा नहीं देखता। मैं नहीं मानता कि लोगों को सरकार का आँखें मूँदकर समर्थन करना चाहिए। यदि सरकार सही दिशा में नहीं चल रही या फिर ठीक काम नहीं कर रही हो, तो लोग उसका समर्थन क्यों करें ? बात चाहे कांग्रेस की हो या फिर जनता दल (एस) की ही क्यों न हो, सरकार का तभी समर्थन करना चाहिए, जब वह सही स्टैंड ले रही हो, ठीक काम कर रही हो। मैं तो कांग्रेस के इस रुख का स्वागत करता हूँ कि सरकार उचित दिशा में चले, तभी वह समर्थन करेगी। यदि सरकार की कहीं कोई गलती होगी, तो हम उसे ठीक करने को तैयार हैं। यदि कांग्रेस पार्टी गलती बताती है, तो कम से कम मैं खुद को सुधारने के लिए तो तैयार हूँ ही। मैं नहीं समझता कि हमसे भूल नहीं हो सकती।

लेकिन क्या आपको भान था कि किन मामलों पर मतभेद हो सकता है ?

उन मामलों को छोड़कर, जो मैं अखबार में देखता हूँ। मुझे इस बारे में कांग्रेस की ओर से कोई संकेत नहीं मिला।

पंजाब के मामले को लें, तो इस मामले पर आपके रुख को लेकर लोगों में मतभेद हैं ?

नहीं, इस तरह कहने के लिए मैं क्षमा चाहूँगा, लेकिन दुर्भाग्यवश इस देश में अखबार वाले बिना तथ्य को जाने ऐसे महत्त्वपूर्ण मुद्दों पर भी खबरें छाप देते हैं। मैं सिमरनजीत सिंह मान से हुई अपनी बातचीत का उदाहरण देता हूँ। हमलोगों की बैठक रात के 12 बजे खत्म हुई। अगले रोज रविवार था। एक दिन बाद सभी खास नेताओं को बातचीत का विवरण दिया गया। देश के महत्त्वपूर्ण सांसद और बड़े नेता तब जान रहे थे कि हमारी बातचीत का विषय क्या था और हमने क्या कहा वगैरह-वगैरह। लेकिन इस पर कहा गया कि किसी से भी संपर्क नहीं किया गया। अब मैं हर मामले में हर रोज बयान देने तो जाता नहीं। लेकिन यह इस बात का एक खास उदाहरण है कि कहीं से कुछ सुन लिया और छाप दिया।

तो क्या पंजाब के मामले पर वे नहीं चाहते थे कि आप आतंकवादियों से बात करें ?

किसी ने नहीं कहा, कम से कम मुझसे तो ऐसा किसी ने नहीं कहा। यदि उन्होंने ऐसा कुछ अखबारवालों को कहा है, तो मुझे पता नहीं। लेकिन मैंने इस पर नेताओं से बातचीत की थी और किसी ने इस पर कोई आपत्ति नहीं की।

तब आपने कहा कि आप संविधान के दायरे में ही रहेंगे ?

मैं आपको बताता हूँ कैसे...एक प्रधानमंत्री कोई तानाशाह तो होता नहीं...कम से कम इतनी राजनीति तो मैं जरूर जानता हूँ कि 62 सांसदों के साथ संविधान तो नहीं बदल

सकता, जब तक कि इसे समर्थन करने के लिए दूसरी पार्टियों को समझा न लूँ। लेकिन इन सभी बातों पर संपादकीय तक लिखे गए। बिना यह समझे कि इससे वे क्या...

क्या आपके कहने का मतलब यह है कि आपके और सरकार के बीच संवादहीनता की स्थिति आ गई ?

यह संवादहीनता नहीं है। आप जानना चाहते हैं, तो बताता हूँ। कुछ लोग मानते थे कि इस सरकार की तो जगहँसाई होगी, लेकिन हुआ इसका उलटा। इसलिए उनकी आशाएँ चूर-चूर हो गईं। इसलिए अब वे किसी भी तरह कुछ वैसे दोष निकालने में जुटे हैं, जिन पर वे कुछ लिख सकें। भले ही ये दोष बिल्कुल काल्पनिक ही क्यों न हों। क्या आप कह सकते हैं कि मैंने प्रेस के किसी भी आदमी से बातचीत से इनकार कर दिया है। हाँ, कान्फ्रेंस करने और अखबारों के जरिए राजनीति चलाने की मेरी आदत नहीं।

राम जन्मभूमि-बाबरी मस्जिद पर क्या कहेंगे ?

कुछ बातचीत जरूर चल रही है, लेकिन आपको तो पता ही है कि यह मामला कभी ऊपर, तो कभी नीचे जैसा है। कभी आप बड़े आशावादी हो उठते हैं, तो कभी लगने लगता है कि हार गए हैं। लेकिन मुझे आशा है कि बातचीत से कुछ न कुछ हासिल होगा।

क्या यह कोई अदालती समाधान होगा ?

नहीं, कह नहीं सकता। वैसे मैं चाहूँगा कि यह मामला अदालत के बाहर ही सुलझाया जाए। लेकिन यदि ऐसा नहीं हो सका, तब फैसला करने के लिए अदालत तो है ही।

मैं आपको एक बात कहना चाहूँगा। आप तो फाइनेंशियल एक्सप्रेस के संपादक हैं। जब गोर्बाचोव ने आर्थिक उदारीकरण की घोषणा की, हर कोई उनकी तारीफ कर रहा था। लोग आर्थिक क्रांति लाने के लिए गोर्बाचोव की वाहवाही कर रहे थे। लेकिन तीन सप्ताह के भीतर ही विश्व के सभी प्रमुख वित्तीय संस्थानों ने कहना शुरू कर दिया कि गोर्बाचोव किसी भी मदद के हकदार नहीं, क्योंकि वे हमारी मदद का फायदा नहीं उठा सकेंगे। फिर उस तारीफ का क्या हुआ, जिसके अनुसार पूरी दुनिया आकर सोवियत संघ को स्वर्ग बना देती। आखिर क्यों ऐसा हो गया ? दरअसल, यह दुनिया आर्थिक लेन-देन की है। यह एक बड़ी निर्मम दुनिया है। इसलिए प्रेस द्वारा फैलाए जा रहे दुष्प्रचार पर मत जाइए। आपको तो कड़वी सच्चाई का सामना करना है, मानव मस्तिष्क की क्रूरता का मुकाबला करना है।

उत्पाद शुल्क, जिसे आपने मुद्दा बनाया है ?

मैं केवल इसलिए कोई मुद्दा नहीं उठा लेता कि वह पहले से वहाँ है। मैंने तत्कालीन वित्तमंत्री का ध्यान खींचने के लिए उन्हें लिखा। लेकिन उन्होंने कुछ नहीं कहा। तब भी मैंने वह मुद्दा नहीं उठाया था। कुछ दूसरे सदस्यों ने इसे उठाया।

लेकिन सर, आज तो आप प्रधानमंत्री हैं ?

इस पर काम हो रहा है...मैं विस्तार से तो नहीं जानता लेकिन वित्त मंत्रालय इस दिशा

में कुछ कर रहा है।

निकट भविष्य में क्या आप किसी गठजोड़ की उम्मीद करते हैं ? या फिर अभी की व्यवस्था ही चलती रहेगी ?

कह नहीं सकता, क्योंकि यह तो...

अनुमान है ?

हाँ, अनुमान ही...

और आगामी भविष्य में चुनाव के बारे में ? क्या आपको ऐसी कोई संभावना नजर आती है ?

चुनाव तभी होंगे, जब सरकार चली जाती है या फिर सरकार ही चुनाव में उतरने का फैसला करती है, चुनाव कम से कम इस आधार पर तो नहीं ही होने जा रहे कि प्रेस दुष्प्रचार फैला रहा है।

और यह हो भी जाए, तो आपको नहीं लगता कि तब भी त्रिशंकु संसद ही होगी।

मैं नहीं जानता। जाकर उनसे पूछिए, जो चुनाव के लिए बेताब हो रहे हैं। मैं कहता हूँ, यदि चुनाव समस्याओं को हल कर सकता है, तो करवा क्यों नहीं लिए जाते। यदि इस बात को लेकर दृढ़ मत है कि मौजूदा समय में चुनाव देश की समस्याओं को मिटा देगा, तो ठीक है, करा लीजिए चुनाव। मैं कभी नहीं मानता कि मैं सही काम करने वाला अंतिम व्यक्ति हूँ। हाँ, जो मैं ठीक समझता हूँ, करता हूँ।

मैं आशा करता हूँ कि ऐसा नहीं होगा, लेकिन यदि खाड़ी युद्ध छिड़ ही जाता है, तो स्थिति से निपटने के लिए हमारे पास कोई आपात योजना है ?

हाँ, हमारे पास आपात योजना है। लेकिन आपको पता है, एक बार युद्ध छिड़ जाए, तो चीजें हाथ से बाहर हो जाएँगी। लेकिन संकट के हर समय में भारत के लोगों ने देश का भरपूर साथ दिया है। इसलिए हमें आशा है कि तब भी वे ऐसा ही करेंगे।

इराक के मामले पर भारत के रुख के बारे में बिल्कुल साफ बयान जारी करनेवाले आप पहले व्यक्ति थे। आपने कहा कि सद्दाम हुसैन को बुश की बात पर ध्यान देना चाहिए और उन्हें कुवैत से हटने को तैयार हो जाना चाहिए। क्या आपको लगता है कि 15 जनवरी से पहले युद्ध की स्थिति टाल दी जाएगी ?

मैं नहीं जानता। जब इराक ने बाकर से बातचीत की इच्छा जताई थी, तो कुछ आशा जगी थी। लेकिन आज ही किसी ने मुझसे कहा कि सद्दाम हुसैन ने स्पष्ट कर दिया है कि वह कुवैत से नहीं हटेंगे।

यह तो एक बात है, दूसरी ओर वह यह भी कह रहे हैं कि इराक युद्ध के लिए पूरी तरह

तैयार है ?

इससे कोई विशेष अंतर नहीं पड़ता, क्योंकि हर कोई युद्ध के लिए तैयार है।

लेकिन, सद्दाम हुसैन का यह कहना है कि वे तेल-कुओं को नष्ट कर सकते हैं और जब उनका जीवन खतरे में पड़ जाए, तो रासायनिक हथियार का भी इस्तेमाल कर सकते हैं, इससे उन्हें क्या फायदा होगा ? जहाँ तक मैं समझता हूँ, व्यक्तिगत सुरक्षा की बात आने पर वे इस्तेमाल...

हालात बहुत खराब हैं। हमें जो खबरें मिल रही हैं, वे खतरनाक हैं। यदि युद्ध छिड़ जाता है, तो किसी को नहीं पता कि क्या होगा। समाचारपत्रों में छपी खबरों के मुताबिक अमेरिका 1200 लड़ाकू विमानों को इराक पर बमबारी के लिए लगाएगा। एक बार में 1200 विमान इराक पर बम गिराएँगे।

किसी भी तरह इराक की वायुसेना को जमीन पर ही तबाह कर देने की योजना है ?

और इराक धमकी देता है कि पूरा इराक और पूरा समुद्र जल जाए, तो भी वह सभी टैंकरों को नष्ट कर देगा। इसलिए वायुमंडलीय प्रदूषण इतना जबर्दस्त होगा कि आशंका के मुताबिक मानसून समेत हर चीज प्रभावित होगी। साथ ही इराक रासायनिक हथियारों की भी बात करता है।

क्या आपको इराक के इस रुख से कहीं कोई सहानुभूति है कि वह इसलिए कुवैत में घुसा, क्योंकि इजराइल ने गाजा व पट्टी और पश्चिमी तट पर कब्जा कर रखा है ?

किसी एक व्यक्ति के गलत कदम से किसी और का कोई गलत काम सही नहीं हो जाता।

बजट अपने नियत कार्यक्रम के अनुसार 28 को ही पेश होगा ?

हाँ, लेकिन कीमतों की स्थिति बहुत खराब है।

दो माह में, अप्रैल तक फसल तैयार हो जाएगी, क्या फसल ठीक है ?

फसल ठीक है।

अब भी दो माह बीतना है, काफी लंबा समय है।

हाँ।

पिछली औद्योगिक नीति पर आपकी मुख्य आपत्ति क्या थी ?

वैसे उद्योगों की सूची नहीं थी, जो निवेश के लिए नहीं खोली जानी थी। यह तो महज घोषणा थी या बहुराष्ट्रीय कंपनियों को खुला निमंत्रण था कि वे जिस क्षेत्र में चाहें, आ जाएँ।

लेकिन क्या हम बहुराष्ट्रीय कंपनियों को कह सकते हैं कि इसी क्षेत्र में आओ और...?

नहीं, हम नहीं कह सकते। लेकिन हमें इतना तो कहना ही चाहिए कि ये वे क्षेत्र हैं, जिनमें हमें मदद की जरूरत है। और फिर हमें यह देखना चाहिए कि क्या दूसरे तैयार हैं। लोग यह क्यों मान लेते हैं कि भारत इतना निरीह है। आखिरकार हम एक बड़े बाजार हैं...

फाइनेंशियल एक्सप्रेस, 7 जनवरी ,1991

हमारी सरकार स्थायी होगी

'प्रजावाणी' की बातचीत

आपने कश्मीर से कन्याकुमारी तक फैली गरीबी को नजदीक से देखा और महसूस किया है। अपने इस अनुभव के आधार पर लोगों की समस्याओं–विशेषकर भोजन, वस्त्र तथा आवास की समस्या को हल करने के लिए आपकी क्या-क्या योजनाएँ हैं ?

लोगों की आधारभूत न्यूनतम आवश्यकताओं को पूरा करने का केवल एक ही रास्ता है और वह यह है कि हम अधिकतम उत्पादन करें। यह अधिकतम उत्पादन तभी संभव है, जब हम अपने देश की सबसे बड़ी संपत्ति-श्रमशक्ति का उपयोग करें। हर बेकार हाथ को काम दिया जाए। हमारे देश को प्रचुर मात्रा में जो प्राकृतिक संसाधन उपलब्ध हैं, उनका दोहन सिर्फ श्रम की शक्ति से ही संभव है। पीड़ित तथा अभावग्रस्त जनता को यह मौका दिया जाए कि वे उत्पादन के लिए ज्यादा से ज्यादा श्रम करें। यह तभी संभव है, जब हम अपने सीमित साधनों की एक-एक इकाई को बचाएँ। प्राथमिक क्षेत्र का निर्णय लोगों की अनिवार्य जरूरतों के आधार पर हो। यह कदम तभी संभव होगा, जब हम कठोर आत्मसंयम बरतें और श्रम को पूरा महत्त्व दें। काम करनेवाले हाथों को हरसंभव सुविधा का दृढ़ संकल्प लें ताकि वे अधिकतम उत्पादन के लिए सारी शक्ति लगा दें। सामाजिक चेतना जगाकर ही इस उपलब्धि को पाया जा सकता है। इस प्रकार स्थितियों को सुधारने के लिए हमें जनता का सहयोग प्राप्त हो सकेगा।

विजयनगर स्टील प्लांट सहित कई सारी योजनाएँ केंद्रीय सरकार के पास लंबित पड़ी हैं। आपकी सरकार के शासन-काल के दौरान कर्नाटक की जनता इस विषय में आपके प्रति आशावान है ?

मैं निश्चित तौर से कुछ भी नहीं कह सकता। लेकिन हम यह बिल्कुल नहीं चाहते कि जो योजनाएँ लंबित पड़ी हैं, उनको क्रियान्वित करने में और देर हो। जो भी निर्णय लिये जाएँगे, वे बिना किसी विलंब के लिये जाएँगे। विजयनगर योजना की जाँच-पड़ताल मैंने अभी नहीं की है। मैं चाहता हूँ कि वहाँ के लोग निराश न हों। इस योजना को सफल करने में संसाधनों की कमी एक बड़ी रुकावट हैं, किंतु इसको हल करने के लिए कोई न कोई रास्ता जरूर निकाला जाएगा।

हमारे पास सूचना है कि एक लाख की संख्या से भी ज्यादा भारतीय खाड़ी युद्ध क्षेत्र में फँस गए हैं, लेकिन युद्ध शुरू होने के पहले उनको वहाँ से हटाने के लिए कोई ठोस कदम नहीं उठाए जा रहे हैं ?

युद्ध शुरू होने के पहले हमने उन्हें चेतावनी दी थी और उन्हें इसकी पूर्वसूचना भी दी थी ताकि अगर वे वहाँ से निकलना चाहते हैं, तो हमें पहले से सूचित कर दें। परंतु उस समय वे वहाँ से निकलने को तैयार नहीं थे क्योंकि किसी को भी विश्वास नहीं था कि युद्ध छिड़ेगा। अभी भी, बहुत कम लोग वहाँ से वापस आना चाहते हैं। हमने वहाँ की सरकार के सहयोग से कुछ प्रबंध किए हैं, ताकि उन्हें उस जगह से सुरक्षित निकाला जा सके।

वाम दल, भाजपा और जनता दल सहित सारी विपक्षी पार्टियाँ पंजाब संकट के हल के आपके प्रयास से असहमत हैं। आपकी क्या प्रतिक्रिया है ?

कोई प्रतिक्रिया नहीं। अगर लोग अपनी समस्याओं के साथ ही रहना चाहते हैं, तो मुझे कैसी आपत्ति होगी ? लेकिन इस समस्या के हल के लिए मैं अपनी सारी शक्ति लगा दूँगा, क्योंकि निर्दोष लोगों की मृत्यु बेहद चिंता का विषय है। जो लोग मेरे कदम का विरोध कर रहे हैं, अगर उनके पास इसका कोई दूसरा उपाय है, तो उनका स्वागत है। हमारी सरकार उन उपायों को जरूर लागू करेगी। पिछले छह सालों से हम यहाँ के आंदोलन को कुचलने का प्रयास कर रहे हैं, किंतु कामयाब नहीं हो पा रहे हैं। हम शांतिपूर्ण बातचीत से इस समस्या को सुलझाने का प्रयास क्यों नहीं करते ?

आपको प्रधानमंत्री पद सँभाले दो महीने हो गए। आपके अनुसार राम जन्मभूमि-बाबरी मस्जिद के मुद्दे, पंजाब तथा कश्मीर समस्या को सुलझाने में आप कितने सफल रहे हैं ?

मैं इन सारी समस्याओं को हल करने में अभी तक असफल रहा हूँ। लेकिन इतना अवश्य है कि मेरे द्वारा शुरू किए गए प्रयासों से तनाव में कुछ कमी आई है। मैं आशा करता हूँ कि ये प्रयास जारी रहेंगे। मैं यह भविष्यवाणी नहीं कर सकता कि मुझे सफलता मिलेगी या नहीं। लेकिन इस समस्या का हल बातचीत से ही संभव है।

प्राथमिकताओं की सूची में बोफोर्स सौदे के मामले को आप किस स्थान पर रखेंगे ?

बोफोर्स मामला मेरे लिए उतना ही महत्त्वपूर्ण है, जितना कोई दूसरा भ्रष्टाचार का मामला। भ्रष्टाचार गंभीर समस्या है और इसका उन्मूलन बेहद जरूरी है। छानबीन शीघ्रता से करना जाँच-विभाग का काम है। लेकिन समस्या यह है कि इस छानबीन में हमें दूसरे देशों का भी सहयोग चाहिए। यदि संबंधित देश हमारे साथ सहयोग न करें, तब छानबीन या जाँच करने में काफी वक्त लग जाता है।

जनता दल नेता, खासकर कर्नाटक से श्री हेगड़े और उनके अनुयायियों की आपकी पार्टी में शामिल होने की क्या कोई संभावना है ?

मैं नहीं जानता। इस प्रश्न का जवाब आप उन्हीं से माँगिए। मैं उनकी तरफ से जवाब नहीं दे सकता।

क्या जनता दल (एस) और कांग्रेस (ई) के बीच किसी गठबंधन की कोई संभावना है या इन पार्टियों का भविष्य में कोई चुनावी समझौता होगा ?

मैं नहीं कह सकता, क्योंकि अभी ऐसा कोई प्रस्ताव हमारे सामने नहीं आया है। चुनाव में अभी काफी देर है, इसलिए चुनावी समझौते की बात अभी उठाना निरर्थक है।

केंद्रीय सरकार के सामने 'सुपर थर्मल' जैसी परियोजना कैबिनेट के निर्णय के बिना लंबित पड़ी है ?

ऐसा नहीं है कि सिर्फ निर्णय नहीं लेने की वजह से यह मामला लंबित है। इसके पीछे साधन और तकनीक की भी समस्या है। जैसे ही ये सारी समस्याएँ दूर होंगी, मामला खुद-ब-खुद हल हो जाएगा। ये सारे मामले कई सालों से लंबित पड़े हैं। मुझे नहीं लगता कि सिर्फ दो महीने की देर होने से इतना चिंतित हुआ जाए।

क्या गरीबी निवारण के लिए आपके पास कोई योजना है ?

हाँ, हल तो है, मगर कठिन परिश्रम की जरूरत होगी। इसके लिए एकीकृत प्रयास जरूरी हैं। यहाँ इसकी भी जरूरत है कि लोग यह समझें कि हमारे साधन सीमित हैं। इन सीमित साधनों के साथ कड़े निर्णय लेते हुए उन्हें राष्ट्रनिर्माण संबंधी क्रिया-कलापों में भाग लेना होगा। यह काम कुछ लोगों का नहीं है बल्कि यह पूरी जनता का दायित्व है कि वे देश के नए भविष्य का निर्माण करें। हमें निराश होने की कोई जरूरत नहीं है। इस दिशा में कुछ न कुछ प्रयास जरूर शुरू किए जाएँगे, इसकी मुझे आशा है।

22 जनवरी, 1991

पलायनवाद हमेशा एक इच्छामृत्यु ही नहीं है

रवि वेल्लोरी की बातचीत

शास्त्रीजी के बाद संभवतः आप एकमात्र व्यक्ति हैं, जिनका पूरे भारत के साथ वास्तव में संपर्क माना जाता है। ऐसा क्यों है कि शेष विश्व–कम से कम दुनिया के अधिकांश दूसरे देश जब अपनी समस्याएँ सुलझाने में व्यस्त हैं, भारत में हम लोग बाहरी मुद्दों को लेकर परेशान हैं ?

मैं इस प्रश्न का उत्तर नहीं दे सकता, क्योंकि मैं बाहरी सवालों को लेकर परेशान नहीं हूँ। मैं इस विचार में विश्वास रखता हूँ कि हमें अपनी समस्याओं को ही सुलझाने का प्रयास करना चाहिए। लेकिन हमें विश्व के सामने मौजूद समस्याओं से भी नजर नहीं हटा लेनी चाहिए, क्योंकि हम विश्व की समस्याओं से खुद को अलग नहीं कर सकते। पर, हमारा मुख्य ध्यान हमारी अपनी समस्याओं पर ही केंद्रित होना चाहिए...

लेकिन, मैं यह कह रहा हूँ कि अधिकांश देशों के लोग अपनी समस्याओं का समाधान ढूँढ़ रहे हैं। यहाँ एक देश के रूप में हमारी प्रवृत्ति बाहरी मुद्दों में संलिप्त हो जानेवाली रही है। हमारी राष्ट्रीय मनोवृत्ति में यह बात क्यों घुस गई है ?

ऐसा इसलिए है कि जब आपके पास अपनी समस्याओं को सुलझाने का आत्मविश्वास नहीं होता, तो यह एक प्रकार के पलायन का काम करता है। जब लोग चुनौती का सामना करने को तैयार नहीं होते, तो पलायन का कोई रास्ता ढूँढ़ते हैं और खुद को ऐसी समस्याओं में ग्रसित रखना, जो प्रत्यक्ष रूप से आपको प्रभावित नहीं करती, वक्त गुजारने का एक आसान जरिया है। यह बात शायद मनुष्य के स्वभाव में ही है।

दूसरे शब्दों में, क्या हमारे पास एक प्रकार की 'इच्छामृत्यु' है...?

मैं नहीं कह सकता। पलायनवाद हमेशा एक इच्छामृत्यु ही नहीं है। यह स्व-प्रतिरक्षण का अंतिम उपाय है, जो कई बार सफल नहीं हो पाता।

कई राजनीतिक विश्लेषकों का मानना है कि हमलोग एक ऐसे युग में हैं, जहाँ स्पष्ट बहुमतवाली सरकारें बन ही नहीं सकतीं। ऐसी स्थिति में, क्या आपके पास राष्ट्रपति प्रणाली की सरकार या संभवतः राष्ट्रपति के नेतृत्ववाली सरकार को लेकर कोई नया विचार है ?

मैं इस पचड़े में नहीं पड़ना चाहता...एक बार फिर, यह एक दूसरी समस्या पैदा करना होगा जो कि देश के सामने मौजूद मुख्य समस्या नहीं है। सरकार की प्रणाली चाहे वह राष्ट्रपति प्रणाली हो या मंत्रिपरिषदवाली सरकार की, इसे देश के सामने मौजूद चुनौतियों का सामना

करने में सरकार की क्षमता पर कोई फर्क पड़ने नहीं जा रहा है, क्योंकि जो लोग शीर्ष स्थान पर काबिज हैं, उनकी इच्छाशक्ति ही समस्याओं को निपटाने में सरकार की प्रभावोत्पादकता को निर्धारित करेगी। इसलिए मेरा मानना है कि दोनों ही प्रणाली के अपने फायदे और नुकसान हैं।

संविधान के स्वरूप के निर्माण के समय इस मुद्दे पर विस्तार से विचार-विमर्श हुआ था और संविधान सभा के सामने दो प्रकार के विचार स्पष्ट रूप से रखे गए थे—पहला यह था कि राष्ट्रपति प्रणाली की सरकार स्थिरता देती है, जैसा कि आपने अपने प्रश्न में संकेत दिया था और दूसरा, मंत्रिपरिषद प्रणाली उत्तरदायित्व की भावना पैदा करती है। इस पर विस्तार से चर्चा हुई और हमलोग इस निष्कर्ष पर पहुँचे कि मौजूदा स्थिति में, जहाँ प्रजातंत्र का केवल प्रयोग ही किया गया है, यह आवश्यक है कि स्थिरता की जगह हम लोगों के प्रतिनिधियों में एक प्रकार की जिम्मेदारी की भावना का एहसास कराएँ, क्योंकि एक बार अगर राष्ट्रपति प्रणाली की सरकार चार या पाँच वर्षों के लिए निर्वाचित हो गई, तो इस प्रणाली में इस बात की ज्यादा संभावना होगी कि लोगों की इच्छाओं को नजरअंदाज कर दिया जाए। लेकिन मंत्रिपरिषद प्रणाली की इस सरकार में आपकी जान हमेशा साँसत में रहती है और हर क्षण आप लोगों के प्रति जिम्मेदार बने रहते हैं। इसलिए मुझे लगता है कि अगर उस जमाने में पंडित जवाहरलाल नेहरू एवं डॉ. राजेन्द्र प्रसाद ने प्रधानमंत्री और राष्ट्रपति के रूप में यह सोचा था कि उत्तरदायित्व की भावना स्थिरता की भावना से ज्यादा महत्त्वपूर्ण है, तो आज जो लोग शीर्ष एवं महत्त्वपूर्ण स्थानों पर हैं, वे लोगों के बीच जिम्मेदारी की भावना के बजाय राजनीतिक नेतृत्व के लिए ज्यादा स्थिरता की बात करने के पक्ष में नहीं हैं।

हमारे राष्ट्रीय नेताओं के बीच आपके बारे में यह कहा जाता रहा है कि आपका कद या छवि पंजाब में, खासकर सिख समुदाय के लोगों के बीच, सबसे ऊँची रही है। तब भी, ऐसा क्यों है कि वहाँ इस मुद्दे पर स्पष्ट रूप से कोई ज्यादा गतिशीलता देखने में नहीं आती ?

इसकी दो वजहें हैं—एक तो उनमें उनकी अपनी कठिनाई और आशंका की भावना बेहद गहरी है। दूसरी बात यह है कि मैं जो कुछ भी कहता हूँ, उसे अक्सर इस देश के विभिन्न राजनीतिक क्षेत्रों का समर्थन या सहयोग नहीं मिल पाता। मैं यह उत्तर केवल अपनी कल्पना के आधार पर दे रहा हूँ और मेरा मानना यह है कि अगर मैं किसी तरह का समझौता चाहता हूँ, भले ही वह संसद या इस देश के नेतृत्व को स्वीकार्य हो या नहीं, वहाँ हमेशा एक प्रकार का संशय बना रहता है। दूसरी बात यह है कि ऐसे विभिन्न समूहों, जो उस राज्य में अराजकता की स्थिति लाने की कोशिश कर रहे हैं, में एक तरह का निहित स्वार्थ छिपा है और वे चाहते हैं कि वहाँ अनिश्चितता बनी रहे, क्योंकि इसके बगैर कई लोगों के पास कोई नेतृत्व नहीं रह जाएगा। इसलिए वहाँ यह समस्या बनी हुई है।

तो क्या इससे आप हतोत्साहित महसूस करते हैं ?

नहीं, बिल्कुल नहीं, क्योंकि आखिरकार समस्या की जानकारी तो है ही और हमें उसका समाधान ढूँढ़ना है। हमने पिछले छह से सात वर्षों तक बहुत कड़े कदम उठाने के प्रयास किए हैं। क्या हमें कुछ समय के लिए समझौते के रास्ते की कोशिश नहीं करनी चाहिए ?

इसलिए अगर आप निराश हो जाएँगे, तो किसी निष्कर्ष पर नहीं पहुँच पाएँगे। लेकिन अगर आप लगातार प्रयास करते रहेंगे, तो शायद कोई रास्ता निकल आए और इसलिए मैं समझता हूँ कि इसको लेकर निराशावादी होने की कोई जरूरत नहीं है। मेरा आकलन यह है कि भरोसा और विश्वास और कुछ धैर्य का सहारा लिया जाए, तो इसके सकारात्मक परिणाम ही निकलेंगे। मैं इसके बारे में कहीं से भी निराश नहीं हूँ।

तो, आपकी सोच यह है कि जिस तरह के वक्तव्य श्री मान की तरफ से आए हैं, वे भी उनकी अपनी राजनीतिक मजबूरियों की वजह से ही हैं...

मैं उनके अभिप्राय पर टिप्पणी नहीं करना चाहता, लेकिन यह सही है कि जब हम पंजाब जैसी उलझी हुई समस्या के बारे में विचार करते हैं, तो हमें सभी पहलुओं पर विचार करना चाहिए और दूसरे पक्ष के साथ जो विभिन्न कारण हैं, उन पर भी विचार करना चाहिए।

आपको क्या लगता है, पंजाब में हम कब चुनाव करवा सकते हैं ?

मैं इस सवाल का जवाब नहीं दे सकता। लेकिन जैसे ही वहाँ हालात सामान्य हो जाएँगे और निष्पक्ष एवं बेखौफ चुनाव करवाने की स्थिति आ जाएगी, वहाँ जल्द से जल्द चुनाव हो जाने चाहिए।

इसमें कितना समय लग सकता है ?

इसमें ज्यादा समय भी लग सकता है और यह बहुत जल्द भी हो सकता है। अगर बातचीत शुरू हो जाती है और लोग कुछ संवेदनशील प्रस्तावों के साथ आगे आते हैं, तो यह हो सकता है...।

लेकिन फिलहाल क्या आपको लगता है कि यह जल्दी संभव है ?

मैं इसके बारे में ज्यादा क्या कह सकता हूँ ? लेकिन निराश होने या विक्षुब्ध होने की बजाय उम्मीद का दामन थामे रहना हमेशा ही बेहतर होता है।

क्या आपको लगता है कि उभरता हुआ हिंदू उग्रवाद सिख उग्रवाद को खत्म करने की राह में बाधक समझा जा रहा है...मेरा मतलब है अभी हाल के वक्तव्यों में वे ऐसा कहते भी रहे हैं ?

नहीं, यह आशंका उनमें किसी प्रकार का भय पैदा कर सकती है, लेकिन लोग एक तथ्य भूल जाते हैं कि हिंदुत्व और उग्रवाद साथ-साथ नहीं चल सकते, क्योंकि हिंदुत्व का सारतत्त्व सहनशीलता और सहिष्णुता है। मैं किसी असामान्यता की बात नहीं कर रहा, यह असामान्यता आज कोई बड़ी बात नहीं रह गई है, लेकिन यह हिंदुत्ववाद का मूलभूत तत्त्व नहीं है। इसलिए मैं नहीं समझता कि उस हिसाब से लोगों को कोई आशंका होनी चाहिए क्योंकि इस देश की सदियों से चली आ रही संस्कृति और सभ्यता इस बात की प्रतीक है कि इस धर्म का महानतम पक्ष यह है कि यह सभी तरह के विचारों और विचारधाराओं को समायोजित कर लेता है। इस धर्म में कभी भी असहिष्णुता और भेदभाव के लिए कोई जगह नहीं रही है।

मुझे नहीं लगता कि कोई भी इसे बिगाड़ सकता है।

फिर भी, क्या आप सोचते हैं कि धर्मनिरपेक्षवाद की जो नीति अब तक अपनाई जाती रही है, उसमें कुछ संशोधन इस वजह से किया जा सकता है कि कोई भी दक्षिण एशियाई देश या हमारा पड़ोसी उस तरह के धर्मनिरपेक्षवाद का अनुसरण नहीं करता, जैसा हम लोग करते हैं...?

नहीं, यह आवश्यक नहीं है कि हम अपने पड़ोसियों का अनुसरण करें...क्योंकि धर्मनिरपेक्षता, आप जैसा इसे समझते हैं या धर्मनिरपेक्षता के बारे में आपकी क्या सोच है, वह ज्यादा महत्त्वपूर्ण है। धर्मनिरपेक्षता का अर्थ कोई धर्म नहीं है। धर्मनिरपेक्षता का मतलब है कि धर्न को मनुष्य एवं ईश्वर के बीच संपर्क के एक माध्यम के रूप में देखा जाना चाहिए। इसे सामाजिक, आर्थिक और राजनीतिक जीवन के दायरे में नहीं घुसने देना चाहिए। अगर आप धर्म का अर्थ इस प्रकार लगाते हैं, तो मैं समझता हूँ, इससे कोई समस्या पैदा नहीं होगी, क्योंकि अगर इस तरह की धर्मांधता राजनीति में प्रवेश कर जाए, तो इसकी परिणति हमेशा एक ऐसी धर्मांधता या धार्मिक उग्रवाद में होगी, जो फासीवादी मनोवृत्ति को जन्म देती है। किसी भी धर्मान्ध विचार के जन्म के लिए यह आवश्यक है कि वह लोगों की भावनाओं के साथ खिलवाड़ करे। यह भावनात्मक प्रेरणा किसी धार्मिक अतिप्रेम या धर्मांधता के जरिये आसानी से प्राप्त हो सकती है। इसलिए यह हमेशा खतरनाक है और मैं समझता हूँ कि अधिकांश देशों में जहाँ धार्मिक तत्त्व राजनीति या प्रजातंत्र पर हावी होता है, वहाँ...

क्या आप सोचते हैं कि बाबरी मस्जिद मुद्दे का एक संभावित समाधान यह है कि मुसलमान इस मुद्दे को छोड़ दें। जैसा कि एक वरिष्ठ कांग्रेसी नेता ने हाल में कहा है....मैं श्री साठे के वक्तव्य की बात कर रहा हूँ।

नहीं, लेकिन मैं सोचता हूँ कि हमारी जनसंख्या के दो भागों के बीच किसी समझौते की बात होनी चाहिए और वह केवल बातचीत के जरिए हो सकती है, जिसका प्रयास किया जाना चाहिए।

आपको अपने वरिष्ठ नौकरशाहों को आर्थिक नीति पर नया दिशा-निर्देश देना पिछले दो-तीन दिनों से बाकी है। आप मौजूदा नीति में क्या बदलाव लाना चाहेंगे ? मैं आपका ध्यान मिस कार्ला हिल्स के हाल के बयान की ओर दिलाना चाहूँगा, जिसमें चार दिन पहले उन्होंने कहा था कि अमरीकी व्यावसायिक समुदाय की भारत में निवेश के प्रति दिलचस्पी नहीं रह गई है और विदेशों में यह भय भी व्याप्त है कि उदारीकरण की नीति को उलटा भी कर दिया जा सकता है ?

मैं कार्ला हिल्स के भय के बारे में ज्यादा नहीं जानता, क्योंकि कार्ला हिल्स की भावनाएँ इस देश की आर्थिक नीतियों को दिशा-निर्देश देने नहीं जा रही हैं। लेकिन मैं समझता हूँ कि अगर उदारीकरण का अर्थ यह है कि लालफीताशाही या विकासात्मक गतिविधियों में अनावश्यक नियंत्रणों को खत्म किया जाएगा, तो इसका स्वागत किया जाना चाहिए। लेकिन लोग समझते हैं कि हमें उपभोक्तावाद एवं अपने दुर्लभ संसाधनों की बर्बादी को बढ़ावा देना

चाहिए। मैं समझता हूँ कि हम ऐसा नहीं कर सकते, इसलिए इस बात के बारे में कोई सिद्धांत संबंधी मत नहीं है। और पूरी दुनिया के अनुभवों से यह बात बिल्कुल स्पष्ट हो गई कि जिन अर्थव्यवस्थाओं ने संपूर्ण उदारीकरण की अनुमति दे दी है या अहस्तक्षेप सिद्धांत की इजाजत दी है, उन्हें बाहर के लोगों से बहुत ज्यादा लाभ प्राप्त नहीं हो पाया है। इसलिए, आखिरकार सभी विकासशील देशों को स्वावलंबन एवं स्वदेशी के लिए अपना रास्ता एवं तरीके खुद अख्तियार करने पड़ेंगे। यही आधारभूत सिद्धांत है। इसका यह अर्थ नहीं है कि मैं सहयोग पाने या सहयोग एवं मदद पर भरोसे की संभावना से इनकार करता हूँ। भारत हमेशा दूसरे स्रोत से मदद या सहयोग लेने का प्रयास करेगा, लेकिन भारत नीति-निर्धारक क्षेत्रों में काट-छाँट नहीं करेगा, क्योंकि अगर नीति-निर्धारक क्षेत्रों में कमी लाई गई तो राष्ट्र न केवल अपनी संप्रभुता बल्कि अपनी समस्याओं से निपटने की ताकत से भी हाथ धो बैठेगा।

और उसमें क्या शामिल है...?

लोगों को अंतर्राष्ट्रीय मुद्रा कोष या विश्वबैंक के बारे में संशय क्यों है; ये वित्तीय संस्थान हैं और उनका इस्तेमाल राजनीतिक कार्यों के लिए नहीं किया जाना चाहिए। इन संस्थानों को चार्टर के स्वरूप के अधीन ही कार्य करना चाहिए, जो उन्हें दिए गए हैं और हमें हमेशा उनके साथ सहयोग करना चाहिए और इसकी कोशिश करनी चाहिए...क्योंकि कोई भी बिना शर्त के ऋण नहीं देता। कम से कम वे चाहते हैं कि जो ऋण हम ले रहे हैं, उन्हें अदा करने में हमें सक्षम भी होना चाहिए। इसलिए हममें खुद इतनी शक्ति होनी चाहिए, जिसका हम दुनिया को प्रमाण दे सकें...और, एक बात जो मैं आपको बताना चाहता हूँ कि उन लोगों को भारत के निवासियों की आंतरिक ताकत की सही जानकारी नहीं है। भारतीय अर्थव्यवस्था का अपना बुनियादी ढाँचा है, अपना लचीलापन है और सबसे बड़ी बात यह है कि भारत 85 करोड़ लोगों का देश है। इसलिए लोगों को इसके बारे में यूँ ही नहीं कुछ सोच लेना चाहिए। आखिरकार, हमारे पास प्राकृतिक संसाधन हैं, श्रमशक्ति है, कौशल है, प्रौद्योगिकी है और भारत गर्व एवं संतोष के साथ अपनी बात कह सकता है...कुछ अस्थायी समस्याएँ हो सकती हैं, और उनका समाधान भी कर लिया जाएगा। लेकिन एक चीज है कि हमें अपने लोगों के बीच एक नया भरोसा एवं आत्मविश्वास पैदा करना होगा। अगर हम अपने लोगों का भरोसा एवं विश्वास खो देते हैं और उस कीमत पर दूसरों का समर्थन एवं विश्वास प्राप्त करना चाहें, तो फिर हमें हर जगह नुकसान ही उठाना पड़ेगा। इसलिए हमारी पहली जिम्मेदारी देश की आंतरिक ताकत में अपने लोगों के विश्वास को फिर से जगाना है...और केवल तभी विदेशी सहयोग या मदद हमारे लिए फायदेमंद हो सकती है, क्योंकि हमें देखना है कि प्रणाली बची रहे और लोगों का स्वैच्छिक सहयोग पाने का विचार पूरी तरह आडंबरपूर्ण न हो जाए।

क्या मैं आपसे विदेशी मुद्दों, खासकर खाड़ी के बारे में कुछ प्रश्न पूछ सकता हूँ ? क्या आपके पास खाड़ी युद्ध का समाधान करने का कोई विचार है ? खासकर, अब जब आप सुरक्षा परिषद के सदस्य भी हैं ?

नहीं, भारत अपनी हर संभव कोशिश इसके लिए करता रहा है...तात्कालिक समस्या यह है कि हमें युद्ध को रोकने में सक्षम होना चाहिए। हमने अपनी तरफ से पूरी कोशिश की

कि युद्ध शुरू न हो पाए। विद्वेष की भावना शुरू होने से पहले हमने संबंधित लोगों को समझाने की कोशिश की, हमने राष्ट्रपति बुश और गोर्बाचोव के पास अपनी बात रखने की कोशिश की। हम निर्गुट देशों के पास भी गए, लेकिन बदकिस्मती से हमारी सारी कोशिश विफल साबित हुई। अब, एक बार फिर हम ऐसे लोगों से संपर्क साधने की कोशिश कर रहे हैं, जो इस पूरे मुद्दे के लिए महत्त्वपूर्ण हैं। हमारे विदेशमंत्री वहीं थे...।

लेकिन क्या आपको लगता है कि ये लोग शीघ्र ही युद्ध पर आमादा हो गए और राजनयिक प्रयासों को एक और मौका दिया जाना चाहिए था ?

मैं इसके बारे में कुछ नहीं कह सकता। जब लोग समझौते की ओर बिना किसी झुकाव के, दोनों पक्षों की तरफ से, कठोर रुख अपनाने लगते हैं, तो ऐसी दुखद घटनाएँ होती हैं। युद्ध हमेशा इसलिए होता है कि दोनों पक्षों की तरफ से कुछ हठीला रुख अपनाया जाता है।

आपके विचार से मुसलमानों की इस पर क्या प्रतिक्रिया रही है ? कई राजनीतिक नेता मुस्लिम मतों को पाने की कोशिश में स्पष्ट रूप से सामने आए हैं। मुस्लिम भावनाओं के बारे में आपका क्या आकलन है ?

मैं आपको बताऊँ, मुझे लगता है कि यह एक दुखद बात है कि ऐसी हालत में जहाँ मनुष्य की तकलीफ इतनी गहरी है और मुझे पता नहीं कि कब तक यह तकलीफ बनी रहेगी—हमें तात्कालिक राजनीतिक लाभ उठाने की कोशिश के बारे में सोचना चाहिए। हमारी भावना ऐसी नहीं होनी चाहिए। लेकिन मुझे लगता है कि इस देश में—मैं दूसरे देश के बारे में नहीं कह सकता—मुसलमानों की मानसिकता इस तरह के विचारों के कारण विकृत नहीं हुई है और लोग समस्या को उसी रूप में देखते हैं और कमोबेश उनकी प्रतिक्रिया बहुत उग्र नहीं रही है।

अब हम एक नए प्रकार के विश्व में प्रवेश कर चुके हैं, जो उससे अलग है, जिसमें हम पैदा हुए थे...नई वैश्विक सच्चाइयाँ क्या हैं ? हमें अपनी आर्थिक नीतियों में किस प्रकार का सामंजस्य पैदा करना पड़ेगा ? क्या ये चीजें सामने आई हैं ?

नहीं, मैं आपको बतलाऊँ कि कुछ स्पष्ट बदलाव हुए हैं, जो आप जानते ही हैं। पिछले वर्ष के प्रारंभ में कई परिवर्तन हुए, जहाँ लोगों ने उदारीकरण की बात की और पूरा विश्व नए तरह के समझौतों की दिशा में बढ़ने लगा। हमने सोचा कि सत्ता केंद्र (पावर ब्लाक) के विघटित हो जाने के बाद हमें एक ऐसा रास्ता मिल जाएगा, जहाँ समृद्धि और शांति का राज्य व्याप्त होगा। लेकिन इसे अभी छह महीने भी नहीं गुजरे कि इस विश्व में ऐसे विचार और कदम उठाए जाने लगे हैं, जो विवादास्पद मुद्दों की शक्ल ले चुके हैं और ऐसे मुद्दे, जो हमें बिल्कुल विपरीत दिशा में ले जा रहे हैं—दो ध्रुवीय प्रणाली से एक ध्रुवीय प्रणाली की तरफ...अब दुनिया में केवल एक प्रकार की विचारधारा का दबदबा हो गया है, जो कि मेरे विचार से कोई बहुत स्वस्थ धारा नहीं है। इसलिए, अब अक्सर ऐसी स्थिति आ-जा सकती है, जब कमजोर देश आज की वास्तविकता का एहसास करें और विश्व की समस्याओं से

निपटने के लिए ज्यादा न्यायसंगत तरीका अपनाएँ। आप अपनी सनकों एवं कल्पनाओं से दुनिया पर शासन नहीं कर सकते, क्योंकि अगर आप एक जगह किसी बात का समर्थन करते हैं और दूसरी जगह उससे विपरीत बात करते हैं, इससे आपकी साख पर असर पड़ेगा और बिना साख एवं नैतिक अधिकार के विकासशील एवं निर्धन देश विश्व के मानस को प्रभावित नहीं कर सकते। यह वह चीज है, जिसका एहसास हमें इस वक्त हो जाना चाहिए।

नई वास्तविकताओं के तहत, क्या अब ऐसा कुछ भारत, चीन और शायद जापान के लिए भी हो सकता है, क्योंकि ये एक साथ आएँ और ज्यादा घनिष्ठ तरीके से मिल-जुल कर काम करें ?

यह बात केवल भारत और चीन के मामले में ही सही नहीं है बल्कि सभी एशियाई देशों के साथ है। भारत इस मामले में एक निर्णायक की भूमिका अदा कर सकता है। यही वजह है कि हम लोग कोशिश करते रहे हैं...

केवल भारत ऐसी कोशिश कर रहा है या भारत और चीन दोनों ?

भारत, क्योंकि मैं भारत की तरफ से बोल रहा हूँ। यही वजह है कि भारत ने पिछले कुछ महीनों में अपने सभी पड़ोसियों, सभी एशियाई देशों के साथ बेहतर संबंध की दिशा में कदम उठाए हैं। इसलिए चीन, जापान और दूसरे देशों के साथ भारत के संबंध की यह एक नई शुरुआत होगी। लेकिन पूर्वी दुनिया के कई देश और अरब दुनिया के कुछ देश या अरब दुनिया के लगभग सारे देश, अगर एक निश्चयात्मक कदम उठाएँ, तो निश्चित रूप से इसका भविष्य पर अच्छा प्रभाव पड़ेगा।

आप भारत और चीन के बीच संबंधों के विकास को किस प्रकार देखते हैं ?

मैं समझता हूँ कि पिछले दो या तीन वर्षों में एक आपसी समझ का वातावरण पैदा हुआ है और ऐसा लगता है कि दोनों ही देश बेहतर संबंध बनाना चाहते हैं।

लेकिन वर्तमान भौगोलिक राजनीतिक परिस्थिति के तहत भारत एवं चीन के लिए एक प्रकार की आवश्यकता है, जो...?

यह आवश्यकता हमेशा बनी रही है, क्योंकि अगर एशिया के दो देशों के बीच संघर्ष की भावना होगी, तो इससे इस क्षेत्र में कोई विकास नहीं हो पाएगा। इसलिए यह आवश्यकता तो हमेशा थी, लेकिन अब एक अच्छी बात है कि इस दिशा में कदम उठाए जा रहे हैं।

इसलिए क्या हमें अब मान लेना चाहिए कि उत्तर दिशा से हो सकनेवाले संभावित खतरे अब पहले की तुलना में काफी कम हो गए हैं ?

मैं खतरा नहीं कहूँगा, लेकिन मैं यह कहता हूँ कि अब वातावरण काफी सौहार्दपूर्ण है, मेरा मतलब है हमें कोई समस्या नहीं है...

मैं पाकिस्तान पर एक सवाल पूछने से खुद को नहीं रोक पा रहा हूँ। पाकिस्तान के संदर्भ

में आपके द्वारा हाल में व्यक्त की गई अच्छी उम्मीदों का क्या आधार है ?

मैं नहीं जानता कि 'अच्छी उम्मीद' से आपका क्या तात्पर्य है। जैसा कि मैं आपको पहले ही कह चुका हूँ कि हम चाहते हैं कि भारत और पाकिस्तान को शांति और सद्भावना के साथ रहना चाहिए। हमारी विदेश नीति की हमेशा यही कोशिश रही है। शायद आपको याद हो कि 1948 में बँटवारे के तुरंत बाद अगर महात्मा गांधी की मृत्यु नहीं हुई होती, तो उनकी पाकिस्तान जाने की योजना बन गई थी। हालाँकि हम अलग हो चुके हैं, लेकिन इस उपमहाद्वीप के भविष्य के लिए हमें मिल-जुलकर काम करना चाहिए। पंडित जवाहरलाल नेहरु ने भी इन सभी मतभेदों के बावजूद शांति के लिए काम किया। लालबहादुर शास्त्री युद्ध के बाद पाकिस्तान के साथ समझौते के लिए ताशकंद तक गए। शिमला भावना, जिसकी हम अक्सर चर्चा करते हैं, श्रीमती गांधी और श्री भुट्टो के बीच बातचीत का नतीजा थी। इसलिए, अब तक हमने यह इच्छा हमेशा जतायी कि मैत्रीपूर्ण संबंध कायम हों। कम से कम अपनी तरफ से हमने यही चाहा कि हमारा पाकिस्तान के साथ बेहतर संबंध होना चाहिए। हम आज भी यही चाहते हैं। अगर पाकिस्तानी पक्ष कहे कि हम भी इस विचार का समर्थन करना चाहते हैं, तो क्या मुझे यह कहना चाहिए कि हम ऐसा नहीं चाहते ?

नहीं, बिल्कुल नहीं।

इसलिए मैंने कम से कम श्री नवाज शरीफ के बयानों में एक तरह की पारस्परिकता देखी है और यही मैं अपने बयानों में अभिव्यक्त करता रहा हूँ।

क्या आपने इस मुद्दे पर किसी नए पैकेज की योजना बनाई है; चूँकि पाकिस्तान यह कहता है कि कश्मीर मुद्दा भारत एवं पाकिस्तान के संबंधों के लिए केंद्रीय मुद्दा है। क्या आप कश्मीर में कोई नई योजना बना रहे हैं ? इस मामले में कोई नया विचार ?

नहीं, मैं आपको एक बात बता रहा हूँ। मैं एक बात बिल्कुल स्पष्ट कर देना चाहता हूँ। कुछ लोगों के दिलों में भय की भावना है। मैं नहीं जानता कि कैसे ऐसी आशंकाएँ पैदा हो गईं। कश्मीर भारत के लिए एक राज्य या क्षेत्र की बात नहीं है। कश्मीर धर्मनिरपेक्षता के अस्तित्व की बात है। यह एक राष्ट्र के रूप में हमारी सिद्धांतशील निष्ठा की बात है। इसलिए, कोई भी सरकार या प्रधानमंत्री कश्मीर पर उस विचार के अलावा अन्य कोई विचार नहीं रख सकता, जो सालों पहले भारत सरकार द्वारा स्थापित किया जा चुका है कि कश्मीर भारत का अभिन्न अंग है। अगर कश्मीर में किसी भी प्रकार की कोई छेड़खानी की जाती है, तो मैं समझता हूँ इससे संबंध और कटु ही होंगे, इससे कश्मीर के लिए किसी नए परिणाम या किसी नए दर्जे की बात नहीं होगी। मुझे नहीं पता कि लोगों के दिमाग में कैसे ऐसे विचार आ जाते हैं। इसी तरह जो कश्मीर के लिए सच है, वही पंजाब के लिए भी सच है। कोई भी, भूले से भी खालिस्तान स्वीकार करने की बात सोच भी नहीं सकता। और अगर कोई यह सोचता है कि परेशानी पैदा करके भारत सरकार को इस स्थिति में लाया जा सकता है कि वह इस देश की अखंडता के बारे में बातचीत पर उतर सकती है, तो मैं समझता हूँ कि वह अपनी हवाई दुनिया में रह रहा है। ऐसा कोई नहीं कर सकता, लेकिन...अब प्रश्न यह है कि इस योजना का विरोध कैसे किया जाए।

इसलिए मुझे लगता है कि चाहे वह कश्मीर का मामला हो या पंजाब का, हमें यह बात बिल्कुल स्पष्ट कर देनी चाहिए कि विभाजन या आजादी या वे जो कुछ भी कहते रहे, संविधान के स्वरूप के भीतर ऐसे किसी विचार का प्रश्न ही नहीं उठता। अगर उनकी कुछ समस्याएँ हैं, तो उन समस्याओं का समाधान किया जा सकता है और इसके लिए हमेशा बातचीत के लिए तैयार रहना चाहिए...

लेकिन पाकिस्तान द्वारा अक्सर नाभिकीय क्षमता का ढिंढोरा पीटा जाता है और ऐसे कई भारतीय टिप्पणीकार, विदेश सचिव, सेवानिवृत्त विदेश सचिव, सेवानिवृत्त सैन्य अधिकारी हैं, जो लगातार यह कहते रहे हैं कि अब समय आ गया है, जब हमें अपनी नाभिकीय क्षमता की घोषणा कर देनी चाहिए। आपके विचार से हम कब घोषणा करने में सक्षम हो जाएँगे ?

मुझे नहीं लगता कि भारत जैसे देश को इसकी वजह से भयभीत होना चाहिए। हम जानते हैं कि पाकिस्तान में नाभिकीय क्षमता या उस देश की ताकत के बारे में बातें होती रहती हैं। मैं केवल उम्मीद कर सकता हूँ कि ये बातें किसी दुस्साहस के रूप में न बदल जाएँ। मैं केवल कह सकता हूँ कि किसी भी प्रकार से भयभीत होने की कोई वजह नहीं है। अगर ऐसा कोई खतरा मँडराता है, जो मुझे लगता है कभी भी नहीं आ सकता, भारत अपनी सीमाओं एवं अपने लोगों की हिफाजत करने के लिए पूरी तरह तैयार है।

ठीक है। लेकिन इसका मतलब यह हुआ कि नाभिकीय क्षमता का प्रश्न हमारी विदेश एवं सैन्य नीति में आ चुका है। मेरा मतलब यह है कि हम इसके बारे में बात नहीं करते, लेकिन यह मुद्दा वहाँ है ?

नहीं, मैं ऐसा नहीं कह रहा हूँ। वह बात तब उठ सकती है, जब कोई उसका इस्तेमाल करना चाहे। हम यह नहीं चाहते कि नाभिकीय क्षमता का इस्तेमाल युद्ध के लिए हो। हमारी नीति बिल्कुल स्पष्ट है। हम केवल रचनात्मक गतिविधियों, उत्पादन के कार्यों के लिए नाभिकीय शक्ति विकसित करने की कोशिश कर रहे हैं। लेकिन मैं नहीं समझता हूँ कि लोगों को इतना भयभीत होना चाहिए, क्योंकि बहुत सारे देशों के पास नाभिकीय क्षमता नहीं है, तो क्या वे इसका प्रयोग कर रहे हैं ? लोग आसानी से नाभिकीय ताकत के प्रयोग के बारे में बात करने लगते हैं...ऐसा नहीं है। जब तक कि खुद को बर्बाद कर लेने की इच्छा नहीं हो जाती।

क्षेत्रीय नाभिकीय अप्रसार संधि के बारे में आपका क्या कहना है, क्योंकि कुछ पश्चिमी देश चाहते हैं कि हम...

नहीं, मैं आपसे फिर कहता हूँ...हमने नाभिकीय अप्रसार संधि पर दस्तखत नहीं किए, इसलिए नहीं कि हमारी इच्छा नाभिकीय शक्ति को युद्ध के कार्यों में प्रयोग करने की है, बल्कि इसलिए कि हम निर्णय लेने के अपने अधिकार में कमी क्यों करे ? अगर पूरी दुनिया नाभिकीय शक्ति से रहित हो जाए, तो हम इसके लिए तैयार हैं। लेकिन कुछ लोग, जिनके पास नाभिकीय ताकत है, वे दूसरों को सलाह दे रहे हैं कि नाभिकीय शक्ति न प्राप्त करें। मैं नहीं समझता कि यह समानता के अधिकार के अनुकूल बात है।

मलेशिया ने अभी हाल में पूर्वी एशिया ट्रेडिंग ब्लाक नाम का एक व्यापारिक समूह बनाने का प्रस्ताव रखा था, लेकिन उस पर विचार-विमर्श करते समय उनके दिमाग में भारत का कोई स्थान नहीं था। इसलिए उन्होंने आपसे इस बारे में कोई संपर्क नहीं किया, चाहे इसके पीछे जो भी वजह रही हो, इस ट्रेडिंग ब्लाक के बारे में आपका क्या नजरिया है ?

हमने इसके बारे में सुना है, हम इसके बारे में जानते हैं, लेकिन जब तक हमारे पास ठोस प्रस्ताव नहीं आ जाता, मेरे लिए इस पर टिप्पणी करना उचित नहीं होगा। इस ट्रेडिंग ब्लाक से उनका क्या मतलब है और इसके लिए उन्होंने केवल कुछ ही देशों को क्यों और किस आधार पर चुना। जब तक आपके पास पूरा विवरण नहीं आ जाता।

लेकिन क्या आपको नहीं लगता कि ऐसे समय में जब यूरोप 1992, जो उत्तर अमरीका ट्रेडिंग ब्लाक हैं, इससे हमें लाभ मिलेगा...?

नहीं, हम इस विचार से सहमत हैं और यही वजह है कि सार्क की बैठक में हमने फैसला किया कि सार्क देशों के बीच ज्यादा घनिष्ठ आर्थिक और व्यापारिक संबंध हों। इसमें कुछ भी गलत नहीं है। लेकिन मुझे मलेशिया के इस प्रस्ताव के बारे में कोई जानकारी नहीं है।

क्या आप चाहेंगे कि 'आसियान' और 'सार्क' को एक साथ जोड़ दिया जाए और बेहतर व्यापारिक संबंध विकसित किए जाएँ ?

हाँ, लेकिन आपको पूरा विवरण प्राप्त करना पड़ेगा। और अगर वैसा कुछ हो जाता है, तो इसका स्वागत किया जाएगा।

क्या इसका समय आ गया है कि हम इस पर गंभीरता से विचार करना शुरू कर दें ?

बिल्कुल आ गया है। सार्क ने इस पर विचार किया था। कुछ पहल भी की गई थी, लेकिन ज्यादा गंभीर प्रयास नहीं किए गए। हमें उस पर भी कुछ करना चाहिए।

एशिया वीक, 24 जनवरी, 1991

सरकार किसी चमत्कार पर नहीं टिकती

पी.पी. बालाचंद्रन की बातचीत

खाड़ी संकट पर आपकी सरकार के रुख और कांग्रेस (आई) व जनता दल के रुख में अच्छा-खासा अंतर नजर आता है। जहाँ जनता दल और कांग्रेस (आई) ने कुछ इस तरह का संकेत दिया है कि कुवैत पर इराक के कब्जे को फिलिस्तीन के मामले से जोड़कर वे मुसलमानों को लुभाने की कोशिश कर रहे हैं, वहीं आपने एक सकारात्मक और ज्यादा विवेकपूर्ण नजरिया अपनाया है ?

नहीं, मैं नहीं जानता कि यह विवेकपूर्ण है या नहीं। पर, मुझे नहीं लगता कि इस मसले पर इन सारे लोगों के नजरिए में कोई खास अंतर है। अगर कभी-कभी वे कोई वक्तव्य देते हैं, तो मैं कुछ नहीं कर सकता। हम यह कह रहे हैं कि भारत सरकार भी यह सोचती है। फिलिस्तीन का मामला एक महत्त्वपूर्ण मुद्दा है, जिसे उसने हमेशा ही समर्थन दिया है और आगे भी देती रहेगी। मुख्य बात यह है कि आप वहाँ शांति चाहते हैं या नहीं। आज खाड़ी क्षेत्र विनाश और बर्बादी का सामना कर रहा है। हमारा लक्ष्य वहाँ जल्द से जल्द शांति की स्थापना करना है। हिंदुस्तान के सभी वर्गों के लोग इस बात को समझ रहे हैं और उन सबका मत यही है कि पहली और सबसे जरूरी बात यह है कि वहाँ शांति की स्थापना हो। शांति कैसे कायम की जाए, सभी पक्षों से मिलने वाली प्रतिक्रिया पर यह निर्भर करता है। जब तक राष्ट्रपति सद्दाम हुसैन भी सकारात्मक रुख नहीं अपनाते, दूसरी तरफ से भी कोई सकारात्मक पहल नहीं होगी। हम यही कहते आ रहे हैं और दूसरे भी ऐसा ही सोचते हैं। पर अगर वे अलग बयानबाजी करें, तो इस पर मुझे कुछ नहीं कहना है।

यह माना जाता है कि आपकी सरकार देर से जागी है या ऐसा कहें कि हिंदुस्तान बहुत देर से जागा है।

किस तरह से ?

एक गुट-निरपेक्ष आंदोलन की शुरुआत कर...?

नहीं, ऐसा नहीं था। आक्रमण के शुरू होने से पहले संयुक्तराष्ट्र के महासचिव एक जगह से दूसरी जगह भागदौड़ कर रहे थे और तब हमें उनकी ओर से सूचना मिली थी। उसके बाद हमने अपनी ओर से पहल की। यदि संयुक्तराष्ट्र और हमारी ओर से अगल-अलग प्रयास किये जाते, तो उद्देश्य कतई पूरा नहीं हो सकता था। लेकिन जब संयुक्तराष्ट्र महासचिव ने कह दिया कि अब कोई आशा नहीं, तब हमने लोगों से संपर्क साधने की कोशिश की और इस मामले पर सीधे-सीधे हाथ डाला। दूसरी चीज यह है कि गुट-निरपेक्ष आंदोलन का अध्यक्ष

यूगोस्लाविया है। हमने उसके साथ संपर्क बनाए रखा। मैंने राष्ट्रपति गोर्बाचेव व राष्ट्रपति बुश को पत्र भी लिखे। इसके अलावा इस मसले पर मैं और क्या कर सकता था ? मैं यासिर अराफात के साथ भी संपर्क में हूँ। चीन की, ईरान की सरकार के साथ भी हमने संपर्क बना रखा है। यह और बात है कि अगर बयान दे देना ही किसी क्षेत्र में सक्रियता का प्रमाण है, तो वह जरूर हमने नहीं किया।

आप सद्दाम हुसैन के साथ संपर्क में नहीं रहे, क्यों ?

ऐसा नहीं है...मैंने यहाँ उनके राजदूत से संपर्क बना रखा है। सद्दाम हुसैन के साथ संपर्क संभव नहीं है...इसे सभी जानते हैं। मैं ही नहीं, विश्व में कोई भी सक्षम नहीं हो पाया।

हिंदुस्तान के प्रधानमंत्री भी नहीं ?

मैं कह रहा हूँ न, कोई भी नहीं। आप बात कर रहे हैं...यहाँ तक कि गोर्बाचेव या चीन के प्रधानमंत्री भी नहीं। सद्दाम लोगों के सीधे संपर्क में हैं ही नहीं। अतः आप उन्हें संदेश भेजने के अलावा और क्या कर सकते हैं।

क्या आप बता सकते हैं कि खाड़ी युद्ध का आर्थिक रूप से हमारे ऊपर क्या प्रभाव होगा ?

यह इस बात पर निर्भर करेगा कि युद्ध कितने समय तक चलता है।

नहीं, अगर थोड़ी देर के लिए मान लिया जाए कि एक-दो हफ्ते चलेगा, तो क्या इसका असर आपके बजट पर पड़ेगा ?

अब तक की स्थिति के अनुसार तो नहीं पड़ेगा, क्योंकि तेल की कीमत हमारी आशा से अधिक नहीं बढ़ी है। पर, यदि वहाँ बड़े पैमाने पर तबाही होती है और पूरी आपूर्ति ही अस्त-व्यस्त हो जाती है, तब अवश्य हमारी अर्थव्यवस्था पर इसका बहुत बुरा असर पड़ेगा।

फिर क्या बतौर उपाय आप तेल नियंत्रण जैसे कड़े कदम उठाने की सोचेंगे ?

मैं बुरे की आशंका क्यों करूँ ? मैं यह आशा करता हूँ कि युद्ध जल्दी ही खत्म हो जाएगा और हमें कड़े कदम उठाने के लिए बाध्य नहीं होना पड़ेगा।

घरेलू मोर्चे पर एक प्रश्न। आपको क्या लगता है, आपकी सरकार कब तक चलेगी ?

जब तक हमें संसद का समर्थन मिलता रहेगा। कब तक मिलेगा, मुझे मालूम नहीं।

कांग्रेस पार्टी का समर्थन नहीं... ?

कांग्रेस पार्टी इस सरकार को समर्थन दे रही है, क्योंकि संसद में हमें बहुमत नहीं है। ये बड़े ही स्वाभाविक प्रश्न हैं, क्योंकि कोई भी सरकार चमत्कार पर तो टिकती नहीं। यह बड़ी ही जटिल गणितीय गणना है। यदि कांग्रेस पार्टी समर्थन नहीं करती है, तो सरकार नहीं चलेगी।

क्या यह सही है कि आपके और कांग्रेस के बीच कुछ गलतफहमियाँ रही हैं।

मैंने इसे अखबारों में पढ़ा जरूर है, पर मेरी जानकारी में तो कोई गलतफहमी नहीं है। कुछ लोग सोचते थे कि यह सरकार मखौल बनकर रह जाएगी, और खत्म हो जाएगी पर उनको निराशा हाथ लगी, जब उनका सोचा नहीं हुआ। यही कारण है कि वे लोग ऐसी आधारहीन बातें फैला रहे हैं। वे जैसा चाहे, करें। मैं ऐसी गैरजिम्मेदाराना बातों से विचलित होनेवाला नहीं। जब तक यह सरकार है, अपनी जिम्मेदारियों का निर्वाह करेगी। मैंने कभी भी यह नहीं कहा कि मैं हिंदुस्तान की राजनीति की एक स्थायी कड़ी हूँ। न ही मैंने कभी यह दावा किया कि यह सरकार अगले पच्चीस सालों तक टिकी रहेगी। मुझे ऐसा कोई भ्रम नहीं है। हो सकता है, दूसरों को यह भ्रम हो कि वे इतिहास के आखिरी व्यक्तियों में से हैं। मैं एक आम सांसद हूँ—दूसरे संसद सदस्यों की तरह ही। मुझे एक जिम्मेदारी दी गई है। मैं अपनी पूरी क्षमता के साथ उसका निर्वाह कर रहा हूँ। अखबार में छपी बातों की मुझे परवाह नहीं। इसका मुझसे कोई लेना-देना नहीं।

आज आप पंजाब जा रहे हैं। वहाँ आतंकवाद और अलगाववाद के बारे में बात की जाए, तो पंजाब, कश्मीर और असम में यही समस्या है। मालूम पड़ता है कि आतंकवादियों के साथ बातचीत का प्रस्ताव करने के अलावा आपके पास इन समस्याओं के हल का कोई खास फार्मूला नहीं। लोग उम्मीद करते हैं...

क्या किसी और के पास है कोई फार्मूला ? आखिर किस फार्मूले की आशा लोग करते हैं ? पिछले आठ सालों से लोग किसी फार्मूले की बाट जोह रहे हैं। फिर दो ही माह में कैसे सारे फार्मूलों के निकल आने की वे उम्मीद कर सकते हैं ? जहाँ भी विद्रोह है, वहाँ आतंकवाद है। आतंकवाद किसी फार्मूले से काबू में नहीं लाया जा सकता। आतंकवाद को मिटाने के लिए सहृदय, मित्रतापूर्ण व सहानुभूतिपूर्ण दृष्टिकोण अपनाना होगा। अगर इसका अच्छा परिणाम निकलता है...

हालाँकि कोई भी इस बारे में सर्वथा निश्िंचत नहीं हो सकता। पर यही एकमात्र सही रास्ता है। दूसरा रास्ता है बल का, पर वह कितने लंबे समय से इस्तेमाल हो रहा है। उससे कोई सार्थक परिणाम नहीं निकल पाया। क्या हमें निराशा में अपने हाथ झटककर यह कह देना चाहिए कि कुछ भी नहीं हो सकता ? मुझे समझ में नहीं आता कि बेजा सवाल क्यों पूछे जाते हैं ? पिछले छह-सात महीनों में कितने ही महत्त्वपूर्ण व विद्वान लोग विभिन्न फार्मूलों के साथ आए। वे क्यों नहीं कोई परिणाम निकाल पाए ? पर इन दो महीनों में ही उनको किसी चमत्कार की आकांक्षा है ? मेरे पास कोई फार्मूला नहीं। कहीं इसलिए ही तो नहीं पंजाब दो महीने पहले की अपेक्षा आज ज्यादा शांत है।

हाँ, निसंदेह।

मैं नहीं जानता, अगर लोग बेवजह प्रचार करने को ही बहादुरी मानते हैं, तो मानें। मैं इस तरह की नपुंसक शूरता का आदी नहीं।

आपके कहने का तात्पर्य है कि आपके पास कोई भी तुरंत...

यह तुरंत हो जानेवाला काम नहीं हो सकता है, क्योंकि यह कोई सरकारी फार्मूला नहीं, जिसे लागू कर देना भर है। यह सब लोगों के द्वारा मान्य होना चाहिए। यही सबसे महत्त्वपूर्ण बात है।

पर आप इन सारी समस्याओं को दूर करने के लिए काफी आशान्वित नजर आते हैं ?

मैं प्रयास कर रहा हूँ, आशा कभी भी नहीं छोड़नी चाहिए।

पर क्या आपको लगता है कि श्री मान सिखों के बड़े अहम प्रतिनिधि हैं ?

मैं नहीं जानता, मैं व्यक्तियों के बारे में कोई निर्णय नहीं सुना रहा हूँ। वे (मान) सिखों के एकमात्र प्रतिनिधि हैं या नहीं, यह तो मैं नहीं जानता, पर पंजाब की राजनीति में वे एक बेहद महत्त्वपूर्ण स्थान जरूर रखते हैं। जहाँ तक सिखों में उनके सौ फीसदी समर्थन की बात है, मैंने पूरी दुनिया में ऐसा कोई व्यक्ति नहीं देखा, जो लोगों का अकेला प्रतिनिधि हो। यहाँ तक कि महात्मा गांधी भी लोगों के एकमात्र प्रतिनिधि नहीं थे। आखिर इस तरह किसी खास व्यक्ति के बारे में पूछा ही क्यों जा रहा है। यदि वह सफल नहीं हुए या मैं सफल नहीं हुआ, तो इससे क्या फर्क पड़ता है। पर, इसका क्या यह मतलब है कि इस दिशा में हमें कोई कोशिश ही नहीं करनी चाहिए ?

एक बार फिर खाड़ी के बारे में। आप अराफात से लगातार संपर्क में रहे हैं। वे क्या कहते है ?

दरअसल उनके कहने का मतलब यह है कि उस क्षेत्र में हत्याएँ बंद होनी चाहिए और शांति बहाल होनी चाहिए।

क्या आप हाल-फिलहाल खाड़ी की यात्रा पर जानेवाले हैं ?

नहीं, फिलहाल तो मेरी ऐसी कोई योजना नहीं है। हालाँकि यदि मेरे जाने से किसी उद्देश्य की पूर्ति होती हो, तो मैं खाड़ी क्या, विश्व के किसी भी हिस्से में जाने को तैयार हूँ।

गल्फ न्यूज, 28 जनवरी, 1991

इतिहास में कोई भी पूर्णविराम नहीं

सिद्धार्थ श्रीवास्तव और गीतांजलि अय्यर की बातचीत

प्रधानमंत्रीजी, इराक कुवैत पर अपने कब्जे को, पश्चिमी तट व गाजा पट्टी पर इजरायली कब्जे से जोड़कर पेश करना चाहता है। क्या यह जायज है ?

फिलिस्तीनियों के साथ हमारी सहानुभूति है और हम उनका समर्थन भी करते हैं। लेकिन यदि आप मुझसे पूछेंगे, तो इन दोनों मामलों को जोड़ने का कोई औचित्य नहीं है। वैसे मुझे लगता है कि यदि उस क्षेत्र में दीर्घकालिक शांति बहाल करनी है, तो किसी न किसी समय फिलिस्तीन के सवाल पर विचार करना होगा।

प्रतिबंधों का असर देखे बगैर अमेरिका का इराक पर हमले का फैसला क्या सही था ? खासकर ऐसी स्थिति में, जब सोवियत संघ ने और इंतजार करने की सलाह दी हो ?

हम युद्ध के खिलाफ हैं और किसी भी सूरत में इसे टालना चाहते हैं। जहाँ तक युद्ध शुरू करने के समय का सवाल है, यह फैसला तो विशुद्ध रूप से अमेरिका और उसके सहयोगी देशों का है। इस मामले में हम कोई टिप्पणी नहीं कर सकते। फिर भी, हम चाहते हैं कि युद्ध रुके। पहले भी हम यही चाहते थे कि युद्ध टाल दिया जाए।

भारत इस क्षेत्र की बड़ी ताकत है। युद्ध छिड़ने से पहले इसे टालने के लिए भारत ने जो भी भूमिका निभाई, क्या आप उससे संतुष्ट हैं ?

यह हमारी संतुष्टि का सवाल नहीं। यदि युद्ध टाल दिया जाता, तो निश्चित रूप से हम संतुष्ट होते। हमने अपनी ओर से पूरी कोशिश की। यहाँ तक कि युद्ध छिड़ने से पहले मैंने राष्ट्रपति बुश को इसके लिए लिखा भी था। राष्ट्रपति गोर्बाचेव से संपर्क साधने की कोशिश की और निर्गुट आंदोलन के अध्यक्ष यूगोस्लाविया के राष्ट्रपति को भी पत्र लिखा। लेकिन, दुर्भाग्य से इन सारे प्रयासों के बाद भी अंततः उस क्षेत्र में युद्ध छिड़ गया। इसलिए हम संतुष्ट नहीं हैं, क्योंकि युद्ध टालने के हमारे प्रयास सफल नहीं हो सके।

खाड़ी मामले में हमारी जो पहल रही और जैसा रुख हमने अपनाया, वह क्या एक प्रमुख निर्गुट राष्ट्र के सदस्य के रूप में विश्व राजनीति में एक खास स्थान रखनेवाले भारत के कद के अनुकूल था ?

मैं समझता हूँ कि जब संयुक्त राष्ट्र, इसके महासचिव और सुरक्षा परिषद युद्ध रोकने की अपनी तमाम कोशिशों के बाद भी कामयाब न हो सके, तो हमें कुछ और न कर पाने का मलाल नहीं करना चाहिए। हम जो कर सकते थे, हमने किया। भारत ने जो भी भूमिका

निभाई, मैं उससे पूरी तरह संतुष्ट हूँ। हमने पूरी कोशिश की। हाँ, इतना जरूर है कि हमने अपने किए का ढोल नहीं पीटा।

विदेश मंत्री वी. सी. शुक्ला को विभिन्न देशों की यात्रा करने को कहा गया है। अब जबकि युद्ध शुरू हो चुका है, आखिर हम क्या हासिल करना चाहते हैं ?

इस समय भी हम चाहते हैं कि कोई समझौता हो जाए और लोग वक्त की नजाकत को समझते हुए कदम उठाएँ। युद्ध का कभी सुखांत नहीं होता। कोई नहीं जीतता, अंततः हारती मानवता ही है। यहाँ तक कि एक दिन का युद्ध भी उस क्षेत्र के लोगों के लिए विनाश और बर्बादी लाता है और इसका प्रभाव पूरी दुनिया पर पड़ता है। इसलिए हम चाहते हैं कि उस क्षेत्र में युद्ध रोकने का कोई न कोई रास्ता निकाला जाए।

वापस उसी मुद्दे पर लौटते हुए मैं जानना चाहूँगा कि एक प्रमुख गुटनिरपेक्ष देश होने के नाते खाड़ी युद्ध के मामले में जनमत तैयार करने के लिए हमें क्या करना चाहिए था ?

इस मामले में बड़े सीमित तरीके से जनमत तैयार किया जा सकता था, क्योंकि विवाद में शामिल लोगों ने काफी दृढ़ रवैया अपना रखा है। इसलिए जब तक वे पूरी मानवता की भावना और इसकी जरूरतों पर ध्यान देने को राजी न हों, इस दिशा में हम बहुत कुछ नहीं कर सकते। क्योंकि दोनों ओर खड़ी पार्टियों के पक्ष और विपक्ष में कई बातें हैं। किसी के भी मामले में सब कुछ साफ नहीं। मामले के कई पहलू हैं। इसलिए आप उनसे समझ-बूझ से काम लेने और युद्ध के नतीजों पर ध्यान देने की अपील के अलावा कुछ भी नहीं कर सकते।

हाल ही में हमें जानकारी मिली कि मध्य-पूर्व जाते हुए अमेरिकी मालवाहक विमान सी-141 को भारत ने मुंबई में ईंधन भरवाने की इजाजत दी। क्या यह भारत की निर्गुट नीतियों में बड़े बदलाव का संकेत नहीं ? क्या इस मामले को आप स्पष्ट करेंगे ? अमरीकी सैनिक विमानों को भारत में ईंधन भरने की इजाजत देने के पीछे भारत का क्या तर्क था ?

नहीं, बिल्कुल नहीं। हमारी नीतियों में कहीं कोई बदलाव नहीं आया। हम तो परंपरा का निर्वाह कर रहे हैं और द्विपक्षीय तौर पर इसकी व्यवस्था है। हम पहले ही इस बात को लेकर दृढ़ थे कि ऐसा कुछ भी नहीं करना है, जो युद्ध की आशंका को बढ़ाता हो। ये सुविधाएँ केवल लोगों को निकालने और चिकित्सा व इंजीनियरिंग से जुड़े लोगों के लिए थीं। हमने पहले ही हर तरह से देख लिया कि इन विमानों का इस्तेमाल घातक हथियारों को ले जाने या इराक पर हमले की किसी कोशिश में न हो। आखिर इराक हमारा मित्र-राष्ट्र है। हम इस बात को लेकर खासे सावधान हैं। यदि लोग इसमें कुछ देखते हैं, तो वे चीजों को गलत ढंग से ले रहे हैं।

क्या हमने जाँच की कि उन विमानों में परमाणु हथियार या कोई और घातक हथियार नहीं था ?

हाँ, हमने जाँच कर ली थी। बिना इसके हम किसी भी विमान को ईंधन भरने की इजाजत नहीं देते।

यह एक बड़ा महत्त्वपूर्ण मुद्दा था।

इसीलिए हमने सारी सावधानी बरती कि कोई घातक हथियार न जा पाए। और ऐसा ही हुआ।

यानी आप कह रहे हैं कि मूलतः ये विमान मेडिकल सप्लाई लेकर जा रहे थे ?

मेडिकल सप्लाई थी। आपको यह भी समझना चाहिए कि यह तब शुरू हुआ, जब युद्ध नहीं छिड़ा था। संयुक्त राष्ट्र प्रावधानों के तहत उस क्षेत्र के हालात से निपटने के लिए सेनाएँ तैनात की गई थीं। और यदि किसी तरह की सहायता या समर्थन की बात उठती है, खास तौर पर तब, जब यह ईंधन भरने तक ही सीमित हो, मैं नहीं समझता कि यह भारत द्वारा लंबे समय से अपनाई जा रही नीतियों में कोई बड़ा बदलाव था। या यूँ कहें कि यह हमारी नीतियों में बदलाव था ही नहीं।

महाशय, भारतीय अर्थव्यवस्था पहले से ही बुरी हालत में है। विदेशी मुद्रा भंडार न्यूनतम स्तर पर है और मुद्रास्फीति काफी अधिक है। यूएन ब्यूरो पोल के मुताबिक हर क्षेत्र में कीमतें बढ़ गई हैं। इन समस्याओं से तत्काल आप कैसे निपटेंगे ?

ये समस्याएँ काफी गंभीर हैं और मैं आपसे पूरी तरह सहमत हूँ कि स्थिति काफी खराब है। लेकिन लोगों को इससे घबराना नहीं चाहिए, क्योंकि भारतीय अर्थव्यवस्था में किसी भी दबाव से निपटने की पूरी क्षमता है। अर्थव्यवस्था की बुनियाद मजबूत है और लोग बलिदान को तैयार हैं। जब हालात ऐसे हों, तो दिल से सहयोग करने की लोगों की इच्छा ही हमें इस मुश्किल समय से निकाल सकती है। हमें खुद पर संयम रखना होगा, अपने प्रशासनिक खर्चे को कम करना होगा और सभी क्षेत्रों में बचत करनी होगी। मैं समझता हूँ कि लोगों के सहयोग से इस मौजूदा संकट पर काबू किया जा सकता है। हाँ, इतना जरूर है कि इस संकट के समय में सभी को सहयोग करना होगा। ऐसे हालात पैदा होने की इजाजत नहीं दी जा सकती कि आप तो सारी सुविधाएँ भोगें और लाखों लोग बदहाल रहें। इसलिए इस संकट से निकलने का एकमात्र रास्ता समस्या को बाँट लेना है।

कुल व्यापार घाटा 2.5 अरब डॉलर से भी अधिक है, जो पिछले साल की तुलना में 41 प्रतिशत ज्यादा है। खाड़ी युद्ध के लंबा खिंचने और पेट्रोल उत्पादों की कीमतों में वृद्धि से घरेलू उत्पादन और निर्यात आय पर प्रतिकूल असर पड़ेगा, जिससे मंदी की स्थिति आ जाएगी। क्या आपके पास संसाधन की कमी की समस्या से निपटने की कोई आपातकालीन योजना है और क्या आपने तेल के विकल्प की पहचान कर ली है ?

यह आपातकालीन योजना का सवाल नहीं। हमें देश की प्राथमिकताओं के बारे में सोचना होगा। जनता को बिल्कुल साफ तौर पर बताना होगा कि वैसे आयातों, जिनसे उत्पादकता नहीं बढ़ती हो, या जिनका लोगों की न्यूनतम जरूरतों से कोई वास्ता न हो, उन्हें कुछ समय

के लिए छोड़ना होगा, क्योंकि भारत जैसा विशाल देश केवल विदेशी संसाधन के भरोसे ऐसे संकट से नहीं निकल सकता। हमें खुद बड़ी मशक्कत करनी होगी और कुछ क्षेत्रों में अपने खर्च कम करने की कोशिश करनी होगी। यह एक दीर्घकालिक उपाय है, जिसे हमें अपनाना होगा। लेकिन, दुर्भाग्यवश पूर्व में हम संसाधन के अनुरूप अपनी प्राथमिकताएँ तय नहीं कर सके। कम संसाधनवाले देश को उन क्षेत्रों में नहीं घुसना चाहिए, जिन्हें कुछ समय के लिए छोड़ा जा सकता हो। क्योंकि यदि हमारे पास कम संसाधन हैं, तो लोगों से यह कहने में क्या तकलीफ है कि हम उन क्षेत्रों पर खर्च नहीं कर सकते, जो जरूरी नहीं। यह संदेश तो लोगों को बिल्कुल साफ-साफ देना ही होगा।

खाड़ी संकट के मामले में आपकी सरकार के रुख की कुछ हलकों में आलोचना हो रही है। आलोचक कहते हैं कि आपने विश्व राजनीति में भारत को पिछली सीट पर ढकेल दिया। क्या आप इस पर कोई टिप्पणी करेंगे ?

मैं नहीं जानता। सीट तो पीछे की ही लेनी चाहिए हाँ, यह प्रभावकारी जरूर हो। कुछ लोग सोचते हैं कि अंतर्राष्ट्रीय राजनीति या कूटनीति सामने की सीट हासिल करने की कोशिश भर है। जब मैं छात्र था, मेरे शिक्षक ने मुझसे कहा कि हमेशा पीछे की सीट लो। यदि तुम आगे की सीट के योग्य होगे, एक-न-एक दिन लोग तुम्हारे पास आएँगे और तुमसे आगे की सीट ले लेने को कहेंगे। हमें इस तरह की कुंठाओं या खास तरह के भ्रम में नहीं पड़ना चाहिए।

क्या आप किसी नीति के तहत देश के आंतरिक मामलों को प्राथमिकता दे रहे हैं और इसीलिए विदेश नीति की तुलना में इन पर अधिक ध्यान दे रहे हैं ?

नहीं, मैं ऐसा नहीं कहता। मेरे कहने का मतलब तो यह है कि आज की दुनिया में विदेशी मुद्दों की उपेक्षा की जा सकती है। लेकिन आदमी को व्यावहारिक होना चाहिए और हमारे घरेलू मामले निश्चित रूप से विदेशी मामलों से अधिक महत्त्वपूर्ण हैं। यदि हम अपने मामले सही तरीके से नहीं निपटा सकते, तो मुझे नहीं लगता कि हम विश्व राजनीति में कोई बहुत उपयोगी और सार्थक भूमिका निभा सकेंगे। यह मेरे सोचने का तरीका है, मुझे कतई यह उम्मीद नहीं कि दूसरे भी मेरी बातों से सहमत हों। लेकिन यदि आप मेरे विचार जानना चाहेंगे, तो भारत को चाहिए कि वह अपनी समस्याओं पर ध्यान दे। विश्व राजनीति में हमें अपने संसाधनों के अनुरूप ही भाग लेना चाहिए। वह भी हम खुद को विश्व में शांति और सौहार्द बनाए रखने तक ही सीमित रखें। हमें प्रचार के लिए अगली सीट पर काबिज होने की कोशिश के तहत या खुद को एक प्रमुख देश के तौर पर पेश करने के लिए दूसरों से प्रतिस्पर्धा नहीं करनी चाहिए, क्योंकि इस तरह की प्रतिस्पर्धा कई बार जटिलताएँ भी पैदा करती हैं। हमें इस बात को लेकर काफी सावधान रहना चाहिए।

हम यह महसूस करने लगे हैं कि राष्ट्रपति बुश बिना खास नुकसान सहे एक ही तरीके से खाड़ी युद्ध को जल्दी समाप्त कर सकते हैं–वह है परंपरागत हथियारों–जैसे न्यूट्रन बम या फिर छोटे-मोटे परमाणु बम का इस्तेमाल। यदि ऐसा हुआ, तो भारत की प्रतिक्रिया क्या होगी ?

मैं ऐसी आशंकाओं के बारे में सोच कर ही हिल जाता हूँ। इराक की ओर से गैरपरंपरागत हथियारों के इस्तेमाल की बात की जाए या अमेरिकी राष्ट्रपति की ओर से, दोनों ही सूरत में परिणाम भयानक होंगे। भारत ऐसी किसी भी स्थिति का अंतिम क्षण तक विरोध करता रहेगा। हम ऐसी स्थिति के बारे में कल्पना भी नहीं कर सकते।

इस क्षेत्र में हम एक बड़ी ताकत हैं और हमारे पास...

ठीक है। लेकिन एकमात्र बात यह है कि हम ऐसी किसी भी स्थिति का विरोध करेंगे। इसके अलावा हम कर भी क्या सकते हैं ? हम जाकर उनके विमानों को रोक नहीं सकते या उनके गैरपरंपरागत हथियारों से लड़ नहीं सकते। लेकिन यदि ऐसा हुआ, तो यह तबाही लानेवाला और आत्मघाती होगा। दूसरों को नष्ट करने के लिए इन गैरपरंपरागत हथियारों का इस्तेमाल करनेवाली विश्व ताकतें सबसे पहले अपने लिए ही विनाश और तबाही लाएँगी।

इसलिए क्या आप इस दिशा में कोशिश करेंगे कि सोवियत संघ निर्गुट आंदोलन के साथ कोई गठजोड़ कर ले ?

मैं सोवियत संघ के राष्ट्रपति और चीनी नेतृत्व, दोनों के संपर्क में हूँ और हम इस कोशिश में हैं कि इस तरह की स्थिति न आने पाए, क्योंकि वह मानवता के लिए यह बड़ी खतरनाक होगी। मैं आशा करता हूँ कि आपके माध्यम से मेरा संदेश उन तक पहुँचेगा और वे इस तरह के हालात में नहीं पड़ेंगे।

अंतिम सवाल, भारत के प्रधानमंत्री के रूप में खाड़ी युद्ध समाप्त करने के लिए आप क्या सुझाव देंगे, जो विश्व के सभी देशों को मान्य हो ?

केवल यही कि कोई भी इसे प्रतिष्ठा का सवाल न बनाए, कोई भी अड़ियल रवैया न अपनाए। हर किसी को शांति के लिए कुछ करना चाहिए, क्योंकि पूरी मानवता की जीत केवल शांति में है। युद्ध हर किसी के लिए हार है—यह संदेश हर जगह जाना चाहिए। कोई भी स्थायी शासक नहीं। कोई भी इतिहास में पूर्णविराम की तरह नहीं। जो कोई भी ऐसा सोचता है कि वह इतिहास की धारा को काबू करने जा रहा है, वह भारी भूल कर रहा होता है। हर व्यक्ति चाहे वह कितना भी शक्तिशाली क्यों न हो, वह इतिहास में एक अस्थायी दौर का सूचक ही है। ज्यादा से ज्यादा चंद महत्त्वपूर्ण लोग अर्द्धविराम जैसे ही हैं। आज के विश्व में तो कोई भी व्यक्ति अर्द्धविराम भी नहीं, वे बमुश्किल अल्पविराम ही हैं। उन्हें अपनी सीनाएँ समझनी चाहिए और यदि वे अपनी सीमाएँ समझ जाएँगे, यह विश्व अपेक्षाकृत अधिक शांत और खुशनुमा होगा।

सीएनएन, 29 जनवरी, 1991

संसद में आनुपातिक प्रतिनिधित्व से दलगत विभाजन बढ़ेंगे

मनियन इधायम की बातचीत

क्या आप वनक्कम के अतिरिक्त तमिलनाडु के हमारे लोगों के लिए तमिल में कुछ (शब्द) कह सकते हैं ?

मैं नहीं कह सकता। मैं केवल वनक्कम और नान्द्री ही कह सकता हूँ। पदयात्रा के दौरान मैंने कुछ शब्द सीखे थे ताकि पानी और खाने आदि की माँग कर सकूँ।

यही वजह है कि मैंने आपसे अनुरोध किया। मेरा पहला प्रश्न यह है कि आपका तमिलनाडु के प्रति विशेष लगाव है क्योंकि आपने अपनी पदयात्रा वहीं से शुरू की थी। लेकिन प्रधानमंत्री बन जाने के बाद आपने वहाँ की विस्तृत यात्रा नहीं की है। आप कब ऐसा करने जा रहे हैं।

मैंने किसी भी राज्य की विस्तृत यात्रा नहीं की है। इसलिए, ऐसा कोई सवाल नहीं उठता कि मैंने तमिलनाडु की विस्तृत यात्रा नहीं की। प्रधानमंत्री बन जाने के बाद मेरे पास बहुत कम समय बचता है। मैं देश के उस भाग में जा पाने में कामयाब नहीं हो पाया हूँ।

पर जनता दल (एस) को तमिलनाडु में अपना काम जरूर शुरू करना चाहिए।

यह वह काम है, जिसे हमें देश के उस हिस्से में भी अवश्य शुरू कर देना चाहिए, लेकिन यह वह पहला कार्य नहीं है, जिस पर मैंने सबसे पहले ध्यान देने का निर्णय लिया है। मेरा पहला कार्य यह देखना है कि यहाँ हालात बेहतर हों और हम लोग स्थिति को सुधारने में सक्षम हो सकें, इसमें बहुत समय हो रहा है और मैं यह करने में कामयाब नहीं हो पा रहा हूँ।

नहीं, मैं आपसे यह सवाल इसलिए पूछ रहा हूँ कि यहाँ तमिलनाडु का कोई प्रतिनिधित्व नहीं है और हम लोग आपको पूरी तरह अपना प्रतिनिधि मानते हैं ?

बहुत-बहुत धन्यवाद। मैं तमिलनाडु का प्रतिनिधि नहीं हूँ। जब तक मैं इस पद पर हूँ, मैं सभी राज्यों का प्रतिनिधि हूँ।

तमिलनाडु के औद्योगिक विकास के बारे में आपको क्या कहना है। एक सुगंधित पदार्थों की फैक्ट्री है, जो शुरू होनेवाली है और कुछ लाइसेंस दिए गए हैं और इस अवधि के दौरान जब वर्तमान में वहाँ कोई सरकार नहीं है...

वह परियोजना अब भी विचाराधीन है। हम लोगों ने इसमें से किसी भी परियोजना के बारे में कोई निर्णय नहीं लिया। यह बहुत सक्रिय विचार-विमर्श के अधीन है और हम लोग उसके बाद ही उस पर कोई फैसला करेंगे।

यह अंतर्राष्ट्रीय पर्यटन वर्ष है और तमिलनाडु में ऐसे कई स्थान हैं, जो पर्यटन गतिविधियों में काफी सक्रिय हैं, जिन्हें पर्याप्त रूप से सामने नहीं लाया गया है। अगर आपकी अनुमति हो, तो मैं कहूँगा कि इन सभी बातों में दक्षिण को इतनी अहमियत नहीं दी गई है, जितनी उत्तर को। ऐसी भावना वहाँ के अधिकांश लोगों के दिलों में है। हो सकता है, यह गलत हो। अगर यह गलत है, तो हम चाहेंगे कि हमें सही जानकारी दी जाए ?

नहीं, कुछ हद तक वह भावना सही भी हो सकती है, लेकिन यह कहना सही नहीं है कि चूँकि दक्षिण पर पर्याप्त ध्यान नहीं दिया गया है, इसलिए वहाँ पर्यटक नहीं आ रहे हैं। यही स्थिति हर जगह है। लोगों के दिलों में भारतीय स्थिति के बारे में कोई बहुत उच्च विचार नहीं हैं और इसके लिए हम सभी लोग दोषी हैं। चाहे यह उत्तर हो या दक्षिण, यहाँ लोगों के दिलों में असुरक्षा की भावना है और यह भावना ज्यादातर विदेशों में व्याप्त है। विदेशी पर्यटक यहाँ आकर अराजकता की स्थिति का सामना नहीं करना चाहते, इसलिए इस देश के पर्यटन पर इसका असर पड़ रहा है।

एक पर्यटक के बतौर मैंने 25 वर्षों तक भ्रमण किया है और जो आप कह रहे हैं, वह सही है। अधिकांश देशों के पर्यटक भारत से डरते हैं। वे भारत के बारे में कुछ भी नहीं जानते। इसलिए, आप भारत को कैसे पेश करने जा रहे हैं ?

अगर, आपको बेहतर भारत की तस्वीर सामने रखनी है, तो सबसे पहले आपको यहाँ के लोगों की भावनाओं को समझने की कोशिश अवश्य करनी चाहिए, यहाँ अमन और चैन बनाए रखने की कोशिश करनी चाहिए, यह सुनिश्चित करना चाहिए कि लोग हिंसा का सहारा न लें, वे निराशा और हताशा के शिकार न हों। ये सारी समस्याएँ एक-दूसरे से जुड़ी हैं—अगर लोग संतुष्ट होंगे, तो वे गलियों में निकलेंगे और न्याय व्यवस्था की समस्याएँ खड़ी करेंगे। इस सबसे विदेशों में, खासकर पर्यटकों को आकर्षित करने के मामले में, भारत की छवि कभी भी बेहतर नहीं हो पाएगी। इसलिए, हमारा पहला काम यह है कि इस देश में सद्भाव और आपसी प्रेम का वातावरण पैदा करें ताकि लोगों को यह भरोसा हो सके कि तब भी कम से कम उनकी व्यक्तिगत सुरक्षा पर आँच नहीं आएगी।

सर, इस दिशा में हम लोग क्या करने जा रहे हैं ? लोगों को क्या उम्मीद करनी चाहिए ?

एक नागरिक के रूप में, मैं चाहूँगा कि इस देश में सभी लोगों को न्याय व्यवस्था बनाए रखने में सरकार को सहयोग देना चाहिए। तकनीकी दृष्टिकोण से नहीं बल्कि ऐसे तत्त्वों, जो इस देश में बगावत का माहौल पैदा करने की कोशिश कर रहे हैं या अराजकता फैला रहे हैं या ऐसे राजनीतिक तत्त्व, जो खुलेआम हिंसा की वकालत कर रहे हैं, को निरुत्साहित किया जाना चाहिए। और, उसमें मैं अपनी जनसंख्या के सभी क्षेत्रों का सहयोग लेना पसंद करूँगा।

आपने अपनी पदयात्रा कन्याकुमारी से शुरू की और हजारों किलोमीटर चले और घूमे। क्या आप इस बारे में कुछ कहना पसंद करेंगे ? आप अपने अनुभवों के वृत्तांत को हमारी पत्रिका के लिए क्यों नहीं लिखते।

ओह ! मैं ऐसा नहीं कर सकता, क्योंकि मेरे पास समय नहीं है। अन्यथा इसके बारे में लिखने में मुझे बहुत खुशी होती।

मैं खासकर तमिनाडु में मिले अनुभवों के बारे में पूछ रहा हूँ।

हमने पहले दिन कन्याकुमारी से शुरुआत की और जैसे ही हम गांधी मंडप से आगे बढ़े, मुझे छोटे दुकानदारों तथा यात्रियों से वहाँ जो प्रतिक्रिया प्राप्त हुई, वह इस बात का पहला संकेत थी कि ऐसी किसी भी कोशिश का लोग स्वागत करेंगे, जहाँ हम लोगों की समस्याओं के साथ अपनी पहचान बनाने को तैयार होंगे और उनके साथ रहेंगे। इस प्रकार यह एक अनूठा अनुभव रहा। पूरे तमिलनाडु में, मैंने एक महीने से भी ज्यादा समय तक यात्रा की।

वहाँ किन स्थानों ने आपको आकर्षित किया ? मदुरई...?

यह किसी एक स्थान की बात नहीं थी। पूरे देश में, कन्याकुमारी से लेकर दिल्ली तक, हर गाँव और हर शहर में और हर नगर में, एक जैसा स्वागत देखने को मिला। अगर आबादी कम थी, तो कम लोग रहे। अगर आबादी ज्यादा थी, तो ज्यादा लोग आए। ऐसे कई स्थान थे, जहाँ काफी उत्साह देखने को मिला।

पिछले महीने आपने तमिलनाडु की यात्रा की थी और शंकराचार्य से मुलाकात भी। राम जन्मभूमि मुद्दे पर क्या किसी विशेष प्रस्ताव पर विचार हुआ ?

नहीं, बिल्कुल नहीं। मैंने राम जन्मभूमि पर कोई चर्चा नहीं की। इसकी वजह यह थी कि मेरे कुछ मित्रों की राय थी कि मैं जाकर उनसे मुलाकात करूँ। इसके पहले मैं वहाँ जा चुका था और उस समय मैंने शंकराचार्य—दूसरे शंकराचार्य न कि परमाचार्य—के साथ राम जन्मभूमि मामले पर चर्चा की। उस समय उनके पास कुछ प्रस्ताव थे और उनका इस पूरी समस्या के बारे में एक बेहद रचनात्मक दृष्टिकोण था। लेकिन इस बार, मैंने उनसे कोई चर्चा नहीं की।

यह पहला अवसर था, जब आपने परमाचार्य के दर्शन किए ?

हाँ।

वहाँ क्या हुआ ?

कुछ विशेष नहीं, मैंने सिर्फ उनकी बातें सुनीं।

आपने उनका आशीर्वाद लिया ?

हाँ।

अब एक बेहद खास प्रश्न। ऐसी धारणा है कि भारत में अधिकांश सरकारें अल्पमत की सरकारें रही हैं और तमिलनाडु में भी द्रमुक सरकार को अल्पमत सरकार ही माना गया था—उन्हें केवल 34 या 35 प्रतिशत ही मत प्राप्त हुए। अन्नाद्रमुक एवं कांग्रेस प्रसन्न हैं क्योंकि एक अल्पमत सरकार को हटा दिया गया है। लेकिन क्या आपको नहीं लगता कि इस देश में आजादी के 40 सालों के बाद हमें चुनाव प्रणाली पर विचार करना चाहिए ? हम आनुपातिक प्रतिनिधित्व या राष्ट्रपति प्रणाली की सरकार की ओर रुख क्यों नहीं करते ? आप जानते हैं कि जब तक यह प्रणाली काम करती रहेगी, हर सरकार अल्पमत की सरकार ही कहलाएगी...

यह एक बेहद वाद-विवाद वाला मुद्दा है। ऐसा पहली बार नहीं है कि आप ऐसी प्रणाली के बारे में सलाह दे रहे हैं।

मैं जानता हूँ, सर...?

इस प्रणाली पर हमेशा से वाद-विवाद होता रहा है। यहाँ तक कि संविधान सभा के दिनों में भी कुछ लोगों ने इसकी सलाह दी थी। लेकिन सभी प्रणालियों में कुछ सकारात्मक एवं कुछ नकारात्मक पक्ष रहे हैं। अगर इस प्रणाली में कहीं कुछ कमी है, तो इससे निरुत्साहित होने की बात नहीं है। आनुपातिक प्रतिनिधित्व में कुछ अच्छी बातें हैं, लेकिन क्या इससे मतों का दो भागों में विभाजन या विकेन्द्रीकरण नहीं हो जाएगा, क्योंकि इस देश में मत डाले जाने में कई सारे मुद्दों, जैसे—जाति, धर्म आदि पर विचार किया जाता है। इसलिए अगर आनुपातिक प्रतिनिधित्व की अनुमति दी जाती है, तो सभी तरह के दलों का प्रभुत्व हो जाएगा। मैं इसकी आलोचना नहीं कर रहा, लेकिन लोगों के दिमाग में कुछ आशंकाएँ हैं कि अगर हम आनुपातिक प्रतिनिधित्व की अनुमति देते हैं, तो इससे देश में और ज्यादा दलगत विभाजन होगा। एक प्रणाली यहाँ पहले से काम कर रही है। अगर आप इसे आराम से या उचित तरीके से चला पाने में सक्षम नहीं हो पा रहे हैं, तो आपको प्रणाली पर दोषारोपण नहीं करना चाहिए। इसमें हमारी अपनी गलती है।

तमिलनाडु में अब कोई लोकप्रिय सरकार नहीं है। क्या वहाँ अब शीघ्र ही चुनाव कराए जाएँगे ?

हाँ, वहाँ बहुत जल्द चुनाव कराए जाएँगे। मुझे लगता है, तमिलनाडु में बारिश का मौसम शुरू होने के पहले ही चुनाव हो जाएँगे।

क्या सरकार धार्मिक धारावाहिकों को बंद किए जाने संबंधी किसी नीतिगत निर्णय पर विचार कर रही है ?

नहीं, बिल्कुल नहीं, क्योंकि धर्म अगर एक सकारात्मक पक्ष है, तो हमें इसे नकारना नहीं चाहिए। हमने अपनी नीति में कोई फेरबदल नहीं किया है। लेकिन हर धारावाहिक को उसके गुण-दोष के आधार पर परखा जाएगा, भले ही उसकी थीम सामाजिक हो या धार्मिक।

लेकिन लोग तो प्रतिदिन इन दोनों धाराबाहिकों की प्रतीक्षा किया करते हैं...

हाँ, यह बात सही है। मुझे बताया गया था कि महात्मा बुद्ध पर धारावाहिक बनाने के कुछ प्रस्ताव आए थे। मैं नहीं जानता कि उनका क्या हुआ। कुछ दूसरे सुझाव भी थे। लेकिन हम ऐसे मामलों में हस्तक्षेप नहीं करते, यह विशेषज्ञ स्तर पर लिया जानेवाला निर्णय होता है और वे इस पर विचार कर रहे हैं।

आप एक महान कार्यकर्ता रहे हैं और एक युवा विद्रोही भी। आप विपक्ष के नेता रह चुके हैं तथा और भी बहुत कुछ रहे हैं। मान लीजिए आज आप एक तमिल पत्रिका के संपादक हैं, आप तमिलनाडु में हमारे लोगों के लिए क्या लिखना पसंद करेंगे ?

मैं तमिल लोगों के लिए लिखूँगा कि यह पुरानी सांस्कृतिक धरोहर की भूमि है और इसने इस महान भूमि की सभ्यता और संस्कृति में योगदान दिया है। तमिल कवियों और संतों ने सदियों पुराने लोकाचार में बहुत योगदान दिया है। उस भूमि से अहिंसा, सद्भाव, भाईचारा, आपसी प्रेम का संदेश उत्पन्न हुआ है और उस संदेश को हमें आगे बढ़ाना है। विद्वेष एवं मनमुटाव का वातावरण पैदा करने की किसी भी कोशिश को हतोत्साहित किया जाना चाहिए।

मुझे विश्वास है कि तमिलवासी इस देश के भविष्य को स्वर्णिम बनाने में अपना योगदान देंगे। उनके सहयोगशील योगदान के साथ हम भारत को उस गौरवशाली ऊँचाई तक ले जा सकते हैं, जिसका वह सही मायने में हकदार है।

इधायम पिसुकिराधु, 4 फरवरी, 1991

हम श्रीलंका के अंदरूनी मामलों में दखल नहीं देना चाहते

'आइलैंड' के गामिनी वीराकून और 'उमाली' के एडमंड रणसिंघे की बातचीत

भारतीय विदेश मंत्री विद्याचरण शुक्ल की हाल की श्रीलंका यात्रा के महत्त्व का मूल्यांकन आप किस तरह करते हैं ?

आप जानते हैं कि हम श्रीलंका से अपने रिश्तों को काफी महत्त्व देते हैं। श्रीलंका ही क्यों, सभी पड़ोसी देशों से रिश्तों को महत्त्व देते हैं। हम सदा इस बात पर जोर देते रहे हैं कि यह गरीब देश है और अगर हम आपस में लड़ते हैं या इन देशों में कोई समस्या उठती है, तो हम आर्थिक मोर्चे पर प्रगति नहीं कर सकते। हम बहुत शुरू से ही श्रीलंका की समस्या को लेकर चिंतित रहे हैं। विद्याचरण शुक्ल श्रीलंका सरकार के पास हमारी मैत्री और सहयोग का संदेश लेकर गए थे। वे यह संदेश देने भी गए थे कि हर हालत में हम-एक दूसरे पर भरोसा कर सकते हैं। बातचीत बहुत सद्‌भावनापूर्ण हुई और मुझे नहीं लगता कि हमारे आपसी संबंधों में कोई समस्या है। इसलिए बातचीत हमारी उम्मीदों के अनुरूप ही हुई। यह तो हमारे इस आश्वासन का नवीकरण था कि अगर उन्हें हमारी किसी तरह की मदद की जरूरत हो, तो हम इसके लिए तैयार हैं।

यह धारणा या गलतफहमी है कि श्रीलंका की विदेश नीति भारतीय विदेश नीति का अनुसरण करती है या इसे ऐसा करना पड़ता है। श्रीलंका के लोगों के मन में भी यह बात बैठी हुई है।

यह बहुत दुर्भाग्यपूर्ण है, क्योंकि इससे न तो भारत के हित पूरे होते हैं, न श्रीलंका के। हम प्रत्येक राष्ट्र की अखंडता और सार्वभौमिकता में विश्वास रखते हैं और मुझे लगता है कि अपने मामलों में श्रीलंका की सरकार या वहाँ के लोगों को ही फैसला करना है। यह एकदम अलग बात है कि अगर वैयक्तिक समस्याओं के प्रति हम दोनों देश एक जैसा नजरिया रखते हैं, तो यह हमें अच्छा लगेगा। लेकिन यह बात सिर्फ श्रीलंका पर ही लागू नहीं होती। हमारे नजरिये से पूरा विश्व सहमत हो—खासकर हमारे पड़ोसी देश ऐसा मानें, तब हमें अच्छा लगेगा। लेकिन यह धारणा एकदम गलत है कि हम किसी भी तरह से श्रीलंका की विदेश नीति को प्रभावित करना चाहते हैं।

आप भारत-श्रीलंका समझौते को कैसा मानते हैं ? इसके कुछ ऐसे हिस्से हैं, जिन पर अमल हुआ है और कुछ ऐसे भी, जिन पर अमल नहीं हुआ है। इस बारे में आपकी क्या राय है ?

आप इस चीज को बेहतर जानते हैं, इसलिए मुझसे यह क्यों पूछ रहे हैं। यह फैसला श्रीलंका सरकार ने, वहाँ के लोगों ने और भारत सरकार ने किया था और भारत सरकार ने अपनी जिम्मेदारियों का निर्वाह किया है। अगर इसके कुछ हिस्सों पर अमल नहीं हुआ है, तो बाकी समझौते पर अमल कराने की जिम्मेदारी श्रीलंका सरकार और वहाँ के तमिल लोगों पर है।

सार्क ने पिछले पाँच वर्षों में खास प्रगति नहीं की है। हमें लगता है कि भारत सार्क में महत्त्वपूर्ण भूमिका निभा सकता है।

ऐसे संगठनों के अपने वास्तविक रूप में आने और प्रगति करने के लिए पाँच साल कोई बड़ी अवधि नहीं होती। लेकिन मैं आपसे सहमत हूँ कि सार्क को अधिक प्रभावी भूमिका निभाने में सक्षम होना चाहिए। हम जब माले में मिले थे, तो हमने फैसला किया था कि हम आर्थिक और व्यापारिक सहयोग के क्षेत्र में सहयोग बढ़ाने का प्रयास करेंगे। हमने कुछ फैसले लिए हैं। दुर्भाग्य से उसके तुरंत बाद दुनिया में कुछ बड़ी समस्याएँ उभर आईं और हम उन बिंदुओं पर ध्यान केंद्रित करके काम नहीं कर पाए। लेकिन इस क्षेत्र के सभी सात देशों के बीच आपसी सहयोगवाले क्षेत्रीय संगठन के तौर पर काम करना चाहिए और इसके माध्यम से ही विश्व अर्थ-व्यवस्था में हम अधिक सार्थक और उपयोगी भूमिका निभा सकते हैं।

बदलती परिस्थितियों में भारत निर्गुट आंदोलन के अग्रणी सदस्य के तौर पर अपनी क्या भूमिका देखता है ?

बीते दौर में निर्गुट आंदोलन नाम का एक खास महत्त्व रहा है। वह स्थिति अब बदल रही है। इसलिए बदलती स्थितियों के अनुसार निर्गुट आंदोलन की भूमिका भी बदल जाएगी। अब शक्ति के दो किले नहीं रह गए हैं, जहाँ निर्गुट आंदोलन उन दोनों के बीच एक पोजीशन ले। आज दुनिया में शक्ति के अनेक केंद्र उभर रहे हैं और निर्गुट आंदोलन को अपनी भूमिका का नए सिरे से मूल्यांकन करना होगा। लेकिन निर्गुट आंदोलन की एकमात्र भूमिका यह है कि हम छोटे देशों या तथाकथित विकासशील देशों की अखंडता और सार्वभौमिकता की रक्षा करने का प्रयास करें और यह देखें कि उनके हितों का नुकसान न हो। निर्गुट आंदोलन का सदस्य होने के नाते भारत सदा उन लोगों के पक्ष में खड़ा होगा, जिनकी राजनीतिक और आर्थिक आजादी को किसी भी तरह से खतरा हो।

क्या आप निर्गुट आंदोलन की भूमिका के पुनर्मूल्यांकन के लिए बैठक बुलवाने की पहल करेंगे ?

नहीं। मुझे लगता है कि निर्गुट संगठन अपने आंदोलन की भूमिका के बारे में स्वयं कदम उठाता है। अभी यूगोस्लाविया अध्यक्ष है। निर्गुट आंदोलन संगठन की परंपरा के अनुसार पहल यूगोस्लाविया के राष्ट्रपति को करनी चाहिए। हम हरदम सहयोग के लिए तैयार हैं। हम समय-समय पर अध्यक्ष और सदस्यों को आगे के कदमों के बारे में सुझाव देते रहते हैं, इसलिए भारत जरूर सलाह देगा लेकिन पहल अध्यक्ष को ही करनी होगी।

अब जबकि तमिलनाडु की सरकार को लिट्टे से रिश्ता रखने समेत कई आरोपों के आधार पर बर्खास्त कर दिया गया है, तो आपकी सरकार अभी क्या कदम उठाने जा रही है ?

नहीं, मैं आपको यह स्पष्ट कर दूँ कि कोई भी ऐसा कदम नहीं उठाने जा रहा है। लेकिन एक चीज बहुत साफ है कि हम अपनी जमीन का उपयोग कहीं हिंसक गतिविधियाँ चलाने के लिए नहीं होने देंगे। बहुत शुरू से हमारा यह स्टैंड है। इससे हमारे यहाँ कानून और व्यवस्था की स्थिति तो पैदा होती ही है, हमारे पड़ोसी देशों में बेमतलब गलतफहमियाँ भी बन जाती हैं। इसलिए मुझे लगता है कि इस प्रवृत्ति को रोक देना चाहिए। इसी के चलते हमने यह कदम उठाया है।

क्या लिट्टे द्वारा पैदा की गई स्थितियों से निपटने के लिए भारत और श्रीलंका को कोई साझा नीति बनानी चाहिए या किसी तरह की रणनीति पर काम करना चाहिए ?

न, मैं ऐसी कोई सलाह नहीं मान सकता क्योंकि आप जानते हैं कि इस पूरे मामले में श्रीलंका सरकार को ही फैसला करना है कि इस समस्या से वह कैसे निपटेगी। पड़ोसी होने के चलते स्वाभाविक रूप से हम चिंतित हैं। हमारी बड़ी चिंता यह है कि इन समस्याओं के चलते हमारे यहाँ शरणार्थी आते हैं और तरह-तरह की समस्याएँ पैदा करते हैं। मनोवैज्ञानिक समस्याएँ और न जाने क्या-क्या। इसलिए हम ज्यादा चिंतित हैं। लेकिन मैं श्रीलंका-सरकार को कोई सुझाव या निर्देश नहीं देना चाहता। अगर उन्हें हमसे कोई सहयोग चाहिए, तो हम चाहेंगे कि वह पहले हमसे ऐसा सहयोग माँगे और फिर हम उसके आग्रह पर फैसला करेंगे।

भारत-श्रीलंका संबंधों को सुधारने के लिए आप श्रीलंका के लोगों को क्या संदेश देना चाहेंगे ?

मेरा मानना है कि हमारे संबंध बहुत पुराने हैं और इसके चलते दुर्भाग्य से इनमें कुछ समूहों-पक्षों द्वारा खलल या गलतफहमी डालने की गुंजाइश भी बन गई है। इन दोनों देशों को अपनी अंतरिम समस्याओं—दरिद्रता, बेकारी और निरक्षरता को दूर करने में आपस में सहयोग करना चाहिए। मैं श्रीलंका सरकार और श्रीलंका के लोगों को यह भरोसा दिलाना चाहता हूँ कि भारत सदा से इस देश से और करीबी रिश्ते और दोस्ती चाहता है तथा श्रीलंका के विकास और शांति में जैसी भी मदद की जरूरत होगी, हम सदा देने को तैयार हैं। मैं उनसे भी ऐसे ही व्यवहार की उम्मीद करता हूँ और आशा करता हूँ कि इन दोनों देशों के बीच गलतफहमी पैदा करने की कोई भी कोशिश सफल नहीं होगी। श्रीलंका के लोगों को सदा इस बात में पूरा विश्वास रखना चाहिए कि भारत की उन अंदरूनी मामलों में दखल देने की दूर-दूर तक कोई इच्छा नहीं है। हाँ, ऐसी माँग वे खुद करें, तब की बात और है।

6 फरवरी, 1991

तमाम राजनीतिक समूहों के साथ साझा काम करने की जरूरत है

पीटीआई की बातचीत

राजनीतिक शक्तियों के पुनर्गठन की कुछ बातें चल रही हैं। उप-प्रधानमंत्री ने मध्यमार्गी शक्तियों को एकजुट करने की बात कही है, तो क्या आपकी पार्टी और कांग्रेस (इ) के बीच गठबंधन हो सकता है ?

ये सारी बातें मुझे प्रेस के माध्यम से ही मालूम हुई हैं। मैं आपसे साफ कहूँ, तो इनमें से कोई भी सुझाव मेरे सामने नहीं आया है और किसी भी व्यक्ति ने चर्चा भर के लिए भी मेरे सामने कोई सुझाव नहीं रखा है। इसलिए मैं नहीं कह सकता कि किस आधार पर ये खबरें आ रही हैं। लेकिन इन सुझावों पर गंभीरता से विचार करने की बात कौन कहे, मेरे आगे तो इनका जिक्र भी नहीं हुआ है। इसलिए मैं इन पर टिप्पणी करने की स्थिति में नहीं हूँ।

आज साठेजी ने एक बयान दिया है। उनका कहना है कि राजीव गांधी और आपको एक मजबूत गठबंधन बनाना चाहिए। उनका सुझाव है कि राजीव गांधी जवाहरलाल नेहरु की भूमिका निभा सकते हैं और आप सरदार पटेल की।

मुझे नहीं मालूम। श्री साठे कुछ न कुछ बयान देते ही रहते हैं। लेकिन मुझे नहीं लगता कि मुझे इन बयानों पर टिप्पणी करनी चाहिए। यह तो उनका अपनी पार्टी को दिया सुझाव है। इसलिए इस पर मैं कैसे टिप्पणी कर सकता हूँ।

इन बयानों को छोड़ भी दें, तो क्या आपको अपनी पार्टी और कांग्रेस (इ) के बीच गठबंधन की संभावना लगती है ?

नहीं, जब इस मसले पर विचार ही नहीं हुआ है, तब मैं कैसे कुछ कह सकता हूँ।

आपका अपना क्या विचार है ?

मुझे नहीं लगता कि ऐसे मामलों पर अखबारों के माध्यम से विचार व्यक्त करना ठीक है। अगर ऐसे बयान का कुछ भी आधार है, तो यह एक गंभीर मामला है। ऐसे सवालों पर अखबारों के माध्यम से चर्चा नहीं होनी चाहिए। जब तक कोई ठोस आधार न हो, खास मुद्दों पर समझ न हो, तब तक सार्वजनिक रूप से उस पर चर्चा करने में कोई उद्देश्य नहीं सधता।

लेकिन साझा मामला तो है...

साझा मामले से आपका क्या मतलब है ? जब मैं कह रहा हूँ कि मेरे सामने ऐसा कोई सुझाव नहीं है, तब मैं कैसे कह सकता हूँ कि समस्याओं के बारे में कोई साझा समझ बनी है।

बलिया में हुए सम्मेलन में इस पर चर्चा हुई...

मुझे नहीं मालूम। अगर ऐसे मामलों पर ऐसी ही चर्चा होनी है, तो मैं इसमें भागीदार नहीं हो सकता।

क्या गठबंधन बनाना वांछनीय है ?

आज जैसी स्थिति में जो चीज भी, चाहे वह गठबंधन हो, आपसी सहमति हो, साथ काम करना हो, स्थिति को सुधारने में मदद करे, वह वांछनीय है...मेरा मानना है कि स्थिति विकट है और स्थिति सुधारने के लिए जहाँ तक संभव हो, विभिन्न पार्टियों और राजनीतिक समूहों के बीच साझा काम करने की जरूरत है और मुझे लगता है कि आज समस्याओं को सुलझाने के लिए राष्ट्रीय सर्वानुमति बनाने का प्रयास करने में भी कोई हर्ज नहीं है। यह काम कैसे हो सकता है, इस पर अखबारों में बयान देकर विचार नहीं किया जा सकता।

तो राष्ट्रीय सर्वानुमति और गठबंधन की संभावना को खारिज नहीं किया जा रहा है ?

कुछ भी खारिज नहीं किया जा रहा है, लेकिन इस मामले में मैं गठबंधन का सुझाव नहीं दे रहा हूँ, क्योंकि राष्ट्रीय सर्वानुमति के मामले में गठबंधन जरूरी नहीं है। अगर यह जरूरी हो ही जाए, तो कर लेने में कोई नुकसान नहीं है, लेकिन लोगों द्वारा गठबंधन के बारे में दिए गए सुझावों पर मैं टिप्पणी नहीं कर सकता, क्योंकि मुझे नहीं ।ता है कि वे किस विचार से यह सब कर रहे हैं।

अगर गठबंधन हुआ, तो कांग्रेस आपकी...

मैं काल्पनिक सवालों के जवाब नहीं देता। अगर मैं कुछ कहना नहीं चाहता, तो आप मुझसे कुछ उगलवा नहीं सकते।

लेकिन हम कोशिश कर सकते हैं।

मत कीजिए कोशिश। हम इस खेल में काफी लंबे समय से हैं। इसलिए...

कांग्रेस (ई) से आपके संबंध कैसे हैं ?

मुझे लगता है कि काफी अच्छे और सद्भावनापूर्ण हैं। मुझे इसमें कोई दरार नहीं दिखती। कुछ मुद्दों को अलग-अलग स्तर का महत्त्व देने की बात तो मैं समझ सकता हूँ, लेकिन कांग्रेस (ई) के साथ कोई बड़ा मतभेद नहीं है।

क्या मौजूदा व्यवस्था काफी अच्छी तरह काम कर रही है ?

मैं 'काफी अच्छी तरह' तो नहीं कह सकता, पर पर्याप्त संतोषजनक कह सकता हूँ। क्योंकि 'काफी अच्छी तरह' का मतलब होता है कि स्थिति काफी अच्छी नहीं है। इसलिए मैं नहीं कह सकता कि हर चीज एकदम अच्छी है।

परिस्थितियों को देखते हुए...

परिस्थितियों को देखते हुए मुझे लगता है कि कांग्रेस पार्टी ने काफी मामलों में सहयोग का रुख रखा है।

और आपको लगता है कि ऐसा ही आगे चलता रहेगा ?

मैं इस सवाल का जवाब नहीं दे सकता, क्योंकि जब स्थिति ठोस न हो, हलचल-भरी हो, तो किसी भी पल कुछ भी हो सकता है। मैं इस संभावना से इनकार नहीं करता, लेकिन मेरे मन में ऐसा कोई अंदेशा नहीं है।

देवीलाल द्वारा कांग्रेस (ई) और वामपंथी दलों से बातचीत करने की इतनी चर्चाएँ हैं...

मुझे नहीं मालूम कि लोग निजी बातों में इतनी दिलचस्पी कैसे लेने लगते हैं। ये निजी बातें वास्तविक हैं भी या नहीं, या सूचनाएँ सच्ची हैं या आधारहीन या सिर्फ अटकलें हैं, यह भी मुझे नहीं मालूम। चौधरी देवीलाल ने वामदलों से कोई बातचीत की हो, इसकी मुझे कोई जानकारी नहीं है। न तो उन्होंने कुछ बताया है, न ही वामपंथी दलों की तरफ से इस बात का कोई संकेत है। और निजी बातचीत में मेरी कोई दिलचस्पी नहीं है और राजनीतिक समस्याओं को निपटाने का यह कोई उचित तरीका भी नहीं है। राजनीति का, खासकर लोकतांत्रिक राजनीति का यह कायदा नहीं है। हमें निजी बातचीत, गपशप या अफवाहों के आधार पर बात नहीं करनी चाहिए, क्योंकि ये चीजें तो हरदम चलती ही रहती हैं। अगर कोई बात ठोस सच में सामने आए, तो आप उस पर ध्यान दे सकते हैं, इस बारे में बात कर सकते हैं, सवाल पूछ सकते हैं, फैसले कर सकते हैं...

चुनाव के बारे में आपकी क्या राय है और आपको क्या लगता है कि चुनाव कब तक होंगे ?

जब वर्तमान सरकार काम नहीं कर पाएगी, तब चुनाव होंगे। इसलिए मुझे तत्काल चुनाव होने की संभावना दिखाई नहीं देती।

सवाल अस्पष्ट-सा है, लेकिन यह चुनाव के बारे में और कुछ सांसदों द्वारा इसकी संभावना बताने को लेकर था...

चलिए, होगा तो...अच्छा, इलेक्शन होगा, तो क्या केवल हमारे लिए होगा, औरों के लिए नहीं होगा क्या ?

एक सामान्य किस्म का सवाल...स्थिति को देखते हुए यह लगता है कि राजनीतिक शक्तियों का पुनर्गठन होगा। वर्तमान राजनीतिक खेमेबंदियों में बदलाव आ रहा है। ऐसे में आप

किस किस्म के मेलजोल या पुनर्गठन की संभावना देखते हैं ?

मुझे नहीं मालूम। मैं इस बारे में कैसे कुछ कह सकता हूँ। जो लोग यह बदलाव देख रहे हैं, वही इस बारे में कुछ कह सकते हैं। मैं तो अभी की स्थिति में कोई बदलाव नहीं देखता, इसलिए मैं इस सवाल का जवाब कैसे दे सकता हूँ।

तो आपका जवाब है कि आप किसी किस्म के बदलाव की संभावना नहीं देखते ?

संभावित बदलाव क्या है, यह मैं नहीं देख पा रहा हूँ। और मैं आपसे बता दूँ कि लोग सामान्य स्थिति वाली कल्पना कर रहे हैं, लेकिन स्थिति सामान्य नहीं है। कोई भी शेखी बघार सकता है कि वह सारी समस्याएँ सुलझा देगा...और कम से कम मैं ऐसे लोगों में नहीं हूँ। मैं मानता हूँ कि स्थिति काफी मुश्किल है। मैं यह दावा भी नहीं करता कि हर चीज एकदम सही लाइन पर चल रही है या स्थिति बहुत ही अच्छी हो रही है। अगर दूसरे लोग प्रयास करना चाहते हैं, तो मुझे कोई आपत्ति नहीं है।

गंभीर स्थिति को देखते हुए ही ये सुझाव दिए जा रहे हैं कि एक राष्ट्रीय सरकार का गठन किया जाना चाहिए। इस बारे में आपकी क्या राय है ?

मुझे नहीं लगता कि किसी बड़ी राष्ट्रीय पार्टी...

भाजपा...

नहीं, भाजपा के कुछ नेताओं ने ऐसा कहा है। लेकिन पार्टी के तौर पर भाजपा ने इसका अनुमोदन नहीं किया है।

बोम्मई ने कल ही कहा है...

बोम्मई ने यह भी कहा है कि यह उनकी निजी राय है। मैं निजी राय पर कुछ कहना नहीं चाहता।

राजीव गांधी ने आज लंबा बयान जारी किया है और उसमें चार मुद्दे सुझाए हैं...

मुझे उनका पत्र मिला है; उन मुद्दों पर कोई मतभेद नहीं है।

इसका मतलब हुआ कि नई पहल की जाएगी...

नहीं, हम पिछले काफी समय से और शुरू से इन चीजों पर जोर देते रहे हैं। अब उन्होंने अपना फार्मूला दिया है, तो इसमें कोई हर्ज नहीं है। इसका प्रयास किया जाना चाहिए। अगर इसके आधार पर हम कोई समाधान ढूँढ़ लेते हैं, तो यह सबसे अच्छी बात होगी।

सवाल यह है कि क्या उन्होंने सरकार से यह सब करने को कहा है ?

नहीं, सरकार इन चारों मुद्दों पर सहमत है, लेकिन अमल कैसे हो या विचार कैसे किया जाए, इसे इसी संदर्भ में देखा जाना चाहिए।

आपके विदेश मंत्री बेलग्रेड जा रहे हैं ? क्या निर्गुट आंदोलन में कोई नई पहल हो रही है ?

निर्गुट...वे दोनों पक्षों पर युद्ध बंद करने का दबाव देने जा रहे हैं।

क्या कोई खास कार्ययोजना है ?

मैं नहीं कह सकता...अगर कोई योजना है भी, तो इसकी बात वहाँ पहुँचने से पहले मैं प्रेस के माध्यम से नहीं कह सकता। लेकिन निश्चित रूप से कोई योजना होगी, कोई सुझाव होगा। लेकिन इन सुझावों को हम उन तक प्रेस के माध्यम से नहीं भेज सकते।

खाड़ी की स्थिति के बारे में हमारी नीतियों की आलोचना हो रही है। कुछ लोगों को लगता है कि हम अमेरिका की तरफ झुकते जा रहे हैं।

मुझे नहीं लगता कि किस आधार पर ये बातें कही जा रही हैं। मुझे मालूम है कि अमेरिकी विमानों को ईंधन देने के सवाल पर कुछ लोग चिंतित हैं...लेकिन मैं कहता रहा हूँ और आपको भी बहुत स्पष्ट ढंग से कहता हूँ कि यह सिर्फ एक द्विपक्षीय फैसला था और अनेक स्थितियों में इसे माना जाता है। ऐसा पहली बार नहीं हुआ है। इसका युद्ध से कोई लेना-देना नहीं है और अमेरिकी लोगों से हमने बहुत स्पष्ट ढंग से कह दिया था कि हथियार या युद्ध के प्रयास से जुड़ी किसी भी चीज को अनुमति नहीं दी जा सकती। यह पूरी तरह मानवीय आधार पर किया गया काम है और हमने बहुत स्पष्ट ढंग से उनसे कह दिया था कि इन सुविधाओं का कोई सैनिक उपयोग न हो। यह देखने का हमें पूरा अधिकार है। दूसरी चीज यह है कि इस सवाल पर अपने देश के जनमत को दो फाड़ करनेवाला मैं आखिरी आदमी होऊँगा। अगर हर आदमी को लगता है कि ऐसा नहीं किया जाना चाहिए, तो मैं उनसे विचार-विमर्श करूँगा कि फिर क्या किया जा सकता है।

लेकिन अभी तक तो फैसला वही है ?

नहीं, इसका यह मतलब नहीं है कि इसका प्रयोग रोज हो रहा है। इसलिए मैं इनके बारीक विवरणों में जाना पसंद नहीं करूँगा।

श्री फर्नांडिस की एक टिप्पणी थी। वे कहते हैं कि हम अंतर्राष्ट्रीय मुद्राकोष से ऋण की वजह से इस बात के लिए राजी हुए...

यह बात पूरी तरह गलत है। इसका मुद्राकोष के ऋण से कोई लेना-देना नहीं है। मैं आपसे कह रहा हूँ कि यह मुद्राकोष या किसी अंतर्राष्ट्रीय संस्था से किसी भी तरह से जुड़ा नहीं है। या सिर्फ मुद्राकोष के कर्ज से ही नहीं, इसका अर्थव्यवस्था के किसी वित्तीय पक्ष से कोई रिश्ता नहीं है। कभी भी कोई शर्त लगाने की कोशिश नहीं हुई, न ही ऐसा कोई सुझाव दिया गया और हमने भी कोई वायदा नहीं किया है। कुछ लोगों को लगता है...कुछ ऐसे लोग हैं, जिन्हें आईने में अपनी ही तस्वीर देखने की आदत होती है। मैं उनका क्या कर सकता हूँ।

क्या हम मुद्राकोष से और ऋण लेने जा रहे हैं ?

यह तो आर्थिक स्थिति पर निर्भर करेगा। मैं आज यह बात नहीं कह सकता। अब यह देखना होगा कि देश के लोगों की प्रतिक्रिया क्या होती है। अगर लोग मुद्राकोष से कर्ज नहीं चाहते, तो उन्हें और ज्यादा त्याग करना होगा। आर्थिक अनुशासन की अपनी सीमाएँ हैं। हम सिर्फ इच्छा भर से स्थितियों में बदलाव नहीं ला सकते। अधिक कर्ज की माँग करनेवाला मैं आखिरी आदमी होऊँगा। लेकिन अगर लोग और त्याग करने को तैयार न होंगे या स्थिति ऐसी नहीं हुई...चाहे आप मुद्राकोष से कर्ज लीजिए या खुले बाजार से उधार लीजिए या कुछ और कीजिए, पर कहीं न कहीं से पैसा लेना होगा।

बजट के विवरणों में गए बिना, उच्च आय वर्ग को देखते हुए क्या यह जरूरी नहीं लगता कि इस वर्ग को राष्ट्रीय खजाने में कुछ ज्यादा धन देना चाहिए ?

यह कोई गोपनीय बात नहीं है। अगर मैं लोगों से त्याग करने को कहता हूँ, तो जिन लोगों के पास ज्यादा है, उन्हें ज्यादा त्याग करना चाहिए। बाद में क्या होगा, मुझे नहीं मालूम। लेकिन कुछ ऐसी सीमाएँ हैं, जिनसे आगे कोई भी नहीं जा सकता।

एक सुझाव तो सब्सिडी को समाप्त करने का है। इस बारे में आपकी क्या राय है ?

नहीं, कुछ मामलों में तो यह ठीक है। कुछ मामलों में ठीक नहीं है। मुझे मालूम है कि यह मामला पूरे स्याह-सफेद का नहीं है, जिसमें हम सब्सिडी घटा सकते हैं। लेकिन मुझे सारा कुछ मालूम नहीं है। हम अभी तक इस हिसाब में नहीं लगे हैं।

क्या आप एक ऐसा क्षेत्र बताएँगे, जिसमें सब्सिडी रहनी चाहिए या नहीं रहनी चाहिए ?

नहीं, मैं यह नहीं कह सकता, क्योंकि यह बहुत विस्तार में जाकर देखने का मामला है। मैंने नहीं गौर किया है कि वे कौन से क्षेत्र हैं...सब्सिडी, खाद्य पदार्थों, रासायनिक खादों, निर्यात, निवेश...जैसे न जाने कितने क्षेत्रों में है। जब तक हम हर क्षेत्र की सब्सिडी के सारे विवरणों में न जाएँ, तब तक मेरे लिए यह कहना संभव नहीं है कि किस क्षेत्र में सब्सिडी रहेगी और किसमें नहीं रहेगी। इतना ही नहीं, मैं अभी ऐसी कोई बात नहीं कहने जा रहा हूँ, जो अप्रत्यक्ष ढंग से भी बजट प्रावधानों से संबंधित हो।

घरेलू स्थिति पर लौटें, तो पंजाब में क्या होने जा रहा है ?

मुझे लगता है कि पंजाब के दो पहलू हैं, जिसे लोग अक्सर समझ नहीं पाते। एक है समस्या के समाधान के लिए संवाद और विचार-विमर्श का रास्ता खुला रखें। यह बात मैंने पहले भी कही है और बार-बार दोहराता रहता हूँ। लेकिन इसका यह मतलब नहीं है कि सरकार लोगों को सुरक्षा देने की अपनी जिम्मेदारी को छोड़ रही है। जो कोई भी निर्दोष लोगों की हत्या करता है, उसके साथ कानून की जरूरतों के अनुसार व्यवहार किया जाएगा, क्योंकि यह किसी भी सरकार का बुनियादी कर्त्तव्य है। इसलिए इस जिम्मेदारी का निर्वाह होना ही चाहिए। इसलिए अगर कुछ लोगों का समूह यह मान ले कि वह जो चाहे कर सकता है और कुछ नहीं होगा, तो वे लोग गलतफहमी के शिकार हैं। इस सवाल पर सरकार बहुत

कठोर होगी। संवाद और बातचीत के सवाल पर हमारा नजरिया खुला होगा...

खासकर श्री मान द्वारा आपसे बात करना...लेकिन इसके बाद क्या होना है ?

यह तो श्री मान की प्रतिक्रिया पर निर्भर करेगा, क्योंकि उनका कहना था कि वे चाहते हैं कि उग्रपंथियों को भी साथ लिया जाए। वे उन्हें बातचीत तक ले आना चाहते हैं...अगर ऐसा अभी तक नहीं हो सका है, तो मैं क्या कर सकता हूँ। मैं तो कहता हूँ कि उन लोगों की क्या समस्या है, इस पर हमें बात करने, विचार करने के लिए हरदम प्रस्तुत रहना चाहिए। लेकिन समझौता-बातचीत का यह मतलब नहीं है कि जो कुछ मान कहें, उन पर मैं पहले से सहमति दे दूँ या जो मैं कहूँ, उस पर मान सहमति दे दें। मुझे नहीं लगता कि किसी को भी दूसरे पक्ष पर शर्तें थोपनी चाहिए।

क्या आपकी सरकार उग्रपंथियों की तरफ से सुरक्षित आचरण का भरोसा देती है ?

नहीं, क्योंकि किसी ने भी इस चीज की माँग नहीं की है, इसलिए मैं कैसे और किसे भरोसा दिलाऊँ।

श्री सहाय ने ऐसा कहा...?

नहीं, श्री सहाय ने सामान्य बात कही, लेकिन कोई भी उग्रवादी हमसे समझौता-बातचीत के लिए आगे नहीं आया है।

यदि ऐसा...

अगर ठोस प्रस्ताव आए, तो हम उन पर विचार करेंगे...लेकिन सिद्धांत के तौर पर हम इस बात का खंडन नहीं करते कि यह चीज भी हो सकती है। लेकिन मैं भरोसा दिलाना चाहता हूँ कि अभी तक कोई भी आगे नहीं आया है, इसलिए हमारी तरफ से आगे बढ़ने का सवाल ही नहीं उठता...इसका यह मतलब भी नहीं है कि हम समझौता-वार्ता के पक्ष में होने के चलते हत्या, डकैती, राहजनी में लगे लोगों के साथ किसी किस्म की नरमी करेंगे।

कश्मीर ?

कुछ लोग मुख्यधारा में आते लग रहे हैं। लेकिन यह बूँद टपकने जैसा मामला है। मैं यह नहीं कहता कि यह कोई बहुत साफ संकेत है। लेकिन कुछ...

उग्रवादी ?

कुछ उग्रवादी आगे आए हैं...

क्या वे राजनीतिक पहल चाहते हैं ?

मुझे नहीं मालूम कि वे क्या चाहते हैं। लेकिन उनमें से कुछ ने हिंसा, तोड़-फोड़, आजादी की माँग, किसी और देश से हाथ मिलाने जैसे कामों की निरर्थकता मालूम कर ली है। उनके अंदर यह भावना है कि इन सबसे कुछ नहीं होनेवाला है।

क्या आप कश्मीर जानेवाले हैं ?

अगर मेरा कार्यक्रम हुआ, तो आपको सूचित करूँगा।

क्या मंत्रिपरिषद का विस्तार करने की संभावना है ?

हाँ, हम इस बारे में सोच रहे हैं।

कब ? बजट से पहले ?

हाँ, बजट से पहले ही।

प्रधानमंत्री का यह काम आपको कैसा लगता है ? दिलचस्प और मजेदार ?

नहीं, यह न तो बहुत मजेदार है, न दिलचस्प। लेकिन इसमें ऐसा कुछ भी नहीं है, जिसमें आदमी टूट जाए। बहुत सारे काम करने के चलते तनाव जरूर रहता है। इसमें तो यही है।

प्रतिदिन कितने घंटे का काम ?

मैं नहीं कह सकता...घंटा गिनने की चीज नहीं है...

7 फरवरी, 1991

यह सरकार को नीचा दिखाने की कोशिश करने का समय नहीं है

एम.डी. नलपत की बातचीत

लंबे समय तक आप सरकार से बाहर रहे और अब प्रधानमंत्री के रूप में सरकार के प्रभारी बनकर आए हैं। इसलिए, अब सरकार के प्रति आपकी क्या प्रतिक्रिया है ?

सरकार से आपका क्या मतलब है ?

सलाहकार की हैसियत से नहीं बल्कि वास्तव में निर्णय लेनेवाले के रूप में प्रशासन और नीति की देखभाल करनेवाली।

मैं समझता हूँ कि निर्णय लेना कोई बड़ी समस्या नहीं है। सवाल यह है कि एक ऐसी स्थिति आ चुकी है, जहाँ समस्याएँ जटिल हो चुकी हैं और निर्णय बहुत आसान नहीं हैं। वे कड़े और मुश्किल निर्णय हैं। लेकिन आवश्यक इच्छाशक्ति अगर हो, तो मुझे लगता है कि इसका कोई समाधान निकल सकता है।

नहीं, श्री वी.पी. सिंह और दूसरे लोगों ने आरोप लगाया था कि अवसरवाद एवं सत्ता के लिए लालच के कारण पूरी सरकार को बदल डाला गया है।

मैं ऐसे प्रश्नों का उत्तर नहीं देता क्योंकि जिन्होंने राजनीति में सिर्फ सत्ता को ही देखा है, अगर वे इस तरह के आरोप लगाते हैं, तो मुझ पर इसका कोई असर नहीं पड़ता। अगर यह आरोप ऐसे लोगों ने लगाया होता, जो कभी भी सत्ता में नहीं रहे हैं और जिन्होंने किसी भी चीज के लिए सत्ता की कुर्बानी दी है, तो मैंने इसे गंभीरता से लिया होता। मैं ऐसे लोगों की बातों को गंभीरता से क्यों लूँ, जिनका राजनीति से कुछ लेना-देना नहीं है, बल्कि जो किसी भी उपाय से सत्ता के गलियारे में बने रहने की कोशिश करते हैं।

वे एक खास बात बोल रहे हैं कि पिछड़े वर्गों के कल्याण में उनकी काफी दिलचस्पी है और क्योंकि उन लोगों ने पिछड़े वर्गों के लोगों के जीवन को बेहतर बनाने की कोशिश की, इसलिए उनकी सरकार गिर गई।

यह एक ऐसा दावा है, जिसकी न तो मैं पुष्टि करने का इच्छुक हूँ और न इसका विरोध करने का, क्योंकि हर कोई जानता है कि पिछड़ों या दलितों के लिए वे क्या करते रहे हैं। अगर स्थिति और खराब हो जाती है, तो किसी के पक्ष में कुछ भी करना संभव नहीं होगा। 11 महीने के प्रशासन का एकमात्र परिणाम यही रहा कि जीवन के सभी पहलुओं में गिरावट

आ गई। हालात अगर और बदतर होते हैं, तो सबसे ज्यादा कष्ट पिछड़े और गरीबों को ही उठाना पड़ेगा। अनिश्चितता के माहौल में, आर्थिक समस्याओं के माहौल में धनी वर्ग के लोगों को कष्ट नहीं सहना पड़ता, बल्कि निर्धन लोगों को ही कष्ट सहना पड़ता है। पिछले 11 महीनों के दौरान वी.पी. सिंह और उनके सहयोगियों का यही रिकॉर्ड रहा है।

वे क्या परिवर्तन हैं, जो आप महसूस करते हैं कि पिछली सरकार के विपरीत आपकी सरकार सामने लेकर आई है ?

मैं आपको स्पष्ट रूप से बता दूँ कि कोई भी नाटकीय बदलाव संभव नहीं है क्योंकि वर्तमान समय जारी कार्यों को बनाए रखने का है। हालात में सुधार लाने का है। कोई आमूल-चूल परिवर्तन करने का है। मैं गलत वायदे या झूठे दावे करना नहीं चाहता। समस्या इतनी जटिल है कि अगर हम लोग हालात में सुधार लाने में सक्षम हो जाते हैं, तो मैं समझता हूँ यह एक बड़ी उपलब्धि होगी, क्योंकि अर्थव्यवस्था ऐसे बिंदु पर पहुँच चुकी है कि किसी भी युक्ति का उपयोग बचा हुआ नहीं रह गया है। लेकिन मैं समझता हूँ कि जो कुछ थोड़े बहुत संसाधन हमारे अधीन हैं, उन संसाधनों का प्रयोग हमारे लोगों की न्यूनतम बुनियादी जरूरतों को पूरा करने के लिए किया जाना चाहिए और हमें उस दिशा में प्रयास करना चाहिए। हमें लोगों के बीच विश्वास और भरोसे का वातावरण भी बनाना चाहिए। उन्हें सब्जबाग दिखाना या उनके साथ झूठे वादे करने का कोई लाभ नहीं है। हमें कहना चाहिए कि देश अभी मुश्किल हालात से गुजर रहा है और सभी लोगों को देश के लिए कुर्बानी देनी होगी और कठिनाई का सामना करना पड़ेगा। धनी वर्गों को ज्यादा कुर्बानी देनी होगी और गरीबों को भी पूरी अर्थव्यवस्था के पुनर्निर्माण के लिए कुछ न कुछ योगदान देना पड़ेगा। इसलिए मैं ऐसा नहीं कह सकता कि हम लोग ऐसा कुछ आमूलचूल परिवर्तन करने जा रहे हैं, जिसके परिणाम लोगों को तुरंत मिलने लगेंगे। लेकिन अगर हम लोग एक ऐसे माहौल के निर्माण में सक्षम हो जाते हैं, जहाँ हम कह सकते हैं कि जब तक हमारे दिमाग में हालात के आकलन की वस्तुपरकता नहीं आती, हम नए भविष्य के निर्माण की उम्मीद नहीं कर सकते। इसलिए मेरा काम लोगों को स्पष्ट रूप से यह बता देना है कि किस प्रकार हम सर्वश्रेष्ठ तरीके से वर्तमान हालात का मुकाबला कर सकते हैं और निकट भविष्य में क्या हो सकता है।

जहाँ तक सरकार का संबंध है, सरकार द्वारा काफी व्यय किया जा रहा है और कहीं-कहीं तो वह जनता से लिए गए धन को अनावश्यक रूप से खर्च कर बर्बाद भी कर रही है। इसलिए जिन करों को अभी हाल में लगाया गया है, उनसे ऐसी धारणा बन गई है कि सारा बोझ निजी क्षेत्र पर पड़ जाएगा और सरकार को अपने अनावश्यक व्यय पर नियंत्रण के लिए नहीं कहा जाएगा ?

यह सही नहीं है। सरकार के व्यय को कम करने की कुछ खास सीमाएँ हैं। मैं आपको बताता हूँ कि अधिकांश व्यय व्यवस्था के ऊपर है। देश में मौजूदा कानून के अनुसार, आप व्यवस्था में कटौती नहीं कर सकते। आप जानते हैं कि आप सरकारी कर्मचारियों की संख्या में कमी नहीं कर सकते। देश के सभी लोगों को इस स्थिति को समझना चाहिए। दूसरे ख़र्च तो मामूली हैं। लेकिन हम इसका हरसंभव प्रयास करते रहे हैं कि खर्च न्यूनतम स्तर तक

आ जाए। लेकिन जैसा आप सोचते हैं, इसमें बहुत ज्यादा गुंजाइश नहीं है।

लेकिन निजी क्षेत्र में एक आशंका व्याप्त हो गई है कि एक ऐसा दृष्टिकोण पैदा हो जाएगा, जो निजी क्षेत्र के खिलाफ है ?

यह निजी क्षेत्र के खिलाफ नहीं है। लेकिन अगर निजी क्षेत्र के पास संसाधन हैं, तो उन्हें उस वक्त योगदान देने के लिए सामने आना चाहिए, जब हालात कठिन हों। लेकिन मैं आपको बता रहा हूँ कि निजी क्षेत्र के खिलाफ कुछ भी नहीं किया जा रहा है बल्कि इसे ज्यादा उत्पादन करने के लिए प्रोत्साहित किया जाएगा। आज की परिस्थिति से निपटने के मामले में उन्हें कंजूस नहीं होना चाहिए और उन्हें स्वेच्छा से आज की मुश्किल स्थिति का सामना करने में अपना योगदान देना चाहिए।

जब से आपने पदभार ग्रहण किया है, उससे पूर्व की अवधि की तुलना में क्या आप सरकार के रुख से संतुष्ट हैं ?

नहीं, मैं नहीं कह सकता कि मैं संतुष्ट हूँ। अगर सरकार सिर्फ प्रशासन से संबंधित है, तो मैं पूरी तरह संतुष्ट हूँ। मैं पहले कभी भी सरकार में नहीं रहा हूँ, लेकिन पिछले तीन महीने में मेरा यह अनुभव है कि नौकरशाही पर सहयोग न देने का आरोप पूरी तरह गलत है। बल्कि इसके विपरीत मैं महसूस करता हूँ कि इस देश की नौकरशाही ज्यादा जिम्मेदार है और वे आपको सही राय देते हैं, भले ही आप इससे सहमत हों या नहीं। प्रशासन में एक तरह की प्रवृत्ति रही है कि राजनीतिक नेतृत्व नौकरशाही को अपने दिमाग के अनुसार संचालित करता रहा है और इसी के अनुरूप उसकी विचारधारा को समायोजित करने की कोशिश करता रहा है। मैं समझता हूँ नौकरशाही से निपटने का यह एक गलत तरीका था। उन्हें अपने विचारों को अभिव्यक्त करने की आजादी दी जानी चाहिए, उनके विचारों से हम सहमत होते हैं या उन्हें नकार देते हैं, यह हमारी मर्जी है। इसलिए अवसर पड़ने पर वे अच्छी सलाह देते हैं और अगर अच्छी दिशा या दूरदृष्टि हो, तो वे उसे क्रियान्वित करने को तैयार रहते हैं, जो आप उनसे कहना चाहते हैं। इसलिए उस सीमा तक मेरा कोई असंतोष नहीं है और उनसे मेरी कोई शिकायत नहीं है।

लेकिन जैसा कि मैंने आपसे पहले कहा एक कठिन परिस्थिति में, यह कहना बहुत मुश्किल है कि जो कुछ भी हो रहा है, मैं उससे संतुष्ट हूँ। अगर मैं यह बात न कहूँ, तो शायद मैं अपने दायित्व का निर्वाह नहीं कर रहा हूँ कि बदकिस्मती से नौकरशाही जहाँ अच्छी तरह सहयोग दे रही है, समाज के विशिष्ट क्षेत्रों के लोगों की प्रतिक्रिया बहुत सकारात्मक नहीं रही है और यह इस तथ्य के बावजूद कि वे हमेशा बेहतर जानते हैं कि हालात बहुत अच्छे नहीं हैं। पिछले तीन महीनों के दौरान इस देश में मुनाफाखोरी की एक प्रवृत्ति-सी चल रही है। मैं उन्हें समझाने की कोशिश कर रहा हूँ कि उन्हें लोगों की कठिनाई से लाभ उठाने की बात नहीं सोचनी चाहिए, लेकिन मेरी बातों का उन पर कोई असर नहीं हो रहा है। इसके विपरीत वे सरकार पर दोषारोपण कर रहे हैं कि सरकार उनके साथ कड़ाई से पेश आ रही है। हम बेवजह की कड़ाई से पेश नहीं आना चाहते, लेकिन इस स्थिति को अगर ज्यादा समय तक चलने दिया गया, तो बात बिगड़ सकती है।

क्या हम कह सकते हैं कि जो लोग आर्थिक अपराध कर रहे हैं, उनके साथ कड़ाई से निपटा जाएगा ?

मैं इसे इन शब्दों में व्यक्त करना नहीं चाहता। लेकिन मैं उनसे यह अपील करना चाहूँगा कि सरकार को नीचा दिखाने की कोशिश करने का यह समय नहीं है। इससे उलटा नुकसान हो सकता है। मुझे बस यही कहना है।

हमारी निर्गुट नीति के बारे में काफी चर्चा होती रही है, उसमें कुछ बदलाव आ रहा है, खासकर खाड़ी युद्ध में अमरीका के पक्ष में हमारे झुकाव को लेकर ऐसा समझा जा रहा है। इस पर आपकी प्रतिक्रिया क्या है ?

नहीं, खाड़ी युद्ध में अमरीका की तरफ झुकाव का कोई प्रश्न ही नहीं उठता और इस मुद्दे पर कोई ज्यादा अंतर नहीं है, क्योंकि मैं नहीं समझता कि कोई ऐसा भी होगा जो यह कहता हो कि इराक द्वारा कुवैत को खाली नहीं किया जाना चाहिए। एकमात्र तथ्य यही है कि दृष्टिकोण को व्यावहारिक होना चाहिए और कुछ लोगों की सोच है कि ज्यादा दूरदृष्टि वाला दृष्टिकोण ज्यादा महत्त्वपूर्ण साबित होगा। अब निर्गुट का पुराना विचार प्रासंगिक नहीं रह गया है क्योंकि अब शक्ति केंद्र नहीं बच गए हैं। निर्गुट का अस्तित्व दो शक्ति केंद्रों के साथ था, अब दो शक्ति केंद्र नहीं रह गए हैं। अगर निर्गुट का अर्थ या सार तत्त्व यह है कि हम लोग किसी देश की संप्रभुता, अखंडता में किसी की दखलंदाजी के खिलाफ रहेंगे, तो फिर इससे किसी को कोई समस्या नहीं रह जाएगी। अब खाड़ी युद्ध के मामले को देखिए—वहाँ स्थिति यह है कि संयुक्त राष्ट्रसंघ के समझौते कार्यरत है—संयुक्त राष्ट्रसंघ के प्रावधान हैं, वहाँ सशस्त्र सेना भेजने संबंधी संयुक्त राष्ट्रसंघ के दिशानिर्देश हैं—ये चीजें वहाँ हुई हैं। सरकार यह कहती रही है कि सद्दाम हुसैन को अपनी नीतियों में लचीलापन लाते हुए यह घोषणा कर देनी चाहिए कि वह कुवैत को खाली करने को तैयार हैं। मैं यह कहता रहा हूँ कि हमारा मत यह है कि हम फिलिस्तीन मुद्दे के साथ हैं और उनकी आजादी के पक्षधर हैं। लेकिन मैं यह नहीं समझ पा रहा हूँ कि कुवैत पर कब्जे की बात से फिलिस्तीन की आजादी को कैसे जोड़ा जा रहा है। आप एक देश को मुक्त करने की बात करते हैं और दूसरे को गुलाम बना रहे हैं। मैं इस फलसफे को नहीं समझ पाया हूँ और कोई इसे स्पष्ट रूप से बोल भी नहीं रहा है। इसलिए हमने कहा है कि हमें सद्दाम हुसैन का समर्थन करना चाहिए, बशर्ते कि वह उस सिद्धांत का पालन करें, जो पूरी दुनिया को स्वीकार्य है। सारा अंतर यही है।

इसलिए आप फिलिस्तीन के संबंध में हमारे दृष्टिकोण में कोई परिवर्तन करने नहीं जा रहे है ? फिलिस्तीन को हमारा समर्थन बहुत मजबूत रहा है ?

मुझे आश्चर्य है कि फिलिस्तीन सरकार और उसके नेताओं में इस मुद्दे पर उतनी सक्रियता नहीं है, जितनी दूसरों में प्रतीत होती है, क्योंकि उनका विशेष प्रतिनिधि/दूत यहाँ आया था। वह मुझसे मिला और मैंने उसे सारी बातें समझाईं।

अब ईंधन भरने के मामले पर आते हैं। ईंधन भरने देने की अनुमति देने का निर्गुट होने से कोई संबंध नहीं है, क्योंकि ये द्विपक्षीय फैसले होते हैं और हर स्थिति में मानवीय

आधार पर ऐसी उड़ानों की अनुमति दी गई है। न केवल अमरीका के लिए, बल्कि दूसरे देशों के लिए भी, पहले और अब भी ऐसा किया जाता रहा है। ऐसा फिर करने का इससे कोई संबंध नहीं है। अगर उस मुद्दे पर कोई द्विपक्षीय समझौता है, तो यह इतना बड़ा विवाद नहीं है कि इस पर इतना ज्यादा शोर मचाया जाए। अगर पूरा देश यह चाहता है कि ईंधन भरने की अनुमति नहीं दी जानी चाहिए, तो हम ईंधन देना बंद कर देंगे, क्योंकि हम इसके लिए अमरीका के साथ प्रतिबद्ध नहीं हैं। लेकिन आपको समझना चाहिए कि हमने यह सुविधा तब दी है, जब इसके लिए संयुक्त राष्ट्र संघ का प्रस्ताव आया। युद्ध तो अचानक छिड़ गया। भारत ने युद्ध भड़कने से रोकने की पूरी कोशिश की। हम लोग निर्गुट आंदोलन के अध्यक्ष यूगोस्लाव को इस बारे में किसी पहल की कोशिश करने के आग्रह का पूरा प्रयास कर रहे हैं।

निर्गुट देशों के संविधान या परंपराओं या नियमों के अनुसार केवल अध्यक्ष ही यह पहल कर सकता है। उन्होंने अब तक कोई कदम नहीं उठाया है। अब मैं समाचारपत्रों में दूसरी आवाज सुन रहा हूँ। संपादकीय लिखे जा रहे हैं और राजनीतिक नेता बयान दे रहे हैं कि भारत को पृष्ठभूमि में धकेल दिया गया है। मैं जानना चाहता हूँ कि अगले मोर्चे पर कौन आ गया है ? सिवाय उन देशों के, जो युद्ध में प्रत्यक्ष रूप से संलिप्त हैं, चाहे वे इस पक्ष के हों या फिर दूसरे पक्ष के। रूस, ईरान व चीन जैसे देश कुछ कर पाने में असमर्थ रहे हैं। दूसरे अरब देश कुछ नहीं कर पाए हैं। भारत के कुछ लोगों में आत्मनिंदा की प्रवृत्ति है। कोई भी देश, जो इस क्षेत्र में शांति की वकालत कर रहा है, महत्त्वहीन हो गया है। अगर दो दल युद्ध करने पर आमादा हों, तो शांति की जो बात करता है, वह महत्त्वहीन हो ही जाता है और इसके लिए आत्मनिंदा की कोई जरूरत नहीं है। मैं केवल इतना ही कहना चाहता हूँ। इसलिए मैं नहीं जानता कि निर्गुट की थ्योरी या फलसफे पर कहाँ समझौता किया गया है।

इसका मतलब कि उससे संबंधित कोई समझौता नहीं किया गया है ?

नहीं।

आप हमेशा खुली सरकार और सूचना के निर्बाध आवागमन के समर्थक रहे हैं। अब, तमिलनाडु में सरकार को राष्ट्रीय सुरक्षा के आधार पर बर्खास्त कर दिया गया है। लेकिन लोगों के पास अब तक कोई सबूत नहीं है या अब तक इससे संबंधित कोई साक्ष्य प्रस्तुत नहीं किया गया है।

अगर लोगों की माँग होगी, तो साक्ष्य भी प्रस्तुत किए जाएँगे, क्योंकि मैं नहीं चाहता कि इसे एक बार फिर से दूसरों को परेशान करने के उपाय के रूप में प्रयोग किया जाए। लेकिन अगर यह मामला संसद में उठाया जाता है, तो मैं संसद में और लोगों के सामने सारे साक्ष्य प्रस्तुत कर दूँगा। एक बार फिर, पहले जब मैंने संसद में कुछ कहा था तो काफी हो-हल्ला मचाया गया था और मैंने उस समय विपक्ष के नेताओं को कुछ सूचना दी थी। वे चाहते थे कि मैं यह आश्वासन दूँ कि मैं कभी भी उस सरकार को बर्खास्त नहीं करूँगा और मैंने कहा कि मैं आपको यह आश्वासन नहीं दूँगा क्योंकि जिस तरीके से वहाँ सरकार काम कर रही

है, मैं उससे खुश नहीं हूँ।

अब तमिलनाडु का मामला लीजिए। सभी तरह की बातें कही जा रही हैं—राज्यपाल से रिपोर्ट क्यों नहीं ली गई—यह असंवैधानिक है। यहाँ संविधान को बुरी तरह तोड़ा-मरोड़ा गया है। संविधान में एक प्रावधान है। राज्यपाल की रिपोर्ट पर या अन्यथा अगर भारत सरकार को कोई सूचना प्राप्त है और राज्यपाल को वह सूचना प्राप्त नहीं है, तो मैं राज्यपाल से यह नहीं कह सकता कि मेरी सूचना के आधार पर वह अपनी रिपोर्ट दें। और मैंने बरनाला को कहा कि हमारे पास इसकी सूचनाएँ हैं, मैं आपसे कोई विवरण नहीं माँगूँगा। इसलिए अगर यह एक खुली सरकार है, तो मुझे अपनी सूचना पर निर्भर रहना चाहिए और मुझे बरनाला के जरिये सूचना नहीं प्राप्त करनी चाहिए। प्रशासन में यह एक सही दृष्टिकोण नहीं है। इसलिए अगर मुझे यकीन है, तो मुझे उसकी जिम्मेदारी लेनी चाहिए। मुझे उस जिम्मेदारी का बोझा बरनाला या किसी दूसरे राज्यपाल पर क्यों डाल देना चाहिए ?

और आपको यकीन था कि तमिलनाडु में ऐसी स्थिति है, जिससे सरकार को कार्रवाई करनी पड़ी ?

मैं समझता हूँ कि जिस व्यक्ति का राष्ट्र की सुरक्षा एवं गौरव से थोड़ा भी संबंध होगा, उसे उस रिपोर्ट को देखने के बाद, जो मुझे प्राप्त हुई, अवश्य भरोसा हो जाता...

ऐसी चर्चा है कि आप पंजाब के आतंकवादियों के दलों के साथ बातचीत कर रहे हैं। एक बात और है, जिसकी आम लोगों में अच्छी-खासी चर्चा होती है और जिस पर शायद ज्यादा जोर नहीं दिया जा रहा है और वह है पंजाब में पाकिस्तान की भूमिका ?

नहीं, यह बात सही है। लेकिन मैं समझता हूँ कि इससे पंजाब की समस्या के समाधान में मदद नहीं मिलेगी। मुझे लगता है, अपनी जिम्मेदारी को औरों पर मढ़ देना समस्या से निपटने का सही तरीका नहीं है। मैं यह बात बार-बार कहता रहा हूँ। मान लीजिए, पाकिस्तान कुछ बदमाशी कर रहा है और हमारे कुछ लोग उससे प्रभावित या प्रेरित हो रहे हैं, तो इसमें हमारी ही गलती है, क्योंकि अगर हमारे नागरिक, जिन्होंने इस देश की आजादी के लिए लड़ाई लड़ी, पाकिस्तान या किसी विदेशी शक्ति से प्रेरित हो रहे हैं, तो लोगों को समझाने में कहीं न कहीं हमसे ही कुछ गलती हो रही है। इसलिए हमें अपने दिलों को टटोलना चाहिए। मैं यह नहीं कहता कि पाकिस्तान का रवैया हमारे प्रति पूरी तरह सही है और न मैं अपेक्षा करता हूँ क्योंकि हम लोग पाकिस्तान के साथ अपने संबंधों को जानते हैं। मैं इसे बेहतर बनाने की कोशिश कर रहा हूँ, लेकिन इसका यह भी अर्थ नहीं है कि मैं यह कहने जा रहा हूँ कि पाकिस्तान हमें पंजाब या जम्मू कश्मीर की समस्या के समाधान में मदद करने जा रहा है। अगर वे हमारी मदद करते हैं, तो बहुत अच्छा; अन्यथा इस समस्या का हम खुद समाधान ढूँढ़ लेंगे। इसलिए मैं नहीं सोचता कि हमें अपनी अक्षमता का ब्यौरा देने का प्रयास करना चाहिए और वह भी उन समस्याओं के कारण जो किसी विदेशी ताकत के द्वारा खड़ी की जा रही हैं।

सांप्रदायिकता की समस्या इन दिनों कई रूपों में सामने आ रही है। इस पर आपकी क्या

प्रतिक्रिया है ?

अगर यह समस्या या यह प्रवृत्ति जारी रहती है, तो मैं समझता हूँ कि यह एक गंभीर समस्या बनने जा रही है। इसलिए, कम से कम इस मुद्दे पर हमें ऐसी सारी पार्टियों, जो धर्मनिरपेक्षता की पक्षधर हैं, के प्रयासों को समन्वित करने प्रयास करना चाहिए, क्योंकि यह किसी एक के पक्ष में होने या दूसरे के खिलाफ होने का सवाल नहीं है। मूलभूत बात एक धर्मनिरपेक्ष राष्ट्र के रूप में इस देश का वजूद है और मैं समझता हूँ कि बिना धर्मनिरपेक्षता के आप एक प्रजातांत्रिक देश के रूप में अपना अस्तित्व बचाकर नहीं रख सकते। अगर आप एक तानाशाह या एक निरंकुश शासक बनना चाहते हैं, तो बात फिर दूसरी है। यह ज्यादा भूलभूत और ज्यादा बुनियादी है, इसलिए इस प्रश्न पर कोई समझौता नहीं हो सकता। और जो लोग धर्मनिरपेक्षता के पक्षधर हैं और भारत को एक धर्मनिरपेक्ष प्रजातांत्रिक देश के रूप में देखते हैं, उनके पास इसके लिए संघर्ष करने के अलावा अन्य कोई विकल्प नहीं है।

इसलिए, आपको उम्मीद है कि एक सर्वसहमति की बात बन जाएगी ?

हाँ, बिल्कुल। क्योंकि भारत के लोगों के पास पर्याप्त जीवंतता है, समझदारी और स्थिति से निपटने की क्षमता है। अगर उन्हें समय और अवसर मिले, तो निश्चित रूप से वे वह भूमिका अदा कर सकते हैं।

टाइम्स ऑफ इंडिया, 12 फरवरी, 1991

नेपाल में लोकतंत्र स्वस्थ धरातल पर रचा जा रहा है

रमेश शर्मा की बातचीत

नेपाल में लोकतंत्र व मानवाधिकार की स्थापना में आपके महत्त्वपूर्ण योगदान को भारत-नेपाल रिश्ते का इतिहास नकार नहीं सकता। पिछले अप्रैल से नेपाल में चल रही लोकतांत्रिक गतिविधियों के बारे में आपका प्रत्यक्ष आकलन क्या है ?

हम खुश हैं कि नेपाल में लोकतांत्रिक गतिविधियाँ शुरू हो गई हैं। परिवर्तन के इस दुरूह दौर में कुछ आरंभिक मुश्किलें अवश्यंभावी हैं। पर कमोबेश वे अच्छे जा रहे हैं और ये गतिविधियाँ आशा के अनुरूप मार्ग पर ही आगे बढ़ रही हैं। मैं विस्तार से तो सारी बात नहीं जानता, पर अखबारों या दूसरे माध्यमों से जो कुछ थोड़ी-बहुत जानकारी मिली है, उस आधार पर मैं समझता हूँ कि इस राष्ट्र में लोकतांत्रिक प्रयोग स्वस्थ धरातल पर रचा जा रहा है।

क्या आप भारत-नेपाल रिश्ते की वर्तमान अवस्था पर संक्षेप में टिप्पणी करना चाहेंगे ?

रिश्ते काफी अच्छे हैं। हम इनको और मजबूत करना चाहेंगे। भारत-नेपाल के बीच सदियों पुराना रिश्ता है। इसका कारण रिश्तों को बेहतर बनाने की हमारी कोशिश नहीं है, बल्कि ये रिश्ते दोनों देशों की सांस्कृतिक विरासत के आधार पर परस्पर जुड़े हैं। इसके अलावा मैं सोचता हूँ कि दोनों देशों की भौगोलिक संरचना ने भी हमें और करीब लाने में अपना योगदान दिया है। हमारे पास इससे बेहतर, करीबी और ज्यादा अंतरंग रिश्ता बनाने के लिए कोई और विकल्प नहीं है। हम हरसंभव कोशिश करेंगे ताकि भविष्य में यह रिश्ता और मजबूत हो सके।

कल से शुरू होनेवाली आपकी नेपाल यात्रा के दौरान वहाँ के प्रधानमंत्री के साथ बातचीत का मुख्य एजेंडा क्या होगा ?

दरअसल यह एक-दूसरे की समस्याओं को समझने के लिए शुरू किया गया मिशन है, क्योंकि हमारे रिश्ते काफी अच्छे हैं। फिलहाल द्विपक्षीय तौर पर कोई समस्या नहीं है। हम अपने रिश्तों को और मजबूत बनाना चाहेंगे। बातचीत का कोई खास एजेंडा नहीं है। वैसे हम लोगों के बीच सामान्य-सी बातचीत में परस्पर सहयोग पर बात होगी। वैसे क्षेत्रों में, जिनमें हम एक-दूसरे की मदद कर सकते हैं, सहयोग बढ़ाने पर चर्चा होगी और व्यापारिक व आर्थिक रिश्तों को मजबूत करने के साथ-साथ दोनों देशों की अन्य समस्याओं पर भी विचार-विमर्श होगा।

आपकी यात्रा ऐसे समय में हो रही है जब हमारे देश में आम चुनाव होने जा रहा है। ऐसे में लोकतांत्रिक ताकतों की चुनावी संभावनाओं पर खासतौर से क्या असर पड़ सकता है ?

नेपाल में किसी भी पार्टी की चुनावी संभावनाओं से मेरी यात्रा का कोई सरोकार नहीं। यह महज एक इत्तफाक है कि मैं ऐसे समय में नेपाल की यात्रा पर जा रहा हूँ, जब वहाँ चुनाव होने की संभावना है। जहाँ तक मैं समझता हूँ, अब तक वहाँ चुनाव की तारीख तय नहीं की गई है।

ऐसा नहीं, कल ही इसकी तारीख तय कर दी गई है।

मैं नहीं जानता। मैंने इसके बारे में सुना भी नहीं है। मेरी यात्रा का चुनाव से लेना-देना नहीं। मैं नहीं समझता कि वहाँ की चुनावी संभावनाओं के मामले में मेरी कोई भूमिका हो भी सकती है।

हमारे पास असीम जल-संसाधन हैं और इस बात से इनकार नहीं है कि इसके सतर्क इस्तेमाल के मामले में दोनों देशों को सहयोग बढ़ाना चाहिए ताकि फायदा दोनों का हो। इस मामले में भारत का रुख क्या है ?

नेपाली प्रधानमंत्री भट्टाराई से अपनी पहली मुलाकात के दौरान मैंने कहा था कि जल-संसाधन का उनके द्वारा बेहतर इस्तेमाल हो सकता है और यह दोनों के लिए बेहद फायदेमंद होगा। हमारे पास जल-संसाधन की कमी नहीं है और इसका इस्तेमाल दोनों देशों के विकास के लिए हो सकता है। भारत एकमात्र ऐसा देश है, जो इससे फायदे में रह सकता है और इन प्राकृतिक संसाधनों का उपयोग करके नेपाल विकास संबंधी गतिविधियों में छलांगें मार सकता है। इसलिए हम इस मामले में तत्काल समन्वय और सहयोग शुरू कर देना चाहेंगे। सबसे पहले क्षमता का आकलन हो, उसके बाद संभावनाएँ तलाशी जाएँ और फिर समग्र रूप से तुलनात्मक अध्ययन किया जाए।

क्या आप दोनों देशों के बीच मौजूदा आर्थिक संबंधों से संतुष्ट हैं ? क्या आप इन्हें और मजबूत करने के लिए कोई सुझाव देना चाहेंगे ?

मैं कोई सुझाव देना नहीं चाहता। पूर्णतः संतुष्ट होने का तो सवाल नहीं उठता, क्योंकि ऐसी बहुत सारी चीजें हैं, जिन पर हम मिल-बैठकर बेहतर परिणाम पाने के लिए कोशिश कर सकते हैं। निश्चित रूप से रिश्तों में सुधार की संभावनाएँ हैं। जहाँ तक सुझाव की बात है, मैं यह मामला नेपाल की सरकार और वहाँ के प्रधानमंत्री पर छोड़ता हूँ, क्योंकि यदि मैं कोई सुझाव दूँगा, तो फिर इसे गलत अर्थों में लिया जाएगा। भारत इतना जरूर आश्वस्त करना चाहता है कि वह वैसे हर क्षेत्र में और हर तरीके से सहयोग करने को तैयार है, जिससे भारत और नेपाल के लोगों का जीवन समृद्ध व खुशहाल हो सके।

भारत इस क्षेत्र में लोकतंत्र और मानवाधिकार का बड़ा हिमायती है। ऐसे में पिछले कई माह से पड़ोसी देश भूटान में चल रहे लोकतांत्रिक आंदोलन के बारे में आपके क्या विचार हैं ?

ऐसे किसी आंदोलन के बारे में मेरे पास न तो कोई विवरण है, न जानकारी। लेकिन इतना जरूर है कि हम हर जगह लोकतांत्रिक व्यवस्था के पक्षधर हैं। मैं नहीं जानता कि भूटान में क्या समस्या है। यह एक छोटा देश है और यहाँ जातीय समस्याएँ अवश्य हैं। बहरहाल, मैं वहाँ की समस्या के बारे में जाने बगैर कोई टिप्पणी नहीं कर सकता।

दक्षेस के बारे में कहा जाता है कि यह महज बातें बनानेवाला मंच है। जहाँ केवल बेवजह की औपचारिकताएँ ही निभाई जाती हैं। आप क्या सोचते हैं, क्या इसे और कारगर और उद्‍देश्यपरक बनाया जा सकता है ?

जब हम पिछली बार माले में मिले, हमने इस बारे में चर्चा की थी और हमने लगभग एक मत से यह माना था कि ये सारी औपचारिकताएँ खत्म होनी चाहिए। हमें अपनी समस्याओं पर ध्यान केंद्रित करने की कोशिश करनी चाहिए। पूरी दुनिया में क्षेत्रीय सहयोग एक वास्तविकता बनकर उभरा है। दक्षेस के देशों को भी चाहिए कि वे व्यापार व उद्योग के क्षेत्रों में परस्पर सहयोग करें और तकनीकी सहयोग के मामले पर भी ध्यान दें। इस दिशा में दक्षेस सचिवालय में कुछ काम हो भी रहे हैं। जल्द ही हम इन समस्याओं पर आएँगे और सही दिशा में बढ़ने के बारे में ठोस कार्यक्रम तय कर पाएँगे।

और एक अंतिम सवाल, खाड़ी संकट के बारे में आपकी सरकार का रुख क्या है ?

हम तो यही चाहते हैं कि युद्ध तत्काल बंद हो, क्योंकि यह लोगों के लिए अनेकानेक कष्ट लेकर आता है। हम चाहते हैं कि कुवैत की संप्रभुता बहाल की जाए। हम यह भी मानते हैं कि उस क्षेत्र की दूसरी समस्याएँ, जैसे फिलिस्तीन के मामले पर केवल शांति व स्थिरता के माहौल में ही बातचीत हो सकती है। फिलहाल की समस्या तो वहाँ युद्ध रोकने और इन सारे मसलों का हल ढूँढ़ने की है।

गोरखापत्र, 12 फरवरी, 1991

अपने जीवन में कभी किसी की कठपुतली बनकर नहीं रहा

सव्यसाची की बातचीत

आमतौर पर यह समझा जाता है कि आप राजीव गांधी के हाथों कठपुतली बनकर रह गए हैं। क्या आप ईमानदारी से यह दावा कर सकते हैं कि आप स्वतंत्र व्यक्ति हैं ?

मुझे नहीं मालूम कि कौन ऐसा समझता है—सिर्फ वही लोग ही ऐसा सोच सकते हैं, जो खुद कठपुतली बनकर अपने क्षेत्र में कार्य करते हैं। मैं अपने जीवन में कभी भी किसी की कठपुतली बनकर नहीं रहा हूँ। मैं हमेशा अपने-आपको स्वतंत्र अनुभव करता रहा हूँ और कोई कारण नहीं कि मैं आज किसी के इशारे पर चलूँ।

आपके इनकार से मुझे कोई आश्चर्य नहीं हुआ। लेकिन फिर भी कृपया आप यह बताएँ कि अमरीकी वायुसेना के हवाई जहाजों का ईंधन भरना क्यों बंद किया गया ?

मैंने आरंभ में ही कहा कि मैं इस प्रश्न पर देश में राजनीतिक मतैक्य को बाँटना नहीं चाहता। विदेश नीति पर आम सहमति के पक्ष में मैं हमेशा रहा हूँ। कुछ लोगों ने सोचा कि अमरीकी वायुसेना के हवाई जहाजों को ईंधन भरने की अनुमति देने से अनेक समस्याएँ पैदा हो जाएँगी। इसलिए इस प्रश्न पर मैं आम सर्वसम्मति की स्थिति को खत्म नहीं करना चाहता था।

लेकिन आपने अमरीकी वायुसेना के हवाई जहाजों में ईंधन भरने की अनुमति देने को मानवीय आधार पर उचित ठहराया था। क्या आपने तत्पश्चात् इस मानवीय आधार को बला-ए-ताक रख दिया है ?

मुझे अफसोस है कि आपने मेरा पूरा वक्तव्य नहीं पढ़ा है। मैंने कहा है कि दो देशों के बीच यह सामान्य तरीका है। यह द्विपक्षीय अनुभव है। अमरीका ही नहीं बल्कि कई दूसरे देश भी भारत से यह सुविधा प्राप्त करते रहे हैं। एक चीज और समझ लेनी चाहिए। जब किसी दूसरे देश की वायुसेना का हवाई जहाज भारतीय हवाई मार्ग से गुजरता है, तो अंतर्राष्ट्रीय कानून के अधीन उस हवाई जहाज को उस देश में उतरने और ईंधन भरने की अनुमति देना अनिवार्य हो जाता है। हमने यह सुविधा इसी कारण उन्हें दी। यह तरीका अतीत में भी रहा है। हमने इस बात की पर्याप्त सावधानी बरती कि वे हमारे देश से लड़ाई के उपकरण या सामग्री उस हवाई जहाज से न ले जाएँ। हमने पहली बार अमरीका के सामने ईंधन भरने की अनुमति देने के लिए यह शर्त रखी और उन्होंने इसे स्वीकार किया। लेकिन हमने यह कहा था कि इन हवाई जहाजों में ईंधन भरने की अनुमति दवाई पहुँचाने या संकटग्रस्त क्षेत्र को खाली कराने के मानवीय आधार पर दी जाएगी, कुल मिलाकर यह स्थिति थी।

लेकिन इसके क्या यह माने हैं कि आपने मानवीय आधार का परित्याग कर दिया है ?

यह मानवता का परित्याग करने का प्रश्न नहीं है। क्योंकि सवाल यह है कि क्या यह सुविधा दूसरी जगह से प्राप्त कर सकते हैं। और इस देश में कोई समस्या तो पैदा नहीं होगी। इस मानवीय आधार का परित्याग नहीं किया, बल्कि अमरीका ने ही अपने हवाई जहाजों में ईंधन भरने के लिए भारत में न उतरने का निर्णय लिया।

नहीं, आपने इस बारे में घोषणा की थी ?

मैंने कोई घोषणा नहीं की। मैंने कहा था कि इन हवाई जहाजों में ईंधन नहीं भरा जाएगा। यही सब कुछ मैंने कहा था। लेकिन यह घोषणा संयुक्त राष्ट्र अमरीका से हुई कि वे हवाई जहाज में ईंधन भरने की सुविधा भारत से नहीं लेना चाहते।

कांग्रेस (ई) की कठपुतली आप इस कारण भी समझे जाते हैं कि आपने निश्चित दिन पर बजट पेश करना स्थगित कर दिया। क्योंकि इससे कांग्रेस (ई) को तमिलनाडु के चुनावों में नुकसान होता।

कठोर शब्दों का प्रयोग एक स्वतंत्र पत्रकार का मापदंड नहीं है। यह शिष्टाचार आपको सीखना चाहिए। इसलिए यह बात करने या प्रश्न पूछने का तरीका नहीं है। आपको अपनी सीमा में रहकर व्यवहार करना चाहिए। मैंने बजट प्रस्तुत करने का दिन इसलिए स्थगित किया कि यदि तमिलनाडु में चुनाव होते हैं, तो 40 से अधिक सांसद चुनाव प्रचार में लग जाएँगे और इससे पार्टी की स्थिति में संतुलन बिगड़ेगा। संसदीय लोकतंत्र में संख्या बहुत माने रखती है। इसलिए मुझे यह देखना पड़ा कि पार्टी और सरकार को बजट अधिवेशन उन दिनों में बुलाना होगा, क्योंकि बजट पास कराने के लिए सभी सदस्यों को वोट देना होता है। इसलिए सांसदों ने यह अनुरोध किया था कि हम 'वोट ऑन एकाउंट' ले लें। मैं इसमें कोई चीज गलत नहीं समझता। इस सदन में कई बार ऐसा हुआ है।

हाल में 10 फरवरी को आपने हमें बताया था कि आप पूरा बजट पेश करेंगे ?

यह ठीक है, क्योंकि उस समय यह तय नहीं था कि तमिलनाडु में चुनाव कब होंगे। मई महीने के बाद तमिलनाडु की जलवायु की स्थिति के कारण चुनाव कराना वहाँ कठिन होगा, यह चीज उस समय ध्यान में नहीं थी।

इसके अतिरिक्त एक कारण और भी था। आपके मंत्रिमंडल के मंत्री ने मुझे बताया कि 15 फरवरी की रात्रि को कांग्रेस (ई) के नेताओं के साथ विचार-विमर्श हुआ और उस मंत्री के शब्दानुसार सारी स्थिति बदल गई।

मैं नहीं जानता कि वह मंत्री बजट के बारे में मुझसे ज्यादा जानते होंगे। बजट के बारे में वह मंत्री क्या कहते हैं, उसको सुनिए, लेकिन मेरे मुताबिक वित्तमंत्री ही बजट के बारे में समझ सकता है और मुझे पूरा विश्वास है कि हमारे वित्तमंत्री ने आपके साथ कोई बात नहीं की।

आपकी सरकार के प्रथम 100 दिनों में कई विवादास्पद विषय रहे हैं। क्या आप बता सकते हैं कि तमिलनाडु सरकार क्यों बर्खास्त की गई ? क्या यह कांग्रेस (ई) या एआईएडीएमके के इशारे पर नहीं की गई ?

कांग्रेस (ई) या एआईएडीएमके के संकेत पर तमिलनाडु की सरकार बर्खास्त नहीं की गई। बहुत दिनों पहले मैंने तमिलनाडु की तत्कालीन सरकार और मुख्यमंत्री को कुछ कहा था। मैंने संसद के दोनों सदनों में स्पष्ट कर दिया था कि तमिलनाडु की सरकार जिस ढंग से काम कर रही है, वह राष्ट्रहित के अनुकूल नहीं है। मुझे विश्वास हो गया कि वहाँ स्थिति बिगड़ती जा रही है और यह मेरी जिम्मेदारी थी कि राज्य की यह सरकार देश और राज्य के हित को नुकसान पहुँचाने के लिए न बनी रहने दी जाए।

क्या यह जनता की सोच है कि तमिलनाडु सरकार को कांग्रेस (ई) के संकेत पर बर्खास्त किया गया–क्या आप इससे चिंतित हैं ?

बिल्कुल नहीं। कांग्रेस (ई) यदि कोई ठीक बात कहती है, तो उससे मुझे क्यों चिंता होनी चाहिए। कांग्रेस (ई) जनता दल (एस) को समर्थन दे रही है और यदि कोई सुझाव देती है, तो उस पर मुझे कुछ हद तक विचार करना ही है। लेकिन इस विषय में कांग्रेस (ई) का जो आकलन था, उसको मैं भी ठीक समझता था। मैं इससे उत्तेजित नहीं हूँ कि कुछ लोग इस विषय को लेकर मेरी आलोचना कर रहे हैं।

यह कुछ ऐसी बात है, जिसे मैं नहीं समझ पा रहा हूँ। एक ओर तो लोकमत से आपको कोई चिंता नहीं हो रही है, लेकिन अमरीकी हवाई जहाज का ईंधन भरने के प्रश्न पर आप लोकमत के सामने झुक गए।

नहीं, मैंने लोकमत की बात नहीं की थी। मैं नहीं जानता कि आप अंतर्राष्ट्रीय राजनीति व कानून व व्यवस्था में भेद समझते हैं या नहीं। उस वक्त हम अंतर्राष्ट्रीय पहल के बारे में बात कर रहे थे और इस देश की प्रैक्टिस रही है कि अंतर्राष्ट्रीय मामलों में देश की जनता यथासंभव एकमत रहे। यह विशुद्ध रूप से देश की एकता-अखंडता का प्रश्न है और कानून व व्यवस्था की स्थिति देश का हिस्सा है। यह लोकमत का प्रश्न नहीं बल्कि सरकार के दायित्व निभाने का प्रश्न है। यह मेरा संवैधानिक दायित्व है कि ऐसी स्थिति न बनने दें जो दीर्घकाल में देश के लिए घातक सिद्ध हो।

आपकी सरकार के पहले 100 दिनों में एक और चीज जनता के सामने आई है, जिसको देखकर अनेक लोग सरकार के कार्य को उचित नहीं ठहराते। पाँच अयोग्य व्यक्तियों को आपने मंत्री बनाए रखा ?

यह ठीक है, अनेक व्यक्ति इसके खिलाफ हैं। मैंने आपको बताया कि संविधान के अंतर्गत इस पर कोई प्रतिबंध नहीं है। हमें आवश्यकता पड़ने पर इस बारे में निर्णय लेना होता है।

जब श्रीमती इंदिरा गांधी को 1975 में इलाहाबाद उच्च न्यायालय ने अयोग्य ठहराया था, तो आपने उनके इस्तीफे की माँग की थी। यही सिद्धांत आप लागू क्यों नहीं करते ?

ऐसा नहीं है। कारण, श्रीमती गांधी को उच्च न्यायालय ने सदस्यता से अयोग्य ठहराया था। अयोग्यता और सदस्यता पर प्रतिबंध में अंतर है और इन दोनों बातों की तुलना नहीं की जा सकती।

आपने जिन संवैधानिक प्रावधानों का हवाला दिया है, उनका उद्देश्य योग्यता प्राप्त व्यक्तियों को मंत्री मनोनीत करना था और उनकी मंशा अयोग्य सदस्यों को मंत्री बनाना नहीं था ?

मैं कुछ नहीं कह सकता। मैं संविधान निर्माताओं के अभिप्राय पर टिप्पणी नहीं करना चाहता, लेकिन मैं इस संवैधानिक प्रावधान का वही अर्थ लगा रहा हूँ, जो कुछ समय से लगाया जा रहा है।

लेकिन श्रीमान आप संविधान के दायरे से बाहर नहीं हैं।

नहीं, ऐसा नहीं है। मैं संविधान के दायरे के अंतर्गत हूँ। कुछ व्यक्ति संविधान का अर्थ अपने ढंग से लगाते हैं, वे ही उत्तेजित हो सकते हैं।

क्या आप समझते हैं, राजनीतिज्ञ देश की जनता में भ्रांति पैदा कर रहे हैं ?

मैं नहीं जानता। देश की जनता के बारे में आप ज्यादा समझते होंगे। मुझे इस बारे में कुछ नहीं मालूम। देश की जनता में राजनीतिज्ञों से भ्रांति पैदा नहीं हो सकती, क्योंकि राजनीतिज्ञों के खिलाफ हर तरह की बात किये जाने के बावजूद ऐसा नहीं हो सकता। देश की जनता राजनीतिज्ञों का पूरा सम्मान करती है और आज भी देश के कोने-कोने में उन्हें अधिकतम सम्मान प्राप्त है। हर व्यक्ति अपनी राय रख सकता है, और आप भी। लेकिन मैं समझता हूँ कि देश की जनता को राजनीतिज्ञों से कोई भ्रांति नहीं है। वह नाराज हो सकती है। जनता में असंतोष पैदा हो सकता है, जब उनकी आकांक्षाएँ और उम्मीदें पूरी नहीं हो पातीं। लेकिन राजनेताओं अथवा राजनीतिज्ञों से उन्हें फिर भी उम्मीद बनी रहती है। यदि यह चीज नहीं होती, तो इस देश में लोकतंत्र नहीं बना रहता।

मैं अब दूसरे मुद्दे पर प्रश्न करना चाहूँगा, जो अधिक व्यक्तिगत है। यह आपके तौर-तरीके से ताल्लुक रखता है। यह प्रश्न, खाशोगी के साथ आपकी भेंट और चन्द्रास्वामी और सूर्यदेव सिंह के साथ आपके संबंधों के बारे में है।

मुझे इस बारे में क्या कहना है ? मैं नहीं समझता कि लोगों के साथ मेरे व्यक्तिगत संबंधों अथवा दोस्ती के बारे में किसी को प्रश्न करने का कोई अधिकार है। मैंने कभी नहीं छिपाया कि चन्द्रास्वामी और सूर्यदेव सिंह के साथ मेरे दोस्ताना संबंध हैं। इसमें कुछ भी गुप्त नहीं है। मैं कोई भी चीज गुप-चुप नहीं करता। खाशोगी यहाँ थे। उन्हें एक सांसद ने रात्रि-भोज पर आमंत्रित किया था। मैं भी आमंत्रित था और उसमें शामिल हुआ था। इसमें क्या गलत है ? उनका सांसद के साथ संबंध है, मेरा नहीं। और यदि खाशोगी मुझसे मिलना चाहते, तो मैं उनसे मिलने के लिए इनकार नहीं करता। मैंने किसी को भी इंटरव्यू देने के लिए इनकार नहीं किया। मैं आपके 'क्रिडेंशल' जाने बिना भी मिल रहा हूँ। खाशोगी से मुझे क्यों नहीं मिलना चाहिए था ?

मित्रों के संबंध में आप जो कुछ कह रहे हैं, वे किसी एक व्यक्ति के लिए बहुत ही सम्मानजनक भावना है। लेकिन सम्मानजनक भावना किसी एक व्यक्ति की हो सकती है, क्या आप समझते हैं कि इस देश के प्रधानमंत्री के लिए ऐसा आकलन उचित है ?

हाँ, निश्चय ही। प्रधानमंत्री भी एक व्यक्ति है। किसी भी व्यक्ति से व्यवहार करते समय प्रधानमंत्री को भी सरकार की ओर से संपर्क रखना होता है। यदि मैंने कोई पक्षपात बरता होता या आदेश दिया होता, तो वह गलत या असम्मानजनक कहा जाता। मिलना या किसी के साथ चाय पीना ऐसी कोई चीज नहीं है, जिसका प्रधानमंत्री ध्यान रखे। आपके कथनानुसार प्रधानमंत्री को ऐसे व्यक्तियों से नहीं मिलना चाहिए, जो घटिया किस्म के हों। यह उचित नहीं है।

नहीं, मेरा यह मतलब नहीं कि वह घटिया किस्म के व्यक्ति हैं। लेकिन यह कहा जाता है कि उन्हें वांछित प्रतिष्ठा का व्यक्ति नहीं समझा जाता।

उनकी किस प्रकार की प्रतिष्ठा है, मुझे नहीं मालूम। दूसरों की प्रतिष्ठा के बारे में मैं नहीं जानता। मैं अपनी प्रतिष्ठा बनाए रखने में ध्यान देता हूँ। मैं अपने व्यवहार को नियंत्रित रखने की कोशिश करता हूँ लेकिन लोगों से मिलने के बारे में यदि मैं यह जानने की कोशिश करूँ कि कौन अच्छा व्यक्ति है, कौन बुरा, तो मेरे लिए यह बहुत असंभव काम होगा। क्योंकि हर दिन मुझे सैकड़ों व्यक्तियों से मिलना होता है। प्रतिदिन मुझे जनसभाएँ संबोधित करनी होती हैं, सैकड़ों लोग मुझसे मिलने आते हैं और मेरे साथ फोटो खिंचवाते हैं। मैं यह नहीं कह सकता कि कौन क्या है ?

नही, यह ठीक है प्रधानमंत्रीजी, लेकिन वे अच्छी प्रतिष्ठा के व्यक्ति नहीं हैं। उन्होंने कोई गलत काम किया है या नहीं–यह एक अलग मुद्दा है।

फिर मैं इस बारे में क्या कर सकता हूँ ?

लेकिन प्रधानमंत्रीजी आपको देश के सर्वोच्च शासन कार्यालय की प्रतिष्ठा भी बनाए रखनी है।

बदनाम करने के अभियान और इस तरह की बातों के बावजूद मेरी प्रतिष्ठा पर कोई आँच नहीं आई है। ऐसे लोगों को यह सोचना होगा कि इस तरह का आचरण वह जल्द से जल्द बंद करें। मैं उनकी टीका-टिप्पणी से बदलनेवाला नहीं हूँ।

एक आखिरी प्रश्न, यह भी बहुत व्यक्तिगत है। क्या यह उचित है कि आप जनता के सामने अपने बाल सँवारे बिना उपस्थित हों। इससे प्रधानमंत्री की प्रतिष्ठा कम नहीं होती ?

मैं नहीं जानता...फिर महात्मा गांधी ने भी इस तरह भारत की प्रतिष्ठा में गिरावट लाई होगी। इतना ही नहीं, हमारे देश में महात्मा गांधी ही नहीं बल्कि अनेक साधु-संतों ने भी अपने पहनावा और बाल सँवारने की ओर ध्यान दिए बिना राष्ट्र का नाम ऊँचा उठाया है। मुझे खुशी है कि आपने मेरे पहनावे के बारे में ध्यान दिया है। दुर्भाग्यवश, मैंने अपने व्यक्तिगत जीवन में वह आदत नहीं बनाई है। अब मुझे कुछ सीखना नहीं है।

एच टीवी, 19 फरवरी, 1991

मैं उतना ही उदार हूँ, जितना देश के हित में जरूरी है

पीटर डेविड हाउसगो की बातचीत

मैं बातचीत की शुरुआत अर्थव्यवस्था से करना चाहता हूँ। कुछ समय पहले आपने खुद जिक्र किया था कि अर्थव्यवस्था बर्बादी के कगार पर पहुँच चुकी है। अंतर्राष्ट्रीय मुद्रा कोष (आईएमएफ) द्विपक्षीय दानकर्ता तथा विश्व बैंक सभी भयभीत हैं कि इस स्थिति में बजट को स्थगित कर दिया गया है। क्या आपने नए बजट की तारीख तय की है ?

मई के तीसरे या चौथे सप्ताह में किसी तारीख को बजट पेश किया जा सकता है।

क्या यह तय है ?

यह तय है।

इसका अर्थ यह हुआ कि हमें कम से कम छह सप्ताह लग जाएँगे...?

हाँ, बेशक।

जब तक आप आईएमएफ के साथ किसी नए ऋण के लिए बातचीत कर सकते हैं, क्योंकि आईएमएफ तब तक किसी ऋण के लिए पहल नहीं कर सकता, जब तक कि बजट नहीं आ जाता ? क्या यह सही है ?

मुझे नहीं लगता कि आईएमएफ के लिए यह कोई शर्त होगी ?

लेकिन, मैंने तो सुना है कि वे तब तक इसके लिए बातचीत नहीं करेंगे, जब तक...?

मुझे लगता है कि यह अनुमान सही साबित नहीं होने जा रहा...

आपको क्या लगता है–वे बातचीत करेंगे ?

मैं नहीं जानता। वे जानते हैं कि कब वे बातचीत करेंगे, लेकिन जब मुझे बातचीत करनी होगी, तो हम लोग बातचीत करेंगे।

लेकिन, संसद में पेश किए जाने से पहले क्या आप उन्हें बजट का विवरण देंगे ?

नहीं, हम लोग उन्हें विवरण नहीं बताएँगे, लेकिन जिस दिशा में अर्थव्यवस्था का रुख हो रहा है, वह सबको विदित है और वह उन्हें बताया जाएगा।

लेकिन जब श्री गांधी ने एक बार बजट को स्थगित कर दिया, तो उसके बाद क्या कोई

कारण है कि आईएमएफ या द्विपक्षीय दानकर्ता देशों को यह विश्वास करना चाहिए कि अगला बजट...?

मैं नहीं जानता कि क्यों दोनों चीजों को एक साथ जोड़ा जा रहा है ? इस बजट को इसलिए स्थगित किया गया है, क्योंकि उसकी वजह और कहीं नहीं, इसी देश में निहित थी कि लोकसभा के सत्र को कैसे प्रबंधित किया जाए। हमारे यहाँ तमिलनाडु में चुनाव होने जा रहा है, खाड़ी संकट के कारण हमारे सामने कुछ समस्याएँ हैं, लेकिन मुख्य समस्या लोकसभा में संख्या की है। हमारे कई सदस्य तमिलनाडु के चुनाव अभियान में व्यस्त हैं। सरकार को हमेशा अपने समय के साथ सामंजस्य रखना होगा। कई बार इस देश में बजट को स्थगित किया गया है। ऐसा पहली बार नहीं हुआ है।

लेकिन पहले बजट इसलिए स्थगित किए गए, क्योंकि तब एक नई सरकार गठन की प्रक्रिया में होती थी। इस मामले में तो आपने बजट को तैयार भी कर लिया था। लोगों का मानना था कि इसमें कड़े कदम उठाये जाएँगे। आपके व्यापारिक बाजारों, आईएमएफ और दानकर्ता देशों की अपेक्षा एवं उम्मीद, यह देखने की थी कि आपने घाटे को कम करने के लिए बेहतर कदम उठाए हैं या नहीं ?

मैं एक बात स्पष्ट कर देना चाहता हूँ। कई प्रस्तुतीकरण बनाए जाते हैं और कई लोग बजट की तैयारियों एवं बजट के बारे में कई बातें सोचते हैं। शायद वे बजट के बारे में हमसे ज्यादा जानते हैं। एक बात जरूर है कि किसी बजट को इसलिए तैयार नहीं किया जाएगा, क्योंकि आईएमएफ या विश्व बैंक उसमें कुछ होते देखना चाहते हैं। हमारे पास हमारी अपनी समस्याएँ हैं और उनका समाधान हमें ही करना है। अगर साधन सीमित हैं, तो इस पर विचार करना है कि हमें किस प्रकार मितव्ययिता से काम चलाना है। इसके अलावा और कोई तरीका नहीं है, क्योंकि भारत के विशाल आकार जैसे देश को केवल विदेशी मदद से राहत नहीं मिल सकती। हमें संसाधनों के अपने व्यय को खुद प्रबंधित एवं चुस्त करना चाहिए। इसलिए ऋण पर बातचीत हो या नहीं, बजट की दिशा को वहीं रहना है, क्योंकि मितव्ययिता अनिवार्य है और यह आईएमएफ या विश्व बैंक से ऋण के लिए कोई अस्थायी व्यवस्था जैसी बात नहीं है। लेकिन अगर भारत को इस संकट से बाहर निकलना है, तो उसे अपने संसाधनों के अनुसार खर्च करना सीखना होगा।

निश्चित रूप ये यह बात सही है और मेरे विचार से लोगों का मानना है कि आप दीर्घकाल में उस दिशा में घूम जाएँगे। लेकिन अल्पकाल में तो साल के प्रारंभ में ही विदेशी मुद्रा भंडार खत्म हो गया था। अब आप कैसे इसकी व्यवस्था करेंगे, क्योंकि आईएमएफ का ऋण तो जून से पहले आ ही नहीं सकता ?

ठीक है। लेकिन अगर हमें आईएमएफ के साथ बातचीत करनी है, तो हम उन्हें सारी बात बताएँगे। लेकिन भारत उतनी असहाय स्थिति में नहीं है। हम अपनी व्यवस्था खुद कर लेंगे। मान लीजिए, आईएमएफ यह फैसला करता है कि वह भारत को ऋण नहीं देगा, तो आप क्या समझते हैं कि यह देश बर्बाद हो जाएगा। कुछ लोगों का यह विचार हो सकता है, लेकिन वे बहुत बड़ी गलतफहमी में जी रहे होते हैं।

नहीं, मैं समझता हूँ कि लोगों को यह चिंता है कि आप अपने आयातों एवं ऋण की पुनर्अदायगी के लिए वित्त की व्यवस्था नहीं कर पाएँगे, इसलिए तिथियों का पुनर्निर्धारण अनिवार्य हो गया है ?

मैं नहीं समझता कि ऐसी स्थिति आएगी। मुझे विश्वास है कि अगर ऐसी स्थिति आती है, तब हम अपने मामलों को निपटाने में कामयाब हो जाएँगे। लेकिन मुझे पूरा विश्वास है कि ऐसी स्थिति आएगी ही नहीं।

मैं फिर कह रहा हूँ कि लोगों–बैंकरों तथा दानकर्ता देशों को यह डर है कि पहली बार भारत को अपने ऋणों को पुनर्निर्धारित करने को बाध्य होना पड़ेगा, क्योंकि उसके पास ब्याज की पुनर्अदायगी के लिए पर्याप्त विदेशी मुद्रा नहीं है। क्या आप समझते हैं कि अब यह एक जोखिमपूर्ण स्थिति है ?

आपके माध्यम से मैं उन सभी बैंकरों को आश्वस्त करना चाहता हूँ कि ऐसी कोई जोखिम की बात नहीं है और इन सारी गलत धारणाओं का कोई सही आधार नहीं है। ऐसा नहीं होने जा रहा है।

उन्हें आश्वस्त करने के लिए आपको मुझे बताना होगा कि इस बीच आपको विदेशी मुद्रा कैसे प्राप्त होगी ?

मैं कई स्रोतों से विदेशी मुद्रा प्राप्त कर सकता हूँ और मुझसे यह उम्मीद नहीं की जानी चाहिए कि आज मैं उन सभी स्रोतों के बारे में बता दूँ।

मैं इस मुद्दे पर इसलिए जोर दे रहा हूँ, क्योंकि विदेशी मुद्रा प्राप्त करना आपकी तथा आपकी सरकार की साख के लिए बहुत महत्त्वपूर्ण है। आप या तो इसे व्यावसायिक बैंकों से उधार के रूप में लेंगे या सऊदी ऋण या ऐसे किसी स्रोत से ऋण प्राप्त करेंगे, जिसके बारे में मैं नहीं जानता ?

मैं यह क्यों बताऊँ कि कहाँ से मैं...कमोबेश मैं सऊदी ऋण या ऐसी किसी जगह से ऋण प्राप्त करने नहीं जा रहा हूँ। लेकिन हम ऐसे स्रोतों से ऋण लेंगे, जो हमें सुलभ हैं और ऐसे कई स्रोत सुलभ हैं, क्योंकि मैं फिर दुहरा रहा हूँ कि बाहर के लोग भारत को नजरअंदाज नहीं करेंगे। हमें उनकी मदद की जरूरत है, लेकिन उन्हें भी भारत की मदद की जरूरत है। कुछ लोग ऐसी तस्वीर पेश करने की कोशिश कर रहे हैं, जैसे भारत असहाय स्थिति में है और दूसरे देश हम पर दया नहीं करेंगे, मुझे ऐसा नहीं लगता। और मैं पूरे उत्तरदायित्व के साथ कह रहा हूँ कि भारत उतनी खराब स्थिति में है नहीं, जितनी लोग दिखाने की कोशिश कर रहे हैं।

लेकिन मैं नहीं सोचता कि दीर्घकालिक रूप से भारत खराब स्थिति में रहेगा, क्योंकि भारत के पास काफी लचीलापन है। लेकिन सरकार अल्पकालिक रूप से संतुलन के गहरे संकट का सामना कर रही है, जिसका बजट के साथ संबंध है ?

हाँ, लेकिन ऐसा नहीं है कि इस संकट से उबरा नहीं जा सकता। मैं यह नहीं कहता

कि यह एक कठिन परिस्थिति नहीं है। यह एक बहुत मुश्किल स्थिति है और हमने उन सबों के सामने इसे बिल्कुल स्पष्ट कर दिया है कि हालत बेहद खराब है। लेकिन हमें लगता है कि हम इस संकट से बाहर निकल सकते हैं। भारत उन संसाधनों का प्रबंध कर सकता है।

क्या आप थोड़ा और साफ नहीं कर सकते कि आप कहाँ से इसका प्रबंध करेंगे ?

यह सब कैसे होगा, इसके बारे में मैं अभी साफ नहीं कह सकता। इस बात को आप भी जानते हैं, क्योंकि हमें इस समय संसद का सामना करना है, बजट संबंधी समस्याओं का सामना करना है।

आप लोग सोमवार को अंतरिम बजट पेश करेंगे। क्या आप इसका इस्तेमाल व्यय को कम करने में करेंगे ? क्या आप इसका उपयोग खर्च को घटाने में कर सकते हैं ?

मैं बिल्कुल स्पष्ट रूप से तो नहीं कह सकता, लेकिन वह (बजट) इसका संकेत भी देगा कि अर्थव्यवस्था का झुकाव किस दिशा में होने जा रहा है।

हमें इस पर नजर रखनी चाहिए ?

हाँ, जरूर। आप इसे देखिए, करीब से देखिए लेकिन सहानुभूतिपूर्वक भी देखिए। (हँसते हैं)

क्या आप अब भी अपनी इस बात पर कायम हैं कि बजट के घाटे को घटाकर 6.5 प्रतिशत पर ले आया जाए ?

हाँ, जरूर। हम लोग कोशिश कर रहे हैं और मुझे उम्मीद है कि हम लोग उस आँकड़े पर आ पाने में सक्षम हो जाएँगे। मैं आधा प्रतिशत इधर या उधर की बात नहीं कह सकता, लेकिन हम निश्चित रूप से पूरी कोशिश करेंगे और मुझे उम्मीद है कि हम लोग अपने घाटे को कम करने में सफल होंगे।

लेकिन यह भी तो हो सकता है कि तमिलनाडु के चुनावों के बाद आपको आम चुनावों से जूझना पड़ जाए और यह भी उतना ही मुश्किल भरा होगा ?

अगर सब कुछ बर्बाद हो जाए, तो मैं भला क्या कह सकता हूँ ! मैं किसी संभावित स्थिति के बारे में कह रहा हूँ, लेकिन मान लीजिए आसमान ही टूटकर गिर पड़े, तो क्या होगा ?

आपने कहा है कि आप कई स्रोतों से विदेशी पूँजी प्राप्त कर सकते हैं। विदेशी पूँजी का एक स्रोत निश्चित रूप से विदेशी निवेश है और तब भी आपने अपने कई बयानों में जो कहा है–उससे यह लगता है कि आप विदेशी निवेश के खिलाफ हैं। और आप एक ऐसी स्थिति में हैं, जहाँ उसका विरोध एक विलासिता वाली बात होगी ?

मैंने यह नहीं कहा कि उसका विरोध एक विलासिता वाली बात होगी। मैंने विदेशी निवेश

का विरोध नहीं किया, लेकिन मैं ऐसे क्षेत्रों में अंधाधुंध निवेश के खिलाफ हूँ, जहाँ निवेश की जरूरत नहीं है। मैं ऐसा निवेश चाहूँगा, जिसमें वे मुझसे प्रत्यावर्तन के लिए पुनर्अदायगी की गारंटी न माँगें, क्योंकि ऐसे क्षेत्रों में, जहाँ हम उत्पादन कर सकते हैं और विदेशी मुद्रा को लाभदायक स्थिति में इस्तेमाल कर सकते हैं, हम इसका स्वागत करेंगे। मान लीजिए, आप यहाँ इस देश में निवेश करना चाहते हैं और हम चाहते हैं कि आप जिस क्षेत्र में चाहो, निवेश कर सकते हो, तब आपको विदेशी मुद्रा अर्जित करने और पैसे का प्रत्यावर्तन करने को तैयार होना होगा। हम केवल उन्हीं क्षेत्रों की गारंटी दे सकते हैं, जहाँ हम समझते हैं कि यह निवेश किया जाना देश के विकास के लिए अनिवार्य है। दूसरे क्षेत्रों में, हम आपका स्वागत करेंगे, बशर्ते कि हम पर कोई शर्त नहीं थोपने के लिए आप भी सहमत हों।

वी.पी. सिंह सरकार के गिरने से प्रभावित होनेवालों में एक औद्योगिक नीति भी थी, जिसमें विदेशी निवेश के लिए प्रावधान नकारात्मक, सकारात्मक के रूप में शामिल थे। इस सत्र में क्या हमें औद्योगिक नीति पर कोई बयान प्राप्त होगा ?

इस सत्र में या सत्र के तुरंत बाद आपको एक औद्योगिक नीति प्राप्त हो जाएगी।

'तुरंत बाद' से आपका क्या अभिप्राय है ? क्या इसका अर्थ अगले सत्र से पहले है ?

हाँ, अगले सत्र से पहले, क्योंकि उसके पहले योजना एवं राष्ट्रीय विकास परिषद की बैठक होने जा रही है। यह मंत्रिपरिषद के फैसले से कहीं ज्यादा महत्त्वपूर्ण निकाय है और वहाँ हम औद्योगिक नीति का प्रस्ताव दे सकते हैं।

इसलिए, औद्योगिक नीति की अगले महीने या उसके आसपास घोषणा हो सकती है ?

हाँ, मैं उम्मीद करता हूँ।

बजट से पहले ?

बजट से बहुत पहले।

और आयात-निर्यात नीति की घोषणा ?

वह भी। ये सारी नीतियाँ, जिनका बजट पर प्रभाव पड़ेगा, बजट सत्र से पहले ही घोषित कर दी जाएँगी।

वर्तमान विदेशी विनिमय की स्थिति में क्या आयात पर और प्रतिबंध लगाए जाने के आसार हैं ?

यह विदेशी विनिमय की हमारी उपलब्धता पर निर्भर करेगा। लेकिन हम लोग वहाँ इस पर प्रतिबंध नहीं लगाएँगे। यह हमारे उत्पादन को प्रभावित करता है। अगर विदेशी विनिमय की स्थिति जटिल बनी रहती है, तो हमें अपने आयात को लेकर काफी 'चूजी' होना पड़ेगा।

आपने निजीकरण के बारे में, इस अभिप्राय से कि निजी पूँजी को सार्वजनिक क्षेत्र में आने

में प्रोत्साहन मिलेगा, काफी टिप्पणियाँ की हैं। आपका उद्देश्य संभवतः यह था कि यह इस तरह हो कि यह राज्य के स्वामित्व को कम कर दे, लेकिन सार्वजनिक उपक्रमों के लिए ज्यादा फंड मुहैया कराए। क्या आपको सार्वजनिक क्षेत्र के स्वामित्व को हल्का करने से संबंधित ज्यादा कार्यक्रम की उम्मीद है ?

यह निजी क्षेत्र की प्रतिक्रिया पर निर्भर करेगा क्योंकि मैंने खुद से कोई बयान नहीं दिया। कुछ सुझाव आए थे कि निजी क्षेत्र को बिजली उत्पादन में प्रवेश करने के लिए आमंत्रित करना चाहिए। उस समय मैंने कहा था कि उनके पास एक संपूर्ण कार्यक्रम होना चाहिए। न केवल बिजली उत्पादन बल्कि पारेषण एवं वितरण भी उसमें शामिल होना चाहिए। इसलिए इन सभी कार्यक्रमों पर विस्तार से चर्चा होनी चाहिए और केवल उसके बाद ही हम कह सकते हैं कि हम लोग निजी क्षेत्र को इसमें कितना शामिल कर सकते हैं।

क्या एयर इंडिया या ओएनजीसी जैसी मुनाफेवाली कंपनियों के शेयरों की बिक्री या अन्य परिसंपत्तियों की बिक्री को भी व्यावहारिक निर्णय करार दिया जा सकता है ?

इस देश में यह चर्चा अभी चल रही है। इस प्रश्न पर कोई अंतिम निर्णय नहीं हुआ है। लेकिन यह ऐसा क्षेत्र है, जहाँ एक नया विचार जन्म ले सकता है।

कभी सुब्रह्मण्यम स्वामी ने मुझे दिए एक साक्षात्कार में कहा था कि आप (प्रधानमंत्री) जितने अधिक उदार हो सकते हैं, उसे जानकर मैं बिल्कुल आश्चर्यचकित और भौचक्क रह जाऊँगा। क्या मैं यह जानकर कि आप कितने अधिक उदार हो सकते हैं, आश्चर्यचकित हो जाऊँगा ?

वह मेरे बारे में बातें कर रहे थे ?

हाँ।

मैं नहीं जानता। केवल सुब्रह्मण्यम स्वामी ही अपने बयान पर टिप्पणी कर सकते हैं। अगर किसी दूसरे व्यक्ति ने वह बयान दिया होता, तो मैं जरूर टिप्पणी करता। मैं उतना ही उदार हूँ, जितना इस देश के हित में संभव है। मैं उतना ही सख्त हूँ, जितना कोई भी अन्य व्यक्ति इस देश के हितों की रक्षा करते समय सख्त हो सकता है। मैं सुब्रह्मण्यम स्वामी और उनके जैसे मित्रों को आश्वस्त करना चाहता हूँ कि मेरी विचारधारा या पूर्व प्रतिबद्ध धारणाओं की वजह से कुछ भी ऐसा नहीं किया जाएगा। आर्थिक स्थिति का अपना स्वयं का अनुशासन होता है और वह हमारी किसी विचारधारा के कारण खत्म नहीं हो सकता। इसलिए यह पूरी तरह देश के हित में होगा। जब भी जरूरत होगी, वे सारे निर्णय लिये जाएँगे, चाहे आप उदारीकरण कहें, या इसे नियमन कहें, लेकिन...

मैं इसे यों कहूँ कि वह स्वरूपगत सुधारों का एक मध्यकालिक कार्यक्रम होगा, जिसमें तटकर सुधार, विनियमन, वित्तीय क्षेत्र के सुधार आदि शामिल होंगे और इसकी अवधि कई वर्षों तक की होगी। क्या आपका मतलब यही है ?

आप विनियमन से क्या समझते हैं ? विनियमन होता है—कहीं अनावश्यक प्रतिबंध हों, बेवजह क्षुब्ध करानेवाली बातें हों, जहाँ कुछ खास प्रक्रियागत मुश्किलें पैदा की जाती हों और

वे सभी, जिनका सरलीकरण करने के लिए हम किसी भी हद तक जा सकते हैं—लेकिन अगर विनियमन का अर्थ यह है कि आपको किसी भी क्षेत्र में, किसी भी रूप में सारा कुछ निवेश करने की अनुमति दे देनी चाहिए, तो ऐसा नहीं होने जा रहा है। हम ऐसी चीजों पर अपने संसाधनों को बेवजह खर्च नहीं कर सकते, जिनकी इस देश को जरूरत नहीं है। अगर उनका उत्पादन इस देश में होता है, तो किसी को यह गारंटी लेनी होगी कि इसका निर्यात मुनाफा या विदेशी मुद्रा अर्जित करने के लिए किया जाएगा, क्योंकि हम लोगों को बहुत शुरू में ही आशंका थी कि भारत से उन प्रतिबद्धताओं को पूरा करने में चूक नहीं होनी चाहिए, जो हम लोगों ने की है। यह हमारा पहला विचार होगा। जब तक हमें उसका भरोसा नहीं हो जाता कि इस देश में जो भी निवेश किया जाएगा, उससे कुछ वैसा उत्पादित होगा, जिसकी बदौलत हम उन प्रतिबद्धताओं को पूरा करने की क्षमता का सृजन कर सकेंगे, हम लोग उसे करने नहीं जा रहे हैं। अगर उसका अर्थ विनियमन है, तो इसमें मैं कोई मदद नहीं कर सकता।

क्योंकि यही वह चीज है, जिसको लेकर आईएमएफ सबसे ज्यादा आशंकित है कि आप नए ऋणों पर, बिना निर्यात संभावना का सृजन किए, बहुत ज्यादा बात कर रहे हैं, जो आपको उस ऋण को अदा करने की अनुमति देगा ?

हम लोग वह नहीं करेंगे।

मोंटेक सिंह अहलुवालिया ने जून में एक कैबिनेट पेपर, जो अब काफी चर्चित हो चुका है, पेश किया और उसमें बजट स्थायीकरण एवं स्वरूपगत सुधारों, जिसमें तटकर सुधार, एमआरटीपी...जैसी चीजें शामिल हैं, पर एक मध्यकालिक कार्यक्रम का आह्वान किया... ?

वह मोंटेक अहलुवालिया के पेपर से प्रसिद्ध हुआ, जिसे उन्होंने कभी भी स्वीकार नहीं किया, लेकिन उसमें कई चीजों की सलाह दी गई थी। मैं नहीं कह सकता कि उस पेपर की सारी बातें स्वीकार की जाएँगी या नहीं, लेकिन उसमें कुछ अच्छी बातें जरूर थीं, भले ही वह मोंटेक अहलुवालिया की थीं या नहीं। लेकिन उसमें कुछ अच्छे तत्त्व और मुद्दे थे, जिन्होंने कई सवाल सामने रखे।

अच्छे मुद्दे क्या थे ?

मैं इसमें नहीं जाना चाहता, क्योंकि मुझे याद नहीं हैं। मैं आपकी तरह अर्थशास्त्री नहीं हूँ। मैं तो केवल...

मैं अर्थशास्त्री नहीं हूँ...*(हँसते हैं)*...लेकिन आप उस पेपर के आलोचक थे...

हाँ, मैं था।

और अब भी आप उसकी आलोचना करते हैं ?

हाँ, बिल्कुल। मैंने उसकी आलोचना की थी, क्योंकि मैं उस पेपर में कही गई हर बात को स्वीकार नहीं कर सकता।

और आपको याद नहीं है कि विशेष रूप से आप किन चीजों के आलोचक थे ?

नहीं, मुझे याद है कि किस विशेष मुद्दे की मैंने आलोचना की थी, लेकिन मैं अब उस पर चर्चा करना नहीं चाहता, क्योंकि वह पेपर भारत सरकार का नीति संबंधी बयान नहीं है।

भारत सरकार के नीति संबंधी बयान पर मैं अंतिम बार सुब्रह्मण्यम स्वामी पर आता हूँ, जिन्होंने कभी किसी मंत्रीस्तरीय प्रतिनिधिमंडल को कहा था कि अगर आपके पास 20 हजार करोड़ का बजट घाटा भी हो, तो उसकी कोई चिंता नहीं है ? क्या यह आपका विचार है ?

नहीं, सुब्रह्मण्यम स्वामी ने यह टिप्पणी पहले की थी और मैं इसे पूरी तरह नकारता हूँ।

आप इसे पूरी तरह नकारते हैं ?

हाँ।

आप क्या समझते हैं कि यह मुश्किल है कि...

नहीं, बजट घाटे का प्रमाण क्या होगा, मैं नहीं कह सकता, लेकिन जहाँ तक संभव है, हमें इसमें कमी लाने का प्रयत्न करना चाहिए। मैं उस सिद्धांत में विश्वास नहीं करता, जो सुब्रह्मण्यम स्वामी ने बजट के बारे में कहा है।

इसे जहाँ तक संभव है, घटाने और नियमित आधार पर कम करने का प्रयास...

हाँ, नियमित आधार पर कम करने का प्रयास होगा, क्योंकि भारत को कुछ समय तक इस मामले में मुस्तैद रहना पड़ेगा।

लेकिन हम यह नहीं जानते कि आप अपने खर्चों में ये कटौती कैसे करेंगे ? इन कटौतियों का खर्च पर कितना असर पड़ेगा। अब इसी से संबंधित समस्याएँ सामने आ रही हैं ?

नहीं, ऐसे कई क्षेत्र हैं, जिसमें हम कटौती कर सकते हैं। मैं इस पर चर्चा नहीं कर सकता, क्योंकि आप जानते हैं कि यह मेरे लिए उचित नहीं है कि मैं एक बार फिर आनेवाले बजट प्रस्ताव पर कुछ कहूँ। केवल खर्चों में काफी कटौती की जाएगी। ऐसे कई क्षेत्र हैं, जहाँ हम इन कटौतियों को लागू कर सकते हैं।

बजट, ईंधन भरने, तमिलनाडु चुनाव आदि हाल के कई मुद्दों पर राजीव गांधी ने आप पर अपने विचारों को थोपा है। सरकार को आप चला रहे हैं या कांग्रेस पार्टी ?

जब तक मैं प्रधानमंत्री हूँ, सरकार मैं चला रहा हूँ।

लेकिन ईंधन भरने और बजट जैसे मुद्दों पर वे अपने विचार आप पर थोपने में कैसे कामयाब हो गए, जबकि इस देश के बाहर ऐसी धारणा बन रही थी कि आप सर्वाधिक संवेदनशील तरीके से इस पर विचार करने जा रहे हैं ?

नहीं, नहीं। ईंधन भरने का सवाल ही लीजिए—ईंधन भरने देने की नीति इस देश के लिए नई नहीं है। ईंधन एक सामान्य चीज है, रूटीन की चीज है, इस पर अंतर्राष्ट्रीय संधि

है और हम लोग इसका पालन कर रहे हैं। लेकिन जिस दिन कुछ लोगों ने इस पर आपत्ति की, मैंने कहा कि इस सवाल पर मैं देश को विभाजित करना नहीं चाहूँगा, क्योंकि मैं समझता हूँ, कि हमें एक ऐसे मुद्दे पर देश को बँटने नहीं देना चाहिए, जो न हमारे लिए और न ऐसे लोगों के लिए, जो ईंधन भरने देने के व्यवसाय में शामिल हैं, महत्त्वपूर्ण है।

मैंने ऐसा कभी नहीं कहा या स्वीकार किया कि ईंधन भरने देने का निर्णय गलत था। अगर अमरीका इस बात पर सहमत हो गया कि वे इस देश में ईंधन नहीं भरेंगे, तो क्या मैं उन्हें यह कहूँ कि क्योंकि मैंने यह फैसला लिया है, इसलिए आपको यहाँ ईंधन भरते रहना चाहिए ? यह कोई इज्जत की बात नहीं है। किसी संसदीय प्रजातंत्र में अगर राजनीतिक राय यह है कि ईंधन भरने की अनुमति नहीं दी जानी चाहिए, तो ठीक है, मैं आपकी राय पर भी विचार करूँगा। केवल राजीव गांधी ही नहीं, हमारे यहाँ लोगों की एक बड़ी संख्या, पता नहीं क्यों, इसके खिलाफ थी। इसलिए इससे यह धारणा नहीं बनती कि राजीव गांधी ने मुझ पर ईंधन देने से रोकने के लिए दबाव डाला।

लोगों ने इस पर काफी गौर किया कि पिछले दिनों एक शादी के अवसर पर आपने ब्रिटिश एवं अमरीकी राजदूत के साथ तस्वीरें खिंचवाईं, जैसे कि आप उस नुकसान को कम करने की कोशिश कर रहे थे, जो राजीव गांधी के बयानों की वजह से अमरीका के साथ संबंधों को पहुँचा था और...

नहीं, नहीं...मैंने फिलिस्तीनी राजदूत के साथ भी तस्वीरें खिंचवाईं। वे सारे मेरे अतिथि थे, इसलिए मैंने सभी के साथ तस्वीर खींचे जाने की अनुमति दी...और मैं आपसे बता रहा हूँ कि मैं ऐसे घटिया खेल नहीं खेलता। मैं उस तरह का कूटनीतिक नहीं हूँ कि...इसलिए मैं आपको बताता हूँ कि चूँकि वे मुझे जानते हैं, इसलिए मेरी चाय पार्टी में आए, और चूँकि वे लोग वहाँ थे, इसलिए मैंने इतने सारे लोगों के साथ तस्वीरें खिंचवाईं। लेकिन कुछ अन्य लोगों ने भी मेरे साथ तस्वीरें खिंचवाईं। आप उनकी मौजूदगी से अवगत थे, लेकिन आपने दूसरे लोगों की उपस्थिति को नजरअंदाज किया, आपने 'उन्हें' देखा।

बिल्कुल, लेकिन मुझे लगता है अमरीका में राजीव गांधी के बयानों को बहुत गंभीरता से लिया गया है और अमरीका में उनके बारे में बहुत दुर्भावना पैदा हो गई है और अब मैं सोचता हूँ कि अमरीकी एवं ब्रिटानी राजदूत के साथ तस्वीरें खिंचाने की आपकी भाव-भंगिमा को उसी रूप में लिया...

उन तस्वीरों से बहुत ज्यादा अर्थ निकालने की कोशिश मत करें। मुझे खेद है—अगर किसी बात का अमरीकी प्रेस में गलत अर्थ लिया गया है। लेकिन इस मुद्दे पर भारत सरकार की नीति हमेशा एक जैसी रही है। हम लोगों ने इराक द्वारा कुवैत पर कब्जे का कभी समर्थन नहीं किया। इसी के साथ हमने कभी इस बात का समर्थन भी नहीं किया कि आप युद्ध को एक सीमा से आगे ले जाएँ। हम लोग हमेशा उस क्षेत्र में शांति के समर्थक रहे हैं और अंतिम क्षण तक हमने कोशिश की कि लड़ाई न छिड़ पाए। जब लड़ाई शुरू हो ही गई, तो हमारी यह कोशिश रही कि कहीं से कुछ बातचीत का रास्ता निकले ताकि फिर से शांति की स्थापना हो सके। बदकिस्मती से, केवल हम ही विफल नहीं हुए बल्कि, विश्व के दूसरे

देश भी, जो प्रत्यक्ष रूप से इसमें संलिप्त नहीं थे, इस समस्या का समाधान ढूँढ़ निकालने में उतने ही असहाय साबित हुए।

क्या इसका अर्थ यह निकाला जाए कि युद्ध के बाद आप अमरीका के प्रति बहुत आलोचनापूर्ण एवं एक तरह की निर्गुट नीति अपनाएँगे या फिर निर्गुट माहौल में अमरीका से घनिष्ठ संबंध रखना चाहेंगे ?

गुटनिरपेक्ष का अर्थ यह नहीं होता कि आप किसी एक पक्ष या दूसरे पक्ष के आलोचक हैं। गुटनिरपेक्ष का अर्थ यह है कि हम विनाशकारी शक्तियों के साथ नहीं हैं, हम लोगों ने हमेशा भलाई का साथ देने की कोशिश की है। अगर कोई भी देश अंतर्राष्ट्रीय दुनिया में कुछ गलत करता है, तो हम लोग उसका विरोध करेंगे। लेकिन मैंने राज्यसभा में कहा था कि हम लोग निंदा की नीति में विश्वास नहीं करते। हम किसी देश की निंदा नहीं करते। हम उनके विचारों की आलोचना करते हैं, जो मानवों के सभ्य बर्ताव के मापदंड के अनुकूल नहीं है। हमारी यही नीति है, भले ही कोई एक देश ऐसा करे या दूसरा।

यहाँ आप विदेश नीति पर बयान दे रहे हैं। विदेश नीति पर बयान देने के लिए एक विदेश मंत्री की नियुक्ति आप कब तक करने जा रहे हैं ?

ऐसे बयान देने के लिए मैं तो हूँ ही।

लेकिन, आपके पास वह व्यवस्था कब होगी ?

बहुत जल्द, इस सत्र के तुरंत बाद।

और इस वक्त आप राजीव गांधी की विदेश नीति की भूमिका की व्याख्या कैसे करेंगे ?

मुझसे उस पर टिप्पणी करने की उम्मीद नहीं की जानी चाहिए, लेकिन यह राजीव गांधी के ऊपर है। वह बताएँ कि विदेश नीति पर उनका क्या नजरिया है ? लेकिन राजीव गांधी खाड़ी संकट के समाधान में सहायक भूमिका अदा करने की कोशिश कर रहे थे और इसमें उनका उद्देश्य शांति बहाल करना था।

क्या आप कांग्रेस पार्टी के साथ एक संभावित गठबंधन की संभावना देखते हैं, जिसमें आप कांग्रेस पार्टी का अध्यक्ष बन सकते हैं ?

ऐसा कोई प्रस्ताव नहीं है। ये सभी अखबारों में छपी मनगढ़ंत खबरें हैं, जिनका कोई आधार नहीं है।

क्या आपमें कांग्रेस अध्यक्ष बनने की कोई महत्त्वाकांक्षा नहीं है ?

बिल्कुल नहीं।

राष्ट्रपति ने नए वर्ष की उस प्रसिद्ध टिप्पणी में कहा था कि भारत गठबंधन सरकारों के दौर में है। क्या आपको लगता है कि यह गठबंधन के लंबे काल एवं अस्थिरता के लंबे

काल–दोनों का समय है ?

यह राष्ट्रपति का आकलन था। मैं इस पर कोई टिप्पणी करना नहीं चाहूँगा, क्योंकि इस देश में हमेशा इस तरह की भविष्यवाणियाँ सही हुई हैं। कई बार ऐसा हुआ कि लोगों ने सोचा कि भारत गठबंधन सरकार के पक्ष में है, लेकिन जब चुनाव हुए, तो आश्चर्यजनक रूप से लोगों ने, खासकर केंद्र में, किसी एक पार्टी या किसी दूसरी पार्टी को ही वोट दिया। मैं नहीं जानता कि जब केंद्र के लिए चुनाव होंगे, तो लोगों का बर्ताव या रुख कैसा रहेगा।

आपके विचार से ये चुनाव कब होंगे ?

चुनाव तो चार वर्ष बाद होने हैं। देखिए ये कब होते हैं...

पिछले साल से हम जिस अस्थिरता को देख रहे हैं, आपके विचार से यह अस्थायी चीज है या फिर दीर्घकालिक अवधि के संकेत ?

नहीं, यह निश्चित रूप से अस्थायी है, लेकिन मैं नहीं कह सकता कि इस अस्थायी काल का मतलब छह महीने है, एक वर्ष है या दो वर्ष, क्योंकि एक देश के जीवन में दो से तीन वर्षों का समय भी एक अस्थायी दौर हो सकता है।

लेकिन क्या आप सोचते हैं कि कुछ दूसरी प्रवृत्तियाँ–जैसे बिहार में वी.पी. सिंह द्वारा जाति के आधार पर लामबंदी, हिंदू उग्रवाद का उभार आदि दीर्घकालिक प्रवृत्तियाँ है, जिनका लंबे समय तक असर...

मैं समझता हूँ कि ये सब राजनीति के मूल्य ह्रास की बातें हैं, क्योंकि जब राजनीतिज्ञों के पास भविष्य के लिए कोई दृष्टि नहीं होती, तो उनके दीर्घकालिक उद्देश्य नहीं हो सकते। वे पुरानी पहचानों से चिपके रहते हैं और इस देश में वे पुरानी पहचानें धर्म और राजनीति है। इसलिए इनमें से किसी भी मुद्दे पर लोगों को उत्तेजित करना आसान है। यह दुर्भाग्य की बात है कि हमारे कुछ राजनीतिज्ञ सोचते हैं कि इन भावनाओं को भड़काकर आसानी से राजनीति में प्रवेश किया जा सकता है, लेकिन मुझे बहुत अफसोस के साथ कहना पड़ता है कि कई लोग इस खेल को खेलते रहे हैं, जो इस देश के लिए काफी महँगा साबित हुआ है। लेकिन मुझे लगता है कि इससे बहुत ज्यादा लाभ नहीं होनेवाला है और यह दौर बहुत लंबे समय तक नहीं बरकरार रहनेवाला है।

आप इसका आरोप सबसे ज्यादा राजनीतिज्ञों पर मढ़ते हैं और इसकी दीर्घकालिक वजहों, जैसे–आबादी, संसाधन, रोजगार इत्यादि को वजह नहीं मानते, कुछ ऐसी चीजें, जिससे पंजाब में क्षेत्रीय समस्याएँ उठ खड़ी हुईं। क्या आप नहीं सोचते कि ये समस्याएँ इन आर्थिक एवं सामाजिक समस्याओं की वजह से भी हैं ?

आर्थिक एवं सामाजिक समस्याएँ इन्हें बढ़ा देती हैं, लेकिन दूसरे तथ्य भी हैं, क्योंकि लोगों की कुछ खास वास्तविक अपेक्षाएँ पूरी नहीं हुईं और उसका कारण हठधर्मी या किसी खास समय में प्रशासन का अड़ियलपना रहा। एक बार जब स्थिति खराब हो जाती है, तो मामले को फिर सही पटरी पर लाना बहुत मुश्किल हो जाता है।

क्या आप दिल्ली में एक ऐसी सरकार की कल्पना कर सकते हैं, जो पंजाब, कश्मीर, असम को ज्यादा स्वायत्तता देने की इच्छुक हो और जो उन राज्यों में लोगों की राय को संतुष्ट कर सकती हो ?

अगर आप बेहतर समझदारी और इच्छित सहयोग चाहते हैं, तो आपको केवल उन्हीं राज्यों को नहीं, जिनका आपने जिक्र किया है बल्कि सभी राज्यों एवं लोगों को ज्यादा स्वायत्तता देनी होगी, जिनकी क्षेत्रीय अपेक्षाएँ हैं। लेकिन यह संविधान के दायरे में रह कर ही किया जा सकता है और यह विचार करते हुए कि भारत एक विशाल देश है, जिसके सामने कई समस्याएँ हैं। इसलिए मैं आपसे कह रहा था कि हमें इन राज्यों को ज्यादा सत्ता देनी चाहिए, लेकिन हमें हमेशा उन कुछ जिम्मेदारियों का ध्यान रखना चाहिए, जो केंद्र वहन करती है। इसलिए कुछ निश्चित मात्रा में संसाधन एवं कुछ निश्चित मात्रा में जिम्मेदारी को केंद्र के पास बने रहना चाहिए ताकि हम उन क्षेत्रों की जरूरतों की पूर्ति कर सकें, जो आत्मनिर्भर या स्वावलंबी नहीं हैं और जहाँ उन्हें शेष देश के साथ बराबरी पर लाने के लिए अभी और काफी प्रयास किए जाने की जरूरत है।

भाजपा एवं कांग्रेस–दोनों–ऐसा लगता है कि एक मजबूत केंद्र सरकार की जरूरत पर जोर दे रही हैं। उन्हें ज्यादा स्वायत्तता देते की जरूरत को स्वीकार करने में, ऐसा लगता है, ज्यादा परेशानी हो रही है, जितनी स्वायत्तता की बात आप कर रहे हैं। क्या आपको लगता है कि आपको कभी इतना बहुमत प्राप्त हो सकता है कि आप ज्यादा स्वायत्तता के पक्ष में अपना समर्थन दे सकें ?

मैं नहीं जानता कि भाजपा या कांग्रेस या...यह बहुमत की बात नहीं है। अगर एक बड़े बहुमत के बावजूद आप लोगों की इच्छाओं का आदर नहीं करते, तो आप इस देश को नहीं चला सकते। ऐसा इस देश में कई बार साबित हो चुका है। यह केवल संसदीय बहुमत ही नहीं है, जो महत्त्वपूर्ण है। यह सही दिशा और समस्याओं की उचित एवं सही पहचान है, जो निष्कंटक तरीके से देश को चलाने के लिए सरकार को ताकत और दमखम देती है। संसद में बहुमत से केवल विधेयक पारित हो सकते हैं और सरकार को राज्य के दमनकारी अधिकारों के इस्तेमाल का हक प्राप्त तो हो सकता है, लेकिन वह आम लोगों की अपेक्षाओं एवं उम्मीदों को संतुष्ट नहीं कर सकता। इसलिए उस पहलू को भी अनदेखा नहीं किया जाना चाहिए और उस पर से अपनी नजरें नहीं हटानी चाहिए।

अंतिम प्रश्न, आप स्पष्ट रूप से दीर्घकालिक स्वरूप के समर्थक हैं। दूसरे लोग वर्तमान में जो माँग कर रहे हैं, वह लगभग बिल्कुल विपरीत, राष्ट्रपति प्रणाली की सरकार है। आप इसकी व्याख्या कैसे करेंगे और उसका समर्थन क्या आप खुद करेंगे ?

राष्ट्रपति प्रणाली एक अलग चीज है। राष्ट्रपति प्रणाली की सरकार में भी कुछ क्षेत्रों को ज्यादा स्वायत्तता दी जा सकती है। राष्ट्रपति प्रणाली में राज्यों को ज्यादा स्वायत्तता की मनाही नहीं है। इसलिए मैं नहीं समझता कि इन दोनों में किसी तरह का विरोधाभास है। प्रणाली का प्रश्न विकास के लिए क्षेत्रों को उनकी अपनी अपेक्षाओं के अनुरूप ज्यादा स्वायत्तता देने के प्रश्न से अलग है। इसलिए ये दोनों अलग-अलग चीजें हैं।

क्या आप राष्ट्रपति प्रणाली की सरकार का समर्थन करते हैं ?

नहीं, मैं समर्थन नहीं करता। यह समर्थन करने या विरोध करने का प्रश्न नहीं है। क्योंकि इस देश में जब संविधान के स्वरूप का निर्माण किया जा रहा था, तो इस मुद्दे पर विस्तार से चर्चा की गई थी और उस वक्त उन्होंने कहा था कि दोनों ही प्रणालियों में कुछ अच्छी, कुछ नकारात्मक—दोनों ही बातें हैं। संसदीय प्रजातंत्र लोगों को संसद में अपने प्रतिनिधियों की रोजाना जाँच-पड़ताल करने का अधिकार देता है, वहाँ राष्ट्रपति प्रणाली में आपको स्थिरता का एहसास प्राप्त होता है। आप चाहे जिसे वरीयता दें—छानबीन को या जिसे आप लोगों के प्रति जिम्मेदारी कहते हैं उसे या फिर स्थिरता को—भारत जैसे समाज में, जहाँ हम लोगों को सत्ता देने का प्रयोग कर रहे हैं, इसमें लोगों के प्रति उत्तरदायित्व पर ध्यान दिया जाना चाहिए और यही वजह है कि हम लोगों ने मंत्रिपरिषद की प्रणाली या प्रजातांत्रिक प्रणाली की सरकार को तरजीह दी।

फाइनेंशियल टाइम्स, 27 फरवरी, 1991

राजनीति संभावनाओं का खेल है

रंजन राय की बातचीत

चन्द्रशेखरजी, अभी कुछ घंटे पहले ही आपने अपना इस्तीफा दिया है। ऐसा निर्णय लेने के लिए आप क्यों बाध्य हुए ?

यह तो बिल्कुल साधारण-सी बात है। संसदीय प्रजातंत्र नंबरों का खेल है। कांग्रेस के समर्थन के आधार पर इस सरकार का गठन हुआ था। यह एक अल्पमत सरकार थी। कांग्रेस के सर्मथन के बिना इस सरकार का संसद में बने रहना मुश्किल था। कांग्रेस ने कुछ निजी कारणों से सदन का बहिष्कार किया। हालाँकि उन्होंने आधिकारिक तौर पर अपना समर्थन वापस लिए जाने की घोषणा नहीं की। विपक्ष की उपस्थिति में राष्ट्रपति को दिए जाने वाले धन्यवाद प्रस्ताव पर मत प्रकट किए गए। मैं नहीं चाहता था कि इस विषय पर सरकार को असफलता का सामना करना पड़े। इस समय सदन में अपने साथ उस पार्टी का न होना—जो समर्थन का दावा करती है, मेरे लिए बड़ा ही विचित्र था। हमारी पार्टी के सरकार में बने रहने के नैतिक अधिकार को ठेस पहुँचाना उनका एकमात्र उद्देश्य था। इसलिए मैंने अपने पद से इस्तीफा दे दिया।

क्या आपको इस घटना के होने की आशंका नहीं थी ?

यहाँ किसी उम्मीद का कोई प्रश्न नहीं उठता, क्योंकि राजनीति में सब कुछ संभव है। देश के सामने जो समस्याएँ हैं, उन्हें सुलझाने के तरीके और दृष्टिकोण में जब आप किसी भी दल के साथ पूरी तरह सहमत नहीं हैं, तब किसी भी समय ऐसी स्थिति आ सकती है। मैं यह नहीं कहता कि जो भी हुआ, वह आशा के विपरीत था। लेकिन ऐसी छोटी-सी बात पर वे अपना समर्थन वापस ले लेंगे, यह आशा के विपरीत था। उनके द्वारा उठाया गया प्रश्न उतना गंभीर नहीं था, जितनी गंभीर उनकी प्रतिक्रिया थी। वर्तमान में देश के सामने इससे भी जरूरी कई अन्य समस्याएँ हैं, जिन पर उनका ध्यान नहीं है।

क्या आप उन घटनाओं का संक्षिप्त वर्णन करेंगे, जो सरकार के बहिष्कार का कारण बनीं ?

नहीं, सरकार के बहिष्कार के पीछे घटी घटनाओं के बदले मैं उस स्थिति के बारे में बताना चाहूँगा, जब सरकार का गठन हुआ था। मैं और कांग्रेस पार्टी दोनों ने स्थिति की गंभीरता को समझा कि तुरंत चुनाव देश के हित में नहीं हैं। अतः हमने साथ काम करने का निश्चय किया। यह सच है कि हमने किसी साझी योजना के बारे में बात नहीं की। कांग्रेस ने बिना किसी शर्त के समर्थन दिया था। सरकार बनने के दो या तीन महीनों के बाद सरकार के प्रति उनके दृष्टिकोण में परिवर्तन होने लगा। मैं उस मुद्दे के बारे में बात नहीं करूँगा, जिस

पर उनका विरोध था, क्योंकि किसी विशेष मुद्दे पर अपना मत प्रकट करने का उनको पूरा अधिकार था। मैं हाल की एक घटना की चर्चा करूँगा। रविवार की सुबह मुझे बताया गया कि हरियाणा पुलिस के दो जवान राजीव गांधी के घर के पास संदिग्ध अवस्था में घूम रहे हैं। मैंने तुरंत उनकी छानबीन करने के आदेश दिए। लोकसभा में भी इसे रखा। कांग्रेस के सभी नेता मेरे इस कदम से संतुष्ट थे। उसी शाम मुझे एक पार्टी में राजीव गांधी मिले। मैंने उनसे कहा कि ऐसा होना शर्मनाक है और मैं इस पर पूरा ध्यान दे रहा हूँ। अगली सुबह जब मैं संसद गया, तब मुझे यह सूचना दी गई कि वे लोग सभा का बहिष्कार करने वाले हैं। यह हरकत मुझे बहुत बचकानी लगी। मुझे विश्वास नहीं हुआ। बाद में जब सदन में उन्होंने कहा, तब मैं स्तब्ध रह गया कि इतनी छोटी-सी बात पर वे इतने उत्तेजित हो गए! जबकि हमने साफ तौर से यह कहा था कि हम इसकी हर तरह से छानबीन करेंगे और दोषी व्यक्ति को दंड देंगे। कल से वे मुझ पर कुछ ऐसी सलाह लादना चाहते हैं, जिसे मानना मेरे लिए मुश्किल है। मेरे पास दूसरा कोई उपाय नहीं था। या तो मैं उनकी सलाह मान लूँ, जो असंभव है—या मैं कोई कड़ी बात कहूँ, जो नहीं कहना चाहता। अतः मैंने सोचा कि उस बात को, जो बिल्कुल अनुचित है, स्वीकार करने के बजाय, इस्तीफा देना ज्यादा अच्छा है।

कांग्रेस ने जो भूमिका निभाई, क्या वह सही थी ?

मैं सही-गलत के बारे में अंतिम निर्णय नहीं ले सकता, क्योंकि सच सापेक्ष होता है। हर कोई राजनीति में अपनी मानसिक क्षमता और अपने मनोवैज्ञानिक नजरिये से काम करता है। अतः हमें सही-गलत का फैसला अपने नजरिये से नहीं, बल्कि कांग्रेस के दृष्टिकोण से करना होगा। उनका मानसिक स्तर यही है और अपनी सोच के अनुसार उन्हें जो उचित लगा, उन्होंने वैसा ही किया।

बी.पी. सिंह की सरकार के अंतिम दिन से लेकर आज तक इस देश ने अस्थायी सरकार का दौर देखा है। आप अभी प्रधानमंत्री की कुर्सी पर कायम हैं। आप बताइए कि भारतीय शासन व्यवस्था का क्या भविष्य है ?

यह सच है कि इस देश ने कई अस्थायी सरकारों का दौर देखा है, परंतु मैं इस देश के भविष्य के प्रति पूरी तरह आशान्वित हूँ, क्योंकि जनता की सोच मजबूत और स्थिर है और देश की हर नाजुक परिस्थिति में उन्होंने सही और उचित निर्णय लिया है। मुझे पूरा भरोसा है कि लोग सही निर्णय लेंगे और इस देश का भविष्य उनके हाथों में पूरी तरह सुरक्षित रहेगा।

क्या फिर से चुनाव कराए जाने के लिए यह उचित समय है ?

अगर आप मेरे निजी विचार पूछ रहे हैं, तो अभी मैं फिर से चुनाव कराए जाने के पक्ष में नहीं हूँ। मगर इसके सिवाय कोई और विकल्प भी नहीं है। राजनीति संभावनाओं का खेल है। बिना सरकार के देश की शासन-व्यवस्था बिगड़ सकती है। संसद में ऐसा कोई प्रावधान नहीं है कि छह माह के भीतर चुनाव नहीं हो सकते। अतः मध्यावधि चुनाव करवाकर सरकार बनानी होगी।

मगर जब आपकी पार्टी ने सरकार बनाई, तो ऐसी बातें की जा रही थीं कि स्थितियाँ चुनाव के अनुकूल नहीं हैं, क्योंकि चुनाव के समय हिंसा होने की संभावना थी। क्या संकट का वह दौर खत्म हो गया है ?

मैं ऐसा तो नहीं कह सकता कि वह दौर समाप्त हो गया है, लेकिन तनाव में कुछ कमी तो जरूर आई है। वैसी परिस्थितियाँ अभी नहीं हैं। नवंबर, 1990 में जब इस सरकार का गठन हुआ, तो चारों तरफ माहौल में क्रोध, घृणा, वैमनस्य तथा छिटपुट झगड़े जारी थे। पर अभी का माहौल वैसा नहीं है। समस्याएँ सुलझनी शेष हैं, पर लोग शांत हैं और कम से कम परस्पर वार्तालाप के लिए तैयार हैं। स्थितियों में ऐसे सुधार अच्छे भविष्य की ओर संकेत करते हैं। मुझे आशा है कि यह शांति और समझदारी कायम रहेगी।

क्या आपको अपनी पार्टी की संरचना में कोई परिवर्तन दिखता है या दूसरे दलों के साथ आपके गठबंधन की प्रवृत्ति में कोई भिन्नता दिखती है ?

अभी कोई विचार प्रकट करना असामयिक होगा। देखते हैं कि प्रक्रिया किस तरह विकसित होती है। क्योंकि पिछले साल भारत जैसे देश में कई सारे गठबंधन हुए थे—सो आनेवाले एक या दो महीने में क्या होगा, इसकी भविष्यवाणी मैं नहीं कर सकता।

चूँकि आप अभी भी प्रधानमंत्री के पद पर विराजमान हैं, इसलिए मैं आपसे पूछना चाहता हूँ कि देश की दो गंभीर समस्याओं—पहली आर्थिक स्थिति और दूसरी सांप्रदायिकता की समस्या से आप कैसे निपटेंगे ?

मुझे लगता है कि इन दोनों समस्याओं का हल लोगों को इसमें शामिल करके ही निकाला जा सकता है। राजनेता या वे लोग, जो मामले को सुलझाने की योग्यता रखते हैं, उन्हें यह समझना होगा कि सभी समस्याओं का हल लोगों के सहयोग में निहित है, हमें लोगों की इच्छा तथा अपेक्षा को समझना होगा। स्थितियाँ बहुत जटिल लगती हैं, पर इससे तुरंत निष्कर्ष निकालना गलत होगा। उदाहरण के तौर पर, सांप्रदायिक तनाव या अल्संख्यकों की समस्या को ही लीजिए। बहुधा अल्पसंख्यकों की भाषा उत्तेजक व आक्रोशित होती है। अगर आप राजनीतिक तरीके से कोई फैसला लेंगे, तो आप गलत निष्कर्ष पर पहुँचेंगे। मगर आप उनके भीतर की भावना, पीड़ा का एहसास, भय का एहसास, उपेक्षित होने की पीड़ा—इन सबको महसूस करेंगे, तो उनके प्रति हमारी सारी सोच बदल जाएगी और हम उनकी समस्याओं से समझदारी, दया और सहानुभूति से निपटेंगे। आज देश को इसी समझदारी की जरूरत है, चाहे वह समाज के दबे-कुचले वर्ग की समस्या हो, अनुसूचित जाति या जनजाति की समस्या हो या अल्पसंख्यकों की पीड़ा हो। हममें अपनी निरंकुश ताकत से उन्हें चुप कराने की प्रवृत्ति नहीं होनी चाहिए, बल्कि उन्हें यह समझाना चाहिए कि उनकी उन्नति तथा खुशहाली इस देश के लोगों के साथ सहयोग और मदद करने में ही निहित है।

भारत, विशेषकर अपने आर्थिक मोर्चे पर, अंतर्राष्ट्रीय मुद्राकोष से भारी मात्रा में लिए गए ऋण के बोझ तले दब गया है। ऐसा लगता है कि सरकार कई कठोर कदम उठाने वाली है। इन सब बातों को ध्यान में रखते हुए आप कैसे कहते हैं कि हमारी आर्थिक नीति

सफल होगी ?

जो आर्थिक नीतियों का ढाँचा तैयार करते हैं, उन्हें एक बात अपने दिमाग में रखनी होगी कि हमें जनता को व्यर्थ की आशा नहीं दिलानी है और न ही विश्व के तमाम विकसित देशों से कोई प्रतियोगिता करनी है। हमें अपने लोगों को यह बताना होगा कि हमारे साधन सीमित हैं। भारत जैसे विशाल देश की जटिल समस्याओं का हल बाहरी मदद से संभव नहीं है। हमें खुद एक-दूसरे की मदद करनी होगी। जब मैं बाहरी मदद से इनकार की बात कह रहा हूँ, तो इसका यह मतलब कतई नहीं है कि हम बाहरी देशों की मदद नहीं चाहते। यदि हमारे साधन सीमित हैं, तो हमें उन्हें मितव्ययिता से खर्च करना सीखना चाहिए। अतः आत्मसंयम महज एक नारा नहीं है, बल्कि यह एक आर्थिक उपाय है और यह तभी संभव है, जब भारत आत्मनिर्भर होने के लिए प्रयासरत होगा। अतः हमारा पहला प्रयास यही होगा कि हम उतने ही पाँव फैलाएँ, जितनी लंबी हमारी चादर है। दूसरे, हमें लोगों को यह संदेश देना होगा कि हमें अपने सीमित साधनों में ही सारी जरूरतें पूरी करनी हैं। बाहर से मिलनेवाली सहायता का भी स्वागत है। दूसरी, सबसे महत्त्वपूर्ण बात यह है कि देश की सबसे बड़ी संपत्ति हमारी श्रमशक्ति है। हमें ऐसे अवसरों का सृजन करना होगा, जहाँ इस श्रम का उपयोग हो सके। हमें आधुनिक तकनीकों पर पूरी तरह निर्भर न होकर अपनी उचित व सुचारू तकनीकों का इस्तेमाल करना चाहिए। कुछ विशेष क्षेत्रों में आधुनिक तकनीक बेहद उपयोगी है, किंतु जब हमें रोजगार के नए अवसरों को खोजना व सृजन करना हो, तब हमें उचित तकनीक का इस्तेमाल करना चाहिए। जैसे लघु उद्योग, कुटीर उद्योग तथा ग्रामीण उद्योग भारत जैसे गाँवों के देश के लिए पूरी तरह उचित है।

आप प्रधानमंत्री के पद को शीघ्र छोड़नेवाले हैं। इस अवधि को क्या आप अपने राजनीतिक जीवन का स्वर्णिम काल मानते हैं ? दूसरे, शासन चलाने के संदर्भ में आप अपने कार्य-काल का मूल्यांकन किस तरह करेंगे ? क्या आप भारत को एक स्वच्छ सरकार देने में कामयाब हुए हैं ?

यह बेहद निजी सवाल है। लेकिन मैं पूरी विनम्रता के साथ यह कहना चाहता हूँ कि मैंने कभी भी यह नहीं सोचा कि प्रधानमंत्री बनकर मैंने कोई बहुत बड़ा और महान काम किया है। अपने राजनीतिक जीवन में पिछले कुछ सालों में मैंने कई प्रधानमंत्री देखे। मैंने कभी खुद को महान नहीं समझा, परंतु इस पद को पाना एक बड़ा सम्मान अवश्य है। अगर आप मेरे निजी अनुभव पूछेंगे, तो मैं दावे के साथ नहीं कह सकता, क्योंकि मेरे कार्यकाल की अवधि काफी संक्षिप्त थी। लेकिन मुझे अफसरशाही से जो सहयोग मिला और जनता ने जिस तरह हमें समर्थन दिया, उससे मैं अपार हर्ष का अनुभव कर रहा हूँ। मैं देश के भविष्य के प्रति बेहद आशान्वित हूँ।

आपकी सरकार की महत्त्वपूर्ण उपलब्धियाँ क्या रहीं ?

मैं इसका निर्णय आप जैसे लोगों पर छोड़ता हूँ। मैं किसी तरह का दावा नहीं करना चाहता।

अंत में, चन्द्रशेखरजी, आप अपने राजनीतिक जीवन का कैसा भविष्य देखते हैं ?

मैंने अपने निजी राजनीतिक भविष्य की कभी चिंता नहीं की। राजनीतिक कार्यकर्ता के रूप में मैं देश के अच्छे भविष्य के लिए थोड़ा-बहुत जो भी कर सका, करूँगा। मैंने हमेशा कहा है कि मैं किसी व्यक्ति को इतिहास का पूर्णविराम नहीं मानता। यहाँ तक कि देश का मार्ग प्रशस्त करनेवाले गांधी और जयप्रकाश नारायण जैसे लोग भी इतिहास के अल्पविराम ही हैं। अतः हमें सर्वश्रेष्ठ बनने की होड़ छोड़ अपनी शक्ति व सामर्थ्य के अनुसार काम करने का संकल्प रखना चाहिए। अगर हम मानव श्रम की महान शृंखला की एक कड़ी भी बन पाए, तो हमें संतोष होगा। अतः मैं अपने राजनीतिक जीवन से बिल्कुल संतुष्ट हूँ और भविष्य के प्रति भी निराश नहीं हूँ; और न ही किसी संदेह से ग्रस्त हूँ। मेरा भविष्य सुरक्षित है, लेकिन इससे इस देश के लोगों का भविष्य सुरक्षित नहीं हो जाएगा। अगर हम राजनीति में हैं, तो हमें यह कोशिश करनी चाहिए कि जो जनता आज तक वंचित, शोषित व उपेक्षित रही है, उसमें हम सुरक्षा की भावना जगा सकें।

पीटीआई टीवी, 7 मार्च, 1991

सरकार की अपेक्षा समाज का स्थायित्व ज्यादा जरूरी है

श्रीराम तिवारी की बातचीत

इस बातचीत की शुरुआत हम आपके द्वारा किए गए चुनावी मूल्याँकन से करते हैं। कई विशेषज्ञों का कहना है कि इस चुनाव का परिणाम त्रिशंकु लोकसभा होगी। क्या यह गठबंधन की राजनीति का युग होगा ? आपके विचार से राजनीति की यह स्थिति भारतीय लोकतंत्र के लिए अच्छी होगी या खराब ?

चुनाव परिणामों के बारे में अभी बात करना जल्दबाजी होगी। मैं उन लोगों के निर्णय पर कोई राय नहीं देना चाहता, जो निर्वाचकों के रुख को बिना जाने नतीजे निकाल रहे हैं। हमें कुछ और इंतजार करना चाहिए। मैं लोगों के इस मूल्यांकन से सहमत नहीं हूँ कि संसद त्रिशंकु होगी। अगर ऐसा हुआ, तो साझा सरकार बन सकती है। मैं गठजोड़ की नीति से असहमत नहीं हूँ। लेकिन सरकार यदि गठबंधन वाली हुई, तो देश की समस्याओं तथा उनके समाधान के लिए साझी समझदारी और परस्पर सहयोग आवश्यक हो जाता है। सांसद चाहे किसी भी दल के हों, उनके सिर्फ अपनी सोच और रुचि को तरजीह देने से समस्याएँ नहीं सुलझेंगी।

कांग्रेस, भाजपा और जनता दल द्वारा स्थायित्व, सामाजिक न्याय, राष्ट्रीयता तथा सांप्रदायिकता का मुद्दा उठाया गया है। आपकी पार्टी का मुख्य चुनावी मुद्दा क्या होगा ?

जब विभिन्न दलों द्वारा अपनाए गए इन सारे मुद्दों का निर्वाचकों द्वारा सूक्ष्म परीक्षण किया जाएगा, तब इनकी सारी सच्चाई सामने आएगी। कांग्रेस दल ने स्थायित्व का नारा दिया है। सिर्फ छह साल पहले ही जनता ने उनके 412 लोगों को जिताकर लोकसभा भेजा था। परंतु वे इस देश को स्थिरता नहीं दे पाए। मुझे समझ में नहीं आता कि उस पार्टी के लोगों या इसके नेतृत्व में क्या नए परिवर्तन हुए हैं और ये परिवर्तन किस तरह अलग परिणाम ला पाएँगे ? वे किस स्थिरता की बात करते हैं ? सरकार के स्थायित्व से ज्यादा जरूरी समाज का स्थायित्व है। वे समाज में स्थिरता नहीं ला सकते, क्योंकि वे लोगों की इच्छा और आवश्यकता को नहीं समझ सकते और न ही वे इस स्थिति में हैं कि जनता की अपेक्षाओं को पूरा करने के लिए कोई योजना या नीति का निर्धारण कर सकें। उनका शासनकाल टूटे हुए वादों और आशाओं का शासनकाल रहा। उन्हें सरकार बनाने की चिंता नहीं है, बल्कि उन्हें अपनी पार्टी के नेतृत्व के स्तर की चिन्ता है। चुनाव किसी नेता के लिए नहीं, बल्कि कुछ मुद्दों, नीतियों और योजनाओं के लिए होता है। सामाजिक न्याय सिर्फ एक विचार नहीं है, बल्कि यह मुद्दा आर्थिक मसलों पर ठोस कदम उठाए जाने की माँग करता है। यह सच है कि भारत में कठोर जातिप्रथा की वजह से कुछ जातियाँ, जो पिछड़ी हुई हैं, गरीब हैं—हमें उन पर विशेष ध्यान

देना चाहिए। इस बात से किसी को इनकार नहीं है। आपको याद होगा कि हमने पिछड़ी हुई जातियों, अनुसूचित जातियों और जनजातियों को शुरू में ही आरक्षण दिया था। लेकिन 43 वर्षों की इस अवधि के बाद भी हम उन्हें बेहतर भविष्य नहीं दे पाये हैं। मैं नहीं जानता कि जो काम पिछले कई सालों में नेहरु तथा दूसरे प्रभावशाली नेता नहीं कर पाये, उसे ये नेता 17 सालों में, सिर्फ आरक्षण का सहारा लेकर, कैसे कर पाएँगे ? समाज के इस हिस्से को आप बेहतर अवसर तब तक नहीं दे सकते जब तक कि आप उनके लिए कोई ऐसी योजना न बनाएँ, जिससे आप उन्हें ज्यादा से ज्यादा काम दे सकें। यह तभी संभव है, जब आपके उद्देश्य और नीतियाँ स्पष्ट हों। जिस समाज में साधनों का अभाव है, वहाँ हमें ज्यादा से ज्यादा निवेश करने की जरूरत है ताकि उनकी अनिवार्य जरूरतें पूरी हो सकें।

जिस पार्टी के नेताओं ने यह नारा दिया है, वे अपनी उस आर्थिक नीति के लिए जाने जाते हैं, जिसकी वजह से हमारा देश ऐसी हालत में पहुँच गया है कि उसे दूसरे देशों से ऋण लेना पड़ रहा है। उन्होंने देश को पूर्ण आर्थिक संकट की स्थिति में ला दिया है। आज देश विनाश के कगार पर खड़ा है। नवंबर में, जब मैंने प्रधानमंत्री पद की जिम्मेदारी सँभाली, हमारी स्थिति बहुत खराब थी। हमने बिगड़ी हुई परिस्थितियों को सँभालने का प्रयास किया। हमें कुछ कामयाबी मिली है, फिर भी अभी हम इस सकंट से पूरी तरह नहीं उबरे हैं। अगर इसी तरह ये लोग ऊँचे-ऊँचे नारे और बड़े-बड़े वादे करें और उन्हें भूल जाएँ, तो इस देश को बचाना मुश्किल हो जाएगा। सामाजिक न्याय तभी संभव है, जब आप जनता से झूठे वादे न करें, जब आप महात्मा गांधी की तरह कठोर आत्मसंयम बरतें। यह सिर्फ उनका नारा नहीं था बल्कि वे इसे पूरी तरह प्रयोग में भी लाए थे। हमें स्वदेशी की अवधारणा को अपनाना चाहिए। जब तक हम जनता का इच्छित सहयोग प्राप्त नहीं कर लेते, हमें देश माफ नहीं करेगा। विश्व के देश हमारा सहयोग तब तक नहीं करेंगे, जब तक हम विभिन्न समूहों के बीच की आपसी दुर्भावना को दूर नहीं कर देते। संघर्ष की स्थिति में सबसे कमजोर व्यक्ति ज्यादा पीड़ित होता है। अस्थिरता, घृणा और द्वेष के माहौल में सबसे कमजोर तथा गरीब वर्ग ही शोषित होता है। मुझे लगता है कि राजनेताओं की अपेक्षा गरीब जनता यह बेहतर जानती है कि उनकी स्थिति का फायदा कौन उठानेवाला है ?

दूसरा प्रश्न राम से संबंधित है। कुछ लोग राम के नाम का इस्तेमाल कर केवल अपने स्वार्थ की पूर्ति कर रहे हैं। राम की विचारधारा या उपदेश अपेक्षाकृत ज्यादा सच्चे और नेक हैं। राम की नीति भाईचारा, प्रेम, शांति और सच्चाई की नीति है। यह न तो घृणा सिखाती है और न ही दुश्मनी। देश ने पिछले कुछ महीनों में जो अनुभव किया है, वह यह है कि राम के नाम पर पारस्परिक घृणा, द्वेष को बढ़ावा दिया गया है, जो राम के उपदेशों और नीतियों का सीधा उल्लंघन है। उन्हें हमने या तो हिंदू के रूप में देखा है या एक भारतीय के रूप में। यह तो एक बात है—दूसरी बात यह है कि धर्म ईश्वर तथा मानव को जोड़ने का माध्यम है। लेकिन अगर धर्म का इस्तेमाल सत्ता में किसी विशेष पद या स्थान को पाने के लिए किया जाता है, तो जनता राम के नाम के इस गलत इस्तेमाल को बर्दाश्त नहीं करेगी। राम के पद को राजनीतिक दल के चुनावी एजेंट के स्तर तक नहीं घटाया जा सकता है। राम का महत्त्व इससे भी ज्यादा विशाल और विस्तृत है, जहाँ वे मनुष्य के मनोविज्ञान को नियंत्रित करते हैं और जिनसे हमने यह सीखा है कि पूरा विश्व हमारा परिवार है। विश्व के सभी लोग

आपस में भाई-भाई हैं, जहाँ धर्म तथा जाति के आधार पर भेदभाव नहीं किए जाते। महात्मा तुलसीदास ने कहा था कि जो राम में विश्वास करते हैं, वे कभी भी दूसरों के साथ जाति, धर्म और समुदाय के नाम पर भेदभाव नहीं कर सकते, लेकिन ये लोग जो राम की बात करते हैं, समुदायों और जातियों के बीच घृणा, भेदभाव और वैमनस्य फैला रहे हैं। मुझे नहीं लगता कि भारत के लोग उनकी इस सड़ी-गली मानसिकता को बर्दाश्त करेंगे, क्योंकि अतीत में भी जिन लोगों ने हिंदुत्व को सांप्रदायिकता का कारण बना दिया था, इस देश के लोगों ने उनका बहिष्कार किया है। यह धर्म ऐसा धर्म रहा है, जिसने बिना किसी भेदभाव के सभी धर्म के लोगों को अपने गले लगाया है। लोगों की भावनाओं को भड़काकर कुछ समय के लिए तो इसका लाभ उठाया जा सकता है, पर यह लाभ थोड़े समय के लिए होगा। मुझे नहीं लगता कि अपने सारे प्रयासों के बावजूद देश को फिर से वापस उस माहौल में लाया जा सकेगा, जिसमें यह पिछले चुनाव के दौरान नवंबर में था। वे इसका प्रयास बेशक करें, पर उन्हें सफलता हरगिज नहीं मिलेगी।

जनता के पास आप जिन मुद्दों को लेकर जाएँगे, उनका आधार क्या होगा ?

मैं नहीं जानता। यह सब पार्टी करेगी। वह चुनाव का सूचीपत्र तैयार कर रही है। मुझे लगता है कि अब वह समय आ गया है, जब जनता से सीधे बात की जाए। हम न तो उनसे ऊँचे वादे करें, न ही उन्हें बड़ी-बड़ी आशाएँ दिलाएँ। हमें सभी मोर्चों पर उन्हें स्थिति की सच्चाई बतानी होगी। उन्हें सही निर्णय लेने के लिए तैयार रहने को कहा जाए, क्योंकि यदि उनका निर्णय गलत हुआ, तब थोड़े समय के लिए तो उनका ख्याल रखा जाएगा, किंतु दीर्घकालिक रूप से वे देश को दुःखदायी स्थिति में ले आएँगे। हमें परिस्थितियों को जटिल बनाने में अपना योगदान नहीं करना है। आर्थिक प्रगति के लिए आर्थिक संरचना जरूरी है। हमें इसमें जरूरी सुधार लाना है। इसके लिए हमें लोगों का सहयोग चाहिए। हमें उन्हें बताना होगा कि जो भी उत्पादन हो रहा है, उसका इस्तेमाल सबसे पहले उनके बच्चों के बेहतर जीवन के लिए तथा कठिन परिश्रम करने वालों के लिए किया जाएगा। इसमें सभी को पहली प्राथमिकता मिलेगी। शिक्षा, प्राथमिक स्वास्थ्य सेवा और रोजगार देने के लिए हम हर व्यक्ति में निवेश करेंगे और जो स्त्री काम करना चाहेगी, उसे इसके लिए आवश्यक धन तथा मदद भी दी जाएगी। जिन्हें शिक्षा नहीं मिली है, उन्हें बंजर धरती को उपजाऊ बनाने का काम सौंपा जाएगा। यह बेहद दुर्भाग्यपूर्ण है कि करोड़ों नवयुवक तथा नवयुवतियों के कड़े परिश्रम के बावजूद करोड़ों हेक्टेयर भूमि बंजर है, जिसका इस्तेमाल कई उद्देश्यपूर्ण कामों के लिए किया जा सकता है। अतः हम अगली सरकार के शासनकाल में ऐसे लोगों को काम में लगाना चाहते हैं, जो कुछ उत्पादन कर सकें, जिससे देश की उन्नति हो और उनका जीवन खुशहाल बने। ये सारी बातें हमारे दल के सूची पत्र में हैं।

जब मैं उन्नति तथा विकास की बात करता हूँ हमारे लिए यह जरूरी होगा कि पारस्परिक द्वेष तथा कलह को भूल जाएँ और आपसी सौहार्द और भाईचारे को अपनाकर काम करें। हमने इसकी कोशिश की और काफी हद तक सफल भी रहे। कोई भी व्यक्ति, चाहे वह भारतीय हो या विदेशी, यह नहीं कह सकता कि आज भारत की वही स्थिति है, जो 1990 के नवंबर में थी। हम कोई चमत्कार तो नहीं कर पाए, पर जनता तक जरूर पहुँचे हैं...अगर वे लंबे-लंबे

वादे, टूटी आशाएँ, सारी जटिलताएँ—जो हमें बर्बादी के रास्ते पर ले जाना चाहती हैं—यदि वे उसी रास्ते पर जाना चाहते हैं, तो वे खुशी से कोई दूसरी पार्टी को चुन सकते हैं।

हालाँकि पंजाब, कश्मीर और असम में चुनाव होने जा रहे हैं, परंतु क्या आपको लगता है कि इससे वहाँ की समस्या को हल करने में सहायता मिलेगी ?

नहीं कह सकता। लगता है लोग बेवजह ही इस बात पर आवेश में आ रहे हैं। हमारा लोकतंत्र तथा मतदान में विश्वास है। इस देश के प्रत्येक व्यक्ति को मतदान का अधिकार है। दुर्भाग्य से वहाँ कहीं-कहीं पर विवाद उठ खड़े हुए हैं। मैंने लोगों से प्रार्थना की है कि वहाँ हिंसा का विरोध करें, शांति कायम रखने की कोशिश करें तथा सरकार से माँग करें कि वे संसदीय ढाँचे में ही काम करेंगे। अगर वे इन मुद्दों पर तैयार हो जाते हैं और वहाँ शांति कायम हो जाती है, जिससे स्वतंत्र तथा निष्पक्ष चुनाव कराए जा सकें, तो पंजाब में चुनाव होने पर किसी को क्यों आपत्ति होगी ? मैं वहाँ के प्रशासन से बराबर संपर्क बनाए हुए हूँ। अगर वहाँ कानून व्यवस्था बनाए रखने के लिए जरूरी न्यूनतम सुरक्षा-प्रबंध भी उपलब्ध होंगे, तो चुनाव कराए जाने के लिए मैं चुनाव आयुक्त से प्रार्थना करूँगा। मैं यह दावा नहीं करता कि समस्याएँ तुरंत हल हो जाएँगी, लेकिन इतना जरूर है कि इस समस्या के समाधान की दिशा में कुछ मदद अवश्य मिलेगी। वरना लोगों का मोहभंग और ज्यादा होगा और परिस्थितियाँ दिन-प्रतिदिन खराब होती जाएँगी। हम लोगों को ज्यादा इंतजार नहीं करवा सकते कि वे संसद और विधानसभा में बिना अपने प्रतिनिधि के रहें। दूसरी बात यह है कि हम राज्य की निरंकुश ताकत पर ज्यादा समय तक निर्भर नहीं रह सकते। इसकी भी एक सीमा है। मैं साफ तौर पर कहूँगा कि अगर पंजाब, कश्मीर, असम की जनता वहाँ ऐसा माहौल तैयार कर सके कि उस माहौल में चुनाव संभव हो, तो मैं वहाँ चुनाव संपन्न कराने के लिए जरूर निवेदन करूँगा। कुछ लोग हैं, जिनका राजनीति में स्वार्थ निहित है। पर मेरा राजनीति में कोई निहित स्वार्थ नहीं है। मेरी इच्छा बस इतनी है कि इन राज्यों में चुनाव करवाकर यहाँ के लोगों को देश की मुख्यधारा में ले आया जाए।

विकास के मुद्दों पर बात करें, तो क्या आपके और मोहन धारिया के पास आठवीं योजना में कोई मौलिक परिवर्तन लाने की योजना है ? इस योजना का अभिलेख किस स्तर पर है और आपके अनुसार क्या...

नहीं, योजना का अभिलेख तैयार हो रहा है और अभी निर्णय बाकी है। जैसा कि मैंने आपको पहले बताया कि हम उन क्षेत्रों में निवेश करना चाहते हैं, जहाँ यह निवेश मुख्यतः जनता के लिए हो। जब मैं जनता में निवेश की बात करता हूँ, तो इसका मतलब उनकी अनिवार्य न्यूनतम आवश्यकताओं की पूर्ति के लिए निवेश है। दूसरी बात है कि हमें मानव श्रम के इस्तेमाल की हरसंभव कोशिश करनी चाहिए। हम करोड़ों लोगों को रोजगार देना चाहते हैं और उनके श्रम को समाज की उपयोगिता के लिए, बंजर जमीन को उपजाऊ बनाने के लिए इस्तेमाल करना चाहते हैं। इसी तरह लोगों को साक्षर बनाने के लिए शिक्षित युवक तथा युवतियों की सेवा ली जाएगी। अतः हमारी प्राथमिकताओं का क्षेत्र है—शिक्षा, प्राथमिक स्वास्थ्य सेवाएँ, बच्चों को न्यूनतम कैलोरी उपलब्ध कराना ताकि

वे शारीरिक अपंगता का शिकार न बनें, उपेक्षित स्त्रियों को आर्थिक सुरक्षा देना, अनुसूचित जाति और जनजाति के श्रम के उपयोग के लिए विशेष प्रावधान और अल्पसंख्यकों को सहायता देना ताकि उनके साथ भेदभाव न हो। इन सारी बातों के लिए बेहतर आधारभूत संरचना जरूरी है। इसके लिए हम ऊर्जा सृजन, सिंचाई परियोजना, पीने का पानी और चिकित्सीय सुविधा पर पूरी तरह ध्यान देंगे।

आप अपनी पदयात्रा के दौरान तथा उसके पहले भी विध्वंसात्मक विकास की नीति के विरुद्ध कई सारे आंदोलनों से गहरे स्तर पर जुड़े हैं, तो अब क्या आपकी मान्यताएँ बदल गईं, जो आप सरकार में शामिल हैं ?

नहीं, मेरी मान्यताएँ नहीं बदली हैं, बल्कि मेरे विचार और दृढ़ हुए हैं। इस सरकार के शासनकाल के अनुभव ने मुझमें यह दृढ़ विश्वास जगाया है कि देश की बिगड़ी हुई स्थिति जरूर बदली जा सकती है और इसे ज्यादा बेहतर बनाया जा सकता है। हमारे पास प्रचुर साधन हैं। हमारी मानवशक्ति भी अपार है। हमारे पास कुशल प्रशासक भी हैं। इसके अलावा हमारे वैज्ञानिकों और तकनीकी अनुभव प्राप्त लोगों ने देश के लिए बहुत अच्छा काम किया है। निजी तथा सार्वजनिक क्षेत्र के लोग भी सक्षम हैं, क्योंकि वे देश के बाहर बेहतरीन काम कर रहे हैं। वे वैसा काम भारत में क्यों नहीं कर पाते, इस पर भी हमें ध्यान देना चाहिए। हम राजनीतिज्ञों के पास न तो कोई स्पष्ट नीति है, न भविष्य के प्रति साफ और बेहतर दृष्टिकोण और न ही हमारी कोई प्राथमिकता है। हमारी अपनी समस्याएँ तथा उलझनें हैं और सारी रुकावटें इन्हीं का परिणाम हैं।

अंतर्राष्ट्रीय मामलों के बारे में बात करें, तो अमेरिका के हाल के संकेतों, पाकिस्तान में उसके राजदूत की प्रतिक्रिया या भारत को सुपर 301 योजना में शामिल करने से इनकार कर देने आदि घटनाओं को आप किस तरह देखते हैं ?

ऐसी प्रतिक्रियाएँ रोज बनती और बिगड़ती हैं। मुझे अमेरिका की नीति में किसी तरह का कोई बदलाव नहीं दिखता, जो हमें चौंका दे या जिससे हम चिंतित हों। इसके विपरीत, कुछ महत्त्वपूर्ण मुद्दों पर अमेरिका तथा दूसरे देशों ने भारत के प्रति अच्छा रुख दिखाया है। मैं इससे संतुष्ट हूँ।

आपने जो पत्र लिखा था, उसका क्या जवाब आया ?

जवाब अभी तक नहीं आया है और यदि कोई जवाब आया भी है, तो मैं आपको नहीं बताऊँगा।

लेकिन क्या आप उनके प्रति आशान्वित हैं ?

देखिए, इसमें कोई नई बात नहीं है। क्योंकि संयुक्त बैठक ज्यादातर जून में ही होती है। वहाँ हम विभिन्न मुद्दों पर अपने विचारों का आदान-प्रदान करते हैं।

क्या हाल के विदेशी विनियम संकट ने आपकी उदारीकरण की नीति को प्रश्न के घेरे में

ला दिया है ? क्या आपकी सरकार आयात-प्रमुख औद्योगिक आधार पर ज्यादा जोर देगी ?

नहीं, मैंने आयात-प्रमुख औद्योगिक आधार बनाने का कभी प्रयास नहीं किया। लेकिन मुख्य सवाल यह है कि किसलिए और किस क्षेत्र में ? हाँ, इतना जरूर है कि पिछले साल उदारीकरण के नाम पर जो कुछ किया गया है, वह दुर्भाग्यपूर्ण था।

अंतरप्रेस सेवा, 26 मार्च, 1991

संसदीय लोकतंत्र संख्याओं का खेल है

कुणिका इसानन की बातचीत

एक बात मैं जरूर कहना चाहूँगा कि कई लोग आपको देश के सर्वाधिक सफल प्रधानमंत्रियों में मानते हैं। मैं मुँह देखी प्रशंसा नहीं कर रहा हूँ, पर यह एक सच्चाई है। जब मैं आपसे मिलने यहाँ आ रहा था, उस समय भी एक व्यक्ति ने यही कहा। मैं यह पूछना चाहूँगा कि हालाँकि आपकी सरकार लंबे समय तक नहीं चली, फिर भी ऐसी कौन-सी कमियाँ, परेशानियाँ या समस्याएँ थीं, जिनसे आपको दो-चार होना पड़ा।

जब मैंने सत्ता संभाली, मुझे समस्याओं के अलावा कुछ भी नहीं मिला। चारों ओर समस्याएँ ही समस्याएँ थीं। अर्थव्यवस्था डावाँडोल थी। आज भी वह खराब स्थिति में है। कानून और व्यवस्था बदतर थी। लोगों का विश्वास खो चुका था। चारों ओर तनाव का माहौल था, क्योंकि लोगों में परस्पर विश्वास की भावना घट गई थी। सब तरफ हिंसा का माहौल था। हमारी गलियों में आए दिन दंगों के दृश्य दिखाई दे रहे थे। जब मैंने सरकार का कामकाज सँभाला, तब देश की ऐसी ही बुरी स्थिति थी। वास्तविकता यह है कि इसी कारण मैंने सरकार बनाने का फैसला किया। कांग्रेस ने भी समर्थन का आश्वासन देते हुए कहा कि देश बहुत खराब दौर से गुजर रहा है और वे स्थितियों को दुरुस्त करने के लिए मिलकर काम करने के लिए तैयार हैं। बुरे समय से देश को निकालने के लिए एक साथ काम करने के बारे में यह फैसला था। मैंने जिम्मेदारी सँभाल ली। मेरा जनता पर जबर्दस्त विश्वास था और आज भी है। मैंने जो पहला काम किया, वह यह कि सदाशयता और भाईचारे की भावना से काम करने की अपील करके लोगों को शांत करने की कोशिश की। मुझे यह कहते हुए खुशी हो रही है कि इसका प्रभाव व्यापक और बड़ा ही सकारात्मक था। मैं यह नहीं कहता कि स्थितियाँ अपेक्षा से अधिक सुधर गई हैं, लेकिन इतना जरूर है कि लोगों में व्याप्त रोष शांत हो रहा है। हम किसी तरह लोगों को शांत करने में आखिर कामयाब हुए। तनाव बहुत हद तक कम हो चुका है। एक-दूसरे से लड़ने और गला काटने को उतारू लोग वार्ता की मेज पर आने को तैयार हो गए और उन्होंने जटिल भावनात्मक समस्याओं के हल के लिए भी बातचीत करने पर सहमत जताई। ऐसा नहीं है कि यह सरकार के ही कारण हुआ। दरअसल, यह भारत के लोगों की अंतर्निहित विशेषताओं के कारण ही संभव हो सका। मैं समझता हूँ कि यही हमारी संपत्ति है। पर, दुर्भाग्यवश यदि नेता ही लोगों की कमजोरियों और उनकी भावना से जुड़े मुद्दों का अपने फायदे के लिए इस्तेमाल करने लगें, तो ऐसी स्थिति में लोग भड़ककर किसी भी हद तक जा सकते हैं। तब यह एक जटिल मामला हो जाता।

पूर्व में आपसी सौहार्द को बनाए रखने के लिए बहुत कम कोशिश की गई, क्योंकि नेता अपने अल्पकालिक राजनीतिक लाभ के लिए समाज के विभिन्न तबकों में व्याप्त वैमनस्य

के आगे झुक गए। मैं समझता हूँ कि यह खुद उनके लिए और इस पूरे राष्ट्र के लिए एक आत्मघाती नीति होगी। ऐसी तो स्थिति है!

आर्थिक मोर्चे की बात की जाए, तो यहाँ भी नेताओं ने वास्तविक स्थितियों को ध्यान में रखे बगैर लोगों को लंबी-चौड़ी आशाएँ बाँध दी। इसलिए मैंने कहा कि समय बड़ा मुश्किल है। हमें खुद पर अंकुश लगाना होगा और बहुत कुछ छोड़ना होगा। दिसंबर में हमने एक तबके से कर देने को कहा, यह तबका सक्षम भी था। इसके खिलाफ कुछ कानाफूसी भी हुई, पर लोगों ने इसकी जरूरत समझी और कर देने में आगे आए। मुझे यह कहते हुए खुशी हो रही है कि बाहर से भी इस पर बेहद अच्छी प्रतिक्रिया हुई। कुछ लोगों में इस तरह की भावना होती है कि यदि कोई बाहरी मदद करता है, तो उन्हें लगता है कि इसके पीछे देनेवाले की जरूर कोई शर्त भी होगी। वे यह नहीं समझते कि दूसरे देश भारत को अलग-थलग रखने का नुकसान नहीं उठा सकते। 85 करोड़ लोगोंवाले एक राष्ट्र को विश्व की आर्थिक ताकत नजरअंदाज नहीं कर सकती। यह भी ध्यान देने योग्य बात है कि हममें विपरीत स्थिति से निपटने की पूरी क्षमता है। हमारे पास बुनियादी ढाँचा, बेहतर तकनीकी विकास है और प्रतिभावान वैज्ञानिकों व प्रबंधकों के साथ-साथ काम करने वालों की भी कमी नहीं है। यदि इन सारे संसाधनों का इस्तेमाल बेहतर और सार्थक तरीके से हो, तो भारत अभाव के दौर से निकलकर फिर से समृद्धि और खुशहाली के दिनों में लौट सकता है। ऐसा मेरा विश्वास है।

इस मुद्दे पर मुझे यह कहते हुए खुशी हो रही है कि लोग सहयोग के लिए तैयार हैं। हमारे यहाँ अफसरशाही सबसे बदनाम तबका है, लेकिन पिछले चार-पाँच माह के दौरान मैंने उन्हें समाज के सबसे जिम्मेदार हिस्से के रूप में पाया। मेरा तो यही अनुभव है। हाँ, यह मैं जरूर महसूस करता हूँ कि हमें अपनी सनक या कल्पना के आधार पर उनके विचारों को निर्देशित करने की कोशिश नहीं करनी चाहिए। हमें उनसे बेबाक और ईमानदार राय देने को कहना चाहिए और इस बारे में फैसला तो राजनीतिक नेतृत्व को ही करना है। लेकिन वे जिम्मेदारी लेने से भागते हैं और इसे दूसरों पर थोपने की कोशिश करते हैं। ऐसी प्रवृत्ति नहीं होनी चाहिए। आर्थिक मोर्चे पर भी हमने बदहाल स्थितियों पर अंकुश डाला और इसको पटरी पर ले आने की आशा कर रहे थे। दुर्भाग्यवश तभी असमय चुनाव आ गया और एक बार फिर हमारे सामने चंद समस्याएँ आ खड़ी हुईं।

किस तरह ?

कई तरह से। मैं विस्तार में जाना नहीं चाहूँगा। मोटा-मोटी बात यह है कि पूर्व में बिना सोचे-समझे विदेशी ऋण लिए गए और इनका सार्थक गतिविधियों में इस्तेमाल नहीं किया गया। अब विदेशी ऋण का मामला बड़ी समस्या बनकर आ खड़ा हुआ है। एक बार फिर इन स्थितियों की वजह गलत नीतियों पर चलना है। लेकिन मैं नहीं समझता कि हालात पर काबू पाना असंभव है। हम इस समस्या का हल खोज सकते हैं। हमें केवल इतना करना होगा कि जनता के सामने सच्चाई को रखकर उनसे सहयोग सुनिश्चित करना होगा। लोगों को बताना होगा कि यदि बीते समय में गलतियाँ की गईं, तो हमें उन्हें दुरुस्त करने के उपाय करने होंगे और ये उपाय फिलहाल कुछ समय के लिए तो सुखदायक नहीं ही होंगे। मैं लोगों

से यह बात बड़ी बेबाकी से बताना चाहता हूँ।

आप जो कह रहे हैं, सही है। इसके बावजूद आपके लिए इस पर अमल करना क्या संभव हो सकेगा ?

संसद में 54 सदस्यों के साथ मैं ऐसा नहीं कर सकता था। संसदीय लोकतंत्र संख्याओं का खेल है। 54 सदस्यों के साथ मैंने जो भी थोड़ा-बहुत किया, वही अपने आप में चमत्कार से कम नहीं।

आप वास्तव में चमत्कार कर सकते थे, यदि स्थिति कुछ और होती ?

देशहित को ध्यान में रखकर बात करें, तो पूर्व के चंद उदाहरणों को छोड़कर संसद पहुँचे लोगों का पिछला जीवन बहुत ठीक-ठाक या गौरवपूर्ण नहीं रहा है।

कौन-सी पार्टियाँ हैं, जिनके साथ अब आप संबंध रखना नहीं चाहेंगे ?

मैं किसी भी पार्टी को नजरअंदाज नहीं कर सकता, क्योंकि राजनीति के क्षेत्र में मेरा अस्पृश्यता जैसी अवधारणा पर कतई विश्वास नहीं। यदि स्थितियाँ गंभीर और मुश्किल हैं, हमें हर तबके से सहयोग हासिल करने की कोशिश करनी चाहिए। लेकिन यह सहयोग खास बुनियादी मुद्दों पर ही हो। गरीबी हटाने के मामले में अनुसूचित जाति, अनुसूचित जनजाति, पिछड़ों और अल्पसंख्यकों आदि सभी उपेक्षित तबकों का ध्यान रखना होगा और इस मामले में हर वर्ग का सहयोग लेना होगा। हम धर्मनिरपेक्षता के सवाल पर भी समझौता नहीं कर सकते। क्योंकि अगर आप विकास चाहते हैं, तो आपको समाज के हर वर्ग का सहयोग लेना होगा। हमें फूट की भावना को हवा नहीं देनी है। हमें परस्पर समझौते के पहलुओं को उभारना होगा, न कि वैमनस्य या मुठभेड़ की बेजा भावनाओं को। इसलिए मैं किसी भी राजनीतिक पार्टी से भिड़ना नहीं चाहता हूँ। पर साथ ही मैं राष्ट्र के समुचित विकास के लिए आवश्यक मुद्दों पर किसी भी प्रकार का समझौता नहीं करूँगा।

वैसी स्थिति में आप समझौता करें या न करें, कुछ जोड़-तोड़ तो करना ही होगा। क्या आप ऐसा कर पाएँगे ?

यह स्थितियों पर निर्भर करता है। मैं नहीं जानता कि मतदाताओं का फैसला क्या होगा। कभी-कभी तो इस देश के मतदाताओं ने हम नेताओं से कहीं अधिक परिपक्व फैसले दिए हैं। इसलिए हमें उम्मीद करनी चाहिए कि इस बार भी वे परिपक्वता का ही प्रमाण देंगे और उचित दिशा में देश को ले जाने में कोई परेशानी पैदा नहीं करेंगे। इस नाजुक दौर में कोई भी समझौते की स्थिति पैदा होती है, तो इससे विकास की गति बाधित होगी। साथ ही आर्थिक, सामाजिक व राजनीतिक मोर्चे पर सुधार की प्रक्रिया पर भी प्रतिकूल असर पड़ेगा। इसलिए मैं चाहूँगा कि लोग बिल्कुल स्पष्ट बहुमत दें, चाहे इधर या उधर। यदि लोग समझते हैं कि पुराने ठीक थे और उन्हें हर मामले में घालमेल की स्थिति को बनाए रखना चाहिए, तो उनका स्वागत है। पर यदि वे यह समझते हैं कि बदलाव की जरूरत है, तो उन्हें इस बदलाव के लिए बिल्कुल स्पष्ट जनादेश देना चाहिए।

मैं आपको प्रधानमंत्री बनने के बहुत पहले से जान रहा हूँ। आज आप धर्म-निरपेक्षता के बहुत बड़े हिमायती हैं। पर, एक समय था, जब आप वामपंथियों या समाजवादी व्यवस्था के काफी नजदीक थे। यदि मुझे ठीक-ठीक याद है, तो आप वामपंथियों के एक सम्मेलन में वक्ता भी थे। यह दूरी कैसे आ गई ?

दूरी मेरी ओर से नहीं आई। इस मामले में तो मैं वामपंथियों समेत किसी से भी सहयोग को तैयार हूँ। मैंने तो ऐसा कभी नहीं कहा कि इन मुद्दों पर वामपंथियों से सहयोग नहीं करूँगा। लेकिन दुर्भाग्य से इस देश के वामपंथी महसूस करते हैं कि हर मामले के अंतिम सच की जानकारी उन्हीं को है और जो कोई भी उनसे पूर्णतः सहमत नहीं होता, वह नासमझ है। पिछले कुछ समय से वामपंथियों का ऐसा ही इतिहास रहा है। मैं उनके मनोविज्ञान को समझ नहीं पाया हूँ। मैंने कभी किसी वामपंथी या उसके काम करने के तरीके में कोई खामी नहीं पाई। लेकिन इसके साथ ही मेरे लिए यह संभव नहीं कि हर समय उनकी अवधारणाओं का ही पालन करूँ, जबकि मुझे पता है कि स्थिति का आकलन और उसके सुधार के लिए रास्ते निकलने में वे गलती कर रहे हैं।

क्या फिर से प्रधानमंत्री बनने की संभावना को आप नकारते हैं ?

नहीं, मैं ऐसी संभावनाओं से इनकार नहीं करता। आखिर किसने कह दिया कि मैंने इन संभावनाओं को नकारा है ? कुछ भी हो सकता है। यदि भारत को बचाना है, तो हमें जिताना होगा। मैं नहीं जानता कि मैं प्रधानमंत्री बनता हूँ कि नहीं, पर मेरी पार्टी को जीतना होगा। मैं इस देश के भविष्य को लेकर बहुत आशावान हूँ और अपनी पार्टी की सफलता के प्रति मैं पूरी तरह से आशान्वित हूँ।

क्या आप यह कहना चाहते हैं कि भारत को अगर बचाना है, तो आपकी पार्टी को ही वापस लाना होगा ?

हाँ, मैं इस बात को लेकर पूरी तरह से आश्वस्त हूँ कि यह देश बचाया जाएगा और मेरी पार्टी को भी समर्थन मिलेगा।

मीडिया और लोगों ने जिन तीन मुद्दों को सबसे ज्यादा उछाला—वे हैं मंडल, बाबरी मस्जिद और स्थिरता। आप इन तीनों में से किसी भी नारे का इस्तेमाल करने की स्थिति में नहीं हैं ?

मैं इन नारों में से किसी का भी इस्तेमाल नहीं करना चाहूँगा, क्योंकि जो लोग आज स्थिरता की बात कर रहे हैं, जनता ने उन्हें 412 सीटों के साथ लोकसभा में भेजा, फिर भी वे स्थिरता नहीं दे सके। समझ में नहीं आता कि स्थिरता लाने के लिए उन्हें और कितनी सीटें चाहिए। सही तरह से देखें तो स्थिरता लोकसभा में संख्याओं का ही नाम नहीं, इसे तो लोगों के मन-मस्तिष्क में बैठाने की जरूरत है। सरकार की स्थिरता जरूरी नहीं, समाज में स्थिरता का होना जरूरी है। वे लोग जो सामाजिक शक्तियों को नहीं समझते और समाज में उभर रहे विभिन्न तबकों की इच्छाओं व जरूरतों के मुताबिक नीति नहीं ला सकते, वे कभी भी स्थिरता नहीं दे सकते। दरअसल ये लोग 'यथास्थिति' और 'स्थिरता' के अंतर को

नहीं समझ पाते। वे जिसके बारे में कहते हैं, वह तो यथास्थिति है। यथास्थिति अराजकता, कुव्यवस्था और हिंसा को बढ़ावा देगी। वे जिसके पक्ष में दलीलें दे रहे हैं, वह स्थिरता नहीं है, बल्कि यथास्थिति है—सत्ता में पुनः आने की।

कुछ लोगों का कहना है कि यथास्थिति, जिसके बारे में आप कह रहे हैं, वह बिल्कुल दूसरी चीज है, इसका संदर्भ सरकार नहीं, क्योंकि कई मंत्री बदले जा चुके हैं...

मैं ऐसा कुछ नहीं कहना चाहूँगा, क्योंकि इस देश के लोग वही समझते हैं, जो किया जा रहा है। इसलिए मैं इसमें नहीं जाऊँगा। पर यह सच है कि स्थिरता के इस दर्शन का कोई आधार नहीं। यह तो लोगों को बरगलाने के लिए नक्कारखाने में तूती की आवाज जैसा है। मुझे विश्वास है कि लोगों के दिलोदिमाग पर इसका कोई असर नहीं पड़ेगा।

मंडल का उदाहरण लें। मैं बहुत पहले से कहता रहा हूँ कि पुरानी बेजा जाति व्यवस्था के कारण इस देश में कुछ पिछड़ी जातियाँ भी हैं, जो आर्थिक रूप से खराब स्थिति में हैं। अतः यदि कोई जाति आधार पर आरक्षण की माँग करता है, तो वह बिल्कुल अमान्य है। ऐसी स्थिति में शायद उसे इतिहास की सच्चाइयों का ज्ञान नहीं। इसके साथ यह समझना चाहिए कि ऊँची जातियों के कुछ लोग भी ऐसी ही बदहाली और गरीबी में जी रहे हैं। उनकी अपेक्षाओं को नजरअंदाज नहीं करना चाहिए। इसलिए आरक्षण नीति में दोनों का समावेश होना चाहिए। यह पहली बात है। इससे भी महत्त्वपूर्ण है एक और बात—वह यह है कि लोगों को जीवन के विभिन्न क्षेत्रों में बखूबी काम करने के लिए खुद को पढ़-लिखकर प्रशिक्षित करने का अवसर मिलना चाहिए। भविष्य में केवल सरकारी सेवाएँ किसी तबके के लिए समृद्धि व खुशहाली नहीं सुनिश्चित कर सकतीं।

यदि आप इस तरह से काम करते हैं, जिससे अव्यवस्था, अराजकता उत्पन्न होती हो, तो इसका सबसे ज्यादा असर गरीबों पर पड़ता है। बेहतर स्थिति में रहनेवाले तबके पर नहीं। इसलिए गरीबों की भलाई और सामाजिक न्याय के नाम पर वे एक ऐसा माहौल तैयार करते हैं कि अन्याय होता रहे और भेदभाव की भावना पलती रहे।

राम के मुद्दे पर आएँ। मैं समझता हूँ कि धर्म ईश्वर और मनुष्य को जोड़ने का एक साधन है। लोगों को यह आजादी है कि वे ईश्वर और धर्म को अपने तरीके से लें। पर यही धर्म जब सामाजिक और राजनीतिक क्षेत्र में उतर आता है, तो खतरनाक हो जाता है। हमारी संस्कृति और दर्शन के मुताबिक राम ऐसी अवधारणा नहीं है, जिससे लोगों में परस्पर वैमनस्य या घृणा का माहौल बने। राम तो सहिष्णुता, भाईचारे और हर किसी के लिए प्रेम का प्रतीक है। इसलिए यदि आप राम के नाम पर घृणा पैदा करना चाहते हैं और लोगों की भावनाओं को भड़काकर उन्हें एक-दूसरे के खिलाफ करना चाहते हैं, तो वे राम के दर्शन के बिल्कुल विपरीत होगा। मुझे इस बात का पूरा यकीन है कि इस देश के लोग उन नेताओं से ज्यादा राम को समझते हैं, जो राजनीतिक फायदे के लिए उनकी भावनाओं को भड़काना चाहते हैं।

चुनाव अभियान में आपका मुख्य आधार क्या होगा ?

मैं कहता हूँ कि हमारी सबसे बड़ी पूँजी मानव-शक्ति है। हमें ऐसी स्थितियाँ बनानी हैं कि मानव-शक्ति का उसकी क्षमताओं के अनुरूप बेहतर इस्तेमाल कर सकें। यह कोई

आधुनिक प्रौद्योगिकी नहीं बल्कि जरूरत के हिसाब से एकदम उचित प्रौद्योगिकी है। हमारे पास कोई विकल्प नहीं है, सिवा आत्मसंयम के। यह कोई नारा नहीं बल्कि एक आर्थिक व्यूह-रचना है।

भारत जैसा विशाल देश विदेशी सहायता से स्थिति पर काबू नहीं पा सकता। मैं कुछ खास क्षेत्रों में विदेशी सहायता का हिमायती जरूर हूँ, पर अंततः हमें अपना ध्यान स्वदेशी की अवधारणा पर ही केन्द्रित करना होगा। राष्ट्र के सामने अपने खुद के संसाधनों और जनता के इच्छापूर्ण सहयोग पर निर्भर रहने के अलावा और कोई रास्ता नहीं। लोग तभी राजी-खुशी सहयोग करेंगे, जब उन्हें इस बात के लिए आश्वस्त किया जाए कि वे जो कुछ भी उपजाएँगे, उससे उन्हीं के बच्चों की जिंदगी सुधरेगी, इसका इस्तेमाल गरीबों और अमीरों के बीच के भेदभाव को बढ़ाने में नहीं किया जाएगा। इसलिए असमानता को खत्म होना ही चाहिए, चाहे यह लोगों के बीच हो या विभिन्न क्षेत्रों के बीच। पिछड़े क्षेत्रों को प्राथमिकता देनी होगी और इसी कारण हम खेती, गाँव, अनुसूचित जाति व जनजाति पर खास ध्यान देने की बात करते हैं। अल्पसंख्यकों के मन से आशंकाओं को निकाल बाहर करना होगा।

मैं समझता हूँ कि इसके लिए देश के भीतर ही क्या, उपमहाद्वीप में समझ-बूझ का एक माहौल तैयार करने की कोशिश होनी चाहिए। चार माह के दौरान हमने इस दिशा में कोई बहुत बड़ी सफलता तो हासिल नहीं की, पर कुछ आगे तो बढ़े ही। यदि देश चाहता है कि वह इस दिशा में जाए, तो हमारा समर्थन होना चाहिए, यही हमारा आधार है। हम लंबे-चौड़े वादे और दावे नहीं करने जा रहे, लेकिन इतना जरूर कहने जा रहे हैं कि हमने एक नई दिशा दी है। यदि आप इस दिशा को बनाए रखना चाहते हैं, तो आपको हमारा समर्थन करना चाहिए।

नई दिल्ली इन्नू, 26 मार्च, 1991

कुछ राजनीतिक ताकतें लोगों की भावनाओं का नाजायज फायदा उठा रही हैं

ईरानी टीवी की बातचीत

भारत उत्कृष्ट प्राचीन सभ्यता व संस्कृति का देश है। इसके बाद भी भारत के हर हिस्से में उथल-पुथल, अशांति व असंतोष व्याप्त है। इसकी क्या वजह है ?

यह सही है कि भारत प्राचीन संस्कृति व सभ्यता का देश है और इस देश में अहिंसा व शांति की परंपरा रही है। पर दुर्भाग्यवश हाल के समय में कुछ समस्याएँ ऐसी रही हैं, जो लोगों के दिमाग को झकझोरती रही हैं। आर्थिक असमानता, बढ़ती गरीबी, लोगों के चूर-चूर होते सपने सामाजिक तनाव पैदा करने के चंद कारण हैं। दुर्भाग्यवश, प्राचीन सामाजिक व्यवस्था की कुछ बेजा परंपराएँ आज भी कायम हैं, जिनके कारण लोगों को जाति, मत और धर्म के आधार पर तनाव से गुजरना पड़ रहा है। लेकिन इतना तय है कि यह एक अस्थायी दौर है। आमतौर पर भारत के लोग शांतिप्रिय हैं। वे सौहार्दपूर्ण सम्बन्धों और अहिंसा व शांति में विश्वास करते हैं। मैं समझता हूँ कि यह क्षणिक उथल-पुथल जल्द ही खत्म हो जाएगा और भारत शांति व स्थिरता के आधार पर प्रगति करता चला जाएगा।

भारत में राजनीतिक विचारधाराएँ अपना मूल्य खो चुकी हैं। ऐसी स्थिति में चुनाव में भारतीय मतदाता पार्टियों के बारे में कैसे फैसला कर सकेंगे ?

मैं नहीं समझता कि राजनीतिक विचारधाराएँ मूल्यविहीन हो गई हैं। लेकिन इतना जरूर है कि इस देश में कुछ राजनीतिक ताकतें लोगों की तात्कालिक इच्छाओं और उनकी भावनाओं का नाजायज फायदा उठाने की कोशिश कर रही हैं। हालाँकि इस तरह की भावुक अपीलें अस्थायी होती हैं। संसदीय लोकतंत्र में लोगों को यह सिखलाने में कुछ समय लग जाता है कि वे तात्कालिक राजनीतिक लाभ के लिए भावनात्मक मुद्दों का इस्तेमाल न करें और देश के सामने मौजूद बुनियादी समस्याओं पर अपना ध्यान केंद्रित करें। यही सोच इस देश में विकसित करनी होगी और मैं समझता हूँ इसमें कुछ वक्त लग जाएगा। लेकिन इस मामले में निराशावादी होने की जरूरत नहीं है। भारत के लोगों ने हमेशा परिपक्व फैसले लिए हैं और मैं समझता हूँ कि इन चुनावों में भी वे ऐसा ही करेंगे।

आपने भारत के भविष्य को लेकर हमेशा ही आशावादी बयान दिया है। इसका आधार क्या है ?

यह दो मामलों पर आधारित है। जैसा आपने खुद कहा—भारत प्राचीन सभ्यता का देश

है, भारत के लोगों में बहुत सहिष्णुता है। हमारी अर्थव्यवस्था काफी मजबूत है। प्रकृति ने हमें सब कुछ दिया है—अच्छा पर्यावरण, उपजाऊ भूमि, मेहनतकश लोग। हमारे देश में खनिज संसाधन भी पर्याप्त हैं। इस तरह बुनियादी चीजें तो हैं, हमें बस इतना करना है कि लोगों को समृद्ध बनाने के लिए अपने संसाधनों का बेहतर से बेहतर इस्तेमाल हो सके।

हमारे सामने खड़ी दूसरी समस्या लोगों से उनकी मर्जी से सहयोग लेना है। यह निर्भर करेगा सरकार चला रहे लोगों की राजनीतिक इच्छाशक्ति पर। यदि लोग इस बात को लेकर आश्वस्त होंगे कि वे जो भी उपजाएँगे, उसका फायदा उनके बाल-बच्चों को ही मिलेगा, न कि चंद चुने हुए लोगों को, तो वे कड़ी मेहनत करने के लिए प्रेरित होंगे।

आपके विचार में कौन-सी पार्टी सबसे ज्यादा सीटें लेने जा रही है ?

कह नहीं सकता। यह एक ऐसा सवाल है, जिसका कोई जवाब नहीं दे सकता। भारत जैसे देश में जहाँ कई तरह की समस्याएँ और बाध्यताएँ हैं, चुनाव के समय कुछ भी भविष्यवाणी करना मुश्किल है।

यदि पंजाब में चुनाव होता है और भय के कारण लोग आतंकवादियों को वोट डाल देते हैं, तो संभव है ये आतंकवादी अलगाववादी माँगें खड़ी कर दें ?

मैं ऐसा नहीं समझता, क्योंकि यदि लोग चुनाव में भाग लेते हैं, तो उन्हें अच्छी तरह पता होगा कि वे संवैधानिक प्रावधानों के बाहर कुछ भी नहीं कर सकते हैं। अतः कोई संविधान का इस्तेमाल इसके ही खिलाफ कर बैठे, ऐसा सवाल ही नहीं उठता। लोगों को संवैधानिक अधिकारों के इस्तेमाल का हक तो है, पर संविधान की प्रतिष्ठा को बरकरार रखते हुए ही। अतः यदि किसी को यह भ्रम है कि संवैधानिक अधिकारों का इस्तेमाल करके संविधान को ही दरकिनार किया जा सकता है, तो यह उसकी भूल है। मुझे नहीं लगता कि कोई ऐसा दुस्साहस कर सकता है।

कश्मीर में आतंकवादी ऐसी अवधारणा फैला रहे हैं कि उस क्षेत्र के आर्थिक विकास से ज्यादा महत्त्वपूर्ण धर्म है। इस बारे में आप क्या कहना चाहेंगे ?

मैं इस बात को नहीं मानता, यह दुष्प्रचार है। लोग कश्मीर का इतिहास क्यों भूल जाते हैं। 1947 में विभाजन के समय सांप्रदायिक तनाव की चरमस्थिति में भी कश्मीर के लोगों ने पाकिस्तान के साथ जाना पसंद नहीं किया। बल्कि उन्होंने धर्मनिरपेक्ष मूल्यों के कारण भारत को ही पसंद किया। यह अपने आप में महत्त्वपूर्ण है। क्योंकि विभाजन तो धर्म के आधार पर ही हुआ था। दरअसल कुछ ऐसे तत्त्व हैं, जो कश्मीर के लोगों की धार्मिक भावनाओं का अपने फायदे के लिए इस्तेमाल करने की कोशिश कर रहे हैं। लेकिन मुझे यकीन है कि वे अंततः सफल नहीं हो पाएँगे। इतना अवश्य है कि ऐसे तत्त्व समस्याएँ उत्पन्न कर रहे हैं, जो काफी गंभीर है। लेकिन मेरे विचार से यह एक अस्थायी समस्या है।

यदि पाकिस्तान के साथ भारत के संबंध बेहतर हो रहे हैं, तो पंजाब और कश्मीर में आतंकवादी गतिविधियाँ खत्म क्यों नहीं हो रही हैं ?

मैं यह नहीं कहता कि आतंकवादियों के प्रति पाकिस्तानी रवैये के कारण ही इन राज्यों में आतंकवादी गतिविधियाँ हो रही हैं। कुछ दूसरे कारण भी हैं और मैं यह नहीं कह सकता कि आतंकवादियों को पाकिस्तान से पहले कितनी मदद मिल रही थी और आज कितनी मिल रही है। हाँ, इतना जरूर है कि भारत-पाक संबंधों में सुधार का रुख नजर आ रहा है।

जब मैं माले में नवाजशरीफ से मिला, तो उन्होंने कहा कि हमें अपने संबंध सुधारने चाहिए, क्योंकि भारत व पाकिस्तान में संघर्ष किसी के भी हित में नहीं है। हमारी विरासत एक जैसी है और समस्याएँ भी एक-सी ही हैं। हमारी सबसे बड़ी समस्या गरीबी है और यदि हम आपस में ही लड़ते रहे, तो गरीबी, दुर्दशा और गंदगी की समस्या से निजात नहीं पा सकेंगे। पाकिस्तान के नेतृत्व ने यह बात समझ ली है। निश्चित तौर पर भारत भी पाकिस्तान से रिश्ते सुधारना चाहता है। इस दिशा में कुछ पहल भी की गई है और मुझे यह कहते हुए बड़ी खुशी हो रही है कि दोनों देशों के बीच कुछ सार्थक और रचनात्मक बातचीत भी हुई है, जिसके बेहतर नतीजे भी सामने आए हैं।

भारत के अमेरिका से कैसे संबंध हैं ? खासतौर पर पंजाब के मामले में ?

मैं नहीं समझता कि पंजाब के मामले में अमेरिका की कोई भूमिका है। हाल ही में मैंने अखबारों में पढ़ा कि अमेरिका किसी भी आतंकवादी कार्रवाई का समर्थन नहीं करेगा।

आगामी चुनाव आप अपनी पार्टी जनता दल (एस) के प्रदर्शन के बारे में क्या सोचते हैं ?

कह नहीं सकता, पर मैं हमेशा अपनी पार्टी के उज्ज्वल भविष्य को लेकर आशावान हूँ। पर हम थोड़ा इंतजार करें और खुद देखें कि परिणाम क्या निकलता है। हाँ एक बात मैं अवश्य कहना चाहूँगा कि लोगों की प्रतिक्रिया हमारी अपेक्षा से कहीं बढ़कर थी, और तो और उन लोगों के लिए भी कहीं अधिक थी, जिन्हें यह लगता था कि यह पार्टी सफल नहीं हो पाएगी।

मैंने उपप्रधानमंत्री देवीलाल से बात की है। उन्होंने कहा कि राजनीति में सब कुछ संभव है। इस बात की भी संभावना है कि वह कांग्रेस तक में चले जाएँ या किसी दूसरी पार्टी से भी गठबंधन कर लें ?

मैं नहीं जानता। देवीलालजी ने आपसे जो कुछ कहा, मैं उस पर कोई टिप्पणी नहीं कर सकता।

लेकिन हरियाणा में राष्ट्रपति शासन के बारे में आपकी क्या टिप्पणी है ?

यह तो राज्यपाल की रिपोर्ट थी। उनका सुझाव था और हमने मान लिया।

आपको क्या लगता है, राजीव गांधी की ईरान यात्रा ने हमारे संबंध बेहतर किए हैं ?

मैं इस बारे में कुछ भी कहना नहीं चाहता। यह उनकी निजी यात्रा थी और केवल वह ही इस बारे में कह सकते हैं।

लेकिन क्या उन्होंने इस मामले पर आपसे संपर्क किया ?

नहीं, उन्होंने सिर्फ मुझे सूचित किया कि वह ईरान की यात्रा पर जा रहे हैं। ईरान के साथ हमारे रिश्ते अच्छे रहे हैं और मुझे इस बात की खुशी है कि खाड़ी संकट के दौरान ईरान की सरकार ने हमसे संपर्क बनाए रखा। हम लगातार एक-दूसरे के संपर्क में हैं। हमारे बीच विचारों का आदान-प्रदान हो रहा है और हम उस क्षेत्र के हालात के मुताबिक फैसले लेने का प्रयास कर रहे हैं।

भारतीय प्रेस आपको पिछले 44 सालों में देश के सबसे अच्छे प्रधानमंत्री के तौर पर पेश कर रहा है। इस परिप्रेक्ष्य में क्या आगामी चुनाव में चुने गए प्रतिनिधि इसकी पुष्टि कर पाएँगे ?

कह नहीं सकता। मेरे बारे में ऐसी टिप्पणी के लिए प्रेस का मैं शुक्रिया अदा करना चाहूँगा। मुझे आशा है कि उनके विचार से इस देश की जनता के विचार भी कहीं न कहीं प्रभावित होंगे।

खाड़ी युद्ध के दौरान ईरान ने भारत को तेल दिया। खाड़ी युद्ध के बाद भारत व ईरान के रिश्ते को लेकर आप क्या सोचते हैं ?

ईरान की सरकार की ओर से यह एक बेहतरीन मदद थी, क्योंकि तेल की अपनी जरूरतों को पूरा करने के लिए हमें वास्तव में वैसी मदद की दरकार थी। यहाँ तक कि उसके बाद भी हम ईरान की सरकार के साथ लगातार संपर्क में रहे और मैं आशा करता हूँ कि दोनों देश व्यापार व आर्थिक गतिविधियों के मुद्दे पर और करीब आएँगे। फिलहाल तो मैं इतना ही कह सकता हूँ कि भारत और ईरान में कहीं कोई द्विपक्षीय समस्या नहीं है और हम बहुत ही अच्छे रिश्तों को जी रहे हैं।

क्या आपकी ईरान के नेताओं से बात हुई है ? आप ईरान से भारत के रिश्ते को किस तरह देखते हैं ?

मैं आपको बिल्कुल स्पष्ट रूप से बताना चाहूँगा कि मेरा ईरान के किसी भी नेता से सीधा संपर्क नहीं। पर, सरकारी स्तर पर जरूर कुछ ऐसे क्षेत्र हैं, जिनमें हमारे बीच हमेशा संपर्क रहा और वह संपर्क आज भी है।

ईराक से भारत के संबंधों और इसके भावी रूप के बारे में आपके विचार क्या हैं ?

भविष्य के बारे में तो कोई भी कुछ भी नहीं कह सकता, क्योंकि किसी को भी पता नहीं होता कि भविष्य में क्या होनेवाला है। हाँ, हाल में इराक के राजदूत जरूर यहाँ आए थे और मेरी उनसे बातचीत भी हुई थी। यह दुर्भाग्य ही है कि आज यह देश बुरी स्थिति में है। इसलिए हमें इंतजार कर यह देखना चाहिए कि घटनाएँ क्या मोड़ लेती हैं। क्योंकि इराक का भविष्य इस बात पर निर्भर करेगा कि आनेवाले महीनों में स्थितियाँ क्या रूप अख्तियार करती हैं। हमें यह उम्मीद करनी चाहिए कि हर कुछ सँवर जाएगा और एक बार फिर इराक समृद्ध राष्ट्र बन जाएगा। यह दुर्भाग्यपूर्ण है कि खाड़ी के क्षेत्र को इतना कुछ सहन करना पड़ा और इराक को सबसे ज्यादा नुकसान उठाना पड़ा।

खाड़ी युद्ध के कारण हजारों भारतीय बेघर हो गए। आपकी सरकार उनके लिए क्या कर रही है ?

हमने अपनी पूरी सामर्थ्य से उनकी मदद करने का प्रयास किया है। सब तरह की सहायता उन्हें प्रदान की गई है। मुझे आशा है, वे जल्दी ही सुव्यवस्थित हो जाएँगे।

पुनः राजनीतिक मसले पर आते हुए मैं यह पूछना चाहूँगा कि क्या भारतीय जनता पार्टी के साथ गठबंधन की आपकी कोई योजना है ?

कतई नहीं। भारतीय जनता पार्टी के साथ गठबंधन का कोई प्रश्न ही नहीं उठता, और न ही इस बिंदु पर हमारे बीच कोई बातचीत हुई है। परंतु कुछ ऐसे लोग हैं, जो दुष्प्रचार में लगे हैं। अखबारों के माध्यम से गठबंधन नहीं होता। हमारी पार्टी और भाजपा के बीच कोई भी समान मुद्दा मुझे नहीं दिखता, जिसके आधार पर गठबंधन की भूमिका बने।

आपकी सरकार सांप्रदायिक हिंसा, राम जन्मभूमि या बाबरी मस्जिद जैसे मसले को किस तरह से सुलझाने का प्रयास कर सकती है ?

नहीं कह सकता, क्योंकि इसका उत्तर देना बड़ा मुश्किल है। जब मैंने नवंबर में प्रधानमंत्री का पद सँभाला, उस समय देश में हिंसा का माहौल था। गलियाँ तनाव से भरी थीं और लोग एक-दूसरे को मार रहे थे। मैंने लोगों को समझाना चाहा कि यह रास्ता उचित नहीं है। मैंने उपद्रवों को शांत करने में सरकारी तंत्र का भी सहारा लिया। मैं कुछ हद तक संतुष्ट हूँ कि इन चार-पाँच महीनों में परिस्थितियों में काफी सुधार आया है, जो सिर्फ हमारी ही अपेक्षा से नहीं बल्कि हर किसी की अपेक्षा से कहीं अधिक है। मैं सोचता हूँ, भारत के लोग वस्तुतः इस तरह का लड़ाई-झगड़ा नहीं चाहते। वह अपनी प्रतिक्रिया प्रकट करने के लिए तैयार हैं, बशर्ते सरकार की मंशा स्पष्ट हो। सारा भ्रम तभी पैदा होता है, जब नजरिया सुस्पष्ट नहीं होता है। मैं निश्चित तौर पर यह समझता हूँ कि यह सरकार का कर्त्तव्य है कि वह इस देश के हर एक नागरिक को उसके आत्मसम्मान व व्यक्तित्व की सुरक्षा का हक दे, चाहे वह जो कोई भी हो। अतः सरकार को कभी भी ऐसी बातों को प्रश्रय नहीं देना चाहिए।

मुख्य चुनाव आयुक्त टी. एन. शेषन ने कहा है कि आगामी चुनाव में हिंसा हो सकती है ?

मैंने यह वक्तव्य देखा है। मैं सोचता हूँ कि यह एक अप्रामाणिक वक्तव्य था। संयोग से उन्होंने उस कथन को खारिज भी कर दिया। वह कहते हैं कि उन्होंने ऐसी कोई बात नहीं कही है। मैं यह नहीं कह सकता कि कोई भी हिंसा नहीं होगी, क्योंकि चुनाव के दौरान कुछ तनाव का पैदा होना अवश्यंभावी है। कभी-कभी कुछ हो जाता है, पर ऐसा कुछ भी नहीं, जो सँभाला न जा सके। मैं नहीं सोचता, ऐसी कोई समस्या खड़ी होगी।

ऐसी खबरें गर्म हैं कि सरकार चुनाव के दौरान सेना को तैनात करेगी।

कानून के अनुसार मतदान के दौरान सेना नहीं तैनात की जा सकती। अतः हम ऐसा कुछ भी नहीं करने जा रहे, जो गैरकानूनी हो। पर सोचिए कि कहीं कुछ तनाव पैदा हो जाता है, कोई समस्या खड़ी हो जाती है, जिससे कि उस क्षेत्र की सुरक्षा खतरे में पड़ जाती है, तब

निस्संदेह सेना प्रशासन की मदद के लिए आ सकती है। पर मुझे लगता है यह आशंका बेकार है।

क्या आपको लगता है कि भारत की अर्थव्यवस्था के लिए ये चुनाव अच्छे हैं ?

आप अर्थव्यवस्था के नजरिये से चुनाव का आकलन नहीं कर सकते। वे अच्छे हैं या बुरे, वे भारी पड़ेंगे या नहीं, यह और बात है। चुनाव एक संवैधानिक दायित्व है। हमारे यहाँ संवैधानिक संसदीय लोकतंत्र की व्यवस्था है और इसके तहत हमारे लिए चुनाव कराने के अतिरिक्त कोई और उपाय नहीं है। यह अर्थव्यवस्था पर कुछ बोझ बनता है या नहीं, यह बात मायने नहीं रखती है।

कल ही आपने कहा था कि भारत में अपेक्षाकृत छोटे-छोटे राज्य होने चाहिए।

मैंने यह नहीं कहा था कि भारत में ज्यादा राज्य होने चाहिए। विभिन्न वर्गों से ज्यादा राज्य बनाने की माँग निरंतर आती रही है। मैंने बस यह कहा कि इस मुद्दे पर सोच-विचार हो। पर इस मसले पर बातचीत करने का यह समय नहीं है। लोगों की सांस्कृतिक और आर्थिक आकांक्षाओं की पूर्ति हो सके, इस लिहाज से मैं ज्यादा राज्य बनाने की परिकल्पना के विरुद्ध नहीं हूँ।

दिल्ली में रहनेवाले हिंदुओं के बारे में कहना चाहूँगा। कभी-कभी वे कुछ शस्त्र–जैसे कटार या तलवार अपने साथ लेकर चलते हैं। क्या उन्हें अनुमति प्राप्त है ?

इसके लिए उन्हें अनुमति की जरूरत नहीं है। कुछ धार्मिक जुलूसों, जिसमें सभी धर्म शामिल हैं, में परपंरा के रूप में शस्त्र साथ लेकर चलने का रिवाज है। उदाहरण के तौर पर कुछ हिंदू संतों या यूँ कहें–कुछ संप्रदाय में शस्त्र साथ में रखना एक धार्मिक परंपरा है। सिख हमेशा अपने साथ कृपाण रखते हैं, जो एक छोटी तलवार के समान है, यह उनके धर्म का हिस्सा है। इसी तरह से मुहर्रम में मुसलमान शस्त्र लेकर चलते हैं। हम इसे आपत्तिजनक नहीं मानते। यह कानूनी तौर पर जायज है।

9 अप्रैल, 1991

यह चमत्कारों का देश है

बीबीसी की बातचीत

प्रधानमंत्रीजी, आपके हिसाब से इस चुनाव में बुनियादी मुद्दे क्या हैं ?

इस सवाल का जवाब देना बड़ा मुश्किल है, क्योंकि वास्तविक मुद्दे कुछ होते हैं और राजनीतिक पार्टियाँ बिल्कुल अलग ही मुद्दों को उठाती हैं। अधिकतर पार्टियाँ लोगों की भावनाओं का फायदा उठाना चाहेंगी। इसलिए उनकी कोशिश इस बात की होगी कि देश के सामने खड़े मसलों को परे खिसकाकर लोगों की भावनाओं से जुड़े मसलों को उठाया जाए। भारत जैसे देश में असली मुद्दा यह है कि कम से कम लोगों के जीवन की मूलभूत आवश्यकताओं, जिन्हें पूरा करने का आश्वासन पिछले चार दशकों से उन्हें मिलता आ रहा है, की पूर्ति हो। गरीबी की समस्या, भूख की समस्या, बीमारी की समस्या, निरक्षरता की समस्या, युवाओं में बेरोजगारी की समस्या, लोगों के बीच जाति, मत, धर्म के नाम पर भेदभाव की समस्या आदि ऐसे मसले हैं, जो आम आदमी के मन को मथते रहते हैं। राजनीतिक पार्टियों को इन्हीं समस्याओं को सामने लेकर चलना चाहिए। चूँकि इन समस्याओं का समाधान थोड़ा मुश्किल है, इसलिए वे इन मसलों को दरकिनार कर लोगों की भावनाओं को उभारनेवाले मसलों को उठाने लगते हैं। राजनीतिक पार्टियों का मुख्य लक्ष्य तत्काल राजनीतिक लाभ उठाना हो गया है। अतः मैं नहीं कह सकता कि आनेवाले दिनों में विभिन्न राजनीतिक पार्टियाँ क्या करती हैं और वे किस तरह से लोगों की भावनाओं के साथ खिलवाड़ करती हैं। पर कैसे मुद्दे उठाए जाने चाहिए ? वह ऐसा होना चाहिए, जिसमें राष्ट्र की मौजूदा बुनियादी समस्याओं का समाधान किया जा सके।

क्या भारत की लोकतांत्रिक प्रक्रिया, जो एक राजनीतिक प्रक्रिया भी है, सांप्रदायिक तनाव या मुद्दों को सांप्रदायिक रंग देने की नारेबाजी के तहत खत्म होती जा रही है ?

यह सच है। कुछ लोग इसे बर्बाद करने का प्रयास कर रहे हैं। पर सौभाग्यवश भारत के लोग इन नारों को गंभीरता से नहीं ले रहे हैं। मैं यह नहीं कहता कि इसका थोड़ा भी असर नहीं हुआ है। पर, यह बहुत ही कम है। हाँ, कुछ राजनीतिक तत्त्व इस स्थिति को भुनाने की कोशिश कर रहे हैं, जिसके कारण हाल-फिलहाल में सांप्रदायिक तनाव काफी बढ़ गया था। साथ ही जातिगत घृणा भी काफी फैल गई थी, जो इस देश के लिए दुर्भाग्यपूर्ण था।

क्या आप आडवाणी जैसे राजनीतिज्ञों और विश्व हिंदू परिषद की गतिविधियों को लोगों के बीच सांप्रदायिक भाईचारे के पतन का जिम्मेदार मानते हैं ?

मैं किसी भी व्यक्ति के कार्यकलाप पर कोई टिप्पणी नहीं करना चाहूँगा। यह आप लोगों की जिम्मेदारी है कि किसी व्यक्ति की कार्यविधि का आकलन करें। मेरे लिए यह उचित नहीं। पर जब भी कोई लोगों की धार्मिक भावनाओं के साथ खिलवाड़ करने का प्रयास करता है, तो वह कट्टरवाद या इस तरह की धार्मिक मदांधता को हवा देता है, जो किसी भी लोकतंत्र के लिए स्वास्थकर नहीं है। चाहे वह कोई व्यक्ति हो या राजनीतिक पार्टी–उसके विचार कितने ही महत्त्वपूर्ण या अच्छी नीयत के हों, अगर उसका मकसद इन मुद्दों के जरिये लोगों का ध्यान तत्काल अपनी ओर खींचकर राजनीतिक लाभ उठाना है, तो यह लोकतंत्र के लिए स्वस्थ संकेत नहीं है।

यह भड़की हुई धार्मिक भावना या जैसा कि आपने कहा यह मदांधता आप जैसे धर्मनिरपेक्ष लोकतांत्रिक राजनीतिज्ञों की असफलता को किस हद तक दर्शाती है ?

आप जितनी सुगमता से लोगों की धार्मिक भावनाओं से खेल जाते हैं, उतनी आसानी से धर्मनिरपेक्ष आदर्शों को लेकर चलना इस देश में बड़ा ही मुश्किल है। क्योंकि धर्मनिरपेक्ष आदर्शों की पकड़ तभी मजबूत होगी, जब आपके अंदर राजनीतिक और सामाजिक समझ हो। अगर लोग निरक्षर हैं, तो धार्मिक भावनाओं का इस्तेमाल बड़ा ही आसान हो जाता है। क्योंकि जब उन्हें भविष्य में कोई आशा नजर नहीं आती, तो वे अपनी पुरानी पहचान से ही चिपक जाते हैं। दुर्भाग्य से हम लोगों को एक आधुनिक और अधिक आनंदमय जीवन का आश्वासन नहीं दे पाए हैं, इसलिए वे जाति और धर्म की अपनी पुरानी विचारधारा से ही चिपके रहना चाहते हैं। उस हद तक हम जरूर असफल हुए हैं। क्योंकि हम लोगों का ध्यान जाति व धर्म की उनकी पुरानी विचारधारा से हटाकर आर्थिक व सामाजिक मुद्दों की ओर ज्यादा नहीं खींच पाए हैं।

पिछले साल से अयोध्या एक स्थायी मुद्दा बन गया है। क्या थोड़े समय के लिए इसके समाधान का कोई रास्ता है ?

वह आसानी से सुलझाया जा सकता है। बशर्ते सरकार अडिग हो कि हम दूसरे समुदायों के धार्मिक विश्वास में कोई भी दखलअंदाजी की इजाजत नहीं देंगे। पूजा-स्थलों को संरक्षण व सुरक्षा दी जाएगी और अगर कोई इसमें दखलअंदाजी करता है, तो सरकार इसको बर्दाश्त नहीं करेगी। दुर्भाग्य से कुछ प्रधानमंत्री–नहीं प्रधानमंत्री नहीं, प्रशासन–ने इस मुद्दे पर भी समझौता किया। मेरी समझ में नहीं आता कि ऐसे मुद्दों को क्यों अहमियत दी जाती है या फिर आप किस तरह स्थितियों को इतना ज्यादा बुरा बना देते हैं। पर मुझे विश्वास है कि इस स्थिति में भी विरोध को शांत कर समाधान निकाला जा सकता है। क्योंकि अगर लोगों को यह महसूस होगा कि इस तरह के मसलों के समाधान के लिए उच्छृंखलता या शक्ति का प्रयोग नहीं होगा, तो वे होश में आएँगे और आपसी बातचीत के जरिए इसको सुलझाएँगे।

पंडित नेहरु ने एक बार कहा था कि धार्मिक गठबंधन भारत के लिए सबसे खतरनाक स्थितियों में से एक है। यह देश को बर्बादी के रास्ते पर ले जा सकता है। आप भी ऐसा समझते हैं ?

मैं नहीं जानता किस संदर्भ में पंडित नेहरु ने ऐसा कहा था। पर मेरे विचार से यह सच है कि धर्म मनुष्य और ईश्वर के बीच का रिश्ता है और हर व्यक्ति आजाद है—वह कैसे पूजा करे या वह किस तरह से आध्यात्मिक ऊँचाइयों को प्राप्त करे। पर अगर धर्म राजनीतिक लाभ का प्रसार करे, तब यह वाकई एक खतरनाक चीज बन जाता है। पंडित नेहरु इस मामले में सही थे।

मंडल आयोग और जाति के मुद्दे पर आपको लगता है कि इस चुनाव के समय जाति, राजनीतिक प्रक्रिया का मोहरा बनायी जा रही है ?

कुछ हद तक...कुछ लोग इस तथ्य के साथ खेलने का प्रयास कर रहे हैं...

आपका मतलब है बी.पी. सिंह...?

मैं किसी का नाम नहीं लेना चाहता हूँ, क्योंकि मैंने हमेशा अपने आपको व्यक्तिगत विवाद से दूर रखा है। लोगों को ही इसका निर्णय लेने दें। सच तो यह है कि मंडल कमीशन एक खास सामाजिक समस्या, जो हमारे देश में मौजूद है, की जाँच कर रहा था। यह सच है कि पुरानी जाति-व्यवस्था के तहत कुछ ऐसी जातियाँ हैं, जो सामाजिक रूप से पिछड़ी हुई हैं। साथ ही वे आर्थिक रूप से भी बहुत पिछड़ी हुई हैं। अतः कोई भी यह नहीं कह सकता कि जाति के आधार पर आरक्षण नहीं होना चाहिए, क्योंकि जातिगत और आर्थिक पिछड़ापन दोनों ही इस देश में समानार्थक हैं। पर यह भी सच है कि लोग, जो ऊँची जाति के हैं, वे भी उतने ही गरीब हैं। इसलिए उनकी आकांक्षाओं का भी ख्याल रखना होगा। क्योंकि गरीबी एक ब्राह्मण या एक हरिजन या पिछड़ी जाति और ऊँची जाति में कोई भेद नहीं करती। व्यक्ति किसी भी जाति का हो, गरीबी उसके लिए अभिशाप ही है। अतः एक हद तक यह सही था कि आर्थिक रूप से पिछड़ी जाति को कुछ खास सुविधाएँ प्रदान करने के लिए कोई आश्वासन दे। पर मंडल आयोग के सुझावों को लागू करने के समय ऐसी कोई नीति नहीं बनाई गई, जो ज्यादा रोजगार दे सके या सामाजिक रूप से पिछड़ी जातियों के लिए रोजगार मुहैया करा सके। ठीक इसके विपरीत यह पुनः पिछड़ी जाति के लोगों से राजनीतिक लाभ उठाने का ही माध्यम बना दिया गया। यह गलत हुआ है। लोकतंत्र में अगर समाज में उथल-पुथल या अराजकता फैलती है, तो सबसे ज्यादा गरीबों की ही दुर्दशा होती है। गरीबों की मदद करने के बजाय हम उनके लिए ज्यादा परेशानियाँ पैदा कर रहे हैं। यह अजीबोगरीब और कौतुकपूर्ण स्थिति है। न तो किसी व्यक्ति को रोजगार मिला, न ऊँची जाति में से किसी की नौकरी गई, पर लोगों ने आपस में लड़ना शुरू कर दिया। हर गली में हिंसा व्याप्त हो गई। इस तरह कभी-कभी राजनीतिक लाभ उठाने की अधीरता में हम नारे लहरा देते हैं। बिना सोचे कि इसका परिणाम क्या होगा। यही वह गलती थी, जो पिछली सरकार से हुई। यह देश के लिए बड़ा महँगा साबित होगा और मैं नहीं जानता कि यह विष कब तक लोगों को भड़काता रहेगा। यह मुद्दा बिल्कुल गैर-जरूरी था, जिससे बचा जा सकता था और पिछड़ी जाति के लोगों को रोजगार दिलाने की दिशा में इससे कहीं ज्यादा सार्थक व समझदारीपूर्ण कदम उठाए जा सकते थे।

मैंने कई बार लोगों को कहते हुए सुना है कि आपको बिना किसी बड़ी पार्टी से आए हुए एक लोकप्रिय प्रधानमंत्री के तौर पर देखा जाने लगा है। आप क्या कहेंगे ?

यह सच है, क्योंकि आप जानते हैं कि जिन परिस्थितियों में मुझे सरकार बनाने के लिए कहा गया, वे बहुत सुखद नहीं थीं। देश लगभग बर्बादी के कगार पर था। उस समय सब सोच रहे थे कि किसी भी तरह चुनाव टल जाए। यदि गत वर्ष नवंबर में चुनाव होता, तो स्थितियाँ बहुत खराब होतीं। सौ से भी ज्यादा शहरों में कर्फ्यू था और लगभग सभी महत्त्वपूर्ण क्षेत्र तनावग्रस्त थे। अतएव कांग्रेस पार्टी ने हमारे साथ काम करने का निर्णय लिया और हमने देश को बुरी स्थिति से उबारने का जिम्मा उठाया। पर चार महीने बाद कांग्रेस पार्टी ने यह निर्णय लिया कि वह साथ में काम नहीं करेगी। अतः हम एक संगठन नहीं बना सके। यह सच है कि मैं जिस पार्टी से संबंध रखता हूँ, उसका सभी जगहों पर संगठनात्मक नेटवर्क नहीं है। पर एक अच्छी बात यह है कि लोगों के मन में इसके लिए बहुत अच्छी धारणाएँ हैं। हम लोगों की सकारात्मक धारणाओं को कैसे संयोजित कर पाएँगे और इसका कितना अंश चुनाव परिणामों में परिलक्षित होगा, यह देखना है। यह बहुत ही निश्चित अवस्था नहीं है, पर इसके भरोसे हम आगे जा सकते हैं।

18 महीने में यह दूसरा चुनाव है। क्या आपको लगता है कि भारत राष्ट्रीय व प्रान्तीय स्तर पर गठबंधन की राजनीति वाली परिस्थितियों में प्रवेश कर रहा है।

हो सकता है। इस स्थिति से इनकार नहीं किया जा सकता, क्योंकि भारत जैसे देश में आप नहीं कह सकते कि कोई पार्टी अचानक एक मजबूत पार्टी बनकर या बहुमत की पार्टी बनकर उभरेगी और सुखद स्थिति में रहेगी। वह एक संभावना है। पर कभी-कभी भारतीय मतदाताओं ने परिपक्वता दिखाई है। उन्होंने एक ही दिशा में निर्णय सुनाकर लोगों को चकित भी किया है। अतः इस दूसरी संभावना से भी इनकार नहीं किया जा सकता कि ऐसी अस्थिरता की अवस्था में भी वे दुनिया को चकित कर सकते हैं कि वे किसी राजनीतिक पार्टी को बहुमत में ले आएँ।

यह प्रश्न उठाना कितना सही होगा कि पिछले कुछ सालों में भारत की प्रतिष्ठा में अंतर्राष्ट्रीय स्तर पर खासी गिरावट आई है ?

मैं नहीं जानता। ये कुछ चीजें हैं, जो थोड़ी मनोवैज्ञानिक हैं...कुछ लोग एक खास तरीके के मनोविज्ञान से गुजर रहे होते हैं। भारत की प्रतिष्ठा एक राष्ट्र के रूप में कभी भी अवनत नहीं हुई है। पर जहाँ तक हमारे काम का सवाल है, यह कभी भी बहुत उत्कृष्ट नहीं था। एक देश, जहाँ 30 फीसदी लोग गरीबी-रेखा के नीचे हैं, ज्यादातर लोग निरक्षर हैं, मैं नहीं जानता, कैसे वह राष्ट्र बहुत ऊँची प्रतिष्ठा रखने का दावा कर सकता है ? अतः कूटनीतिक प्रयोग करने के बजाय हमें अपनी आंतरिक मुश्किलों को हल करने का प्रयास करना चाहिए। आप बेहतर जानते हैं कि एक देश, जो अपने आंतरिक मामलों और इसके अलावा गरीबी, भूख व बीमारी जैसी समस्या का समाधान नहीं कर सकता, वह विश्व के बुद्धिजीवी लोगों के बीच कतई प्रतिष्ठा नहीं पा सकता है। मैं ऐसे लोगों के बारे में नहीं जानता, जिनको राजनीति की कोई समझ नहीं। उस बिंदु पर यदि मैं आपसे स्पष्ट कहूँ, तो भारत की स्थिति

कभी भी अच्छी नहीं रही है। पर भारत में मौजूद संभावनाओं और ऊर्जा को विश्व का कोई भी राष्ट्र नहीं नकार सकता है। 85 करोड़ लोगों का यह देश नजरअंदाज नहीं किया जा सकता है। भारत के पास असीम संभावनाएँ हैं। इसकी उपजाऊ भूमि, खनिज संसाधन और इसकी प्राकृतिक खूबियाँ—सभी कुछ इस देश के लिए लाभदायक हैं। हमारे पास अपार मानवशक्ति है, जो बहुत थोड़े के साथ भी काम करने के लिए तैयार है, क्योंकि मूलरूप से भारत के लोग संतोषी प्रवृत्ति के हैं। दुखद स्थिति यह है कि हम काम करनेवाले वर्ग या मानवशक्ति पर निर्भर नहीं रहे, न ही हमने अपने संसाधनों का इस्तेमाल किया। हमने बस पश्चिमी दुनिया की नकल की, जो ज्यादा भाग्यशाली है। पिछली सरकारों और प्रधानमंत्रियों ने भी यही कहने का प्रयास किया कि थोड़ी सी ऊपरी लीपा-पोती करके वह देश का नाम ऊँचा कर देंगे, जो मेरे नजरिये से गलत था। पश्चिमी प्रेस में प्रचार पाने का अर्थ देश के लिए प्रतिष्ठा कमाना कतई नहीं है। यह मेरा सोचना है और मैं नहीं समझता कि आप मेरे दृष्टिकोण से इसे समझने का प्रयास नहीं करेंगे। पिछले एक, दो या तीन साल से भारत ज्यादा बुरी स्थिति से नहीं गुजरा है। खास तौर पर मैं यह जरूर कहना चाहूँगा कि फिलहाल चार-पाँच महीनों में हम यह दिखाने में सफल रहे हैं कि भारत अपने मसलों का हल निकालने में सक्षम है—अगर लोग सही मंशा और सहृदयता के साथ आगे बढ़ें। हमें लंबे-चौड़े दावे नहीं करने चाहिए, हमें बाकी दुनिया के साथ दौड़ लगाने का प्रयास भी नहीं करना चाहिए। हाँ, यह अवश्य है कि हम उनके साथ संपर्क में रहें। आप उनसे मदद भी ले सकते हैं। मैं यह नहीं कहता कि बिना किसी विदेशी सहायता या समर्थन के कोई देश प्रगति के रास्ते पर आगे बढ़ सकता है, क्योंकि दुनिया आज बहुत छोटी हो गई है और हर कोई एक-दूसरे से इस तरह जुड़ा हुआ है कि सहयोग और समर्थन बहुत ही जरूरी हो गया है। पर, अंततः भारत के लोगों को अपने पैरों पर खड़ा होना होगा और वह तब तक संभव नहीं है, जब तक हमें अपने लोगों का सहर्ष सहयोग नहीं मिलेगा। सहर्ष सहयोग तब तक नहीं मिलेगा, जब तक हम नौकरीपेशा वर्ग, जो मेहनतकश है, को आश्वस्त नहीं करेंगे कि उनकी मेहनत का फल उनके ही बच्चों को मिलेगा। यह विशुद्ध रूप से एक गलत धारणा है कि दुनिया से होड़ लेकर, कुछ बड़े संस्थान खोलकर या दिल्ली, बंगलूर और मद्रास जैसे शहरों में कुछ खूबसूरत जगहें बनाकर या फिर लंदन, वाशिंगटन या न्यूयार्क की अपेक्षा ज्यादा सुविधाओं वाले पाँचतारा होटल बनाने से इस देश का नाम ऊँचा होगा। भारत अपनी आंतरिक समस्याओं का हल करके और दुनिया को यह बतलाकर कि वह न तो किसी को धौंस दिखाएगा और न ही किसी ज्यादा शक्तिशाली देश की धौंस सहेगा, दुनिया में अपनी उचित जगह बना सकता है।

फिर से प्रधानमंत्री बनने की अपनी संभावनाओं के बारे में आपका क्या आकलन है ?

मैं नहीं कह सकता। यह तो एक बड़ा मुश्किल सवाल है, क्योंकि हालात इतने अनिश्चित हैं कि मतदाताओं के रुख को लेकर कोई भी निश्चित तौर पर कुछ नहीं कह सकता। नवंबर में जब मेरी पार्टी के 54 या 60 सदस्य ही संसद में थे, मेरे प्रधानमंत्री बनने की कोई संभावना नहीं थी। कोई भी इस बात की उम्मीद नहीं कर रहा था और जिस दिन मैंने शपथ ग्रहण की, अधिकतर लोगों का मानना था कि मेरा मखौल उड़ाया जाएगा, लोग मुझ पर हँसेंगे। लेकिन ऐसा कुछ भी नहीं हुआ। इस देश में कभी-कभी चमत्कार भी हो जाता है। वैसे भी भारत

चमत्कारों का देश है और कोई नहीं कह सकता कि कल क्या होगा। राजनीतिक गणित ऐसा है कि कोई भी यह नहीं दावा कर सकता कि वह कल प्रधानमंत्री बनने जा रहा है।

मुझे ऐसा लगता है कि आप प्रधानमंत्री होने का भरपूर आनंद उठा रहे हैं।

मैं नहीं जानता। हाँ, इतना जरूर है कि न तो इस पद के आगे मैं खुद को बौना समझता हूँ, न ही इस पद को छोड़ने के बाद मुझे इसकी कमी खलेगी। मैं तो इस पद को अपने रास्ते में आ गई एक जिम्मेदारी के तौर पर ले रहा हूँ। और मुझे इस बात का संतोष है कि मैंने खराब प्रदर्शन नहीं किया।

प्रधानमंत्री बनने के समय देश में व्याप्त सांप्रदायिक तनाव को दूर करना आपका मुख्य लक्ष्य था ?

क्योंकि इस देश के लिए और कोई रास्ता नहीं। यह देश ही क्यों, विकासशील दुनिया के तमाम आर्थिक रूप से पिछड़े देश हर समय संघर्ष को नहीं झेल सकते, चाहे वह आंतरिक हो या बाहरी; और यह बात मैं काफी पहले से कहता आ रहा हूँ। इसी कारण अपने कार्यकाल के पहले दिन ही जब मुझे देश के नाम संदेश देने को कहा गया, मैंने बिल्कुल साफ तरीके से कहा कि यह देश किसी प्रधानमंत्री का नहीं; यह देश उन 85 करोड़ लोगों का है, जो यहाँ रहते हैं और ये लोग आपस में ही झगड़ते रहे, तो वे गरीबी, भूख और बेरोजगारी के खिलाफ नहीं लड़ सकते। अतः अपनी समस्याओं का बातचीत और परस्पर विचार-विमर्श से ही हल खोजने की कोशिश कीजिए। हमने पूर्व में कई जटिल समस्याओं का हल बातचीत से निकालने में कामयाबी हासिल की है। उसी तरह भारतीय उपमहाद्वीप के अपने सभी पड़ोसियों से, चाहे वह बँगलादेश, पाकिस्तान, नेपाल और भूटान हो या फिर श्रीलंका, मैंने कहा कि यह पूरा क्षेत्र ही गरीबी का घर है। यदि हम आपस में उलझते रहे, तो अपनी समस्याओं को हल नहीं कर सकेंगे। मैंने अपने पड़ोसी देशों को बताया कि हम संघर्ष करने की स्थिति में नहीं हैं। हमारे सामने और भी मोर्चे हैं। और मुझे यह कहते हुए खुशी हो रही है कि इसकी प्रतिक्रिया काफी अच्छी व उत्साहवर्धक रही, देश में भी और बाहर भी।

मैं आपसे पंजाब के बारे में पूछना चाहता हूँ...क्या इस बात की आशंका है कि पंजाब में आतंकवादी इस चुनाव को खालिस्तान के लिए जनमत संग्रह के तौर पर इस्तेमाल करेंगे ?

वह इसका इस तरह इस्तेमाल नहीं कर सकते। यदि वे ऐसा करने की कोशिश करते हैं, तो देश इसे बर्दाश्त नहीं करेगा, क्योंकि आप जानते ही हैं कि यह चुनाव भारतीय संविधान के प्रावधानों के अंतर्गत हो रहा है और जीतकर आए हर प्रत्याशी को शपथ लेनी होती है कि वह भारतीय संविधान का पालन करेगा। भारतीय संविधान में खालिस्तान के लिए कोई जगह नहीं। आज स्थिति क्या है ? पंजाब में मेरे विचार से—न सिर्फ मेरे बल्कि सारे लोगों के विचार से—सारे लोग नहीं, बल्कि 90 फीसदी लोग खालिस्तान के खिलाफ हैं। वे भारत के साथ रहना चाहते हैं। ये लोग चुनाव चाहते हैं। संविधान ने हर किसी को वोट डालने का अधिकार दिया है, फिर आप पंजाब के लोगों से यह अधिकार कैसे छीन सकते हैं ? भले ही खालिस्तानियों अथवा आतंकवादियों द्वारा विधानसभा को अपने प्रभाव में ले लेने का जोखिम

क्यों न हो। यदि वे विधानसभा में आते हैं, तो वे संविधान के मुताबिक काम करने की शपथ लेकर ही ऐसा कर सकते हैं। इसलिए वे संसदीय लोकतंत्र के नियमों और संविधान के प्रावधानों का पालन करने के लिए बाध्य हैं। हालाँकि मैं ऐसा नहीं सोचता, लेकिन मान लीजिए बुरा ही हो जाता है, तो भी वे संविधान के दायरे में रहकर ही काम करना पसंद करेंगे। यदि ऐसा नहीं हुआ और उन्होंने संविधान का उल्लंघन करके अपनी शक्तियों का इस्तेमाल खालिस्तान की घोषणा करने में किया, तो भी यह देश इतना मजबूत तो है ही कि स्थिति पर नियंत्रण कर ले। तब हम वहाँ के लोगों को समझाएँगे कि हम आपको आपके लोकतांत्रिक अधिकार देना चाहते थे। यही बात हम बाहरी दुनिया को भी समझाएँगे कि हम पंजाब के साथ कोई भेदभाव नहीं करना चाहते। मैं नहीं समझ पाता कि महज इस आशंका में कि वे चुनाव का दुरुपयोग करेंगे, लोग इस तरह की बातें क्यों कर रहे हैं! यदि हम इस आशंका के आधार पर ही कुछ गलत करने की सोचें, तो यह ठीक नहीं है। पंजाब के लोगों को भी संविधान के अंतर्गत अपने मताधिकार के प्रयोग का बराबर अधिकार है और वहाँ स्थिति इतनी खराब नहीं कि चुनाव नहीं कराया जा सके। संभव है, कुछ समस्याएँ आ जाएँ। मान लीजिए–कुछ ऐसा हो जाए, जिसकी हमने कल्पना भी नहीं की हो और हालात बिल्कुल नियंत्रण से बाहर हो जाएँ, तो वैसी स्थिति में चुनाव स्थगित कर देने का प्रावधान तो है ही।

लेकिन क्या आप समझते हैं कि पंजाब में कानून और व्यवस्था की स्थिति नियंत्रण में लाई जा सकती है ?

मैं तो ऐसा ही मानता हूँ। यह कोई बहुत बड़ी समस्या नहीं रही है। मैं यह नहीं कहता कि छिटपुट हत्याएँ नहीं होंगी, क्योंकि ऐसे तत्त्व हैं–जो नहीं चाहते कि वहाँ चुनाव हो या फिर लोकतांत्रिक प्रक्रिया शुरू हो।

क्या आपका मतलब पाकिस्तानियों से है ?

नहीं, मैं ऐसा नहीं कहता। मैं सारी समस्याओं के लिए पाकिस्तान पर दोष नहीं डालना चाहता। यह तो एक बड़ा आसान-सा बहाना होगा। यदि पंजाब के लोग हमारी जगह पाकिस्तान से निर्देशित हो रहे हैं, तो ऐसी स्थिति में निश्चित रूप से कुछ दोष हमारा ही होगा। आखिर क्यों हमारे नागरिक पाकिस्तान से निर्देशित या प्रभावित होने लगे, क्योंकि पंजाब के लोगों ने आजादी के लिए बहुत बड़ा बलिदान दिया है। आजादी के बाद भी देश की सुरक्षा के लिए उन्होंने बहुत कुछ किया। मुझे उनकी देशभक्ति पर पूरा विश्वास है। यदि वहाँ कुछ गुमराह हो गए तत्त्व हैं भी, तो वे पंजाब का प्रतिनिधित्व नहीं करते। मैं नहीं समझता कि पाकिस्तान इस स्थिति में है कि वह इस देश में ऐसी समस्या खड़ी कर सके, जिससे हमारे राजनीतिक फैसले निर्धारित होते हों। मैं ऐसी बातों पर विश्वास नहीं करता। हमारी कमजोरी को पाकिस्तानी हस्तक्षेप की आड़ में छिपाना नहीं चाहिए। निश्चित रूप से कुछ हस्तक्षेप है, लेकिन हम स्थिति से निपट सकते हैं। हम इतने अक्षम नहीं कि किसी भी देश द्वारा पैदा किए गए हालात से निपट न सकें। पाकिस्तान की छोड़िए, मान लीजिए कोई भी इस देश के मामलों में हस्तक्षेप करता है और समाज को अस्थिर करने की कोशिश करता है, तो क्या हम हताशा में हाथ खड़े कर देंगे और यह दलील देंगे कि वे ऐसा कर रहे हैं, तो हम इस

पर नियंत्रण नहीं कर सकते।

राजीव गांधी ने संकेत दिया है कि यदि वह दोबारा प्रधानमंत्री बनते हैं, तो पंजाब में चुनाव रद्द कर देंगे। इस पर आप क्या कहेंगे ?

राजीव गांधी ने ही, जब वह प्रधानमंत्री थे, पंजाब में सारी परेशानियों को खड़ा किया। अगर वह उन परेशानियों को बनाए रखना चाहते हैं और राष्ट्र उनका समर्थन करना चाहता है और पंजाब को मौत के साये में देखना चाहता है, तो मैं कुछ नहीं कर सकता। पर मैं चाहता हूँ कि पंजाब में शांति कायम हो और वहाँ के लोगों को यह महसूस हो कि वे देश के विकास में बराबर के भागीदार हैं। मैं न तो उनसे भेद बरतना चाहता हूँ, न उनके अंदर अलगाव की भावना को प्रश्रय देना चाहता हूँ। अगर राजीव गांधी यह सोचते हैं कि अलगाव की भावना इस स्थिति की मदद कर सकती है, तो यह उनकी समझदारी है। मुझे इस पर कुछ नहीं कहना है।

देखा जाए, तो ये चुनाव धीरे-धीरे सामान्य लोकतंत्र बहाल करने की दिशा में आपकी ओर से उठाए गए कुछ प्रयासों में से पहला कदम है ?

यह सही है। मैं समझता हूँ, यह संभव भी है। दो दिन पहले तीन महत्त्वपूर्ण शहरों में चुनाव—नगरपालिका चुनाव—हुए। वे सामान्य व शांतिपूर्ण रहे।

पंजाब के मसले पर पिछली सरकार से हुई गलतियों पर उँगली उठाने में आप बहुत स्पष्ट रहे हैं। कश्मीर के बारे में क्या कहना चाहेंगे ?

नहीं, पहले पंजाब का केस लें, जैसा आपने कहा है। जब श्रीमती गांधी प्रधानमंत्री थीं, तो उनकी एक अच्छी आदत थी कि वह हम सांसदों से सलाह-मशविरा करती थीं। उस समय पंजाब के मुद्दे पर मैंने उनसे बार-बार कहा कि कुछ भी कीजिए, पर स्वर्ण मंदिर में सेना नहीं भेजी जाए। जब सेना भेजी गई, मैं अकेला व्यक्ति था इस देश में, जिसने इस कदम को गलत ठहराया था। यह बहुत दुर्भाग्यपूर्ण है कि हमें स्वर्ण मंदिर में सेना भेजनी पड़ी। किसी राजनीतिक कारण से नहीं बल्कि एक नाजुक स्थिति बन जाने के कारण। मैं सिख धर्म का इतिहास जानता हूँ, उनकी कुछ परंपराएँ हैं और वे परंपराएँ संरक्षित रखनी चाहिए। कुछ लोग सोचते हैं कि उन परंपराओं का कोई मूल्य नहीं। अगर पोप यहाँ आते हैं, आप उनका लाल कालीन बिछाकर स्वागत करते हैं और राजीव गांधी जैसे प्रधानमंत्री बहुत गर्व महसूस करते हैं कि उन्हें पोप का स्वागत करने का मौका मिला और वेटिकन की पवित्रता अक्षुण्ण रहनी चाहिए। अगर पिछले पाँच सौ सालों से हमारे देश में भी कुछ चला आ रहा है, जिसे स्वर्ण मंदिर में संरक्षित किया गया है, तो ऐसी कौन-सी बाध्यता उठ खड़ी हुई, जिसके तहत स्थिति को सँभालने के लिए दूसरे उपायों का इस्तेमाल करने के बजाय एक अन्यायपूर्ण कदम उठाना पड़ा ?

इससे सिखों की आत्मा अपमानित महसूस करती है। कभी सही, कभी गलत—इस तरह की भावनाएँ अक्सर बढ़-चढ़कर उभरती हैं। मैं समझता हूँ कि आपको इसको ठीक करना चाहिए, क्योंकि आपने गलती की है। इतिहास में अपने आपको सही प्रमाणित करने की कोशिश

में आप किसी संकट को लगातार बढ़ाते चले जाते हैं, जबकि इतिहास आपको कभी भी सही नहीं ठहरा सकता। कुछ लोग सोचते हैं कि वे अगर कोई गलती करते हैं, तो इतिहास में उसे एक सही, साहस भरा और निडर कदम माना जाएगा। दुर्भाग्यवश इतिहास बड़ा ही क्रूर निर्णायक है। यह संसद में मिले बहुमत से परिचालित नहीं होता, न ही विदेशी ताकतों के समर्थन से इस पर कुछ असर होता है और न ही इस देश में गूँजते बड़े-बड़े नारों का उस पर कुछ असर होता है। इतिहास आशा से कहीं अधिक यथार्थपरक है। इतिहास यह है कि यह परंपरा पाँच सौ साल पहले स्थापित की गई थी। औरंगजेब जैसा सम्राट भी आनंदपुर साहिब गुरुद्वारे में नहीं घुस पाया था। छह महीने के लिए उसने इस पर अपना कब्जा जमाए रखा। किसी को अंदर जाने की इजाजत नहीं दी। अपने सैनिकों को भी अंदर जाने के लिए नहीं कहा। जो औरंगजेब नहीं कर सका, वह हमारे महान प्रधानमंत्री लोग कर रहे हैं। वे यह सोचते हैं कि इतिहास उन्हें कहेगा कि तुम बहादुर हो...मैं नहीं जानता कि वे क्या बनना चाहते हैं...और वे अपनी गलतियों को लेकर अडिग हैं। मैं यह नहीं कहता कि मनुष्य गलती कर ही नहीं सकता। मैं एक गलत निर्णय ले सकता हूँ, क्योंकि हर मनुष्य की कुछ कमजोरियाँ होती हैं। साथ ही कुछ ऐसे क्षण भी होते हैं, जब हम गलत निर्णय ले लेते हैं। पर कुछ लोग यह सोचते हैं कि जो कुछ भी वे कहते हैं, करते हैं, वह इतिहास का आखिरी शब्द है। पर दुर्भाग्य से इतिहास ने यह ओहदा किसी भी व्यक्ति को नहीं दिया है। कोई भी व्यक्ति इतिहास का अंतिम परिच्छेद नहीं हो सकता है। यहाँ तक कि इतिहास का मार्ग प्रशस्त करनेवाले व्यक्तित्व—जैसे, ईसा मसीह, मोहम्मद, बुद्ध और गांधी जैसे महान लोग भी इतिहास में बस अर्धविराम की भूमिका ही पा सके हैं। और यहाँ ये लोग हैं, जो अपने आपको इतिहास का आखिरी नाम समझते हैं और वे...मेरे दोस्त राजीव गांधी—मैं नहीं जानता वह फिर प्रधानमंत्री बनेंगे या नहीं। पर अगर वह इस सोच के साथ देश की बागडोर सँभालते हैं, तो वह फिर से देश को उसी रास्ते पर ले जाएँगे, जहाँ जाकर उन्हें पदत्याग करना पड़ा था।

इस अल्पावधि में कश्मीर के भारत के लिए एक ज्वलंत मुद्दा बनाकर उभारने की कोई संभावना है ?

नहीं, मैं इतिहास के विस्तृत ब्यौरे में नहीं जाऊँगा। हाल-फिलहाल में वहाँ क्या था ? फारुख अब्दुल्ला की सरकार वहाँ थी और कश्मीरी लोगों का एक बड़ा वर्ग सरकार के साथ था। वह एक चुनी हुई सरकार थी। अचानक विश्वनाथ प्रताप की सरकार आई और उस समय मैं भी उस पार्टी का एक सदस्य था—उन्होंने वहाँ एक राज्यपाल भेज दिया, जो फारुख विरोधी बताया जाता था। फारुख अब्दुल्ला ने लोगों के सामने स्पष्ट कहा कि अगर वह राज्यपाल आते हैं, तो वह पदत्याग कर देंगे। मैंने इस महान प्रधानमंत्री को मनाने की कोशिश की कि जगमोहन को वहाँ न भेजा जाए। फारुख अब्दुल्ला को नहीं हटना चाहिए, अन्यथा फिर कश्मीरी लोग अलग हो जाएँगे। पर वह नहीं माने। आखिरकार अलगाव सामने आ गया। वह पद से हट गए हैं और सोचते हैं कि दूसरे इसको सँभालें। क्योंकि हर प्रधानमंत्री सोचता है कि वह अपनी सोच के अनुसार ही चलेगा। देश के भविष्य के साथ जो होना है, सो हो। यह उनके सोचने का काम नहीं। मुझे यह मनोविज्ञान या राजनीति समझ में नहीं आती, क्योंकि प्रधानमंत्री कोई विक्रेता नहीं होता, जो अपने बेकार सामान को लच्छेदार बातों का मुलम्मा

चढ़ा कर बेच दे। बल्कि प्रधानमंत्री का पद ज्यादा नियमबद्ध और दृढ़ता का प्रतीक है, जिससे देश का भविष्य जुड़ा रहता है। मैं सोचता हूँ कि कश्मीर में भी हमें लोगों का विश्वास जीतना होगा। विगत चार महीनों में, मैं बड़े दावे नहीं करता, एक नहीं बल्कि सैकड़ों आतंकवादियों ने आत्मसमर्पण किया है। रोष शांत होता दिख रहा है और यह संभव है।

जैसा कि आपने पहला प्रश्न किया था, मैं आपको बताना चाहूँगा कि कश्मीर इस देश का एक राज्य मात्र नहीं है, बल्कि वह हमारी धर्मनिरपेक्षता की लिटमस-परीक्षा है। जब कश्मीर 1947-48 में हमारे देश में आया, तो उस समय सांप्रदायिक मदांधता पराकाष्ठा पर थी। उस समय भी कश्मीर मोहम्मद अली जिन्ना के पाकिस्तान में नहीं गया। कश्मीर महात्मा गांधी के भारत से जुड़ा। अतः कश्मीर भारतीय धर्मनिरपेक्षता का प्रतीक है।

अगर हम कश्मीर खो देते हैं, तो हम इस देश के धर्मनिरपेक्ष आदर्शों को खो देंगे। मुझे समझ में नहीं आता—इस देश में या बाहर—लोग कैसे इसे इतनी लापरवाही से लेते हैं। कुछ लोग कहते हैं, 'कश्मीर से अलग हट जाओ, वहाँ के मुसलमानों के साथ चले जाओ', पर उन 13 करोड़ मुसलमानों का क्या होगा, जो इस देश का हिस्सा हैं। मैंने पाकिस्तान के प्रधानमंत्री से कहा कि दुनिया की कोई ताकत कश्मीर को भारत से अलग नहीं कर सकती और कोई भी प्रधानमंत्री या सरकार कश्मीर को छोड़ देने की जहमत नहीं उठा सकती, जब तक कि उसकी नीयत पूरे देश में उथल-पुथल, हिंसा व अराजकता का माहौल पैदा करने की न हो। संक्षेप में कश्मीर की समस्या के बारे में मैं इतना ही कहना चाहूँगा।

पर, सौभाग्य से इन चार महीनों में—यह एक संयोग है, यह नहीं सोचिएगा कि मैं लंबे-चौड़े दावे कर रहा हूँ—पिछले 44 सालों में पहली बार अमेरिका व ब्रिटेन—दोनों ने कहा कि हमें कश्मीर को बाहरी मुद्दे के बतौर नहीं उठाना चाहिए। कश्मीर की समस्या शिमला समझौते के तहत ही सुलझनी चाहिए। पिछले 44 सालों से ऐसा कभी नहीं हुआ था कि दोनों देशों ने एक साथ भारत की उक्ति का समर्थन किया कि कश्मीर समस्या भारत व पाकिस्तान के बीच शिमला समझौते के तहत ही सुलझनी चाहिए। दोनों देशों ने कहा कि अब इस राज्य में कोई भी बातचीत किसी हवाले से नहीं होनी चाहिए। मैं सोचता हूँ कि यह एक और प्रमाण है, जो यह दर्शाता है कि भारत की प्रतिष्ठा विश्व स्तर पर गिरी नहीं, बल्कि इसने अपनी साख बनाए रखी है और अंतर्राष्ट्रीय स्तर पर यह ऊँचाइयों की ओर अग्रसर है।

पर स्पष्ट तौर से कश्मीर के मुद्दे पर आपको कानून व्यवस्था लागू करने या नियंत्रण करने से भी कुछ ज्यादा आगे के कदम उठाने होंगे।

नहीं, यह कभी भी कानून व्यवस्था से निपटाया नहीं जा सकता है। अब भाजपा को ही लें—वे संविधान से 370 को हटाने की बात कर रहे हैं। '370' कश्मीरी लोगों को दिया गया उपहार नहीं था, न ही यह भारत की सदाशयता थी। दरअसल यह उस समझौते का एक हिस्सा था, जो भारत में शामिल हो रहे कश्मीरी लोगों के बीच हुआ था और जिसने मोहम्मद अली जिन्ना के सांप्रदायिक स्टैंड को खारिज किया था। यह बात आप आज नहीं समझ सकते। पर, शेख अब्दुल्ला के लिए यह निर्णय कितना मुश्किल रहा होगा, जब उन्होंने दो राष्ट्रों के सिद्धांत को वैसे समय में दरकिनार किया था, जिस समय पाकिस्तान बना था और वह इस देश का हिस्सा बन गए थे। कुछ लोग इतिहास की सारी चीजें भूल गए हैं। मैं उन राजनीतिक

निरक्षरों की कोई मदद नहीं कर सकता, जो इतिहास को नहीं समझ पाते और नहीं समझ पाते कि दिए गए वायदों को आसानी से तोड़ देने का क्या असर होता है। अतः ज्यादातर समस्याओं की तह में मसलों को लेकर व्याप्त राजनीतिक निरक्षरता है।

लोकसभा में ?

लोकसभा हो या राज्यसभा...सब जगह...

30 अप्रैल, 1991

राष्ट्रीय सरकार का मतलब है राष्ट्रीय दलों के लिए इमर्जेंसी

सूर्यकुमार की बातचीत

प्रधानमंत्रीजी, इमर्जेंसी के इस सवाल पर मैं समझता हूँ कि आपने स्थिति काफी स्पष्ट कर दी है। लेकिन कांग्रेस में उस किस्म की घबराहट क्यों थी ? वे वास्तव में आतंकित थे ?

यह सिर्फ उनकी मनगढ़ंत कल्पना थी। किसी ने कभी भी इस मुद्दे का जिक्र नहीं किया। प्रणव मुखर्जी के बयान से ही मुझे जानकारी मिली। मुझे इस बात का ख्याल भी नहीं था कि कोई इस तरह की बात कर रहा है। मुझे लोगों से मालूम हुआ कि कुछ लोग बड़े पैमाने पर हिंसा की घटनाएँ घटने और देश टूट जाने की बात कर रहे हैं। विदेशी, जो दाह-क्रिया में शामिल हुए, इस बारे में बात कर रहे थे और उन्हें यह खबर मिली थी। लेकिन जब यह सब कुछ हो गया, तब जनता के बीच यह प्रश्न लाया गया। इसके पीछे कोई तर्क था—ऐसा मैं नहीं समझता। शायद वे लोग यह सोचते थे कि कोई घटना घटेगी, लेकिन ऐसा कुछ नहीं हुआ।

लेकिन राजीव गांधी की हत्या के फौरन बाद कई प्रकार की आशंकाएँ थीं ?

उस वक्त भी मैं इस चीज को समझ सकता था, यदि किसी ने यह आशंका व्यक्त की होती ? इस तरह की आशंका ऐसे समय में पैदा होना स्वाभाविक हो सकता है। लेकिन हत्या के बाद समूची स्थिति शांतिपूर्ण रहने पर इस तरह की बात करना तब तक संभव नहीं, जब तक कि इसके पीछे कुछ अनर्थकारी मंशा न हो।

राजीव गांधी की हत्या के बाद जिस प्रकार स्थिति से निपटने के लिए कुछ राज्यों ने कदम उठाए, क्या उससे आप संतुष्ट हैं ?

दो या तीन स्थानों को छोड़कर सभी जगह स्थिति बिल्कुल ठीक थी। उन राज्यों में तुरंत कदम उठाए गए थे, लेकिन कुछ स्थान ऐसे थे, जहाँ से हमें कोई सूचना ही नहीं मिली। इस कारण स्थिति कुछ हद तक सामान्य नहीं रही।

मुझे मालूम हुआ है कि राष्ट्रपतिजी ने भी यह एहसास किया है कि इस बार नवंबर 1984 की तुलना में स्थिति बेहतर तरीके से नियंत्रण में रखी गई ?

मैं स्पष्ट कर दूँ कि समूचे देश में इस स्थिति पर नियंत्रण बेहतर ढंग से रखा गया, सिवाय एक स्थान के, जहाँ से हमें सूचना नहीं मिली। त्रिपुरा के बारे में हमें किसी ने सूचना नहीं दी और जब हमें सूचना मिली, तब हमने कुछ कदम उठाए और राज्य सरकार ने भी कुछ उपाय किए।

आंध्रप्रदेश के बारे में आपका क्या कहना है ? मैंने सुना है कि आपने कुछ...

हाँ, यह ठीक है, लेकिन कुछ घंटों में ही इस स्थिति को नियंत्रण में लाया गया। इस कार्रवाई को करने में हमें एक या दो दिन नहीं लगे।

क्या यह विलंब सेना को तैनात करने का फैसला लेने के कारण हुआ ?

इस मुद्दे पर मैं विस्तार में नहीं जाना चाहता, लेकिन मैंने सेना के अधिकारियों से संपर्क साधा और मुख्यमंत्री से भी। और मुख्यमंत्री ने भी शीघ्र इस बारे में कार्रवाई की। आज भी मुझे बताया गया है कि एनटीआर वहाँ जा रहे हैं।

उन्होंने अनिश्चितकालीन अनशन शुरू कर दिया है।

इसलिए मैंने उनसे बात की। वे न्यायिक जाँच कराने के लिए सहमत हो गए हैं और उन्होंने एक अधिकारी भी नियुक्त कर दिया है, जो विस्तार के साथ लोगों को जरूरी मुआवजा देने पर विचार करेगा।

इसलिए क्या आप यह समझते हैं कि आंध्रप्रदेश सरकार इस मामले में आपको सहयोग दे रही है ?

मैं इस बारे में कुछ नहीं कह सकता, क्योंकि मैं मौके पर नहीं था। लेकिन सूचना मिलते ही मैंने कुछ सुझाव दे दिए थे। मैंने मुख्यमंत्री से कहा, जो उस समय यहाँ थे। (पहले मुझे बताया गया कि वह यहाँ नहीं हैं) आधे घंटे के बाद ही मुख्यमंत्री ने बताया कि इस बारे में कदम उठाए जा रहे हैं।

लेकिन एक चीज स्पष्ट है कि मैंने, जहाँ कहीं भी कोई घटना घटी और हिंसा, आगजनी और लूटमार की सूचना मिली, तुरंत अर्धसैनिक बल और सेना को तैनात करने का निर्णय लिया, जिससे कि जनता को यह संदेश मिल सके कि ऐसी स्थिति को नियंत्रण में रखा जाएगा।

दिल्ली में इसी कारण काफी घबराहट थी। 1984 की यादें लोगों को ताजा हो रही थीं और उनमें उस समय भय और आशंका बनी हुई थी ?

उस वक्त की बात करना ठीक नहीं होगा। दिल्ली में सभी तरह की अफवाहें फैल रही थीं। पहले यह अफवाह फैलायी गई कि यह पंजाब के आतंकवादियों का काम है। फिर यह अफवाह फैली कि तमिल बस्तियों पर हमला किया जा रहा है। इस तरह की अफवाहें चलती रहती हैं। कुछ लोगों ने दोष मढ़ने की कोशिश की, इसलिए हमें कुछ कठोर निर्णय लेने पड़े।

देश में राजीवोत्तर राजनीति का आकलन आप किस प्रकार करते हैं ?

मैं कुछ नहीं कह सकता। क्योंकि इस तरह का जायजा लेना बहुत जल्दबाजी होगी।

प्रश्न यह भी उठ रहा है कि सभी पुराने कांग्रेसियों को कांग्रेस के अंदर क्यों न लाया जाए ? उदाहरणार्थ क्या आप 1969 के पूर्व हुए कांग्रेस विभाजन की कल्पना करते हैं ? क्या आप कांग्रेस संगठन पर कब्जा जमाने का इरादा रखते हैं ?

पहला प्रश्न यह है कि वर्तमान कांग्रेस किस तरह का संगठन चाहेगी। इसका जवाब मिलना चाहिए। आज जो कांग्रेस (ई) है, क्या वह उपरोक्त प्रकार का संगठन बनाने के लिए सर्वसम्मत है ? पहले इन प्रश्नों का जवाब मिलना चाहिए, उसके बाद ही भविष्य के बारे में अनुमान लगाया जा सकता है।

इस प्रश्न का जवाब साठे और अन्य लोगों के वक्तव्य में होगा। कुल मिलाकर उन्होंने भी संकेत दिया है ?

लेकिन कुछ दूसरे वक्तव्य भी हैं। इससे यह अंदाजा नहीं लगाया जा सकता कि कौन-से वक्तव्य पर कांग्रेस में सहमति होगी।

आपका कांग्रेस के साथ दीर्घकालीन संबंध रहा है, इसलिए मैंने आपसे यह प्रश्न पूछा है।

मैं कुछ नहीं कह सकता। क्योंकि आप जानते हैं कि 1975 में जिस कांग्रेस को मैंने छोड़ा था, वह अब बिल्कुल बदल गई है। वह कांग्रेस अब नहीं है। वह भिन्न प्रकार की कांग्रेस थी। मुझे नहीं मालूम कि वे लोग उस कांग्रेस को स्वीकार करने में सहमत होंगे।

सोनिया गांधी द्वारा अध्यक्ष पद को अस्वीकार किए जाने के बारे में आपका क्या कहना है ?

यह पूरी तरह कांग्रेस का मामला है और सोनिया गांधीजी का व्यक्तिगत निर्णय है। मेरा कोई संपर्क नहीं है, इस बारे में मुझे कोई जानकारी भी नहीं है। इसलिए इस बारे में मेरा कहना उचित भी नहीं है।

आप कोई टिप्पणी नहीं करना चाहते ?

नहीं, मैं क्यों करूँ ? अध्यक्ष पद ग्रहण करने के लिए सोनिया गांधी को निर्णय लेना है और उन्होंने यह पद ग्रहण करने से इनकार कर दिया है। किसी भी तरह इससे मेरा कोई वास्ता नहीं है।

क्या आप भाजपा विरोधी मंच तैयार करने की कल्पना करते हैं ?

मैं नहीं जानता, लेकिन यह पूर्णतया चुनाव परिणामों पर निर्भर करेगा। इन चुनाव परिणामों के बिना आप यह नहीं समझ सकते कि कितनी सीटें भाजपा को मिलती हैं और अन्य राजनीतिक दलों की क्या स्थिति रहेगी।

लेकिन एक चीज साफ है कि भाजपा से संबद्ध न होने की प्रवृत्ति सामने आएगी। भाजपा विरोधी मंच बनेगा या नहीं—यह मुझे नहीं मालूम। क्योंकि भाजपा भी यह जोर देकर कहती रही है कि वह अकेले ही आगे बढ़ेगी। इसलिए कोई भी दल यह नहीं कहेगा कि हम भाजपा के साथ संबद्ध होना चाहते हैं।

मिसाल के तौर पर सजपा, राष्ट्रीय मोर्चा और वर्तमान गठित कांग्रेस के बारे में यह दृष्टिकोण है कि इन सभी दलों और गुटों की एकजुटता संभव हो सकती है।

आप जानते हैं कि इस प्रश्न का उत्तर देने के लिए कई अविचारणीय कारण हैं—मैं कुछ नहीं कह सकता।

यह भी बात चल रही है कि आपकी पार्टी और कांग्रेस (ई) में चुनाव से पहले कोई समझौता होना संभव है ?

इस तरह का कोई प्रस्ताव नहीं है। कुछ पत्रकार मुझसे पूछ रहे थे, लेकिन किसी ने भी मेरे सामने कोई सुझाव नहीं रखा है। कम से कम मैं यह कह सकता हूँ कि कांग्रेस पार्टी या समाजवादी जनता दल में इस तरह की कोई पहल की नहीं गई है।

दोनों पार्टियों के संयुक्त चुनाव अभियान की संभावना की भी बात चल रही है। क्या कुछ कांग्रेसजन आपसे या आप कांग्रेसजन से इस बारे में संपर्क कर रहे हैं ?

कुछ कांग्रेस मित्र मुझसे मिलते रहते हैं। राजीव गांधी के निधन के पश्चात इन सवालों को लेकर कोई सुझाव नहीं आया है। एक, दो या तीन व्यक्ति, जो दाह-क्रिया में शामिल हुए थे, मुझसे भी मिले थे। लेकिन मैं इस मुलाकात को कोई महत्त्व नहीं देता, क्योंकि इन सब प्रश्नों पर विचार नहीं किया गया था।

अब क्योंकि चुनाव नजदीक आ गए हैं और कुछ दिन पहले आपने अपने एक वक्तव्य में राज्यों को अधिक स्वायत्तता देने की आवश्यकता व्यक्त की थी, इसलिए क्या आप समझते हैं कि संविधान में परिवर्तन लाने और संविधान के प्रावधानों पर विचार करने की आवश्यकता है ?

मैं कुछ नहीं कह सकता, क्योंकि हमें पहले स्थिति में सुधार लाना है। जैसा कि मैं 6 या 7 महीनों से कह रहा हूँ—हमारा देश अति गंभीर समस्याओं से जूझ रहा है और जब तक कि हम इन समस्याओं का समाधान नहीं कर लेते, सिद्धांतों, विचारधाराओं और स्वायत्तता जैसे सभी प्रश्न पूर्णतः अप्रासंगिक हैं।

क्या इनका उन समस्याओं से संबंध नहीं है, जिनका आप जिक्र कर रहे हैं ?

नहीं, इनका संबंध है, लेकिन इन समस्याओं पर चुनाव के तुरंत बाद ध्यान नहीं दिया जा सकता। जब तक कि आप अर्थव्यवस्था में सुधार लाने में कुछ योगदान नहीं देते और लोकतांत्रिक पद्धति को बनाए रखने में उत्साह नहीं रखते, तब तक आप आर्थिक नीति में सुधार लाने और लोकतांत्रिक पद्धति का सुचारू रूप से संचालन करने का काम शुरू नहीं कर सकते।

आपके मुताबिक चुनावों के बाद तुरंत हाथ में लेने के लिए नई सरकार का क्या काम या दायित्व होगा ?

जैसा कि मैंने पहले कहा था कि टकराव की स्थिति से बचना चाहिए। हमें यह समझने की कोशिश करनी चाहिए कि राष्ट्र के जीवन में ऐसा वक्त भी आता है, जब हमें एकजुट होकर सहमति के पथ पर अग्रसर होना चाहिए, जिससे कि राष्ट्र के सामने आई चुनौतियों

का सामना किया जा सके। मुझे नहीं मालूम कि यह लक्ष्य प्राप्त हो सकेगा या नहीं ?

लेकिन क्या यह सरकार का प्रथम काम या दायित्व होगा ?

हाँ, यह पहली जिम्मेदारी होनी चाहिए। यही कारण है कि मैं कहता हूँ कि क-विरोधी या ख-विरोधी मोर्चा की बात करना वक्त का तकाजा नहीं है।

हाँ, आपको इस प्रश्न को दूसरी तरह से देखना होगा।

हाँ, लोगों को गैर-लचीली प्रवृत्ति अथवा कड़ा रुख नहीं अपनाना चाहिए। जब मैं यह कहता हूँ कि हर व्यक्ति को यह समझना चाहिए कि वही अंतिम निर्णायक नहीं है और उसका कथन ही सर्वमान्य नहीं हो सकता। एक-दूसरे के दृष्टिकोण को समझना चाहिए और न्यूनतम सहमति के क्षेत्र का पता लगाना चाहिए, जिससे कि स्थिति में सुधार लाने के लिए एक साथ काम करने की संभावना बन सके।

क्या यह स्थिति राष्ट्रपति की राष्ट्रीय सरकार के बारे में धारणा के निकट है ?

मैं कुछ नहीं कह सकता, क्योंकि राष्ट्रीय सरकार की परिकल्पना कुछ ऐसी है जो...

अति रोमांचकारी...?

नहीं, अति रोमांचकारी नहीं, बल्कि अति व्यापक। क्योंकि राष्ट्रीय सरकार का मतलब है—सभी राजनीतिक दलों के लिए एक किस्म की इमरजेंसी। सभी राजनीतिक दलों को अपनी सामान्य राजनीतिक गतिविधियाँ रोकनी होंगी। राष्ट्रीय समस्याओं के संबंध में एक सामान्य दृष्टिकोण होना चाहिए और उन समस्याओं के समाधान और उपायों के बारे में सबकी सहमति होनी चाहिए। यदि राष्ट्र के समक्ष चुनौतियों के बारे में सामान्य दृष्टिकोण नहीं है और इन समस्याओं के समाधान में सामान्य कार्यक्रम पर सहमति नहीं होती, तो मैं समझता हूँ कि राष्ट्रीय सरकार की परिकल्पना की कोई गुंजाइश नहीं है और इस पर काम नहीं किया जा सकता। इसलिए जैसा कि मैंने कहा, सर्वसम्मति जरूरी है और सबको यह समझना चाहिए कि देश के समक्ष बहुत गंभीर चुनौतियाँ हैं और एकजुट होकर हमें काम करना होगा।

चुनावों के बाद आप कैसे परिदृश्य की कल्पना करते हैं ?

बहुत ही कठिन समय होगा। मैं कहता हूँ कि यह बहुत ही अनिश्चित स्थिति है।

क्या आप समझते हैं कि कोई अकेली पार्टी सरकार का गठन कर सकेगी ?

मैं नहीं समझता। जैसी रिपोर्ट आपको मिल रही है, उससे ऐसा प्रतीत होता है कि किसी एक पार्टी की सरकार बनना वस्तुस्थिति से बहुत दूर है। ऐसी संभावना बहुत कम प्रतीत होती है।

इसलिए सभी पुराने कांग्रेसजन को पुनः एकजुट करने के आह्वान का प्रश्न आता है ?

मैं आपको फिर कह रहा हूँ...ऐसा कहने में मुझे दुःख है, जो मुझे अब नहीं कहना चाहिए।

संसद में संख्या का प्रबंध करना मात्र जरूरी नहीं है। संसद में संख्या जुटाने से आप राष्ट्र के समक्ष प्रश्नों को हल नहीं कर सकते। आज स्थिति इतनी आसान नहीं है। यह मेरा अपना सोचना है। मैं खतरे का संकेत देनेवाला नहीं हूँ। लेकिन जनता को अतीत से सबक लेना चाहिए। 1977 में सत्तारूढ़ दल को बहुमत प्राप्त होने के बावजूद स्थिति पर नियंत्रण नहीं किया जा सका। यही चीज 1989 में हुई। लोग अतीत से कुछ क्यों नहीं सीखते ? संसद में बहुमत या अल्पमत मात्र से प्रभावी कामकाज संभव नहीं है। मैं समझता हूँ कि कुछ समय के लिए टकराव की स्थिति से बचना चाहिए। मतभेद समझ में आते हैं, लेकिन हर मामले में एक-दूसरे पर दोष मढ़ना आज की समस्याओं का समाधान नहीं है। साथ ही ऐसे मुद्दों पर मतभेदों और टकराव की आग भड़काने की स्थिति से बचना चाहिए।

क्या जवाहरलाल नेहरु ट्रस्ट की अध्यक्ष सोनिया गांधी बनाई जाएँगी ?

हाँ। हमने निर्णय लिया है कि सोनिया गांधी को जवाहरलाल नेहरू ट्रस्ट का अध्यक्ष बनाया जाए। दो ट्रस्ट हैं—एक है 'जवाहरलाल नेहरु फण्ड', जिसका अध्यक्ष कोई दूसरा है। दूसरा ट्रस्ट 'जवाहरलाल नेहरू म्युजियम एवं लाइब्रेरी' है। इसकी अध्यक्ष पहले इंदिरा गांधी थीं, उसके बाद राजीव गांधी उसके अध्यक्ष बनाए गए।

इस पारिवारिक मण्डली के बारे में क्या आप कुछ नहीं कहना चाहेंगे ?

मैं कुछ नहीं कहना चाहता। मैं ईमानदारी से कहता हूँ कि मैं इस बारे में कुछ नहीं जानता। 1960 के दशक में मैं इंदिरा गांधी के पास जरूर जाता था, लेकिन वह भी कभी-कभी। मैं ऐसा व्यक्ति हूँ, जो बड़ी जगहों से दूर रहता है, इसलिए मैं इनमें से किसी को नहीं जानता। सिर्फ व्यक्तिगत रूप से जानता हूँ और कभी-कभी मुझे यह कहना मुश्किल हो जाता है कि मैं उन्हें नहीं जानता, क्योंकि उनसे संपर्क स्थापित करने का मुझे कोई अवसर ही नहीं मिला। पिछले चार, पाँच, या छह महीनों में मैंने और राजीव ने साथ काम किया है, लेकिन मुझे उनके स्तर पर कोई बात करने का सौभाग्य नहीं मिला।

राजीव गांधी के साथ इस सरकार का गठन करने के समय जो व्यवस्था तय की गई, उसके बारे में क्या आप कुछ कहेंगे ? अंततोगत्वा इस दौरान बहुत-सी घटनाएँ घटी हैं।

उस समय मैंने जो कुछ कहा था, इस समय भी मेरा वही मत है। इस बारे में मेरे पास कोई भी चीज गुप्त रखने के लिए नहीं है। मैंने राजीव गांधी को कहा था और संसद में भी स्पष्ट किया था कि मेरी राय में आज स्थिति बहुत गंभीर है और इस स्थिति में सुधार लाने के लिए कुछ करना चाहिए। मेरा यह भी मत था कि ऐसी स्थिति में चुनाव राष्ट्र के लिए बहुत दुःखद होंगे। वह मेरे साथ काम करने के लिए सहमत हुए, लेकिन चार महीने के बाद ही मुझे इस्तीफा देने के लिए बाध्य होना पड़ा। मैंने यह बात सदन में भी स्पष्ट कर दी। राष्ट्रपतिजी के समक्ष इस्तीफा पेश करते समय भी मैंने यह स्पष्ट कर दिया कि राजनीतिक दलों के सभी नेताओं से आप पूछ लें। मेरी राय में यह चुनाव का समय नहीं है, लेकिन मैं यदि सार्वजनिक रूप से यह बयान देता हूँ, तो लोग सोचेंगे कि मैं इस कुर्सी से चिपका रहना चाहता हूँ। इसलिए आप कोई भी व्यवस्था कर सकते हैं। लेकिन देश को संकट से

बचाना चाहिए। यदि कोई इस तरह की व्यवस्था नहीं होती, तो संवैधानिक जिम्मेदारी पूरी करनी होगी। कोई दूसरा विकल्प नहीं है।

आप जानते हैं कि राष्ट्रीय प्रश्नों को निपटाते समय हमें व्यक्तिगत या तुच्छ रवैया नहीं अपनाना चाहिए, क्योंकि कोई नहीं जानता कि देश कब संकट-ग्रस्त हो जाए। जनता की अवमानना करने, सरकार की अवमानना करने और संस्थानों की अवमानना करने में अक्सर आप लगे रहते हैं और खुश होते रहते हैं। लेकिन आप नहीं जानते कि ऐसा भी समय आएगा कि आप इन्हीं संस्थानों का लाभ उठाएँगे।

मैं स्पष्ट कर देना चाहता हूँ कि कुछ विपक्षी नेता पिछले तीन या चार महीनों से इस कामचलाऊ सरकार पर हर दिन आरोप लगाते रहे हैं। मैंने इन विपक्षी नेताओं के बयानों का कभी जवाब नहीं दिया है, लेकिन कौन जानता है कि आज देश को संकट घेरे हुए है और इसी अक्षम सरकार को इस संकट से बचाने के लिए कहा जा रहा है। वे लोग कह रहे हैं कि इस स्थिति से बचने के लिए कुछ किया जाना चाहिए। मैंने अपना कर्त्तव्य-पालन किया है। आप नहीं जानते कि कब कोई छोटा व्यक्ति भी राष्ट्रहित में योग दे सकता है।

आप छोटे से व्यक्ति नहीं हैं ?

नहीं, जिस तरह से घटनाएँ घट रहीं हैं...आज समूचे विश्व में यह कहा जा रहा है कि भारत टूट रहा है। देश जल रहा है। देश की जनता भुखमरी की शिकार है। भारत में इस दौरान दूसरे देशों के 16 प्रतिनिधिमंडल आए। उन्होंने मुझे बताया कि वे प्रसन्न हैं कि आपने स्थिति में सुधार लाने में बहुत कुछ किया है। उन्होंने यह भी कहा कि दिल्ली में क्या सब कुछ सही-सलामत है। लेकिन मुझे नहीं मालूम कि किस तरह का प्रचार 24 घंटे के अंदर हुआ और सब कुछ ठीक होने के पश्चात् चार-पाँच दिन में यकायक हमारे सभी राजनीतिक नेताओं ने इमरजेंसी की स्थिति की आवाज उठाई, जो वास्तविकता से बहुत दूर थी। यह मात्र संयोग है लेकिन यह एक ऐसा पैटर्न है, जो बहुत खतरनाक है। सक्षम लोग, जो सरकार में आना चाहते हैं, वे सरकार की अक्षमता का प्रचार कर राष्ट्रहित को नजरअंदाज कर रहे हैं।

मैंने राष्ट्रपति को बताया था और मैं आपको भी बताता हूँ कि उस रोज क्या घटना घटी। उस दिन मैं शांतिवन गया था और आते हुए राष्ट्रपति ने मुझे कुछ बताया, इसलिए मैंने उन्हें कहा कि मैं आपसे मिलकर विचार-विमर्श करूँगा। सब कुछ सुरक्षा और सोनियाजी के बारे में था। इसलिए मैंने कहा कि मैं आपके पास आकर बात करूँगा। मैं उनके पास गया और जाकर बात की। उन्होंने कई मुद्दों पर विचार-विमर्श किया। मंत्रिमंडल की बैठक हुई। इमरजेंसी के बारे में एक भी शब्द नहीं कहा गया।

नई सरकार के सामने आर्थिक मोर्चे पर क्या प्रमुख कार्य होंगे ?

दो या तीन प्रश्न हैं। सबसे बड़ी समस्या भुगतान संतुलन की स्थिति है।

इस बारे में क्या करने की आवश्यकता है ?

इस संकट पर काबू पाने के लिए हमारे अन्य प्रयासों के अतिरिक्त हमें अपनी पेटी कसनी

होगी और दृढ़तापूर्ण मितव्ययिता के उपाय करने होंगे, जिससे भुगतान संतुलन की स्थिति पर काबू पाया जा सके। जनता को इस संकट का सामना करने के लिए तैयार करना होगा और बताना होगा कि लोकवादी नारों से भविष्य में भयावह स्थिति पैदा हो सकती है।

मैं समझता हूँ कि इस संकट के निवारण का एकमात्र हल वस्तुस्थिति जनता के सामने रखना है। सहर्ष जन-सहयोग और एकजुट प्रयास के द्वारा इस संकट की स्थिति का सामना हम कर सकते हैं।

क्या इसका यह मतलब है कि अंतर्राष्ट्रीय मुद्रा कोष से दूसरा ऋण लेने के लिए बातचीत की जाए ?

नहीं, लेकिन इस बारे में कुछ करना होगा। इस ऋण के बाद भी हम इस संकट का मुकाबला करने में सफल नहीं हो सकते, जब तक कि राष्ट्र दृढ़-संकल्प के साथ आत्मनिर्भर बनने का प्रयास करने और कुछ समय के लिए त्याग करने के लिए तैयार नहीं होता ?

क्या आप समझते हैं कि चुनाव से पहले वित्तीय इमरजेंसी लगाने की आवश्यकता है ?

मैं नहीं समझता कि इसकी आवश्यकता है। यह जरूरी नहीं है—लेकिन वित्तीय अनुशासन बहुत जरूरी है।

इंडियन एक्सप्रेस, 29 मई, 1991

भारत का प्रधानमंत्री होना संसार का सबसे मुश्किल काम है

नितिन बेली की बातचीत

प्रधानमंत्रीजी, आपके विचार में आनेवाले चुनाव में किस दल को बहुमत मिलेगा ?

चुनाव परिणाम की भविष्यवाणी करना बहुत कठिन है। मैं कोई भविष्यवाणी नहीं करूँगा। अगली 15 तारीख को जनता अपना मत दे देगी। देखिए क्या होता है।

क्या आप पार्टियों में पुनर्गठन की कोई संभावना देखते हैं ?

अभी तो मैं इसके बारे में सिर्फ अखबारों में ही पढ़ रहा हूँ। हमारे सामने ऐसा कोई प्रस्ताव नहीं है।

यदि आपको अपनी सरकार की उपलब्धियों पर पुनरावलोकन करने को कहा जाए, तो क्या आप अपनी सरकार के क्रिया-कलापों से संतुष्ट हैं ?

हमारे लिए यह समय बहुत कम था। हम जो कर सकते थे, हमने किया। समस्याएँ इतनी ज्यादा थीं कि पूर्ण संतुष्टि का कोई सवाल ही नहीं उठता। इतने कम समय में इतनी सारी समस्याएँ नहीं सुलझाई जा सकती हैं। लेकिन इतना संतोष जरूर है कि हमारी सरकार को जनता का सहयोग मिला।

इस बात का अंदाजा तो आपको चुनाव प्रचार के दौरान लोगों के साथ हुई अपनी मुलाकात में लग गया होगा। लोगों का रुख जानने का और क्या तरीका है ?

बैठक, प्रचार-प्रसार, प्रेस रिपोर्ट और लोगों की राय...

हमारे पास सूचना है कि राजीव गांधी की हत्या के बाद आपने जिस तरह लोगों की भीड़ को नियंत्रित किया, वह सराहनीय था। क्या आपको लगता है कि सुरक्षाबलों ने वहाँ हिंसा भड़कने से बचाने के लिए जो किया, वह ठीक किया ?

यदि आपका इरादा स्थितियों पर काबू पाने का हो, तो कोई दिक्कत नहीं होती। हमने विशेष कुछ भी नहीं किया, हाँ, इतना जरूर देखा कि परिस्थितियाँ हाथ से बाहर न चली जाएँ और किसी निर्दोष व्यक्ति को कोई तकलीफ न हो। हमारा यह इरादा काम कर गया। इस तरह हमें परिस्थितियों को सँभालने में कोई समस्या नहीं हुई।

मुझे लगता है कि यदि शीर्ष स्तर पर लोग दृढ़निश्चयी हों, तो उसका असर नीचे के स्तर तक होता है।

अगर लोगों को स्पष्ट संकेत मिल जाएँ, तो वे इस तरह पेश आते हैं।

क्या आप इसे भारतीय राजनीतिक व्यवस्था का सबसे कठिन काल मानते हैं ?

हमारे सामने कई और कठिन अवसर आए। निश्चित तौर पर यह भी उन्हीं मुश्किल अवसरों में से एक है। इससे भी ज्यादा मुश्किल वक्त तब था, जब महात्मा गांधी की हत्या हुई थी। श्रीमती गांधी की हत्या के बाद भी स्थितियाँ काफी चिंताजनक हो गईं थीं। इन परिस्थितियों की अपेक्षा अभी की समस्या उस हद तक तो जटिल नहीं है, फिर भी कई परेशानियाँ हैं। उग्रवादी गतिविधियाँ जनता में बेचैनी तथा डर फैला रही हैं। ये सारे मुद्दे जनता को परेशान करनेवाले हैं। हमें इनका सामना करना ही होगा।

आप अपने सबसे दुःखद और सबसे सुखद अनुभव के बारे में बताएँ ?

नहीं, ऐसा कोई अनुभव मेरे पास नहीं है। यह मसला तो बेहद निजी है कि कौन-सी बात आपको सुखद लगती है और कौन सी बेहद दुःखद। जब समस्याएँ आती हैं, तो उनका सामना करना ही पड़ता है। सार्वजनिक व्यक्ति हो जाने पर आपको अपनी निजी भावनाओं और तनावों से खुद को अलग रखना पड़ता है।

आप जितने दिनों तक सत्ता में रहे, उतने दिनों की उपलब्धियों से आप संतुष्ट हैं ?

कह नहीं सकता, हमारी जितनी क्षमता थी, उसके अनुसार हम जितना अच्छा कर सकते थे, हमने किया।

भारतीय और पश्चिमी मीडिया, दोनों ने पहले आपकी सरकार के कार्यों का समर्थन किया। यह आश्चर्यजनक था कि बाद में वे आपके विरोधी हो गए, क्योंकि आपकी सरकार से उन्हें ऐसे कार्यों की उम्मीद नहीं थी ?

मैं उनका आभारी हूँ। मैं इस संदर्भ में कुछ भी कहने में असमर्थ हूँ। सिर्फ वे लोग ही इसकी वजह बता सकते हैं। कम से कम मैंने किसी से सहयोग और मदद पाने के लिए कोई प्रयास नहीं किया।

हाल के राजीव गांधी हत्याकांड के बाद पश्चिम की रिपोर्ट है कि अब भारत में लोकतंत्र का जीवित रहना मुश्किल है। आपका क्या कहना है ?

इन आशंकाओं का कोई औचित्य नहीं है। लेकिन इतना तो सच है कि भारत से बाहर के कई लोगों को महसूस हो रहा है कि भारतीय लोकतंत्र की परंपरा को ऐसी घटना से भारी धक्का लगा है। पर इस तरह की आशंकाओं के पीछे मुझे कोई ठोस कारण नहीं दिखता। पूरी दुनिया में भारतीय लोकतंत्र के प्रति ऐसे विचार उठ खड़े होना बेहद दुर्भाग्यपूर्ण है। सौभाग्य से यह सच नहीं है। मुझे लगता है कि इन मामलों में भारतीय, विश्व के अन्य लोगों की अपेक्षा, परिपक्व सोच रखते हैं।

समाजवादी होने के बावजूद आपकी वित्तीय तथा आर्थिक नीतियाँ काफी कठोर रहीं। आपकी

आर्थिक नीतियों का रुख कुछ दक्षिणपंथी भी रहा है ?

आर्थिक नीतियाँ देश की परिस्थितियों के सापेक्ष होती हैं। देश की आर्थिक स्थिति ऐसी है कि वह महज सैद्धांतिक अवधारणाओं से नहीं चल सकती बल्कि हम जो भी कदम उठा रहे हैं, उसे परिस्थितियों के अनुकूल होना चाहिए। कठिन परिस्थितियों में कठोर होने के अलावा कोई उपाय नहीं बचता।

क्या आपको नहीं लगता कि इस तरह के कदम यदि दस साल पहले उठा लिए जाते, तो भारत आज की अपेक्षा बेहतर स्थिति में होता ?

तीन साल पहले स्थिति और अच्छी होती। पिछले चार-पाँच सालों में स्थिति और खराब हो गई है। 1984-85 में भारत ज्यादा बेहतर स्थिति में था। गिरावट की स्थिति उसके बाद आई है, और पिछले साल के अंत में इसमें सुधार हुआ है।

आपके अनुसार भारत की सबसे बड़ी समस्या क्या है ? सांप्रदायिकता, विदेशी विनिमय कोष या...

सांप्रदायिकता, कानून व्यवस्था और उग्रवाद की समस्या आज सबसे बड़ी है। इनसे निपटने के लिए हमें प्रशासनिक तरीका अपनाना होगा। लेकिन सिर्फ प्रशासनिक उपायों से ही आर्थिक समस्याएँ सुलझ नहीं सकतीं। इसके लिए सरकार को कठोर कदम उठाने होंगे और जनता को कड़ा परिश्रम करना पड़ेगा।

पर, दोनों बातों का होना संभव नहीं दिखता। या तो जनता कठोर परिश्रम से बचेगी या सरकार कड़े कदम उठाने में असमर्थता दिखाएगी ?

तब तो भविष्य के लिए कोई आशा ही नहीं बचती। लेकिन सरकार और जनता को प्रयास करना ही होगा। यदि सरकार कठोर उपाय लागू करेगी, तो वह ज्यादा दिनों तक अपने अस्तित्व को नष्ट होने से बचा नहीं पाएगी• और यदि लोग सुरक्षित भविष्य चाहते हैं, तो उन्हें इसके लिए जरूरी और कठिन परिश्रम करना ही होगा।

क्या आप कठोर उपायों का मतलब विस्तार से बताएँगे ? कहीं आपका संकेत सब्सिडी में कटौती तो नहीं है ?

सब्सिडी में कटौती ही नहीं बल्कि हर जगह कठोर आत्मसंयम की भी जरूरत है। जनता की आधारभूत जरूरतों को पूरा करने के लिए हमें एक-एक पैसा बचाना होगा।

आपने जिन कठोर उपायों को लागू किया है, उसकी आलोचना कई राजनीतिक पार्टियों ने की है।

आलोचना से कोई फर्क नहीं पड़ता। इससे किसी स्थिति में सुधार नहीं लाया जा सकता।

पूर्वी यूरोप तथा सोवियत संघ में साम्यवाद के विघटन का क्या भारतीय समाजवाद पर कोई प्रभाव पड़ेगा ?

भारत, पूर्वी यूरोप तथा सोवियत संघ की परिस्थितियों में काफी अंतर है। पूर्वी यूरोप तथा सोवियत संघ में लोग साम्यवाद के प्रति जितने गंभीर थे, उस स्तर तक भारतीय समाजवादी साम्यवाद के प्रति गंभीर नहीं हैं। अतः दोनों जगह की समस्याओं में तुलना नहीं की जा सकती।

क्या आप भारत की विदेश नीति में भी कोई बदलाव देखते हैं ?

यह सिर्फ भारत की विदेश नीति का ही सवाल नहीं है। आज विश्व सिर्फ दो ध्रुवों के बीच तक ही सीमित नहीं है, इसलिए विश्व की बदलती परिस्थितियों के अनुसार नीतियाँ भी बदलने को बाध्य हैं। लोगों के सोचने का तरीका बदल गया है। लेकिन भारत को ऐसी नीति अपनानी होगी, जिससे वह तीसरी दुनिया का सफल प्रवक्ता बन सके।

आप पाकिस्तान के साथ समस्याओं को सुलझाने में कुछ हद तक कामयाब रहे हैं। क्या आपको ऐसा लगता है कि अगर दक्षिणपंथी भाजपा की सरकार बनी, तो यह उस रास्ते पर चल पाएगी ?

मुझे नहीं मालूम कि दक्षिण या वामपंथी सरकारें क्या करेंगी ? लेकिन यदि दोनों देशों को अपना अस्तित्व बचाए रखना है, तो हमें एक-दूसरे से मुठभेड़ की नीति छोड़नी होगी वरना किसी समस्या का हल नहीं निकलेगा। पारस्परिक सहयोग और आपसी समझदारी ही हमारी समस्याओं का समाधान करेगी। भारतीय उपमहाद्वीप के सारे देशों को एक साथ काम करने का निश्चय करना होगा। उन्हें न सिर्फ राजनीतिक बल्कि व्यापार तथा आर्थिक क्षेत्र में भी एक-दूसरे का सहयोग करना चाहिए।

नवाज शरीफ आपसे मिले हैं और आप दोनों की बातचीत भी होनेवाली है। हमारे बीच सबसे महत्त्वपूर्ण मुद्दा कश्मीर समस्या का हल निकालना है। लेकिन मुझे नहीं लगता कि इस विषय पर कोई सार्थक बात होगी ?

हमें बात तो करनी ही होगी ताकि हम किसी समाधान पर पहुँच सकें। यह समस्या समाधान से परे हो, ऐसा संभव नहीं है।

ऐसा लगता है कि कश्मीर पर उनसे चर्चा करने के लिए आप तैयार हो गए हैं। शिमला समझौता ही अंतिम उपाय है, ऐसा नहीं लगता...मेरा मतलब वह अध्याय बंद कर दिया गया है ?

जहाँ तक कश्मीर पर भारत के अधिकार का मामला है, यह अध्याय बंद है। इसे फिर से खोला नहीं जा सकता है। अगर कुछ लोगों को यह लगता है कि कश्मीर को भारत से जुदा किया जा सकता है, तो वे गलतफहमी के शिकार हैं, क्योंकि यह सिर्फ एक राज्य या एक क्षेत्र का सवाल नहीं है बल्कि इससे इस देश के सांप्रदायिक तथा प्रजातांत्रिक ढाँचे को सुरक्षित रखने का भी सवाल जुड़ा है।

पाकिस्तान नियंत्रित कश्मीर के बारे में आप क्या कहेंगे ? क्या भारत चाहेगा कि...

इन सारे मुद्दों पर विचार-विमर्श होना है। भविष्य में क्या होगा, मैं नहीं कह सकता।

बाबरी मस्जिद मुद्दे पर आपकी सरकार ज्यादा कुछ नहीं कर सकी। आपके सत्ता में आने के बाद लोगों का गुस्सा कुछ ठंडा जरूर हुआ है।

दोनों दल इस विषय को हल करने के लिए आपस में बातचीत कर रहे हैं। अगर कुछ समय और दिया जाता, तो वे किसी निष्कर्ष पर जरूर पहुँचते। मेरा विश्वास है कि आपसी बातचीत के अलावा दूसरा अकेला उपाय यह है कि दोनों दल न्यायालय के निर्णय को स्वीकार करें। हिंसा के माध्यम से इस विवाद का हल नहीं निकाला जा सकता।

क्या भारत का प्रधानमंत्री होना संसार का सबसे मुश्किल काम है ?

हाँ, यह बेहद कठिन है। अगर देश की जनसंख्या विशाल हो और समस्याएँ इतनी जटिल हों, तो स्थिति और विकट हो जाती है।

कुछ साल पहले, जब आप अपनी भारत पदयात्रा पर निकले थे, उस समय की और वर्तमान परिस्थिति की यदि तुलना की जाए, तो आप किसे ज्यादा कठिन मानेंगे ?

नहीं-नहीं, ये दोनों ही अलग बातें हैं। इनकी तुलना नहीं की जा सकती।

क्या आपको विश्वास है कि आनेवाले चुनाव में किसी एक दल को बहुमत मिलेगा ?

इंतजार कीजिए और देखिए। मैं इस विषय पर कोई बात नहीं करना चाहूँगा।

अगर सजपा को भाजपा समर्थन के लिए कहे तब...

मैं इसका जवाब नहीं दे सकता।

खाड़ी के संदर्भ में आपकी क्या नीति है ? अमेरिकी वायुयान को ईंधन देने के विवाद के विषय में आप क्या कहेंगे ?

कितनी बार आपलोग यह सवाल पूछेंगे। मुझे जो भी ठीक लगा, मैंने किया और मुझे पूरा भरोसा है कि सरकार ने जो भी निर्णय लिए, वे उचित थे।

प्रधानमंत्री के रूप में आप अपने प्रधानमंत्रित्त्वकाल से किसी तरह असंतुष्ट या अप्रसन्न तो नहीं हैं ?

किसके प्रति ?

कांग्रेस ने जिस तरह आपको धोखा दिया, उनके प्रति ?

यहाँ धोखे का सवाल नहीं है। उन्होंने सरकार को समर्थन देने का निश्चय किया। उसी तरह वे स्वतंत्र हैं कि वे अपना समर्थन वापस ले लें। उनकी अपनी सीमाएँ हैं। किसी षड्यंत्र से कुछ हासिल होनेवाला नहीं है। मैं व्यर्थ के विवाद में नहीं पड़ना चाहता।

खालिद टाइम्स, 30 मई, 1991

राजनीतिज्ञों को थोड़े समय के लिए टकराव की राजनीति छोड़नी होगी

डॉ. एस.डी. गोखले और शैलेन चटर्जी की बातचीत

साक्षात्कार शुरू करने से पहले मैं एक बात कहना चाहूँगा कि चुनाव के दौरान प्रधानमंत्री के प्रदर्शन को लेकर 'केसरी' के छह संस्करणों में हमने एक रीडरशिप सर्वे किया था। मुझे यह बताते हुए बहुत खुशी हो रही है कि 62 फीसदी पाठकों की राय यह है कि हम लोग चन्द्रशेखर से बेहतर प्रधानमंत्री नहीं चुन सकते थे। यह सच में बहुत अच्छी प्रतिक्रिया थी और मैं इससे खुश हूँ। अब पहला प्रश्न यह है कि चुनाव को लेकर आपका अपना दृष्टिकोण क्या है ?

चुनाव के परिणामों के बारे में कहना बड़ा मुश्किल है, क्योंकि विभिन्न राजनीतिक पार्टियाँ बहुमत को लेकर अपना-अपना दावा प्रकट कर रही हैं। मेरे पास उनके दावों का विरोध करने का कोई कारण नहीं है। पर जो भी संकेत मिल रहे हैं, वे चुनाव को लेकर बहुत ही अस्पष्ट तस्वीर बना रहे हैं। ऐसी अस्पष्ट स्थिति में हमें बड़ी सूक्ष्मता से काम करना होगा। मैं पिछले कुछ समय से यह कहता आ रहा हूँ कि अगर भारत को मौजूदा संकट से उबरना है, तो हम राजनीतिज्ञों को थोड़े समय के लिए टकराव की राजनीति को दरकिनार करना होगा। संकट सिर्फ राजनीतिक ही नहीं बल्कि आर्थिक भी हैं, जो ज्यादा मुश्किल हैं। दूसरा तथ्य यह है कि हमें यह जानना होगा कि कोई बाहरी मदद हमें हमारी समस्याओं से नहीं उबार सकती। हमें अपने आप पर भरोसा करना चाहिए। आज के संदर्भ में 'स्वदेशी' और 'स्वावलंबन' का नारा बहुत सार्थक है। लेकिन इसके साथ ही यह नारा न सिर्फ सभी स्तरों पर बल्कि समाज के उच्च वर्गों से भी त्याग करने की उम्मीद रखता है। यह आसान नहीं है, क्योंकि जनमत बनानेवाले इसका विरोध करेंगे, त्याग की बात करना एक बात है और उस पर अमल करना सर्वथा अलग। हम लोगों को सिर्फ उपदेश नहीं दे सकते बल्कि हमें अपने स्तरों को सुधारने का खुद भी प्रयास करना होगा। परंतु हमारे देश में इस जज्बे की कमी है। अतः चुनाव के बाद क्या होगा, इसे कोई भी समझ सकता है।

पर खास तौर से, जबकि राजीव गांधी की हत्या हो गई है, क्या यह आपके विचारों में कोई परिवर्तन लाएगा ?

नहीं, मैं नहीं समझता समस्याएँ वही रहेंगी, क्योंकि पिछले चार दशकों से कई प्रधानमंत्री आए और गए कभी-कभी थोड़ी देर के लिए हमें अपने हृदय को टटोल लेना चाहिए। मसलों को लेकर की गई बड़ी-बड़ी बातें जो सफल भी रहीं, स्थितियों की अवनति को थाम नही सकीं।

न तो आर्थिक मोर्चे पर, न ही लोगों को संतुष्ट कराने के स्तर पर वे काम आ सकीं। मैं यह नहीं कहता कि लोग गरीब हो गए हैं, क्योंकि गरीबी एक समस्या नहीं बल्कि अभिशाप है। पर सापेक्ष गरीबी जरूर एक बड़ी और एक बहुत ही नाजुक समस्या है। लोगों के लिए गरीबी को बर्दाश्त करना आसान है, पर वे सापेक्ष गरीबी नहीं झेल सकते, जिसमें समाज का एक वर्ग आडंबरपूर्ण वातावरण में जी रहा है और एक बड़ा वर्ग अपनी मूलभूत आवश्यकताएँ भी पूरी नहीं कर पा रहा है।

प्रेस की भूमिका क्या रही ?

उनको यह पता नहीं कि वे क्या कर रहे हैं। राजीव गांधी की हत्या के तुरंत बाद पूरे विश्व में यह खबर फैल गई कि भारत बँट रहा है, भारत जल रहा है, लोग एक-दूसरे को मार रहे हैं। ठीक है, मैं उसको समझ सकता हूँ...सभी सोलह प्रतिनिधिमंडलों ने प्रशंसा की कि स्थिति को बहुत ही सही तरीके से सँभाल लिया गया है। उसके बाद महत्त्वपूर्ण राजनीतिक पार्टियों ने आपातकाल के मुद्दों को उठाना शुरू कर दिया है। यह पूर्णतः झूठ है, एक मिथ्या लांछन है। अगर किसी को आपातकाल को मुद्दा बनाना था, तो वह राजीव गांधी की हत्या वाले दिन ही इसे उठाता, उसे अच्छा-खासा प्रचार मिलता। तब मैं नहीं जानता, कहाँ से इस राष्ट्रीय सरकार की परिकल्पना ने जन्म लिया। आज 'टाइम्स आफ इंडिया' के पहले पेज पर यह खबर छपी है कि मैंने राष्ट्रपति को गुमराह किया। सच तो यह है कि मेरी उनसे कोई बातचीत नहीं हुई थी। ये लोग जो अखबार में लिखते हैं, क्या औपचारिकतावश भी मुझसे पूछ नहीं सकते थे ? मुझे इससे कोई नुकसान नहीं पहुँचेगा, पर देश की छवि बाहर कैसी बनेगी, यह सोचा है ?

इन खास मसलों पर–आपातकाल व राष्ट्रपति को गुमराह करने की बात–इन्होंने आपसे पूछ कर सही बात क्यों नहीं मालूम की ?

यह राष्ट्रपति के कार्यालय से था, जिसका हम खंडन कर रहे हैं। मैंने कहा कि आप खंडन कर सकते हैं। मैं नहीं जानता कि मैं क्या करूँ ?

और, कितनी बार ?

वे दावा करते हैं कि वे महत्त्वपूर्ण पत्रकार हैं, जिनका संबंध यथार्थपरक पत्रकारिता से है और वे ऐसा करते हैं। अगर कुछ किया जाता है, तो वे कहेंगे कि प्रेस की स्वतंत्रता खतरे में है। आजादी का मतलब देश को बर्बाद करना और राष्ट्र के हित को मटियामेट करना है ?

और यह सारी चीजें आधारहीन हैं ?

ये सारी चीजें बिल्कुल गलत हैं। जो कुछ भी कहा गया है, वह हुआ ही नहीं था। मैं समझ सकता हूँ कि आपको अगर थोड़ी भी भनक लगे, तो आप एक फीसदी की सच्चाई से 100 फीसदी कहानी गढ़ सकते हैं। पर यह एक षड्यंत्र है, एक मूर्खतापूर्ण बात है।

आपको क्या लगता है, ऐसी चीजें क्यों प्रकाशित की जाती हैं ?

ऐसी चीजें पहले भी छापी जाती रही हैं। दरअसल, उनको ऐसे तत्वों का वरदहस्त मिला हुआ है, जो इस देश में अनिश्चितता की स्थिति बनाए रखना चाहते हैं। अस्थिरतावादी शक्तियाँ इन लोगों को अपने कब्जे में ले रही हैं। नहीं तो कोई भी आदमी जो अपने होशोहवास में है, ऐसी बात नहीं कर सकता। मैं समझ सकता हूँ कि किसी आशंका के तहत लोग एक दिन कुछ बोल सकते हैं, लेकिन छह या सात दिनों के बाद कोई कैसे बोल सकता है ?

चुनाव के बाद संभावित गठजोड़ को लेकर तरह-तरह की बातें सुनने में आ रही हैं ?

यह दूसरी समस्या है। शक्तियों के गठजोड़ को लेकर किसी ने मुझसे कुछ नहीं पूछा है। मेरे अच्छे दोस्त मोहन धारिया ने मेरी जानकारी के बगैर एक पत्र लिख दिया। आज सुबह मुझे जानकारी मिली। मैंने उससे पूछा, मेरे प्यारे दोस्त, कम से कम आपको तो उस चिट्ठी के बारे में मुझे बताना चाहिए था, जिसमें आप मेरा और कांग्रेस कार्यकारिणी समिति का जिक्र कर रहे थे। मैं नहीं जानता, हम किस स्तर पर जा रहे हैं ? मैंने मोहन धारिया को कहा कि उन्हें ऐसा नहीं करना चाहिए था। आपका किन लोगों के साथ रिश्ता है, यह आपको जानना चाहिए, क्योंकि सिर्फ कांग्रेस पार्टी ही अकेली नहीं है। अगर आप कोई सलाह देना चाहते हैं, तो आपको ऐसे ही प्रस्ताव देवीलाल जो पार्टी-अध्यक्ष हैं, से करने चाहिए थे। या आपको एक पत्र मुझे देना चाहिए था। ऐसा लगता है, जैसे हम यहाँ बैठकर इंतजार कर रहे हैं कि कोई भी बुलावा आए और हम दौड़ कर पहुँच जाएँ। मैं ऐसा क्यों करूँ ? क्या मेरी समझ खो गई है ? अगर कांग्रेस पार्टी यह दावा कर रही है कि वह सरकार बनाने जा रही है, अगर भाजपा दावा कर रही है कि वह सरकार बनाने जा रही है...परसों मैंने बी.बी. सी., और कुछ अन्य विदेशी टी. वी. नेटवर्क और कुछ भारतीय पत्रकारों को एक इंटरव्यू दिया। मैंने उनसे कहा कि किस आधार पर मैं उनके साथ सहयोग करूँ, क्योंकि वे खुद ही सरकार बना रहे हैं। कम से कम आज तीन प्रधानमंत्री इंतजार करते हुए दिख रहे हैं। मैं ऐसे व्यक्ति की सहायता क्यों करूँ, जो इस बात को लेकर पूर्णतः आश्वस्त है। मैं नहीं जानता मुझे समझने में उन्हें कितना वक्त लगेगा। मैं एक गलती कर सकता हूँ, पर कुछ भी छुपा कर या घुमा-फिराकर नहीं कह सकता। मैं चीजों को स्पष्ट कह देने का आदी हूँ।

जब आपने कन्याकुमारी से दिल्ली और दूसरे क्षेत्रों की पदयात्रा, की तो आपके मन में कुछ कल्पना होगी कि आप कैसा भारत चाहते हैं। अब, आपकी नजर में, जब आप एक प्रधानमंत्री के रूप में यात्रा करते हैं, इस देश का भविष्य क्या लगता है ?

मैं सोचता हूँ कि इस देश का भविष्य बहुत उज्ज्वल है, बशर्ते हम स्थिति का सही जायजा लें और चुनौतियों को सही नजरिए से मंजूर करें।

क्या आप सोचते हैं यह सही होगा अगर मैं मोहन धारिया के पत्र के बारे में यह जिक्र कर दूँ कि उन्होंने आपसे राय नहीं ली थी।

मैं इसके बारे में नहीं जानता था।

लेकिन, क्या मैं यह कह सकता हूँ ?

हाँ, हाँ...

मैं यह कहना चाहूँगा।

जब मैंने अखबार पढ़ा, तभी इसके बारे में जान सका। कल रात किसी ने मुझसे किसी पत्र के बारे में कहा, जिसके बारे में कार्यकारिणी समिति में चर्चा हुई। मोहन धारिया पत्र लिखने में सक्षम हैं, अतः मैं नहीं जान पाया पत्र में सारी...

भारत को लेकर आपकी परिकल्पना वाले प्रश्न पर वापस आते हैं...

मुख्य बात यह है कि भारत को लेकर मेरी कल्पना के अनुसार हमें कुछ खास पैमाने बनाने होंगे। हमारे देश की सबसे बड़ी पूँजी हमारी मानवशक्ति है। समृद्धि लाने का एकमात्र उपाय है कि हम मानवशक्ति और प्राकृतिक संसाधन का उपयोग करें, जो यहाँ भरपूर मात्रा में मौजूद है। आप इस मानवशक्ति को तब तक सही तरीके से इस्तेमाल नहीं कर सकते, जब तक आप अपनी प्राथमिकताओं के आधार पर कोई तर्कसंगत या बुद्धिमत्तापूर्ण आधार नहीं बनाते, आपके देश में संसाधनों की कमी है, तो एक-एक दाना बचाना होगा। अतः आत्मसंयम एक नारा ही नहीं, बल्कि यह हमारे आर्थिक विकास की नीति का एक हिस्सा है। इस तरह चीजें एक-दूसरे के बीच सामंजस्य बनाएँगी। यह एक व्यावहारिक दृष्टिकोण है। पिछले छह-सात महीनों से सरकार में रहने के कारण मैं खुद महसूस करता हूँ कि कुछ क्षेत्र ऐसे हैं, जिनमें थोड़े-से नए विचार और सभी वर्ग के लोगों से मदद लेने की प्रवृत्ति के जरिए हम समय की चुनौतियों का सामना करने के लिए एक साझेदारी का माहौल बना सकते हैं।

मैं आपको एक उदाहरण देता हूँ। जब मैं प्रधानमंत्री बना, तो इस बात ने मुझे आश्चर्यचकित कर दिया था। विश्वविद्यालय अनुदान आयोग के अध्यक्ष यशपाल कुछ ही दिनों के भीतर मेरे पास आए। उन्होंने कहा कि वे विश्वविद्यालय के प्रोफेसरों और विद्यार्थियों को व्यापक साक्षरता अभियान में शामिल करना चाह रहे हैं। मैंने कहा कि यह तो बहुत ही अच्छा विचार है। मोहन धारिया ने योजना आयोग की एक सभा बुलाई थी जिसमें 25 लोग, जाने-माने शिक्षाविद्, हक्सर और उपकुलपति वगैरह भी आए। सभी ग्रीष्मावकाश को तीन महीने से चार महीने तक बढ़ा देने के लिए कह रहे थे। उनके अनुसार शिक्षक व विद्यार्थी लोग विभिन्न गाँवों में जाकर वयस्क साक्षरता अभियान पर काम करेंगे। यह स्वतंत्रता संग्राम के दौरान महात्मा गांधी द्वारा अपनाया गया था। यह पिछले 44 साल से क्यों भुला दिया गया था। मैं इसे समझने में असमर्थ हूँ। सरकारी आँकड़ों के हिसाब से चार करोड़ युवा पुरुष और महिलाएँ हैं, जिन्होंने मैट्रिकुलेशन से एम. ए. तक की शिक्षा पाई है। परंतु उनके पास रोजगार नहीं है। इन चार करोड़ लोगों को विश्वविद्यालय के शिक्षकों व विद्यार्थियों के साथ इस कार्यक्रम में क्यों नहीं शामिल किया गया ? आगामी जून में हम इस कार्यक्रम को कार्यान्वित करने जा रहे है, बशर्ते यह राजनीतिक अनिश्चितता खत्म हो जाए। ऐसा करना संभव है।

पर इन लोगों को शामिल करने का निर्णय लिया गया है ?

नहीं, बिना किसी अधिकार के आप यह निर्णय नहीं ले सकते। पालिसी को लेकर निर्णय लेना संभव नहीं है। इस बात पर अच्छा-खासा शोर-शराबा हो सकता है। ग्रामीण श्रमिक के बारे में बताना चाहता हूँ कि सरकारी आँकड़ों के हिसाब से 12 करोड़ लोग ऐसे हैं, जो शारीरिक रूप से सक्षम हैं। लाखों एकड़ भूमि बंजर पड़ी है, जिसको उपजाऊ बनाया जा सकता है। क्यों न हम ऐसा विचार करें ? यही कारण है कि हम लोगों ने इस अंतरिम बजट में 'रचना वाहिनी' की परिकल्पना बनाई है। इसके साथ ही वयस्क शिक्षा और बंजर भूमि को उपजाऊ बनाने का एक व्यापक कार्यक्रम बनाया है। ये सारी चीजें हैं। पर हमें कुछ खास चीजें... हमें दूसरी संस्थाओं से भी चर्चा करनी होगी।

पिछले चार दशकों में हमारे देश में एक अच्छी बात यह हुई है कि हमारे यहाँ विभिन्न संस्थान बने हैं। हालाँकि लोग इसे भूल जाते हैं। अगर हमारी जनसंख्या का वह वर्ग विभिन्न संस्थानों से जोड़ दिया जाए, तो आप उनको आसानी से काम में लगा सकते हैं, क्योंकि हमारे पास डॉक्टर, इंजीनियरों, पत्रकारों, कलाकारों के विभिन्न एसोसिएशन हैं। आपको हर एक व्यक्ति को नहीं चुनना होगा। बस उन्हें उचित आदर दें और इस प्रक्रिया में उन्हें शामिल करें। पर यहाँ सारा माहौल ही खराब है। जो हमने स्वतंत्रता संग्राम के समय सीखा, वह 15 दिन के भीतर ही भूल गए ! पर यह लोगों का दोष नहीं, बल्कि अफसरशाही व सरकार की गलती है, जिसने इस देश को बेजा स्थिति में ला दिया है।

आपका मतलब राजनीतिज्ञों से है ?

हाँ, यह सही है। इसलिए मैं कहता हूँ कि राजनीति को व्यक्तिगत बना देना देश के लिए भारी हो जाता है।

सरकार के बारे में यह एकमत से कहा गया कि हमें एक तरह की राष्ट्रीय सरकार चाहिए। आपकी प्रतिक्रिया इस पर क्या है ?

नहीं, मैं कुछ नहीं कहूँगा। मैं राजनीतिशास्त्र का विद्यार्थी रहा हूँ। राष्ट्रीय सरकार की अवधारणाओं की कुछ शर्तें हैं कि यह सरकार एक तरीके की राजनीतिक आपातकालीन व्यवस्था है। राजनीतिक आपातस्थिति का मतलब है कि राजनीतिक पार्टियों की सामान्य गतिविधियों को रोक देना होता है, क्योंकि स्थितियाँ कुछ ऐसी मुश्किल होती हैं, जिनमें सरकारी कामकाज अपने सामान्य तरीके से हो पाना संभव नहीं होता। इस संदर्भ में अत्यंत जरूरी पहलू दोनों हैं—पहला, इस बात का एहसास हो और दूसरा, समस्या को लेकर व्यापक रूप से विचार-विमर्श हुआ हो कि किस तरह की समस्याएँ हमारे सामने खड़ी हैं। आपको एक, दो, तीन या चार समस्याओं को चुनना होगा। राजनीतिज्ञों के दिमाग में आनेवाली सारी समस्याएँ नहीं सुलझाई जा सकती हैं, क्योंकि लोगों के पास बहुत सारी समस्याएँ हैं। समस्या 'रोटी' की है या 'राम' की, यह आपको तय करना होगा। सबसे पहले इस पर राष्ट्रीय आम सहमति होनी होगी। उसके बाद आपको योजनाएँ बनानी होंगी, जिसके जरिये आप समाधान की चुनौतियों का सामना करेंगे। जब तक ये दो चीजें नहीं होंगी, तब तक राष्ट्रीय सरकार की अवधारणा अस्तित्व में नहीं आ सकती। कुछ राजनीतिज्ञों का एक जगह जमावड़ा 'राष्ट्रीय सरकार' नहीं।

अतः हमारा पहला काम उन क्षेत्रों को ढूँढ़ निकालना है, जिस पर हमें तुरंत अपना ध्यान

ले जाना है। साथ ही हमें यह भी अवलोकन करना है कि लोग कहाँ और किस हद तक सहयोग दे सकते हैं। कौन-से कदम उठाने होंगे। पर इन दो मसलों पर आपका नजरिया भिन्न हो जाता है। दूसरी तरफ आप राष्ट्रीय सरकार की बात भी करते हैं। ये दोनों एक-दूसरे से कैसे सांमजस्य बिठा सकते हैं।

एक और बात मैं उठाना चाहूँगा। हाल में जब आपने पद सँभाला, हालाँकि आपका लक्ष्य सांप्रदायिक तनाव दूर करना था, पर हम पाते हैं कि सांप्रदायिक तनाव, आतंकवाद फिर बढ़ रहा है। आपको क्या लगता है, क्या किया जा सकता है ?

कुछ भी नहीं किया जा सकता। जब तक राजनीतिज्ञों को यह बात समझ में नहीं आ जाती कि तात्कालिक राजनीतिक लाभ के लिए उन्हें लोगों की भावनाओं से नहीं खेलना चाहिए। आपको अल्पकालिक फायदा तो मिल जाएगा, पर बाद में राष्ट्र का हित नष्ट होने लगेगा। यह स्थिति उन राजनीतिज्ञों के लिए आत्मघाती होगी, जो इस खेल में शामिल है ?

चुनाव के मद्देनजर पंजाब की स्थिति कैसी है ? क्या आप समझते हैं वातावरण सकारात्मक है ?

वातावरण बहुत खराब नहीं है। पर यह कोशिश करनी होगी कि अभी चुनाव न कराए जाएँ। सिर्फ आतंकवादी या आतंकवादियों का वर्ग ही नहीं बल्कि स्मगलर, अवैध बिक्री करनेवाले, जैसे लोगों का वर्ग ऐसी स्थिति से लाभान्वित हो रहा है। वे सारे लोग समस्याएँ खड़ी कर रहे हैं। परंतु राष्ट्र को आज नहीं तो कल इन समस्याओं का सामना करना ही पड़ेगा। जब तक आप ऐसा नहीं करते...आखिर कब तक यह देश इस तरह की समस्या को ढो पाएगा ?

जहाँ तक कश्मीर का प्रश्न है, क्या आपको लगता है कि स्थिति पहले से बेहतर हुई है ?

बेहतर इस लिहाज से कि अब लोगों की समझ में यह बात आ रही है कि उनका खेल ज्यादा दिन नहीं चल सकता है। कश्मीर के लोग अनिश्चितता के माहौल से तंग आ गए हैं, क्योंकि अब यह उनके जीवन-मरण का सवाल हो गया है। वह सपना, जो उन्हें दिखाया जा रहा था, इस आशय के साथ कि कोई आकर उन्हें भारत की दासता से मुक्त कराएगा और स्वतंत्र कश्मीर बनाएगा, अब सच को समझने लगा है। अब 60-70 फीसदी लोग यह जान गए हैं कि यह नहीं होगा। बगैर किन्हीं शर्तों के हमें हर किसी को यह जतला देना है कि कश्मीर हमारे लिए एक क्षेत्र को लेकर उठाई गई समस्या नहीं है, बल्कि यह हमारी धर्म-निरपेक्षता और लोकतांत्रिक व्यवस्था के अस्तित्व का महत्त्वपूर्ण प्रश्न है। शेख अब्दुल्ला मुहम्मद अली जिन्ना के पाकिस्तान में जाने के लिए तैयार नहीं हुए, बल्कि वह महात्मा गांधी के भारत में आए। हमें देश के भीतर और बाहर के लोगों को यह जतला देना है कि महात्मा गांधी का भारत अपनी अस्मिता बरकरार रखेगा। अतः वे लोग, जो देश की एकता, अखंडता और संप्रभुता के बारे में बिना समझे बातें बनाया करते हैं, वे खुद...

लेकिन कश्मीर में चुनाव संभव नहीं ?

नहीं, वह अभी संभव नहीं हैं, क्योंकि बहुत समय पहले उन्होंने और विधानसभा सीटों

की माँग की थी। उसके लिए परिसीमन की जरूरत है। पर वह संभव नहीं।

पर धारा 370 का प्रश्न क्या समस्या नहीं खड़ी करेगा ?

नहीं, यह समस्या दरअसल हमारी राजनीतिक अवधारणा के एक वर्ग के साथ की है। हमारे लिए यह कोई समस्या नहीं।

भाजपा ने वादा किया है कि अगर सत्ता में आई तो वह इसे मिटा देगी ?

अगर वह सत्ता में आएगी, तो कश्मीर उनके साथ नहीं रहेगा...(हँसते हैं)। अगर वे सत्ता में आते हैं, तो वे भारत में नहीं, बल्कि आर्यावर्त में सत्ता सँभालेंगे। मेरे कहने का मतलब उनके नजरिए से है।

विदेशी मेहमान, जो राजीव गांधी की हत्या के तुरंत बाद यहाँ आए थे, उनके साथ आपकी बातचीत हुई थी। क्या पाकिस्तान या नेपाल के साथ आपकी कोई विशेष बातचीत हुई ?

नेपाल के साथ तो कोई खास नहीं। हाँ, पाकिस्तान के साथ जरूर बातचीत हुई। नवाज शरीफ ने अच्छा वक्तव्य दिया। मैंने उनसे कहा कि सीमा पर जिस तनाव से हम गुजर रहे हैं, उससे किसी को कोई लाभ नहीं होगा। जो मैं आपसे कह रहा हूँ, वह सारी दुनिया से कहता आ रहा हूँ। नवाज शरीफ ही नहीं बल्कि अमेरिका के उपराष्ट्रपति, जर्मनी के विदेशमंत्री, जिस किसी ने भी यह प्रश्न उठाया, मैंने कहा इस बात को भूल जाएँ। आपकी जो भी आलोचना हो, आपका जो भी विश्लेषण हो, भारत कश्मीर के मामले में कोई समझौता नहीं कर सकता।

दैनिक केसरी, 30 मई, 1991

हम सोने की कीमत पर देश को नहीं बेच सकते

पीटीआई की बातचीत

चुनाव स्थगित होने के बारे में राष्ट्रपति के साथ हुई आपकी भेंट को लेकर अनेक तरह की अटकलें लगाई जा रही हैं। सुब्रह्मण्यम स्वामी ने भी कई बातें कही हैं। हम जानना चाहेंगे कि वास्तविक स्थिति क्या है ?

मैं नहीं जानता कि ये लोग क्यों अनावश्यक विवाद खड़ा कर रहे हैं। उस दिन मैं भुवनेश्वर में था। इस दुःखद घटना के बारे में मुझे आधी रात के बाद पता चला। मैं सुबह करीब 2:30 बजे हवाईअड्डे पर पहुँचा। विमान में ही मुझे सूचना मिली कि राष्ट्रपति मेरा इंतजार कर रहे हैं। इसलिए हवाईअड्डे से मैं सीधा उनके पास गया। राष्ट्रपति और चुनाव आयुक्त वहाँ बैठे थे और मेरे साथ सुब्रह्मण्यम स्वामी थे।

चुनाव स्थगन के बारे में यह सवाल बीती रात उठा। 22 मई को। दूसरा दौर 23 को होना था और 23 को चुनाव कराना संभव नहीं था। इसलिए उस दिन मैंने कहा कि 23 को चुनाव नहीं कराए जा सकते, इन्हें स्थगित कर देना चाहिए। चुनाव आयोग से 12 और 15 तारीख का सुझाव आया। सुब्रह्मण्यम स्वामी ने या मैंने एक शब्द नहीं कहा। मैंने उन्हें बताया कि कैबिनेट सचिव को आने दीजिए। मैंने उन्हें बुलाया। कैबिनेट सचिव ने दलीलें देकर कहा कि चुनाव में विलंब होने से बजट में विलंब होगा आदि। वह शोक अवधि के शीघ्र बाद की कोई तारीख सुझा रहे थे और उस पर जोर दे रहे थे। चुनाव आयोग ने कुछ कारण बताए और कहा कि यदि उपद्रव हुआ, तो हम चुनाव तुरंत नहीं करा सकेंगे। हमारे बीच कुछ समय इस तरह बात चलती रही। कोई यह आश्वस्त करने की स्थिति में नहीं था कि उस दुःखद घटना के बाद कुछ नहीं होगा, क्योंकि लोग...अंत में मैंने कैबिनेट सचिव से कहा कि आपने अपनी बात रख दी है, निर्णय उन्हें (चुनाव आयुक्त को) करना है। मैंने उनसे कहा कि वह अन्य राजनीतिक दलों से राय-मशविरा करें।

चुनाव आयोग ने इस बारे में अलग विवरण दिया है...।

मैं वह विवरण नहीं जानता...मैं विवरणों पर नहीं जा रहा। मैंने कहा, यह आपका विशेषाधिकार है और आप अन्य राजनीतिक दलों से चर्चा करके तारीख तय कर लें। उस दिन इतना ही हुआ, मैंने और कुछ नहीं कहा। उस समय चुनाव की तारीखों से संबंधित विवाद के बारे में मेरा दिमाग काम नहीं कर रहा था...।

चुनाव आयोग ने कुछ दिन बाद कहा कि उन्होंने सरकार का आदेश स्वीकार किया था ?

ठीक है, उन्होंने ऐसा किया है और वह यह बताते हैं...मैं नहीं जानता कि वह किस

आधार पर ऐसा कहते हैं। लेकिन सरकार की तरफ से कैबिनेट सचिव ने इतना ही कहा। मैंने कोई तारीख नहीं सुझाई। सुब्रह्मण्यम स्वामी ने एक शब्द नहीं कहा। मैंने केवल यह कहा था कि अन्य राजनीतिक दलों से मशविरा करना उचित होगा। मैं आपसे ईमानदारी से कहता हूँ कि चुनाव आयोग के सुझाव में मुझे कुछ गलत दिखाई नहीं दिया। मैं नहीं जानता था कि यह बात एक हद से आगे जाएगी और न ही मैंने इस बारे में सोचा था। मैं आपसे स्पष्ट कहना चाहता हूँ कि वह चुनाव पहले कराएँ या बाद में, इस बारे में मैंने कोई सुझाव नहीं दिया।

तो यह बात स्पष्ट है कि सरकार ने चुनाव आयोग को कोई आदेश नहीं दिया?

आदेश तो क्या, सुझाव तक नहीं दिया, आदेश का सवाल कहाँ उठता है...

अब पंजाब पर आते हैं। इस बारे में कई तरह के विवाद हैं। हत्याएँ बढ़ गई हैं। कम्युनिस्ट पार्टियों ने चुनाव का बहिष्कार किया है और भाजपा भी पुनर्विचार कर रही है। कल सुरजीत ने कुछ सख्त टिप्पणी की है। उन्होंने प्रधानमंत्री पर उग्रवादियों के समूह के साथ सहमति का आरोप लगाया है।

मैंने वह बयान देखा है। किसी से सहमति नहीं है। उन्होंने एआईएसएसएफ का नाम लिया है। सिख स्टूडेंट फेडरेशन के लोग हर एक से मिलते रहे हैं। वे मुझसे भी मिले हैं। कोई सहमति नहीं। यदि वे चुनाव में भाग लेने के लिए तैयार थे और चुनाव कराने के पक्ष में थे, तो मैंने उन्हें हतोत्साहित नहीं किया, यदि सुरजीत बहिष्कार कर रहे हैं, तो वे भी करें, ऐसा मैंने नहीं कहा। कोई गुप्त सहमति नहीं है। जो भी पंजाब में चुनाव कराना चाहे, उसके साथ मेरी सहमति है। किसी के इरादों पर शक करना गलत है, दुर्भाग्यपूर्ण है। इस चुनाव का बहिष्कार करने के समर्थन में कामरेड सुरजीत के इरादों पर मैं शक नहीं करना चाहूँगा। पहले उन्होंने इसका विरोध किया, फिर इसमें भाग लेने पर सहमत हुए। अब उन्होंने फिर बहिष्कार कर दिया है। वे अपने रुख को बार-बार बदल रहे हैं। इस बारे में मुझे कुछ नहीं कहना है। सारी बात यह है कि इस बारे में अलग-अलग राय है। मैं सोचता हूँ कि यदि आप पंजाब में चुनाव स्थगित करते हैं, तो लंबे समय तक चुनाव नहीं करा सकेंगे। और यदि चुनाव प्रक्रिया पंजाब में रोक दी गई, तो स्थानीय लोगों को शामिल कर आतंकवाद के खतरे का मुकाबला करने का कोई उपाय नहीं रह जाएगा। दमनकारी ताकत का इस्तेमाल करके और निंदा करने से आतंकवाद नहीं रोका जा सकता। यदि पंजाब के लोग उन्हें चुनौती नहीं देते, उनका सामना नहीं करते, तो अन्य कोई उपाय नहीं है। यदि आबादी का बड़ा तबका वहाँ चुनाव चाहता है, लोकतांत्रिक प्रक्रिया में भाग लेने के लिए तैयार है, तो मेरा आकलन है कि यह पंजाब समस्या कम करने में मददगार होगा। आपकी अपनी राय हो सकती है। आप मुझसे मतभेद रख सकते हैं, लेकिन मैं उस तर्ज में जवाब नहीं दूँगा, क्योंकि इससे कोई उद्देश्य सिद्ध होनेवाला नहीं है।

सुरजीत के अलावा भी कुछ लोगों की यह स्पष्ट राय है कि नई बनने वाली विधानसभा में उग्रवादियों का वर्चस्व हो सकता है और वे अलगाव का आह्वान कर सकते हैं, प्रस्ताव

पारित कर सकते हैं कि हमें खालिस्तान चाहिए। बाद में आनेवाली सरकार के लिए यह एक कठिन स्थिति होगी।

कठिन स्थिति क्यों होगी ? जो लोग चुनाव में भाग ले रहे हैं, वे संविधान की शपथ लेते हैं और उनसे उम्मीद की जाती है कि वे संविधान के दायरे में काम करेंगे। हर राज्य सरकार से अपेक्षा है कि संविधान का सम्मान करे। यदि कोई संविधान के दायरे से बाहर जाता है, तो केंद्र को उसके खिलाफ कार्रवाई का पूरा अधिकार है। जिन क्षेत्रों में संप्रभु राज्य की घोषणा नहीं की गई थी और केंद्र ने पाया कि वह राज्य सरकार मर्यादा में काम नहीं कर रही, तो हमने ऐसी राज्य सरकार के खिलाफ कार्रवाई की है।

यह सही है, लेकिन पंजाब...?

तो मैं यह कह रहा था या तो आप पंजाब में सारी आबादी को यह कहकर अलग होने का मौका दें कि उनसे दूसरे दर्जे के नागरिक का व्यवहार किया जा रहा है या उन्हें किसी संभावित आशंका के कारण मताधिकार नहीं दिया जा रहा। वह आशंका हो सकती है और नहीं भी हो सकती है। परंतु मैं यह आशंका नहीं रखता और निश्चयपूर्वक यह नहीं कह सकता कि वे खालिस्तान का ऐलान करेंगे। यह संभावना अधिक है कि वे संविधान के दायरे में काम करेंगे, क्योंकि वे समस्त चुनाव प्रक्रिया से गुजरने का जोखिम ले रहे हैं। कुछ लोगों के मन में संभावित आशंका की वजह से हम पंजाब में आबादी के विशाल वर्ग को अलग नहीं कर सकते। स्थिति सामान्य नहीं, लेकिन जोखिम लेना पड़ेगा। ऐसा कोई नहीं कहता कि स्थिति सुखद है और सब सुचारू रूप से चल रहा है। बात सिर्फ यह है कि हमारे पास क्या विकल्प हैं ? हमारे पास दो विकल्प हैं। एक विकल्प यह है कि आप चुनाव होने दें। इसके बाद विधानसभा का गठन होगा और संभव है कि वह विधानसभा सुचारू रूप से काम करे। दूसरी, दूर की संभावना यह है कि वे भटक जाएँ और कुछ ऐसा कह दें, जो पूरी तरह संवैधानिक न हो, तब केंद्र को कार्रवाई करनी होगी। परंतु स्थिति उतनी नहीं बिगड़ेगी, जैसी आज है।

एक बात स्पष्ट नहीं है। बड़े पैमाने पर हिंसा हुई है। मारकाट हुई है, उम्मीदवारों की हत्या हुई है। क्या आप यह सोचते हैं कि इस पूरे परिदृश्य में स्वतंत्र और निष्पक्ष चुनाव होंगे ?

स्वतंत्र और निष्पक्ष चुनाव ऐसा शब्द है, जिनके बारे में मैं निश्चयपूर्वक नहीं कह सकता। मैं नहीं जानता कि क्या यह...

यदि पंजाब में स्थिति सामान्य हो...

और जहाँ स्थिति सामान्य है, क्या वहाँ चुनाव पूरी तरह स्वतंत्र और निष्पक्ष रहे हैं, क्या वहाँ...

लेकिन पंजाब की तुलना उनसे नहीं की जा सकती...

मैं यह कह रहा था कि यदि उन क्षेत्रों में आप बर्दाश्त कर रहे हैं, तो पंजाब को क्यों नहीं करते ? पंजाब में चुनाव उन क्षेत्रों से अधिक जरूरी है...

बशर्ते कि चुनाव स्वतंत्र और निष्पक्ष हों ?

क्या चुनाव उन क्षेत्रों में भी स्वतंत्र और निष्पक्ष रहे हैं, निष्पक्षता का मानदंड केवल पंजाब के लिए नहीं, हर जगह के लिए है। कुछ हिंसा, कुछ अनुचित तरीके आप अन्य क्षेत्रों में भी बर्दाश्त कर रहे हैं। यदि वहाँ ऐसा हो रहा है तो पंजाब के बारे में विशेष चिंता किसलिए ? मैं यह तर्क और इस सोच को नहीं समझता और जो लोग ऐसा कह रहे हैं, उन्हें देखना चाहिए कि अन्य भागों में उनका कैसा व्यवहार रहा है।

परंतु, पंजाब में स्थिति बिगड़ गई है...

परंतु क्या आप ऐसा मानते हैं कि यह आज बिगड़ी है।

नहीं, लेकिन मैं कहता हूँ कि इस समय यह बहुत बिगड़ी हुई है।

किस तरह ?

हर तरह से। हर रोज कितने लोग मर रहे हैं...?

क्या पहले कम मर रहे थे ? क्योंकि आज उम्मीदवार मर रहे हैं, इसलिए आप कहते हैं कि चुनाव को स्थगित कर दिया जाए।

मान लीजिए कि आप चुनाव नहीं कराते, तो क्या होगा ? क्या पंजाब से भय दूर हो जाएगा ? आतंकवादी गतिविधियाँ रुक जाएँगी ? यदि कोई यह कहे कि चुनाव नहीं कराने से पंजाब में स्थिति सामान्य हो जाएगी, तो मैं इसे कैसे स्वीकार कर सकता हूँ। यदि आप आज चुनाव नहीं कराते, तो पंजाब में कभी चुनाव नहीं करा सकते। यह कोई नया परीक्षण नहीं है। आठ वर्ष तक आपने कुछ करने की कोशिश की, वह सफल नहीं हुआ। यदि ऐसी संभावना हो कि चुनाव कराने से पंजाब में शांति हो सकती है, तो मैं पहला व्यक्ति होऊँगा कि शांति का रास्ता स्वीकार करूँ। अब पहली बार सिख उग्रवादियों का एक बड़ा वर्ग चुनाव की बात कर रहा है। मैं नहीं जानता कि इसे स्थिति में बिगाड़ कैसे समझा जा रहा है। मारकाट बुरी है, हत्याएँ दुर्भाग्यपूर्ण हैं, मैं यही कह सकता हूँ। परंतु यदि उग्रवादियों का एक वर्ग कहता है कि चुनाव होना चाहिए, तो इसमें हर्ज क्या है। वे संविधान की शपथ लेने के लिए तैयार हैं। यदि वे यह समझ गए हैं कि उनका तरीका सफल नहीं हुआ और उन्हें यह तरीका अपनाना चाहिए, तो क्या यह स्थिति में बिगाड़ है या देश में लोकतांत्रिक प्रणाली की विजय।

इस तरह की कठिन स्थिति में कोई भविष्य के बारे में पूर्वानुमान नहीं लगा सकता। लेकिन दो बातें मेरी समझ से बाहर हैं—एक यह कि स्थिति बिगड़ गई। कुछ महीनों को छोड़कर स्थिति कभी बेहतर नहीं रही। हमारी सरकार बनने के बाद कुछ समय से सामान्य स्थिति है। वैसे भी हत्याओं का स्तर वही है, यह बढ़ा नहीं है। तीन-चार महीनों में, दिसंबर, जनवरी, फरवरी में कम लोग मारे गए हैं। अब चूँकि उम्मीदवार मारे जा रहे हैं, जो दुःखद है, इसका सब जगह प्रचार किया जा रहा है। कोई यह नहीं कहता कि यह आदर्श स्थिति है।

नहीं, यह नहीं है।

तब आप लोकतांत्रिक प्रक्रिया को काम करने का मौका दिए बगैर पंजाब में कब तक

आपातकाल जैसी स्थिति रख सकते हैं ?

ऐसी खबरें हैं कि इन चुनावों के नतीजों के बारे में आपने राष्ट्रपति को गुमराह किया ? हम इसका स्पष्ट उत्तर चाहेंगे।

स्पष्ट उत्तर यह है कि राष्ट्रपति ने स्वयं इसका प्रतिवाद किया है। मैं चुनाव को रद्द नहीं कर सकता और न इस तरह की बात सोच सकता हूँ। यह एक बेहूदा प्रस्ताव है और कम से कम राष्ट्रपति ने इस मामले पर हमसे चर्चा नहीं की। इसलिए मेरे द्वारा उन्हें गुमराह करने और ठीक सलाह न देने का कोई प्रश्न नहीं है। कुछ लोग कहते हैं कि राष्ट्रपति ने उनसे कुछ चर्चा की है। एक बात स्पष्ट है कि राष्ट्रपति ने 'आपात' शब्द का कहीं उल्लेख नहीं किया। राष्ट्रपति ने कभी यह नहीं कहा कि चुनाव अनिश्चित काल के लिए स्थगित होने चाहिए और न ही मेरी उनसे इस बारे में कोई चर्चा हुई। यह एक मनगढ़ंत बात है। मैंने उस अखबार के संपादक से पूछा कि यह संदेश कहाँ से आया है। सौभाग्यवश अगले दिन राष्ट्रपति ने इसका खंडन कर दिया। जिस दिन यह दुःखद घटना हुई, उस दिन चुनाव स्थगित करने की बात सोची जा सकती थी। सात दिन बाद स्थिति सामान्य हो जाने पर कोई पागल ही होगा, जो चुनाव अनिश्चितकाल तक स्थगित करने या आपातस्थिति लागू करने का सुझाव दे। 'आपात' शब्द मैंने पहली बार मुरली मनोहर जोशी के बयान में सुना और पढ़ा, जिसका प्रणव मुखर्जी ने अनुमोदन किया है—इन दो लोगों के दो अलग विचार हैं। अन्यथा मैंने राष्ट्रपति से, अपनी पार्टी में, सरकार में या किसी अधिकारी से यह बात नहीं सुनी थी। जब ये बातें उठीं, तो मैंने स्पष्ट करना चाहा और सौभाग्यवश राष्ट्रपति ने इसका खंडन कर दिया।

हमने बीते समय में हुई घटना, चुनाव आयोग और आपात स्थिति की बात की है। अब हम भविष्य की बात करेंगे...

एक बात मैं बहुत स्पष्ट कर देना चाहूँगा। मैंने पहले कहा है कि राष्ट्रपति या चुनाव आयोग एक संवैधानिक पद है। उन्हें एक निश्चित परिस्थिति में काम करना है। हम अपनी सीमाएँ जानते हैं। हम चर्चा कर सकते हैं। हम उन्हें परामर्श दे सकते हैं। लेकिन जब तक मैं इस देश का प्रधानमंत्री हूँ, उनके व्यवहार पर सार्वजनिक रूप से सवाल उठाने वाला नहीं हूँ। यदि कोई यह कहे कि मैंने चुनाव आयोग को कोई सुझाव दिया या मैंने उनसे अथवा उन्होंने मुझसे कोई सख्त बात कही, तो यह हास्यास्पद है। राष्ट्रपति को गुमराह करने की कोई बात तो मेरी कल्पना से भी बाहर है। मैं स्पष्ट राय दे सकता हूँ। मुझमें चाहे और जो भी कमी हो, लेकिन साहस का अभाव नहीं है। जो बात मैं व्यक्तिगत रूप से कहता हूँ, उसे सार्वजनिक रूप से भी कह सकता हूँ। लेकिन राजकीय गोपनीयताओं और मामलों की चर्चा नहीं कर सकता। परंतु यदि मैं कहीं कोई राजनीतिक सुझाव देता हूँ, तो उसे सार्वजनिक रूप से बताने के लिए तैयार हूँ। इस तरह की चर्चा करना किसी के लिए भी गैर-जिम्मेदाराना है, क्योंकि आप जानते हैं कि सवाल व्यक्तियों का नहीं है। यदि आप कहीं से पुष्टि किए बगैर प्रधानमंत्री और राष्ट्रपति के पद को चर्चा में लाते हैं, तो इस तरह की खबर इतनी प्रमुखता से प्रकाशित करना गैर-जिम्मेदाराना है। इससे इस देश के भविष्य के बारे में बाहर गलत तस्वीर बनती है।

अब आगे क्या स्थिति बनती है, विशेषकर राजीव गांधी की हत्या के बाद ? चुनाव के बाद आपको किस तरह के नए गठजोड़ की संभावना प्रतीत होती है ?

यह एक बड़ा मुश्किल सवाल है, जिसका जवाब देना दो कारणों से कठिन है। राष्ट्र के सामने दो तरह की समस्याएँ हैं—एक राजनीतिक और दूसरी आर्थिक प्रबंधन की और दोनों ही समान रूप से महत्त्वपूर्ण हैं। मैं मानता हूँ कि आर्थिक प्रबंधन राजनीतिक प्रबंधन से कहीं अधिक कठिन है। हाल के कुछ सप्ताहों का रुझान अधिक उत्साहवर्द्धक नहीं। जो लोग आनेवाले दिनों में राष्ट्र के भाग्य का नियंता होने का दावा करते हैं, वे बहुत गैर-जिम्मेदाराना ढंग से व्यवहार कर रहे हैं। मैं अतीत में जाकर किसी को दोष नहीं देना चाहूँगा। स्थिति का यह तकाजा नहीं कि हम छोटे, तुच्छ मुद्दों को लेकर लड़ें-झगड़ें, न ही हमें तात्कालिक राजनीतिक लाभ के लिए खुद को दूसरे से बड़ा दिखाने की कोशिश करनी चाहिए। यह इस देश के लिए मददगार नहीं है। मैं नहीं जानता कि विभिन्न राजनीतिक दलों के नेताओं का आगे क्या व्यवहार होगा ?

नए गठबंधनों के बारे में आप क्या सोचते हैं ?

जब तक लोग यह नहीं समझते कि हम कठिन परिस्थिति का सामना कर रहे हैं।

क्या यह सही है कि हम ऐसी स्थिति का सामना कर रहे हैं ?

परंतु क्या वे यह समझ रहे हैं, यदि उन्हें इस बात की अनुभूति होती, तो कम से कम राष्ट्रीय मोर्चा और कांग्रेस पार्टी ने हाल के सप्ताह में देश की आर्थिक स्थिति के बारे में ऐसा बयान नहीं दिया होता। कम से कम आप यह तो कह सकते थे कि मैं इस स्थिति के लिए जिम्मेदार नहीं हूँ। मैं किसी भी तरह अर्थव्यवस्था को चार महीने में नहीं बिगाड़ सकता था।

हाँ।

यदि आप मुझे दोष देना चाहते हैं, तो यह अपने आर्थिक अपराधों को छिपाने के संकुचित खेल के सिवाय कुछ नहीं है। क्या इससे देश को कोई मदद पहुँचेगी ? मैं यह नहीं जानता कि वे देश के सामने आर्थिक प्रश्नों पर जैसी तस्वीर पेश कर सकते हैं, उससे अधिक गंभीर बात कोई हो सकती है ?

राजनीतिक मामलों में भी हमें समझ से काम लेना होगा। हमें हमेशा के लिए यह तय करना होगा और इस नतीजे पर पहुँचना होगा कि आतंकवाद या विध्वंस या दमनकारी अधिकार पर्याप्त नहीं हैं। इस स्थिति का हम पहली बार सामना नहीं कर रहे। पहले भी इस तरह की समस्याएँ उठ चुकी हैं, चाहे वे इस आकार की न हों...नागालैंड, मिजोरम और एक बार तमिलनाडु में लोगों ने अलगाव की बात की थी। हम समझा-बुझाकर ही उन्हें मुख्यधारा में ला सकते हैं, जिससे स्थिति सुधरेगी। सार की बात यह है कि जब भी समझाने-बुझाने या संवाद की बात की जाती है, कुछ लोग सख्त बयान देने लगते हैं, लेकिन बढ़-चढ़कर बातें करने से मुश्किल आसान नहीं होगी। यह बात आपको समझनी होगी कि आंतरिक सुरक्षा के लिए हम कितनी ताकत इस्तेमाल कर सकते हैं, किस प्रकार के बल तैनात कर सकते हैं। इसी प्रकार इस बारे में भी हमारी स्पष्ट दृष्टि होनी चाहिए कि क्या तीसरी दुनिया के

देश, विशेषकर इस उपमहाद्वीप के देश हमेशा टकराव का रवैया अख्तियार कर सकते हैं। ये सब गरीबी के क्षेत्र हैं, जहाँ हर एक से टकराव रखकर हम अपनी समस्या हल नहीं कर सकते। ये कतिपय प्रश्न हैं, जिन पर विचार कर उनका उत्तर खोजना है और किसी नतीजे पर पहुँचना है। यदि इन सवालों पर, इन कठिन प्रश्नों पर, हमारी न्यूनतम सहमति बन सके, हम स्थिति का आकलन कर संभावित समाधान पर पहुँच सकें, तो ताकतों का पुनः सामंजस्य हो सकता है। लेकिन कुछ राजनीतिक व्यक्तियों का इकट्ठे होना ताकतों का पुनर्गठन नहीं है। ताकतों के पुनर्गठन के लिए जरूरी है कि हम प्रस्तुत राजनीतिक स्थिति की गंभीरता को समझें, उसकी नजाकत को पहचानें और समस्या हल करने का मान्य फार्मूला तलाशें। जब तक हम ये दो बातें नहीं करेंगे, हालात का जायजा लेकर संभावित समाधान नहीं तलाशेंगे—यदि इन दो मुद्दों पर सहमति नहीं हुई, तो राजनीतिक गठजोड़ की बातें करने में कोई तुक नहीं।

इस संदर्भ में राष्ट्रीय सरकार की काफी चर्चा है ?

जब तक देश के राजनीतिक दल और लोग बुनियादी राष्ट्रीय समस्याओं को समझकर हल नहीं तलाशते, तो राष्ट्रीय सरकार की भी कोई सार्थकता नहीं है। यदि हम संकट के स्वरूप को पहचानें और तय करें कि चुनौती का सामना कैसे करना है, तो हम राष्ट्रीय सरकार बना सकते हैं। राष्ट्रीय दल इकट्ठे होकर कुछ समय सरकार चला सकते हैं, लेकिन राष्ट्रीय सरकार के लिए स्पष्ट दृष्टि जरूरी है, जिसमें प्रस्तुत समस्याओं को पूर्ण प्रतिबद्धता, सामंजस्य और संयुक्त प्रमाण से सुलझाया जा सके। इस देश के राजनीतिक नेताओं के बयान और व्यवहार में वह भावना मुझे नहीं दिखाई देती। इसलिए मैं नहीं कह सकता कि राष्ट्रीय सरकार के विचार का इस समय कोई अर्थ है या नहीं।

आप बहुत वरिष्ठ कांग्रेसी रहे हैं...क्या आप ऐसा सोचते हैं कि इस कठिन स्थिति में सब कांग्रेसजनों का एक झंडे तले आना देशहित में होगा ?

नहीं, यह बहुत कठिन है। क्योंकि मैं कांग्रेस पार्टी की आंतरिक कार्यप्रणाली नहीं जानता। जब मैं कांग्रेस पार्टी में था, तो वह बिल्कुल अलग समय था। उस समय मैं कांग्रेस कार्यसमिति में और संसद में भी नीतिगत मामलों पर बेहिचक बोल सकता था। तब यह आशंका नहीं थी कि मुझे गलत समझा जाएगा तथा कांग्रेस या राष्ट्र का दुश्मन करार दिया जाएगा। यह वह समय था, जब समस्त असहिष्णुता के बावजूद इंदिरा गांधी ने कम से कम मुझसे कभी गैर-शालीन व्यवहार नहीं किया। जब मोरारजी देसाई और अन्य वहाँ थे, तो मैंने न केवल नीतियों की, बल्कि कुछ महत्त्वपूर्ण राजनीतिक नेताओं के कुछ कार्यों की भी आलोचना की। लेकिन तब अलग समय था। तब मैं जिन मुद्दों पर एतराज उठाता था, अधिकार के पद पर बैठे लोग उसे समझने की कोशिश करते थे। अब वह माहौल नहीं है। कांग्रेस पार्टी के भीतर विभिन्न राजनीतिक नेताओं के क्या समीकरण हैं, मैं नहीं जानता। कांग्रेस पार्टी के नेतृत्व के बारे में कुछ कहना मेरे लिए सर्वथा अनुचित होगा, क्योंकि यह उनका आंतरिक मामला है। मैं एक बात विनम्रता से कहना चाहूँगा—हमें यह नहीं समझना चाहिए कि कांग्रेस पार्टी में नेतृत्व का अभाव है। हर राजनीतिक दल के पास नेतृत्व है। कांग्रेस पार्टी में भी

कई लोग हैं, जिन्होंने अनेक वर्षों तक देश की सेवा की है। अनेक स्वतंत्रता सेनानी हैं। उन्होंने इस देश के प्रशासनिक ढाँचे में दीर्घ अवधि तक योगदान किया है। वे अनुभवी और ईमानदार लोग हैं। उनके पास दृष्टि भी है। कांग्रेस पार्टी अपने नेताओं का चयन करे। बाहर के लोग कांग्रेस के नेतृत्व की चिंता क्यों करें, यह चिंता खुद कांग्रेस पार्टी पर छोड़ दीजिए। बाहर के लोग इस बारे में कुछ कहें, इसे मैं उचित नहीं मानता।

मेरे दिमाग में यह बात नहीं थी। मेरा कहना यह है कि उस तरह की शैली अब नहीं रही, क्योंकि उस कद का नेता अब मौजूद नहीं है। मेरा ख्याल है कि अब पुराने ढंग की कार्यप्रणाली सफल हो सकती है...

देखते हैं, क्या हालात बनते हैं। मैं कोई पूर्वानुमान क्यों व्यक्त करूँ। यह उचित नहीं है। विशेषकर इस समय, जब कांग्रेस पार्टी अपने अध्यक्ष की दुर्घटना में मृत्यु के बहुत दुःखद अनुभव से गुजर रही है। समस्या आती है, तो वे खुद उसका सामना करेंगे। मैं केवल एक बात स्पष्ट कर देना चाहूँगा कि कांग्रेस पार्टी की आंतरिक कार्यप्रणाली और उसकी संभावित समस्याओं पर मैं कोई टिप्पणी नहीं करना चाहता।

अब हत्या की जाँच पर आते हैं। नवीनतम स्थिति क्या है ? ऐसी खबरें हैं कि इसमें विदेशी हाथ हो सकता है ?

नहीं, आपको नवीनतम जानकारी देना मेरे लिए संभव नहीं होगा। लेकिन आप किसी संभावना से इनकार नहीं कर सकते। हम हर पहलू की जाँच कर रहे हैं। अभी तक जाँच उत्साहवर्द्धक रही है और ऐसा प्रतीत होता है कि जाँच एजेंसी किसी स्पष्ट नतीजे तक पहुँच सकेगी।

आपको उम्मीद है–क्या वे अभियुक्तों को पकड़ लेंगे ?

कुछ लोग पहले ही गिरफ्तार हो चुके हैं।

वह तो शुरुआत है ?

नहीं, यह शुरुआत नहीं। बहुत महत्त्वपूर्ण जानकारी इकट्ठी कर ली गई है।

'विदेशी हाथ' के बारे में ?

विदेशी हाथ। यदि आप लिट्टे की बात करते हैं, तो यह एक विदेशी नेटवर्क है।

नहीं, उससे कहीं अधिक। लोग ज्यादा बड़ी ताकतों की बात कर रहे हैं।

लोग बात कर रहे हैं, हमने सुना है। लेकिन जब तक हमारे पास कोई ठोस जानकारी न हो, हम कुछ नहीं कह सकते।

आगे बननेवाली सरकार को विरासत में किस तरह की अर्थव्यवस्था मिलेगी ?

स्थिति अब भी उतनी ही बुरी है, जैसी नवंबर में मेरे पद सँभालने के समय थी। यह

न तो सुधरी है, न बिगड़ी है।

आप क्या कदम सुझाएँगे ?

बात सिर्फ यह है कि लोगों को विश्वास में लेना होगा और बहुत कठोर निर्णय करने होंगे।

जैसे कि ?

यह कि हम मितव्ययिता बरतें, अपने संसाधनों के अनुसार खर्च करने की कोशिश करें।

लोग कई साल से मितव्ययिता की बात कर रहे हैं।

हम मितव्ययिता की बात ही करते रहे, किया कुछ नहीं।

हर बार भारी बजट लाया जाता है...

नहीं, भारी बजट मात्र मितव्ययिता नहीं है।

तो फिर आप कहना क्या चाहते हैं ?

दो-तीन महीने में यह हुआ कि भुगतान संतुलन की जो स्थिति घाटे में थी, मई में अधिशेष हो गई है। तो क्या आयात किया जाए, कितना आयात किया जाए, किस प्रकार का उत्पादन हो और हम कितना निर्यात करें—हर बात का विश्लेषण कर हमें अपने अल्प संसाधन बहुत सीमित क्षेत्रों में खर्च करने होंगे।

इस संदर्भ में सोने की बिक्री की काफी आलोचना हुई है ?

किसने की ?

आपके मित्रों, विरोधियों, राजनीतिक दलों ने...

प्रेस ने नहीं की, जिसे समझ है। ऐसा पहली बार हुआ कि अधिकांश संपादकीय में यह कहा गया कि कोई विकल्प नहीं है। समस्या यह है कि इस सरकार ने उधार नहीं लिया और उधार का अर्थ अल्पकालिक उधार है। अल्पावधि उधार में आपको चौकस रहकर यह सावधानी बरतनी होती है कि आपसे विदेशी बाजार में कोई चूक न होने पाये। यदि कोई ऋणदाता धन वापस चाहता है, तो हम उसे दो-तीन दिन या दो घंटे रुकने के लिए भी नहीं कह सकते। इसलिए हमें आपात स्थिति का सामना करने के लिए विदेशी भंडार में कुछ राशि तैयार रखनी होती है। बात केवल यह है कि यह सोना तस्करी का सोना था, रिजर्व बैंक का सोना नहीं। रिजर्व बैंक के सोने के बारे में कानूनी स्थिति यह है कि रिजर्व बैंक का गवर्नर भी खुद निर्णय नहीं कर सकता। स्टेट बैंक ने ऋण लिया था। स्टेट बैंक कठिनाई में था और डर था कि कहीं चूक न हो जाए। अतः सतर्कता के रूप में स्टेट बैंक ने कहा कि यह तस्करी का सोना रेहन रखकर कुछ धन तैयार रखा जाए। बस इतना ही हुआ। अब राष्ट्र को यह निर्णय करना है कि क्या इस देश को डिफाल्टर होने देना बेहतर था या सोना रेहन रखकर अपमान से

बचाना ठीक था। कई लैटिन अमेरिकी देशों ने वह अपमान झेला और संपूर्ण आर्थिक पतन के शिकार हुए। इसलिए कुछ लोग बयान देते हैं और वे बयान प्रकाशित होते हैं। क्योंकि इस प्रकार के मूर्खतापूर्ण बयानों को प्रकाशित करने के लिए जगह की कोई कमी नहीं। लेकिन सीधा सवाल यह है कि वह धन न मैंने उधार लिया था, न इस सरकार ने। यह पूर्व सरकार ने लिया। इसलिए जब भी वी.पी. सिंह ने यह सवाल उठाया, तो मैंने जवाब दिया, याद कीजिए कि वित्त मंत्री और प्रधानमंत्री के रूप में आप देश को इस स्थिति में लाए हैं। मेरा दोष केवल यह है कि मैं हालात को सँभालने की कोशिश कर रहा हूँ। मैंने केवल यही नहीं किया, आप जानते हैं कि नवंबर में जब हम सत्ता में आए, तो तीन हफ्ते में 12,000 करोड़ मूल्य का कर लगा दिया, वेतनभोगी कर्मचारी या छोटे दुकानदार पर नहीं, दस-ग्यारह बड़े लोगों पर। आज हम कर नहीं लगा सकते। लोग कहते हैं कि यह कार्यवाहक सरकार है। कार्यवाहक सरकार हो या कोई भी सरकार हो, यदि किसी से उधार लिया हो और वे अपना धन वापस माँगें, तो हम—आप यह नहीं कह सकते कि यह कार्यवाहक सरकार है, कल एक महान सरकार आएगी और तब आपका धन लौटाया जाएगा। इस देश में यह सब क्या हो रहा है ? जो व्यवस्था हमने की, क्या दुनिया का कोई भी विकासशील व्यक्ति इस पर आपत्ति करेगा। जिस दिन आपके पास धन होगा, आपका सोना आपको वापस मिल जाएगा, आपको केवल छह प्रतिशत ब्याज देना होगा। हमने छह प्रतिशत ब्याज पर इसे गिरवी रखा है। इसलिए मैं नहीं समझता कि हमसे कोई बड़ा अपराध हो गया।

यह निर्णय रिजर्व बैंक के गवर्नर ने किया था या आपने ?

नहीं-नहीं, यह निर्णय मेरी स्वीकृति से किया गया। यद्यपि इस बारे में सभी स्तरों पर चर्चा हुई थी, लेकिन मैं इसकी जिम्मेदारी लेता हूँ। मैं इसे किसी अन्य पर नहीं डालना चाहूँगा।

लेकिन इससे भुगतान सन्तुलन की स्थिति में कुछ हद तक मदद मिली है।

हाँ, भुगतान संतुलन और आकस्मिक जरूरतों की पूर्ति के लिए हमारा भंडार सुधरा है।

क्या आप ऐसा सोचते हैं कि और सोना बेचा जाना चाहिए ?

नहीं, ऐसा नहीं है। अन्य उपाय तलाशे जा रहे हैं। यदि हम सफल हुए, तो वह सोना भी वापस ला सकते हैं। क्या सोना रखना इतना जरूरी है कि लोग भूखे मरें और सारे अंतर्राष्ट्रीय बाजार में देश अपमानित हो ? यदि सोना लोगों के लिए इतना पावन है, तो मैं कुछ नहीं कहना चाहूँगा। मैं उन लोगों की मनोदशा को समझता हूँ, जो यह मानते हैं कि हमें सोने से चिपके रहना चाहिए। दुनिया में कई देश विपणन में सोने का बेहिचक इस्तेमाल कर रहे हैं, लेकिन इस देश में सोना बहुत पवित्र चीज है। वे ऐसे व्यवहार कर रहे हैं, जैसे कोई महिला आभूषण लेकर उसे जीवन भर नहीं बेच सकती, क्योंकि इसमें वह अपना अपमान मानती है। क्या इस तरह की मानसिक स्थिति से देश को कोई लाभ पहुँचने वाला है।

भुगतान संतुलन की क्या स्थिति है ? निर्यात के अलावा और कौन-से उपाय आप समझते हैं कि...

आप जानते हैं कि निर्यात के मामले में इस देश की कई गंभीर सीमाएँ हैं। इस समय हमें आयात में कटौती करनी होगी। ऐसा करते हुए इस बात का ख्याल रखना होगा कि उन चीजों का उत्पादन नहीं घटने पाए। जिनका निर्यात होता है या जो इस देश के लिए आवश्यक हैं और निर्यात को तो हमें प्रोत्साहन देना ही है। उस दिशा में हम प्रयत्नशील हैं और मुझे खुशी है कि गत कुछ महीनों में हमें सफलता मिली है। समस्त कठिनाइयों के बावजूद निर्यात बढ़ा है।

अब चुनाव की बात करते हैं। इसमें हिंसा, धमकाने और बूथ कैप्चरिंग जैसी घटनाएँ होती हैं। क्या आप सोचते हैं कि हमारी निर्वाचन प्रक्रिया दोषपूर्ण है और हमें इसे बदलना चाहिए ?

सारे समाज में हिंसा का माहौल है, तो चुनाव भी समाज के आम माहौल से अप्रभावित नहीं रह सकता।

परंतु वर्तमान प्रणाली ?

मैं नहीं मानता कि इसमें कुछ दोष है। क्योंकि कोई अन्य प्रणाली नहीं है। निर्वाचन प्रणाली में अपने गुण-दोष हैं, लेकिन आप कुछ अधिक सतर्कता बरत सकते हैं।

राज्य सरकार द्वारा वित्त पोषण...

नहीं, कुछ अन्य चीजें हैं, इन मामलों पर चर्चा हो रही है। समानुपातिक प्रतिनिधित्व या ऐसे अन्य...इन बातों पर चर्चा होनी है। लेकिन अगर आज इनकी चर्चा करते हैं, तो लोगों के मन में अनिश्चय की भावना पैदा होगी। आज सारी बात यह है कि लोगों को विश्वास और भरोसा नहीं रहा। आपको व्यवस्था में विश्वास बहाल करना होगा। छोटी-सी बात पर लोग सब तरह की अफवाहें फैलाने लगते हैं। दुर्भाग्यवश देश में ही नहीं, बाहर भी लोग इस पर विश्वास करने लगते हैं। राजीव गांधी की दुःखद मृत्यु के प्रसंग को लें। अगली सुबह, कुछ ही घंटों में, सारी दुनिया में यह खबर गई कि भारत जल रहा है। लोग सड़कों पर निकल आए हैं और हिंसा फूट पड़ी है। उसके बाद जो भी शिष्टमंडल आया, उसने हमारे मंत्रियों और अधिकारियों से पहला सवाल यह किया—क्या दिल्ली में स्थिति सामान्य है, क्या सड़कों पर चलना सुरक्षित है ? देश की स्थिरता में इस तरह की आशंका या संदेह बहुत ही घातक होता है। मैं आपसे बताता हूँ कि यह बहुत संतोष का विषय है कि समस्त अफवाहों, बेमतलब की बातों तथा इस देश में और इसके बाहर हुए समस्त प्रचार के बावजूद भारतीय जनता ने बहुत ही संजीदा व्यवहार किया तथा इस आघात को बहुत शालीनता, धैर्य और सहिष्णुता के साथ झेला। वे उत्तेजित नहीं हुए।

न्यायमूर्ति वर्मा के विचारणीय मुद्दों की सूची...

नहीं, वे चाहते थे कि कुछ और...उनकी विषय सूची का और विस्तार हो। मैंने कहा—ठीक है, लेकिन हमें न्यायमूर्ति वर्मा को विश्वास में लेना होगा। एकमात्र समस्या यह है कि... आपको ठक्कर आयोग याद होगा। इसे पूरे छह महीने का समय दिया गया और इसने कुछ सिफारिशें कीं। इसके बाद सीबीआई से पूछा गया कि क्या इन सिफारिशों पर कुछ मामले

दर्ज हो सकते हैं या नहीं, तो सीबीआई ने कहा कि नहीं, यह अदालत में जाने लायक मामला नहीं है। अब न्यायपालिका कहती है कि हमारी सिफारिशों का आकलन जाँच एजेंसियाँ करें, यह हमें पसंद नहीं है। इसलिए जिन मामलों में जाँच की जरूरत है, वे हमें न सौंपे जाएँ। मैं जानता हूँ, कुछ अखबारों ने लिखा है कि कुछ लोगों का समर्थन या आशीर्वाद प्राप्त करने के लिए मैंने ऐसा किया। मैं ऐसा क्यों करूँगा ? मुझे कुछ छिपाना नहीं है, न ही मैं यह चाहता हूँ कि किसी का पर्दाफाश न हो। लेकिन मैं न्यायमूर्ति वर्मा से यह अपेक्षा नहीं कर सकता कि वे मेरे मार्गदर्शन में काम करें। इसलिए यह न्यायमूर्ति का और जो समाधान में रुचि रखते हैं, उन सबका काम है कि बैठकर समस्या का हल खोजें। यदि जरूरत हुई, तो मैं इस पर दस्तखत कर दूँगा।

क्या आप ऐसा सोचते हैं कि दल-बदल विरोधी कानून समाप्त कर दिया जाए ?

इस देश में अन्य समस्याएँ भी हैं, हम तुच्छ और महत्त्वहीन बातों पर कब तक लड़ते-झगड़ते रहेंगे ?

अपने कार्यकाल के बारे में आप क्या सोचते हैं ?

मैं यह आप लोगों पर और दूसरों पर छोड़ देना चाहूँगा। लेकिन मैं यह बात कहूँगा कि गत चार महीनों में, जब मेरी नियमित सरकार थी और तीन महीनों में, जब से कार्यवाहक सरकार है, मैंने यह महसूस किया है कि इस देश में जबर्दस्त संभावनाएँ हैं। समस्याएँ बहुत हैं, कठिनाइयाँ भी बहुत। हम जटिल प्रश्नों का सामना कर रहे हैं, लेकिन स्पष्ट दृष्टि और स्पष्ट दिशा में हम स्थिति में सुधार ला सकते हैं। सुधार ही नहीं, हम भारत को महान और समृद्ध राष्ट्र बना सकते हैं। हमारे पास नैसर्गिक संसाधनों, तकनीकी ज्ञान, प्रौद्योगिक बुनियादी ढाँचे की विपुल संपदा है। हमारे लोग बहुत कम पाकर कड़ा परिश्रम करने के लिए तैयार हैं, क्योंकि वे थोड़े से ही संतुष्ट हो जाते हैं। यह भारतीय जनता की मनःस्थिति है। यह सब होते हुए जनता का सहयोग लेकर यदि हम जनसाधारण की जरूरतों के मुताबिक प्राथमिकताएँ निर्धारित कर सकें, तो हम भारत की तस्वीर दो-तीन साल में बदल सकते हैं।

परंतु इसके लिए स्थिर और मजबूत सरकार चाहिए ?

मैं नही जानता कि स्थिर और दृढ़ सरकार से आपका क्या आशय है। स्थिर सरकारें यदि मजबूत निर्णय नहीं करतीं, तो उसका कोई लाभ नहीं। सरकार वह है, जो समझे और फैसला करे। बीस वर्ष तक शासन चलाने का अर्थ स्थिरता नहीं है। इस देश में सारी समस्याएँ तब पैदा हुईं, जब स्थिर सरकारें थीं। स्थिरता का नारा बकवास है। मैं फिर कहूँगा कि मैं इसे नहीं समझ पाया। इस देश में आपात स्थिति तब लागू की गई, जब पूर्ण स्थिरता थी।

स्थिरता का अर्थ ऐसी सरकार होना है, जो अपने बूते पर निर्णय कर सके ?

नहीं, ऐसा नहीं है। यह बात फिर गलत है। स्थिरता का अर्थ ऐसी सरकार का होना है, जो देश की समस्याओं को समझती है और उस आधार पर निर्णय कर सकती हो।

अपने बूते पर ?

अपने बूते पर, यह जरूरी नहीं है। जनता के हित में करे। क्योंकि फासिस्ट सरकारें अधिक स्थिर थीं और वे अपने बूते पर निर्णय करती थीं। लेकिन हर फासिस्ट सरकार ने, हर फासिस्ट शासन ने समाज में सर्वाधिक अस्थिरता पैदा की। इसलिए मुद्दे की बात यह है कि स्पष्ट दृष्टि, समस्याओं की समझ, निर्णय करने की क्षमता और उसे क्रियान्वित करने की सम्भावना...

कश्मीर में क्या स्थिति है ?

कश्मीर में स्थिति बहुत खराब है, क्योंकि हमने वहाँ भी गलती की। जब फारुख अब्दुल्ला वहाँ थे, तो कश्मीर में हमारी जनता का एक वर्ग पूरी तरह भारत के लिए प्रतिबद्ध था। एक राज्यपाल को भेजने पर फारुख अब्दुल्ला ने इस्तीफा दे दिया, इस प्रकार हमने कश्मीर के लोगों को अलग कर दिया और यह हमारे रास्ते में रुकावट बन रहा है। इसी प्रकार हम आशंका में आकर या जज्बात के वशीभूत होकर कतिपय निर्णय करके पंजाब की सारी जनता को अलग करना चाहते हैं। मैं यह नहीं मानता कि फारुख अब्दुल्ला के समय में कोई आदर्श स्थिति थी। स्थिति बहुत खराब थी, लेकिन हमने ऐसे हालात पैदा कर दिये, जिसमें सब कश्मीरियों ने सोचा कि इस ढाँचे में उनके लिए कोई जगह नहीं है।

दूरदर्शन के महानिदेशक शिव शर्मा पर आज हमला हुआ है। क्या आप उस संबंध में कुछ कहना चाहेंगे ?

दूरदर्शन के महानिदेशक शिव शर्मा पर आज सुबह हुए हमले से हमें सदमा पहुँचा है। जो लोग यह सोचते हैं कि वे एक ध्येय के लिए संघर्ष कर रहे हैं, उन्हें इस तरह के पागलपन से क्या लाभ पहुँचेगा, मैं नहीं जानता। मुझे खुशी है कि शिव शर्मा और उनके सुरक्षाकर्मी बच गए हैं, लेकिन ड्राइवर के प्राण चले गए। इसका हमें दुःख है और मैं उनके परिवार के प्रति संवेदना व्यक्त करता हूँ।

हमारे लोग, जो संवेदनशील पदों पर काम कर रहे हैं, उनके प्रति हमें अधिक सतर्कता बरतनी होगी। मैं जनता से यह अपेक्षा करूँगा कि वह सुरक्षा के प्रति अधिक सजग हो और सुरक्षा अधिकारियों से सहयोग करने की कोशिश करे। यदि कुछ लोग सड़कों-गलियों में संदेहजनक परिस्थिति में घूमते दिखाई दें, तो उसकी सूचना दी जाए। इस तरह की घटनाओं से न केवल कुछ महत्त्वपूर्ण व्यक्तियों की जान जाती है, बल्कि देश में अनिश्चितता की भावना भी पैदा होती है। इससे व्यवस्था को जो गंभीर क्षति पहुँचती है, उसे हम बर्दाश्त नहीं कर सकते।

13 जून, 1991

राजनीति को व्यक्तिगत आधार पर ले जाना देश व राजनीति दोनों के हित में नहीं है

बीबीसी के नरेश कौशिक की बातचीत

प्रधानमंत्रीजी, यह अफवाह है कि सरकार देश में आपातकाल लागू करने जा रही है। हालाँकि आपने तथा राष्ट्रपति कार्यालय ने इस संभावना से इनकार किया है, फिर भी इसके लिए कुछ लोग बड़े ही चिंतित हैं। क्या यह सिर्फ अफवाह है या सरकार में किसी ने आपको इसकी सलाह दी थी—पर आपने काफी सोच-विचार के बाद इसे अस्वीकार कर दिया ?

नहीं, कम से कम मेरे सामने इस तरह का कोई प्रस्ताव तो नहीं ही था, न ही देश में ऐसी कोई स्थिति थी कि कोई भी ऐसा कदम उठाने के बारे में सोच सकता। यह अफवाह कैसे फैल गई, मैं नहीं जानता। ऐसा लगता है कि कुछ लोग जानबूझकर देश में अनिश्चितता का माहौल बनाना चाहते हैं, वरना न तो सरकार में किसी ने इस बारे में सोचा था और न ही इस तरह की सलाह दी गई थी। कम से कम मेरी जानकारी में तो ऐसी कोई घटना नहीं आई, जिसने मुझे इस तरह सोचने के लिए उकसाया हो। ये सारी बातें किस तरह हो गईं, मैं समझ नहीं पाता। यह पूरी तरह से हमारे खिलाफ षड्यंत्र है। यह हमें बदनाम करने की साज़िश है, ताकि देश में भय, संदेह और अस्थिरता का माहौल बनाया जा सके।

हो सकता है कि सरकार का कोई व्यक्ति वित्तीय आपातकाल पर विचार-विमर्श कर रहा हो और लोगों ने इसे दूसरे अर्थों में ले लिया ?

मैं उस अनाम व्यक्ति को नहीं जानता। कोई देश में आपातकाल लागू नहीं कर सकता। बिना मेरी जानकारी या सहमति के आपातकाल लागू नहीं हो सकता। सरकार में कोई व्यक्ति इतना महत्त्वपूर्ण, इतना योग्य या इतना शक्तिशाली नहीं, जो मुझे उस बात की सलाह दे, जो खुद मेरे दिमाग में नहीं आई। मैं इतना असहाय नहीं कि कोई भी सपने में कुछ सोचे और उसे लागू कर दे। अतः इन बेकार के सवालों का मेरे पास कोई जवाब नहीं है।

यानी वित्तीय आपातकाल के बारे में न तो किसी ने आपको सलाह दी, न किसी ने इस पर आपके साथ बातचीत की ?

हाँ, बिल्कुल नहीं। वित्तीय आपातकाल लागू करने का तो प्रश्न ही नहीं है। क्यों इन सारी बातों को राजीव गाँधी की मृत्यु के साथ जोड़ा जा रहा है ? यह पूरी तरह स्पष्ट है कि इस दुर्घटना का लाभ उठाने के लिए अफवाह फैलाकर देश में तथा देश के बाहर भी अस्थिरता का माहौल बनाने की कोशिश की जा रही है।

क्या आपको लगता है कि राजीव गाँधी की मृत्यु से भारतीय राजनीति में एक रिक्तता आ गई है ?

बेशक, राजीव गाँधी कांग्रेस पार्टी के अध्यक्ष थे, जो देश की सबसे बड़ी राजनीतिक पार्टी है। लोगों को राजीव गाँधी से बहुत उम्मीदें थीं। अतः इस मृत्यु ने राजनीतिक जीवन में एक शून्यता ला दी है।

इस रिक्तता को कौन भरेगा ?

इसका फैसला कांग्रेस करेगी।

आप कांग्रेस पार्टी का कैसा भविष्य देखते हैं ?

मैं कांग्रेस पार्टी के भविष्य पर कोई टिप्पणी नहीं करना चाहता।

पर यह वही पार्टी है, जिसे आपने... ?

कुछ भी हो, मेरे लिए यह अशोभनीय है। मेरे लिए कांग्रेस के बारे में अभी कोई टिप्पणी करना ठीक नहीं होगा, जब कांग्रेस ऐसी दुःखद स्थिति का सामना कर रही है। यह सिर्फ कांग्रेस के लिए ही नहीं, बल्कि पूरे देश के लिए दुःखद है। लेकिन कांग्रेस इस घटना से प्रत्यक्ष रूप से प्रभावित है। क्या ऐसी स्थिति में उनके भविष्य पर कुछ कहना उचित होगा ?

ऐसा प्रस्ताव लाया गया है कि कांग्रेस के सभी पूर्व कार्यकर्ताओं को एकजुट हो जाना चाहिए। आपकी इस पर क्या प्रतिक्रिया है ?

मैंने अखबार में इसके बारे में पढ़ा। मैं मीडिया के जरिए किए गए इस प्रस्ताव पर गंभीर नहीं हूँ।

पर कांग्रेस में कई ऐसे लोग हैं, जो सोचते हैं कि इसका वक्त आ गया है ?

अगर वे अपनी इस सोच से मुझे अवगत कराएँगे, तो मैं उन्हें जवाब दूँगा।

क्या किसी ने इसका प्रस्ताव आपके सामने नहीं रखा ?

नहीं।

चुनाव का अगला दौर आज से शुरू हो रहा है। इस बदले हुए माहौल में क्या आप अपने काम करने का तरीका बदलेंगे ?

नहीं, सौभाग्य से मैंने जो तरीका अपनाया है, वह किसी पर हमले का नहीं है—चाहे वह राजीव गाँधी हों या कोई विपक्षी दल। इसलिए मुझे अपने तरीके में कोई बदलाव लाने की जरूरत नहीं है।

क्या आपकी समाजवादी जनता पार्टी अभी भी बची हुई सीटों पर चुनाव लड़ना चाहती है या बदली हुई परिस्थिति में आप कुछ सीटों पर से अपना नाम वापस लेने की सोच रहे हैं ?

किसी सीट से अपना नाम वापस लेने का कोई सवाल ही नहीं उठता। हम उन सभी सीटों पर लड़ रहे हैं, जहाँ हमारे उम्मीदवार खड़े हैं।

राजीव गाँधी के बाद के भारत में आप अपनी क्या भूमिका देखते हैं ?

यह राजीव गाँधी के बाद के भारत का सवाल नहीं है, बल्कि प्रश्न यह है कि चुनाव के क्या नतीजे रहेंगे ? इसके बाद ही मैं विचार करूँगा कि समाजवादी जनता पार्टी की क्या भूमिका होगी। मेरी भूमिका पार्टी की भूमिका पर निर्भर करती है।

इन परिस्थितियों में क्या आप भाजपा विरोधी गठबंधन या भाजपा विरोधी विपक्ष का नेतृत्व करेंगे ?

मैं किसी के विरोध का नेतृत्व नहीं करने जा रहा। मैं देश में आत्मविश्वास और विश्वास का माहौल बनाने के लिए प्रयत्नशील रहूँगा। आज विश्वास, भाईचारे और एकता की जरूरत है, न कि घृणा और वैमनस्य की।

कांग्रेस आज बिना नेता की है और आप बिना पार्टी के हैं। लोगों की सलाह है कि आप दोनों का मिलन इस देश के लिए बेहतर होगा ?

राजनीति इतनी सरल नहीं है। मेरी पार्टी बेहद छोटी है और उनकी बहुत बड़ी। उनके पास कोई नेता नहीं है। परन्तु मुझे नहीं लगता कि कांग्रेस ऐसा महसूस कर रही है कि उनके पास सक्षम नेता का अभाव है। वहाँ कई ऐसे नेता हैं, जो इस रिक्त स्थान को भर सकते हैं। इसके अलावा मुझे नहीं लगता कि मेरी पार्टी इतनी छोटी है कि मैं किसी बड़ी पार्टी की खोज करूँ वरना मैं कांग्रेस को छोड़ता ही क्यों। अतः स्थितियाँ इतनी सरल नहीं हैं। प्रश्न यह है कि कांग्रेस तथा अपने को धर्मनिरपेक्ष कहलाए जानेवाली पार्टियाँ चुनाव के बाद कैसी नीति अपनाती हैं। सारे राजनीतिक क्रियाकलाप इसी से निर्धारित होंगे और मेरे या किसी दूसरे व्यक्ति के लिए इस पसंद-नापसंद का कोई मतलब नहीं है।

यानी पुनर्संयोजन की संभावनाएँ हैं, लेकिन अभी नहीं बल्कि चुनाव के बाद ?

मैं ऐसा नहीं कहता। बेशक कुछ लोग यह दावा कर रहे हैं कि बहुमत उन्हें ही मिलेगा और वे ही सरकार बनाएँगे। कम से कम भाजपा, राष्ट्रीय मोर्चा और कांग्रेस—ये तीन दल बहुमत का दावा कर रहे हैं। अगर इनमें से किसी एक को भी बहुमत मिल जाता है, तो उन्हें दूसरे की चिंता क्यों होगी। मैं क्यों कहूँ कि उन्हें बहुमत नहीं मिलेगा। इस प्रश्न का जवाब मेरे पास नहीं है।

उनकी दावेदारी के बारे में आपके क्या विचार हैं ?

मैं उनके दावों पर अपनी कोई राय नहीं देना चाहता, क्योंकि दावे असलियत नहीं बदल सकते। कम से कम हमें यह सीखना चाहिए कि इस तरह के दावे से कोई बहुत बड़ा फर्क नहीं पड़ता, चाहे बहुमत हासिल ही क्यों न हो जाए। कई बार बहुमत मिलने पर भी देश का शासन चलाने में पार्टियाँ असफल रहती हैं। मैं इन उद्देश्यहीन और बेकार की बातों में

नहीं पड़ना चाहता।

वे कौन-से प्रमुख मुद्दे हैं, जिनका आज भारत सामना कर रहा है ?

सबसे मुख्य मुद्दा, जो काफी पहले से हमारे सामने है—कि हम अपनी जनता की बुनियादी जरूरतों को भी पूरा नहीं कर पा रहे हैं। इसके परिणामस्वरूप समाज में असंतोष और तनाव बढ़ रहा है। यह समस्या कई रूप लेकर हमारे सामने आ रही है। कई क्षेत्रों में उग्रवादी गतिविधियाँ बढ़ रही हैं। इस तरह कानून तथा व्यवस्था की समस्या गंभीर है। हमारी आर्थिक स्थिति संकट में है। इन सभी समस्याओं को एक साथ हल करना जरूरी है।

क्या आपको लगता है कि ये सारे मुद्दे अगले चुनाव के भाग्य का फैसला करेंगे ?

मैं कह नहीं सकता, क्योंकि पहले किसी भी पार्टी ने इन मुद्दों को अपने चुनावी प्रपत्र में शामिल नहीं किया, बल्कि अपने राजनीतिक लाभ के लिए उन्होंने जनता की भावनाओं से खिलवाड़ किया। इन सबसे उन्हें चुनावी या राजनीतिक रूप से कुछ लाभ तो मिल सकता है, पर दीर्घकाल में इससे न तो उन्हें कोई लाभ होनेवाला है, और न ही देश को।

चुनावी नतीजे तथा विभिन्न दलों के भाग्य को राजीव गाँधी की मौत किस हद तक प्रभावित करेगी ?

इस समय लोग इस घटना से दुःखी हैं, इसलिए कोई उत्साह नहीं है। मुझे नहीं लगता कि इसका चुनाव के परिणामों पर कोई व्यापक प्रभाव पड़ेगा।

परंतु, आपको यह नहीं लगता कि इससे लोगों के बीच सहानुभूति की लहर चल रही है ?

कुछ क्षेत्रों में सहानुभूति की लहर हो सकती है, लेकिन इससे चुनाव के मुद्दे में कोई खास बदलाव नहीं आएगा। ऐसा आसान नहीं है।

क्या सहानुभूति की यह लहर आपकी पार्टी पर कोई प्रभाव डालेगी ?

नहीं, ऐसा होने का मुझे कोई कारण नहीं दिखता।

क्या पिछले छह महीने में आप अपनी सरकार की उपलब्धियों का मूल्यांकन करेंगे ?

मैं मूल्यांकन करने का काम दूसरों पर छोड़ता हूँ। मैं बस इतना कहूँगा कि सिर्फ छह महीने में किसी और दल ने लोकप्रियता और समर्थन हासिल नहीं किया। मैं सरकार की बड़ी-बड़ी उपलब्धियों का दावा नहीं करता, लेकिन पूरे देश में तथा बाहर भी हमने लोगों का समर्थन पाया है। इस पर कोई संदेह नहीं कर सकता। फिर भी, मैं यह दावा नहीं करता कि इन छह महीनों में मैंने देश की सारी समस्याओं का हल ढूँढ़ लिया है। मैं बस इतना ही कहूँगा कि अपनी सरकार के गठन के बाद, पहले दिन से ही मैंने यही प्रयास किया कि लड़ाई-झगड़े खत्म हो जाएँ, लोग मित्रता, भाईचारे तथा सद्भावना से काम करें और मुख्य समस्याओं को सुलझाने का प्रयास करें। शुरू में पूरे देश से अच्छी प्रतिक्रिया मिली। लोग निश्चिंत हुए और उनका गुस्सा ठंडा हुआ। हालाँकि ये बहुत छोटा परिवर्तन था, परंतु जहाँ

हर गली, हर मुहल्ले में हिंसा हो रही हो और लोग आपस में लड़कर मर रहे हों, वहाँ इससे स्थितियों में काफी फर्क पड़ा है। ये सारे परिवर्तन तो हुए, मगर मैं यह नहीं कहूँगा कि देश की स्थिति बदल गई है, क्योंकि चार महीनों में चमत्कार नहीं होते।

कुछ ऐसा विशेष, जो आपने करना चाहा हो, पर समय नहीं मिला हो ?

नहीं, मेरी कोई निजी महत्त्वाकांक्षा नहीं है। समस्याएँ वही हैं—भूख, गरीबी, बीमारी, निरक्षरता और बेरोजगारी। जो प्रधानमंत्री निजी हित में सोचते हैं, वे इस नाम या पद के लायक नहीं हैं।

इस समय देश में बहुत से लोगों को चिंता है कि आपकी सरकार के कुछ लोग इस सरकार में बने रहने के लिए आपको सलाह दे रहे हैं कि आपात स्थिति लगाई जाए। हालाँकि आप खंडन कर चुके हैं कि सरकार की ऐसी कोई इच्छा नहीं है। लेकिन क्या इन अफवाहों का कोई आधार है ?

जिन्होंने अफवाह फैलाई है, उन्हीं से पूछिए। मैंने उन लोगों से पूछा था, उनका कहना है कि हमने तो कभी यह बात नहीं कही । जहाँ तक सरकार का सवाल है, सरकार के किसी भी वर्ग ने, किसी भी व्यक्ति ने न तो ऐसा सुझाव मेरे सामने रखा था, न मैं ऐसा समझता हूँ कि देश में कोई ऐसी स्थिति है कि जिसमें इस तरह की आपातकालीन स्थिति लागू करने की बात सोचना न्यायोचित हो सकता है। राजीव गाँधी की मृत्यु दुःखद घटना है, लेकिन देश में कोई ऐसी बात नहीं हुई, जिससे देश में अस्थिरता आई हो या देश में ऐसी भयानक परिस्थिति पैदा हुई हो कि जिससे लोग आपातस्थिति लगाएँ। मुझे आश्चर्य है कि जिस दिन राजीव गाँधी की मृत्यु हुई, उसी दिन इस देश में और दुनिया-भर में यह समाचार फैलाया गया कि देश जल रहा है, जगह-जगह दंगे हो रहे हैं, लोग मारे जा रहे हैं। किस आधार पर यह खबरें फैलाई गईं, मुझे नहीं मालूम। दुनिया के बहुत जिम्मेदार समाचारपत्रों ने और टीवी नेटवर्क ने यह समाचार फैलाया। मैं सुनता था, रिपोर्ट मुझको मिलती थी। बाहर के लोग आए, वो हमसे पूछ रहे थे कि दिल्ली में क्या हाल है। शांति है कि नहीं। मैंने कहा कि आप खुद जाकर घूमकर देखिए। हमने एक क्षण के लिए भी नहीं सोचा कि दिल्ली में या देश के किसी हिस्से में कोई ऐसी परिस्थिति है, जिसके कारण हमें कानून और व्यवस्था के बारे में चिंता हो। राजीव गाँधी की मृत्यु से जरूर लोगों को एक सदमा लगा। वे एक बड़ी पार्टी के नेता थे, उन पर बहुत लोगों की आस्था थी। उनकी हत्या से देश को एक धक्का जरूर लगा लेकिन कोई ऐसी परिस्थिति नहीं थी, जिसके कारण हमारी सरकार का कोई व्यक्ति इस तरह की बात सोचे। लेकिन ऐसा लगता है कि कुछ लोग इस तरह का माहौल भारत के बारे में बनाना चाहते हैं। मुझे उन पर तरस आता है। भारत एक बहुत बड़ा देश है। इस तरह के दुष्प्रयासों से या कुप्रचारों से इस देश का कुछ बिगड़नेवाला नहीं है।

लेकिन आपने राजीव गाँधी की मृत्यु के बाद कानून और व्यवस्था की स्थिति सुधारने के लिए कुछ विशेष कदम उठाए, कुछ विशेष हिदायतें दीं या आपने सरकार की एजेंसियों को अपना काम करने दिया ?

नहीं, यह तो मैं नहीं कह सकता कि विशेष हिदायतें नहीं दीं। जब ऐसी परिस्थिति आती है, तो सामान्यतः कोई भी सरकार केवल सरकारी अधिकारियों पर सब बातें नहीं छोड़ देती है। मुझे जो निर्देश देने थे वो निर्देश दिए। लेकिन मैंने कोई हस्तक्षेप नहीं किया। कहीं पर अगर गड़बड़ी होती हो, तो उस पर पूरी तत्परता के साथ काबू पाने की कोशिश की जाए। लेकिन एकाध जगहों को छोड़कर कोई बड़ी घटना तो हुई नहीं। जहाँ भी हुई, छोटी-मोटी हुई। कुछ जगह लोगों ने हुल्लड़बाजी करने की कोशिश की, लेकिन सारे देश ने बहुत शांति से, बहुत गंभीरता से, धीरज और साहस से इस परिस्थिति का सामना किया।

बहुत-से लोग मानते हैं कि राजीव गाँधी की मृत्यु से राजनीति में एक शून्य पैदा हो गया है। आप क्या सोचते हैं ?

राजीव गाँधी कांग्रेस के अध्यक्ष थे। पहले प्रधानमंत्री रह चुके थे। देश में बहुत-से लोगों को उनसे आशा थी। कोई भी बड़ा नेता मरता है, तो उससे शून्य पैदा होता है, तो उतना तो है।

कांग्रेस पार्टी को लेकर आप क्या सोचते हैं ? क्या भविष्य है इस बड़े दल का ?

कांग्रेस एक बड़ी पार्टी है। वह अपने भविष्य के बारे में खुद सोचेगी। मैं आज की परिस्थिति में उस पर कोई बात करना नहीं चाहता क्योंकि यह उचित भी नहीं है। राजीव गाँधी की मृत्यु के बाद दूसरे राजनीतिज्ञों ने बहुत कुछ कहा है। वे कांग्रेस के भविष्य के बारे में अपनी राय दे रहे हैं। न तो मैं इस बात को स्वयं कहूँगा और न यह चाहूँगा कि दूसरे कहें। कांग्रेस पार्टी स्वयं अपने भविष्य के बारे में सोचेगी और देश की जनता उसके बारे में क्या राय बनाती है, यह मैं देश की जनता पर छोड़ना चाहूँगा।

बहुत-से लोग यह मान रहे हैं कि तमाम कांग्रेसी लोगों को अब एक हो जाना चाहिए। कुछ कांग्रेसियों ने भी इस तरह की बात कही है। आप क्या सोचते हैं ?

हमसे तो कांग्रेसियों ने बात नहीं की है। जब बात करेंगे, तो मैं उनसे बात कर लूँगा।

इस तरह की खबरें आ रही थीं कि आपको भी कहा जा रहा है कि आपके कुछ कांग्रेसी समर्थक कह रहे हैं कि कांग्रेस पार्टी में नेतृत्व का संकट है और आप जैसा नेता...?

मैं पहले तो यही नहीं जानता कि कांग्रेस पार्टी में मेरा कौन समर्थक है और कौन विरोधी है। पहले तो यह तय हो कि कौन समर्थक है और कौन विरोधी है। मेरे सामने किसी कांग्रेसी ने इस प्रकार का कोई प्रस्ताव नहीं रखा है। जिस तरह से इमर्जेंसी लागू करनेवाली बात है, वैसे ही यह भी बात है। कुछ लोग आपस में बात करते होंगे, लेकिन मुझे नहीं मालूम कि कांग्रेस पार्टी के अंदर ऐसी चर्चा है। कांग्रेस पार्टी के लोग स्वयं अपना नेता निर्धारित करें।

लेकिन कुछ लोग यह मानते हैं कि कांग्रेस पार्टी राजीव गाँधी की मृत्यु के बाद एक नेताविहीन पार्टी हो गई है और आप पुराने कांग्रेसी पृष्ठभूमि वाले नेता हैं, जिनके पास कोई मजबूत पार्टी नहीं है...?

आप एक बात मान लीजिए कि कोई भी पार्टी नेताविहीन नहीं होती। संगठन खुद अपना नेता चुन लेता है और मैं तो अकेले भी रहने का आदी बन चुका हूँ। मेरे लिए बड़ी पार्टी की जरूरत नहीं है। मैंने राजनीति के बहुत उतार-चढ़ाव देखे हैं। इस समय क्योंकि देश का कोई बड़ा समूह मेरे साथ नहीं है, इसलिए घबराकर मैं कोई निर्णय ले लूँ—ऐसा नहीं होने वाला है। मैं गलत हो सकता हूँ। गलत निर्णय ले सकता हूँ। लेकिन जो सही समझता हूँ, उसको अकेले भी कर सकता हूँ।

आज से चुनावों के अगले चरण के लिए फिर चुनाव प्रचार शुरू होने वाला है। क्या आपकी पार्टी का चुनाव अभियान कुछ नई दिशा की तरफ जाएगा या पहले की तरह ही होगा ?

हमारे लिए कोई ऐसा संकट नहीं है, क्योंकि हमने प्रारंभ से ही चुनाव प्रचार को व्यक्तिगत आधार पर नहीं प्रारंभ किया था। हमने राजीव गाँधी और अन्य नेताओं के विरुद्ध न तो कोई व्यक्तिगत आरोप लगाया, न उनकी आलोचना के आधार पर अपने चुनाव प्रचार को आधारित किया। मेरे लिए लक्ष्य राजीव गाँधी नहीं थे। इसलिए अपने चुनाव प्रचार के सिलसिले में जो आधार मैंने बनाया था, उसमें कोई परिवर्तन करने की जरूरत नहीं है। क्योंकि मैं ऐसा समझता हूँ कि राजनीति को व्यक्तिगत आधार पर ले जाना न तो राजनीति के लिए सही है और न ही देश के लिए।

बदलती हुई परिस्थितियों में कुछ लोग यह सोच रहे हैं कि अब कांग्रेस के विरुद्ध हमको खड़ा होने की जरूरत नहीं। जैसे आरिफ मोहम्मद खान ने बयान दिया है कि वह बहराइच से अब उम्मीदवार नहीं होंगे, बल्कि कांग्रेस को समर्थन देंगे।

आरिफ मोहम्मद साहब ने खुद कहा कि वह एक स्वतंत्र उम्मीदवार हैं और वह कोई भी निर्णय ले सकते हैं। हम तो ऐसा निर्णय नहीं ले सकते। हमारी पार्टी छोटी हो या बड़ी, पार्टी का निर्णय ऐसे नहीं बदलता। पार्टी तो जो उम्मीदवार खड़ा करती है, उन उम्मीदवारों को लेकर चुनाव लड़ती है।

लेकिन पार्टी में आप पुनर्विचार नहीं कर रहे हैं, इस बार ?

अभी तक तो इस तरह का कोई प्रस्ताव... ?

आप अपने लिए क्या राजनीतिक भविष्य देखते हैं ? क्या नई परिस्थितियों में आपका नेतृत्व कोई नई भूमिका निभा सकता है ?

मैं नहीं जानता। यह तो आप ऐसा सवाल पूछ रहे हैं, जिसका उत्तर कोई भी भला आदमी नहीं दे सकता। अपने बारे में मूल्यांकन करना बड़ा मुश्किल है। मैं नहीं जानता कि आने वाली परिस्थितियों में इससे कोई फर्क पड़ेगा कि कोई व्यक्ति किस स्थान पर है, राजनीति में उसकी क्या भूमिका है। सवाल यह है राजनीति या देश की समस्याओं के समाधान के लिए कोई भूमिका निभा पाएगा कि नहीं। व्यक्ति का कोई बहुत बड़ा महत्त्व नहीं है।

लेकिन आप अपनी कार्यदिशा किसी और दिशा में मोड़ने की सोचते हैं कि नहीं ?

नहीं। राजनीति में हूँ। पहले जब मैं किसी पद पर नहीं था, तब कोई परेशानी नहीं हुई, तो अब कोई नई आदतें नहीं बन गई हैं, जिनकी वजह से मैं चिंतित हो जाऊँगा कि कल क्या होगा।

बहुत-से लोग कह रहे हैं कि इस समय भारतीय जनता पार्टी जिस बड़े स्तर पर उभरकर आई है, ऐसे में जो तमाम गैर भारतीय जनता पार्टी दल हैं, उनको एक हो जाना चाहिए। आप इस तरह के गठबंधन को नेतृत्व देंगे ?

मैं किसी पार्टी या किसी व्यक्ति के विरोध में कोई गठबंधन करने के पक्ष में नहीं हूँ। जो देश की समस्याएँ हैं अगर उनके ऊपर सब लोगों की राय एक हो, तो मिलकर काम करना चाहिए। मैं ऐसा नहीं मानता कि किसी एक पार्टी को लक्ष्य बनाकर उसके विरुद्ध खड़ा होने से कोई देश सही रास्ते पर जाएगा। मैं भी नहीं जानता कि भारतीय जनता पार्टी आगे क्या रूप लेनेवाली है। और यह समझना कि भारतीय जनता पार्टी जैसी है, वैसी ही रहेगी—उसकी एकता ज्यों की त्यों बनी रहेगी—जरा ज्यादा घबराहट की बात मालूम होती है।

आपके विचार से क्या राजीव गाँधी की मृत्यु के बाद देश के जो मुद्दे हैं, उनमें बदलाव आए हैं ?

यह हमारी समझ में नहीं आता कि जब इंदिरा गाँधी, जयप्रकाशजी और जवाहरलाल नेहरु के मरने के बाद मुद्दे नहीं बदले, तो राजीव गाँधी के मरने के बाद कैसे बदल जाएँगे। हाँ, एक नवयुवक, जिससे लोगों को बड़ी आशा थी, मरा, तो लोगों को एक धक्का जरूर लगा।

बहुत-से लोग यह कह रहे हैं कि अब राजीव गाँधी की मृत्यु के बाद सहानुभूति मत कांग्रेस को मिलेगा। उस तरह से तमाम राजनीतिक दल अपनी-अपनी रणनीति बदल रहे हैं। आप भी कुछ इस बारे में... ?

मैं कुछ नहीं कहता। सहानुभूति तो उनसे जरूर है। उससे कितना बल मिलेगा कांग्रेस पार्टी को, मेरे लिए अनुमान लगाना मुश्किल है। लेकिन उस सहानुभूति के कारण मैं अपनी राजनीति बदल दूँ, ऐसा कोई कारण मैं नहीं देख रहा हूँ।

जैसे भारतीय जनता पार्टी इस समय रामवाले पक्ष पर उतना जोर नहीं दे रही है, जितना स्थिरता पर और यह नया संदर्भ है...

यह तो उसकी ना-जानकारी का एक सबूत है। कोई इस देश में नहीं मानेगा कि भारतीय जनता पार्टी स्थिर सरकार दे सकती है। इस देश में इतने बड़े अल्पमत की जनसंख्या है और जिसका विश्वास उन पर नहीं है, इस स्थिति में कैसे वे स्थिर सरकार दे पाएँगे। एक राजनीतिक अनहोनी हो जाए, तो अलग बात है। केवल संख्या से स्थिर सरकार नहीं बनती। अगर ऐसा होता तो भारी बहुमत के बावजूद इंदिरा गाँधी को इमर्जेंसी लगाने पर मजबूर न होना पड़ता।

आपने संख्या की बात कही, क्या आपको लगता है कि भारतीय जनता पार्टी बहुमत पा जाएगी ?

मुझे नहीं लगता। उनको लगता है, तो मैं क्यों कहूँ कि नहीं पाएँगे। लेकिन अगर पा भी जाएँ, तो स्थिर सरकार कैसे दे पाएँगे, मैं नहीं समझता। राजीव गाँधी भी यही कहते थे। स्थिरता लोगों का मानसिक संतुलन बनाए रखने से है। अगर लोगों में अशांति होगी, असंतोष होगा, लोगों के मन में संदेह और भय होगा, तो स्थिरता नहीं होगी। सरकार की स्थिरता केवल संसद की संख्या से नहीं होती। यह बात अगर हमारे देश और दुनिया के राजनीतिज्ञ समझ जाएँ तो इस विश्व का भला होगा। क्योंकि कहीं भी विद्रोह, क्रांतियाँ, विग्रह, अराजकता संसद और न्यायालयों के निर्णय से नहीं हुए हैं, यह उनके निर्णयों के विपरीत या उन निर्णयों के विरोध में हुए हैं। इसलिए यह बात समझना चाहिए कि संसद की संख्या महत्त्वपूर्ण नहीं है। ये जो भ्रम हमारे देश के कुछ राजनीतिज्ञों में आ गया है, इसको वे अगर निकालें, तो शायद स्थिरता को ज्यादा ठीक ढंग से समझ पाएँगे।

क्या आपको लगता है कि इन चुनावों के बाद नए समीकरण, नए गठबंधन बनेंगे ?

हो सकता है। संभावनाएँ हैं, लेकिन हम नहीं कह सकते, क्योंकि यह इस पर निर्भर करेगा कि किस पार्टी को कितनी सीटें मिलती हैं और उन पार्टियों का क्या रुख होगा ?

क्या आपको लगता है कि जनता दल और राष्ट्रीय मोर्चा के लोग फिर से आपके साथ मिल कर एक...?

मैं नहीं जानता। अब तक जो उनके आसार हैं, उनसे तो नहीं लगता। जनता दल के लोगों का जो वक्तव्य आया है, वह यह कि राजीव गाँधी की मृत्यु इसलिए हो गई क्योंकि सुरक्षा की कमी थी इसलिए सरकार को इस्तीफा दे देना चाहिए। इस्तीफा तो मैं दे चुका हूँ। यह तो केवल काम चलानेवाली सरकार है। लेकिन दुनिया के इतिहास में कहीं नहीं हुआ कि कोई ऐसा व्यक्ति मरा, तो सरकार के 12 सुरक्षाकर्मी मर गए हों। कुल 17 लोगों की मृत्यु हुई, जिसमें 12 या तो पुलिस के लोग हैं या सुरक्षा बल के। फिर भी उनके (जनता दल) प्रवक्ता ने जो भाषण दिया, उससे उनकी मानसिकता का पता चलता है। मेरे लिए उनके मन में कोई सम्मान नहीं है, यह बात मैं समझ सकता हूँ। लेकिन सुरक्षा बल के जिन नौजवानों ने कुर्बानी दी है, कम से कम उनके लिए तो...।

●●●

Politics in India